NomosPraxis

Bernd Spengler | Frank Hahn
Gerhard Pfeiffer [Hrsg.]

Betriebliche Einigungsstelle

Anträge | Verfahren | Musterbetriebsvereinbarungen

2. Auflage

Dr. Frank Hahn, Rechtsanwalt und Fachanwalt für Arbeitsrecht, Stuttgart | **Christina Herbert**, Rechtsanwältin und Fachanwältin für Arbeitsrecht, Kitzingen| **Gerhard Pfeiffer**, Vorsitzender Richter am Landesarbeitsgericht Baden-Württemberg, Stuttgart | **Dr. Wolfram Sitzenfrei**, Rechtsanwalt und Fachanwalt für Arbeitsrecht, Stuttgart | **Bernd Spengler**, Rechtsanwalt und Fachanwalt für Arbeitsrecht, Würzburg | **Dr. Christiane Tischer**, Rechtsanwältin und Fachanwältin für Arbeitsrecht, Stuttgart

Nomos

Die Deutsche Nationalbibliothek verzeichnet diese Publikation in der Deutschen Nationalbibliografie; detaillierte bibliografische Daten sind im Internet über http://dnb.d-nb.de abrufbar.

ISBN 978-3-8487-3841-0

2. Auflage 2019

Vorwort zur 2. Auflage

Die erste Auflage des Handbuchs hat eine erfreuliche Aufnahme in der Fachwelt gefunden. Insbesondere die unterschiedlichen Blickwinkel auf das Verfahren, die unser Konzept abbilden, konnte anscheinend überzeugen. Die vielfältigen Umsetzungsbeispiele und Betriebsvereinbarungen taten ihr Übriges.

Für uns Anlass, die vorliegende Neuauflage anzugehen. Es galt, einiges an Rechtsprechung und insbesondere an Anregungen aus der Praxis zu berücksichtigen und nochmals vertieft in allen Bereichen darauf zu achten, aktuelle Problemlagen abzubilden.

Stuttgart/Würzburg, September 2018

Die Herausgeber

Bernd Spengler
Dr. Frank Hahn
Gerhard Pfeiffer

Vorwort der 1. Auflage

Das Betriebsverfassungsgesetz ist ein Kompromiss zwischen den Interessen der Arbeitgeber, frei über ihr Kapital und Eigentum zu verfügen, und der Teilhabe der Beschäftigten in personellen, sozialen und wirtschaftlichen Angelegenheiten über ihre demokratisch gewählten Repräsentanten. Während die Mediation erst langsam Einzug in die Justiz hält, kennt das Betriebsverfassungsgesetz die betriebliche Schlichtung im Wege des Einigungsstellenverfahrens schon seit vielen Jahren.

Trotz seiner großen Bedeutung fehlt es an der detaillierten Normierung dieses Instruments der Konfliktlösung. Das vorliegende Handbuch „Betriebliche Einigungsstelle" will daher die sich in der Praxis und Rechtsprechung herausgebildeten „Spielregeln" dieses Verfahrens interessenneutral darstellen. Das Handbuch ist für Praktiker aus Anwaltschaft, Richterschaft, Gewerkschaften, Betriebsratsgremien, Personalabteilungen und Verbänden geschrieben. Gleichwohl fehlt es nicht an der gebotenen wissenschaftlichen Bearbeitung der im Einigungsstellenverfahren auftretenden Rechtsfragen. Neben formellen rechtlichen Aspekten war es den Herausgebern ein Anliegen, taktische Überlegungen und Wege zu einer „Win-Win"-Situation aufzuzeigen. Zahlreiche Formulierungsvorschläge von der Antragstellung über Muster von Betriebsvereinbarungen und Einigungsstellensprüchen bis hin zur gerichtlichen Kontrolle sind für den Praktiker von besonderem Nutzen.

Die Herausgeber freuen sich, dass es dem Nomos-Verlag gelungen ist, allesamt erfahrene Einigungsstellenbeteiligte aus dem Arbeitnehmer-Lager, der Arbeitgeberseite und der Richterschaft als Autoren zu gewinnen, um so immer auch die Perspektive aus verschiedenen Blickwinkeln wahren zu können.

Diese Besonderheit und der konsequent praxisorientierte Ansatz sollen dieses Werk von vergleichbaren Titeln abheben. Wir hoffen, dass der Leser diese Einschätzung teilen wird und sind für Anregungen und Kritik dankbar.

Stuttgart/Würzburg, Juni 2010 — Die Herausgeber

Bernd Spengler
Dr. Frank Hahn
Gerhard Pfeiffer

Inhaltsübersicht

Inhaltsverzeichnis

Abkürzungsverzeichnis

Abs.	Absatz
ArbGG	Arbeitsgerichtsgesetz
BGBl	Bundesgesetzblatt
BAG	Bundesarbeitsgericht
BetrVG	Betriebsverfassungsgesetz
bspw	beispielsweise
bzw	beziehungsweise
dh	das heißt
DRiG	Deutsches Richtergesetz
etc.	et cetera
evtl.	eventuell
gem.	gemäß
ggf	gegebenenfalls
GKG	Gerichtskostengesetz
HGB	Handelsgesetzbuch
hM	herrschende Meinung
Hs	Halbsatz
iÜ	im Übrigen
insb.	insbesondere
iSd	im Sinne des
iSv	im Sinne von
iVm	in Verbindung mit
LAG	Landesarbeitsgericht
LPersG	Landespersonalvertretungsgesetz
mwN	mit weiteren Nachweisen
Nr.	Nummer
Rn	Randnummer
RVG	Rechtsanwaltsvergütungsgesetz
sog	so genannt
usw	und so weiter
vgl	vergleiche
zB	zum Beispiel
ZPO	Zivilprozessordnung

Literaturverzeichnis

Alexy, Die Gewichtsformel, in: Jickeli, Joachim (Hrsg.), Gedächtnisschrift für Jürgen Sonnenschein – 22. Januar 1938 – 6. Dezember 2000, Berlin 2003, S. 771 ff

ders., Recht, Vernunft, Diskurs – Studien der Rechtsphilosophie, Frankfurt am Main 1995

ders., Rechtsregeln und Rechtsprinzipien, in: Alexy/Koch/Kuhlen/Rüssmann, Elemente einer juristischen Begründungslehre, Baden-Baden 2003, S. 179 ff

ders., Theorie der Grundrechte, 3. Aufl., Frankfurt am Main 1996

ders., Theorie der juristischen Argumentation: Die Theorie des rationalen Diskurses als Theorie der juristischen Begründung, 4. Aufl., Frankfurt am Main 2001

Bader/Dörner/Mikosch/Schütz/Vossen/Wenzel, GK-ArbGG, § 98 Stand Juli 1998 (zit.: GK-ArbGG/Dörner)

Bader/Creutzfeld/Friedrich, ArbGG, 5. Aufl. 2008 (zit.: BCF/Friedrich)

Bauer, 25 Jahre BetrVG, NZA 1997, 233 ff

ders., Einigungsstellen – ein ständiges Ärgernis!, NZA 1992, 433 ff

Bauer/Diller, Der Befangenheitsantrag gegen den Einigungsstellenvorsitzenden – Eine ungenutzte taktische Waffe? –, DB 1996, 137 ff

Bauer/Göpfert/Krieger, AGG, 2. Aufl., München 2008

Baumbach/Lauterbach/Albers/Hartmann, ZPO, 67. Aufl., München 2009

Behrens, Konkretisierung des Gegenstandes der Einigungsstelle, NZA 1991, Beilage 2, 23 ff

Benda/Klein, Verfassungsprozessrecht. Ein Lehr- und Handbuch, 2. Aufl., Heidelberg 2001

Bengelsdorf, Rechtliche Möglichkeiten zur Beschleunigung des erzwingbaren Einigungsstellenverfahrens, BB 1991, 613 ff

Bertelsmann, Festschrift für Helmut Wissmann – Arbeitsrecht im sozialen Dialog, München 2005, S. 230

ders., Geltendmachung der Besorgnis der Befangenheit bei Einigungsstellenvorsitzenden, NZA 1996, 234 ff

Birkenbihl, Fragetechnik schnell trainiert, 15. Aufl., Landsberg 2006

Bischoff, Die Einigungsstelle im Betriebsverfassungsrecht, Berlin 1975

Borowski, Grundrechte als Prinzipien: Die Unterscheidung von prima facie-Positionen und definitiver Position als fundamentaler Konstruktionsgrundsatz der Grundrechte, Baden-Baden 1998

Brill, Die Einigungsstelle nach dem Betriebsverfassungsgesetz, BB 1964, 1343, 1346

Buchwald, Begriff der rationalen juristischen Begründung, Baden-Baden 1990

Bydlinski, Hauptpositionen zum Richterrecht, JZ 1985, 149 ff *ders.*, Juristische Methodenlehre und Rechtsbegriff, 2. Aufl., Wien, New York 1991

ders., Über prinzipiell-systematische Rechtsfindung im Privatrecht, Berlin, New York 1995

Canaris, Grundrechte und Privatrecht, Berlin, New York 1999

ders., Systemdenken und Systembegriff in der Jurisprudenz, 2. Aufl., Berlin 1983

Caspers, BB-Kommentar zu BAG 11.9.2001, BB 2002, 578 ff

Däubler, Das Arbeitsrecht I, 2006

ders., Das Arbeitsrecht II, 2009

Däubler/Hjort/Hummel/Wolmerath, Handkommentar Arbeitsrecht, 1. Aufl. 2008 (zit.: HK-ArbR/Henssen)

Däubler/Kittner/Klebe/Berg, BetrVG, 15. Aufl., Frankfurt am Main 2016 (zit.: DKK/Berg)

Dörner/Luczak/Wildschütz, Handbuch des Fachanwalts Arbeitsrecht, 7. Aufl., Köln 2008

Dornbusch/Fischermaier/Löwisch, Fachanwaltskommentar Arbeitsrecht, 2. Aufl. 2009 (zit.: DFL/Rieble)

Dreier, Grundgesetz, Band III Art. 83-146, 2. Aufl., Tübingen 2008

Dütz, Verfahrensrecht der Betriebsverfassung, AuR 1973, 353

Düwell, Änderungen im Arbeitsrecht durch das Job-Aqtiv-Gesetz, BB 2002, 98

ders., Betriebsverfassungsgesetz, Handkommentar, 2. Aufl. 2006

Düwell/Lipke, ArbGG, 2. Aufl. 2005 (zit.: ArbGG-Koch)

Dworkin, Taking Rights Seriously, Cambridge, Mass. 1978

Engisch, Einführung in das juristische Denken, 9. Aufl., Stuttgart, Berlin, Köln 1997

Erfurter Kommentar zum Arbeitsrecht, 17. Aufl. 2017 (zit.: ErfK/Eisemann/Koch oder ErfK/Kania)

Esser, Grundsatz und Norm in der richterlichen Fortbildung des Privatrechts – Rechtsvergleichende Beiträge zur Rechtsquellen- und Interpretationslehre, Tübingen 1956

Festschrift Arbeitsgemeinschaft Arbeitsrecht, 2006 (zit.: Clemenz, Errichtung der Einigungsstelle, S. 815 ff)

Festschrift für Hellmut Wissmann, Arbeitsrecht im sozialen Dialog, 2005 (zit.: Bertelsmann, Befangenheit von Einigungsstellenvorsitzenden, S. 230 ff)

Feudner, Die betriebliche Einigungsstelle – ein unkalkulierbares Risiko, DB 1997, 826 ff

Fiebig, Der Ermessensspielraum der Einigungsstelle, Berlin 1992

ders., Grundprobleme der Arbeit betrieblicher Einigungsstellen, DB 1995, 1278

Fischer, Quasi richterliche oder Mediationstätigkeit sui generis, DB 2000, 217

Fischer, Der Spruch der Einigungsstelle – Folgen einer Teilunwirksamkeit, NZA 1997, 1017

Fisher/Ury/Patton, Das Harvard-Konzept, Sachgerecht verhandeln, erfolgreich verhandeln, 11. Aufl., Frankfurt am Main 1993

Fitting/Engels/Schmidt/Trebinger/Linsenmaier, BetrVG, 28. Aufl., München 2016 (zit.: FESTL)

Francken, Weitere Optimierung des arbeitsgerichtlichen Verfahrens, NJW 2007, 1792

Friedemann, Das Verfahren der Einigungsstelle für Interessenausgleich und Sozialplan, 1. Aufl., Köln 1997

Galperin/Löwisch, BetrVG, Band II, 6. Aufl Heidelberg 1982

Gaul, Das Arbeitsrecht im Betrieb, Band II, 8. Aufl., Heidelberg 1986

ders., Die betriebliche Einigungsstelle, 2. Aufl., Freiburg i. Br. 1980

Gaul/Bartenbach, Die Beanstandung der Ermessensüberschreitung durch die betriebliche Einigungsstelle, NZA 1985, 341

Gentz, Schutz gegen den Missbrauch (?) von Mitbestimmungsrechten, NZA 2004, 1011 ff

Germelmann/Matthes/Prütling/Müller-Glöge, Arbeitsgerichtsgesetz, 6. Aufl., München 2008 (zit.: GMPM/Matthes)

Kraft/Wiese/Kreutz/Oetker/Raab/Weber/Franzen, Gemeinschaftskommentar zum BetrVG, Band II 8. Aufl., München, Neuwied 2005

Glasl, Konfliktmanagement, 8. Aufl., Bern/Stuttgart/Wien 2004

Gnade, Die Einigungsstelle nach dem neuen Betriebsverfassungsgesetz, AuR 1973, 43, 45

Göritz/Hasl/Pankau/Röhricht/Rupp/Teppich, Handbuch Einigungsstelle, 4. Aufl., Frankfurt am Main 2007

Gross/Thon/Ahmad/Woitaschek, BetrVG, Kommentar, 2. Aufl. 2006

Grunsky, Arbeitsgerichtsgesetz, 7. Aufl. 1995

Haft, Verhandlung und Mediation. Die Alternative zum Rechtsstreit, 2. Aufl., München 2000

Hanau/Reitze, Die Wirksamkeit von Sprüchen der Einigungsstelle, in: Konzen/Kreutz/Hönn, Festschrift für Alfons Kraft zum 70. Geburtstag, S. 167, 177

Hase/von Neumann-Cosel/Rupp/Teppich, Handbuch für die Einigungsstelle, 3. Aufl. 1998 (zit.: Hase ua)

Hauck/Helml, ArbGG, 3. Aufl. 2008 (zit.: Hauck/Helml)

Heilmann, Streitigkeiten um Vorsitzende einer Einigungsstelle, AiB 1989, 68

Heinze, Verfahren und Entscheidung der Einigungsstelle, RdA 1990, 262

Heise/Lembke/v. Steinau-Steinrück, BetrVG, 1. Aufl. 2008

Hennige, Das Verfahrensrecht der Einigungsstelle, Köln 1996

Hergenröder, AR-Blattei SD, 6. Ordner, Stand Oktober 2001

Hess/Schlochauer/Worzalla/Glock/Nicolai/Rose, Kommentar zum Betriebsverfassungsgesetz, 7. Aufl., Köln 2008 (zit.: HSWGNR-Worzalla)

Hesse, Grundzüge des Verfassungsrechts der Bundesrepublik Deutschland, 20. Aufl., Heidelberg 1995

Holthaus/Koch, Auswirkungen der Reform des Zivilprozessrechts auf arbeitsgerichtliche Verfahren, RdA 2002, 140

Hoyningen-Huene, Die Billigkeit im Arbeitsrecht, München 1978

Hubmann, Wertung und Abwägung im Recht, Köln, Berlin, Bonn, München 1977

Hümmerich/Spirolke, Arbeitsrechtliches Mandat, 5. Aufl., Bonn 2009

Hunold, Die Sorgfaltspflichten des Einigungsstellenvorsitzenden, insbesondere im Verfahren über einen Sozialplan, NZA 1999, 785 ff

Ipsen, Richterrecht und Verfassung, Berlin 1975

Jaeger/Röder/Heckelmann, Praxishandbuch BetrVG, München 2003

Jarass/Pieroth, Grundgesetz, 10. Aufl., München 2009

Jiranek/Edmüller, Konfliktmanagement, 2. Aufl., Freiburg Berlin München 2007

Kastendieck, Der Begriff der praktischen Vernunft in der juristischen Argumentation, Berlin 2000

Kaven, Das Recht des Sozialplans. Ein Leitfaden zur Aufstellung und Durchführung von Sozialplänen, Berlin 1977

Kissel, Zur Funktion der Rechtsprechung, in: Schlachter/Ascheid/Friedrich (Hrsg.), Tarifautonomie für ein neues Jahrtausend, Festschrift für Gunter Schaub zum 65. Geburtstag, S. 373 ff

Koch/Rüssmann, Juristische Begründungslehre, München 1982

Kopp/Ramsauer, Verwaltungsverfahrensgesetz, 10. Aufl., München 2008

Kopp/Schenke, Verwaltungsgerichtsordnung, 15. Aufl., München 2007

Kraft/Wiese/Kreutz/Oetker/Raab/Weber/Franzen, BetrVG, 8. Aufl. 2005 (zit.: GK-BetrVG/Kreutz)

Kriele, Theorie der Rechtsgewinnung – entwickelt am Problem der Verfassungsinterpretation, 2. Aufl., Berlin 1976

Larenz/Canaris, Methodenlehre der Rechtswissenschaft, 3. Aufl., Berlin, Heidelberg, New York 1995

Lepke, Zur Rechtsstellung der betrieblichen Einigungsstelle, insbesondere im arbeitsgerichtlichen Beschlussverfahren, BB 1977, 49, 51

Löwisch/Kaiser, Kommentar zum Betriebsverfassungsgesetz, 6. Aufl. 2010

Löwisch/Rieble, Tarifvertragsgesetz, 2. Aufl., München 2004

Mayer-Maly, Über die der Rechtswissenschaft und der richterlichen Rechtsfortbildung gezogenen Grenzen, JZ 1986, 557 ff

Moll (Hrsg.), Münchener Anwaltshandbuch Arbeitsrecht, München 2005

Müller G., Rechtliche Konzeption und soziologische Problematik der Einigungsstelle nach dem BetrVG 1972, DB 1973, 76 ff

ders., Zur Stellung der Verbände im neuen Betriebsverfassungsrecht, ZfA 1972, 213 ff

Müller, Die Berufsfreiheit des Arbeitgebers, Köln 1996

Richardi/Wlotzke, Münchener Handbuch Arbeitsrecht, Band 3, 3. Aufl., München 2009

Richardi/Wlotzke/Wißmann/Oetker, Münchener Handbuch Arbeitsrecht, Band 2, 3. Aufl., München 2009

Musielak, ZPO, 5. Aufl., München 2007

Neft/Ocker, Einigungsstelle im Betriebsverfassungsrecht, 2. Aufl., Berlin 1995

Nöllke, Kreativitätstechniken, 3. Aufl., Freiburg 2006

Olderog, Probleme des einstweiligen Rechtsschutzes im Bereich der sozialen Mitbestimmung, NZA 1985, 753

Olzen, Die Rechtswirkungen geänderter höchstrichterlicher Rechtsprechung in Zivilsachen, JZ 1985, 155 ff

Peine, Das Recht als System, Berlin 1983

Penski, Rechtsgrundsätze und Rechtsregeln, JZ 1989, 105 ff

Petersen, Von der Interessenjurisprudenz zur Wertungsjurisprudenz, dargestellt an Beispielen aus dem deutschen Privatrecht, Tübingen 2001

Ponschab/Mauder/von Thun, Besser schlichten statt richten: Mediation im Betrieb, NZA Sonderbeilage 1/2004, 12 ff

Ponschab/Schweizer, Schlüsselqualifikationen, Köln 2008

Pünnel, Das Verfahren vor den Einigungs- und Vermittlungsstellen nach dem BetrVG, AuR 1966, 69 ff

ders., Die Einigungsstelle des BetrVG 1972 – Eine bewährte Institiution – in: Ipsen, Festschrift für Stahlhacke, 4. Aufl., 1997, S. 443 ff

ders., Praktische Probleme des Einigungsstellenverfahrens nach dem BetrVG 1972, AuR 1973, 257

Pünnel/Wenning-Morgenthaler, Die Einigungsstelle, 5. Aufl., Köln 2009

Richardi, BetrVG, 11. Aufl., München 2008 (zit.: Richardi/Bearbeiter)

Rieble, Die Kontrolle des Ermessens der betriebsverfassungsrechtlichen Einigungsstelle, Heidelberg 1989

ders., Die tarifliche Schlichtungsstelle nach § 77 Abs. 8 BetrVG RdA 1993, 140 ff

Röhl, Allgemeine Rechtslehre, 2. Aufl., Köln, Berlin, Bonn, München 2001

Rosenberg/Schwab/Gottwald, Zivilprozess, 13. Aufl., München 1981

Rüthers, Rechtstheorie, München 1999

Salewski, Die Kunst des Verhandelns, 2008

Saner, Verhandlungstechnik, 2. Aufl., Bern 2008

Schaub, Die Bestellung und Abberufung der Vorsitzenden von Einigungsstellen, NZA 2000, 1087

Schaub/Koch/Linck/Vogelsang, Arbeitsrechtshandbuch, 12. Aufl., München 2007

Schmidt-Räntsch, Deutsches Richtergesetz, 6. Aufl. 2008

Schmidt/Schwab/Wildschütz, Die Auswirkungen der Reform des Zivilprozesses auf das arbeitsgerichtliche Verfahren (Teil 2), NZA 2001, 1217

Schönfeld, Das Verfahren vor der Einigungsstelle – Eine Analyse der Verfahrenshandhabung aus juristischer Sicht, Pfaffenweiler 1988

ders., Die Person des Einigungsstellenvorsitzenden, DB 1988, 1996 ff

Schott, Verhandeln, 3. Aufl., Planegg 2006

Schwab/Gottwald, Verfassung und Zivilprozess, Bielefeld 1984

Schwab/Weth, Arbeitsgerichtsgesetz, Köln 2004

Schwab/Weth, ArbGG, 2. Aufl. 2007 (zit.: SW/Bearbeiter)

Sieckmann, Zur Begründung von Abwägungsurteilen, Rechtstheorie 1995, 45

Sodan, Das Prinzip der Widerspruchsfreiheit der Rechtsordnung, JZ 1999, 864 ff

Sowka, Die Tätigkeit von Rechtsanwälten als Parteivertreter vor der Einigungsstelle, NZA 1990, 91 ff

Tschöpe, Die Bestellung der Einigungsstelle – Rechtliche und taktische Fragen, NZA 2004, 945 ff

Vogel, Juristische Methodik, Berlin, New York 1998

Wiesemann, Die Einigungsstelle als Einrichtung zur Beilegung von Rechtsstreitigkeiten im Betriebsverfassungsrecht, Frankfurt am Main 2003

Weber/Ehrich, Einigungsstelle, München 1999

Wiederin, Was ist und welche Konsequenzen hat ein Normenkonflikt?, Rechtstheorie 1990, S, 311 ff

Weiler/Schlickum, Praxishandbuch Mediation, München 2008

Weisbach, Professionelle Gesprächsführung, München 2001

Worzalla, Mitbestimmung in Eil- und Notfällen. Analyse für den Bereich des § 87 BetrVG, Freiburg 1992

ders., Für die Zulässigkeit der einstweiligen Regelungsverfügung im Beschlussverfahren bei mitbestimmungspflichtigen Angelegenheiten, BB 2005, 1737 ff

§ 1 Allgemeiner Teil

1. Bedeutung und Sinn und Zweck der Einigungsstelle

Gesetzliche Aufgabe der Einigungsstelle ist es, diejenigen Konflikte im Rahmen der zwingenden Mitbestimmung zu lösen, deren Regelung den Betriebsparteien durch Verhandlungen nicht gelingt. Das Arbeitskampfverbot (§ 74 Abs. 2 Satz 1 BetrVG) und das Benachteiligungs- und Behinderungsverbot im Hinblick auf Betriebsratsmitglieder (§§ 78, 119 BetrVG) schließen die im Tarifvertragsrecht mögliche Konfliktlösung durch Arbeitskampf bzw Druckausübung aus. Eine Regelung durch die Arbeitsgerichte ist vom Gesetzgeber nicht vorgesehen worden – diese erschiene auch wenig konsequent, da ein Großteil der Fragen, welche sich im Rahmen der erzwingbaren Mitbestimmung stellen, Regelungsstreitigkeiten und keine Rechtsstreitigkeiten sind: Hier geht es darum, bezogen auf den konkreten Betrieb sinnvolle Normen zu schaffen; die Betriebsparteien betreiben hier Rechtsschöpfung und nicht Rechtsanwendung. Letztere dagegen ist Aufgabe und Kompetenz der Gerichte. 1

2. Gesetzliche Grundlage und Rechtsnatur der Einigungsstelle

Bei der Einigungsstelle handelt es sich um ein innerbetriebliches privatrechtliches Organ der Betriebsverfassung mit Schlichtungs- und Entscheidungsfunktionen: Schlichtungsfunktionen hat die Einigungsstelle in den Fällen des § 76 Abs. 6 Satz 1 BetrVG (freiwillige Einigungsstelle); zusätzlich Entscheidungsfunktionen in denjenigen des § 76 Abs. 5 BetrVG (zwingende Mitbestimmung). 2

Der Lösungsmechanismus Einigungsstelle ist letztlich der Kern der zwingenden Mitbestimmung, und über diesen ist sie auch im BetrVG definiert: Dort heißt es dann im Anschluss an die Begründung eines Mitbestimmungsrechts, der Spruch der Einigungsstelle ersetze eine Einigung zwischen Arbeitgeber und Betriebsrat. Denn nur durch ein verpflichtendes Einigungsverfahren mit möglicher abschließender Entscheidung durch die angerufene Stelle kann verhindert werden, dass eine Regelung der streitigen Angelegenheit aufgrund der Blockadehaltung einer Partei unterbleibt. 3

a) Gesetzliche Regelungen

Im Betriebsverfassungsgesetz sind Fragen zur Einigungsstelle nur punktuell geregelt: § 76 BetrVG stellt einige Grundsätze zu Bildung und Verfahren der Einigungsstelle auf; § 76 a BetrVG regelt Kostenaspekte. § 76 Abs. 1 BetrVG nennt die aus dem konkreten Anlass gebildete Einigungsstelle „zur Beilegung von Meinungsstreitigkeiten zwischen Arbeitgeber und Betriebsrat, Gesamtbetriebsrat und Konzernbetriebsrat“ als Normalfall, lässt aber in Satz 2 eine ständige Einigungsstelle zu, die jedoch einer Grundlage in einer Betriebsvereinbarung bedarf. § 76 Abs. 2 BetrVG legt die Besetzung der Einigungsstellen fest: Sie besteht aus einer gleichen Anzahl von Beisitzern beider Seiten sowie einem unparteiischen Vorsitzenden; praktisch ist dies meist ein Richter der Arbeitsgerichtsbarkeit, der aufgrund der örtlichen Zuständigkeitsverteilung für die streitige Fragestellung nicht zuständig werden kann. Erfolgt eine Einigung auf die Zahl der Beisitzer oder die Person des Vorsitzenden nicht, weist § 76 4

Abs. 2 Satz 2 BetrVG die Entscheidung dem Arbeitsgericht zu. Näheres hierzu ist in § 98 ArbGG geregelt.

b) Einordnung der Einigungsstelle

5 In der Rechtsprechung des BVerfG[1] sowie der verfassungsrechtlichen Literatur[2] wird die Einigungsstelle zutreffend nicht als Gericht iSd Art. 92 GG angesehen. Wesentlich für die Richtertätigkeit ist etwa, dass sie von einem nicht beteiligten Dritten ausgeübt wird.[3] Dies ist für die Beisitzer der Einigungsstelle nicht gegeben. Art. 92 GG geht von einem materiellen Begriff der rechtsprechenden Gewalt aus.[4] Die Norm ist somit zwar auch eine Organisationsnorm, hat aber vor allem materielle Bedeutung: Sie weist der rechtsprechenden Gewalt bestimmte Aufgaben zu. Rechtsprechung idS übt die Einigungsstelle nicht aus. Denn Einigungsstellen lösen Regelungs- und keine Rechtsstreitigkeiten. Das BVerfG bezeichnet die Einigungsstelle stattdessen als „betriebsverfassungsrechtliches Hilfsorgan eigener Art, das die Mitbestimmung der Arbeitnehmer bei der Gestaltung der betrieblichen Ordnung gewährleisten soll“.[5] Die Regelungen für Richter, die weisungsfrei sind und institutionell gesicherte persönliche Unabhängigkeit (Art. 97 Abs. 1, 2 GG) genießen, sind nicht anwendbar.

c) Die Einigungsstelle vor dem Hintergrund der Art. 12, 14, 9 Abs. 3, 20 GG

6 Institution und Funktion der Einigungsstelle sind, wie fast allgemein anerkannt ist, mit den Grundrechten vereinbar.[6] Das BVerfG geht auch zutreffend davon aus, dass das Verfahren vor der Einigungsstelle als solches nicht gegen das Rechtsstaatsprinzip verstößt.

aa) Prüfungsmaßstab

7 Während das BVerfG in seiner Mitbestimmungsentscheidung[7] vorrangig die Eigentumsgarantie (Art. 14 Abs. 1 GG) als Prüfungsmaßstab heranzog, stellt es in einer späteren Entscheidung lediglich auf Art. 12 GG ab.[8] Das BVerfG versteht die zwingende Mitbestimmung als Regelung der Berufsausübung gem. Art. 12 Abs. 1 Satz 2 GG. Durch diese Regelungen wird festgelegt, dass der Arbeitgeber/Grundrechtsträger seine Freiheit nur mit Hilfe anderer, nämlich die Arbeitnehmer, wahrnehmen kann, die ebenfalls Träger des Grundrechts aus Art. 12 Abs. 1 GG sind.[9] Demnach gebiete Art. 12 Abs. 1 GG es nicht, die unternehmerische Entscheidungsfreiheit vollständig unberührt zu lassen, sondern lässt es zu, dass durch Einschaltung einer Einigungsstelle eine Konkordanz der Berufsfreiheit der Arbeitgeber und der bei ihnen beschäftigten Arbeitnehmer herbeigeführt werden kann.[10] Art. 14 Abs. 1 GG wird vom BVerfG nicht mehr als Prüfungsmaßstab für die verfassungsrechtliche Zulässig-

1 BVerfG-K, NJW 1988, 1135; BVerfG, 18.10.1986 – 1 BVR 1426/83, NJW 1988, 1135.
2 Jarras/Pieroth, GG, 10. Aufl. 2009, Art. 92 Rn 9; Schmidt-Bleibtreu/Klein, GG, 9. Aufl. 1999, Art. 92 Rn 5.
3 BVerfGE 42, 206 ff, 60, 175 ff, Schmidt-Bleibtreu/Klein, GG, Art. 92 Rn 5.
4 BVerfGE 76, 100; 22, 49.
5 BVerfG, 18.10.1986 – 1 BVR 1426/83, NJW 1988, 1135.
6 BVerfG, 18.10.1986 – 1 BVR 1426/83 – aaO.
7 BVerfGE 50, 290 ff.
8 BVerfG, 18.12.1985 – 1 BVR 143/83, NJW1986, 1601.
9 BVerfG, 18.12.1985, aaO; BVerfGE 50, 290, 364 f.
10 BVerfG, 18.12.1985, aaO.

keit einer Einigungsstelle herangezogen. Denn die Eigentumsgarantie beziehe sich lediglich auf einen Freiraum im vermögensrechtlichen Bereich, der dem Grundrechtsträger eine eigenverantwortliche Gestaltung ermöglicht; sie schützt daher den konkreten Bestand an vermögenswerten Gütern vor ungerechtfertigten Eingriffen durch staatliche Stellen. Der Schutz umfasst jedoch nur Rechtspositionen, die dem Grundrechtsträger bereits zugeordnet sind.[11] In der Zukunft liegende Chancen und Verdienstmöglichkeiten sind nicht von dem Schutzbereich des Art. 14 Abs. 1 GG umfasst; dies fordert auch der Schutz des eingerichteten und ausgeübten Gewerbebetriebes nicht. Da die Frage der Entscheidung von Konflikten durch eine Einigungsstelle lediglich die unternehmerische Betätigung zu einer bestimmten Zeit betrifft, ist Art. 14 Abs. 1 GG nicht einschlägig.[12]

Die Prüfung an der Berufsfreiheit und das Verständnis der Normen zur Einigungsstelle als Berufsausübungsregelungen iSd Art. 12 Abs. 1 Satz 2 GG sind in der Literatur auf Kritik getroffen.[13] Dies ist zutreffend, denn die Problematik der zwingenden Mitbestimmung und damit auch der (verpflichtenden) Einigungsstelle beschränkt sich nicht auf die bloße Frage einer Ausübungsbeschränkung im Hinblick auf die Berufsfreiheit, sondern betrifft auch Art. 14 Abs. 1 GG, die eigentumsrechtliche Funktionsgewährleistung.[14] 8

Die Regelungen zur zwingenden Mitbestimmung sowie des § 76 Abs. 5 Satz 3 BVerfG sind somit als solche verfassungsgemäß. In ihrer konkreten Anwendung sind jedoch die Grundrechte zu beachten. 9

bb) Weitere verfassungsrechtliche Normen

Während somit die Regelungen zur Einigungsstelle primär an Art. 14 GG zu messen sind, kommen noch weitere verfassungsrechtliche Normen für die Bewertung der Einigungsstelle in Betracht. Genannt werden hier die Koalitionsfreiheit (Art. 9 Abs. 3 GG) und der allgemeine Gleichheitsgrundsatz (Art. 3 Abs. 1 GG). 10

Einen Verstoß gegen Art. 9 Abs. 3 GG kann weder die Mitbestimmung als solche noch die abschließende Entscheidung durch eine Einigungsstelle begründen. Die Koalitionsfreiheit schließt Mitbestimmungsordnungen, die wie die Betriebsverfassung auf Kooperation ausgerichtet sind, nicht aus.[15] Eine Verletzung der Tarifautonomie durch die Mitbestimmung wird aber bereits durch die Begrenzung der betriebsverfassungsrechtlichen Regelungskompetenz durch § 77 Abs. 3 und § 87 Abs. 1 BetrVG vermieden. Da die Einigungsstelle lediglich auf dem Bestehen von Mitbestimmungsrechten aufbaut, kann sie ebenfalls keine Beeinträchtigung der Tarifautonomie darstellen. 11

Auch einen Verstoß gegen den Allgemeinen Gleichheitsgrundsatz, Art. 3 Abs. 1 GG, hat das BVerfG verneint. Denn selbst wenn die Anwendung der Regelung über Mit- 12

11 BVerfGE 20, 31, 34.
12 BVerfG, 18.12.1985, aaO.
13 Scholz, Verdeckt Verfassungsneues zur Mitbestimmung?, NJW 1986, 1587 ff.
14 Ebenso Scholz, aaO, S. 1590.
15 BVerfGE 50, 290, 372.

bestimmung und Einigungsstelle zu Unterschieden zwischen den Unternehmen führen, gelten für alle vergleichbaren Unternehmen die gleichen Vorschriften.[16]

13 Ein Verstoß gegen das Rechtsstaatsprinzip, Art. 20 GG, liegt im Einigungsstellenverfahren ebenfalls nicht. Die Einigungsstelle ist kein Gericht iSd Art. 92 GG. Dies begründet das BVerfG damit, dass Einigungsstellen Regelungs- und nicht Rechtsstreitigkeiten lösen. Auch wird auf den Zweck der Einigungsstelle, die Mitbestimmung der Arbeitnehmer bei der Gestaltung der betrieblichen Ordnung zu gewährleisten, verwiesen.

d) Grundrechtliche Aspekte des Einigungsstellenverfahrens

14 Auch das Verfahren vor der Einigungsstelle kann unter verfassungsrechtlichen Gesichtspunkten betrachtet werden. Hier stellt sich zunächst die Frage der Anwendbarkeit von Verfahrensgrundrechten. Zwar handelt es sich bei der Einigungsstelle nicht um Gericht iSv Art. 92 GG, dennoch gibt es auch Parallelen zum Gerichtsverfahren. Über die Streitfrage wird nicht nur von den Parteien bzw von Beisitzern, welche die Parteien entsandt haben, abschließend entschieden, sondern die Schlüsselrolle kommt dem unparteiischen Vorsitzenden zu. Das Einigungsstellenverfahren soll dazu dienen, eine für beide Parteien akzeptable Lösung zu erreichen. Diesem Ziel ist das Verfahren und damit die Regelungen hierfür unterzuordnen. Das Ziel setzt voraus, dass das Verfahren im Rahmen der rechtsstaatlichen Grundordnung zu einer solchen Entscheidungsfindung beiträgt. Dies leitet über zur Idee der Richtigkeitsgewähr durch Verfahren.

aa) Richtigkeit durch Verfahren

15 Die Tarifautonomie, ebenso die Privatautonomie finden ihre Rechtfertigung rechtstheoretisch – neben dem Persönlichkeitsaspekt – in der Idee der Richtigkeitsgewähr durch Verfahren. Dies bedeutet, dass – da eine inhaltliche Bewertung einer Vereinbarung als „richtig“ kaum möglich erscheint – die Richtigkeit dann unterstellt wird, wenn ein Verfahren eingehalten wurde, das diesen Schluss rechtfertigt. Voraussetzung dafür, dass die Einhaltung eines Verfahrens zu einem richtigen Ergebnis führen kann, ist bei Verhandlungen aber stets, dass die Vertragspartner in etwa eine gleiche Verhandlungsstärke haben, um ihre Interessen mit vergleichbarem Gewicht zur Geltung bringen zu können. Während hiervon im Hinblick auf Vertragsparteien und Tarifvertragsparteien allgemein ausgegangen wird, ist dies für die Betriebspartner schwieriger zu beantworten.

16 Die „Verhandlungsmacht“ der Tarifvertragsparteien bestimmt sich daher nicht nur nach der Mitgliederzahl, sondern insb. auch an der faktischen Durchsetzungsfähigkeit. Um im Fall von Meinungsverschiedenheiten einen Abschluss zu erreichen, ist als letzte Möglichkeit der Arbeitskampf zulässig. Das Arbeitskampfrecht bestimmt daher auch über die erreichbaren Inhalte und damit über die „Richtigkeit“.

17 Eine ähnliche Funktion wie der Arbeitskampf für den Tarifvertrag spielt die Einigungsstelle für die (erzwingbare) Betriebsvereinbarung. Auch hier hat somit das

16 BVerfG, 18.12.1985, aaO.

Recht des Einigungsstellenverfahrens unmittelbare Auswirkung auf das mögliche Ergebnis und dessen „Richtigkeit".

bb) Verfahrensgrundrechte im Einigungsstellenverfahren

Vor diesem Hintergrund sind die Verfahrensgrundrechte der Parteien auch im Einigungsstellenverfahren zu beachten. Gleiches gilt grundsätzlich für die einfachgesetzlichen Verfahrensrechte der Parteien, wie sie sich in den Prozessordnungen finden. Hier ist jedoch auf eine Anwendbarkeit für das Einigungsstellenverfahren zu achten. 18

cc) Verfahren als Abwägungsergebnis

Die Regelungen zum Einigungsstellenverfahren stellen sich als Abwägungsergebnisse dar. Dies ist bereits angeklungen, als von einem Ausgleich zwischen Verfahrensgrundsätzen, einfach rechtlichen Verfahrensrechten und den Besonderheiten des Einigungsstellenverfahrens die Rede war. Demnach sind unterschiedliche Rechtspositionen der Beteiligten sowie Fragen der Rechtssicherheit, der Funktionsfähigkeit der Einigungsstelle sowie die verfahrensrechtliche Seite inhaltliche Grundrechtspositionen abzustimmen. Um eine Einigungsstelle handlungsfähig zu halten, muss ihr ein Ermessensspielraum zukommen.[17] Dieser ist ebenfalls in die Abwägung einzustellen. Fragen der Abwägung, insb. im Hinblick auf das Verfahren der Einigungsstelle, werden unter § 5 Rn 3 dargestellt. Hierauf sei an dieser Stelle verwiesen. 19

3. Arten der Einigungsstelle

Zu unterscheiden sind zunächst die zwingenden und freiwilligen Einigungsstellenverfahren. Verpflichtend wird die Einigungsstelle in den Fällen tätig, in denen der Spruch der Einigungsstelle die Einigung zwischen Arbeitgeber und Betriebsrat ersetzt (§ 76 Abs. 5 BetrVG). Hier ist eine „Blockade" durch eine Seite nicht möglich; so sind ein Tätigwerden auf Antrag einer Partei sowie der Umgang mit fehlender Beisitzerbenennung einer Seite geregelt. Der Tätigkeitsbereich der freiwilligen Einigungsstelle sind gem. § 76 Abs. 6 BetrVG alle anderen betriebsverfassungsrechtlichen Streitigkeiten. Hier wird die Einigungsstelle nur tätig, wenn beide Parteien dies beantragen bzw das Tätigwerden billigen. Verbindlich ist der Einigungsstellenspruch in diesen Fällen nur, wenn er nachträglich angenommen bzw im Vorhinein anerkannt wird. 20

Unterscheiden kann man auch zwischen der (als Normalfall) spontan aus gegebenem Anlass gebildeten Einigungsstelle und einer ständigen Einigungsstelle (§ 76 Abs. 1 BetrVG). 21

Neben Einigungsstellen gibt es auch tarifliche Schlichtungsstellen. Diese können gem. § 76 Abs. 8 BetrVG durch Tarifvertrag an die Stelle der Einigungsstelle gesetzt werden. Von dieser Regelungsmöglichkeit machen die Tarifvertragsparteien durchaus Gebrauch. Derartige Regelungen finden sich bspw in den Tarifverträgen im Bereich der Metall- und Elektroindustrie in Baden-Württemberg. So ist die tarifliche Schlichtungsstelle u.a. für Fragen der Einführung und Verlängerung der Kurzarbeit nach dem Tarifvertrag zur Kurzarbeit, Qualifizierung und Beschäftigung ab 2012 für denjenigen Fall als Konfliktlösungsinstanz vorgesehen, dass sich die Betriebsparteien 22

17 BVerfG, 18.10.1986, aaO.

nicht einigen können. Auch der Tarifvertrag zur Beschäftigungssicherung und zum Beschäftigungsaufbau sieht zur Konfliktlösung bei Einführung der „Beschäftigungssicherung" eine tarifliche Schlichtungsstelle (durch den Arbeitgeber alternativ auch die betriebliche Einigungsstelle) vor. Die tarifliche Schlichtungsstelle ist jedoch keine Einigungsstelle iSd BetrVG, sondern ersetzt diese.

23 Regelungen zu Bildung und Verfahren der Schlichtungsstelle können – im Rahmen der zwingenden Rechtsvorschriften – von den Tarifvertragsparteien getroffen werden.

24 Detaillierte Regelungen finden sich aber auch hier regelmäßig nicht: So wurde bspw in § 6 im oben genannten Tarifvertrag festgelegt, dass die tarifliche Schlichtungsstelle innerhalb von 14 Tagen nach Anrufung entscheidet und aus je zwei von den Tarifvertragsparteien zu benennenden Beisitzern und einem Vorsitzenden besteht.

25 Weitere Formen außergerichtlicher Streitschlichtung bedürfen der Zustimmung beider Parteien. Denkbar ist hier u.a. ein Mediationsverfahren, in welchem ein neutraler Dritter sich bemüht, die Betriebsparteien bei einer Einigung zu unterstützen.

4. Tatsächliche Bedeutung der Einigungsstelle

26 Über die tatsächliche Häufigkeit von Einigungsstellenverfahren lässt sich kaum etwas Allgemeingültiges sagen. Während es in den meisten Betrieben nie oder fast nie zu Einigungsstellenverfahren kommt, gibt es andere, die pro Jahr bis zu 100 Einigungsstellenverfahren führen (müssen). Die Häufigkeit von Einigungsstellenverfahren hängt direkt von der Beziehung der Betriebspartner und deren Konfliktkultur ab. Typischerweise wird die Einigungsstelle in Verfahren tätig, die Fragen betreffen, welche (mindestens) einer Betriebspartei besonders wichtig ist oder bei denen (mindestens) eine Betriebspartei besonders streitbar ist. In der Literatur wird berichtet, dass in der überwiegenden Zahl der Betriebe selten oder nie Einigungsstellenverfahren stattfinden.[18]

27 Im Gegensatz dazu spielt die Einigungsstelle im „Hintergrund" der Verhandlungen zwischen Arbeitgeber und Betriebsrat eine überragende Rolle; das Wissen, dass ein solches Verfahren bei Nichteinigung stattfindet, fördert die Kompromissbereitschaft erheblich. Auch Hinweise einer Streitpartei an die andere, dass diese die Einleitung eines solchen Verfahrens erwägt, sind nicht selten.

18 Pünnel/Wenning-Morgenthaler, Einigungsstelle, Rn 16 mit Verweis auf Berenz, S. 147, 153 ff.

§ 2 Anrufung der Einigungsstelle

1. Ausgangssituation: Betrieblicher Konflikt

Betriebsrat und Arbeitgeber haben nach § 74 Abs. 1 Satz 2 BetrVG über streitige Fragen mit dem ernsten Willen zur Einigung zu verhandeln und Vorschläge für die Beilegung von Meinungsverschiedenheiten zu machen. Der Gesetzgeber hat also mit der betriebsverfassungsrechtlichen Mitbestimmung ein kooperatives und konsensorientiertes Modell gewählt. Dieses ist letztendlich wirtschaftsfreundlich und ein Standortvorteil, denn der Interessengegensatz zwischen Arbeitgeber und Belegschaft soll auf einer demokratischen Plattform im Rahmen der vertrauensvollen Zusammenarbeit gelöst werden. Damit verhindert das BetrVG, dass betriebliche Konflikte im Wege des Arbeitskampfes ausgetragen werden. Ein Blick auf die Streithäufigkeit in anderen westlichen Industrieländern zeigt, dass dieser Ansatz ein Erfolgsmodell ist. Deutschland belegt nämlich den vorletzten Platz, weit hinter Ländern wie Kanada, Skandinavien oder den USA. 1

Viele konfliktträchtige Fragen, insb. in sozialen Angelegenheiten, werden daher auch in der täglichen Praxis einvernehmlich durch tragfähige Kompromisse zwischen den Betriebspartnern gelöst. Durch die klaren Kompetenzregelungen des BetrVG kommt es so zu keinem Produktions- oder Dienstleistungsausfall aufgrund betrieblicher Arbeitskämpfe. 2

Doch es gibt auch Verhandlungen über Themen, die im Kompromissweg zu keinem Ergebnis führen. Selbst in Unternehmen, in denen Arbeitnehmervertretungen und Arbeitgeber tatsächlich das Gebot der vertrauensvollen Zusammenarbeit ernst nehmen, können unterschiedliche Interessen im Einzelfall so weit auseinander liegen, dass die vom Gesetzgeber vorgesehene Einigungsstelle als Institut der Schlichtung angerufen werden muss. 3

Dabei ist es wichtig, in solchen Fällen die Position und Motive der jeweiligen Gegenseite zu verstehen. Dies erspart unnötig lange Einigungsstellenverfahren und dient somit letztendlich auch der Kostenreduzierung. Wer die möglichen Beweggründe der Gegenseite kennt, für den ist die Einigungsstelle auch kein „unkalkulierbares Risiko“.[1] 4

a) Taktische Überlegungen auf der Arbeitgeberseite

Grundsätzlich wird ein Arbeitgeber im Hinblick auf die Kosten und den Zeitaufwand vor Anrufung der Einigungsstelle eine Kosten-Nutzen-Betrachtung anstellen. Bei Streitpunkten, die wirtschaftlich untergeordnete Bedeutung haben, bietet es sich an, nochmals Zugeständnisse an den Betriebsrat zu überlegen. 5

Völlig anders sieht dies aus, wenn der Arbeitgeber aus wirtschaftlich erheblichen Interessen eine schnelle Durchsetzung seiner Vorstellungen benötigt. Ein Andauern des Konfliktes über Monate hinweg ohne Regelung steht dann in keinem Verhältnis zu den Kosten der Einigungsstelle. 6

1 Beispielhaft für die Kritik an diesem Instrument: Bauer, Einigungsstellen – Ein ständiges Ärgernis!, NZA 1992, 433 ff.

7 Manchmal spielen aber auch arbeitgeberseits weniger betriebswirtschaftliche, sondern psychologische Aspekte eine Rolle. Insbesondere wenn bereits weitreichende Zugeständnisse gemacht wurden oder der Betriebsrat aus Arbeitgebersicht zu tarifpolitischen Streitigkeiten instrumentalisiert wird, kann die Anrufung der Einigungsstelle verhandlungstaktisch sinnvoll sein. Durch die Reduzierung auf den rein mitbestimmungsrelevanten Regelungsgehalt könnten dem Betriebsrat dann nämlich bereits geschickt ausgehandelte Zugeständnisse wieder entzogen werden.

8 In Unternehmen und Konzernen mit einer Vielzahl von Betriebsratsgremien spielen ebenso übergeordnete, unternehmenspolitische Erwägungen eine wichtige Rolle. Es mag vor Ort einem Verhandlungspartner auf Arbeitgeberseite daran gelegen sein, mit seinem Betriebsrat eine Einigung zu erzielen. Aufgrund der befürchteten Ausstrahlungswirkung auf andere Betriebsratsgremien nimmt dann aber häufig das übergeordnete Management dem Arbeitgeberverantwortlichen vor Ort jeglichen Spielraum für eine einvernehmliche Regelung.

Beispiel: Der örtliche Betriebsrat und der Filialleiter einer Privatbank sind sich vor Ort über die Inhalte einer Betriebsvereinbarung über Maßnahmen, Förderung und Durchführung betrieblicher Berufsbildung einig, wobei dem Betriebsrat weitreichende Rechte eingeräumt werden. Wegen der befürchteten Auswirkungen auf andere Filialen dieser Bank wird dem örtlichen Filialleiter eine Einigung untersagt. Das Einigungsstellenverfahren soll wegen der befürchteten Ausstrahlung auf andere Betriebe die Regelungen auf erzwingbare Aspekte reduzieren, auch wenn die Betriebspartner vor Ort sich über ein weiter reichendes Regelwerk hätten einigen können.

9 In Unternehmen, die von einigen wenigen oder gar nur einem Auftraggeber abhängig sind, kann auch die vertragliche Bindung mit diesem Kunden Anlass bieten, arbeitgeberseits die Einigungsstelle anzurufen. Ähnlich stellt sich die Situation oftmals in der Gesundheits- und Pflegebranche dar, soweit eine Refinanzierung durch Dritte erfolgt.

Hier machen die Vorgaben des Auftraggebers dem Arbeitgeber teilweise Zugeständnisse im Rahmen einer Verhandlung zu dem betrieblichen Konflikt unmöglich. In solchen Fällen wird der Arbeitgeber sich lieber von der Einigungsstelle – gegen seine Stimmen – zu den Zugeständnissen zwingen lassen, die das betriebliche Schlichtungsinstrument als angemessen erachtet, als diese freiwillig zu gewähren. Letztendlich kann der Arbeitgeber dann auf die Einigungsstelle verweisen, die ihm bestimmte Regelungen aufgegeben hat.

Beispiel: Ein privates Sicherheitsunternehmen ist von einem einzigen Auftraggeber abhängig. Dieser verlangt nun plötzlich, dass alle Arbeitnehmer sich ärztlichen Untersuchungen auf Geschlechtskrankheiten durch einen von ihm ausgesuchten Arzt unterziehen. Der Betriebsrat des Sicherheitsunternehmens verweigert seine Zustimmung. Hier wird der Arbeitgeber die Einigungsstelle anrufen müssen, um seine Position gegenüber dem Auftraggeber zu stärken.

b) Taktische Überlegungen auf Betriebsratsseite

10 Genau wie die Arbeitgeberseite aus unterschiedlichen Motiven manchmal zu keiner Einigung bereit ist, haben Betriebsräte Beweggründe für den Weg über die Einigungsstelle. Die Gremien deswegen grundsätzlich dem Verdacht des Missbrauchs für tarifpolitische Interessen auszusetzen,[2] wird den verantwortungsvoll Mitbestimmung ausübenden Arbeitnehmervertretern in vielen Betrieben allerdings nicht gerecht.

2 Bauer, Einigungsstellen – Ein ständiges Ärgernis!, NZA 1992, 433 ff.

Oftmals ist die Anrufung der Einigungsstelle auf Betriebsratsseite die Reaktion auf eine arbeitgeberseitige Verzögerung der Verhandlungen. Wenn sich ein Betriebsrat ständig vertröstet fühlt, dann wird er irgendwann die Ernsthaftigkeit der Bereitschaft zu einem echten Kompromiss in Frage stellen. 11

Gerade Arbeitgeber, nach deren Philosophie die tatsächliche Mitbestimmung durch Betriebsratsgremien als Behinderung ihrer unternehmerischen Freiheit empfunden wird, laufen hier Gefahr, dass die Arbeitnehmervertretung frühzeitig dazu neigt über die Einigungsstelle noch einen neutralen Schlichter an den Verhandlungen teilnehmen zu lassen. Bei einer deutlich zum Ausdruck gebrachten Missachtung des Betriebsrates wird dieser schnell bereit sein, die Einigungsstelle zu bemühen, um durch den Vorsitzenden eine Versachlichung zu erreichen und für den Arbeitgeber die Drohkulisse eines Spruches aufzubauen. Dasselbe gilt für zumeist wenig hilfreiche Verweigerungen der Hinzuziehung von Sachverständigen, Anwälten oder Beratern bei den Verhandlungen. Wenn dadurch der Betriebsrat eine Unterlegenheit befürchtet, wird er schnell zum Scheitern der Verhandlungen neigen. Spätestens in der Einigungsstelle kann er die gewünschten Berater dann als Beisitzer an den Tisch holen. 12

Beispiel: Ein Klinik-Betriebsrat möchte die neue Betriebsvereinbarung, die der Arbeitgeber vorgelegt hat, juristisch prüfen lassen. Der Arbeitgeber verweigert die Kostenzusage. Bevor der Betriebsrat hier eine langwierige Klärung der Erforderlichkeit im Beschlussverfahren betreibt, wird er das Scheitern der Verhandlungen forcieren und für die Einigungsstelle einen Anwalt als Besitzer bestellen.

Natürlich werden Betriebsräte auch versuchen, ihrerseits Verhandlungen zu verzögern, wenn die vom Arbeitgeber angetragenen Vorstellungen erhebliche Nachteile für die Beschäftigten darstellen. Ungünstigere Lage der Arbeitszeiten, Verbot der Privatnutzung des Internets oder Reduzierung von betrieblichen, übertariflichen Vergütungsbestandteilen sind keine Themen, bei denen Betriebsräte frühzeitig Einverständnis signalisieren können, ohne sich selbst erheblicher Kritik der Belegschaft auszusetzen. 13

Aus taktischen Erwägungen wird hier von Seiten des Betriebsrates der Spruch der Einigungsstelle angestrebt werden, um auch gegenüber den Beschäftigten zu demonstrieren, dass man sich sogar dort noch zur Wehr gesetzt habe. Wenn nämlich die Einigungsstelle nach Klärung des Sachverhalts, Einsicht in bestimmte Unterlagen oder sogar Einholung eines Sachverständigengutachtens bei Abwägung der Interessen bestimmte Maßnahmen für unausweichlich erachtet hat, ist dieses der Belegschaft gegenüber leichter zu rechtfertigen.

Unbestritten gibt es auch auf der Betriebsratsseite ebenfalls so etwas wie eine Ausstrahlungswirkung. Auf diese wird oftmals auch über im Betrieb vertretene Gewerkschaften ein besonderes Augenmerk gerichtet sein. Ebenso wie die Arbeitgeber keine Präzedenzfälle schaffen wollen, scheuen auch örtliche Betriebsräte, den Vorreiter zu spielen, der als erster Betrieb in einem Unternehmen eine für die Arbeitnehmer als schlechter empfundene Regelung ohne weitere Gegenwehr einführt. 14

2. Voraussetzungen der Anrufung

15 Die scherzhafte Frage nach der Telefonnummer der Einigungsstelle, um diese „anrufen“ zu können, belegt die in der Praxis große Unsicherheit über die Formalien der Einleitung des Verfahrens zur Bildung der Einigungsstelle.

Voraussetzungen der Anrufung der Einigungsstelle im Überblick:

- Zuständigkeit der Einigungsstelle
- Erklärung des Scheiterns der Verhandlungen
- Vorschlag für einen Vorsitzenden
- Benennung der Anzahl der Beisitzer
- Fristsetzung zur Zustimmung durch die andere Partei
- Bei ergebnislosem Fristablauf: arbeitsgerichtliches Bestellungsverfahren einleiten.

a) Scheitern der Verhandlungen

16 **Beispiel:** Der Betriebsrat übersandte dem Arbeitgeber einen Entwurf einer Betriebsvereinbarung zum Thema „Aufstellung allgemeiner Urlaubsgrundsätze“. Trotz zweimaliger Fristsetzung zur Aufnahme von Verhandlungen und nochmaliger Aufforderung im Monatsgespräch, reagierte der Arbeitgeber überhaupt nicht. Der Betriebsrat beschloss daher, die Einigungsstelle anzurufen. Der Arbeitgeber entgegnete, dieses dürfe er gar nicht, da ja die Verhandlungen noch gar nicht geführt und somit auch noch nicht gescheitert sein können.

17 Der Gesetzgeber sieht das Verhandeln als Voraussetzung für die Bildung der Einigungsstelle vor, also als das letzte Mittel der Konfliktlösung.

Ob und ab wann die Verhandlungen allerdings zwischen Arbeitgeber und Betriebsrat als gescheitert angesehen werden, steht im **Ermessen** der beteiligten Betriebsparteien. Es steht jeder Seite frei zu entscheiden, wann sie die innerbetriebliche Beilegung der Meinungsverschiedenheiten nicht mehr für zeitnah möglich erachtet und stattdessen das Tätigwerden der Einigungsstelle für notwendig erachtet.[3] Eine bestimmte Intensität der Einigungsbemühungen ist jedenfalls keine Voraussetzung für die Anrufung der Einigungsstelle.[4] Jedoch muss zumindest der ernsthafte Versuch einer Einigung unternommen worden sein,[5] was in der Regel mindestens eine Einladung zu Verhandlungen voraussetzt. Ist schon dies unterblieben, so ist die Anrufung der Einigungsstelle rechtsmissbräuchlich iSd § 242 BGB und kann nicht eingesetzt werden.[6]

Die einzige Einschränkung ist gegeben, wenn das Scheitern der Verhandlungen ohne jeglichen Anlass behauptet wird, also offensichtlich **missbräuchlich** die Einigungsstelle angerufen werden soll. Soweit eine Seite aber mit einer – wenn auch vielleicht nicht einmal überzeugenden – Rechtfertigung aus den bisherigen Verhandlungspositionen oder der Vorgehensweise der Gegenseite einen Erfolg weiterer innerbetrieblicher Beilegungsversuche in Frage stellt, liegt jedenfalls ein Missbrauch nicht vor.

18 Manchmal versuchen Arbeitgeber, der Anrufung der Einigungsstelle durch den Betriebsrat entgegen zu halten, die Verhandlungen seien ja noch gar nicht beendet worden. In der Praxis wird dieses Vorgehen mit Ausnahme des äußerst seltenen Miss-

---

3 LAG Niedersachsen, 7.12.1998 – 1 TaBV 74/98, AiB 1999, 9; LAG Hessen, 22.11.1994 – 4 TaBV 112/94, NZA 1995, 1118.
4 DKK/Berg, § 76 BetrVG Rn 5.
5 Hess. LAG, 30.9.2014 – 4 TaBV 157/14.
6 LAG Hamburg, 14.10.2015 – 8 TaBV 12/15.

brauchs allerdings lediglich dazu führen, dass die Einsetzung der Einigungsstelle gerichtlich erfolgt und zusätzliche Kosten verursacht werden.

Die stärkste Form des Scheiterns der Verhandlungen ist dabei natürlich der Fall der **Verweigerung** durch die Gegenseite. Nimmt eine Seite trotz Aufforderung die Möglichkeit gar nicht erst wahr, die Meinungsverschiedenheit im Verhandlungswege beizulegen und verstößt somit gegen den Grundsatz des § 74 Abs. 1 Satz 2 BetrVG kann dieses nicht dazu führen, dass der Gegenseite der Weg in die Einigungsstelle versperrt wird, denn sonst würde das Modell der erzwingbaren Konfliktlösung ins Leere gehen.[7] 19

Dies gilt selbst dann, wenn von der sich verweigernden Partei im gerichtlichen Bestellungsverfahren Verhandlungsbereitschaft gezeigt wird, um so die Einsetzung überflüssig zu machen.

b) Antragserfordernis

Im freiwilligen Einigungsstellenverfahren kann die betriebliche Schlichtung nur im Einvernehmen beider Betriebsparteien errichtet und tätig werden. 20

Haben die Parteien sich hingegen im Rahmen einer freiwilligen Betriebsvereinbarung bereits zuvor auf eine ständige Einigungsstelle geeinigt, ist diese nicht mehr im konkreten Streitfall zu bilden. Es ist dann auf die bereits installierte zurückzugreifen.

Mit diesen Ausnahmen wird ansonsten in Fragen der erzwingbaren Mitbestimmung, in denen also im Spruchwege die Einigung ersetzt werden kann, die Einigungsstelle nach § 76 Abs. 5 Satz 1 BetrVG nur auf Antrag einer Seite tätig. 21

c) Antragsberechtigung

Grundsätzlich sind beide Betriebspartner, also Arbeitgeber und das zuständige Betriebsratsgremium (Betriebsrat, Gesamtbetriebsrat, Konzernbetriebsrat) berechtigt, die Einigungsstelle anzurufen, nicht hingegen bestimmte Quoren von Arbeitnehmern oder eine im Betrieb vertretene Gewerkschaft, der Wirtschaftsausschuss, die Schwerbehindertenvertretung oder die Jugend- und Auszubildendenvertretung. Ausnahmen gelten jedoch in den Fällen der §§ 37 Abs. 6 Satz 5, Abs. 7 Satz 3, 38 Abs. 2 Satz 4 und 95 Abs. 1 Satz 2 BetrVG, bei denen lediglich der Arbeitgeber zur Anrufung der Einigungsstelle berechtigt ist, sowie im Fall des 85 Abs. 2 Satz 1 BetrVG, in dem lediglich der Betriebsrat zur Anrufung der Einigungsstelle berechtigt ist. 22

d) Frist

Eine Frist für die Anrufung der Einigungsstelle ist grundsätzlich nicht vorgesehen. Zwei Ausnahmen sind dabei aber zu beachten: 23

Nach § 38 Abs. 2 Satz 4 BetrVG muss der Arbeitgeber, wenn er die Freistellung eines Betriebsratsmitgliedes für sachlich nicht vertretbar hält, innerhalb einer Frist von zwei Wochen nach der Bekanntgabe die Einigungsstelle anrufen. 24

Zwar keine ausdrückliche Frist, praktisch jedoch die Vorgabe der unverzüglichen Anrufung der Einigungsstelle findet sich in § 37 Abs. 6 BetrVG. Will der Arbeitgeber ge- 25

7 Zutreffend LAG Baden-Württemberg, 16.10.1991 – 12 TaBV 10/91, NZA 1992, 186 ff.

gen eine Teilnahme an einer Schulungsveranstaltung einwenden, die betrieblichen Notwendigkeiten seien nicht ausreichend berücksichtigt, wird er nur bei einer zügigen Anrufung der Einigungsstelle die Möglichkeit haben, die Frage noch vor dem Seminarbeginn zu klären.

e) Form

26 Die Anrufung der Einigungsstelle ist eigentlich an keine strenge Form gebunden. Es handelt sich lediglich um die Erklärung einer Betriebspartei gegenüber der anderen, dass die Verhandlungen zu der entsprechenden Streitigkeit als gescheitert angesehen werden und deswegen nun die Einigungsstelle gebildet werden soll, um die Meinungsverschiedenheit beizulegen.

27 In der Praxis üblich und dringend zu empfehlen ist jedoch die Schriftform.

In der Erklärung ist anzugeben, zu welchem Streitgegenstand eine Entscheidung der Einigungsstelle begehrt wird. Des Weiteren sollte zweckmäßigerweise bereits ein Vorschlag für die Person des Einigungsstellenvorsitzenden und die Anzahl der Beisitzer unterbreitet werden.

▶ **Muster: Anrufung der Einigungsstelle durch den Arbeitgeber**

OMNI-BUS GmbH

An den Betriebsrat

Verhandlungen zur Betriebsvereinbarung „Namensschilder“

Sehr geehrte Damen und Herren Betriebsräte,

nachdem auch unsere gestrige Verhandlung zur Frage der Einführung von Namensschildern bei den Fahrern zu keinem Ergebnis geführt hat und der Betriebsrat hier keinerlei Kompromissbereitschaft erkennen lässt, hat die Geschäftsleitung beschlossen, nunmehr zu diesem Thema für den Abschluss einer Betriebsvereinbarung das Tätigwerden der Einigungsstelle zu beantragen.

Von Arbeitgeberseite wird Herr Richter Pfiffig vom Arbeitsgericht Schweinfurt als Vorsitzender vorgeschlagen. Als Beisitzer auf jeder Seite sollten zwei genügen. Teilen Sie uns bitte bis

spätestens 12.3.

mit, ob Sie mit dem vorgeschlagenen Vorsitzenden und der Anzahl der Beisitzer einverstanden sind. Nach ergebnislosem Verstreichen der Frist werden wir die Einigungsstelle gerichtlich einsetzen lassen.

Mit freundlichen Grüßen

Geschäftsführer ◀

28 Aus Sicht des Betriebsrates ist auf Formfragen sehr viel stärker zu achten. Letztendlich muss der Anrufung der Einigungsstelle durch den Betriebsrat ein **ordnungsgemäßer Beschluss** des Gremiums nach § 33 BetrVG vorausgehen. Arbeitgeberseits wird nämlich die Einsetzung der Einigungsstelle noch am leichtesten dadurch verhindert oder verzögert, dass die ordnungsgemäße Beschlussfassung des Betriebsrates gerügt wird. Fehlt es an einer solchen, hat dies natürlich auch weitere Konsequenzen für die vom Arbeitgeber zu tragenden Beisitzerhonorare und Rechtsanwaltskosten.[8]

8 Bösche/Grimberg, Die Anrufung der Einigungsstelle, AiB 1991, 69.

Das bedeutet also, dass die vorausgehende Beschlussfassung nur in einer ordnungsgemäß einberufenen Sitzung erfolgen kann – und nicht etwa im Umlaufverfahren, per E-Mail oder im Wege der Telefonkonferenz. Voraussetzung für eine ordnungsgemäße Beschlussfassung ist des Weiteren die ordnungsgemäße Ladung und die rechtzeitige Mitteilung der Tagesordnung. Daraus müssen die TOP ersichtlich sein. 29

Beispiel: TOP 4: Betriebsvereinbarung Internetnutzung / Anrufung der Einigungsstelle

4.1. Bericht des Vorsitzenden zu den letzten Verhandlungen mit dem Arbeitgeber zur BV Internetnutzung
4.2. Feststellen des Scheiterns der Verhandlungen
4.3. Anrufung der Einigungsstelle
4.4. Vorschlag für den Einigungsstellenvorsitzenden
4.5. Anzahl der Beisitzer
4.6. Auswahl der Beisitzer des Betriebsrates
4.7. Abschluss- und Verhandlungsvollmacht für die Beisitzer
4.8. Einleitung des arbeitsgerichtlichen Bestellungsverfahrens

Für die Betriebsratssitzung empfiehlt es sich, zuerst nochmals den letzten Verhandlungsstand für das Protokoll darzulegen. Dies beugt auch dem Einwand des Arbeitgebers vor, die Einigungsstelle sei offensichtlich missbräuchlich und ohne ernsthafte Verhandlungen angerufen worden. 30

Die Feststellung des Scheiterns der Verhandlungen aus Sicht des Betriebsrates sollte dann im Wege der Abstimmung aufgrund der Erkenntnisse per Beschluss festgestellt werden. In der Folge wird dann zum Ausdruck gebracht, dass der Betriebsrat sich nunmehr entschieden hat, eine Entscheidung über die betriebliche Schlichtung zu erzielen, also das Tätigwerden der Einigungsstelle zu beantragen. 31

Wichtig sind danach die Beschlussfassungen über den Vorschlag des Betriebsrates zur Person des Einigungsstellenvorsitzenden und die Anzahl der Beisitzer. Hierüber muss versucht werden, mit dem Arbeitgeber eine Einigung zu erzielen. Steht zu befürchten, dass der Arbeitgeber gegen die Person des Vorsitzenden oder die Anzahl der Beisitzer Bedenken erhebt, empfiehlt es sich, eine Bevollmächtigung des Betriebsratsvorsitzenden für die Klärung mit dem Arbeitgeber zu erteilen oder bereits einen Ersatzvorschlag zu beschließen. Wichtig ist es, der Gegenseite eine Frist zur Äußerung zu setzen. Für den Fall, dass eine Einigung über Vorsitz und Beisitzeranzahl nicht innerhalb dieser Zeitspanne zustande kommt oder gar keine Reaktion erfolgt, ist es ratsam, bereits die dann vorzunehmende Einsetzung im arbeitsgerichtlichen Bestellungsverfahren zu beschließen. Hierdurch wird einer arbeitgeberseitigen Verzögerungstaktik bezüglich der Besetzung der Einigungsstelle entgegengewirkt. 32

Auch die Auswahl der Beisitzer kann bereits zu diesem Zeitpunkt erfolgen. Selbst wenn sich später die Anzahl der Beisitzer ändern sollte, ist dies unproblematisch, da die Benennung jederzeit geändert werden kann und eine Einigung mit dem Arbeitgeber nur bezüglich der Person des Vorsitzenden herbeigeführt werden muss. Im Gegensatz zur Anzahl der Beisitzer ist die Auswahl der Personen auf Betriebsratsseite grundsätzlich von keinem Einverständnis des Arbeitgebers abhängig. 33

Oftmals macht es auch Sinn, den beschlossenen Beisitzern auch die entsprechende Abschluss- und Verhandlungsvollmacht zu erteilen, wenn man davon ausgeht, dass 34 im Rahmen des Einigungsstellenverfahrens doch noch ein Kompromiss ohne Spruch erzielt werden kann. Taktisch ist dieses aber dann nicht zu empfehlen, wenn der Betriebsrat einen solchen Kompromiss erst nochmals durch das Gremium bewerten lassen will. Hier schafft es den Beisitzern auf Betriebsratsseite dann durchaus auch eine Rückzugslinie im Einigungsstellenverfahren. Alle Überlegungen stehen dann immer unter dem Vorbehalt der Zustimmung des Gremiums. Das Beispiel aus Rn. 29 könnte in der Praxis wie folgt aussehen:

35 **Beispiel: TOP 4: Betriebsvereinbarung Internetnutzung / Anrufung der Einigungsstelle**

4.1. Bericht des Vorsitzenden über die letzten Verhandlungen

Der BR-Vorsitzende berichtet von den gestrigen Verhandlungen. Der Arbeitgeber beharrt weiterhin darauf, dass die Internetnutzung von ihm vollständig und jederzeit durch stichprobenartige Kontrollen aller Arbeitnehmer überwacht werden kann und Erkenntnisse ohne Information des Betriebsrates gegenüber den Arbeitnehmern bezüglich Missbrauch, aber auch zur Leistungsbeurteilung verwendet werden dürften. Zu Zugeständnissen bezüglich der Forderungen des Betriebsrates, eine Leistungsbeurteilung und Überwachung der Arbeit der Beschäftigten auszuschließen, ist er nicht bereit.

4.2. Feststellen des Scheiterns der Verhandlungen

Vor diesem Hintergrund sieht der Betriebsrat keine Möglichkeit mehr, eine Betriebsvereinbarung zur Internetnutzung ohne Einigungsstelle durch Verhandlungen zu erreichen und stellt daher fest, dass die Verhandlungen gescheitert sind:

Abstimmung: 5 Ja – 2 Nein

4.3. Anrufung der Einigungsstelle

Der Betriebsrat beschließt daher aufgrund des Scheiterns der Verhandlungen, die Einigungsstelle anzurufen.

Abstimmung: 5 Ja – 2 Nein

4.4. Vorschlag für den Vorsitzenden der Einigungsstelle

Der Betriebsrat hat auf einer Schulungsveranstaltung zum Thema „IuK im Betrieb“ Herrn Arbeitsrichter am Arbeitsgericht Kassel, Dr. Strom, als sachkundigen und im Umgang mit diesen Medien vertrauten Referenten kennengelernt. Bei diesem ist nach kurzer Einarbeitungszeit zu erwarten, dass er sowohl rechtlich wie sachlich fundierte Vorschläge zur Umsetzung im Rahmen einer Einigungsstelle unterbreiten kann.

Der Betriebsrat schlägt dem Arbeitgeber daher Herrn Richter am Arbeitsgericht Kassel, Dr. Strom, als Vorsitzenden der Einigungsstelle vor.

Abstimmung: 7 Ja – 0 Nein

4.5. Anzahl der Beisitzer

Der Betriebsrat hält angesichts der komplexen Materie eine Besetzung der Einigungsstelle mit jeweils 3 Beisitzern für erforderlich, um sowohl betriebsinterne Abläufe, rechtliche Fragen und technische Aspekte mit hinreichender Sachkompetenz in der Einigungsstelle vertreten zu sehen.

Der Betriebsrat beschließt daher, dass jede Betriebspartei für die Einigungsstelle 3 Beisitzer benennen soll.

Abstimmung: 7 Ja – 0 Nein

4.6. Auswahl der Beisitzer auf Betriebsratsseite

Der Betriebsrat benennt folgende Beisitzer für die Einigungsstelle:

Betriebsratsmitglied Egon Schlau

Gewerkschaftssekretär Franz Roth

Rechtsanwalt Bernhard Klempner

Abstimmung: 7 Ja – 0 Nein

4.7. Verhandlungs- und Abschlussvollmacht

Den Beisitzern des Betriebsrates wird für die Betriebsvereinbarung Internetnutzung Verhandlungs- und Abschlussvollmacht erteilt.

Abstimmung: 7 Ja – 0 Nein

4.8. Gerichtliche Einsetzung der Einigungsstelle

Sollte der Arbeitgeber die Durchführung des Einigungsstellenverfahrens ablehnen oder innerhalb einer Frist von 1 Woche sich bezüglich der Anzahl der Beisitzer oder der Person des Vorsitzenden nicht äußern, wird der Rechtssekretär Erwin Schön mit der Einleitung des arbeitsgerichtlichen Bestellungsverfahrens beauftragt.

Abstimmung: 7 Ja – 0 Nein

f) Verfahrensgegenstand

Der Gesetzgeber regelt in § 76 Abs. 2 BetrVG lediglich, dass die Einigungsstelle aus 36
einer gleichen Anzahl von Beisitzern, die jeweils vom Arbeitgeber und vom Betriebsrat benannt werden und einem unparteiischen Vorsitzenden besteht.

Weitergehende Konkretisierungen kennt das Gesetz nicht, so dass insb. über die Person des Vorsitzenden und die Anzahl der Beisitzer oftmals keine Einigung zwischen Arbeitgeber und Betriebsrat erzielt wird.

In diesen Fällen entscheidet dann das zuständige Arbeitsgericht auf Antrag einer Seite und setzt die Anzahl der Beisitzer oder die Person des Vorsitzenden fest. Da durch die zwischenzeitliche Einschaltung des Arbeitsgerichtes nicht eine langwierige Verzögerung eintreten soll, ist in § 100 ArbGG eine besonders schnelle Erledigung vorgeschrieben, wonach das Arbeitsgericht innerhalb von 2 Wochen ab Antragstellung entscheiden soll. In der Praxis wird dieser Beschleunigungsgedanke von der Arbeitsjustiz auch ernst genommen, so dass sich dieses Instrument zur Einigung über die Zusammensetzung der Einigungsstelle bewährt hat.

aa) Regelungsgegenstand

Obwohl das Gesetz dieses nicht ausdrücklich erwähnt, setzt es neben der Einigung 37
über die Person des Vorsitzenden und der Anzahl der Beisitzer noch eine weitergehende Übereinkunft denknotwendig voraus, nämlich die Einigung über den genauen **Regelungsgegenstand.**

Zwar entscheidet die Einigungsstelle selbst im Rahmen ihrer Vorfragenkompetenz über ihre Zuständigkeit, so dass die eventuell umstrittene Reichweite des Bestehens eines Mitbestimmungsrechtes dort geklärt wird. Dennoch müssen die Betriebsparteien zumindest Einigkeit über den der Einigungsstelle vorzulegenden Lebenssachverhalt erzielen. Die Betriebsparteien legen damit nämlich die Themen für die Einigungsstelle fest.

bb) Person des Vorsitzenden

38 Aus dem Gesetz ergibt sich nicht, welche Aufgaben der Vorsitzende zu erfüllen hat. Da er aber die Verhandlung der Einigungsstelle leitet und mit seiner Stimme das Ergebnis des Verfahrens maßgeblich beeinflussen kann, kommt ihm eine Schlüsselposition[9] zu. Bei der Auswahl des Vorsitzenden für eine Einigungsstelle sollte daher neben der Neutralität und der Fachkunde vor allem auch auf die Fähigkeit zur Kommunikation[10] und auf entsprechende soziale Kompetenz geachtet werden.

(1) Neutralität

39 In § 76 Abs. 2 BetrVG wird von der Person des Vorsitzenden ausdrücklich nur „Unparteilichkeit" gefordert. Im Gegensatz zu den Beisitzern, die von einer der beiden Seiten benannt werden und trotz ihrer autonomen Stellung praktisch Interessenvertreter sind, soll der Vorsitzende weder unmittelbar noch mittelbar irgendein eigenes Interesse[11] an dem Ausgang des Verfahrens haben.

40 Daraus folgt, dass der Vorsitzende **weisungsfrei** sein muss und in keinem besonderen Näheverhältnis zu einer der beiden Betriebspartner stehen darf. Um seine Funktion als Vorsitzender eines Organs zur Konfliktlösung zu erfüllen, das die Interessen beider Seiten zum Ausgleich bringen soll, ist seine Unabhängigkeit wichtige Voraussetzung.

41 Damit scheiden bestimmte Personen, bei denen man unterstellen kann, dass sie sich nicht von einer einseitigen Tendenz freimachen können, für diese Funktion faktisch aus:

- Mitglieder des Betriebsratsgremiums oder eines anderen Betriebsratsgremiums desselben Unternehmens oder Konzerns, bzw des Gesamtbetriebsrates oder Konzernbetriebsrates
- Aufsichtsratsmitglieder;
- Führungskräfte des Betriebs oder eines anderen Betriebs desselben Unternehmens oder Konzerns;
- Verwandte des Arbeitgebers oder von Führungskräften einerseits oder Betriebsratsmitgliedern andererseits;
- Arbeitgeberverbandsvertreter und Gewerkschaftsvertreter.

42 Ob generell **betriebsangehörige Arbeitnehmer** ausscheiden, weil diese der Weisungsbefugnis des Arbeitgebers unterliegen, wird unterschiedlich gesehen. Zum Teil will man den Betriebspartnern nicht schlechterdings untersagen können, sich auf eine Person zu einigen, die gerade den Betrieb kennt und die die Akzeptanz beider Seiten genießt.[12] Andererseits wird man aber wegen der Weisungsabhängigkeit eines im Betrieb Beschäftigten einerseits und der zumindest mittelbaren Betroffenheit anderer-

9 DKK/Berg, § 76 BetrVG Rn 16; Fitting, § 76 BetrVG Rn 24; Weber/Ehrich, S. 14; Fischer, Einigungsstellenvorsitz – Quasi richterliche oder Mediationstätigkeit sui generis?, DB 2000, 217 ff.
10 Fischer, aaO.
11 Weber/Ehrich, S. 15; JRH-Praxishandbuch Betriebsverfassungsrecht, S. 388.
12 ErfK/Kania, § 76 BetrVG Rn 6.

seits eine solche Bestellung nicht nur für „unzweckmäßig", sondern mit dem Gebot der Unparteilichkeit unvereinbar halten müssen. Seine Entscheidung wird zwangsläufig nicht wirklich frei von eigenen Belangen oder Rücksichtnahmen erfolgen können, da der Betriebsangehörige eben in einem abhängigen Vertragsverhältnis zu einer der Parteien steht.

Die Unparteilichkeit darf nämlich nicht nur zum Zeitpunkt der Bestellung bestehen, 43 sondern muss prognostisch für die gesamte Dauer des Verfahrens absehbar sein. Der Vorsitzende kann nämlich in Situationen geraten, in denen sowohl arbeitgeberseits als auch von Seiten des Betriebsrates ein enormer Druck bis hin zur Einschaltung der Öffentlichkeit ausgeübt wird. Gerade bei Interessenausgleich- und Sozialplanverhandlungen wird oftmals durch die Presse und gewerkschaftlich mobilisierte Arbeitnehmer ein Klima erzeugt, in dem die absolute Souveränität des Vorsitzenden gefordert ist. Solche Fälle belegen, dass ein betriebsangehöriger Vorsitzender hier völlig ungeeignet ist, da er immer zumindest mittelbar betroffen sein wird.

Andererseits bedeutet Neutralität aber nicht, dass jegliches parteipolitische oder ge- 44 sellschaftliche Engagement bereits dazu führt, dass eine Parteilichkeit vorliegt. Ebenso wenig schließt die Mitgliedschaft in einer Gewerkschaft oder die frühere Tätigkeit bei einem Arbeitgeberverband zwangsläufig die erforderliche Neutralität für diesen Betrieb und Streitfall aus.

Frühere Stellungnahmen zu bestimmten arbeitsrechtlichen Problemen, die auch Ge- 45 genstand des Einigungsstellenverfahrens sind, insb. literarische Veröffentlichungen, die eine klare Positionierung in diesen konkreten Fragen beinhalten, können idR die Parteilichkeit der vorgeschlagenen Person infrage stellen.[13]

Unschädlich hingegen ist, wenn der Vorsitzende zu anderen Themen publiziert hat 46 und hierbei eher als arbeitnehmer- oder arbeitgeberfreundlich bewertet wird. Auch die Tätigkeit als Referent für bestimmte Bildungsträger auf Arbeitgeberseite oder gewerkschaftliche Einrichtungen stellt noch keine Parteilichkeit dar.[14] IdR werden Arbeitgeber wie Betriebsrat für den Vorsitz Personen vorschlagen, die ihnen entweder von Rechtsanwälten, Verbands- oder Gewerkschaftsvertretern als geeignet vorgeschlagen werden oder die sie auf Veranstaltungen, Seminaren oder bei Prozessen kennen gelernt haben.

In der Praxis werden deshalb regelmäßig **Richter** der Arbeitsgerichtsbarkeit ange- 47 fragt. Bei ihnen wird aufgrund des Berufes eine gewisse Neutralität angenommen und vermutet. Aber auch Hochschullehrer, Steuerberater, Politiker oder Kirchenvertreter kommen für diese Aufgabe in Betracht.

Obwohl die **Anwaltschaft** gerade im Bereich der außergerichtlichen Streitschlichtung 48 immer mehr gefragt ist und das Feld der Mediation für sich entdeckt, ist festzustellen, dass erstaunlich selten Rechtsanwälte, insb. Fachanwälte für Arbeitsrecht, eingesetzt werden. Gerade weil den Arbeitgeber oder Betriebsrat beratende Juristen oftmals die Kompetenz und Tätigkeit ihrer Kollegen genauso einschätzen können wie die der Ar-

13 Weber/Ehrich, S. 14; Friedemann, Rn 110 ff.
14 LAG Baden-Württemberg, 16.1.2009 – 7 TaBV 10/08.

beitsrichter aus der Umgebung, ist dieses angesichts einer sich ändernden Landschaft der Rechtsberatung nicht recht nachvollziehbar.

49 Für einen **Richter** der Arbeitsgerichtsbarkeit sind weitere Voraussetzungen zu beachten. Neben der Selbstverständlichkeit, dass der Richter mit der Sache noch nicht betraut gewesen ist (§ 40 DRiG), bedarf der Richter einer Nebentätigkeitserlaubnis. Nach § 100 Abs. 1 Satz 5 ArbGG muss des Weiteren nach dem Geschäftsverteilungsplan ausgeschlossen sein, dass dieser Richter künftig mit der Überprüfung, Auslegung oder Anwendung des Spruches der Einigungsstelle befasst sein wird. Er darf auch nicht indirekt mit dem Inhalt des Spruches der Einigungsstelle in zwischen dem Arbeitgeber und Arbeitnehmern geführten Rechtsstreiten konfrontiert werden können. Sicher kommen daher bspw die Richter des BAG aus den Senaten nicht in Betracht, die sich mit Fragen des Betriebsverfassungsrechtes beschäftigen und für Anfechtungsverfahren von Einigungsstellensprüchen zuständig sind.

50 Dennoch wird von der Rechtsprechung angenommen, allein die Tatsache, dass der Betrieb in dem Arbeitsgerichtsbezirk liegt, in dem der vorgeschlagene Richter tätig ist, stehe einer Bestellung nicht entgegen.[15] Die teilweise kritiklose Übernahme dieser Auffassung in der Literatur[16] überrascht. Immerhin darf nicht übersehen werden, dass die Arbeitsrichter in diesem Fall Gefahr laufen, von ihren unmittelbaren Kollegen auf rechtliche Fehlentscheidungen überprüft zu werden. Die besondere Rücksicht des Vorsitzenden auf Rechtsfehlerfreiheit kann dann aber dazu führen, dass dieses die Orientierung an einem sachgerechten Kompromiss überschattet. Auch für den mit der Überprüfung des Einigungsstellenspruchs betrauten Richterkollegen stellt sich das Problem, dass er der Einigungsstelle und damit zwangsläufig dem Vorsitzenden für den Fall der Unwirksamkeit Verstöße gegen Rechtsvorschriften bescheinigen müsste, was eventuell auch seine Verhandlungsführung beeinflussen könnte.

Insofern wird überwiegend zu Recht die Auffassung vertreten, dass die Auswahl eines Richters aus dem Arbeitsgerichtsbezirk des Betriebes abzulehnen ist.[17]

(2) Fachkunde

51 Obwohl das Gesetz dieses nicht ausdrücklich vorschreibt, besteht Einigkeit darüber, dass der Vorsitzende eine besondere **Fachkunde** aufweisen soll. Damit sind einerseits fundierte Kenntnisse des Arbeits- und Betriebsverfassungsrechtes gemeint, andererseits solche, die den konkreten Regelungsgegenstand betreffen.

52 Vorab ist zu betonen, dass § 76 BetrVG ein Jura-Studium nicht vorschreibt und der rechtsunkundige Vorsitzende sich notfalls der Einholung eines juristischen Sachverständigengutachtens bedienen könnte.[18] Der juristische Sachverstand ist aber in der Praxis schon deswegen erforderlich, weil oftmals Fragen der Zuständigkeit der Einigungsstelle und der Reichweite der Mitbestimmungsrechte bereits zu Beginn des Verfahrens rechtlich schwierige Fragestellungen aufwerfen können.[19] Materielle und ver-

15 LAG Rheinland-Pfalz, 23.6.1983 – 4 TaBV 12/83, DB 1984, 56.
16 Weber/Ehrich, S. 16; Friedemann, Rn 116; Schönfeld, Die Person des Einigungsstellenvorsitzenden, DB 1988, 1996 ff.
17 So auch DKK/Berg, § 76 BetrVG Rn 22 mwN.
18 Schönfeld, aaO.
19 Weber/Ehrich, S. 15; Friedemann, Rn 114.

fahrensrechtliche Kenntnisse sind daher in der Praxis für eine erfolgreiche Leitung des Verfahrens unabdingbar. Ein Vorsitzender, der hier nicht souverän mit den aufgeworfenen Rechtsproblemen umgehen kann, wird schnell an Autorität und Akzeptanz bei juristisch bewanderten Beisitzern aus der Anwaltschaft oder den Verbänden und Gewerkschaften einbüßen. Letztendlich dient es beiden Seiten, wenn der Vorsitzende auch in der Lage ist, Diskussionen auf die wesentlichen Aspekte der Mitbestimmung zu reduzieren und dieses auch entsprechend begründen kann.

Dennoch kann auch ein noch so kompetenter Jurist dann ungeeignet sein, wenn er 53 von der Arbeitswelt wenig Ahnung und zu den praktischen Fragen des Regelungsgegenstandes überhaupt keinen Bezug hat.

Beispiel 1: Ein computerbegeisterter jüngerer Richter am Arbeitsgericht ist für eine Einigungsstelle zu EDV-Fragen sicherlich besser geeignet als ein erfahrener Richter am Landesarbeitsgericht, der sich aber seit Jahren den technischen Neuerungen bewusst verschließt und selbst keinen PC bedienen kann.

Beispiel 2: Ein Rechtsanwalt als Vorsitzender, der selbst in einer früheren Ausbildung Krankenpfleger gelernt hat, besitzt für Fragen der Dienstplangestaltung in einem Krankenhaus eine andere Sachkompetenz als ein Jurist, der in seiner Studienzeit praktische Berufserfahrung als Journalist gesammelt hat. Dieser besitzt stattdessen wahrscheinlich ein notwendiges Verständnis der Arbeitsabläufe bei Medien und Rundfunkanstalten.

Anderseits bedeutet dies nicht, dass von einem Einigungsstellenvorsitzenden vertiefte 54 Spezialkenntnisse, ein Betriebswirtschaftsstudium oder eine EDV-Ausbildung vorausgesetzt werden können.[20] Er muss sich zwar im Rahmen der Vorbereitung soweit möglich und nötig auch mit betriebswirtschaftlichen Auswirkungen oder dem technischen Sachstand befassen. Letztendlich kann er sich jedoch bei Spezialfragen, bei denen seine Kenntnisse ihre Grenzen finden, eines Sachverständigen bedienen.

(3) Mediationskompetenz

Um mit den Betriebsparteien einen Weg zu einer einvernehmlichen gemeinsamen Lö- 55 sung zu entwickeln, bedarf es einer Kenntnis des Vorsitzenden über die unterschiedlichen Interessenlagen eines solchen Konflikts und des Gespürs, wie die Kompromissvorschläge auch beiden Seiten vermittelbar sind. Erfahrene Einigungsstellenvorsitzende wissen dabei sehr gut sowohl die Motive des Betriebsrates als auch des Arbeitgebers einzuschätzen und Stück für Stück Konfliktpotential abzubauen, um beiden Seiten immer zu ermöglichen, das Gesicht zu wahren. Andererseits kann ein Einigungsstellenvorsitzender mit zu formalistischer Verhandlungsführung die Fronten sogar noch verhärten und vorschnell in einen Spruch treiben.[21]

Es ist daher allgemeine Auffassung, dass für die Leitung einer Einigungsstelle eine 56 „Persönlichkeit“ mit „**Verhandlungsgeschick**“, „**Fairness**“ und „**Integrität**“ notwendig ist. Letztlich wird von dem Vorsitzenden als Idealtypus Moderationsfähigkeit und gesunder Menschenverstand erwartet.[22]

20 Weber/Ehrich, S. 16.
21 Tschöpe, Die Bestellung der Einigungsstelle – Rechtliche und taktische Fragen, NZA 2004, 945 ff.
22 Schönfeld, aaO mwN.

Insoweit deckt sich diese Erwartung weitgehend mit den Anforderungen an die Mediation, wie sie sich mehr und mehr auch im juristischen Bereich etabliert.[23]

(4) Rechtsstellung

57 Für eine Person, auf die sich die Betriebsparteien geeinigt haben, besteht keine Verpflichtung, dieses Amt auch zu übernehmen, selbst dann nicht, wenn die Auswahl des Vorsitzenden im gerichtlichen Bestellungsverfahren erfolgt. Es besteht die Berechtigung, das Amt jederzeit ohne Begründung abzulehnen.

58 Die Übernahme des Einigungsstellenvorsitzenden ist keine Ausübung richterlicher Tätigkeit, auch nicht für den Berufsrichter. Vielmehr handelt es sich um ein **betriebsverfassungsrechtliches Schuldverhältnis** zwischen Vorsitzendem und Arbeitgeber, auf das nach der Rechtsprechung des BAG die zivilrechtlichen Grundsätze des Dienstvertrages und der Geschäftsbesorgung Anwendung findet.[24]

Daraus resultiert, dass der Vorsitzende eine Verpflichtung zur Durchführung der Einigungsstelle eingeht, im Gegenzug aber einen Entgeltanspruch besitzt, wie er in § 76 a BetrVG geregelt ist.

59 Umstritten ist deshalb, ob der Vorsitzende die übernommene Leitung der Einigungsstelle auch wieder **niederlegen** kann.[25] Richtig und konsequent ist es, dem Vorsitzenden ein jederzeitiges Kündigungsrecht der Verpflichtung zur Durchführung der Einigungsstelle einzuräumen.

So wie die Betriebsparteien den Einigungsstellenvorsitzenden, auf den sie sich geeinigt haben oder der gerichtlich bestellt wurde, jederzeit einvernehmlich wieder abberufen können, so muss auch dem Vorsitzenden die Möglichkeit gegeben sein, die Fortsetzung der Leitung der Einigungsstelle abzulehnen.

60 Der Vorsitzende der Einigungsstelle unterliegt gem. § 79 Abs. 2 BetrVG demselben **Verbot** wie Betriebsratsmitglieder **Betriebs- und Geschäftsgeheimnisse** zu **offenbaren**, wenn ihm diese in seiner Funktion bekannt geworden sind. Es bedarf aber auch gegenüber dem Einigungsstellenvorsitzenden eines ausdrücklichen Hinweises des Arbeitgebers, dass es sich um geheimhaltungsbedürftige Tatsachen oder Umstände handelt.

61 Zu beachten ist auch, dass der Vorsitzende der Einigungsstelle nach § 78 BetrVG in der Ausübung seiner Tätigkeit weder gestört noch behindert werden darf. Der Schutz der Tätigkeit als Organ der Betriebsverfassung verbietet es daher, den Vorsitzenden in Presseverlautbarungen mit dem Ziel der Beeinflussung zum Gegenstand von gezielten Meinungsäußerungen zu machen. Auch der Versuch, die Honorarfrage für den Einigungsstellenvorsitzenden von dem Ergebnis oder Ausgang des Verfahrens abhängig zu machen, stellt insofern einen Beeinflussungsversuch dar. Daher sollte die Honorarfrage stets zu Beginn der Einigungsstelle und für alle Teilnehmer transparent erörtert

23 Fischer, aaO.
24 BAG, 15.12.1978 – 6 ABR 64/77, AP Nr. 5 zu § 76 BetrVG.
25 Zustimmend: DKK/Berg, § 76 BetrVG Rn 37; ErfK/Kania, § 76 BetrVG Rn 11; Schönfeld, aaO; ablehnend: Pünnel/Isenhardt, Die Einigungsstelle des BetrVG 1972, Rn 103.

werden, damit insb. die Betriebsratsseite nicht den Eindruck gewinnt, es würde diese Frage eventuell die Entscheidung beeinflussen können.

Hier ist bei vielen Einigungsstellen fälschlicherweise eine gewisse Scheu des Vorsitzenden erkennbar, diese Frage bereits zu Beginn des Verfahrens zu thematisieren.

cc) Beisitzer

Das Gesetz regelt in § 76 BetrVG lediglich, dass die Einigungsstelle aus einer gleichen Anzahl von Beisitzern auf jeder Seite zu bestehen hat. Über die Anzahl der Beisitzer und deren Auswahl sagt das Gesetz nichts. 62

(1) Anzahl der Beisitzer

Aus diesem Grund sind die Betriebsparteien gezwungen, sich über die **Anzahl** der Beisitzer im Vorfeld der Einigungsstelle zu einigen. Scheitert es bereits an der Übereinkunft über die notwendige Anzahl, legt das Arbeitsgericht im Beschlussverfahren nach § 100 ArbGG die notwendige Anzahl der Beisitzer fest. 63

In vielen Fällen hat sich eine Besetzung mit jeweils 3 Beisitzern bewährt. Dabei ist zu berücksichtigen, dass vielfach die Beisitzer unterschiedliche Kenntnisse und Spezialwissen einbringen. Häufig werden Betriebsräte eine Besetzung wünschen, bei der ein Betriebsratsmitglied für die internen, ein Gewerkschaftssekretär für die branchenüblichen und ein Fachanwalt für Arbeitsrecht für die juristischen Fragen zuständig ist. Dies deckt sich dann mit einer Besetzung auf der Arbeitgeberseite aus Geschäftsführung, Personalabteilung und Arbeitgeberverband oder betreuendem Rechtsanwalt. 64

Letztendlich ist aber die Anzahl der Beisitzer immer vor dem Hintergrund des konkreten Regelungsthemas festzulegen. Gerade bei schwierigen und bedeutenden Themen kann daher auch angebracht sein, die Einigungsstelle mit mehreren Personen zu besetzen, insb. wenn von externen Beisitzern mit großem Sachverstand entscheidende Impulse gegeben werden können. Dies verhindert nämlich dann die oft sehr viel Zeit kostende und die Vertagung bewirkende Beauftragung von Sachverständigen, die idR auch noch kostspieliger ist. Eine schematische Betrachtung im Sinne einer Regelbesetzung mit je zwei Beisitzern verbietet sich daher bereits vor diesem Hintergrund und den immer komplexeren Regelungsgegenständen insb. im Rahmen der sozialen Angelegenheiten des § 87 BetrVG. 65

Dennoch ist nach wie vor in der Rechtsprechung[26] und auch der jüngeren Literatur[27] der Hang zu einer Regelbesetzung mit zwei Beisitzern als Faustformel zu erkennen. Dafür soll sprechen, dass durch eine größere Einigungsstelle deren Funktionsfähigkeit gefährdet sei, weil sowohl die Terminierung als auch die Verhandlungsführung erschwert würde. Dies überzeugt nicht. Zuzugeben ist zwar, dass dem Zeitgeist folgend bereits in viel zu vielen Meetings, Konferenzen und Arbeitsgruppen dieses Phänomen in der betrieblichen Praxis feststellbar ist, andererseits würde dann wohl auch jede Aufsichtsratssitzung als gefährdet betrachtet werden müssen. Der Gesetzgeber hat in 66

26 Zuletzt LAG Düsseldorf, 8.5.2018 – 3 TaBV 15/18; LAG Köln, 27.5.2016 – 10 TaBV 28/16, ArbR 2016, 488; LAG Hamm, 10.8.2015 – 7 TaBV 43/15, ArbR 2015, 463; LAG Hamm, 17.6.2013 – 13 TaBV 48/13; LAG München, 15.7.1991 – 4 TaBV 27/91, DB 91, 2678.

27 ErfK/Eisemann, § 100 ArbGG Rn 6; Fitting, § 76 BetrVG Rn 13; Tschöpe, aaO, S. 947 mwN.

§ 76 BetrVG auf eine zahlenmäßige Festlegung verzichtet. Das alleinig entscheidende Kriterium ist die Erforderlichkeit in Anbetracht des konkreten Regelungsgegenstandes. Deshalb kann durchaus die Anzahl der Beisitzer je nach Komplexität, Schwierigkeitsgrad ebenso wie nach Bedeutung der Angelegenheit für Betrieb bzw. Unternehmen auch heraufgesetzt werden. [28]

67 Eine Bestellung von 2 Beisitzern ist daher vor dem Hintergrund der einfachen Regelungsmaterie denkbar bei:

- Teilnahme von Betriebsratsmitgliedern an einer bestimmten Schulungsveranstaltung.
- Abhilfe einer vom Betriebsrat als berechtigt angesehenen Beschwerde von Arbeitnehmern.
- Festlegung von Zeit und Ort der Sprechstunden des Betriebsrates.
- Einmalige Videoüberwachung eines Arbeitnehmers im Verdachtsfall.
- Ladenöffnung an einem Mantelsonntag.

68 Mindestens 3 Beisitzer oder sogar mehr sind hingegen bei folgenden Fragestellungen zu empfehlen:

- Dienstplanmodelle, da hier neben juristischen und tariflichen Fragen oftmals die rein praktische Umsetzung der häufig von Dienstplanexperten erarbeiteten, EDV-gestützten Datenbanken der Einigungsstelle Schwierigkeiten bereitet.
- EDV, PC, E-Mail und Internet sowie Software, die technische Kontrolleinrichtungen zur Überwachung der Mitarbeiter darstellen können. Welche Daten hier wie aufgezeichnet, erfasst und ausgewertet werden können und welche Sicherheitsvorkehrungen möglich sind, wird häufig nur von externen sachkundigen Beisitzern der Einigungsstelle zielführend dargelegt werden können.
- Regelungen zum Arbeitsschutz, wenn hier insb. arbeitsmedizinische oder technische Fragestellungen berührt sind.
- Betriebliche Altersversorgung, da hier oftmals bei Veränderungen versicherungsmathematische Berechnungen notwendig werden.
- Interessenausgleich und Sozialplan, insb. wenn es sich um weitreichende Umstrukturierungen handelt.

Ist die Anzahl der Beisitzer zu Beginn zu gering bemessen und stellt sich im Laufe des Verfahrens heraus, dass eine größere Anzahl oder weitere sachkundige Beisitzer benötigt werden, so kann die Erhöhung jederzeit einvernehmlich beschlossen werden.[29]

69 Andererseits sind natürlich Mitbestimmungstatbestände gegeben, bei denen auch die Anzahl von 3 Beisitzern nicht notwendig erscheint.

Darüber hinaus können die Betriebsparteien von Anfang an auch **Ersatzbeisitzer** bestellen, falls ein Mitglied der Einigungsstelle auf Arbeitgeber- oder Betriebsratsseite ausfällt oder erkrankt. Diese Ersatzmitglieder der Einigungsstelle dürfen aber erst im konkreten Verhinderungsfall an der Einigungsstellensitzung teilnehmen. Eine vorherige Teilnahme als stille Beobachter ist wegen der Nichtöffentlichkeit der Verhandlun-

28 LAG Saarland, 27.7.2016 – 2 TaBV 2/16, AiB 2016, Nr. 11, 59
29 Weber/Ehrich, S. 24.

gen der Einigungsstelle nicht zulässig. Die beschlossenen Ersatzmitglieder sind bis zu ihrer Aktivierung keine Mitglieder der Einigungsstelle.

Fehlt es an der Benennung von Ersatzmitgliedern im Vorfeld und tritt der Verhinderungsfall ein, kann die Bestellung auch im Laufe des Verfahrens erfolgen.

In der Praxis bestehen über Anzahl der Beisitzer zwischen den Betriebsparteien häufig 70
unterschiedliche Auffassungen. Die Arbeitgeberseite wird regelmäßig die vom Betriebsrat vorgeschlagene Anzahl aus dem Kostengesichtspunkt heraus als zu hoch ansehen. Dennoch lohnt sich der Streit über die Anzahl der Beisitzer häufig auch aus dem wirtschaftlichen Aspekt nicht.

Zum einen verursacht auch das arbeitsgerichtliche Bestellungsverfahren weitere Kos- 71
ten. Des Weiteren ist anerkannt,[30] dass der Betriebsrat bei schwierigen juristischen Fragestellungen auch zusätzlich einen Rechtsanwalt als Verfahrensbevollmächtigten auf Kosten des Arbeitgebers beauftragen kann, wenn er nicht schon einen rechtskundigen Beisitzer bestellt hat.

Letztendlich kann der Betriebsrat auch auf einen Beisitzer aus dem Gremium verzichten und stattdessen einen weiteren externen Beisitzer benennen, was dann die Verhandlungen der Einigungsstelle oftmals erschwert. Die bisherige Praxis geht davon aus, dass es keine „Erforderlichkeitsprüfung" bei der Benennung von Beisitzern auf Betriebsratsseite gibt.[31]

Hinweis: Insofern ist es arbeitgeberseits taktisch geschickter, anstatt über einen Beisitzer mehr oder weniger zu streiten, sich auf die Anzahl der „kostenpflichtigen" externen Beisitzer zu einigen und festzuhalten, dass einer der Beisitzer der juristische Vertreter ist, so dass nicht noch zusätzlich ein Verfahrensbevollmächtigter beauftragt wird.

Andersherum können Betriebsräte bei der Benennung der Beisitzer auf einen Juristen verzichten und stattdessen einen Rechtsanwalt ihres Vertrauens als Verfahrensbevollmächtigten beauftragen, so dass im Ergebnis an der Sitzung letztendlich doch die gewünschte Anzahl Personen auf Betriebsratsseite zugegen ist.

▶ **Muster: Vereinbarung über Benennung der Beisitzer**

Betriebsrat und Arbeitgeber treffen bezüglich der Anzahl und Auswahl der Beisitzer für die Einigungsstelle folgende Übereinkunft:

Die Anzahl der Beisitzer wird auf 3 festgesetzt, wobei jedoch mindestens ein betriebsangehöriger Beisitzer benannt wird. Die Beauftragung eines zusätzlichen Verfahrensbevollmächtigten erfolgt nicht. ◀

(2) Person der Beisitzer

Beispiel: Der Betriebsrat benennt den betreuenden Gewerkschaftssekretär als Beisitzer der Ei- 72
nigungsstelle. Von diesem ist dem Arbeitgeber bekannt, dass er als Arbeitnehmervertreter auch dem Aufsichtsrat eines Konkurrenzunternehmens angehört und sieht hierdurch seine Interessen gefährdet.

30 BAG, 14.2.1996 – 7 ABR 25/95, AP Nr. 5 zu 76 a BetrVG.
31 So kritisch LAG Nürnberg, 19.9.2017 – 2 TaBV 75/16. Rechtsbeschwerde derzeit beim BAG unter 7 ABR 52/17 anhängig.

Bei der Auswahl der Beisitzer sind Arbeitgeber und Betriebsrat grundsätzlich frei. Das Gesetz macht weder Vorgaben zu persönlichen noch zu fachlichen Voraussetzungen. Auch muss die Person **nicht betriebszugehörig** sein. Der Betriebsrat kann daher auch nicht aus Kostengründen angehalten werden, nur betriebsangehörige Beisitzer zu benennen, im Gegenteil: Gerade wenn auf der rein betrieblichen Ebene die Verhandlungen gescheitert sind, kann durch Teilnahme und Hinzuziehung Externer weiterer Sachverstand und damit auch ein neuer Aspekt in die ins Stocken geratenen Verhandlungen kommen. Gerade Gewerkschaftssekretäre, Verbandsvertreter und Rechtsanwälte sowie Spezialisten eines Fachgebiets erkennen aufgrund des Abstands zum Betrieb Probleme in den Vorstellungen beider Seiten und tragen damit zur Objektivierung bei. Selbst die ausschließliche Bestellung von nur externen Beisitzern ist deswegen zulässig.

73 Die Benennung der Beisitzer durch jede Seite steht im **Ermessen** der jeweiligen Betriebspartei. Die Entscheidungen des Arbeitgebers und des Betriebsrates sind für die jeweilig andere Seite bindend. Ein Ablehnungsrecht bezüglich bestimmter Personen steht dem jeweils anderen Betriebspartner grundsätzlich nicht zu.

Jedoch ist es den Betriebsparteien verwehrt, solche Personen als Beisitzer in die Einigungsstelle zu entsenden, die von ihrer Person her offensichtlich ungeeignet sind (z.B. aufgrund mangelnder Kenntnisse oder Erfahrungen), über die der Einigungsstelle zugrunde liegende Regelungsmaterie zu entscheiden.[32] Dabei ist jedoch ein strenger Maßstab anzuwenden. Insbesondere können keine Ablehnungsgründe herangezogen werden, die z.B. in einem bestimmten Verhalten eines Einigungsstellenbeisitzers aus der Vergangenheit fußen (wie etwa Beleidigungen gegenüber einem Vorgesetzten).[33]

Deshalb ist also auch die teilweise vertretene Auffassung,[34] dass ein benannter Beisitzer von der Gegenseite abgelehnt werden könne, weil er nicht die Gewähr für eine vertrauensvolle Zusammenarbeit bieten würde, grundsätzlich abzulehnen. Sie findet im Gesetz keine Grundlage und widerspricht dem Grundsatz, dass der Beisitzer vom Vertrauen der ihn bestellenden Betriebspartei getragen sein muss.[35]

Ebenso kann eine Einschränkung bei der Auswahlentscheidung auch nicht darauf gestützt werden, dass im Rahmen der vertrauensvollen Zusammenarbeit berücksichtigt werden müsse, dass eine bestimmte Person der anderen Seite als unzumutbar erscheint[36] oder berechtigte Interessen verletzt würden. Die Beisitzer sind nun einmal interessenorientiert und damit nicht unparteiisch. Letztendlich verkennt die Gegenauffassung auch, dass andernfalls jedes Einigungsstellenverfahren beliebig über die Frage der Auswahl der Beisitzer und deren Unzumutbarkeit das Einigungsstellenverfahren verzögert werden könnte.

Selbst die Tatsache, dass vom Ergebnis des Einigungsstellenverfahrens auch persönliche Interessen eines Beisitzers berührt sind, liegt in der Natur einer betrieblichen Schlichtung

32 BAG, 28.5.2014 – 7 ABR 36/12, BAGE 148, 182 ff.
33 BAG a.a.O.
34 Richardi, § 76 BetrVG Rn 48.
35 Zutreffend LAG Baden-Württemberg, 4.9.2001 – 8 TaBV 2/01, AuR 2002, 151; Fitting, § 76 BetrVG Rn 14a.
36 DKK/Berg, § 76 BetrVG Rn 29; BAG, 24.4.1996 – 7 ABR 4/95, BB 96, 1991.

und kann eine Ablehnung nicht rechtfertigen.[37] Sowohl Betriebsratsmitglieder als naturgemäß auch der Arbeitgeber selbst werden oftmals direkt in ihren eigenen Interessen durch das Ergebnis berührt sein.[38] Bei Regelungstatbeständen, die die gesamte Belegschaft, also auch die Betriebsratsmitglieder betreffen, gäbe es ansonsten keinen einzig unbefangenen betriebsangehörigen Beisitzer, der bestellt werden könnte.

Bei der Auswahl der Beisitzer sollten aber beide Betriebsparteien dennoch bedenken, 74
dass eine von der Gegenseite als reine Provokation empfundene Person natürlich einem konstruktiven Ablauf eher entgegensteht, so dass weniger aus rechtlichen Gesichtspunkten als vielmehr aus verhandlungstaktischen und atmosphärischen Gründen solche Bestellungen vermieden werden sollten.

Als Beisitzer kommen in Betracht: 75

- der Arbeitgeber bzw Vertreter der Geschäftsleitung, Personalabteilung oder Fachabteilungen, leitende Angestellte,
- Betriebsratsmitglieder,
- Verbandsvertreter des Arbeitgeberverbandes,
- sonstige betriebsangehörige Arbeitnehmer aus bestimmten Abteilungen,
- Gewerkschaftssekretäre,
- Rechtsanwälte,
- Steuerberater,
- selbständige Betriebsratsberater, aber auch Unternehmensberater,
- Fachberater und Experten (zB EDV-Spezialisten, Arbeitsmediziner etc.).

(3) Rechtsstellung

Die Mitwirkung als Beisitzer einer Einigungsstelle erfolgt auf **freiwilliger Basis.** Des- 76
wegen kann dieses Amt jederzeit **abgelehnt** werden. Die Erklärung der Annahme des Amtes als Mitglied der Einigungsstelle bedarf keiner speziellen Form, kann also auch mündlich oder durch schlüssiges Verhalten erfolgen. Die Beisitzer können aber auch während des Verfahrens ihr Amt jederzeit **niederlegen.**

Mit der Übernahme entsteht ein **betriebsverfassungsrechtlich begründetes Rechtsverhältnis** zu dem Arbeitgeber, das auch einen Kostenerstattungsanspruch gegen den Arbeitgeber nach § 76 a BetrVG nach sich zieht. Aus diesem Rechtsverhältnis erwächst dann auch die Aufgabe für den Beisitzer, sich in die Regelungsthematik einzuarbeiten, bei den Sitzungen anwesend zu sein und mitzuwirken.

Die Beisitzer der Einigungsstelle sind keine Parteivertreter[39] oder Verfahrensbevoll- 77
mächtigte. Vielmehr sollen sie **weisungsfrei** und damit innerlich ungebunden ihren Sachverstand im Sinne der Schlichtung des Konflikts einbringen.[40] Sie sind also nicht an Aufträge und Weisungen gebunden, sondern haben das Amt als Beisitzer nach „bestem Wissen und Gewissen“[41] auszuüben.

37 ErfK/Kania, § 76 BetrVG Rn 6.
38 DKK/Berg, § 76 BetrVG Rn 33; ErfK/Kania, § 76 BetrVG Rn 9; Fitting, § 76 Rn 16; aA Schmitt, Befangenheitsprobleme im Betriebsverfassungsgesetz, NZA 1987, 78 ff.
39 AA Weber/Ehrich, S. 26.
40 BAG, 29.1.2002 – 1 ABR 18/01, DB 2002, 1948.
41 Weber/Ehrich, S. 27.

78 Dennoch handelt es sich nicht um ein „Richteramt" mit **Neutralität**. Das Betriebsverfassungsgesetz setzt vielmehr wegen des Charakters als betriebliche Schlichtungsstelle eine gewisse Berücksichtigung der Belange der benennenden Betriebspartei geradezu voraus. Immerhin ist es das Ziel dieses Verfahrens die gegensätzlichen Interessen zum Ausgleich zu bringen.

79 Das Amt des Beisitzers einer Einigungsstelle ist ein **eigenständiges, betriebsverfassungsrechtliches und höchstpersönliches Amt**. Es ist rechtlich weder aus dem Arbeitsvertrag noch aus einem Mandatsverhältnis als Anwalt oder Steuerberater resultierend.

Gerade diese Problematik für den Rechtsanwalt als Beisitzer der Einigungsstelle hat bisher relativ wenig Beachtung im Schrifttum gefunden. Wegen des höchstpersönlichen Charakters kann dieser sich also nicht einfach durch einen Sozius vertreten lassen, ohne dass formal ein Wechsel der Beisitzerbenennung stattgefunden hat. Des Weiteren muss der Anwalt, der im Vorfeld bei den Verhandlungen bereits eine Betriebspartei als Bevollmächtigter vertreten hat, seine Verpflichtungen aus § 43 a BRAO beachtend, die ihn bestellende Betriebspartei vorsorglich darüber aufklären, dass es sich bei der Ausübung des Beisitzeramtes um keine Fortführung seines Anwaltsmandates handelt und dieses für die Frage der Betriebsvereinbarung damit beendet ist. Andernfalls wäre er gerade durch das Mandatsverhältnis kein weisungsfreier Beisitzer, sondern eine parallel den anwaltlichen Pflichten unterliegende Person.

Hinweis: Nicht nur für die Anwaltschaft gilt es, besonderes Augenmerk auf diese Frage zu legen, auch die Einigungsstellenvorsitzenden sollten bei wenig einigungsstellenerfahrenen Rechtsanwälten als Beisitzern zu Beginn den Hinweis auf den Unterschied zwischen Anwaltstätigkeit (evtl als Verfahrensbevollmächtigtem) und Beisitzer der Einigungsstelle geben.

80 Für alle Mitglieder der Einigungsstelle ist zu beachten, dass für sie die Schutzbestimmungen des § 78 BetrVG vollumfänglich Anwendung finden. Sie dürfen also in der Ausübung ihrer Tätigkeit weder **gestört** noch **behindert** werden, auch nicht **benachteiligt** oder **begünstigt** werden.

Die Praxis zeigt hier ein nicht unerhebliches Gefahrenpotential. Die unterschiedliche Honorierung der Beisitzer einer Einigungsstelle, wie diese sogar teilweise von Vertretern in der Literatur gefordert wird,[42] ist vor dem Hintergrund des § 78 BetrVG tabu. Das LAG München[43] hatte die Honorierung eines anwaltlichen Beisitzers mit weniger als 1/3 des Honorars des Vorsitzenden als klare Benachteiligung angesehen.

Aber auch das Angebot des Arbeitgebers insb. an die betriebsangehörigen Beisitzer, die keinen Honoraranspruch beisitzen, ihnen „wegen der erhöhten Aufgabenanforderung" eine Aufwandsentschädigung zu bezahlen, stellt ebenso einen Verstoß gegen das Gebot nach § 78 BetrVG dar wie den Betriebsratsmitgliedern erhöhte Sozialplanleistungen in Aussicht zu stellen.[44] In diesem Zusammenhang ist auch zu betonen, dass bei Aufstellung einer Namensliste im Rahmen eines Interessenausgleichs das An-

42 Bauer, aaO, S. 435, der es als „unbefriedigend" erachtet, dass betriebsfremde Besitzer überhaupt einen Vergütungsanspruch besitzen, ohne dies jedoch näher geschweige denn rechtlich zu begründen.
43 LAG München, 11.1.1991 – 2 TaBV 57/90, AuR 1991, 382 ff.
44 LAG Düsseldorf, 13.9.2001 – 11 (4) Sa 906/01, AuR 2002, 35 ff.

gebot an den gewerkschaftlichen Beisitzer, alle seine Mitglieder zu verschonen, eine Einflussnahme darstellt.

Für betriebsangehörige Einigungsstellenmitglieder ist zu betonen, dass diese natürlich auch nicht wegen ihrer Beisitzertätigkeit in ihrer beruflichen Entwicklung benachteiligt werden dürfen. Soweit sie nicht gleichzeitig Mitglied des Betriebsrates sind, unterfallen diese aber nicht dem besonderen Kündigungsschutz des § 15 KSchG. Dennoch kommt ihnen ein relativer Kündigungsschutz über das Benachteiligungsverbot des § 78 BetrVG zu. Eine Kündigung wegen der Tätigkeit in der Einigungsstelle würde einen Verstoß gegen Gesetz (§ 134 BGB) darstellen und insofern unwirksam sein.[45] Da Arbeitgeber aber kaum die Kündigung tatsächlich so begründen werden, müssen hier wegen der vergleichbaren Ausgangssituation analog die Grundsätze des arbeitsrechtlichen Benachteiligungsverbots in § 612 a BGB herangezogen werden: Erfolgt etwa die Kündigung zeitlich unmittelbar nach der „unerwünschten" Handlung des Beisitzers, so spricht schon ein erster Anschein dafür, dass die Kündigung gerade wegen dieser Handlung ausgesprochen wurde.

Gem. § 79 Abs. 2 BetrVG gilt die **Verschwiegenheitsverpflichtung** nicht nur für Be- 81
triebsratsmitglieder, sondern auch für alle Mitglieder der Einigungsstelle, also neben dem Vorsitzenden auch für die Beisitzer. Das bedeutet jedoch ebenso wie bei Betriebsratsmitgliedern, dass nur die Geschäfts- und Betriebsgeheimnisse umfasst sind, die vom Arbeitgeber ausdrücklich als geheimhaltungsbedürftig bezeichnet wurden. Verstößt ein Beisitzer gegen diese Verpflichtung, so kann dieses nach § 120 BetrVG mit einem Jahr Freiheitsstrafe oder Geldstrafe bestraft werden.

dd) Verfahrensbevollmächtigte

Neben den Beisitzern ist auch die Teilnahme von **Verfahrensbevollmächtigten** an der 82
Einigungsstelle möglich. Diese Verfahrensbevollmächtigten sind dann Rechtsanwälte und Verbandsjuristen, die den Arbeitgeber oder den Betriebsrat vor der Einigungsstelle juristisch vertreten. Sie sind im Gegensatz zu den Beisitzern dem Willen des Auftraggebers unterworfen[46] und haben dessen Standpunkte aus rechtlicher Sicht vor der Einigungsstelle vorzutragen. Einer Einigung über diese Verfahrensbevollmächtigten bedarf es daher ebenso wenig wie einer besonderen Entscheidung über die Zulassung eines Bevollmächtigten zur Einigungsstellensitzung.

Dies mag auf den ersten Blick unnötig erscheinen und wird auch kritisiert,[47] weil § 76 BetrVG nur den Vorsitzenden und die Beisitzer aufzähle. Das BAG[48] und die überwiegende Meinung in der Literatur[49] hingegen ziehen jedoch aus § 76 BetrVG den Umkehrschluss. Gerade weil § 76 BetrVG keine Einschränkung vorsieht, spricht kein Argument dagegen, dass in der Einigungsstelle Verfahrensbevollmächtigte in der Funktion des Parteivertreters die Position des Auftraggebers aus rechtlicher Sicht darlegen. Insb. bei formaljuristischen Fragen des Einigungsstellenverfahrens als auch den rechtlich zu beachtenden Grenzen der Regelungszuständigkeit der Einigungsstelle

45 ErfK/Kania, § 76 BetrVG Rn 13; DKK/Berg, § 76 BetrVG Rn 42.
46 Ziege, Der Rechtsanwalt im Einigungsstellenverfahren gem. § 76 BetrVG, NZA 1990, 929.
47 Friedemann, Rn 153 ff.
48 BAG, 5.11.1981 – 6 ABR 24/78, DB 1982, 604 ff.
49 DKK/Berg § 76 BetrVG Rn 94; ErfK/Kania § 76 BetrVG Rn 8; Fitting § 76 BetrVG Rn 72 mwN.

machen diese Bevollmächtigten als Parteivertreter Sinn, um mit Fachkenntnis die Probleme zu erörtern, für die den nichtjuristischen Beisitzern oftmals der Sachverstand fehlt.

83 In der Praxis bedeutet die Benennung eines Verfahrensbevollmächtigten natürlich eine Erhöhung der Teilnehmer der Einigungsstelle und der **Kosten.** Insofern hat der Betriebsrat vor der Beauftragung eines Verfahrensbevollmächtigten bei pflichtgemäßer Würdigung aller Umstände, auch der Kostenschonung des Arbeitgebers, die **Erforderlichkeit** entsprechend § 40 BetrVG zu prüfen. In einem Einigungsstellenverfahren, in dem nur betriebsangehörige Beisitzer bestellt sind, wird diese stets zu bejahen sein. Gleiches gilt, wenn der Einigungsstellenvorsitzende bereits im Vorfeld der Sitzung zur Vorbereitung eine schriftsätzliche Äußerung der Parteien zu den wesentlichen Regelungsmaterien und den damit verbundenen Rechtsfragen wünscht. Wurde hingegen eine Einigung der Betriebsparteien auf drei oder mehr Beisitzer erzielt, wachsen die Anforderungen an die Darlegung der Erforderlichkeit. Je mehr externe Beisitzer benannt werden können, desto eher wird man erwarten, dass bei der Beisitzerauswahl durch die Benennung eines Juristen auch die rechtliche Kompetenz berücksichtigt wird. Dennoch kann im Einzelfall auch die Beauftragung eines Verfahrensbevollmächtigten trotz eines Beisitzers mit juristischem Sachverstand erforderlich sein, wenn sich schwierige rechtliche Fragen, insb. den Ablauf des Einigungsstellenverfahrens betreffend, abzeichnen.

Beispiel: In einem Einigungsstellenverfahren zu Fragen der betrieblichen Altersversorgung hat der Betriebsrat neben den bestellten Beisitzern, nämlich einem Gewerkschaftssekretär, einem Betriebsratsmitglied und einem Versicherungsjuristen noch einen Fachanwalt für Arbeitsrecht als Verfahrensbevollmächtigten beauftragt. Hier ist die Erforderlichkeit zu bejahen, denn mit Fragen des Ablaufs der Einigungsstelle wird ein Versicherungsjurist wegen der unterschiedlichen Ausrichtung häufig nicht hinreichend vertraut sein.

84 Für den Vergütungsanspruch des Rechtsanwaltes als Verfahrensbevollmächtigten ist **§ 40 BetrVG** die Anspruchsgrundlage, nicht § 76 a BetrVG.[50] Insofern gelten für die Honorarhöhe die Grundsätze wie bei der Vertretung des Betriebsrates vor Gericht. Die Kosten richten sich nach den Rechtsanwaltsvergütungsgesetz. Für eine darüber hinausgehende Kostenvereinbarung bedarf es der Zustimmung des Arbeitgebers.[51]

Hinweis: Für die gesetzlichen Gebühren nach dem RVG ist der Streitwert bei vielen Regelungsfragen schwer zu ermitteln. Für den Rechtsanwalt stellt sich honorartaktisch durchaus die Frage, ob es für ihn günstiger ist, als Beisitzer nach § 76 a BetrVG oder als Verfahrensbevollmächtigter nach § 40 BetrVG an der Einigungsstelle teilzunehmen. Insofern macht es in der Praxis durchaus Sinn, als Verfahrensbevollmächtigter im Vorfeld die Honorarfrage zu klären und eine Vereinbarung auf Basis der außerbetrieblichen Beisitzer anzustreben.

---

50 BAG, 14.2.1996 – 7 ABR 25/95, NZA 1996, 892 ff; Fitting, § 40 BetrVG Rn 36; aA Weber/Ehrich, Rn 51, wonach sich die Höhe im Rahmen des § 40 BetrVG an dem Honorar eines außerbetrieblichen Beisitzers orientieren soll.

51 LAG Schleswig-Holstein, 31.3.1998 – 3 TaBV 58/97a, AiB 1998, 470; enger BAG, 20.10.1999 – 7 ABR 25/98, DB 2000, 524 ff.

§ 3 Einvernehmliche Bildung der Einigungsstelle

Arbeitgeber und Betriebsrat können natürlich auch einvernehmlich die Einigungsstelle bilden. So bedarf es nicht eines zeitaufwendigen und auch kostspieligen gerichtlichen Verfahrens zur Einsetzung der Einigungsstelle. Bei der einvernehmlichen Bildung müssen sich Betriebsrat und Arbeitgeber einigen über den genauen Regelungsbereich, über die Person des Vorsitzenden und über die Anzahl der Beisitzer. 1

Dabei gelten dieselben Grundsätze wie oben genannt (zum Regelungsbereich s. Rn 37; zum Vorsitzenden s. Rn 38 ff; zu den Beisitzern s. Rn 62 ff).

Es gibt allerdings **Besonderheiten:**

1. Regelungsbereich

Einvernehmlich können die Betriebsparteien zu jedweder Streitigkeit die Einigungsstelle einsetzen. Sie sind nicht beschränkt auf die erzwingbaren Mitbestimmungsrechte. So kann die Einigungsstelle auch über den Schulungsbedarf von Betriebsratsmitgliedern eingesetzt werden. Handelt es sich aber um ein nicht erzwingbares Mitbestimmungsrecht, so kann die Einigungsstelle nie durch einen Spruch entscheiden. Vielmehr kommt dann nur eine einvernehmliche Regelung in Betracht. 2

2. Person des Vorsitzenden

Sachgemäß ist es natürlich, auch bei einer Einigung über den **Vorsitzenden** zu hinterfragen, ob er über die notwendige Neutralität, Sachkunde und Mediationsgeschick verfügt. Sind sich die Betriebsparteien aber einig darüber, wer den Vorsitz übernehmen soll, so stellt sich diesbezüglich kein Streit ein. Zu beachten ist insb. auch, dass bei einer einvernehmlichen Regelung die Einschränkung des § 100 Abs. 1 Satz 5 ArbGG nicht gilt: Betriebsrat und Arbeitgeber können sich auch auf einen Vorsitzenden einigen, der am für sie zuständigen Arbeitsgericht eine Richtertätigkeit ausübt. Sinnvoll ist dies allerdings nicht, denn ggf hat er sich bei nachträglichen Streitigkeiten, etwa einer gerichtlichen Anfechtung des Einigungsstellenspruchs, mit seinem eigenen Spruch zu beschäftigen. 3

3. Beisitzer

Hier gelten keine Besonderheiten. Sind sich die Betriebsparteien einig über die Anzahl, bestimmt jede Seite „ihre“ **Beisitzer** im Grundsatz nach freiem Ermessen. 4

4. Bindungswirkung der einvernehmlichen Einigung

Haben sich die Betriebsparteien auf den genauen Regelungsgegenstand, die Person des Vorsitzenden und die Anzahl der Beisitzer geeinigt, stellt sich die Frage, ob und inwieweit sie daran gebunden sind. 5

Beispiel: Die Geschäftsführerin eines Wohlfahrtsverbandes erklärt sich auf Vorschlag des Betriebsrates schriftlich mit der Einsetzung einer Einigungsstelle zum Thema „Zeit der Betriebsratssprechstunden“, dem vorgeschlagenen Vorsitzenden und der Anzahl der Beisitzer einverstanden, weil sie dieses ständige Konfliktfeld in der Vergangenheit wegen anstehender anderer Themen erledigt wissen will. Als sie darüber dem ehrenamtlichen Vorstand berichtet, fordert dieser, die Erklärung sofort rückgängig zu machen, da er Auswirkungen auf andere Betriebe fürchtet.

6 Die Rechtsnatur der erzielten Einigung ist in der Literatur kaum diskutiert. Offensichtlich ist, dass es sich um keine Betriebsvereinbarung handelt, sondern um eine „**Regelungsabrede**“, also eine andere vertragliche Bindung der Betriebspartner. Demnach finden auch auf die „Einigung“ erst einmal grundsätzlich die allgemeinen Vertragsgrundregeln des Bürgerlichen Gesetzbuches Anwendung. Zu Recht wird man jedoch einige betriebsverfassungsrechtliche Besonderheiten berücksichtigen müssen.

a) Anfechtung

7 Eine **Anfechtung** der Regelungsabrede über Verfahrensgegenstand, Vorsitzenden und Anzahl der Beisitzer ist unter den Voraussetzungen der nach BGB relevanten Irrtümer (§ 119 BGB) oder der arglistigen Täuschung bzw widerrechtlicher Drohung (§ 123 BGB) möglich. Da die Anfechtung nach § 142 BGB rückwirkend die Einigung beseitigen würde, hätte eine uneingeschränkte Übertragung dieser Vorschrift auf die erzielte Einigung weitreichende Konsequenzen. Selbst einem durchgeführten und abgeschlossenen Einigungsstellenverfahren könnte damit im Nachgang die Grundlage entzogen werden. Daher ist die Anfechtung wohl nur bis zum Zeitpunkt des Beginns der Verhandlung vor der Einigungsstelle möglich und entfällt ab diesem Zeitpunkt in analoger Anwendung der §§ 295, 296 Abs. 3 ZPO nach den Grundsätzen des rügelosen Verhandelns.[1]

b) Kündigung

8 Während Betriebsvereinbarungen Dauerschuldverhältnisse begründen und deswegen gesetzlich mit einer 3-monatigen Kündigungsfrist versehen sind, wird durch die Regelungsabrede einmalig der Sachverhalt „Einigung“ geregelt. Eine Kündigungsmöglichkeit scheidet daher aus, da mit der Einigung bereits der Sachverhalt erledigt ist.

Etwas anderes gilt nur, wenn es sich um die Einigung über die Errichtung einer ständigen Einigungsstelle handelt. Diese ist ein Dauerschuldverhältnis, auf das die Kündigungsregelungen des § 77 Abs. 5 BetrVG analog Anwendung finden.[2]

c) Aufhebungsvereinbarung

9 Während Anfechtung und Kündigung allenfalls geringe Bedeutung haben, ist die einvernehmliche **Aufhebung** der erzielten Einigung in der Praxis äußerst relevant. Oftmals finden die Betriebsparteien noch kurz vor Beginn der Verhandlung der Einigungsstelle eine neue Basis für Gespräche. Sie können dann jederzeit einvernehmlich die Vereinbarung über die Errichtung der Einigungsstelle wieder aufheben, selbst dann, wenn der Einigungsstellenvorsitzende und die Beisitzer ihre Vorbereitungen bereits begonnen haben. Freilich sind dann gem. § 76 a BetrVG die durch die vorbereitende Tätigkeit angefallenen Honorarkosten durch den Arbeitgeber zu tragen.

1 Vgl die zutreffende Darstellung bei Hennige, aaO, S. 74 mwN.
2 BAG, 10.3.1992 – 1 ABR 31/91, DB 1992, 1734 ff; Hennige, aaO, S. 75.

Nach Konstituierung der Einigungsstelle ist wegen Zweckerreichung eine Aufhebungsvereinbarung nicht mehr möglich. Es kommt dann nur eine einvernehmliche Beendigung des begonnenen Einigungsstellenverfahrens in Betracht (vgl § 5 Rn 152).

§ 4 Bestellung durch das Arbeitsgericht

1. Einleitung

1 Nach § 76 Abs. 1 Satz 1 BetrVG ist zur **Beilegung von Meinungsverschiedenheiten** zwischen Arbeitgeber und Betriebsrat, Gesamtbetriebsrat oder Konzernbetriebsrat bei Bedarf eine Einigungsstelle zu bilden. Die Einigungsstelle besteht aus einer gleichen Anzahl von Beisitzern und einem unparteiischen Vorsitzenden, § 76 Abs. 2 Satz 1 BetrVG. Kommt eine Einigung über die Person des Vorsitzenden oder über die Zahl der Beisitzer nicht zustande, so entscheidet hierüber auf Antrag einer Seite das Arbeitsgericht. Das als **besonderes Beschlussverfahren** ausgekleidete sog. **Bestellungsverfahren** nach § 100 ArbGG sichert letztlich das Recht, die Einigungsstelle anzurufen.[1] § 100 ArbGG hat seine jetzige Fassung durch das Gesetz zur Reform der arbeitsmarktpolitischen Instrumente (Job-AQTIV-Gesetz) vom 10.12.2001[2] erhalten. § 100 **ArbGG** lautet wie folgt:

(1) In den Fällen des § 76 Abs. 2 Satz 2 und 3 des Betriebsverfassungsgesetzes entscheidet der Vorsitzende allein. Wegen fehlender Zuständigkeit der Einigungsstelle können die Anträge nur zurückgewiesen werden, wenn die Einigungsstelle offensichtlich unzuständig ist. Für das Verfahren gelten die §§ 80 bis 84 entsprechend. Die Einlassungs- und Ladungsfristen betragen 48 Stunden. Ein Richter darf nur dann zum Vorsitzenden der Einigungsstelle bestellt werden, wenn aufgrund der Geschäftsverteilung ausgeschlossen ist, dass er mit der Überprüfung der Auslegung oder der Anwendung des Spruchs der Einigungsstelle befasst wird. Der Beschluss des Vorsitzenden soll den Beteiligten innerhalb von zwei Wochen nach Eingang des Antrags zugestellt werden; er ist den Beteiligten spätestens innerhalb von vier Wochen nach diesem Zeitpunkt zuzustellen.

(2) Gegen die Entscheidungen des Vorsitzenden findet die Beschwerde an das Landesarbeitsgericht statt. Die Beschwerde ist innerhalb einer Frist von zwei Wochen einzulegen und zu begründen. Für das Verfahren gelten § 87 Abs. 2 und 3 und die §§ 88 bis 90 Abs. 1 und 2 sowie § 91 Abs. 1 und 2 entsprechend mit der Maßgabe, dass an die Stelle der Kammer des Landesarbeitsgerichts der Vorsitzende tritt. Gegen dessen Entscheidungen findet kein Rechtsmittel statt.

2 Das Verfahren über die Besetzung der Einigungsstelle ist nunmehr in § 100 ArbGG unter dem Titel „Beschlussverfahren in besonderen Fällen" geregelt. Der vorherige § 100 ArbGG wurde durch das Tarifautonomiestärkungsgesetz vom 11.8.2014[3] ohne Inhaltsänderungen zu § 99 ArbGG und durch das Tarifeinheitsgesetz vom 3.7.2015[4] mit Wirkung zum 10.7.2015 wiederum ohne inhaltliche Änderungen zu § 100 ArbGG ersetzt. Dementsprechend ordnet nunmehr ebenfalls § 100 Abs. 1 Satz 3 ArbGG die **entsprechende Geltung** der erstinstanzlichen Vorschriften über das Beschlussverfahren nach §§ 80–84 ArbGG an. Für das Verfahren vor dem Landesar-

1 SW/Walker, § 99 ArbGG Rn 1.
2 BGBl. I S. 3443; zum Gesetzgebungsverfahren Düwell, BB 2002, 98, 100; zur Chronologie des jetzigen § 100 GK-ArbGG/Schleusener, § 100 Rn 2–4.
3 BGBl. I S. 1348.
4 BGBl. I S. 1130.

beitsgericht gegen Entscheidungen des Vorsitzenden im erstinstanzlichen Bestellungsverfahren verweist § 100 Abs. 2 Satz 3 ArbGG folgerichtig auf abschließend aufgelistete Vorschriften des allgemeinen zweitinstanzlichen Beschlussverfahrens. Die **Besonderheiten** dieses Beschlussverfahrens bestehen in seiner auf Verfahrensbeschleunigung angelegten Verfahrensausgestaltung.[5] Die erst- wie auch die zweitinstanzliche Entscheidung trifft der Vorsitzende ohne die ehrenamtlichen Richter (§ 100 Abs. 1 Satz 1, Abs. 2 Satz 3 ArbGG) aufgrund einer mündlichen Anhörung der Beteiligten oder ohne mündliche Anhörung im Einverständnis der Beteiligten. Daneben sind die Einlassungs- und Ladungsfristen auf 48 Stunden verkürzt, der Beschluss des Vorsitzenden soll binnen zwei Wochen und muss binnen vier Wochen ergehen und zugestellt werden, die Beschwerde muss innerhalb von zwei Wochen eingelegt und begründet werden. Eine Rechtsbeschwerde gegen die Entscheidung des Landesarbeitsgerichts zum BAG ist ausgeschlossen.

3 Trotz dieser verschiedenen Beschleunigungselemente zeigt die **Praxis**, dass gleichwohl **taktische** und **strategische** Überlegungen einer Seite eine durchaus erhebliche Verfahrensverlängerung zur Folge haben. Dies läuft vielfach dem betrieblichen Interesse auf eine umgehende Erledigung des Regelungsstreites zuwider. Beispielhaft seien die nicht vorhersehbare Notwendigkeit der Anordnung von Überstunden oder aber der Abschluss des Interessenausgleichsverfahrens genannt. Praktiker behelfen sich häufig damit, dass sie die Vorschläge der Gegenseite über die Person des Vorsitzenden und/oder die Anzahl der jeweiligen Beisitzer im Interesse des zügigen Beginns des Einigungsstellenverfahrens akzeptieren. Auch im Hinblick darauf wird darüber diskutiert, das Einigungsstellenverfahren als richterliche Dienstaufgabe zu regeln und die Person des Vorsitzenden nach dem Geschäftsverteilungsplan des Arbeitsgerichts zu bestimmen, in dessen Bezirk der Betrieb liegt.[6]

2. Verfahren erster Instanz

a) Anwendungsbereich

aa) Einigungsstelle nach dem BetrVG

4 Der Anwendungsbereich des § 100 ArbGG ist immer dann eröffnet, wenn die Bildung einer Einigungsstelle nach § 76 Abs. 1 Satz 1 BetrVG insoweit im Streite steht, als sich die Betriebsparteien nicht über die Person des Vorsitzenden einigen (§ 76 Abs. 2 Satz 2 BetrVG) und/oder kein Einverständnis über die Zahl der Beisitzer erzielt wird (§ 76 Abs. 2 Satz 3 BetrVG). Dabei ist es unerheblich, ob es sich um eine Einigungsstelle im Rahmen der **erzwingbaren Mitbestimmung** (§ 76 Abs. 5 Satz 1 BetrVG) oder um ein **freiwilliges Einigungsstellenverfahren** (§ 76 Abs. 6 Satz 1 BetrVG) handelt. Ebenso ist § 100 ArbGG einschlägig, wenn es um den Abschluss eines Interessenausgleichs geht. Zwar handelt es sich nicht um einen Fall der erzwingbaren Mitbestimmung, da die fehlende Einigung zwischen den Betriebsparteien letztlich aus verfassungsrechtlichen Gründen nicht ersetzt werden kann (vgl § 76 Abs. 5 Satz 1 iVm § 112 Abs. 2 und 3 BetrVG).[7] Jedoch sieht § 112 Abs. 2 Satz 2 BetrVG

5 GK-ArbGG/Schleusener, § 100 Rn 2; Hennige, S. 76 f.
6 Francken, NJW 2007, 1792, 1795 f; Francken, NZA 2008, 750; SW/Walker, § 99 ArbGG Rn 2 a.
7 ErfK/Koch, § 100 ArbGG Rn 1.

das Recht für beide Betriebsparteien vor, die Einigungsstelle anzurufen, so dass von Rechts wegen auch die Möglichkeit bestehen muss, im Bedarfsfalle das Bestellungsverfahren einzuleiten.[8]

bb) Einigungsstellen außerhalb des BetrVG

(1) Tarifliche Schlichtungsstelle

5 § 100 ArbGG bezieht sich nach seinem Wortlaut ausschließlich auf die **betriebsverfassungsrechtliche Einigungsstelle** nach § 76 Abs. 1 Satz 1 BetrVG. Das Bestellungsverfahren nimmt demgegenüber nicht Bezug auf die nach § 76 Abs. 8 BetrVG erwähnte **tarifliche Schlichtungsstelle.** Gleichwohl ist es im Hinblick auf die ersetzende Funktion der tariflichen Schlichtungsstelle („an die Stelle ... tritt") dogmatisch begründbar, das Bestellungsverfahren auch auf die tarifliche Schlichtungsstelle anzuwenden.[9] Nach wohl überwiegender Ansicht ist jedenfalls dann § 100 ArbGG anzuwenden, wenn im Tarifvertrag vorgesehen ist, dass der Vorsitzende der Schlichtungsstelle durch das Arbeitsgericht bestellt wird.[10]

(2) Einigungsstelle nach den Personalvertretungsgesetzen

6 Mangels entsprechender Bezugnahme in § 71 BPersVG auf 98 ArbGG ist das Bestellungsverfahren für die **Einigungsstelle nach dem BPersVG** nicht anwendbar.[11] § 71 Abs. 1 Satz Satz 4 BPersVG überträgt dem Präsidenten des Bundesverwaltungsgerichts die Befugnis, den Vorsitzenden der Einigungsstelle zu bestellen, wenn sich beide Seiten nicht einigen. Entsprechendes gilt für die meisten Landespersonalvertretungsgesetze, die dem Präsidenten des Oberverwaltungsgerichts bzw Verwaltungsgerichtshofs die vorgenannte Aufgabe zuweisen. Nach § 79 Abs. 1 Satz 4 LPersG Bad.-Württ. bestellt der Präsident des Verwaltungsgerichtshofs den Vorsitzenden der Einigungsstelle.

(3) Stationierungsstreitkräfte und Einigungsstelle

7 Der Vorsitzende für Einigungsstellenverfahren nach dem Betriebsvertretungsrecht bei den **Stationierungsstreitkräften** wird nach Abs. 6 c des Unterzeichnungsprotokolls zu Art. 56 Abs. 9 des Zusatzabkommens zum NATO-Truppenstatut idF des Änderungsabkommens vom 21.10.1971[12] vom Generalsekretär der Nordatlantikvertrags-Organisation bestellt.[13]

b) Zulässigkeit des Antrags

aa) Antrag

8 Das wegen seiner verfahrensrechtlichen Besonderheiten als besonderes Beschlussverfahren ausgekleidete Bestellungsverfahren setzt entsprechend den gleichwohl geltenden allgemeinen Bestimmungen für das arbeitsgerichtliche Beschlussverfahren einen

---

8 SW/Walker, § 99 ArbGG Rn 3.
9 Vgl dazu GK-BetrVG/Kreutz/Jacobs, § 76 Rn 184; aA SW/Walker, § 99 ArbGG Rn 4.
10 GK-ArbGG/Schleusener, §§ 100 Rn 3; ErfK/Koch, § 100 ArbGG Rn 1; GMPM-G/Schlewing, § 98 ArbGG Rn 2.
11 GK-ArbGG/Schleusener, §§ 100 Rn 3; ErfK/Koch, § 100 ArbGG Rn 1; SW/Walker, § 99 ArbGG Rn 5.
12 BGBl. II 1973 S. 1021, 1026.
13 GK-ArbGG/Schleusener, § 100 Rn 4.

das Verfahren einleitenden **Antrag** voraus (§ 100 Abs. 1 Satz 2 iVm § 81 Abs. 1 1. Hs ArbGG).

(1) Inhalt

Entsprechend dem Wortlaut des § 76 Abs. 2 Satz 2 und 3 ArbGG muss sich der Antrag im Verfahren nach § 100 ArbGG auf die Bestellung eines Vorsitzenden der Einigungsstelle und/oder auf die Festlegung der gleichen Anzahl ihrer Beisitzer beziehen (Tatsache der Bestellung als solche). Obgleich es gem. §§ 253 Abs. 2 Nr. 2, 495 ZPO iVm §§ 46 Abs. 2, 80 Abs. 2, 100 Abs. 1 Satz 3 ArbGG eines **bestimmten Antrags** bedarf, ist weder die **namentliche Benennung** einer bestimmten Person als unparteiischer Vorsitzender noch die Angabe einer **bestimmten Anzahl von Beisitzern** erforderlich.[14] Gegenstand des Antrags nach § 100 ist die Bestellung an sich aus Anlass eines bestimmten Regelungsstreits. Diese Ansicht rechtfertigt sich bereits aus dem Wortlaut des § 76 Abs. 2 BetrVG. Wie sich aus der Normensystematik des § 100 Abs. 1 Satz 1 ArbGG iVm § 76 Abs. 2 Satz 2 und 3 BetrVG ergibt, ist es gerade die Aufgabe des Arbeitsgerichts, die erfolglos gebliebenen außergerichtlichen Einigungsbemühungen der Betriebsparteien auf Antrag zu verbescheiden, ohne an eine vom Antragsteller namentlich benannte Person noch an eine bestimmte Anzahl von Beisitzern je Betriebspartei gebunden zu sein. Dementsprechend ist die von *Lipke* vertretene Ansicht[15] nicht zu teilen, wonach die Person des Vorsitzenden vom Antragsteller namentlich bezeichnet werden müsse, ansonsten sei der Antrag unzulässig, abzulehnen. Die hM wird auch dem Umstand gerecht, dass es für den Antragsteller bisweilen schwierig ist, überhaupt eine zur Übernahme des Vorsitzes der Einigungsstelle bereite Person zu finden. 9

Wird, wie in der Praxis, üblich im Antrag sowohl ein Vorsitzender benannt als auch die gewünschte Anzahl der Beisitzer pro Seite mitgeteilt, handelt es sich lediglich um **Anregungen**, die keine Bindung des Gerichts gem. § 308 Abs. 1 ZPO (§ 83 Abs. 1 Satz 1 ArbGG) zur Folge haben.[16] Dementsprechend ist ein solcher Antrag auch nicht zurückzuweisen, sofern das Arbeitsgericht einen anderen Vorsitzenden durch seine Entscheidung einsetzt. Entsprechendes gilt auch für die Anzahl der Beisitzer.

Eine andere Beurteilung dieser Rechtsfrage rechtfertigt sich auch nicht aus dem **Gesichtspunkt der Bestimmtheit** im Lichte der Zwangsvollstreckung. Im Rahmen eines vom Gericht bewirkten Leistungsausspruchs (Titel) muss nämlich der Unterlegene aus rechtsstaatlichen Gründen genau wissen, welchen Leistungsbefehl er zu erfüllen hat, um die Zwangsvollstreckung zu vermeiden. Vorliegend hat jedoch die Entscheidung nach § 100 ArbGG keinen vollstreckungsfähigen Inhalt.[17] Ein Leistungsausspruch erfolgt nicht. Da das Gericht nicht in einer Rechts- sondern in einer Regelungsstreitigkeit entscheidet, hat der Gesetzgeber folgerichtig § 85 Abs. 1 ArbGG, der sich mit der Zwangsvollstreckung aus Beschlüssen der Arbeitsgerichte befasst, für un- 10

14 GK-ArbGG/Schleusener, § 100 Rn 29; GMPM/Schlewing, § 98 ArbGG Rn 14; HK-ArbR/Henssen, § 100 ArbGG Rn 12; Hauck/Helml, § 98 ArbGG Rn 6; Wenning-Morgenthaler, A Rn 55; SW/Walker, § 99 ArbGG Rn 9.

15 Düwell/Lipke-Lipke, § 100 ArbGG Rn 17 und 32.

16 LAG Berlin 12.9.2001 – 4 TaBV 1436/01 – NZA-RR 2002, 28; LAG Baden-Württemberg 26.6.2002 – 9 TaBV 3/02 – NZA-RR 2002, 523; Kempter/Merkel, DB 2014, 1807, 1808.

17 ErfK/Koch, § 100 ArbGG Rn 7; SW/Walker, § 99 ArbGG Rn 27.

anwendbar erklärt. § 100 Abs. 1 Satz 3 ArbGG verweist nämlich lediglich auf die §§ 80–84, nicht jedoch auf § 85 Abs. 1 ArbGG.

11 **Jedoch** muss der **Regelungsgegenstand** der Einigungsstelle so genau bezeichnet sein, dass in einem nachfolgenden Einigungsstellenverfahren und einer evtl. gerichtlichen Überprüfung der Zuständigkeit der Einigungsstelle oder des Spruchs der Einigungsstelle eindeutig ist, für welche Regelungsfrage sie eingesetzt wurde.[18] Schlagwortartige Umschreibungen wie zB Arbeitszeit, Überstunden und Entgeltgrundsätze genügen nicht.[19] Es müssen aber nicht alle Regelungen dargelegt werden, die die Einigungsstelle nach Ansicht des Antragstellers zur Erledigung des Streites treffen soll. So genügt es zur **Meinungsverschiedenheit „Überstunden"** vorzutragen, welche Bereiche/Abteilungen ab welchem Zeitpunkt Überstunden leisten sollen und dass insoweit die dazugehörenden Fragen zu regeln sind.[20] Die Abgrenzung und Individualisierung des Regelungsanliegens muss in gegenständlicher, inhaltlicher und zeitlicher Hinsicht vorgenommen werden. Mit diesem Bestimmtheitserfordernis wird bisweilen von Seiten des Gerichts sehr großzügig umgegangen, so dass oftmals am Anfang der Sitzung der Einigungsstelle der Regelungsgegenstand erst herausgearbeitet werden muss.

(2) Form

12 Für den Antrag ist keine besondere Form vorgeschrieben. Neben der schriftlichen Einreichung beim Arbeitsgericht kann der Antrag auch mündlich zur Niederschrift bei seiner Geschäftsstelle angebracht werden (§ 100 Abs. 1 Satz 3 iVm § 81 Abs. 1 2. Hs ArbGG).[21]

(3) Frist

13 Für die Einleitung des Beschlussverfahrens nach § 100 ArbGG ist grundsätzlich **keine Frist** zu beachten. Dieser Grundsatz erfährt im Anwendungsbereich des § 38 Abs. 2 Satz 3 BetrVG eine **Ausnahme**. Sofern danach der Arbeitgeber die Einigungsstelle anruft, weil er die Auswahl der freizustellenden Mitglieder für sachlich nicht vertretbar hält, hat er für die Anrufung der Einigungsstelle eine Zwei-Wochen-Frist zu beachten. Insofern ist der Arbeitgeber auch gehalten, innerhalb der Zwei-Wochen-Frist das gerichtliche Verfahren zur Bestimmung des Einigungsstellenvorsitzenden oder zur Festlegung der gleichen Anzahl seiner Beisitzer einzuleiten.[22] Geschieht dies nicht, entfaltet der Beschluss des Betriebsrats für den Arbeitgeber bindende Wirkung.[23]

(4) Begründung

14 Der Antrag ist gem. §§ 253 Abs. 2 Nr. 2, 495 ZPO iVm §§ 46 Abs. 2, 80 Abs. 2, 98 Abs. 1 Satz 3 ArbGG insofern zu begründen, als damit **auch** dem **Bestimmtheitsgrundsatz** (Begründungsbestimmtheit in Abgrenzung zur eigenständig bewerteten Antragsbestimmtheit) Rechnung zu tragen ist. Dementsprechend hat der Antragsteller

---

18 LAG Schleswig-Holstein, 21.1.2014 – 1 TaBV 47/13 – LAGE § 98 ArbGG 1979 Nr. 70; GK-ArbGG/Schleusener, § 100 Rn 10; ErfK/Koch, § 100 Rn 2.
19 Düwell/Lipke-Lipke, § 100 ArbGG Rn 17; GK-ArbGG/Schleusener, § 100 Rn 21; GK-BetrVG/Kreutz/Jacobs, § 76 BetrVG Rn 59; SW/Walker, § 99 ArbGG Rn 12.
20 Vgl dazu Clemenz, in: FS Arbeitsgemeinschaft Arbeitsrecht, 2006, 815, 823.
21 GK-ArbGG/Schleusener, § 100 ArbGG Rn 6; Hauck/Helml, § 98 ArbGG Rn 2.
22 SW/Walker, § 99 ArbGG Rn 11.
23 FESTL, § 76 BetrVG Rn 38.

einen Lebenssachverhalt zu unterbreiten, aus dem sich die durch die Einigungsstelle zu regelnde betriebsverfassungsrechtliche Meinungsverschiedenheit ergibt.[24] Es muss erkennbar sein, ob die Einigungsstelle in einem Fall der erzwingbaren Mitbestimmung oder als freiwillige Einigungsstelle tätig werden soll.[25] Das ist eine unabdingbare Voraussetzung, um dem Arbeitsgericht die Prüfung zu ermöglichen, ob die Einigungsstelle offensichtlich unzuständig ist.[26] Nicht zur Begründung gehört der Inhalt der gewünschten Regelung.[27] Fehlt es an der Darlegung eines in tatsächlicher Hinsicht abgrenzbaren Lebenssachverhalts, ist der **Antrag** nicht etwa unbegründet, sondern **unzulässig**. Im Hinblick auf die sich aus der Entscheidung des Arbeitsgerichts ergebenden Rechtskraftwirkung bliebe nämlich ansonsten unklar, worüber das Arbeitsgericht entschieden hat. Das muss jedoch wegen der materiellen Rechtskraftwirkung zweifelsfrei feststehen. Einem **nämlichen** Antrag steht dann der Einwand der Rechtskraft entgegen. Das Arbeitsgericht ist jedoch gehalten, den Antragsteller auf den insoweit unzulässigen Antrag gem. § 139 ZPO so rechtzeitig hinzuweisen, dass er seine bisherige unzulängliche Begründung dem Maßstab entsprechend nachbessern kann.[28]

Darüber hinaus bedarf es jedoch einer Begründung nicht nur mit Blick auf die Be- 15
stimmtheit des Antrags, sondern auch insofern, als das Gericht die weiteren Zulässigkeitsvoraussetzungen der Antragsbefugnis und des Rechtsschutzinteresses von Amts wegen zu prüfen hat.

bb) Antragsbefugnis

Die **Antragsbefugnis** ist die Berechtigung, das Verfahren nach § 100 ArbGG einleiten 16
zu können. Im Beschlussverfahren ist die Antragsbefugnis nur gegeben, wenn der Antragsteller durch die begehrte Entscheidung in seiner eigenen betriebsverfassungsrechtlichen Rechtsposition betroffen wird. Das ist regelmäßig nur dann der Fall, wenn er eigene Rechte geltend macht und die Inhaberschaft des Rechts (Aktivlegitimation) nicht von vornherein als gänzlich aussichtslos erscheint.[29] Die Berechtigung steht ausschließlich den in § 76 Abs. 1 Satz 1 BetrVG enumerativ aufgeführten betriebsverfassungsrechtlichen Funktionsträgern zu. Daraus folgt jedoch nicht, dass es für die Annahme der Antragsbefugnis ausreicht, wenn einer der dort genannten Funktionsträger das Verfahren einleitet. Nach den vorgenannten Rechtssätzen ist darauf abzustellen, ob der in § 76 Abs. 1 BetrVG genannte und das Verfahren nach § 100 ArbGG einleitende Funktionsträger im konkreten Fall **berechtigt** ist, die Einigungsstelle anzurufen. Das ist namentlich in den Angelegenheiten der §§ 37 Abs. 6, 38 Abs. 2 und 95 Abs. 1 BetrVG der Arbeitgeber, im Fall des § 85 Abs. 2 Satz 1 BetrVG nur der Betriebsrat.[30] Dementsprechend leitet sich die **Antragsbefugnis** unmittelbar aus den jeweiligen Mitbestimmungsregelungen iVm § 76 Abs. 5 Satz 1

24 GMPM/Schlewing, § 98 ArbGG Rn 18; GK-ArbGG/Schleusener, § 100 Rn 21; SW/Walker, § 99 ArbGG Rn 12.
25 ErfK/Koch, § 100 ArbGG Rn 2; GMPM/Schlewing, § 98 ArbGG Rn 15.
26 SW/Walker, § 99 ArbGG Rn 12.
27 GMPM/Schlewing, § 98 ArbGG Rn 15.
28 Düwell/Lipke-Lipke, § 100 ArbGG Rn 17.
29 BAG, 20.5.2008 – 1 ABR 19/07, AP BetrVG 1972 § 81 Nr. 4; BAG, 19.9.2006 – 1 ABR 53/05, AP BetrVG 1972 § 2 Nr. 5.
30 Clemenz, in: FS Arbeitsgemeinschaft Arbeitsrecht, 2006, 815, 821; ErfK/Koch, § 100 ArbGG Rn 2.

BetrVG ab (für den Betriebsrat zB aus § 87 Abs. 1 Nr. 3 iVm § 76 Abs. 5 Satz 1 BetrVG = Überstunden, für den Arbeitgeber zB aus § 112 Abs. 2 Satz 2 iVm § 76 Abs. 5 Satz 1 BetrVG = Interessenausgleich). Auf Seiten der Arbeitnehmerrepräsentanzen ist im Rahmen der Antragsbefugnis zu prüfen, wem (Betriebsrat, Gesamtbetriebsrat oder Konzernbetriebsrat) das beanspruchte Mitbestimmungsrecht zusteht. Insofern handelt es sich nicht um eine Frage der offensichtlichen Unzuständigkeit.[31] Beansprucht zB der Betriebsrat ein Mitbestimmungsrecht in Bezug auf eine unternehmensweit einzuführende Technologie iSd § 87 Abs. 1 Nr. 6 BetrVG, so ist der Antrag mangels Antragsbefugnis des Betriebsrats als unzulässig zurückzuweisen, da allein der Gesamtbetriebsrat vorliegend für die Wahrnehmung des Mitbestimmungsrechts nach § 87 Abs. 1 Nr. 6 BetrVG originär zuständig ist (§ 50 Abs. 1 Satz 1 BetrVG).

17 Aus dem in § 76 Abs. 1 Satz 1 BetrVG enumerativ genannten Kreis der zur Beilegung einer Meinungsverschiedenheit Berechtigten folgt, dass **Beisitzer** der Einigungsstelle **nicht antragsberechtigt** sind. Nach der darin ausdrücklich zum Ausdruck gekommenen gesetzlichen Wertung gilt dies selbst dann, wenn es um die **Abberufung des Vorsitzenden** wegen Befangenheit geht.[32] Soweit es um die gleichberechtigte mitbestimmungsrechtliche Teilhabe geht, ist jeder der beiden Betriebsparteien antragsbefugt.[33] Wie bereits vorstehend erwähnt, ist in der Station der Antragsbefugnis nicht nur summarisch, sondern **objektiv abschließend** zu prüfen, ob dem Antragsteller eine solche Befugnis zukommt. Daran fehlt es zB, wenn nach einem Betriebsübergang der Betriebsrat beim Erwerber einen Sozialplan beim Veräußerer erzwingen will.[34]

18 Soweit es um den Anwendungsbereich des **freiwilligen Einigungsstellenverfahrens** geht, das nur in Betracht kommt, wenn beide Seiten es beantragen oder mit ihrem Tätigwerden einverstanden sind (§ 76 Abs. 6 Satz 1 BetrVG), stellt sich die Frage, ob die Antragsbefugnis nur dann gegeben ist, wenn beide Betriebsparteien das Verfahren beantragen.[35] Die Gegenansicht sieht darin eine Verkennung von prozessualer Antragsbefugnis und materiell-rechtlicher Sachlegitimation mit der Folge, dass sie jeden Betriebspartner allein für antragsbefugt hält.[36] Der differenzierenden Ansicht von Walker ist der Vorzug einzuräumen.[37] Nach seiner Ansicht können grundsätzlich nur insofern beide Betriebsparteien zusammen eine gerichtliche Entscheidung nach § 100 ArbGG beantragen, als dadurch das tatsächliche Vorliegen des jederzeit widerruflichen **Einverständnisses** mit der Anrufung der Einigungsstelle sichergestellt ist. Das jederzeit widerrufliche[38] Einverständnis der Betriebsparteien begründet die Antragsbefugnis für die Einleitung des Verfahrens. Fehlt es daran, ist der Antrag unzulässig. Daraus folgt, dass es keiner analogen Anwendung des § 100 Abs. 1 Satz 2 ArbGG für das Einverständnis mit dem Tätigwerden der Einigungsstelle im freiwilligen Eini-

31 SW/Walker, §§ 99, 100 ArbGG Rn 40.
32 LAG Köln, 11.7.2001 – 8 TaBV 4/01, NZA-RR 2002, 270, 271; SW/Walker, § 99 ArbGG Rn 15.
33 GMPM/Schlewing, § 98 ArbGG Rn 13; Hauck/Helml, § 98 ArbGG Rn 2; SW/Walker, § 99 ArbGG Rn 15.
34 LAG Rheinland-Pfalz, 18.4.2005 – 2 TaBV 15/05, NZA-RR 2005, 529; SW/Walker, § 99 ArbGG Rn 15.
35 So zB Clemenz, in: FS Arbeitsgemeinschaft Arbeitsrecht, 2006, 815, 822; GK-BetrVG/Kreutz/Jacobs, § 76 Rn 33; Hennige, S. 82; Richardi/Richardi-Maschmann, § 76 BetrVG Rn 55.
36 FESTL, § 76 BetrVG Rn 78; GMPM/Schlewing, § 98 ArbGG Rn 13; GK-ArbGG/Schleusener, § 100 Rn 7; differenzierend SW/Walker, § 99 ArbGG Rn 17.
37 SW/Walker, § 99 ArbGG Rn 17.
38 FESTL, § 76 BetrVG Rn 78; GK-BetrVG/Kreutz/Jacobs, § 76 Rn 33; SW/Walker, § 99 ArbGG Rn 17.

gungsstellenverfahren bedarf.[39] Die Gegenposition weist im Falle des fehlenden Einverständnisses beider Betriebsparteien den Antrag wegen offensichtlicher Unzuständigkeit als unbegründet zurück.[40] Dabei verkennt sie, dass der **sachliche Prüfungsmaßstab der offensichtlichen Unzuständigkeit der Einigungsstelle** nach § 100 Abs. 1 Satz 2 ArbGG nur für den Anwendungsbereich des erzwingbaren Einigungsstellenverfahrens gilt. Beim freiwilligen Einigungsstellenverfahren kommt es auf das Bestehen eines erzwingbaren Mitbestimmungsrechts und damit auf die Zuständigkeit der Einigungsstelle und folglich auf den Maßstab der offensichtlichen Unzuständigkeit nicht an.[41] Des Weiteren kommt hinzu, dass § 100 Abs. 1 Satz 2 ArbGG („die Anträge") ersichtlich auf seinen Satz 1 Bezug nimmt, der wiederum ausdrücklich auf § 76 Abs. 2 Satz 2 und 3 BetrVG (Einigung über Person des Vorsitzenden und Anzahl der Beisitzer) verweist. Dass die methodischen Voraussetzungen einer Analogie vorliegen, belegt die Gegenansicht nicht. Sie liegen objektiv auch nicht vor, weil im Anwendungsfall des fehlenden Einverständnisses beider Betriebsparteien – wie vorstehend ausgeführt – eine Regelungslücke nicht besteht. IÜ bedarf es im freiwilligen Einigungsstellenverfahren keiner analogen Anwendung des § 100 Abs. 1 Satz 2 ArbGG. Insoweit könnte nämlich nur dann von einer offensichtlichen Unzuständigkeit im Rahmen des freiwilligen Einigungsstellenverfahrens gesprochen werden, wenn die der Einigungsstelle unterbreitete Streitfrage außerhalb der Regelungskompetenz der Betriebsparteien liegt.[42] Dann fehlt es aber bereits an der Antragsbefugnis.

Sofern im Rahmen des freiwilligen Einigungsstellenverfahrens aus materiellem Recht 19
einer **Betriebspartei allein das Recht** zusteht, die Einigungsstelle anzurufen, kann er auch allein das Verfahren nach § 100 ArbGG einleiten. Dies gilt bspw für die Anrufung der Einigungsstelle aus Anlass eines Interessenausgleichs oder aber, wenn das erforderliche Einverständnis bereits durch Betriebsvereinbarung unwiderruflich erteilt ist.[43]

cc) Örtliche Zuständigkeit

Das **Arbeitsgericht** ist **örtlich** zuständig, in dessen Bezirk der Betrieb liegt, in dem die 20
Einigungsstelle gebildet werden soll, § 100 Abs. 1 Satz 3 iVm § 82 Abs. 1 Satz 1 ArbGG. Sofern der Gesamtbetriebsrat oder der Konzernbetriebsrat beteiligt ist, kommt es auf den Sitz des Unternehmens an, § 100 Abs. 1 Satz 3 iVm § 82 Abs. 1 Satz 2 ArbGG.[44]

dd) Rechtsschutzinteresse

Wie für jedes andere gerichtliche Verfahren bedarf es auch für das **Bestellungsverfah-** 21
ren eines **Rechtsschutzinteresses.** Ein solches ist dann gegeben, wenn zwischen den Betriebsparteien ein nicht gelöster Regelungsstreit besteht (insoweit muss nach dem Verständnis des Gesetzgebers ein „Bedarf" bestehen; § 76 Abs. 1 Satz 1 BetrVG)[45]

39 SW/Walker, § 99 ArbGG Rn 17.
40 GK-ArbGG/Schleusener, § 100 Rn 7.
41 GMPM/Schlewing, § 98 ArbGG Rn 10.
42 SW/Walker, § 99 ArbGG Rn 42.
43 Clemenz, in: FS Arbeitsgemeinschaft Arbeitsrecht, 2006, 815, 822; HSWG/Worzalla, § 76 BetrVG Rn 13 a; SW/Walker, § 99 ArbGG Rn 17.
44 Wenning-Morgenthaler, A Rn 67.
45 ErfK/Kania, § 76 BetrVG Rn 3; Richardi/Richardi-Maschmann, § 76 BetrVG Rn 41.

und ein Einvernehmen über die Besetzung der Einigungsstelle nicht vorliegt. Damit („Bedarf") wird die Subsidiarität der Einigungsstelle betont.[46] Mit anderen Worten: Das Rechtsschutzinteresse fehlt mit der Folge, dass der Antrag als unzulässig zurückzuweisen ist, wenn vor Anrufung der Einigungsstelle eine gütliche Einigung nicht versucht worden ist.[47] Das ergibt sich sogar ausdrücklich aus dem Wortlaut des § 76 Abs. 2 Satz 2 BetrVG.[48] IÜ ist auf § 74 Abs. 1 Satz 2 BetrVG zu verweisen, der in diesem Zusammenhang von den Betriebsparteien abverlangt, ernsthaft („mit dem ernsten Willen zur Einigung") eine Beilegung der Streitigkeit versucht zu haben.

22 Sofern sich der Regelungsstreit vor der gerichtlichen Entscheidung erledigt hat, besteht kein Rechtsschutzinteresse mehr. Dies ist bspw dann der Fall, wenn sich der Streit über die Anordnung von Überstunden durch Zeitablauf erledigt hat.[49] Ebenso verhält es sich für ein Abberufungsverfahren wegen Befangenheit des Vorsitzenden, wenn zwischenzeitlich ein Spruch der Einigungsstelle ergangen ist.[50]

23 Der **Bedarf** (vgl § 76 Abs. 1 Satz 1 BetrVG), eine Einigungsstelle zu bilden, besteht jedoch nicht erst dann, wenn sich die Betriebsparteien vergeblich um eine Lösung des Regelungsstreits bemüht haben. Weigert sich die andere Betriebspartei, sich in Verhandlungen mit der Gegenpartei einzulassen, besteht ein Bedarf zur Bildung der Einigungsstelle.[51] Weitergehend genügt bereits eine fehlende Reaktion auf die unter Fristsetzung und Ankündigung der Anrufung der Einigungsstelle erfolgte Aufforderung zu Verhandlungen.[52]

24 **Hinweis:** Um insoweit den Bedarf der Bildung einer Einigungsstelle und damit das Rechtsschutzinteresse dokumentieren zu können, sollte die initiative Betriebspartei die Gegenseite sowohl unter angemessener Fristsetzung als auch unter Ankündigung der Anrufung der Einigungsstelle zu Verhandlungen über den bestimmt mitgeteilten Regelungsstreit schriftlich auffordern.

Es würde nämlich das über § 100 ArbGG gesicherte Initiativrecht ins Gegenteil verkehren, könnte der verhandlungsunwillige Betriebspartner das Einigungsstellenverfahren im Ergebnis blockieren.[53] Andererseits genügt die subjektive Einschätzung einer Seite nicht, anzunehmen, der vorige Einigungsversuch sei ohnehin aussichtslos.[54]

25 Die gleichen Grundsätze gelten auch für die Einigung über die Besetzung der Einigungsstelle. Der in der Praxis gelegentlich vorkommende Streit der Betriebsparteien darüber, ob eine Einigung über die Person des Vorsitzenden oder die Zahl der Beisit-

46 Clemenz, in: FS Arbeitsgemeinschaft Arbeitsrecht, 2006, 815, 825.
47 GK-ArbGG/Schleusener, § 100 Rn 8.
48 LAG Nürnberg, 5.4.2005 – 7 TaBV 7/05, LAGE § 98 ArbGG Nr. 44; FESTL, § 76 BetrVG Rn 20.
49 SW/Walker, § 99 ArbGG Rn 20; LAG Nürnberg, 21.8.2001 – 6 TaBV 24/01 – NZA-RR 2002, 138.
50 LAG Köln, 11.7.2001 – 8 TaBV 4/01, NZA-RR 2002, 270, 271; SW/Walker, § 99 ArbGG Rn 20.
51 LAG Baden-Württemberg, 16.10.1991 – 12 TaBV 10/91 – LAGE § 98 ArbGG 1979 Nr. 21; GK-ArbGG/Schleusener, § 100 Rn 8.
52 LAG Niedersachsen, 5.5.2009 – 1 TaBV 28/09 – NZA-RR 2009, 531; so wohl auch GK-ArbGG/Schleusener, § 100 Rn 8; SW/Walker, § 99 ArbGG Rn 21.
53 SW/Walker, §§ 99, 100 ArbGG Rn 21.
54 ErfK/Koch, § 100 ArbGG Rn 3; GK-ArbGG/Schleusener, § 100 Rn 8; aA LAG Niedersachsen, 25.10.2005 – 1 TaBV 48/05, LAGE § 98 ArbGG 1979 Nr. 45; ähnlich auch Tschöpe, NZA 2004, 945, 946.

zer bereits erzielt wurde, genügt, das Rechtsschutzinteresse anzunehmen.[55] Diese Rechtsfrage vorab in einem Beschlussverfahren klären zu lassen, widerspräche dem Bestellungsverfahren.

ee) Antragshäufung und Widerantrag

Die Praxis zeigt, dass gelegentlich mit einem Antrag nach § 100 ArbGG zB ein Mitbestimmungsfeststellungsantrag **verbunden** wird oder aber die andere Betriebspartei dem Antrag des Arbeitgebers zB auf Einsetzung einer Einigungsstelle wegen Einrichtung einer Videokamera einen eigenen Bestellungsantrag zB zur Einführung von Kurzarbeit entgegenstellt. 26

Soweit im Bestellungsverfahren nach § 100 ArbGG zB ein Mitbestimmungsfeststellungsantrag verbunden wird, gilt Folgendes: 27

Zunächst ist festzuhalten, dass in Folge der Verweisung in § 100 Abs. 1 Satz 3 ArbGG auch auf § 81 Abs. 3 ArbGG die Änderung des Antrags unter bestimmten Voraussetzungen und damit an sich zulässig ist. Da sich der Begriffsinhalt der Antragsänderung mit dem der Klageänderung im zivilprozessualen Verfahren (§ 263 ZPO) und damit auch im arbeitsgerichtlichen Urteilsverfahren deckt,[56] unterfällt die **nachträgliche objektive Antragshäufung** dem Recht der Antragsänderung nach § 81 Abs. 3 ArbGG.[57] Die **anfängliche objektive Antragshäufung** ist auch im Beschlussverfahren grds. zulässig, §§ 80 Abs. 2 Satz 1, 46 Abs. 2 Satz 1 ArbGG, §§ 495, 260 ZPO.[58] So ist sogar kraft Gesetzes eine objektive Antragshäufung bei der Durchführung vorläufiger personeller Maßnahmen nach §§ 99 Abs. 4, 100 Abs. 2 und Abs. 3 BetrVG vorgesehen.[59] In Bezug auf das Verfahren nach § 100 ArbGG besteht kein ausdrückliches **gesetzliches Verbot der objektiven Antragshäufung.**[60] Jedoch ergibt sich ein solches aus § 260 ZPO, auf den gem. § 100 Abs. 1 Satz 3, 80 Abs. 2 Satz 1, 46 Abs. 2 Satz 1 ArbGG, § 495 ZPO verwiesen wird. Nach § 260 ZPO ist eine objektive (Klagen-)Antragshäufung nur zulässig, wenn für sämtliche prozessuale Begehren ua dieselbe Prozessart gegeben ist. Zwar ist das Verfahren nach § 100 auch ein Beschlussverfahren iSd §§ 2 a, 80 ff ArbGG. Jedoch ergibt sich aus der Regelungssystematik des § 100 ArbGG als besonderes Beschlussverfahren („Vierter Unterabschnitt. Beschlussverfahren in besonderen Fällen"), dass ein **sog. Verbindungsverbot** methodisch gerechtfertigt ist. Der speziellen Ausgestaltung des Verfahrens nach § 100 ArbGG, insb. im Hinblick auf seine Beschleunigungselemente, widerspricht die Verbindung mit einem im allgemeinen Beschlussverfahren zB auszutragenden Mitbestimmungsfeststellungsverfahren.[61] Das Verbindungsverbot ist insofern erst recht gerechtfertigt, als der Grundsatz des gesetzlichen Richters einer objektiven Antragshäufung entgegensteht. Im Verfahren nach § 100 ArbGG ist der Kammervorsitzende alleine

55 SW/Walker, § 99 ArbGG Rn 22.
56 HK-ArbGG/Roos, § 81 Rn 57; SW/Weth, § 81 Rn 111.
57 BAG, 31.1.1989 – 1 ABR 60/87, AP ArbGG 1979 § 81 Nr. 12; SW/Weth, § 81 Rn 111.
58 BAG, 29.7.1982 – 6 ABR 51/79, AP ArbGG 1979 § 83 Nr. 5; SW/Weth, § 81 Rn 32.
59 BAG, 15.9.1987 – 1 ABR 44/86, AP BetrVG 1972 § 99 Nr. 46.
60 Anders zB in §§ 578 Abs. 2, 610 Abs. 2, 640 c Abs. 1 ZPO.
61 LAG Hamm, 7.7.2003 – 10 TaBV 85/03, NZA-RR 2003, 637-639; Clemenz, in: FS Arbeitsgemeinschaft Arbeitsrecht, 2006, 815, 825.

zuständig, wohingegen die (vollbesetzte) Kammer im allgemeinen Beschlussverfahren Entscheidungsorgan ist.

28 Der im allgemeinen Beschlussverfahren durchzuführende Antrag ist nach Einräumung rechtlichen Gehörs **abzutrennen** und unter Vergabe eines neuen Aktenzeichens als eigenständiges Beschlussverfahren durchzuführen. Um Missverständnissen vorzubeugen, sind nicht etwa die Vorschriften über die zutreffende Verfahrensart anzuwenden (§ 48 Abs. 1 ArbGG, §§ 17–17b GVG). Die Vorschriften über die zutreffende Verfahrensart betreffen nämlich die Unterscheidung in Urteils- und Beschlussverfahren. Vorliegend betreffen jedoch beide Anträge das Beschlussverfahren.

29 Keine unstatthafte Verbindung liegt jedoch vor, wenn zB der Arbeitgeber **von Anfang an** neben einem Antrag auf Bestellung einer Einigungsstelle wegen der Anordnung von Überstunden mit einem weiteren Antrag auf Bestellung einer Einigungsstelle aus Anlass der Einführung einer Technologie iSd § 87 Abs. 1 Nr. 6 BetrVG verbindet. Insoweit handelt es sich um vom Antragsteller disponierte verfahrensgleiche Anträge im jeweils dafür vorgesehenen Verfahren (Verfahrenskohärenz). Aus den vorgenannten Ausführungen folgt,[62] dass das Bestellungsverfahren nach § 100 ArbGG nicht etwa als Singularantragsverfahren konzipiert ist. Für einen gegenteiligen Befund gibt es für eine solche objektive Antragshäufung keinen dogmatischen Anhalt. Die von Anfang an gemeinsam eingereichten Anträge unterfallen demselben spezifischen Verfahren. Gleichwohl kann es tunlich sein, eine Verfahrenstrennung anzuordnen, § 145 ZPO.

30 Anders verhält es sich bei einer **nachträglichen** objektiven Antragshäufung verfahrensgleicher Anträge (Verfahrenskohärenz). § 260 ZPO steht mithin nicht entgegen.[63] Zwar verweist § 100 Abs. 1 Satz 3 ArbGG auf die §§ 80–84 ArbGG und damit auch auf § 81 Abs. 3 ArbGG, der die Antragsänderung – um eine solche handelt es sich auch bei einer nachträglichen objektiven Antragshäufung[64] – regelt. Jedoch gilt § 81 Abs. 3 ArbGG nur **entsprechend**, so dass die Besonderheiten des Bestellungsverfahrens stets zu berücksichtigen sind. Gegen die Zulässigkeit einer nachträglichen objektiven Antragshäufung, die vergleichbar im Urteilsverfahren als Antragsänderung gilt, sprechen die spezifischen Beschleunigungselemente des Verfahrens nach § 100 ArbGG.

31 Soweit ein Widerantrag im erstinstanzlichen Verfahren nach § 100 ArbGG angebracht worden ist, bedarf es der Beurteilung seiner Statthaftigkeit. Aus der in § 100 Abs. 1 Satz 1 ArbGG angelegten Verweisungskette der §§ 80 Abs. 2 Satz 1, 46 Abs. 2 Satz 1 ArbGG, §§ 495, 253 ff, 33 Abs. 1 ZPO folgt ihre Zulässigkeit an sich. Danach ist neben dem erforderlichen prozessualen Zusammenhang[65] die Verfahrenskohärenz weitere Voraussetzung eines Widerantrags.[66] Demnach sind verfahrensfremde Wideranträge wie zB ein Mitbestimmungsfeststellungsantrag unstatthaft und damit unzu-

62 Rn 27.
63 Vgl Rn 27.
64 Einzelheiten hierzu Rn 27.
65 Statt Vieler Thomas/Putzo-Hüßtege, § 33 ZPO Rn 4 ff.
66 Statt Vieler Thomas/Putzo-Hüßtege, § 33 ZPO Rn 27.

lässig.[67] Die besondere verfahrensrechtliche Konzeption des § 100 ArbGG einschließlich der vom allgemeinen Beschlussverfahren abweichenden Ausgestaltung des gesetzlichen Richters (Alleinentscheidungsbefugnis des Vorsitzenden anstatt Kollegialentscheidung der Kammer) lässt eine solche, durchaus verfahrensökonomische Vorgehensweise nicht zu (Vorrang der Verfahrenskohärenz). Aber auch für einen **verfahrensgleichen** Widerantrag ist seine Statthaftigkeit als Widerantrag zu verneinen.[68] Die in § 100 Abs. 1 Satz 3 ArbGG angeordnete entsprechende Verweisung bringt dogmatisch zum Ausdruck, dass die Besonderheiten des Bestellungsverfahrens stets zu berücksichtigen sind. Gegen die Zulässigkeit eines verfahrensgleichen Widerantrags sprechen die spezifischen Beschleunigungselemente im Verfahren des § 100 ArbGG. Sie stehen einem Widerantrag per se (abstrakt) entgegen, ohne dass es auf eine konkrete einzelfallbezogene Betrachtung ankommt. Das Institut der Verfahrenstrennung gem. § 145 ZPO ist insoweit unbehelflich. Der Unstatthaftigkeit des Widerantrags und damit seiner Unzulässigkeit hat das Arbeitsgericht insoweit Rechnung zu tragen, als es einen solchen Widerantrag abzutrennen und in einem gesonderten Verfahren zu entscheiden hat.

Hinweis: Die Bestellungsverfahren sind das eine, die Verhandlung der eingerichteten Einigungsstellen das andere. In der Praxis werden jedenfalls bei Personenidentität der Beteiligten die verschiedenen Einigungsstellenverfahren regelmäßig termingleich anberaumt und verhandelt. 32

▶ **Muster: Antrag im Bestellungsverfahren** 33

An das

Arbeitsgericht ...

Antrag im Beschlussverfahren mit den Beteiligten

1. Die Firma ... – Antragstellerin –

2. Betriebsrat der Firma ...

vertreten durch den Betriebsratsvorsitzenden

wegen Errichtung einer Einigungsstelle.

Namens und in Vollmacht der Antragstellerin leiten wir ein Beschlussverfahren ein und **beantragen:**

1. Zum/Zur Vorsitzenden einer Einigungsstelle mit dem Regelungsgegenstand ... wird Frau/Herr Richter/in am Arbeitsgericht ... bestellt.

2. Die Zahl der von den Beteiligten jeweils zu benennenden Beisitzer wird auf ... festgesetzt.

Begründung:

Die Antragstellerin unterhält in ... einen Betrieb zur Herstellung von ... (ratsam: Skizzierung des Betriebszwecks) mit ... Arbeitnehmern. Im Betrieb ist ein Betriebsrat gebildet, der/die Vorsitzende ist Frau/Herr ...

Zu Antrag 1:

Die Antragstellerin beabsichtigt, Überwachungskameras in der Lagerhaltung aus folgenden Gründen ... einzuführen. Die Komposition aus Hard- und Software ist zu Folgendem in der Lage .... Die Antragstellerin hat den Betriebsrat mit Schreiben vom ... den Text einer Betriebsvereinba-

67 LAG Hamm, 7.7.2003 – 10 TaBV 85/03, NZA-RR 2003, 637 ff.

68 Sächsisches LAG, 12.10.2001 – 3 TaBV 22/01 DD, NZA-RR 2002, 362; HK-ArbR/Henssen, § 100 ArbGG Rn 4; Kempter/Merkel, DB 2014, 1807, 1808; Wenning-Morgenthaler, A Rn 62 f.

rung zur Einführung und Anwendung der vorgenannten Technologie mit der Bitte um Stellungnahme bis zum ... unterbreitet. Der Betriebsrat hat mit Schreiben vom ... der Einführung widersprochen und sieht sich deshalb konsequenterweise außer Stande, in Verhandlungen einzutreten.

Die Antragstellerin hat aufgrund der Reaktion des Betriebsrats mit Schreiben vom ... mitgeteilt, die Einigungsstelle anzurufen. Über die von ihr vorgeschlagene Person des/der Vorsitzenden der Einigungsstelle konnten sich die Beteiligten nicht einigen. Auf den insoweit gewechselten Schriftverkehr vom ... und vom ... wird Bezug genommen und hiermit auch zum Gegenstand des Verfahrens gemacht.

Zu Antrag 2:

Aus dem vorgenannten Schriftverkehr ergibt sich auch, dass sich die Beteiligten nicht über die jeweilige Anzahl der Beisitzer einigen konnten. Hinsichtlich der Anzahl der Beisitzer ist davon auszugehen, dass es sich bei dem Regelungsgegenstand um einen solchen durchschnittlichen Schwierigkeitsgrads handelt, so dass es ausreichend, aber auch erforderlich ist, die Anzahl der Beisitzer auf jeweils zwei festzusetzen. Hinzu kommt, dass der Betriebsrat in seiner derzeitigen Zusammensetzung über einschlägige Erfahrungen verfügt, da bereits ein Einigungsstellenverfahren über die Einführung und Anwendung von Überwachungskameras in der Produktionsabteilung X vor einem Jahr durchgeführt worden ist.

Unterschrift ◀

c) Verfahren

34 Entsprechend der Überschrift des 4. Unterabschnitts des Arbeitsgerichtsgesetzes ist das Bestellungsverfahren systematisch ein **spezielles Beschlussverfahren** mit der Folge, dass entsprechend dem Grundsatz „Lex specialis derogat legi generali" vorrangig sein **spezifisches Verfahrensrecht** gilt und iÜ gem. § 100 Abs. 1 Satz 3 ArbGG das allgemeine Verfahrensrecht des Beschlussverfahrens **entsprechende Anwendung** findet. Aufgrund der entsprechend anwendbaren §§ 80–84 ArbGG kann der Antragsteller zB den Antrag ändern (§ 81 Abs. 3 ArbGG) oder die Hauptsache für erledigt erklären (§ 83 a Abs. 2 ArbGG).[69] Die Beteiligten können sich auch in einem gerichtlichen Vergleich einigen (§ 83 a Abs. 1 ArbGG).[70] Wegen der **entsprechenden Anwendung** (Gesetzesanalogie) ist jedoch stets die besondere Verfahrensausgestaltung des § 100 ArbGG bei Anwendung der einzelnen Vorschriften zu berücksichtigen.

Obgleich § 100 Abs. 1 Satz 3 ArbGG auch auf § 80 Abs. 2 Satz 3 ArbGG idF vom 10.12.2001[71] verweist, ist die Anordnung einer vorherigen **Güteverhandlung** unstatthaft.[72] Insoweit kann die gesetzliche Verweisung im Anschluss an *Schleusener* als gesetzliches Redaktionsversehen bewertet werden.[73] Demnach ist im Hinblick auf die in § 100 Abs. 1 ArbGG bestimmten Beschleunigungselemente und auch im Hinblick auf die Alleinentscheidungsbefugnis des Vorsitzenden im Verfahren nach § 100 ArbGG die Verweisungsbestimmung angesichts der bestehenden Ausnahmelücke teleologisch zu reduzieren. Auf § 80 Abs. 2 Satz 3 ArbGG wird demnach nicht verwiesen. Nach

69 GK-ArbGG/Schleusener, § 100 Rn 11; Düwell/Lipke-Lipke, § 100 ArbGG Rn 22; SW/Walker, § 99 ArbGG Rn 23.

70 GK-ArbGG/Schleusener, § 100 Rn 11; Düwell/Lipke-Lipke, § 100 ArbGG Rn 22; SW/Walker, § 99 ArbGG Rn 23.

71 BGBl. I S. 3443.

72 Clemenz, in: FS Arbeitsgemeinschaft Arbeitsrecht, 2006, 815, 820; GK-ArbGG/Schleusener, § 100 Rn 16; DFL/Reinfelder, § 100 Rn 7; Düwell/Lipke-Lipke, § 100 ArbGG Rn 22; GMPM/Schlewing, § 98 ArbGG Rn 19; HKW-Bepler/Treber, § 100 ArbGG Rn 4; aA Wenning-Morgenthaler, A Rn 69, der eine Güteverhandlung als statthaft ansieht, jedoch aus dem Grunde der Beschleunigung als nicht tunlich.

73 GK-ArbGG/Schleusener, § 100 Rn 16.

der hier **vertretenen Ansicht** ergibt sich die **gleiche Lösung** bereits aus der in § 100 Abs. 1 Satz 3 ArbGG enthaltenen Formulierung der entsprechenden Anwendung. Entspricht die verwiesene Vorschrift nicht der Ausgestaltung des besonderen Verfahrens nach § 100 ArbGG, so findet sie keine Anwendung.

aa) Alleinentscheidungsbefugnis des Kammervorsitzenden

35 Durch Gesetz vom 29.6.1998[74] wurde entgegen der bis dahin geltenden Regelung die Entscheidung der Besetzung der Einigungsstelle sowohl in erster als auch in zweiter Instanz anstelle des Vorsitzenden der Kammer des Arbeitsgerichts und im Rechtsmittelzug der Kammer des Landesarbeitsgerichts übertragen.[75] Diese für eine Verfahrensbeschleunigung kontraproduktive Neuregelung wurde durch das Job-AQTIV-Gesetz vom 10.12.2001[76] wieder auf die bis zum Jahre 1998 anzuwendende Alleinentscheidungsbefugnis des Vorsitzenden zurückgeführt. Die Entscheidungen nach § 100 ArbGG trifft sowohl erst- als auch zweitinstanzlich der Vorsitzende der durch den Geschäftsverteilungsplan bestimmten Kammer (§ 100 Abs. 1 Satz 1, Abs. 2 Satz 3 ArbGG).

bb) Untersuchungsgrundsatz

36 Aufgrund der Verweisung in § 100 Abs. 1 Satz 3, aber auch aufgrund der systematischen Einordnung des Bestellungsverfahrens findet der **Untersuchungsgrundsatz** Anwendung (§ 83 Abs. 1 Satz 1 ArbGG). Daraus folgt, dass der Vorsitzende unter Mitwirkung der Beteiligten den Sachverhalt von Amts wegen aufzuklären und ggf eine **Beweisaufnahme** durchzuführen hat.[77] Wie sich aus der Gesetzesanalogie ergibt, ist insb. § 83 Abs. 2 ArbGG hiervon nicht ausgenommen. So kann bspw eine Beweisaufnahme im Wege des Freibeweises sich auf die tatsächlichen Voraussetzungen des Vorliegens des Rechtsschutzbedürfnisses beziehen. Ebenfalls kann freilich unter Beachtung des gesetzlichen Prüfungsmaßstabs der offensichtlichen Unzuständigkeit der Einigungsstelle auch bei zweifelhaftem Sachverhalt eine Beweisaufnahme geboten sein.

cc) Mündlichkeitsgrundsatz

37 Das Bestellungsverfahren ist kraft der Verweisungsanordnung grundsätzlich **mündlich** ausgestaltet,[78] es sei denn, die **Beteiligten** sind mit einer Entscheidung ohne mündliche Verhandlung **einverstanden** (§ 83 Abs. 4 Satz 3 ArbGG). Zum Zwecke einer weitergehenden Beschleunigung wäre es rechtspolitisch durchaus sinnvoll, das Regel-Ausnahme-Verhältnis umzukehren und damit grundsätzlich ohne mündliche Verhandlung zu entscheiden, es sei denn, der Vorsitzende oder aber die Beteiligten beantragen übereinstimmend eine mündliche Verhandlung.[79]

---

74 BGBl. I S. 1694.
75 Vgl dazu Hümmerich, DB 1998, 1133; Leinemann, FA 1997, 42.
76 BGBl. I S. 3443; Düwell, BB 2002, 98, 100.
77 LAG Düsseldorf, 21.8.1987 – 9 TaBV 132/86, NZA 1988, 211-214; ErfK/Koch, § 100 ArbGG Rn 4; GMPM/Schlewing, § 98 ArbGG Rn 19; Richardi/Richardi-Maschmann, § 76 BetrVG Rn 65; Wenning-Morgenthaler, A Rn 70; aA LAG Berlin, 18.2.1980 – 9 TaBV 5/79, AP ArbGG 1979 § 98 Nr. 1.
78 GK-ArbGG/Schleusener, § 100 Rn 16; Düwell/Lipke-Lipke, § 100 Rn 22.
79 Vgl auch GK-ArbGG/Dörner, Vorauflage § 98 Rn 2.

dd) Beteiligte

38 **Beteiligte** im Bestellungsverfahren sind nach dem Grundsatz der materiellen betriebsverfassungsrechtlichen Betroffenheit ausschließlich der Antragsteller und dessen Betriebspartner.[80] Durch die erstrebte Entscheidung werden nämlich nur sie in ihrer Rechtsstellung betroffen. Daraus folgt auch, dass der erbetene **Einigungsstellenvorsitzende** nicht beteiligt ist. Seine betriebsverfassungsrechtliche Rechtsstellung beginnt erst mit der Annahme des Amtes.[81] Ebenso wenig sind die bereits einvernehmlich berufenen Beisitzer der im Wege des Bestellungsverfahrens einzurichtenden Einigungsstelle zu beteiligen. Denn über das Ob der Einigungsstelle wird erst im Bestellungsverfahren entschieden.[82]

Sofern im Rahmen des Beschlussverfahrens die Zuständigkeit für die Wahrnehmung des Mitbestimmungsrechts auf ein anderes betriebsverfassungsrechtliches Organ übergeht, zB der Gesamtbetriebsrat wird kraft Auftrags zuständig oder es findet ein Betriebsinhaberwechsel statt, so wird dieses Organ bzw der neue Betriebsinhaber nach den allgemeinen Regeln Beteiligter des anhängigen Verfahrens.[83]

39 Besteht Streit über die Verkleinerung des Gesamtbetriebsrats nach § 47 Abs. 5 BetrVG und ist insoweit eine Einigungsstelle zu bilden, sind Beteiligte der Arbeitgeber und der Gesamtbetriebsrat, nicht etwa die Einzelbetriebsräte oder gar die in den Gesamtbetriebsrat entsandten Mitglieder dieser Organe.[84]

ee) Einlassungs- und Ladungsfristen

40 Abweichend vom Zivilprozess beträgt im arbeitsgerichtlichen Urteilsverfahren und damit auch im Beschlussverfahrens die **Einlassungsfrist** kraft der Verweisung in § 80 Abs. 2 ArbGG lediglich eine Woche (§ 47 Abs. 1 BetrVG). Für die **Ladungsfrist** gilt in Übereinstimmung mit dem Zivilprozess sowohl für das Urteils- als auch für das Beschlussverfahren die allgemeine Frist von mindestens drei Tagen (§ 217 ZPO iVm §§ 46 Abs. 2 Satz 1, 80 Abs. 2 BetrVG). Sowohl die Einlassungs- als auch die Ladungsfrist sind nach den allgemeinen Vorschriften der §§ 187 ff BGB iVm § 46 Abs. 2 Satz 1, 80 Abs. 2 BetrVG iVm § 222 ZPO zu berechnen.

41 Demgegenüber beträgt im **Bestellungsverfahren** sowohl die Einlassungs- als auch die Ladungsfrist gem. § 100 Abs. 1 Satz 4 ArbGG 48 Stunden. Durch die durch das Job-AQTIV-Gesetz vom 10.12.2001[85] vorgenommene Verkürzung soll die beschleunigte Bildung der Einigungsstelle ermöglicht werden.

ff) Einstweilige Verfügung

42 Das Bestellungsverfahren kann nicht im Wege der **einstweiligen Verfügung** durchgeführt werden, da § 100 Abs. 1 Satz 3 ArbGG nicht auf § 85 Abs. 2 ArbGG verweist. Die gesetzliche Ausklammerung des einstweiligen Verfügungsverfahrens ist insofern

80 GK-ArbGG/Schleusener, § 100 Rn 14; SW/Walker, § 99 ArbGG Rn 29.
81 BAG, 6.12.1977 – 1 ABR 28/77, EzA § 118 BetrVG 1972 Nr. 16; LAG Berlin, 22.6.1998 – 9 TaBV 3/98, LAGE § 98 ArbGG 1979 Nr. 32; GMPM/Schlewing, § 98 ArbGG Rn 20; GK-ArbGG/Schleusener, § 100 Rn 14; SW/Walker, § 99 ArbGG Rn 30.
82 GK-ArbGG/Schleusener, § 100 Rn 14.
83 SW/Walker, § 99 ArbGG Rn 29.
84 GK-ArbGG/Schleusener, § 100 Rn 15; SW/Walker, § 99 ArbGG Rn 30.
85 BGBl. I S. 3443.

nachvollziehbar, als die streitige Einsetzung der Einigungsstelle in einem ohnehin speziell beschleunigten Verfahren zu bewerkstelligen ist.[86]

gg) Zwangsvollstreckung

Der stattgebende Beschluss in Bestellungsverfahren nach § 100 ArbGG unterliegt nicht der **Zwangsvollstreckung.** Von Gesetzes wegen folgt dieser Befund aus der fehlenden Verweisung in § 100 Abs. 1 Satz 3 ArbGG auf die Bestimmung des § 85 Abs. 1 ArbGG, der sich mit der Zwangsvollstreckung aus Beschlüssen des Arbeitsgerichts befasst.[87] Unabhängig davon ergibt sich dies auch daraus, dass die Entscheidung nach § 100 ArbGG keinen vollstreckbaren Leistungsinhalt zum Gegenstand hat; insoweit handelt es nicht um einen Leistungsausspruch.[88] Die Entscheidung ergeht nämlich nicht in einer Rechts-, sondern in einer Regelungsstreitigkeit und hat **gestaltende** Wirkung.[89] 43

d) Verfahrensbeendigung

aa) Verfahrensbeendigung durch die Beteiligten

Das Bestellungsverfahren kann dadurch sein Ende finden, dass der Antragsteller seinen **Antrag zurücknimmt.** Das ist jedoch nach bereits erfolgter Antragstellung nur noch mit Zustimmung der anderen an dem Verfahren beteiligten Betriebspartei zulässig. In diesem Fall hat der Vorsitzende das Verfahren einzustellen. 44

Die Beteiligten können das Verfahren auch in der **Hauptsache für erledigt erklären,** zB einigen sich die Betriebsparteien während des laufenden Bestellungsverfahrens auf einen Vorsitzenden (§ 83 a Abs. 2 ArbGG). Auch in diesem Fall ist das Verfahren durch den Vorsitzenden einzustellen. 45

Bei **einseitiger Erledigungserklärung** hat das Arbeitsgericht über den Antrag durch Beschluss zu entscheiden (§ 83 a Abs. 3 ArbGG). 46

Außerdem können sich die Beteiligten auch in einem gerichtlichen **Vergleich** einigen (§ 83 a Abs. 1 ArbGG). Das Verfahren ist erledigt, die Rechtshängigkeit entfällt, einer Einstellung bedarf es nicht. 47

bb) Beschlussentscheidung

Die vom Vorsitzenden allein zu treffende Entscheidung ergeht durch schriftlich abzufassenden **Beschluss** (§ 100 Abs. 1 Satz 3, 84 ArbGG), für dessen Verkündung § 60 ArbGG entsprechend gilt (§ 100 Abs. 1 Satz 3, 84 Satz 3 ArbGG). 48

(1) Zurückweisung als unzulässig

Auch der Antrag im Bestellungsverfahren kann wie jeder andere Antrag im Beschlussverfahren als **unzulässig zurückgewiesen** werden. Im Bestellungsverfahren kommt in der Praxis eine derartige Entscheidung gelegentlich wegen des **Fehlens des** 49

86 LAG Niedersachsen, 29.9.1988 – 14 TaBV 84/88, AuR 1989, 290; ArbG Düsseldorf, 24.6.1992 – 4 BVGa 14/92, NZA 1992, 907; DFL/Reinfelder, § 100 ArbGG Rn 6; GMPM/Schlewing, § 98 ArbGG Rn 22; GK-ArbGG/Schleusener, § 100 Rn 13; FESTL, § 76 BetrVG Rn 27; HWK/Bepler/Treber, § 100 ArbGG Rn 4; aA LAG Düsseldorf, 8.2.1991 – 15 TaBV 11/91, LAGE § 98 ArbGG 1979 Nr. 19; Bauer, NZA 1992, 433, 436.

87 SW/Walker, § 99 ArbGG Rn 27.

88 Walker, Der Einstweilige Rechtsschutz, Rn 778.

89 Clemenz, in: FS Arbeitsgemeinschaft Arbeitsrecht, 2006, 815, 831; Tschöpe, NZA 2004, 945, 947.

Rechtsschutzinteresses in Betracht. Nach den Ausführungen unter Rn 21 f ist dies zB dann gegeben, wenn der Antragsteller den betrieblichen Gegenspieler nicht einmal zu Verhandlungen aufgefordert hat oder aber sich der Regelungsstreit durch Zeitablauf erledigt hat. Soweit zB der Betriebsrat als Antragsteller den Arbeitgeber zuvor nicht zu Verhandlungen aufgefordert hat, betrifft dies ausschließlich die Frage des Rechtsschutzinteresses und nicht etwa den Prüfungsmaßstab der offensichtlichen Unzuständigkeit im Rahmen der Begründetheit des Antrags.[90] Die Inanspruchnahme gerichtlichen Rechtsschutzes ist erst dann geboten, wenn der Antragsteller darlegt, innerbetrieblich insoweit eine Einigungsmöglichkeit erfolglos versucht zu haben. Das entspricht auch dem betriebsverfassungsrechtlichen Gebot der vertrauensvollen Zusammenarbeit gerade auch im Lichte der durch die Einleitung des Bestellungsverfahrens vom Arbeitgeber zu tragenden außergerichtlichen Kosten durch die in der Praxis übliche anwaltliche Mandatierung durch den Betriebsrat. In der Praxis wird jedoch eine derartige Fallgestaltung des fehlenden Rechtsschutzinteresses vielfach durch die Nachholung der Erörterungen in der mündlichen Verhandlung mit sich anschließendem Vergleich gelöst.[91]

50 Die **fehlende Antragsbefugnis** zB des Betriebsrats führt ebenfalls zur Zurückweisung seines Antrags als unzulässig. Ein solcher Fall ist bspw gegeben, wenn der Betriebsrat hinsichtlich der Entscheidung über das „Ob“ der Einstellung von Auszubildenden oder aber über die festgelegten Ausbildungsberufe ein Mitbestimmungsrecht für sich reklamiert. Nach der hier vertretenden Auffassung handelt es sich um den Anwendungsfall der fehlenden Antragsbefugnis, da dem Betriebsrat ein solches Mitbestimmungsrecht nicht zusteht.

(2) Zurückweisung als unbegründet

(a) Erzwingbares Einigungsstellenverfahren

51 Nach dem Normzweck des § 100 ArbGG, eine beschleunigte Bildung der Einigungsstelle zu ermöglichen,[92] ist es nicht Aufgabe des Gerichts im Verfahren des § 100 ArbGG, die Zuständigkeit der Einigungsstelle zur Beilegung des Regelungsstreits zu prüfen. Es vielmehr Aufgabe der Einigungsstelle selbst, gleichsam **vorab** ihre Zuständigkeit zu prüfen.[93] Dementsprechend kann der Antrag im Verfahren des § 100 ArbGG nur dann zurückgewiesen werden, wenn die Unzuständigkeit der Einigungsstelle offensichtlich ist. Damit ist der **Maßstab der Prüfungskompetenz** des Gerichts gesetzlich festgelegt.

(aa) Offensichtliche Unzuständigkeit

52 Der Gesetzgeber hat den Begriff der offensichtlichen Unzuständigkeit iSd § 100 Abs. 1 Satz 2 ArbGG nicht definiert. Im Hinblick auf den Normzweck des § 100 ArbGG ist der Begriff als Ausnahme vom Regelfall der Zuständigkeit der Einigungsstelle und damit sehr eng zu verstehen.[94] Nach allgemeiner Auffassung in Rechtspre-

---

90 Clemenz, in: FS Arbeitsgemeinschaft Arbeitsrecht, 2006, 815, 826; unklar Wenning-Morgenthaler, A Rn 64 mwN.
91 Vgl hierzu auch Wenning-Morgenthaler, A Rn 71.
92 BAG, 24.11.1981 – 1 ABR 72/79, DB 1982, 1413; SW/Walker, § 99 ArbGG Rn 2.
93 BAG, 24.11.1981 – 1 ABR 42/97, AP § 76 BetrVG 1972 Nr. 11.
94 GK-ArbGG/Schleusener, § 100 Rn 23.

chung und Literatur ist im Rahmen des erzwingbaren Einigungsstellenverfahrens eine **offensichtliche Unzuständigkeit der Einigungsstelle** nur dann gegeben, wenn unter keinem denkbaren rechtlichen Gesichtspunkt die Zuständigkeit der Einigungsstelle als möglich erscheint, weil sich die beizulegende Streitigkeit erkennbar nicht unter einen Mitbestimmungstatbestand fassen lässt.[95] Dafür genügt es nicht, dass das Mitbestimmungsrecht nach Beurteilung des Gerichts nicht besteht, **erforderlich ist vielmehr, dass es nicht bestehen kann.**[96] Die fehlende Möglichkeit des Bestehens des Mitbestimmungsrechts kann sich aus tatsächlichen oder aus rechtlichen Gründen ergeben.[97] Mit anderen Worten: Besteht die tatsächliche und rechtliche Möglichkeit eines Mitbestimmungsrechts, kommt eine Zurückweisung nicht in Betracht.[98] IÜ begründen allein Zweifel keine offensichtliche Unzuständigkeit.[99] Maßgeblich ist die Bewertung durch den fachkundigen Richter.[100] Hat das BAG in ständiger Rechtsprechung entschieden, dass der für die Regelung durch die Einigungsstelle vorgesehene Fragenkomplex nicht der Mitbestimmung des Betriebsrats unterliegt, kann regelmäßig ein Mitbestimmungsrecht im vorgenannten Sinne nicht bestehen.[101] Eine andere Beurteilung kann nur dann in Betracht kommen, wenn es bisher nur eine Entscheidung des BAG gibt und deshalb nicht ausgeschlossen werden kann, dass das BAG in einem weiteren Fall eine abweichende Entscheidung treffen könnte.[102] In diesem Zusammenhang ist auch auf eine Entscheidung des Landesarbeitsgerichts Köln[103] hinzuweisen, wonach eine offensichtliche Unzuständigkeit dann vorliegt, wenn sich bereits aus dem eigenen Tatsachenvorbringen des Antragstellers (**Unschlüssigkeit**) auf der Grundlage einer gefestigten Rechtsmeinung ergibt, dass ein Mitbestimmungsrecht nicht gegeben ist, und es zu der Rechtsprechung keine Gegenmeinung gibt oder eine solche nicht ernsthaft vertretbar scheint, oder aber dann, wenn die die Zuständigkeit begründende Tatsachengrundlage zwar streitig ist, die Richtigkeit der für die Unzuständigkeit der Einigungsstelle sprechende Tatsachen dem Gericht iSv § 291 ZPO jedoch offenkundig ist oder gemacht wird.[104] Die Offensichtlichkeitsprüfung betrifft die Rechtsfrage, ob sich aus dem Sachverhalt ein Mitbestimmungsrecht ergeben kann. Der Sachverhalt ist ggf. durch Beweisaufnahme festzustellen. Das folgt aus den allgemeinen, in § 100 Abs. 1 Satz 3 ArbGG in Bezug genommenen Vorschriften über

---

95 LAG Niedersachsen, 2.11.2006 – 1 TaBV 83/06; LAG Hamm, 9.10.2006 – 10 TaBV 84/06; Hess. LAG, 14.2.2006 – 4 TaBV 1/06, ArbuR 2006, 413; LAG Rheinland-Pfalz, 6.3.1989 – 7 TaBV 72/88, NZA 1989, 943; LAG Schleswig-Holstein, 17.11.1988 – 6 TaBV 30/88, LAGE § 98 ArbGG 1979 Nr. 13; LAG München, 14.3.1989 – 2 TaBV 53/88, LAGE § 98 ArbGG 1979 Nr. 18; LAG Düsseldorf, 21.12.1981 – 20 TaBV 92/81, EzA § 98 ArbGG 1979 Nr. 4; LAG Berlin, 18.2.1980 – 9 TaBV 5/79, EzA § 98 ArbGG 1979 Nr. 1; LAG Baden-Württemberg, 16.10.1991 – 12 TaBV 10/91, LAGE § 98 ArbGG 1979 Nr. 21; GK-ArbGG/Schleusener, § 100 Rn 23; SW/Walker, § 99 ArbGG Rn 36.

96 LAG Frankfurt, 28.6.1985 – 14 TaBV 61/85, BB 1986, 600; GK-ArbGG/Schleusener, § 100 Rn 24.

97 LAG München, 14.3.1989 – 2 TaBV 53/88, LAGE § 98 ArbGG 1979 Nr. 18.

98 LAG Düsseldorf, 21.12.1981 – 20 TaBV 92/81, EzA § 98 ArbGG 1979 Nr. 4.

99 GK-ArbGG/Schleusener, § 98 Rn 23.

100 LAG Hamm, 7.7.2003 – 10 TaBV 85/03, NZA-RR 2003, 637; LAG Köln, 14.1.2004 – 8 TaBV 72/03, NZA-RR 2005, 32, 33.

101 LAG München, 13.3.1986, LAGE § 98 ArbGG 1979 Nr. 10; GK-ArbGG/Schleusener, § 100 Rn 24.

102 ErfK/Koch, § 100 Rn 3; GK-ArbGG/Schleusener, § 100 Rn 24.

103 LAG Köln 16.12.2005 – 11 TaBV 48/05, ArbuR 2006, 214.

104 S. auch LAG Köln, 5.12.2001 – 7 TaBv 71/01, LAGE § 98 ArbGG 1979 Nr. 38; LAG Baden-Württemberg, 4.12.2003 – 10 TaBV 2/03, ArbuR 2004, 118; LAG Berlin/Brandenburg, 14.8.2008 – 26 TaBV 1284/08, nicht veröffentlicht; GK-ArbGG/Schleusener, § 100 Rn 24; Wenning-Morgenthaler, A Rn 76.

das Beschlussverfahren.[105] Maßgeblicher Zeitpunkt für die Beurteilung der offensichtlichen Unzuständigkeit ist der Zeitpunkt der letzten Anhörung der Beteiligten.[106]

53 Der durch die Arbeitsgerichtsnovelle vom 23.5.1979[107] zum Zwecke der Beseitigung von Unklarheiten über den Umfang der Prüfungsbefugnis des Arbeitsgerichts eingefügte Maßstab der offensichtlichen Unzuständigkeit und seine durch den Normzweck gebotene Auslegung führen in der Praxis des Bestellungsverfahrens dazu, dass gleichsam nur ausnahmsweise die offensichtliche Unzuständigkeit der Einigungsstelle zu bejahen ist.

54 Folgende, die offensichtliche Unzuständigkeit der Einigungsstelle bejahende **Beispielsfälle** aus der Rechtsprechung sollen der Orientierung dienen:

- Das Mitbestimmungsrecht wurde bereits durch Abschluss einer Betriebsvereinbarung ausgeübt und weder gekündigt noch für unwirksam erklärt;[108]
- das Nichtbestehen des Mitbestimmungsrechts ist bereits zwischen den Betriebsparteien rechtskräftig entschieden;[109]
- Erstellung eines Sozialplanes in einem Betrieb mit weniger als 20 Arbeitnehmern;[110]
- Herbeiführung eines Interessenausgleichs über eine noch nicht geplante Betriebsänderung;[111]
- Streit über die Verpflichtung des Arbeitgebers, eine Zuwendung auch an Streikteilnehmer zu zahlen;[112]
- Streit über das Ob einer betrieblichen Bildungsmaßnahme;[113]
- Streit um den Abbau von Überstunden auf Dauer;[114]
- Streit über die Regelung von Arbeitsbedingungen von Teilzeitkräften;[115]
- Streit über einen Interessenausgleich in einem Tendenzbetrieb;[116]
- Streit über einen Mitbestimmungsgegenstand, zu dem eine abschließende tarifliche Regelung iSd § 87 Abs. 1 Eingangssatz BetrVG vorliegt;[117]
- bei einer behaupteten Betriebsänderung ist kein Sachverhalt erkennbar, der wesentliche Nachteile für die Arbeitnehmer mit sich bringt;[118]
- Herbeiführung eines Interessenausgleichs, sofern die Betriebsänderung zum Zeitpunkt der Entscheidung der Beschwerdekammer bereits abgeschlossen war.[119]

---

105 GK-ArbGG/Schleusener, § 100 Rn 21; ErfK/Koch, § 100 ArbGG Rn 4; GMPM/Schlewing, § 98 ArbGG Rn 18; SW/Walker, § 99 ArbGG Rn 24.
106 Düwell/Lipke-Lipke, § 100 ArbGG Rn 27.
107 BGBl. I S. 545.
108 LAG Düsseldorf, 9.9.1977 – 8 TaBV 27/77, EzA § 76 BetrVG 1972 Nr. 16.
109 LAG Baden-Württemberg, 4.10.1984 – 11 TaBV 4/84, NZA 1985, 136.
110 LAG Baden-Württemberg, 16.4.1982 – 9 TaBV 1/82, DB 1982, 1628; LAG Hamm, 10.10.1984 – 3 TaBV 70/84, NZA 1985, 129.
111 LAG Baden-Württemberg, 27.9.2004 – 4 TaBV 3/04, NZA-RR 2005, 195.
112 LAG Niedersachen, 17.9.1985 – 6 TaBV 5/85, LAGE § 98 ArbGG 1979 Nr. 8.
113 LAG Rheinland-Pfalz, 12.12.1988 – 7 TaBV 43/88, NZA 1989, 943.
114 LAG Hamm, 4.12.1985 – 3 TaBV 101/98, DB 1986, 547.
115 LAG Schleswig-Holstein, 25.1.1990 – 4 TaBV 40/89, BB 1990, 922.
116 LAG Rheinland-Pfalz, 20.12.2005 – 5 TaBV 54/05.
117 LAG Köln, 17.8.2000 – 6 TaBV 46/00, NZA-RR 2001, 481.
118 LAG Niedersachsen, 2.11.2006 – 1 TaBV 83/06, LAGE § 111 BetrVG 2001 Nr. 6; LAG Hamm, 28.4.2006 – 10 TaBV 25/06.
119 LAG Brandenburg, 8.7.1997 – 7 TaBV 9/97, AiB 1997, 726.

Nach der hier vertretenen Auffassung geht es nicht um die Frage der offensichtlichen Unzuständigkeit, wenn das beanspruchte Mitbestimmungsrecht nicht dem Betriebsrat, sondern allein dem Gesamtbetriebsrat zustehen kann.[120] Ebenso verhält es sich, wenn fraglich ist, ob dem Betriebsrat überhaupt ein Initiativrecht zusteht.[121] Denn bei diesen Fallgestaltungen fehlt es bereits an der Antragsbefugnis mit der Folge, dass der Antrag als unzulässig zurückzuweisen ist. 55

(bb) Vorfragen und Offensichtlichkeit

Nach allgemeiner Ansicht erstreckt sich der für die Zuständigkeit der Einigungsstelle maßgebende Prüfungsmaßstab der offensichtlichen Unzuständigkeit in Form einer Offensichtlichkeitsprüfung auch auf die Zuständigkeit der Einigungsstelle betreffende **Vorfragen im weitesten Sinne.**[122] 56

Würde man den Prüfungsmaßstab der Offensichtlichkeit nicht auch auf Vorfragen erstrecken, würden Vorfragen einem strengeren Prüfungsmaßstab unterfallen als die eigentliche Rechtsfrage. Dieser **Wertungswiderspruch** würde zB dann auftreten, wenn der das Einigungsstellenverfahren einleitende Betriebsrat dem Einwand der Nichtigkeit der Betriebsratswahl ausgesetzt wäre.[123] In diesem Sinne bezieht sich der Maßstab der Offensichtlichkeit bspw auch auf die Frage, ob mehrere Unternehmen einen Gemeinschaftsbetrieb unterhalten und welche Unternehmen am Einigungsstellenverfahren beteiligt sind[124] sowie auf Schwellenwerte etwa im Zusammenhang mit Betriebsänderungen in Gemeinschaftsbetrieben.[125] Aufgrund des vorgenannten Wertungswiderspruchs ist der **Wortlaut** des § 100 Abs. 1 Satz 2 ArbGG **extensiv** auszulegen. Von fehlender Zuständigkeit der Einigungsstelle kann in einem weiteren Sinne auch dann gesprochen werden, wenn der Betriebsrat als Antragsteller infolge der Nichtigkeit der Wahl nicht existent ist. Ebenso verhält es sich, wenn Schwellenwerte, zB im Zusammenhang mit Betriebsänderungen, nicht erreicht werden. Auch insoweit kann in einem weit verstandenen Sinne von einer fehlenden Zuständigkeit der Einigungsstelle gesprochen werden. Darüber hinaus gebietet auch der Normzweck eine solche **extensive Auslegung**. Mit der Einführung des Prüfungsmaßstabs der offensichtlichen Unzuständigkeit soll nämlich eine beschleunigte Bildung der Einigungsstelle ermöglicht werden.[126] Dem Normzweck würde ersichtlich nicht Rechnung getragen werden, wenn im Rahmen des Bestellungsverfahrens als Vorfrage nach allgemeinen Grundsätzen zu prüfen wäre, ob zB die Betriebsratswahl nichtig ist oder nicht. Ist die Betriebsratswahl nach diesem Maßstab offensichtlich nichtig, ist der An- 57

120 Ebenso SW/Walker, § 99 ArbGG Rn 40; aA LAG Hessen, 15.6.1984 – 14 /5 TaBV 8/84, NZA 1985, 33; LAG Hamburg, 9.7.1985 – 8 TaBV 11/85, LAGE § 98 ArbGG 1979 Nr. 7.
121 Ebenso SW/Walker, § 99 ArbGG Rn 40; aA LAG Schleswig-Holstein, 28.1.1993 – 4 TaBV 98/92, LAGE § 100 ArbGG Nr. 24.
122 GK-ArbGG/Schleusener, § 100 Rn 27; SW/Walker, § 99 ArbGG Rn 43; GK-BetrVG/Kreutz/Jacobs, § 76 Rn 70 f; LAG Köln, 24.10.1996 – 6 TaBV 59/96, AP Nr. 7 zu § 98 ArbGG 1979; LAG Hamburg, 2.11.1988 – 4 TaBV 6/88, LAGE § 98 ArbGG 1979 Nr. 16.
123 Vgl dazu LAG Köln, 24.10.1996 – 6 TaBV 59/96, AuR 1997, 168; GK-ArbGG/Schleusener, § 100 Rn 27; GK-BetrVG/Kreutz/Jacobs, § 76 Rn 71 f; Wenning-Morgenthaler, A Rn 74.
124 LAG München, 31.1.2003 – 9 TaBV 59/02, AuR 2003, 238.
125 LAG Berlin, 23.1.2003 – 18 TaBV 2141/02, NZA-RR 2003, 477.
126 BAG, 24.11.1981 – 1 ABR 42/79, DB 1982, 1413.

trag nicht wegen offensichtlicher Unzuständigkeit, sondern bereits mangels Beteiligtenfähigkeit des Betriebsrats zurückzuweisen.[127]

(b) Freiwilliges Einigungsstellenverfahren

58 Soweit es um die Durchführung des **freiwilligen Einigungsstellenverfahrens** geht, stellt sich die Frage, ob und ggf inwiefern dem Prüfungsmaßstab der offensichtlichen Unzuständigkeit der Einigungsstelle auch hier Bedeutung zukommt. Dafür spricht der Anwendungsbereich des Bestellungsverfahrens. In beiden Varianten des Einigungsstellenverfahrens bedarf es nämlich der Bestellung eines Vorsitzenden der Einigungsstelle und der Festsetzung der Anzahl der Beisitzer, sofern sich die Betriebsparteien nicht einigen. Dem steht jedoch entscheidend entgegen, dass es im freiwilligen Einigungsstellenverfahren auf ein erzwingbares Mitbestimmungsrecht und damit auf die Zuständigkeit der Einigungsstelle nicht ankommt.[128] Dementsprechend entfällt eine Zuständigkeitsprüfung. An die Stelle der Zuständigkeit der Einigungsstelle tritt das Einverständnis beider Betriebsparteien. *Lipke* argumentiert, im Falle einer freiwilligen Einigungsstelle sei die beantragte Einigungsstelle offensichtlich unzuständig, wenn das Einverständnis beider Betriebsparteien fehle.[129]

59 Fehlt das Einverständnis beider Betriebsparteien, ist der Antrag auf Bestellung des Vorsitzenden und Bestimmung der Zahl der Beisitzer zurückzuweisen.[130] Entsprechendes gilt, soweit das Regelungsanliegen außerhalb der betriebsverfassungsrechtlichen Regelungsautonomie der Betriebsparteien liegt.[131] Insofern bedarf es keiner analogen Anwendung des § 100 Abs. 1 Satz 2 (s. Rn 18).[132]

(c) Vorabentscheidungsverfahren

60 Das Bestehen eines Mitbestimmungsrechts und damit inhaltlich die **Zuständigkeit der Einigungsstelle**[133] kann in einem auf Feststellung des Mitbestimmungsrechts gerichteten Beschlussverfahren nach §§ 80 ff ArbGG zwischen den Betriebsparteien geklärt werden. Das entspricht allgemeiner Ansicht.[134] Die zwischen den identischen Betriebsparteien ergangene rechtskräftige Entscheidung ist kraft Präjudiziabilität sowohl für das Verfahren nach § 100 ArbGG bindend[135] als auch für die Einigungsstelle selbst.[136]

61 Wie bereits vorstehend ausgeführt (s. Rn 27 und 31), kann ein solches Vorabentscheidungsverfahren mit dem Bestellungsverfahren nicht **verbunden** werden. Auch eine **Aussetzung** des Verfahrens nach § 100 ArbGG bis zum rechtskräftigen Abschluss des

---

127 SW/Walker, § 99 ArbGG Rn 43.
128 GMPM/Schlewing, § 98 ArbGG Rn 10.
129 Düwell/Lipke-Lipke, § 100 ArbGG Rn 31; GMPM/Schlewing, § 98 ArbGG Rn 10; Hauck/Helml, § 98 ArbGG Rn 4.
130 GMPM/Schlewing, § 98 ArbGG Rn 10.
131 LAG Düsseldorf, 12.10.1997, LAGE § 98 ArbGG 1979 Nr. 31; GK-ArbGG/Schleusener, § 100 Rn 22; FESTL, § 76 BetrVG Rn 21; SW/Walker, § 99 ArbGG Rn 42.
132 So auch SW/Walker, § 99 ArbGG Rn 42; aA FESTL, § 76 BetrVG Rn 21; GMPM/Schlewing, § 98 ArbGG Rn 10; GK-ArbGG/Schleusener, § 100 Rn 22; Hauck/Helml, § 98 ArbGG Rn 4.
133 BAG, 19.11.1974 – 1 ABR 50/73, AP BetrVG 1972 § 5 Nr. 2.
134 BAG, 22.10.1981 – 6 ABR 69/79, EzA § 76 BetrVG 1972 Nr. 32; BAG, 24.11.1981 – 1 ABR 42/79, EzA § 76 BetrVG 1972 Nr. 33; SW/Walker, § 99 ArbGG Rn 44.
135 LAG Rheinland-Pfalz, 9.7.1985 – 4 TaBV 153/85, LAGE § 98 ArbGG 1979 Nr. 9; Hauck/Helml, § 98 ArbGG Rn 5; SW/Walker, § 99 ArbGG Rn 44.
136 FESTL, § 76 BetrVG Rn 22; SW/Walker, § 99 ArbGG Rn 44.

Vorabentscheidungsverfahrens ist aufgrund des Normzwecks des § 100 ArbGG unzulässig.[137] Soweit eine andere Auffassung vertreten wird,[138] wird im Ergebnis verkannt, dass im Bestellungsverfahren für das Gericht nur die Befugnis besteht, den Antrag wegen offensichtlicher Unzuständigkeit zurückzuweisen; eine abschließende Klärung der Zuständigkeit der Einigungsstelle erfolgt also gerade nicht. Dementsprechend ist ein solches Beschlussverfahren iSd § 148 ZPO für das Bestellungsverfahren gerade nicht vorgreiflich.

Umgekehrt hat jedoch der stattgebende Beschluss im Bestellungsverfahren für ein Be- 62
schlussverfahren über die Feststellung des Bestehens eines Mitbestimmungsrechts und damit der Zuständigkeit der Anrufung der Einigungsstelle **keine präjudizielle** Wirkung.[139]

(3) Stattgebender Beschluss

(a) Bestellung des Vorsitzenden

(aa) Bestellungsvoraussetzungen

Nach § 76 Abs. 2 Satz 2 ArbGG hat das Arbeitsgericht im Falle des fehlenden Einver- 63
ständnisses der Betriebsparteien die Person des Vorsitzenden zu bestellen. Er muss unparteiisch iSv **neutral** sein (§ 76 Abs. 2 Satz 1 ArbGG). Obgleich das Tatbestandsmerkmal der Person die Anknüpfung sowohl an eine **natürliche** als auch eine juristische Person als möglich zulässt, ergibt sich aus der weiteren gesetzlichen Anforderung der Unparteilichkeit iSv Neutralität, dass es sich nur um eine natürliche Person[140] handeln kann, die als Vorsitzender der Einigungsstelle in Betracht kommt. Die Eigenschaft der Unparteilichkeit der Person lässt sich nämlich nur bei einer natürlichen Person bewerten. Die Neutralität einer juristischen Person hängt nämlich ausschließlich vom Tun oder Unterlassen der sie vertretenden Personen ab.

Die weitere gesetzliche Voraussetzung der **Unparteilichkeit** iSv Neutralität bedingt 64
eine Unvoreingenommenheit der Person gegenüber den Betriebsparteien.[141] Negativ gewendet: Eine Unvoreingenommenheit, die Grundlage für eine erforderliche Vertrauensbasis der Betriebsparteien zum Vorsitzenden ist, besteht dann nicht, wenn jedenfalls die tatbestandlichen Voraussetzungen einer Befangenheit vorliegen.[142] Von einer fehlenden Unvoreingenommenheit ist aber schon dann auszugehen, wenn die Person aus einem der beiden Lager der Betriebsparteien kommt oder aber Funktionär eines Arbeitgeberverbandes oder der Gewerkschaft ist.[143] Ebenso spricht gegen eine

---

137 BAG, 24.11.1981 – 1 ABR 42/79, AP Nr. 11 zu § 76 BetrVG 1972; LAG Baden-Württemberg, 25.3.1980 – 7 TaBV 2/79, DB 1980, 1076, LAG Düsseldorf, 21.12.1981 – 20 TABV 92/81, EzA § 100 ArbGG 1979 Nr. 4; LAG Hamm, 2.10.1978 – 3 TaBV 67/78, EzA § 148 ZPO Nr. 5; BCF/Friedrich, § 98 ArbGG Rn 7; GK-ArbGG/Schleusener, § 100 Rn 54; GMPM/Schlewing, § 98 ArbGG Rn 14; Grunsky, § 98 ArbGG Rn 2; Hauck/Helml, § 98 ArbGG Rn 5; Wenning-Morgenthaler, A Rn 73.

138 LAG Düsseldorf, 5.5.1980 – 23 TaBV 13/80, EzA § 76 BetrVG 1972 Nr. 28; LAG Rheinland-Pfalz, 29.7.1985 – 4 Ta 153/85, LAGE § 100 ArbGG 1979 Nr. 9; Gaul, ZfA 1979, 117, 121.

139 BAG, 25.4.1989 – 1 ABR 91/87, AP ArbGG 1979 § 98 Nr. 3; LAG Düsseldorf, 17.7.1973 – 8 TaBV 11/73, EzA § 87 BetrVG 1972 Initiativrecht Nr. 1; GK-ArbGG/Schleusener, § 100 Rn 53; Richardi/Richardi-Maschmann, § 76 BetrVG Rn 71.

140 Hauck/Helml, § 98 ArbGG Rn 6; SW/Walker, § 99 ArbGG Rn 46.

141 GK-ArbGG/Schleusener, § 100 Rn 30; SW/Walker, § 99ArbGG Rn 47.

142 GK-ArbGG/Schleusener, § 100 Rn 35; LAG Frankfurt, 28.6.1985 – 14 TaBV 61/85, BB 1986, 600; Heilmann, AiB 1989, 68 ff.

143 FESTL, § 76 BetrVG Rn 16; SW/Walker, § 99 ArbGG Rn 34.

Unvoreingenommenheit ein Eigeninteresse an der Durchführung und/oder am Ausgang des Einigungsstellenverfahrens.[144] Ein partei- und gesellschaftspolitisches Engagement allein reicht indessen nicht aus, eine Voreingenommenheit zu begründen.[145] Nach der hier vertretenden Ansicht liegen auch dann Gründe für eine Parteilichkeit vor, wenn der designierte Vorsitzende in dem Regelungsstreit bereits zuvor gutachterlich tätig war.[146] Denn insofern hat er sich jedenfalls rechtlich positioniert. Auch eine von der konkreten Regelungsfrage losgelöste frühere gutachterliche Tätigkeit für eine der Betriebsparteien kann im Einzelfall eine Voreingenommenheit rechtfertigen.[147]

65 § 76 BetrVG nennt keine weiteren Voraussetzungen für die persönliche Eignung des Vorsitzenden. Insb. wird darin keine **Sach- und Rechtskunde** verlangt. Dementsprechend begegnet es methodischen Bedenken, eine Sach- und Rechtskunde als zwingende Voraussetzung der Bestellung zugrunde zu legen.[148] Ohne jegliche methodische Begründung zu geben, wird die Auffassung vertreten, es könne ermessensfehlerhaft sein, wenn ein Vorsitzender bestellt werde, der nicht über die erforderlichen arbeitsrechtlichen Grundkenntnisse verfüge.[149] Die hM geht ersichtlich davon aus, dass die persönliche Eignung des Vorsitzenden dessen Sachkunde als ungeschriebenes Kriterium voraussetzt.[150] Keine tatbestandliche Voraussetzung für die Bestellung des Vorsitzenden ist es, dass er bereit ist, das Amt als Vorsitzender der Einigungsstelle anzunehmen.[151]

66 **Hinweis:** Um dem Zweck, möglichst zügig eine Einigungsstelle einzurichten, Rechnung zu tragen, sollte der Antragsteller jedoch vor Einleitung des Bestellungsverfahrens jeweils das Einverständnis der von ihm vorgeschlagenen Vorsitzenden einholen.

(bb) Richter als Vorsitzende

67 In der Praxis entspricht es dem Regelfall, dass Richter aus der Arbeitsgerichtsbarkeit regelmäßig zu Vorsitzenden der Einigungsstelle bestellt werden. Das ist deshalb naheliegend, weil sie kraft ihres Richteramtes die gesetzliche Voraussetzung der Unparteilichkeit per se mitbringen und iÜ auch über die nach hM erforderliche Sach- und Rechtskunde regelmäßig verfügen.[152]

(aaa) Spruchbefassung

68 Gem. § 100 Abs. 1 Satz 5 ArbGG darf ein Richter nur dann zum Vorsitzenden der Einigungsstelle bestellt werden, wenn aufgrund der **Geschäftsverteilung ausgeschlossen** ist, dass er mit der Überprüfung, der Auslegung oder der Anwendung des Spruchs der Einigungsstelle befasst wird. § 100 Abs. 1 Satz 4 ArbGG wurde durch das Gesetz zur Änderung des Bürgerlichen Gesetzes und des Arbeitsgerichtsgesetzes vom 29.6.1998

144 GK-ArbGG/Schleusener, § 100 Rn 34; SW/Walker, § 99 ArbGG Rn 47.
145 ArbG Wiesbaden, 12.2.1974 – 5 BV 1/74, AuR 1974, 249; GK-ArbGG/Schleusener, § 100 Rn 35; SW/Walker, § 99 ArbGG Rn 47; Heilmann, AiB 1989, 68 ff.
146 Unklar SW/Walker, § 99 ArbGG Rn 47.
147 So wohl auch GK-ArbGG/Schleusener, § 100 Rn 35.
148 So wohl auch SW/Walker, § 99 ArbGG Rn 47; aA GK-ArbGG/Schleusener, § 100 Rn 31.
149 LAG Hamm, 16.8.1976, DB 1976, 2069; Richardi/Richardi-Maschmann, § 76 BetrVG Rn 42.
150 Düwell/Lipke-Lipke, § 100 ArbGG Rn 34; ErfK/Koch, § 100 ArbGG Rn 5; GK-ArbGG/Schleusener, § 100 Rn 29, 31.
151 FESTL, § 76 BetrVG Rn 14; ErfK-Kania, BetrVG § 76 Rn 7; GK-ArbGG/Schleusener, § 100 Rn 31.
152 Francken, NJW 2007, 1792, 1795: über 90 %; Fischer, DB 2000, 217, 218; Bauer, NZA 1992, 433, 434.

eingefügt.[153] Die Regelung betrifft nicht nur das Beschlussverfahren aus Anlass der Anfechtung des Spruchs, sondern auch sonstige Beschluss- und Individualverfahren, in denen die Wirksamkeit des Spruchs Vorfrage ist. Daraus wird gefolgert, dass Richter aus dem Bezirk des Arbeitsgerichts bzw des Landesarbeitsgerichts, in dem der Betrieb liegt, für den die Einigungsstelle angerufen ist, und auch des BAG wegen der Zuständigkeits- und Vertretungsregelungen in den Gerichten nicht mehr in Betracht kommen.[154]

Dem Anliegen des § 100 Abs. 1 Satz 5 ArbGG ist jedoch dann Rechnung getragen, 69 wenn in den Geschäftsverteilungsplänen der Gerichte Regelungen enthalten sind, mit denen sichergestellt ist, dass der im Gesetz vorausgesetzte mögliche Interessenwiderstreit ausgeschlossen ist.[155] Das kann dadurch geschehen, dass der Geschäftsverteilungsplan einen Verhinderungsfall annimmt, wenn der Richter in der Sache als Einigungsstellenvorsitzender tätig war. IÜ ist § 100 Abs. 1 Satz 5 ArbGG verfassungskonform auszulegen. Ein lediglich theoretischer Vertretungsfall genügt nicht im Hinblick auf das auch dem Richter zustehende grundgesetzlich in Art. 2 Abs. 1 GG verbriefte Recht, seine Arbeitskraft in der Freizeit gegen Entgelt zu verwerten.[156] Von daher darf die Bestellung eines Richters aus der Arbeitsgerichtsbarkeit nicht allein mit der Begründung versagt werden, der Betrieb, für den die Einigungsstelle angerufen ist, liege im Bezirk des Gerichts, dem der Richter angehört.[157] Die Regelung bezieht sich nur auf die **streitige Bestellung** des Vorsitzenden.[158] Soweit die Regelung auch die **einvernehmliche Bestellung** erfassen soll,[159] ist das methodisch nicht begründbar. Richtig ist, dass die Übernahme des Vorsitzes einer Einigungsstelle unabhängig davon, ob sich die Betriebsparteien auf die Person des Vorsitzenden einigen oder er im Verfahren nach § 100 ArbGG bestellt wird, der Nebentätigkeitsgenehmigung nach § 40 Abs. 2 iVm Abs. 1 DRiG bedarf. Insoweit unterfällt eine solche Tätigkeit, unabhängig davon auf welchem der beiden Wege der Richter zum Vorsitzenden der Einigungsstelle wird, dem Nebentätigkeitsrecht.

Ein **Verstoß** gegen § 100 Abs. 1 Satz 5 ArbGG führt nicht zur Unwirksamkeit des 70 Spruchs.[160] Dagegen spricht, dass die Bestellung des Vorsitzenden auf einem rechtskräftigen Beschluss des Arbeitsgerichts beruht, das negative Tatbestandsmerkmal des § 100 Abs. 1 Nr. 5 ArbGG Prüfungsgegenstand der Entscheidung des Gerichts war. Ein erstinstanzlicher Beschluss des Arbeitsgerichts wäre rechtsfehlerbehaftet, der auf Beschwerde hin abzuändern wäre. Mit Rechtskraft der Entscheidung ist die Eini-

153 BGBl. I S. 1694.
154 GK-ArbGG/Schleusener, § 100 Rn 39; GMPM/Schlewing, § 98 ArbGG Rn 26; DKK/Berg, § 76 BetrVG Rn 21; SW/Walker, § 99 ArbGG Rn 49.
155 Vgl dazu LAG Schleswig-Holstein, 22.6.1989 – 6 TaBV 23/89 – LAGE § 98 ArbGG 1979 Nr. 17; LAG Hamburg, 7.3.1985, NZA 1985, 604; BCF/Friedrich, § 98 ArbGG Rn 8; ErfK/Koch, § 100 ArbGG Rn 4; GK-ArbGG/Schleusener, § 100 Rn 39; SW/Walker, § 99 ArbGG Rn 49.
156 Einzelheiten s. unter Rn 72 (Nebentätigkeitsgenehmigung).
157 BVerwG 30.6.1983 – 2 C 57/82, DRiZ 1984, 20; LAG Schleswig-Holstein 22.6.1989 – 6 TaBV 23/89 – LAGE § 98 ArbGG 1979 Nr. 17: GK-ArbGG/Schleusener, § 100 Rn 39.
158 GMPM/Schlewing, § 98 ArbGG Rn 26; BCF/Friedrich, § 98 ArbGG Rn 8.
159 GK-ArbGG/Schleusener, § 100 Rn 39; wohl im Ergebnis auch so ErfK/Koch, § 100 ArbGG Rn 4;GK-BetrVG/Kreutz/Jacobs, § 98 ArbGG Rn 62; GMPM/Schlewing, § 98 ArbGG Rn 25.
160 BCF/Friedrich, § 98 ArbGG Rn 8; wohl auch SW/Walker, § 99 ArbGG Rn 50; aA GMPM/Schlewing, § 98 ArbGG Rn 27.

gungsstelle bestellt, dh, die Beteiligten (nicht jedoch der Bestellte) sind an die Bestellung gebunden.[161] Mangels gesetzlicher Anordnung (zB Verbotsgesetz iSv § 134 BGB) kommt § 100 Abs. 1 Satz 5 ArbGG keine darüber hinaus gehende Rechtswirkung zu. Mithin hat die unterlassene oder aber fehlerhafte Prüfung durch das Gericht keine Auswirkungen auf die Wirksamkeit eines Spruchs der Einigungsstelle.

(bbb) Nebentätigkeitsgenehmigung

71 Nach § 40 Abs. 2 DRiG findet auf eine **Nebentätigkeit** als Schlichter, wozu der **Vorsitz einer Einigungsstelle** gehört,[162] Abs. 1 entsprechende Anwendung. Danach ist die erforderliche Genehmigung zu versagen, wenn der Richter zur Zeit der Entscheidung über die Erteilung der Genehmigung mit der Sache befasst ist oder nach der Geschäftsverteilung befasst werden kann, § 40 Abs. 1 Satz 2 DRiG. § 40 DRiG gehört zum ersten Teil des DRiG (§§ 1–45 a) und ist somit auf das Richteramt in Bund und Ländern anzuwenden. Der Beschluss des Arbeitsgerichts ersetzt die Genehmigung nach § 40 DRiG nicht.[163] Das Genehmigungserfordernis gilt sowohl für den im Wege des § 100 ArbGG zum Vorsitzenden der Einigungsstelle bestellten Richter als auch für denjenigen, auf den sich die Betriebsparteien verständigt haben. Fehlt die Nebentätigkeitsgenehmigung darf der Richter an dem Verfahren nicht mitwirken.[164] Geschieht dies dennoch, liegt ein **Dienstvergehen** vor.[165] Das Fehlen der Nebentätigkeitsgenehmigung allein berührt die Wirksamkeit der Bestellung als Vorsitzender der Einigungsstelle durch das Gericht jedoch nicht.[166]

72 Mit der Sache **befasst** ist ein Richter, wenn er nach dem Geschäftsverteilungsplan an der Bearbeitung des Verfahrens mitzuwirken hat. Davon ist das laufende Bestellungsverfahren als quasi Vorschaltverfahren der Einigungsstelle als auch ein anhängiges Vorabentscheidungsverfahren erfasst. Die weitere Formulierung „oder nach dem Geschäftsverteilungsplan **befasst werden kann**" betrifft den Fall, dass die Sache noch nicht anhängig ist, der Richter sie aber zu bearbeiten hätte, wenn sie anhängig würde.[167] Maßgebend ist allein der Geschäftsverteilungsplan im Zeitpunkt der Entscheidung über die begehrte Nebentätigkeitsgenehmigung.[168] Der Zeitpunkt der Antragstellung ist ebenso unerheblich wie eine potenzielle Änderung des Geschäftsverteilungsplans. Nach der Rechtsprechung des BVerwG reicht die Möglichkeit, dass der Richter nach dem maßgeblichen Geschäftsverteilungsplan im Zeitpunkt der Entscheidung in einem Vertretungsfall **theoretisch** mit der Sache befasst werden kann, für die Versagung der Nebentätigkeitsgenehmigung nicht aus, und zwar auch nicht im Hinblick auf Art. 101 Abs. 1 Satz 2 GG,[169] nach dem sich in jedem konkreten Einzelfall der gesetzliche Richter aus dem Geschäftsverteilungsplan ergeben muss.[170] Obgleich der Wortlaut „nach der Geschäftsverteilung befasst werden kann" durchaus auch

161 GK-ArbGG/Schleusener, § 100 Rn 40.
162 BVerwG, 30.6.1983 – 2 C 57/82, DRiZ 1984, 20-22; Schmidt-Räntsch, § 40 DRiG Rn 15.
163 ErfK/Koch, § 100 ArbGG Rn 4; GK-ArbGG/Schleusener, § 100 Rn 38.
164 Schmidt-Räntsch, § 40 DRiG Rn 14.
165 Schmidt-Räntsch, § 40 DRiG Rn 14.
166 Wenning-Morgenthaler, A Rn 47.
167 BVerwG, 30.6.1983 – 2 C 57/82, DRiZ 1984, 20–22.
168 BGH, 12.12.1963 – VII ZR 23/63, NJW 1964, 593 f; Schmidt-Räntsch, § 40 DRiG Rn 9.
169 BVerfG, 9.5.1978 – 2 BvR 952/72, NJW 1978, 2499–2502.
170 BVerwG, 30.6.1983 – 2 C 57/82, DRiZ 1984, 20–22.

einen theoretischen Vertretungsfall erfasst, ist er im Wege der gebotenen **verfassungskonformen Auslegung** einzuschränken. Auch dem Richter steht das jedenfalls durch Art. 2 Abs. 1 GG geschützte Recht zu, seine Arbeitskraft in der Freizeit gegen Entgelt zu verwerten.[171] Der gebotene Ausgleich zwischen den beiden Verfassungsnormen des Art. 2 Abs. 1 GG und des Art. 33 Abs. 5 GG, die als gegenläufige Schutzgüter § 40 DRiG zugrunde liegen, ist dahin aufzulösen, dass nur eine **greifbare Wahrscheinlichkeit** einer Befassung zu einer Versagung der Genehmigung führen kann.[172]

§ 40 DRiG enthält keine abschließende Regelung.[173] Er lässt einen Rückgriff auf die allgemeinen Vorschriften über das Nebentätigkeitsrecht für Bundesrichter und für Richter im Landesdienst zu. Sie bieten jedoch keine Handhabe gleichsam durch die Hintertür die Wertungen des § 40 DRiG zu umgehen. § 40 DRiG sieht nämlich als Spezialvorschrift als **Regelfall** die Erteilung der Genehmigung vor. Folglich müssen zusätzliche Umstände hinzutreten, um erst recht die grundgesetzlichen gegenläufigen Wertungen der Art. 2 Abs. 1, 33 Abs. 5 GG angemessen auszugleichen.[174]

Eine fehlende Genehmigung führt nicht zur Unwirksamkeit des Spruchs der Einigungsstelle.[175] Der ohne Genehmigung gleichwohl als Vorsitzender der Einigungsstelle handelnde Richter begeht ein Dienstvergehen, das mit den einschlägigen Sanktionen zu ahnden ist. Das Genehmigungserfordernis betrifft ausschließlich das Rechtsverhältnis des Richters zu seinem Dienstherrn. Eine weitergehende Rechtswirkung auf das Verhältnis des Richters zu den Betriebsparteien ist in § 40 DRiG tatbestandlich nicht geregelt. Dafür bieten weder der Wortlaut noch sein Sinn und Zweck einen Anhaltspunkt. § 40 DRiG ist **keine Verbotsnorm**. Die fehlende Genehmigung kann nämlich nicht zulasten der Betriebsparteien gehen.[176] Eine solche Rechtswirkung zulasten Dritter hätte eine positiv-gesetzliche Regelung erfordert. Insofern ist es auch konsequent, dass das Vorliegen einer Genehmigung keine tatbestandliche Voraussetzung für die Bestellung eines Richters zum Vorsitzenden einer Einigungsstelle ist. 73

Entsprechendes gilt erst recht für den Fall einer zu Unrecht erteilten Genehmigung.[177]

(cc) Prüfungsmaßstab

Es ist die Frage zu stellen, welchen **Maßstab** das Arbeitsgericht der Bestellung des Vorsitzenden zugrunde zu legen hat. Soweit teilweise die Auffassung vertreten wird, das Gericht sei insoweit lediglich eingeschränkt im Sinne einer Offensichtlichkeitsprüfung befugt, über die Person des Vorsitzenden zu befinden,[178] kann dem nicht gefolgt werden. Der **Maßstab der Offensichtlichkeit** bezieht sich ausweislich des eindeu- 74

171 BVerwG, 24.11.2005 – 2 C 32/04, NJW 2006, 1538–1540; da Nebentätigkeiten nicht der Lebensgrundlage dienen, unterfallen sie nicht Art. 12 Abs. 1 GG; BVerfG, 12.4.1972 – 2 BvR 704/70, BVerfGE 33, 44 ff, 48.

172 BVerwG, 30.6.1983 – 2 C 57/82, DRiZ 1984, 20–22; OLG Hamburg, 14.12.1982 – 9 U 22/82, VersR 1983, 787; OVG Münster, 19.10.1982 – 12 A 2220/80 – zitiert nach juris; Schmidt-Räntsch, § 40 DRiG Rn 12.

173 BVerwG, 30.6.1983 – 2 C 57/82, DRiZ 1984, 20-22; Schmidt-Räntsch, § 40 DRiG Rn 13.

174 BVerwG, 30.6.1983 – 2 C 57/82, DRiZ 1984, 20-22; Schmidt-Räntsch, § 40 DRiG Rn 13.

175 BGH, 11.2.1971 – VII ZR 73/69, NJW 1971, 755, für den Fall eines Schiedsvergleichs; Wenning-Morgenthaler, A Rn 96.

176 OLG Stuttgart, 16.7.2002 – 1 Sch 8/02, NJW-RR 2003, 495–498 im Falle eines Schiedsspruchs.

177 OLG Stuttgart, 16.7.2002 – 1 Sch 8/02, NJW-RR 2002, 495–498.

178 LAG Hamm, 16.8.1976 – 3 TaBV 43/76, DB 1976, 2069; vgl dazu auch Richardi, § 76 BetrVG Rn 42.

tigen Wortlauts in § 100 Abs. 1 Satz 2 ArbGG ausschließlich auf die Frage der Zuständigkeit der Einigungsstelle. Auf der Grundlage des verfahrensspezifisch geltenden modifizierten Untersuchungsgrundsatzes iSd § 83 Abs. 1 ArbGG verbleibt es iÜ bei den Kriterien der Schlüssigkeit und Substantiiertheit. Das Arbeitsgericht hat mithin zu prüfen und festzustellen, ob die vorgeschlagene Person den tatbestandlichen Voraussetzungen der Unparteilichkeit entspricht und nach der hM über die Sach- und Rechtskunde verfügt. Legt man die hM zugrunde, muss der Antragsteller dessen Unparteilichkeit behaupten und dessen Sach- und Rechtskunde darlegen.[179] Bestreitet die Gegenseite die Unparteilichkeit der Person mit Tatsachen oder wird die Sach- und Rechtskunde nachvollziehbar in Abrede gestellt, stellt sich die Frage, ob das Gericht hierüber nun Beweis zu erheben hat. Die Beantwortung der Frage betrifft den Gesichtspunkt, ob das Gericht an die vom Antragsteller vorgeschlagene Person gebunden ist.

(dd) Antrag und Bindung

75 An sich ist auch im Bestellungsverfahren als besonderes Beschlussverfahren vom **Grundsatz des § 308 Abs. 1 Satz 1 ZPO** (§ 83 Abs. 1 Satz 1 ArbGG) auszugehen.[180] Daraus würde eine Bindung des Gerichts auch an die vom Antragsteller namentlich benannte Person die Folge sein. Demgegenüber legt es bereits der Wortlaut des § 100 Abs. 1 Satz 1 ArbGG iVm § 76 Abs. 2 Satz 2 BetrVG nahe, von einer Bindung des Gerichts nur in Bezug auf die Tatsache der Bestellung, nicht aber an den Personalvorschlag auszugehen.[181] Hinzu kommt, dass § 100 Abs. 1 Satz 3 ArbGG zwar auf die Vorschriften der §§ 80–84 ArbGG und damit auch auf die Antragsbindung gem. § 83 Abs. 1 Satz 1 ArbGG erweist, aber ausdrücklich nur eine **„entsprechende" Geltung** anordnet. Damit wäre eine pauschale Übertragung dieser Vorschriften auf § 100 ArbGG nicht zu vereinbaren.[182] Während das Gericht in den allgemeinen Beschlussverfahren klassische gerichtliche Funktionen auszuüben hat, enthält § 76 Abs. 2 Satz 2 BetrVG einen **besonderen Regelungsauftrag.**[183] Es soll die nicht zustande gekommene Einigung der Betriebsparteien ersetzen, das Organ Einigungsstelle konstituieren. Entsprechende Geltung bedeutet, dass das Gericht an den durch die Antragsschrift mitgeteilten Regelungsgegenstand (zB konkret bezeichnete Videoüberwachung) gebunden ist. Hinsichtlich der Person des Vorsitzenden und der Zahl der Beisitzer hat es die **fehlende Einigung** zu ersetzen und nicht etwa einen konkreten Besetzungswunsch zu bestätigen oder zurückzuweisen.[184] Gegen die Bindung des Gerichts an den Grundsatz „ne ultra petita" (§§ 308 Abs. 1 Satz 1 ZPO, § 83 Abs. 1 Satz 1 ArbGG) sprechen nicht nur der Wortlaut und der Sinn und Zweck des Bestellungsverfahrens, sondern auch die Erkenntnis, dass beide Betriebsparteien antragsberech-

179 DFL/Reinfelder, § 100 ArbGG Rn 15; GK-ArbGG/Schleusener, § 100 Rn 32.
180 BAG, 20.12.1988 – 1 ABR 63/87, NZA 1989, 393–396.
181 So zB LAG Baden-Württemberg, 26.6.2002 – 9 TaBV 3/02, NZA-RR 2002, 523; LAG Berlin, 18.2.1980 – 9 TaBV 5/79, AP § 98 ArbGG 1979 Nr. 1; LAG Hamm, 16.8.1976 – 3 TaBV 43/76, EzA § 76 BetrVG 1972 Nr. 7; BCF/Friedrich, § 98 ArbGG Rn 8; Francken, NJW 2007, 1792, 1795; GMPM/Schlewing, § 98 ArbGG Rn 25; Hauck/Helml, § 98 ArbGG Rn 6; HK-ArbR/Henssen, § 100 ArbGG Rn 12; SW/Walker, § 99 ArbGG Rn 51; einschränkend GK-ArbGG/Schleusener, § 100 Rn 32 f.
182 Bengelsdorf, BB 1991, 613, 617; Hennige, S. 87.
183 Bengelsdorf, BB 1991, 613, 617; Hennige, S. 88; Leinemann, AuR 1975, 22, 25.
184 Hennige, S. 88 f.

tigt sind. Die Priorität des Eingangs des ersten Antrags kann insoweit nicht Maßstab für die Bestellung der Person des Vorsitzenden sein.[185] Nach der hier vertretenen Auffassung kommt jedoch entscheidend hinzu, dass das Gericht bei einer Bindung an die vorgeschlagene Person ggf auch über deren Eigenschaften als tatbestandliche Voraussetzungen Beweis zu erheben hätte. Damit wäre jedoch das für ein erfolgreiches Einigungsstellenverfahren notwendige beiderseitige Vertrauen in die Person des Vorsitzenden in Frage gestellt.

Besteht keine Bindung des Gerichts an die vom Antragsteller vorgeschlagene Person, 76
kann folgerichtig auch die namentliche Nennung gänzlich unterbleiben. Das ist in der Praxis jedoch nur ausnahmsweise der Fall; es empfiehlt sich auch im eigenen Interesse, eine oder mehrere Personen seines Vertrauens zu benennen. Ändert der Antragsteller im Laufe des Verfahrens die vorgeschlagene Person, liegt darin konsequenterweise auch **keine Antragsänderung**. Der als bloße **Anregung** zu bewertende Vorschlag des Antragstellers bedarf im Falle der Stattgabe des Antrags mit einem anderen Vorsitzenden iÜ keiner Zurückweisung. Ebenso stellt die vom Antragsteller unterbreitete Vorschlagsliste, gestaffelt nach Präferenzen, keine eventualiter kumulierte Antragshäufung dar.

Sofern das Gericht abweichend vom Vorschlag des Antragstellers eine dritte Person 77
zum Vorsitzenden einsetzt, bedarf dies jedenfalls der vorherigen Anhörung der Beteiligten.[186] Dies ist insb. in Bezug auf die persönliche Eigenschaft der Unparteilichkeit notwendig.

Erhebt die Gegenseite gegen die vom Antragsteller vorgeschlagene Person keine Ein- 78
wendungen und ergibt die Prüfung des Gerichts, dass der Vorgeschlagene die tatbestandlichen Voraussetzungen erfüllt, gibt es, auch wenn keine Bindung des Gerichts besteht, gleichwohl keinen sachlichen Anlass, den Vorschlag des Antragstellers zu missachten.[187] Da eine gesetzliche Pflicht des Vorgeschlagenen bzw des durch das Gericht bestellten Vorsitzenden nicht besteht, das Amt als Vorsitzender einer Einigungsstelle anzunehmen, liegt es im Interesse des Antragstellers, dass er vorher das Einverständnis der vorgeschlagenen Person einholt und dieses auch dem Gericht mitteilt. Die gerichtliche Bestellung von Verhinderungsvertretern für den Fall der Verhinderung des gleichzeitig bestellten Einigungsstellenvorsitzenden ist nicht zulässig.[188]

(ee) Annahme des Amtes

Die durch den Beschluss zum Vorsitzenden der Einigungsstelle bestellte Person ist 79
nicht Beteiligter des Bestellungsverfahrens.[189] Daraus folgt, dass ihn der Beschluss allein ohne sein Zutun nicht zum Vorsitzenden der Einigungsstelle macht. Es bedarf vielmehr seiner **Erklärung**, das Amt als Vorsitzender der Einigungsstelle **anzunehmen**.

---

185 HK-ArbR/Henssen, § 100 ArbGG Rn 12 spricht vom Windhundprinzip; Wenning-Morgenthaler, A Rn 108 spricht vom Müllerprinzip.

186 LAG München, 31.1.1989 – 3 TaBV 62/88, LAGE § 100 ArbGG 1979 Nr. 14; BCF/Friedrich, § 98 ArbGG Rn 8 a; Hauck/Helml, & 98 ArbGG Rn 6; Hennige, S. 89.

187 GK-ArbGG/Schleusener, § 100 Rn 32 geht von einer Bindungswirkung aus.

188 LAG Köln 30.5.2012 – 3 TaBV 39/12 – juris; GK-ArbGG/Schleusener, § 100 Rn 31.

189 LAG Berlin, 22.6.1998 – 9 TaBV 3/98, NZA-RR 1999, 34; GMPM/Schlewing, § 98 ArbGG Rn 17; GK-ArbGG/Schleusener, § 100 Rn 14; Hauck/Helml, § 98 ArbGG Rn 2; SW/Walker, § 99 ArbGG Rn 30.

Eine Pflicht hierzu besteht nicht.[190] Dementsprechend kann er auch das Amt ohne Begründung ablehnen.[191] Die Annahmeerklärung bedarf keiner Form, sie kann sowohl gegenüber dem Arbeitgeber als auch gegenüber dem Betriebsrat erklärt werden.[192] Insofern gilt im Ergebnis nichts anderes, als wenn sich die Parteien außerhalb des Bestellungsverfahrens auf eine Person als Vorsitzenden der Einigungsstelle ohne sein gleichzeitiges Mitwirken verständigt haben. Mit der Annahme des Amtes als Vorsitzender der Einigungsstelle kommt zwischen dem Vorsitzenden und dem Arbeitgeber kraft Gesetzes ein **betriebsverfassungsrechtliches Schuldverhältnis** zustande.[193] Der Vorsitzende ist weisungsfrei, hat jedoch Sorgfaltspflichten zu beachten und das Amt höchstpersönlich auszuüben.[194] Nach der hier vertretenen Ansicht ist die Tätigkeit des Einigungsstellenvorsitzenden als Dienstvertrag zu bewerten, der eine Geschäftsbesorgung zum Gegenstand hat. Dementsprechend findet § 675 Abs. 1 BGB Anwendung mit der Folge, dass der Einigungsstellenvorsitzende als Beauftragter nur in der Art das Amt, die Geschäftsbesorgung, zu kündigen berechtigt ist, dass der Auftraggeber für die Besorgung des Geschäfts anderweitig Fürsorge treffen kann, es sei denn, dass ein wichtiger Grund für die unzeitige Kündigung vorliegt (§ 671 Abs. 2 BGB, zB unberechtigter Vorwurf der Parteilichkeit, Vorwurf der Unfähigkeit ohne berechtigten Anlass). Kündigt der Vorsitzende ohne einen solchen Grund zur Unzeit, so macht er sich schadenersatzpflichtig.[195]

80 Auch in diesem Zusammenhang stellt sich die Frage, ob und inwieweit es Auswirkungen auf die **Annahmeerklärung** des zum Vorsitzenden der Einigungsstelle bestellten Richters hat, wenn die vom Gericht nicht geprüfte oder nicht erkannte Möglichkeit besteht, dass er in einem anderen Verfahren mit der Überprüfung, Auslegung oder Anwendung des Einigungsstellenspruchs befasst wird oder er über (noch) keine Nebentätigkeitsgenehmigung verfügt oder aber eine solche nicht erhält. Konstruktiv denkbar erscheint es, sowohl § 100 Abs. 1 Satz 5 ArbGG als auch das Erfordernis einer Nebentätigkeitsgenehmigung als Verbotsgesetz iSd § 134 BGB anzusehen. In Bezug auf § 100 Abs. 1 Satz 5 ArbGG wird auf die Ausführungen unter Rn 68 und 70 (Spruchbefassung) verwiesen. Mithin hat die unterlassene oder aber fehlerhafte Prüfung durch das Gericht keine Auswirkungen auf die Wirksamkeit der Annahmeerklärung der durch den Beschluss bestellten Person.

81 Soweit es um die gem. § 40 Abs. 2 iVm Abs. 1 Satz 1 DRiG (auch iVm den bundes- und landesrechtlichen Regelungen über Nebentätigkeiten) erforderliche **Genehmigung im Zeitpunkt der Annahmeerklärung** geht, führt die fehlende oder aber zu Unrecht erteilte Genehmigung nicht zur Unwirksamkeit der Annahmeerklärung geschweige denn hat sie die Unwirksamkeit eines Einigungsstellenspruchs zur Folge.

190 LAG Berlin, 22.6.1998 – 9 TaBV 3/98, NZA-RR 1999, 34; BCF/Friedrich, § 98 ArbGG Rn 13 a; GMPM/Schlewing, § 100 ArbGG Rn 31; GK-ArbGG/Schleusener, § 100 Rn 31; SW/Walker, § 99 ArbGG Rn 53; FESTL, § 76 BetrVG Rn 17; ErfK/Kania, BetrVG § 76 Rn 7.
191 GMPM/Schlewing, § 98 ArbGG Rn 31; Hauck/Helml, § 98 ArbGG Rn 7; SW/Walker, § 99 ArbGG Rn 53.
192 GK-ArbGG/Schleusener, § 100 Rn 36; SW/Walker, § 99 ArbGG Rn 53.
193 FESTL, § 76 BetrVG Rn 31; Friedemann, Rn 118; Wenning-Morgenthaler, A Rn 145.
194 Wenning-Morgenthaler, A Rn 146; Hunold, NZA 1999, 785 ff.
195 Vgl. Wenning-Morgenthaler, A Rn 147.

Wegen weiterer Einzelheiten wird auf die Ausführungen unter Rn 73 (Nebentätigkeitsgenehmigung) verwiesen.

Sofern die durch Beschluss des Gerichts bestellte Person den Vorsitz der Einigungsstelle **ablehnt**, bedarf es der erneuten Einleitung eines Bestellungsverfahrens,[196] vorbehaltlich einer Einigung der Betriebsparteien auf einen anderen Vorsitzenden. Durch den Eintritt der Rechtskraft des Bestellungsbeschlusses ist nämlich das gerichtliche Verfahren beendet,[197] das iÜ nur die Bestellung als solche zum Streitgegenstand hat und nicht etwa die Bestellung einer bestimmten Person.[198] Als Folge der nicht bestehenden Verpflichtung der durch den Beschluss des Gerichts zum Vorsitzenden der Einigungsstelle bestellten Person, das Amt anzunehmen, kann die ausschließlich zwischen den Beteiligten des gerichtlichen Verfahrens bestehende Bindung auch dazu führen, dass sie sich auch nach den Beschluss des Gerichts auf einen anderen Vorsitzenden verständigen.[199] 82

(b) Anzahl der Beisitzer

Nach § 76 Abs. 2 Satz 1 BetrVG besteht die Einigungsstelle aus einer gleichen **Anzahl von Beisitzern**, die vom Arbeitgeber und Betriebsrat bestellt werden. Sofern die Betriebsparteien hierüber kein Einverständnis erzielen, hat das Arbeitsgericht gem. § 100 Abs. 1 Satz 1 ArbGG iVm § 76 Abs. 2 Satz 3 BetrVG im Falle eines Antrags die Zahl der Beisitzer zu bestimmen. Der Antrag kann und wird auch in der Praxis zugleich mit dem Antrag auf Bestellung des Vorsitzenden gestellt. § 76 BetrVG verhält sich zur Anzahl der Beisitzer nur insofern, als es eine gleiche Anzahl je Betriebspartei vorsieht und die persönliche Bestellung in die Hände der jeweiligen Betriebspartei legt. 83

Die vom Gericht festzulegende Anzahl der Beisitzer je Betriebspartei hängt nach dem Sinn und Zweck ihrer Funktion sowohl von den betrieblichen Gegebenheiten als auch von dem dem Bestellungsverfahren zugrunde liegenden Regelungsstreit ab. Das Gericht hat den streitigen Regelungsgegenstand in seiner tatsächlichen und rechtlichen Dimension und die zu seiner Beilegung notwendigen Fachkenntnisse und betriebspraktischen Erfahrungen[200] sowie die Auswirkungen auf die Betroffenen und die auch damit verbundene Kostenlast[201] eingehend zu würdigen, um die Anzahl der insoweit notwendigen Beisitzer festlegen zu können. Ein Richtwert (Regelbesetzung)[202] besteht nicht.[203] In der gerichtlichen Bestellungspraxis werden vielfach zwei 84

---

196 GK-ArbGG/Schleusener, § 100 Rn 37; GMPM/Schlewing, § 98 ArbGG Rn 33; Hauck/Helml, § 98 ArbGG Rn 7; SW/Walker, § 99 ArbGG Rn 54; aA FESTL, § 76 BetrVG Rn 25; Richardi/Richard-Maschmann, § 76 BetrVG Rn 70, die eine Fortsetzung des gerichtlichen Bestellungsverfahrens annehmen.

197 AA Richardi/Richard-Maschmann, § 76 BetrVG Rn 70, das Verfahren endet erst mit Annahme des Amtes; GK-BetrVG/Kreutz, § 76 Rn 75, 85.

198 S. vorstehend; SW/Walker, § 99 ArbGG Rn 54.

199 GK-ArbGG/Schleusener, § 100 Rn 40; Hauck/Helml, § 98 ArbGG Rn 7; HK-ArbR/Henssen, § 100 ArbGG Rn 16.

200 LAG Hamburg, 13.1.1999 – 4 TaBV 9/98, AiB 1999, 221; Wenning-Morgenthaler, A Rn 137.

201 LAG Niedersachsen, 15.8.2006 – 1 TaBV 43/06, LAGE § 98 ArbGG 1979 Nr. 47; LAG München, 15.7.1991 – 4 TaBV 27/91, NZA 1992, 185; Hauck/Helml, § 98 ArbGG Rn 6.

202 Ablehnend Wenning-Morgenthaler, A Rn 137 f; bejahend BCF/Friedrich, § 98 ArbGG Rn 9.

203 **Grundsätzlich je ein Beisitzer**: LAG Schleswig-Holstein, 28.9.1983 – 5 TaBV 30/83, DB 1984, 1530; LAG Schleswig-Holstein, 13.9.1990 – 4 TaBV 19/90, DB 1991, 287; LAG Schleswig-Holstein, 28.1.1993 – 4 TaBV 38/92, BB 1993, 1591; **je zwei Beisitzer**: LAG Hamm, 9.10.2006 – 10 TaBV 84/06; LAG Hamm, 17.8.2006 – 13 TaBV 59/06; LAG Niedersachsen, 15.8.2006 – 1 TaBV 43/06; LAG Köln, 16.12.2005 –

Beisitzer bestellt. Damit wird erreicht, dass neben einem externen auch ein interner Beisitzer die jeweilige Betriebspartei vertreten kann, um sowohl betriebsfremde als auch interne Kenntnisse in die Einigungsstelle einzubringen. Nach der hier vertretenen Ansicht ist nach Maßgabe des Untersuchungsgrundsatzes unter Berücksichtigung des Beteiligtenvorbringens der Regelungsgegenstand nach den vorstehend genannten Kriterien zu würdigen. Sind zB schwierige tarifliche Rechtsfragen in der Einigungsstelle vorab zu klären oder geht es um komplexe technische Zusammenhänge, so bedarf es diesbezüglich auf Seiten der Beisitzer entsprechenden Sachversand. Dementsprechend kann es erforderlich sein, sowohl gewerkschaftlichen Sachverstand als auch für die sonstigen Rechtsfragen anwaltlichen Rat und für die interne Anbindung ein Betriebsratsmitglied und somit drei Beisitzer je Betriebspartei zu bestimmen.

85 Ebenso wenig wie das Gericht an die vorgeschlagene Person des Antragstellers gebunden ist, besteht gem. § 308 Abs. 1 Satz 1 ZPO **keine Bindung** an die vom Antragsteller vorgeschlagene Anzahl von Beisitzern je Betriebspartei.[204] Auch insoweit handelt es sich lediglich um eine Anregung, die es dem Gericht nicht verwehrt, hiervon abweichend eine geringere Anzahl von Beisitzern zu bestimmen, ohne den Antrag insoweit iÜ zurückweisen zu müssen. Umgekehrt besteht jedoch auch kein Hindernis, eine höhere Anzahl von Beisitzern als begehrt zu bestimmen.[205] Die abweichende Auffassung ist insofern inkonsequent, als sie nur auf der Grundlage einer Bindung nach § 308 Abs. 1 Satz 1 ZPO (§ 83 Abs. 1 Satz 1 ArbGG) in sich stimmig ist.

86 Dem Gericht kommt keine Auswahlbefugnis über die Person der Beisitzer zu. Darüber entscheidet der jeweilige Betriebspartner autonom.[206] Dementsprechend ist es dem Gericht auch verwehrt, darüber Erwägungen anzustellen, ob durch die Zahl der Beisitzer ermöglicht werden soll, dass nicht dem Betrieb angehörige Personen, Gewerkschaftsfunktionäre oder Vertreter des Arbeitgeberverbandes oder Rechtsanwälte als Beisitzer bestellt werden.[207] Die von der Gegenseite in die Einigungsstelle entsandten Personen kann die andere Seite nicht ablehnen.[208] Die Autonomie der Bestellung seiner eigenen Beisitzer beinhaltet auch, dass die jeweilige Betriebspartei ihre Beisitzer jederzeit ohne Begründung **abberufen** und durch andere ersetzen kann.[209]

87 Die Beisitzer unterfallen der **Geheimhaltungspflicht** nach § 79 BetrVG, deren Verletzung nach § 120 BetrVG strafbar ist.

---

11 TaBV 48/05, ArbuR 2006, 214; LAG München, 15.7.1991 – 4 TaBV 27/91, NZA 1992, 185; LAG München, 15.7.1975 – 5 TaBV 27/75, DB 1975, 2452; LAG Berlin, 12.9.2001 – 4 TaBV 1436/01, NZA-RR 2002, 25; GMPM/Schlewing, § 98 ArbGG Rn 29; GK-ArbGG/Schleusener, § 100 Rn 43; **je drei Beisitzer:** LAG Bremen, 20.9.1983 – 4 TaBV 104/83, AuR 1984, 91.

204 LAG Baden-Württemberg, 26.6.2002 – 9 TaBV 3/02, NZA-RR 2002, 523 f; LAG Hamm, 6.12.1976 – 3 TaBV 65/76, LAGE Nr. 9 zu § 76 BetrVG 1972; BCF/Friedrich, $ 98 ArbGG Rn 9; ErfK/Koch, § 100 ArbGG Rn 6; GMPM/Schlewing, § 98 ArbGG Rn 28; Hennige, S. 86 ff.

205 AA LAG Hamm, 6.12.1976 – 3 TaBV 65/76, EzA § 76 BetrVG 1972 Nr. 13; ErfK/Koch, § 100 ArbGG Rn 6; GMPM/Schlewing, § 98 ArbGG Rn 26; GK-ArbGG/Schleusener, § 100 Rn 43.

206 Anders nur in Betrieben der Post-Aktiengesellschaften für die Bildung einer Einigungsstelle in Personalangelegenheiten der Beamten, § 30 S. 1 PostPersRG.

207 So ausdrücklich GK-ArbGG/Schleusener, § 100 Rn 44.

208 BAG, 14.12.1988 – 7 ABR 73/87, AP BetrVG 1972 § 76 Nr. 30; LAG Düsseldorf, 3.4.1981 – 8 TaBV 11/81, BB 1981, 733; GK-ArbGG/Schleusener, § 100 Rn 44.

209 LAG Frankfurt, 13.8.1987 – 12 TaBV 21/87, LAGE Nr. 28 zu § 76 BetrVG 1972; ErfK/Kania, § 76 BetrVG Rn 10; FESTL, § 76 BetrVG Rn 11; Hennige, S. 238.

Ebenso wie im Fall des bestellten Vorsitzenden der Einigungsstelle können die Betriebsparteien sich auch noch nach Rechtskraft des Beschlusses des Gerichts **nachträglich** auf eine abweichende Anzahl je Seite **einigen.**[210] 88

Im Wege des Umkehrschlusses ergibt sich aus § 4 Abs. 2 Nr. 5 DRiG, dass für Richter die Tätigkeit als Beisitzer einer Einigungsstelle ausgeschlossen ist.[211] 89

e) Beschluss

Soweit der Antrag unzulässig oder unbegründet ist, ist er **zurückzuweisen.** Soweit das Gericht dem Antrag entspricht, jedoch eine andere Person als die vorgeschlagene Person zum Vorsitzenden der Einigungsstelle bestellt, ist insoweit keine Zurückweisung iÜ geboten. Entsprechendes gilt auch für den Fall, dass das Gericht eine geringere Anzahl von Beisitzern als gewünscht bestimmt. 90

▶ **Muster: Stattgebender Tenor im Bestellungsverfahren** 91

1. Herr XY, Richter am Arbeitsgericht Z, wird zum Vorsitzenden der Einigungsstelle mit dem Regelungsgegenstand Einführung von Kurzarbeit in den Abteilungen A, B und C bestellt.
2. Die Anzahl der von den Beteiligten jeweils zu bestellenden Beisitzer wird auf ... festgesetzt. ◀

f) Beschlusszustellung

Nach § 100 Abs. 1 Satz 6 ArbGG soll der Beschluss des Vorsitzenden den Beteiligten innerhalb von zwei Wochen nach Eingang des Antrags zugestellt werden. Der Beschluss ist den Beteiligten spätestens jedoch innerhalb von vier Wochen nach diesem Zeitpunkt zuzustellen. Damit wird das gesetzgeberische Bestreben erkennbar, ein beschleunigtes Verfahren zur Bildung einer Einigungsstelle zur Verfügung zu stellen. Obgleich die Zwei-Wochen-Frist als Sollvorschrift ausgekleidet ist, stellt sie eine **Dienstpflicht** dar, die es einzuhalten gilt. Hiervon kann nur berechtigterweise abgewichen werden, wenn Gründe vorliegen, die außerhalb des Verantwortungsbereichs des Richters liegen. Demgegenüber ist die Vier-Wochen-Frist als Muss-Vorschrift formuliert. Der Gesetzgeber ging davon aus, dass die Einhaltung dieser Frist unabhängig von der jeweiligen Gerichtsorganisation möglich ist.[212] 92

g) Rechtsfolgen des Beschlusses

Mit der **rechtskräftigen Entscheidung** des Gerichts im Bestellungsverfahren ist die Einigung der Beteiligten über die Person des Einigungsstellenvorsitzenden und/oder die Zahl seiner Beisitzer ersetzt. Damit liegt es allein in der Hand des bestellten Vorsitzenden, ob er durch Annahmeerklärung das Amt annimmt. Eine Ablehnung seiner Person durch die Beteiligten ist von Rechts wegen nicht möglich (Ausnahme: Ablehnung wegen Befangenheit im Laufe des Einigungsstellenverfahrens).[213] Jedoch können sich die Betriebsparteien im Rahmen ihrer Autonomie auf eine andere Person als Vorsitzenden der Einigungsstelle verständigen. Solange dies nicht der Fall ist, bleibt der gerichtlich bestellte Vorsitzende im Amt. 93

---

210 Hauck/Helml, § 98 ArbGG Rn 7; FESTL, § 76 BetrVG Rn 14; GK-ArbGG/Schleusener, § 100 Rn 46.
211 GK-ArbGG/Schleusener, § 100 Rn 47.
212 BT-Drs. 14/3747, 85; SW/Walker, § 99 ArbGG Rn 58.
213 GMPM/Schlewing, § 98 ArbGG Rn 32; HK-ArbR/Henssen, § 100 ArbGG Rn 16; SW/Walker, § 99 ArbGG Rn 59.

94 Die Zuständigkeit der Einigungsstelle ist im Verfahren nach § 100 ArbGG nicht Streitgegenstand. Daraus folgt, dass verbindlich über das Bestehen oder Nichtbestehen eines Mitbestimmungsrechts nicht entschieden wird. Von daher ist die Einigungsstelle nicht gehindert, ihre Zuständigkeit zu verneinen (**keine Bindungswirkung**).[214] Hat das Gericht den Antrag wegen offensichtlicher Unzuständigkeit der Einigungsstelle zurückgewiesen, kann anschließend lediglich ein freiwilliges Einigungsstellenverfahren vereinbart werden.[215] Ist hingegen ein Antrag nach § 100 ArbGG rechtskräftig zurückgewiesen worden, jedoch in einem Mitbestimmungsfeststellungsverfahren das Mitbestimmungsrecht rechtskräftig festgestellt worden, kann gleichwohl ein neues Bestellungsverfahren eingeleitet werden.[216] Ggf ist der Weg über einen **Restitutionsantrag** nach § 580 Nr. 7a ZPO iVm §§ 100 Abs. 1 Satz 2, 80 Abs. 2, 79 ArbGG für das neue Bestellungsverfahren zu beschreiten.[217]

3. Verfahren zweiter Instanz

a) Rechtsmittel

95 Nach § 100 Abs. 2 Satz 1 ArbGG findet gegen die Entscheidungen des Vorsitzenden des Arbeitsgerichts die Beschwerde an das Landesarbeitsgericht statt. Insoweit besteht Übereinstimmung mit der **Statthaftigkeit** des Rechtsmittels im allgemeinen Beschlussverfahren, § 87 Abs. 1 ArbGG.

b) Zulässigkeit

aa) Beschwerdebefugnis

96 Befugt, eine Beschwerde einzulegen, sind nach allgemeinen Grundsätzen sowohl derjenige, der einen Antrag gestellt hat, als auch derjenige, gegen den ein Antrag gestellt wurde. Allgemein gilt, derjenige ist beschwerdebefugt, der durch die Entscheidung in seiner **betriebsverfassungsrechtlichen Rechtsstellung** unmittelbar betroffen ist.[218] Daraus folgt, dass lediglich die im Bestellungsverfahren beteiligten Betriebsparteien beschwerdebefugt sind. Demgegenüber ist die durch den Beschluss des Arbeitsgerichts zum Vorsitzenden der Einigungsstelle bestellte Person nicht beschwerdebefugt, da ihre betriebsverfassungsrechtliche Rechtsstellung erst mit der Annahme des Amtes beginnt.

bb) Beschwer

97 Abweichend von den allgemeinen Grundsätzen des Prozessrechts, wonach für den Kläger/Antragsteller der Grundsatz der formellen Beschwer gilt, genügt im Beschwerdeverfahren nach § 100 ArbGG eine sog. **materielle Beschwer**. Insoweit ist zu berücksichtigen, dass Inhalt des erstinstanzlichen Antrags ausschließlich die Tatsache der Bestellung an sich ist. Es ist weder Antragsinhalt, eine namentlich bestimmte Person zum Vorsitzenden der Einigungsstelle zu bestellen, noch das Begehren, eine bestimmte Anzahl von Beisitzern festzulegen. Mangels insoweit bestehender Bindung des Ge-

214 GMPM/Schlewing, § 98 ArbGG Rn 35; SW/Walker, § 99 ArbGG Rn 61.
215 LAG Hessen, 13.11.1984 – 4 TaBV 39/84, DB 1985, 1535; SW/Walker, § 99 ArbGG Rn 61.
216 BAG, 25.4.1989 – 1 ABR 91/87, AP Nr. 3 zu § 98 ArbGG 1979; Grunsky, § 98 ArbGG Rn 6; Richardi, § 76 BetrVG Rn 72; SW/Walker, § 99 ArbGG Rn 60.
217 Grunsky, § 98 ArbGG Rn 6; SW/Walker, § 99 ArbGG Rn 60.
218 SW/Walker, § 99 ArbGG Rn 63.

richts gem. § 308 Abs. 1 Satz 1 ZPO (§ 83 Abs. 1 Satz 1 ArbGG) erfolgt keine Zurückweisung iÜ im Falle der Bestellung eines anderen Vorsitzenden und der abweichenden Bestimmung der Zahl der Beisitzer. Gleichwohl ist der Antragsteller (für den Gegenüber gilt auch nach allgemeinen Prozessrecht der Grundsatz der materiellen Beschwer) insofern beschwert, als er mit der bestellten Person oder der festgelegten Zahl an Beisitzern nicht einverstanden ist.[219] Die materielle Beschwer des die Zurückweisung Antragenden folgt aus der Stattgabe der Bestellung. Der Antragsteller hat insoweit seine Beschwer darzulegen, als er zB die vom Gericht falsch beurteilte Unparteilichkeit der bestellten Person behauptet.

cc) Beteiligte

Grundsätzlich sind die Beteiligten erster Instanz auch **Beteiligte** zweiter Instanz. Es ist 98
jedoch nicht ausgeschlossen, dass während des Beschwerdeverfahrens ein weiterer oder ein anderer Beteiligter vom Ausgang des Verfahrens betroffen wird, so dass dieser von Amts wegen auch in der Beschwerdeinstanz zu beteiligen ist.[220] Ein solcher Anwendungsfall kann gegeben sein, wenn zwischen den Instanzen oder im Beschwerdeverfahren ein Betriebsübergang gem. § 613 a BGB stattfindet mit der Folge, dass der Arbeitgeber auf der Passivseite auszuwechseln ist.

dd) Fristen

Abweichend von der gesetzlichen Regelung für die Einlegung und für die Begründung 99
der Beschwerde im allgemeinen Beschlussverfahren ist gem. § 100 Abs. 2 Satz 2 ArbGG die Beschwerde innerhalb einer Frist von **zwei Wochen einzulegen** und zu **begründen**. Insoweit besteht gem. §§ 100 Abs. 2 Satz 3, 89 Abs. 1 ArbGG Vertretungszwang. Auch dies ist Ausdruck der dem Bestellungsverfahren insgesamt zugrunde liegenden Beschleunigungskonzeption. Dem Beschwerdeführer bleibt es jedoch überlassen, ob er zunächst lediglich Beschwerde einlegt und erst danach mit einem weiteren Schriftsatz die Beschwerde begründet. Entscheidend ist allein, dass innerhalb von zwei Wochen die Beschwerde eingelegt und begründet ist. Die Zwei-Wochen-Frist beginnt mit Zustellung des Beschlusses zu laufen, § 100 Abs. 2 Satz 3 ArbGG iVm §§ 87 Abs. 2 Satz 1, 66 Abs. 1 Satz 2 ArbGG Die Verlängerung der Begründungsfrist ist gemäß den §§ 100 Abs. 2 Satz 3, 87 Abs. 2 Satz 1, 66 Abs. 1 Satz 5 ArbGG zulässig, da die Regelung des § 66 Abs. 1 Satz 5 ArbGG, wonach die Begründungsfrist unter bestimmten Voraussetzungen verlängert werden kann, in § 100 Abs. 2 Satz 3 ArbGG nicht ausgenommen worden ist.[221] Der in § 100 ArbGG angelegte Beschleunigungseffekt lässt jedoch nur eine moderate Verlängerung zu.[222] Im Falle der Versäumung der Zwei-Wochen-Frist ist eine **Wiedereinsetzung** in den vorigen Stand nach Maßgabe der §§ 100 Abs. 2 Satz 3, 87 Abs. 2, 64 Abs. 6 ArbGG iVm §§ 525, 233 ff

219 ErfK/Koch, § 100 ArbGG Rn 7; GK-ArbGG/Schleusener, § 100 Rn 48; GMPM/Schlewing, § 98 ArbGG Rn 38, HK-ArbR/Henssen, § 100 Rn 19; SW/Walker, § 99 ArbGG Rn 64.

220 BAG, 28.9.1988 – 1 ABR 37/87, EzA § 95 BetrVG 1972 Nr. 14.

221 LAG Düsseldorf 31.5.2013 – 12 TaBV 49/13 – LAGE § 98 ArbGG 1979 Nr. 67; LAG Baden-Württemberg 20.12.2012 – 1 TaBV 1/12 – ZTR 2013, 151; LAG Nürnberg 17.6.2010 – 7 TaBV 32/10 – AE 2011, 78; GK-ArbGG/Schleusener, § 100 Rn 49; aA DFL/Reinfelder, § 100 ArbGG Rn 20.

222 GK-ArbGG/Schleusener, § 100 Rn 49.

ZPO **möglich.**[223] Dem steht nicht entgegen, dass diese Beschwerdefrist nicht ausdrücklich als Notfrist bezeichnet ist. Die Beschwerde nach § 100 Abs. 2 ArbGG entspricht nämlich der Beschwerde nach § 87 ArbGG so dass ebenso wie für diese die Vorschriften über die Wiedereinsetzung nach § 87 Abs. 2 ArbGG auch auf die Beschwerde nach § 100 Abs. 2 ArbGG Anwendung finden.[224]

100 Gem. § 100 Abs. 2 Satz 3 ArbGG iVm § 90 Abs. 1 Satz 1 ArbGG wird die Beschwerdeschrift und die Beschwerdebegründung der Gegenseite zur **Äußerung** zugestellt. Die Äußerung erfolgt durch Einreichung eines Schriftsatzes beim Landesarbeitsgericht oder zu Protokoll der Geschäftsstelle des Arbeitsgerichts, das den angefochtenen Beschluss erlassen hat. Für die schriftsätzliche Äußerung besteht kein Vertretungszwang (§§ 100 Abs. 2 Satz 3, 87 Abs. 2 Satz 2, 11 Abs. 1 ArbGG).[225] § 89 Abs. 1 ArbGG ist insoweit nicht einschlägig. Die eingehende Äußerung ist dem Beschwerdeführer zur Kenntnis zuzuleiten, eine Zustellung ist nicht erforderlich.[226] Von der der Gegenseite nachzulassenden Äußerungsmöglichkeit kann nicht abgesehen werden. Dafür spricht bereits der Wortlaut des § 90 Abs. 1 Satz 1 ArbGG, auf den § 100 Abs. 2 Satz 3 ArbGG verweist. IÜ gebietet es auch der Grundsatz des rechtlichen Gehörs, so dass auch eine verfassungskonforme Anwendung zum gleichen Ergebnis kommt. Das Gesetz schweigt sich über die dabei nachzulassende **Äußerungsfrist** aus. Aufgrund der in § 100 Abs. 2 Satz 3 ArbGG angeordneten entsprechenden Verweisung bestimmt sich die Frist nach Maßgabe der den § 100 ArbGG zugrunde liegenden **Regelungsintention.** Dementsprechend beträgt die Äußerungsfrist grundsätzlich längstens zwei Wochen. Das entspricht der Beschleunigungskonzeption, die auch für die Einlegung und Begründung der Beschwerde gilt. Eine **Verlängerung der Äußerungsfrist** ist gem. §§ 100 Abs. 2 Satz 3, 87 Abs. 2 Satz 1, 66 Abs. 1 Satz 5 ArbGG an sich statthaft, ist jedoch angesichts auch des dem Beschwerdeverfahrens zugrunde liegenden Beschleunigungsgrundsatzes restriktiv zu handhaben. Wird gegen die Bestellung des Vorsitzenden Beschwerde eingelegt, ist der vom Gericht bestellte Vorsitzende wegen der aufschiebenden Wirkung daran gehindert, das Einigungsstellenverfahren bereits einzuleiten.[227] Obgleich der Gesetzeswortlaut gegen eine aufschiebende Wirkung spricht, ist von einem Redaktionsversehen des Gesetzgebers auszugehen.[228] § 100 Abs. 2 Satz 3 ArbGG verweist zwar auf § 87 Abs. 2 und 3 ArbGG, nicht jedoch auf § 87 Abs. 4 ArbGG, der die aufschiebende Wirkung bestimmt. Durch das Gesetz zur Reform des Zivilprozessrechts vom 27.7.2011[229] wurde in § 87 ArbGG ein neuer Abs. 3 eingefügt, der damalige Abs. 3 wurde Abs. 4. § 100 Abs. 3 ArbGG wurde bei dieser Änderung übersehen, eine Anpassung unterblieb.[230]

223 BCF/Friedrich, § 98 ArbGG Rn 12; ErfK/Koch, § 100 ArbGG Rn 7; GMPM/Schlewing, § 98 ArbGG Rn 38.

224 DFL/Reinfelder, § 100 ArbGG Rn 20; GK-ArbGG/Schleusener, § 100 Rn 49; GMPM/Schlewing, § 98 ArbGG Rn 38; ErfK/Koch, § 100 ArbGG Rn 7; SW/Walker, § 99 ArbGG Rn 65.

225 BAG 20.3.1990 – 1 ABR 20/89, AP BetrVG 1972 § 99 Nr. 79; HK-ArbGG/Görg, § 90 Rn 2.

226 GMPM/Schlewing, § 90 ArbGG Rn 6; HK-ArbGG/Görg, § 90 Rn 2.

227 DFL/Reinfelder, § 100 ArbGG Rn 21; GK-ArbGG/Schleusener, § 100 Rn 51; GK-BetrVG/Kreutz/Jakobs, § 76 Rn 77; Wenning-Morgenthaler, A Rn 85.

228 GK-ArbGG/Schleusener, § 100 Rn 51; Wenning-Morgenthaler, A Rn 85

229 BGBl I S. 1887

230 GK-ArbGG/Schleusener, § 100 Rn 51; Wenning-Morgenthaler, A Rn 85.

c) Verfahrensgesichtspunkte

aa) Prüfungsmaßstab

Mit dem zum 1.1.2002 in Kraft getretenen ZPO-Reformgesetz vom 17.5.2001[231] ist die zweite Instanz im arbeitsgerichtlichen Verfahren keine uneingeschränkte zweite Tatsacheninstanz mehr.[232] Das Verfahren vor dem Landesarbeitsgericht dient der Fehlerkontrolle und Fehlerbeseitigung.[233] **Innerhalb dieser Funktionsbestimmung** ist das Landesarbeitsgericht nach wie vor eine zweite Tatsacheninstanz.[234] Daraus folgt, dass das Rechtsmittel der Berufung und vorliegend der Beschwerde nur darauf gestützt werden kann, dass Rechtsfehler und nicht auf Rechtsfehlern beruhende Irrtümer bei der Tatsachenfeststellung vorliegen.[235] Das folgt für die Beschwerde im Rahmen des Bestellungsverfahrens nach § 100 ArbGG aus der Verweisung in § 100 Abs. 2 Satz 3 ArbGG u.a. auch auf die Vorschrift des § 87 Abs. 2 Satz 1 ArbGG, der wiederum auf die Vorschriften für die Berufungsbegründung und damit auf die §§ 513 Abs. 1, 520 Abs. 3 ZPO verweist. Daraus ergibt sich, dass das Landesarbeitsgericht im Rahmen des Beschwerdeverfahrens auf der Grundlage einer zulässigen Beschwerde die Entscheidung des Arbeitsgerichts über die **offensichtliche Unzuständigkeit** der Einigungsstelle **in vollem Umfang** zu überprüfen hat.[236] 101

Hinsichtlich der vom Arbeitsgericht in Bezug auf die **Person des Einigungsstellenvorsitzenden** und **der Zahl seiner Beisitzer** getroffenen Ermessensentscheidung ist das Landesarbeitsgericht **nicht befugt**, an die Stelle der Ermessensentscheidung des Arbeitsgerichts eine eigene Ermessensentscheidung zu treffen.[237] Wegen des Überprüfungscharakters der Beschwerde kann das Landesarbeitsgericht eine andere Entscheidung über die Person des Einigungsstellenvorsitzenden bzw der Zahl der Beisitzer nur treffen, wenn **Rechtsfehler** der Ermessensentscheidung oder auf Rechtsfehlern beruhende Irrtümer gegeben sind.[238] 102

Um Missverständnissen vorzubeugen, bezieht sich die vom Arbeitsgericht zu treffende Ermessensentscheidung (Auswahlermessen) lediglich auf die zu bestellende Person für den Einigungsstellenvorsitz und die Anzahl der Beisitzer. Das Tatbestandsmerkmal der Unparteilichkeit und der von der hM angenommenen Sach- und Rechtskunde unterfällt der uneingeschränkten Rechtsüberprüfung. 103

bb) Alleinentscheidungsbefugnis

Für die Entscheidung über die Beschwerde ist seit der Neufassung des § 100 ArbGG durch das Job-AQTIV-Gesetz vom 10.12.2001[239] der **Vorsitzende** der Beschwerdekammer **allein** zuständig. 104

231 BGBl. Teil I S. 1887 ff.
232 GMPM/Germelmann, § 64 ArbGG Rn 6; Wenning-Morgenthaler, A Rn 89.
233 Hauck/Helml, § 64 ArbGG Rn 1; Holthaus/Koch, RdA 2002, 140, 154; Schmidt/Schwab/Wildschütz, NZA 2001, 1217, 1221.
234 GK-ArbGG/Vossen, § 64 Rn 8; Hauck/Helml, § 64 ArbGG Rn 1; Lipke, AuR 2007, 1; SW/Schwab, § 64 ArbGG Rn 227 ff.
235 Wenning-Morgenthaler, A Rn 89 .
236 BCF/Friedrich, § 100 ArbGG Rn 13.
237 So zB ErfK/Koch § 100 Rn 7; Hauck/Helml, § 100 ArbGG Rn 8; Hennige, S. 116; SW/Walker, § 99 ArbGG Rn 67; aA BCF/Friedrich, § 98 ArbGG Rn 13; GMPM/Schlewing, § 98 ArbGG Rn 40; diff.ErfK/Koch, § 100 ArbGG Rn 7; Düwell/Lipke-Lipke, § 100 Rn 39.
238 Wenning-Morgenthaler, A Rn 89 f; SW/Walker, § 99 ArbGG Rn 67.
239 BGBl. I S. 3443.

cc) Nachträgliche objektive Antragshäufung und Widerantrag

105 Ebenso wie erstinstanzlich stellt sich auch zweitinstanzlich die Frage der Zulässigkeit sowohl einer nachträglichen objektiven Antragshäufung als auch eines Widerantrags. Insoweit gilt zunächst nichts anderes wie für das erstinstanzliche Verfahren. **Verfahrensfremde Anträge** sind unzulässig. Die Verfahrenskohärenz ist allgemeine Voraussetzung beider Rechtsfiguren. Insoweit wird auf die Ausführungen unter Rn 27 und 31 verwiesen. Soweit eine Verfahrenskohärenz gegeben ist, ist zunächst für die objektive nachträgliche Antragshäufung § 81 Abs. 3 ArbGG iVm §§ 100 Abs. 2 Satz 3, 87 Abs. 2 Satz 3 2. Hs ArbGG zu beachten. Aufgrund der nur **entsprechenden** Geltung und der damit zu berücksichtigenden verfahrensrechtlichen Besonderheiten des § 100 ArbGG ist erst recht zweitinstanzlich eine nachträgliche objektive Antragshäufung, die als Antragsänderung zu behandeln ist, unzulässig. Auch insoweit wird auf die Ausführungen unter Rn 30 verwiesen. Nichts anderes gilt im Ergebnis für den zweitinstanzlich angebrachten Widerantrag. Auf die Erläuterungen unter Rn 31 wird verwiesen. Darüber hinaus ist schon zweifelhaft, ob es für einen solchen Widerantrag dogmatisch überhaupt einen Ansatz gibt. Der Widerantrag erfährt weder in § 100 ArbGG noch in den Vorschriften über das zweitinstanzliche Beschlussverfahren eine Regelung, §§ 87–91 ArbGG. Über die Verweisung gem. §§ 100 Abs. 2 Satz 3, 87 Abs. 2 Satz 1 ArbGG wird seinem Wortlaut nach nicht auf die entsprechend anzuwendende Bestimmung des § 533 ZPO Bezug genommen. Denn nach § 87 Abs. 2 Satz 1 ArbGG gelten für das Beschwerdeverfahren nur die für das Berufungsverfahren maßgebenden Vorschriften über die Einlegung der Berufung und ihre Begründung. Anderer Ansicht nach sollen unabhängig von § 87 Abs. 2 Satz 1 ArbGG lückenfüllend stets auf die Regelungen der ZPO zurückgegriffen werden können.[240] Diese Auffassung bedarf keiner Auseinandersetzung, weil jedenfalls unabhängig davon und auch unabhängig von den in § 533 ZPO für einen Widerantrag aufgestellten restriktiven Voraussetzungen die verfahrensrechtlichen Besonderheiten des Bestellungsverfahrens nach § 100 ArbGG einen Widerantrag nicht vertragen.[241]

d) Entscheidung

106 Die allein vom Vorsitzenden zu treffende Beschwerdeentscheidung ergeht durch zu begründenden und den Beteiligten zuzustellenden Beschluss (§ 100 Abs. 2 Satz 3 ArbGG iVm § 91 Abs. 1 Satz 1, Satz 3 ArbGG iVm § 84 Satz 2 ArbGG, § 91 Abs. 2 Satz 1 ArbGG). Von der Begründungspflicht der Entscheidung kann nicht abgewichen werden. Die Beteiligten können hierauf auch nicht verzichten. Eine entsprechende Anwendung des § 69 Abs. 2 ArbGG sieht nämlich § 91 Abs. 1 Satz 3 ArbGG iVm § 84 Satz 2 ArbGG, auf die § 100 Abs. 2 Satz 3 ArbGG verweist, gerade nicht vor. Das erklärt sich im Gegensatz zum Urteilsverfahren für das Beschlussverfahren aus dem Drittinteresse am Ausgang der Rechtsstreite; daraus ergibt sich iÜ auch der für das Beschlussverfahren allgemein geltende (modifizierte) Untersuchungsgrundsatz. Im Falle der **Unzulässigkeit** der Beschwerde ist sie zu **verwerfen**, im Falle ihrer **Unbegründetheit zurückzuweisen**. Hat die Beschwerde **Erfolg**, ist auf die Beschwerde der

240 Statt Vieler SW/Busemann, § 87 Rn 24.
241 Vgl Rn 31.

Beschluss des Arbeitsgerichts **abzuändern** und je nach Beschwerderichtung entweder der bzw die Anträge zurückzuweisen oder aber auf Bestellung eines Vorsitzenden und/oder der Bestimmung der Anzahl der Beisitzer zu erkennen.

e) Rechtsmittelausschluss

Gegen die Entscheidung des Landesarbeitsgerichts findet gem. § 100 Abs. 2 Satz 4 ArbGG **kein Rechtsmittel** statt. Das entspricht wiederum der Beschleunigungskonzeption, die dem Bestellungsverfahren zugrunde liegt. Selbst dann, wenn das Landesarbeitsgericht rechtsfehlerhaft die Rechtsbeschwerde an das BAG zugelassen hat, ist das BAG wegen der insoweit bestehenden Gesetzeswidrigkeit hieran nicht gebunden.[242] 107

4. Gerichtskosten und Gegenstandswert

Das Bestellungsverfahren ist als Beschlussverfahren **gerichtskostenfrei** (Auslagen und Gebühren, § 2 Abs. 2 GKG). 108

Der Streitgegenstand des Bestellungsverfahrens betrifft eine **nicht vermögensrechtliche** Angelegenheit. Es ist gleichsam ein Vorschaltverfahren für die Ausübung eines Mitbestimmungsrechts, dem nicht vermögensrechtlichen Charakter beigemessen wird.[243] Der Gegenstandswert für die Vergütung des Rechtsanwalts richtet sich nach § 23 Abs. 3 RVG mit der Folge, dass der **Hilfswert** derzeit 5.000 EUR beträgt.[244] Es bestehen unterschiedliche Auffassungen darüber, ob davon Abstriche zu machen sind.[245] Anderer Ansicht nach ist der Gegenstandswert unter Berücksichtigung des dem Einigungsstellenverfahren zugrunde liegenden Regelungsstreits festzusetzen.[246] 109

5. Befangenheit der Mitglieder der Einigungsstelle

a) Einleitung

Im Rahmen von gerichtlichen Verfahren kann die Prozessführung der Richterinnen und Richter auf Seiten der Verfahrensbeteiligten im Einzelfall den Eindruck der **Befangenheit** hervorrufen. Entsprechendes kann sich auch während des Einigungsstellenverfahrens ereignen. Unbedachte Äußerungen des Einigungsstellenvorsitzenden oder auch entsprechende Verhaltensweisen von Beisitzern können im Einzelfall die Frage aufwerfen, ob sie noch in ihrer Funktion tragbar sind. Dementsprechend ist auch der Frage nachzugehen, ob und ggf wie mit Befangenheitserklärungen verfahrensrechtlich und auch inhaltlich umzugehen ist. 110

---

242 GMPM/Schlewing, § 98 ArbGG Rn 41; SW/Walker, § 99 ArbGG Rn 68; vgl auch BAG, 25.12.2001 – 3 AZB 48/05, EzA KSchG § 5 Nr. 33.

243 LAG Hessen, 11.2.2004 – 5 Ta 510/03; LAG Hamburg, 24.7.2003 – 4 TaBV 1/02; vgl dazu auch zB BCF/Friedrich, § 98 ArbGG Rn 14; GMPM/Matthes, § 85 ArbGG Rn 6.

244 LAG Hamm, 26.9.1985 – 8 TaBV 118/85, LAGE § 8 BRAGO Nr. 4; BCF/Friedrich, § 98 ArbGG Rn 14 plädieren idR für den Hilfswert.

245 LAG München, 1.9.1993 – 3 TaBV 67/93, DB 1993, 2604; LAG Schleswig-Holstein, 19.12.2005 – 2 TaBV 20/01, LAGE § 8 BRAGO Nr. 19, je ein Sechstel für die Bestellung des Vorsitzenden, Festlegung der Zahl der Beisitzer und Zuständigkeitsstreit drei Sechstel.

246 LAG Hamm, 6.4.1972 – 8 TaBV 1/72, DB 1972, 880.

b) Besorgnis der Befangenheit von Beisitzern

111 Nach § 76 Abs. 2 Satz 1 BetrVG besteht die Einigungsstelle aus einer gleichen Anzahl von Beisitzern, die vom Arbeitgeber und Betriebsrat bestellt werden. Daraus folgt, dass die jeweilige Betriebspartei autonom ihre Beisitzer für die Einigungsstelle bestellt.[247] Die Betriebspartei wird diejenigen Personen zu Beisitzern der Einigungsstelle berufen, zu denen sie ein besonderes Nähe- und Vertrauensverhältnis hat. Auch wenn den ausgewählten Beisitzern rechtlich keine Vertretungsfunktion zukommt, so ist doch durch das Gesetz eine **Interessengebundenheit** vorgezeichnet.[248] Die mehr oder weniger in der Praxis zum Ausdruck kommende Interessengebundenheit steht zwar vielfach einer konstruktiven und zielführenden Lösung des Regelungskonflikts entgegen. Sie ist jedoch kraft Gesetzes gewollt und kann von daher von der anderen Betriebspartei von Rechts wegen nicht beanstandet werden. Dementsprechend ist die **Ablehnung eines Beisitzers ausgeschlossen.**[249]

112 Die in § 76 Abs. 2 Satz 1 BetrVG bestimmte Auswahlautonomie der Betriebsparteien verbietet es auch, die Wahrnehmung der Beisitzerfunktion **in eigener Sache** rechtlich zu beanstanden. Eine solche unmittelbare Selbstbetroffenheit kann sich in einem Einigungsstellenverfahren, zB über die Seminarteilnahme eines Betriebsratsmitglieds (§ 37 Abs. 6 Satz 5 BetrVG) oder über die Freistellung eines Betriebsratsmitglieds (§ 38 Abs. 2 Satz 4 BetrVG), ergeben. Zweckmäßig ist dies sicherlich nicht, jedoch besteht keine rechtliche Handhabe, diesen Beisitzer abzulehnen.[250]

c) Besorgnis der Befangenheit des Vorsitzenden

113 Während die Beisitzer nicht über die Eigenschaft der Unparteilichkeit verfügen müssen, das gesetzliche Bestellungsverfahrens sogar eine Interessengebundenheit vorzeichnet, kann nur eine **unparteiische Person** zum Vorsitzenden der Einigungsstelle bestellt werden. Diese Eigenschaft muss nicht nur **im** Zeitpunkt seiner Bestellung, sondern **während** des gesamten Einigungsstellenverfahrens gegeben sein. Daraus folgt, dass die durch Tatsachen belegte Besorgnis, der Vorsitzende einer Einigungsstelle werde sein Amt nicht unparteilich iSd § 76 Abs. 2 Satz 1 BetrVG ausüben, von den Betriebsparteien eingewandt werden kann. Insoweit besteht Konsens.

114 Streit besteht allein darüber, auf welche Art und Weise dieser Einwendung Rechnung zu tragen ist. Zunächst ist festzustellen, dass der, wenngleich rudimentär, das Einigungsstellenverfahren regelnde § 76 BetrVG keine Vorschriften über die Ablehnung von Einigungsstellenvorsitzenden wegen Besorgnis der Befangenheit enthält.[251] Ebenso fehlt ein Verweis auf eine entsprechende Anwendung von Regelungen des ArbGG bzw der ZPO. Nach der Rechtsprechung des Bundesarbeitsgerichts kann der Vorsitzende einer Einigungsstelle zu jedem Zeitpunkt des Einigungsstellenverfahrens wegen Besorgnis der Befangenheit abgelehnt werden. Denn er muss nach § 76 Abs. 2 Satz 1

---

247 S. hierzu Rn 86.
248 Hennige, S. 233; Wenning-Morgenthaler, A Rn 278.
249 LAG Düsseldorf, 3.4.1981 – 8 TaBV 11/81, BB 1981, 733; Hennige, S. 233, Heintze RdA 1990, 262, 272; Schönfeld, Einigungsstelle, 4.2.1.3.1, S. 86; Wenning-Morgenthaler, A Rn 278.
250 DKK/Berg, § 76 BetrVG Rn 29; ErfK-Kania, § 76 BetrVG Rn 9; FESTL, § 76 BetrVG Rn 10; Wenning-Morgenthaler, A Rn 280; aA Friedemann, Rn 193; Hennige, S. 234; Schmitt, NZA 1987, 78, 82.
251 Bertelsmann, NZA 1996, 234, 235.

BetrVG unparteiisch sein.[252] Das BAG schließt die seiner Ansicht nach bestehende **Regelungslücke** durch die Anwendungen der Vorschriften der ZPO über das **schiedsgerichtliche Verfahren.**[253] Auch nach der Neufassung des Schiedsverfahrensrechts durch das Gesetz vom 22.12.1997[254] hat das BAG seine Auffassung durch weitere Entscheidungen bestätigt.[255] So zuletzt durch die Entscheidung vom 17.11.2010.[256]

Das BAG geht davon aus, dass der Vorsitzende der Einigungsstelle **während des gesamten Verfahrens** und nicht erst am Schluss des Einigungsstellenverfahrens **abgelehnt** werden kann. Mangels eigenständiger gesetzlicher Regelung über die Ablehnung des Vorsitzenden der Einigungsstelle sind die strukturell vergleichbaren Vorschriften über das schiedsgerichtliche Verfahren entsprechend anzuwenden. 115

Dementsprechend kann der Vorsitzende der Einigungsstelle gem. § 1036 Abs. 2 Satz 1 ZPO nur abgelehnt werden, wenn Umstände vorliegen, die berechtigte Zweifel an seiner Unparteilichkeit oder Unabhängigkeit aufkommen lassen. 116

Das Recht, einen Befangenheitsantrag gegen den Einigungsstellenvorsitzenden zu stellen, kommt nur den Betriebsparteien selbst zu.[257] Ein Befangenheitsgesuch gegen den Vorsitzenden kann nicht ein anderes Mitglied der Einigungsstelle anbringen. Nur die Rechtsstellung der Betriebsparteien wird von einem Spruch der Einigungsstelle betroffen. Die Funktion eines Beisitzers schließt es aus, dass er im Zusammenhang mit Befangenheitsgesuchen die einseitige Parteirolle annimmt und, sei es im eigenen Namen, sei es namens und in Vollmacht einer Betriebspartei, einen Antrag auf Ablehnung des Einigungsstellenvorsitzenden stellt, über den er anschließend selbst zu entscheiden hat. Bedenkenfrei ist es jedoch, wenn ein Beisitzer ein Ablehnungsgesuch einer Betriebspartei als Bote überbringt.[258] 117

Das Ablehnungsgesuch ist dem Vorsitzenden zuzuleiten, der es an die weiteren Beisitzer zu übermitteln hat. Der Ablehnungsantrag bedarf gem. § 1037 Abs. 2 Satz 1 ZPO der **Schriftform.** Die Ablehnungsgründe sind darin darzulegen. Eine Ablehnung zu Protokoll des Vorsitzenden der Einigungsstelle ist unzulässig.[259] 118

Nach § 1037 Abs. 2 Satz 1 ZPO hat die ablehnende Partei die Ablehnungsgründe innerhalb **von zwei Wochen** schriftlich geltend zu machen. Die Frist beginnt ab Kenntnis der maßgebenden Umstände für die Ablehnung zu laufen. Nach Fristablauf sind die Ablehnungsgründe verfristet. Eine Wiedereinsetzung in den vorigen Stand ist nicht vorgesehen, da es sich nicht um eine Notfrist handelt. IÜ folgt aus dem **Rechtsgedanken des § 43 ZPO**, dass sich ein Beteiligter, der sich in Kenntnis eines Ableh- 119

252 BAG 17.11.2010 – 7 ABR 100/09 – AP BetrVG 1972 § 76 Nr. 62.
253 9.5.1995 – 1 ABR 56/94, AP BetrVG 1972 § 76 Einigungsstelle Nr. 2; aA mit guten Gründen, Bertelsmann, NZA 1996, 234–239; derselbe ausführlich in FS für Wissmann, S. 230 ff; GK-ArbGG/Schleusener, § 100 Rn 53 ff; GMPM/Schlewing, § 98 ArbGG Rn 33; Grunsky, § 98 ArbGG Rn 3; Leinemann, FA 2004, 98 ff, die vertreten, die Parteilichkeit könne nur im Zusammenhang mit der Anfechtung des Einigungsstellenspruchs nach § 76 Abs. 5 BetrVG geltend gemacht werden; unklar Hauck/Helml, § 98 ArbGG Rn 7.
254 BGBl. I S. 3224.
255 BAG, 11.9.2001 – 1 ABR 5/01, AP BetrVG 1972 § 76 Einigungsstelle Nr. 15; BAG, 29.1.2002 – 1 ABR 18/01, AP BetrVG 1972 § 76 Einigungsstelle Nr. 19; zustimmende Anmerkung von Caspers, BB 2002, 578 f.
256 BAG 17.11.2010 – 7 ABR 100/09 – AP BetrVG 1972 § 76 Nr. 62.
257 BAG, 29.1.2002 – 1 ABR 18/01, AP BetrVG 1972 § 76 Einigungsstelle Nr. 19.
258 BAG v. 11.9.2001 – 1 ABR 5/01, AP BetrVG 1972 § 76 Einigungsstelle Nr. 15.
259 Schaub, NZA 2000, 1087, 1088.

nungsgrundes auf die weitere Verhandlung einlässt, diesen Grund später nicht mehr geltend machen kann.[260]

120 Über den Ablehnungsantrag entscheidet entsprechend § 1037 Abs. 2 Satz 2 ZPO die **Einigungsstelle.** Einer Entscheidung der Einigungsstelle bedarf es dann nicht, wenn sich der Vorsitzende für befangen erklärt. Dann müssen sich die Betriebsparteien auf einen neuen Vorsitzenden einigen oder ein neuer Vorsitzender muss durch das Gericht bestellt werden. Aufgrund der eigenständigen Regelungen über das Abstimmungsverfahren nach § 76 Abs. 3 Satz 3 BetrVG findet § 1037 Abs. 2 Satz 2 ZPO keine Anwendung. Für die Abstimmung über einen Ablehnungsantrag steht im Einigungsstellenverfahren nur **ein Abstimmungsgang** zur Verfügung.[261] Der abgelehnte Einigungsstellenvorsitzende kann nicht „Richter" in eigener Sache sein. Wird der Ablehnungsantrag mehrheitlich unterstützt, ist der Vorsitzende abgelehnt. Die Betriebsparteien müssen sich auf einen neuen Vorsitzenden einigen oder ein neuer Vorsitzender muss durch das Gericht bestellt werden.

121 Bleibt das Ablehnungsgesuch erfolglos, besteht die Möglichkeit der ablehnenden Betriebspartei **innerhalb eines Monats**, nachdem sie von der Entscheidung, mit der die Ablehnung verweigert wurde, Kenntnis erlangt hat, bei Gericht eine Entscheidung über die Ablehnung zu beantragen, § 1037 Abs. 3 Satz 1 ZPO analog. Das Bundesarbeitsgericht hatte bisher nicht über das isolierte gerichtliche Verfahren der Ablehnung eines Einigungsstellenvorsitzenden wegen Besorgnis der Befangenheit außerhalb der Anfechtung eines Einigungsstellenspruchs entschieden. Der in späteren Entscheidungen nicht wieder aufgegriffene Hinweis im Beschluss vom 9.5.1995 auf § 98 aF ArbGG war ersichtlich nicht tragend.[262] Auch für das Ablehnungsverfahren ist keine Analogie zu § 100 ArbGG, sondern eine entsprechende Anwendung der §§ 1036 Abs. 2, 1037 Abs. 3 Satz 1, 1062 Abs. 1 Nr. 1 Var. 2, 1065 Abs. 1 Satz 2 ZPO geboten.[263] Die Anfechtung des Beschlusses erfolgt demnach nicht im **Verfahren nach § 100 ArbGG.**[264] Wörtlich führt das BAG[265] zutreffend weiter aus: „Das Arbeitsgericht – nicht das Landesarbeitsgericht – ist in erster und letzter Instanz entsprechend §§ 1037 Abs. 3 Satz 1, 1062 Abs. 1 Nr. 1 Var. 2, 1065 Abs. 1 Satz 2 ZPO in der vollen Kammerbesetzung der §§ 2 a, 80 ff. ArbGG für die Entscheidung über das Ablehnungsgesuch zuständig. In seiner Funktion entspricht das Arbeitsgericht sowohl bei der Entscheidung über die Anfechtung des Einigungsstellenspruchs als auch bei der Entscheidung über die Ablehnung des Einigungsstellenvorsitzenden dem in einem schiedsrichterlichen Verfahren tätigen Oberlandesgericht. Das Oberlandesgericht ist nach § 1062 Abs. 1 Nr. 1 Var. 2 ZPO für die Ablehnung eines Schiedsrichters wegen Besorgnis der Befangenheit (§ 1037 ZPO) zuständig. Zugleich besteht die Zuständigkeit des Oberlandesgerichts für die Aufhebung des Schiedsspruchs (§ 1059 ZPO) nach § 1062 Abs. 1 Nr. 4 Var. 1 ZPO. Daher ist es konsequent, das Arbeitsgericht

260 BAG, 9.5.1995 – 1 ABR 56/94, AP BetrVG 1972 § 76 Einigungsstelle Nr. 2.
261 BAG, 11.9.2001 – 1 ABR 5/01, AP BetrVG 1972 § 76 Einigungsstelle Nr. 15.
262 BAG 9.5.1995 – 1 ABR 56/94 – BAGE 80, 104.
263 BAG 17.11.2010 – 7 ABR 100/09 – AP BetrVG 1972 § 76 Nr. 62.
264 So aber: LAG Köln, 11.7.2001 – 8 TaBV 4/01, NZA 2002, 926; FESTL, § 76 BetrVG Rn 28; Hennige, S. 236.
265 BAG 17.11.2010 – 7 ABR 100/09 – AP BetrVG 1972 § 76 Nr. 62.

nicht nur für die Anfechtung des Einigungsstellenspruchs, sondern auch für die Entscheidung über die Ablehnung des Einigungsstellenvorsitzenden als zuständig zu erachten.[266] Die entsprechende Anwendung der §§ 1037 Abs. 3 Satz 1, 1062 Abs. 1 Nr. 1 Var. 2 ZPO anstelle von § 100 ArbGG führt dazu, dass die Richterbank des Arbeitsgerichts bei der Entscheidung über das Ablehnungsgesuch dieselbe ist wie im Verfahren der Anfechtung des Einigungsstellenspruchs. Über die Anfechtung entscheidet das Arbeitsgericht in voller Kammerbesetzung. Eine analoge Anwendung des § 100 Abs. 1 Satz 1 ArbGG begründet dagegen die Zuständigkeit des Kammervorsitzenden. Die entsprechende Anwendung der §§ 1037 ff., 1065 Abs. 1 ZPO dient ferner dem Beschleunigungsgrundsatz. Aus der Analogie zu § 1065 Abs. 1 Satz 1 und 2 ZPO iVm § 1062 Abs. 1 Nr. 1 ZPO folgt die Unanfechtbarkeit der Entscheidung über das Ablehnungsgesuch. Eine entsprechende Anwendung des § 100 ArbGG hätte demgegenüber die Anfechtbarkeit der Entscheidung über das Ablehnungsgesuch zur Folge (§ 100 Abs. 2 Satz 1 ArbGG). Die Beschränkung auf die eine Instanz des Arbeitsgerichts entspricht dem allgemeinen Rechtsgedanken eines beschleunigten Verfahrens in Befangenheitsangelegenheiten, wie er sich bspw in §§ 49 Abs. 3 und 103 Abs. 3 Satz 5 ArbGG ausdrückt. Die auf die Bestimmungen des schiedsrichterlichen Verfahrens der §§ 1036 ff ZPO begrenzte Analogie für das Ablehnungsverfahren bietet zudem den Vorteil, dass nur ein verfahrensrechtliches System entsprechend angewandt werden muss. Das zeigt sich etwa an § 1039 Abs. 1 Satz 2 ZPO. Nach § 1039 Abs. 1 Satz 1 ZPO ist ein Ersatzschiedsrichter ua dann zu bestellen, wenn das Amt des Schiedsrichters nach §§ 1037, 1038 ZPO endet. Die Bestellung erfolgt nach den Regeln, die auf die Bestellung des zu ersetzenden Schiedsrichters anzuwenden waren (§ 1039 Abs. 1 Satz 2 ZPO). Das sind bei einem Einigungsstellenvorsitzenden die unmittelbar anwendbaren Regeln des § 100 ArbGG.“

Während des anhängig gemachten Verfahrens kann das Einigungsstellenverfahren 122
entsprechend § 1037 Abs. 3 Satz 2 ZPO unter Beteiligung des abgelehnten Vorsitzenden fortgesetzt und durch Spruch auch abgeschlossen werden.[267] § 1037 Abs. 3 ZPO beruht auf dem rechtsstaatlichen Grundsatz der Verfahrensbeschleunigung. Zur Vermeidung unangemessener Verfahrensverzögerungen eröffnet sie der Einigungsstelle ein Ermessen, das Verfahren trotz eines angekündigten oder gestellten Antrags auf gerichtliche Klärung der Befangenheitsgründe fortzusetzen und durch Spruch abzuschließen. Für diesen Fall sind, soweit die Anrufung des staatlichen Gerichts innerhalb der von § 1037 Abs. 3 ZPO vorgesehenen Frist wegen Abschluss des Einigungsstellenverfahrens nicht möglich ist, die gegenüber der Einigungsstelle erklärten Ablehnungsgründe ausnahmsweise im Verfahren über die **Anfechtung des Einigungsstellenspruchs** zu entscheiden.[268] Im Übrigen führt letzteres Verfahren zu einem Wegfall des Rechtsschutzinteresses für ein bereits bei Gericht anhängiges Verfahren zur Überprüfung der Befangenheitsentscheidung der Einigungsstelle.

Beteiligte des Verfahrens der Anfechtung des Beschlusses der Einigungsstelle sind die 123
ablehnende Betriebspartei und die Gegenseite. Die Einigungsstelle ist nicht beteiligt.

266 BAG 17.11.2010 – 7 ABR 100/09 – AP BetrVG 1972 § 76 Nr. 62.
267 BAG, 11.9.2001 – 1 ABR 5/01, AP BetrVG 1972 § 76 Einigungsstelle Nr. 15.
268 BAG, 11.9.2001 – 1 ABR 5/01, AP BetrVG 1972 Einigungsstelle Nr. 15; FESTL, § 76 BetrVG Rn 28.

Ist der Antrag im Verfahren nach § 100 ArbGG erfolgreich, bedarf es der Bestellung eines neuen Vorsitzenden. Insoweit bedarf es der Einigung oder des gerichtlichen Bestellungsverfahrens.[269]

269 Schaub, NZA 2000, 1087, 1089.

§ 5 Das Verfahren vor der Einigungsstelle

Die Grundsätze, nach denen sich das Verfahren vor der Einigungsstelle richtet, sind nur **punktuell geregelt:** § 76 BetrVG legt einige Eckpunkte fest; tarifvertragliche Normierungen sind möglich; ergänzende Regelungen können gem. § 76 Abs. 4 BetrVG durch Betriebsvereinbarung getroffen werden. IÜ entscheidet die Einigungsstelle selbst hierüber. Dabei hat sie verschiedene Verfahrensgrundsätze, die sich aus dem Rechtsstaatsgrundsatz sowie der Funktion der Einigungsstelle ergeben, zu beachten. 1

Das Verfahren gliedert sich in Vorbereitung und Ablauf der mündlichen Verhandlung, Entscheidungsfindung und den abschließenden Spruch der Einigungsstelle. Dabei sollte das Handeln der Einigungsstelle in jeder Lage auf eine einvernehmliche Regelung der streitigen Angelegenheit gerichtet sein. 2

1. Explizite Vorgaben für das Verfahrensrecht

Vorgaben für das Einigungsstellenverfahren ergeben sich aus dem Betriebsverfassungsgesetz, aber auch Tarifverträge und Betriebsvereinbarungen können relevante Regelungen enthalten. 3

a) Verfahrensrecht nach § 76 BetrVG

§ 76 Abs. 3 BetrVG nennt als Anforderungen an das Einigungsstellenverfahren die Pflicht der Einigungsstelle, unverzüglich tätig zu werden, fordert eine mündliche Beratung und regelt den Abstimmungsmodus sowie Formvorschriften für den Einigungsstellenspruch. Die Vorschriften des § 76 BetrVG sind zwingend.[1] 4

aa) Unverzügliches Tätigwerden

Gem. § 76 Abs. 3 Satz 1 BetrVG hat die Einigungsstelle **unverzüglich tätig** zu werden. Da die Beschleunigung durch die Einigungsstelle erzielt werden muss, bindet der Grundsatz alle Einigungsstellenmitglieder[2], dem Vorsitzenden kommt jedoch aufgrund seiner Aufgabe der Verfahrensleitung eine besonders wichtige Funktion bei der Beschleunigung zu. „Unverzüglich" wird in Anlehnung an § 121 BGB als „ohne schuldhaftes Zögern" verstanden.[3] 5

Die Pflicht zum unverzüglichen Tätigwerden wurde durch Art. 8 des Job-AQTIV-Gesetzes vom 10.12.2001[4] in das BetrVG aufgenommenen. Dass der Gesetzgeber mit der genannten Vorschrift eine allgemeine **Beschleunigung** erreichen wollte, zeigt sich auch darin, dass durch Art. 9 des gleichen Gesetzes durch eine Neuregelung des § 98 ArbGG eine zügige Konstituierung der Einigungsstelle ermöglicht und gefordert wurde. Zu diesem Zweck wurde ein erweitertes Alleinentscheidungsrecht des Vorsitzenden sowie die Verkürzung der Einlassungs- und Ladungsfristen auf 48 Stunden (§ 98 Abs. 1 Satz 4 ArbGG) eingeführt. Auch für die Zustellung des Beschlusses des Ge- 6

1 ErfK/Kania, § 76 BetrVG Rn 14; Däubler/Kittner/Klebe/Berg, § 76 BetrVG Rn 60; Fitting/Engels/Schmidt/Trebinger/Linsenmaier, § 76 BetrVG Rn 37; GK-BetrVG/Kreutz, Rn 99: Regelungen des § 76 BetrVG als Verbotsgesetz iSd § 134 BGB.

2 Fitting, § 76 BetrVG Rn 42; Pünnel/Wenning-Morgenthaler, Rn 144.

3 Richardi, § 76 BetrVG Rn 85; Fitting, § 76 BetrVG Rn 42.

4 BGBl. 2001, I S. 3443, 3463.

richts ist nun eine Frist vorgesehen: Diese soll binnen zwei, muss binnen vier Wochen erfolgen.

7 Aus § 76 Abs. 3 Satz 1 BetrVG wird ein allgemeiner **Verfahrensgrundsatz** der Beschleunigung des Einigungsstellenverfahrens abgeleitet.[5] Demnach gebietet die Vorschrift nicht nur eine zügige Verfahrensaufnahme, sondern auch die Pflicht zu unverzüglichem Handeln sowie zur beschleunigten und konzentrierten Abwicklung des Einigungsstellenverfahrens.

8 Um eine schnelle Arbeitsaufnahme zu ermöglichen, ist der Vorsitzende verpflichtet, die Mitglieder der Einigungsstelle und die Beteiligten unverzüglich zu laden bzw einen Termin zu vereinbaren. Dabei muss er den Verhandlungstermin möglichst zeitnah anberaumen und – soweit absehbar erforderlich – vorsorglich mehrere Termine vorsehen. Der Vorsitzende muss das Verfahren soweit **vorbereiten**, dass die Einigungsstelle zügig arbeiten kann. Dies betrifft besonders die Information der Beisitzer über den Konflikt sowie die mit der Streitigkeit verbundenen Probleme. Die Beisitzer müssen sich dann zügig in die tatsächlichen und rechtlichen Einzelheiten des Konfliktes einarbeiten und sich für ggf. kurzfristig anberaumte Sitzungen bereithalten. Auch sollte der Vorsitzende darauf hinwirken, dass sämtliche relevanten Unterlagen bzw. sonstigen Informationen im Termin vorliegen.[6]

9 Trotz der expliziten Festlegung der Eilbedürftigkeit wird die lange Dauer von Einigungsstellenverfahren sowie insb. die Möglichkeiten der (missbräuchlichen) Verzögerung durch eine Partei oft als gravierender **Nachteil** des Einigungsstellenverfahren angesehen.[7] Ob durch die Aufnahme der Pflicht zum unverzüglichen Tätigwerden in das Gesetz tatsächlich eine Beschleunigung erreicht werden kann, wird in der Literatur bezweifelt.[8] Jedoch sollte die Regelung zum Anlass genommen werden, Verzögerungen nach Möglichkeit entgegenzuwirken.[9]

bb) Mündlichkeitsgrundsatz

10 Aus der Pflicht des § 76 Abs. 3 Satz 2 BetrVG zur „mündlichen Beratung" wird ein **allgemeiner Mündlichkeitsgrundsatz** für das Einigungsstellenverfahren abgeleitet. Hier ist jedoch zu unterscheiden zwischen dem Verfahren vor der Einigungsstelle und dem Verfahren in der Einigungsstelle, dh der mündlichen Verhandlung einerseits und der Beratung bzw. Beschlussfassung andererseits.

5 Schwab/Weth/Kliemt, Arbeitsgerichtsgesetz, Einigungsstellenverfahren Rn 131; Pünnel/Wenning-Morgenthaler, Rn 144; Fitting, § 76 BetrVG Rn 43. Jedoch war bereits vor der Gesetzesänderung der Beschleunigungsgrundsatz als Verhandlungsmaxime für das Einigungsstellenverfahren anerkannt, zB Wiesemann, Die Einigungsstelle als Einrichtung zur Beilegung von Rechtsstreitigkeiten im Betriebsverfassungsrecht, S. 28 f; Schönfeld, Das Verfahren vor der Einigungsstelle – Eine Analyse der Verfahrenshandhabung aus juristischer Sicht, S. 149.

6 Fitting, § 76 BetrVG Rn 42; Schwab/Weth/Kliemt, ArbGG, Einigungsstellenverfahren Rn 133.

7 ZB Bauer, 25 Jahre Betriebsverfassungsgesetz, NZA 1997, 233, 236 mwN; ders., Einigungsstellen – ein ständiges Ärgernis!, NZA 1992, 433 ff.

8 Hümmerich/Spirolke, Arbeitsrechtliches Mandat, § 13 Rn 15 mwN.

9 Zu Möglichkeiten der Beschleunigung des Einigungsstellenverfahren Bengelsdorf, Rechtliche Möglichkeiten zur Beschleunigung des erzwingbaren Einigungsstellenverfahrens, BB 1991, 613.

(1) Mündliche Beratung in der Einigungsstelle

Die **mündliche Beratung** der Einigungsstelle vor Fassung eines Beschlusses ist im § 76 Abs. 3 Satz 2 BetrVG ausdrücklich vorgesehen. Mündlichkeit in diesem Sinne bedeutet, dass alle Mitglieder der Einigungsstelle gleichzeitig zur Beratung bzw Beschlussfassung an einem Ort anwesend sind.[10] Daher muss mindestens eine **Sitzung** abgehalten werden.[11] Daraus schließt die hM, dass die Beschlussfassung ebenfalls in einer Sitzung erfolgen muss. Hierdurch wird nach allgemeiner Ansicht sowohl ein schriftliches Umlaufverfahren[12] oder Entscheidung durch schriftliches Votum[13] als auch eine Telefon- bzw Videokonferenz ausgeschlossen. Dies folgt zwar nicht aus der Pflicht zur mündlichen Beratung, wird aber der gesetzlichen Konzeption gerecht, die eine Abstimmung unmittelbar nach der Beratung vorsieht. 11

Umstritten ist auch die Frage, ob die gesetzliche Pflicht zur mündlichen Beratung eine **Entscheidung nach Lage der Akten** ausschließt.[14] Nach einer Ansicht sind solche Entscheidungen ausgeschlossen, da die mündliche Beratung die Anwesenheit der Einigungsstellenmitglieder voraussetze.[15] Hier ist nach den Umständen zu differenzieren: Das Problem „Entscheidung nach Lage der Akten“ sollte nicht mit der Frage der mündlichen Beratung vermischt werden. 12

Unterbleibt die mündliche Beratung, liegt ein Verfahrensfehler vor, der zur Unwirksamkeit des getroffenen Beschlusses führt.[16]

In der Praxis wird gelegentlich – etwa bei Interessenausgleichsverhandlungen in der Einigungsstelle – mit einer sog. **verkleinerten Einigungsstelle** gearbeitet. Dies kann so aussehen, dass ein in der Einigungsstelle vorgeschlagener Interessenausgleich nochmals im Betriebsrat beraten wird, da die Vertreter des Betriebsrates den Vorschlag als nicht im Rahmen der Beschlusslage liegend ansehen. Wird der Vorschlag nun im Betriebsrat abgelehnt, kann danach die Einigungsstelle statt mit mehreren Beisitzern je Seite nur noch mit einem Beisitzer je Seite fortgesetzt werden, um hier das Scheitern der Interessenausgleichsverhandlungen festzustellen. Auf diese Weise können Kosten minimiert und ein vereinfachtes Verfahren gewählt werden, ohne gegen den Grundsatz der Mündlichkeit zu verstoßen.[17] 13

---

10 Schwab/Weth/Kliemt, ArbGG, Einigungsstellenverfahren Rn 128.

11 Münchener Handbuch/Joost, § 320 Rn 36; Hanau/Reitze, Die Wirksamkeit von Sprüchen der Einigungsstelle, FS Kraft S. 167, 177.

12 Hanau/Reitze, FS Kraft S. 167, 177; Fitting, § 76 BetrVG Rn 50; GK-BetrVG/Kreutz, § 76 Rn 108; Hümmerich/Spirolke, Arbeitsrechtliches Mandat, § 13, Rn 20; Richardi, § 76 BetrVG Rn 96; Münchener Handbuch Arbeitsrecht/Joost, § 320 Rn 46; Pünnel/Wenning-Morgenthaler, Die Einigungsstelle, Rn 156.

13 Statt vieler Pünnel/Wenning-Morgenthaler, Die Einigungsstelle, Rn 156.

14 Für Entscheidung nach Aktenlage: Friedemann, Das Verfahren der Einigungsstelle für Interessenausgleich und Sozialplan, Rn 257; dagegen Weber/Erich, Einigungsstelle, S. 39; differenzierend Schwab/Weth/Kliemt, ArbGG, Einigungsstellenverfahren Rn 129, der eine Entscheidung nach Lage der Akten nach mündlicher Beratung der Einigungsstelle zulässt.

15 Kauffmann-Lauven in: Moll (Hrsg.), Münchener Anwaltshandbuch Arbeitsrecht, § 61 Rn 38.

16 Schwab/Weth/Kliemt, ArbGG, Einigungsstellenverfahren Rn 128, Friedemann, Das Verfahren der Einigungsstelle für Interessenausgleich und Sozialplan, Rn 256; GK-BetrVG/Kreutz, § 76 Rn 101; Münchener Handbuch Arbeitsrecht/Joost, § 320 Rn 46; Fitting, § 76 BetrVG Rn 49.

17 Pünnel/Wenning-Morgenthaler, Die Einigungsstelle, Rn 157.

(2) Mündliche Verhandlung vor der Einigungsstelle

14 In der Praxis findet eine **mündliche Verhandlung** der Betriebsparteien vor der Einigungsstelle regelmäßig statt. In der Literatur ist jedoch umstritten, ob eine solche zwingend stattfinden muss.[18] Der Wortlaut des § 76 Abs. 3 Satz 2 BetrVG nennt lediglich die mündliche Beratung und schreibt diese vor.

Für die **Notwendigkeit einer mündlichen Verhandlung** wird angeführt, dass dies aufgrund des Zwecks des Einigungsstellenverfahren, betriebliche Konfliktfälle zu lösen, geboten sei: In der Verhandlung können die gegenläufigen Interessen vorgetragen und unter Vermittlung der Einigungsstelle einander angenähert und so eine gütliche Einigung angestrebt werden. Außerdem ist auf diese Weise eine intensivere Diskussion möglich, als dies im schriftlichen Verfahren machbar wäre. Denn nur hier könnten verschiedene Lösungsmöglichkeiten für den Konflikt ausführlich und in direkter Rede und Gegenrede intensiv diskutiert werden.[19] Auch kann der Vorsitzende nur in einer mündlichen Verhandlung auf die Parteien direkt einwirken, um eine Einigung zu erzielen. Die Kompromissbereitschaft lässt sich daher in einer mündlichen Verhandlung und im unmittelbaren Aufeinandertreffen der einander gegenüberstehenden Position am ehesten erreichen, auch lassen sich Missverständnisse und „Animositäten" klären.[20] Daher sei eine mündliche Verhandlung mit den Beteiligten erforderlich, um einen angemessenen Kompromiss erzielen zu können. Insoweit könne § 105 Abs. 2 Satz 1 ArbGG vergleichend herangezogen werden: Diese Norm schreibt für das arbeitsgerichtliche Schiedsverfahren die mündliche Anhörung der Parteien vor. Vor diesem Hintergrund wird vertreten, dass der Gesetzgeber eine mündliche Verhandlung als selbstverständlich erachtet habe. Außerdem werde ein schriftliches Verfahren gesetzlich nur im Ausnahmefall und ausdrücklich angeordnet.[21] Dass eine mündliche Verhandlung nicht erforderlich sei, entspreche außerdem nicht den Bedürfnissen und Vorstellungen der Praxis, da regelmäßig eine mündliche Verhandlung stattfinde.[22]

Die Gegenansicht argumentiert, dass sich ein allgemeiner Mündlichkeitsgrundsatz weder aus § 76 Abs. 3 BetrVG noch aus verfassungsrechtlichen Gründen ergebe;[23]

---

18 Für eine Rechtspflicht: Pünnel, Praktische Probleme des Einigungsstellenverfahrens nach dem BetrVG 1972, AuR 1973, 257 (261); DKK/Berg, § 76 BetrVG Rn 62; Schönfeld, Das Verfahren vor der Einigungsstelle, S. 146 f; Schwab/Weth, ArbGG, Einigungsstellenverfahren Rn 127. Gegen ein solches Erfordernis Friedemann, Das Verfahren der Einigungsstelle für Interessenausgleich und Sozialplan, Rn 215; Hennige, Das Verfahrensrecht der Einigungsstelle, Köln 1996, S. 160; Gaul, Die betriebliche Einigungsstelle, S. 251, 260 f; Heinze, Verfahren und Entscheidung der Einigungsstelle, RdA 1990, 262 (267); Münchener Handbuch Arbeitsrecht/Joost, § 320 Rn 35; ErfK/Kania, § 76 BetrVG Rn 18; Dütz, Verfahrensrecht der Betriebsverfassung, AuR 1973, 353 (363); GK-BetrVG/Kreutz, § 76 Rn 101; Richardi, § 76 BetrVG Rn 86; Fitting, § 76 BetrVG Rn 47; Pünnel/Wenning-Morgenthaler, Die Einigungsstelle, Rn 158; Kaven, Das Recht des Sozialplans. Ein Leitfaden zur Aufstellung und Durchführung von Sozialplänen, S. 94 (nicht zwingend vorgeschrieben, aber in aller Regel geboten).

19 Schwab/Weth, ArbGG, Einigungsstellenverfahren Rn 127.

20 Wiesemann, Die Einigungsstelle als Einrichtung zur Beilegung von Rechtsstreitigkeiten im Betriebsverfassungsrecht, S. 28; Pünnel, Das Verfahren vor den Einigungs- und Vermittlungsstellen nach dem Betriebsverfassungsgesetz, AuR 1966, 69, 72; Schönfeld, Verfahren vor der Einigungsstelle, S. 146 f; für den Zivilprozess Rosenberg/Schwab/Gottwald, Zivilprozess, § 80 III 2, S. 447.

21 Schwab/Weth, ArbGG, das Einigungsstellenverfahren, Rn 127.

22 Münchener Anwaltshandbuch Arbeitsrecht/Kauffmann-Lauven, § 61 Rn 29 bezeichnet die mündliche Verhandlung als „absolut üblich".

23 Dütz, AuR 1973, 353, 363; Richardi, § 76 BetrVG Rn 86; Neft/Ocker, Einigungsstelle im Betriebsverfassungsrecht, S. 88.

insb. enthalte auch der Grundsatz rechtlichen Gehörs kein Formerfordernis und fordere daher keine mündliche Anhörung:[24] Die Prinzipien der Mündlichkeit und der Öffentlichkeit der Verhandlung seien keine Verfassungsrechtsgrundsätze, sondern Prozessrechtsmaximen, die bestimmte Verfahrensarten beherrschen. Das Besprechungsgebot im § 74 Abs. 1 BetrVG könne ebenfalls nicht als Grundlage eines umfassenden Mündlichkeitsgrundsatzes herangezogen werden. Denn dieses betreffe lediglich die Betriebsparteien und lege iÜ keine Form fest.[25]

Bei der Entscheidung ist zu berücksichtigen, dass das Verfahren der Einigungsstelle sich nicht nach den Grundsätzen eines justizförmigen Prozesses richtet und keine streng voneinander getrennte, nacheinander folgende Verfahrensabschnitte „mündliche Verhandlung" einerseits und „Beratung mit Beschlussfassung" andererseits hat.[26] Die Einigungsstelle kann insoweit ihr Verfahren selbst bestimmen; diese Flexibilität ist ein zentrales Kennzeichen des Einigungsstellenverfahrens. So können Streitfälle zwischen Betriebsparteien vorkommen, in denen die Gelegenheit zu einer schriftlichen Stellungnahme zur umfassenden Information der Einigungsstelle genügt; dies kann sich etwa aus einem unstreitigen Sachverhalt, der Bedeutung der Angelegenheit oder ihrer Eilbedürftigkeit ergeben. Jedoch wird es sich hier um Ausnahmesituationen handeln:[27] Eine mündliche Darstellung des Sach- und Streitstandes für die Parteien ist in den meisten Fällen für die Schlichtung der Differenzen wichtig. Das Festhalten an – im Gesetz nicht vorgeschriebenen – Grundsätzen sollte der sachgerechten Behandlung individueller Fallgestaltungen nicht entgegenstehen. Ein genereller Zwang zur mündlichen Verhandlung besteht daher nicht; jedoch wird der Verzicht hierauf in vielen Fällen ermessensfehlerhaft sein. 15

cc) Mehrheitsgrundsatz und Abstimmungsmodus

Gem. § 76 Abs. 3 Satz 2 BetrVG fasst die Einigungsstelle ihre Beschlüsse mit **Stimmenmehrheit**. Dies erfordert, dass der Einigungsstellenspruch in seiner Gesamtheit die Zustimmung der Mehrheit der Mitglieder gefunden haben muss.[28] Probleme mit der Berechnung der Stimmenmehrheit gibt es insb., wenn nicht alle Einigungsstellenmitglieder erscheinen bzw eine Seite keine Beisitzer benennt. 16

Für die Beschlussfassung ordnet § 76 Abs. 3 Satz 3 BetrVG weiter an, dass zunächst eine erste Abstimmung ohne Beteiligung des Vorsitzenden stattfindet. Kommt kein Beschluss zustande, nimmt der Vorsitzende nach weiterer Beratung an einer zweiten Abstimmung teil. 17

Einzelheiten zur Abstimmung werden im Rahmen der Darstellung des Einigungsstellenspruches erörtert (hierzu Rn 373 ff).

24 BVerfG, 26.11.2008 – 1 BvR 3135/07; BVerfG, 25.5.1956 – 1 BvR 53/54, BVerfGE 5, 9, 11; BVerfG, 7.3.1963 – 2 BvR 629/62, 2 BvR 637/62, BVerfGE 15, 303, 307.
25 Wiesemann, Die Einigungsstelle als Einrichtung zur Beilegung von Rechtsstreitigkeiten im Betriebsverfassungsrecht, S. 27.
26 BAG, 18.1.1994 – 1 ABR 43/93, AP Nr. 51 zu § 76 BetrVG 1972.
27 Hümmerich/Spirolke, Arbeitsrechtliches Mandat, § 13 Rn 13, 20.
28 BAG, 18.4.1989 – 1 ABR 2/88, AP Nr. 34 zu § 87 BetrVG 1972 Arbeitszeit; GK-BetrVG/Kreutz, § 76 Rn 109; Richardi, § 76 BetrVG Rn 98 f.

dd) Formvorschriften für den Einigungsstellenspruch

18 Gem. § 76 Abs. 3 Satz 4 BetrVG sind die Beschlüsse der Einigungsstelle schriftlich niederzulegen, vom Vorsitzenden zu unterschreiben und dem Arbeitgeber und Betriebsrat unverzüglich zuzuleiten. Die Einhaltung der **Formvorschriften** für den Spruch der Einigungsstelle wahrt auch die Formvorschriften der Betriebsvereinbarung gem. § 77 Abs. 2 BetrVG.[29]

(1) Schriftform

19 § 76 Abs. 3 Satz 4 BetrVG, der anordnet, die Beschlüsse schriftlich niederzulegen, verweist auf § 126 BGB. Diese Norm fordert für eine Einhaltung der Schriftform, dass eine Urkunde vorliegt, die eigenhändig durch Namensunterschrift oder mittels notariell beglaubigten Handzeichens **unterzeichnet** wurde. Gem. § 126 Abs. 3 BGB kann die schriftliche Form durch die elektronische Form ersetzt werden, wenn sich nicht aus dem Gesetz ein anderes ergibt. Die elektronische Form ist in § 126 a BGB geregelt. Dieser verlangt, dass der Aussteller der Erklärung dieser seinen Namen hinzufügen und das elektronische Dokument mit einer qualifizierten elektronischen Signatur nach dem Signaturgesetz versehen muss. § 126 a BGB sieht vor, dass die Schriftform dann durch die elektronische Form ersetzt werden kann, wenn Erklärungsempfänger oder bei Verträgen der Vertragspartner damit einverstanden ist.

20 Die Frage der **elektronischen Form** für Einigungsstellensprüche wird soweit ersichtlich kaum diskutiert. Zu Betriebsvereinbarungen wird vertreten, dass die schriftliche Form nicht durch die elektronische Form ersetzt werden kann.[30] Dies wird damit begründet, dass die Schriftform in § 77 Abs. 2 Satz 1 und Satz 2 BetrVG nach Sinn und Zweck gegenüber § 126 BGB einen eigenständigen Inhalt habe und § 126 Abs. 3 BGB insoweit keine Anwendung finde.[31] Dies überzeugt jedoch nicht. Im § 76 Abs. 3 Satz 4 BetrVG ist nicht geregelt, dass die elektronische Form nicht möglich sein soll. Daher ist diese zuzulassen.

(2) Unterzeichnung des Einigungsstellenspruchs

21 Der Einigungsstellenspruch ist vom Vorsitzenden zu **unterschreiben.** Praktisch erfolgt regelmäßig auch eine Unterzeichnung durch die Mitglieder der Einigungsstelle.[32] Rechtlich erforderlich ist dies jedoch nicht. Nur im Verfahren über Interessenausgleich und Sozialplan sieht § 112 Abs. 3 Satz 2 BetrVG die zusätzliche Unterschrift von Arbeitgeber und Betriebsrat vor.

22 **Beispiel: Unterschrift unter der Begründung**

Der Vorsitzende einer Einigungsstelle hatte den – iÜ ordnungsgemäß zustande gekommenen – Spruch nicht bereits am Ende des Regelungstextes unterzeichnet, sondern die Unterschrift befand sich erst im Anschluss an die zweiseitige Begründung. Das BAG[33] sah dies nicht als Verfahrensfehler an. Ein solcher liege jedenfalls dann nicht vor, wenn der Vorsitzende Spruch und Begründung erkennbar als Einheit betrachtet habe, zB ergebe sich dies daraus, dass die Textseiten durchgehend nummeriert seien oder es sich auf andere Weise erkennbar um ein einheitliches

---

29 Koch/Schaub, Arbeitsrechtshandbuch, § 232 Rn 25.
30 Richardi, § 77 BetrVG Rn 33.
31 Richardi, § 77 BetrVG Rn 33; andere Ansicht GK-BetrVG/Kreutz, § 77 BetrVG Rn 44; ErfK/Kania, § 77 BetrVG Rn 21.
32 Hergenröder, AR-Blattei SD 6. Ordner Stand Okt. 2001, 630.1 Rn 63.
33 BAG, 29.1.2002 – 1 ABR 18/01, AP Nr. 19 zu § 76 BetrVG 1972 Einigungsstelle.

Dokument handele. Dies genüge der Formvorschrift des § 76 Abs. 3 Satz 3 BetrVG, welche der Rechtssicherheit dient. Für die Betriebsparteien und die Beschäftigten müsse zweifelsfrei feststehen, welchen Inhalt die durch die Einigungsstelle beschlossenen und nun in Kraft gesetzten Regelungen habe. Hierbei dokumentiere die Unterschrift des Vorsitzenden den Willen der Einigungsstelle. Dies kann auch dann gewährleistet sein, wenn sich die Unterschrift nicht am Ende des Regelungstextes befinde, sondern auch dann, wenn sie am Ende der dem Text mit durchlaufender Seitenzahl beigefügten Begründung angebracht sei.[34]

(3) Zustellung an die Betriebsparteien

Der Spruch ist den Betriebsparteien **zuzuleiten**; eine förmliche Zustellung ist somit nicht erforderlich. Wegen der Frist des § 76 Abs. 5 Satz 4 BetrVG empfiehlt es sich aber, eine förmliche Zustellung vorzunehmen oder zumindest den Zugang beweiskräftig festzustellen bzw um Bestätigung des Empfanges bitten. Dies gilt besonders, wenn eine gerichtliche Auseinandersetzung um den Einigungsstellenspruch droht.[35] Eine andere sinnvolle Möglichkeit besteht darin, bereits am Ende der Sitzung der Einigungsstelle drei Exemplare zu unterzeichnen, den Betriebsparteien jeweils eines auszuhändigen und dies im Protokoll zu vermerken.[36] Ein solches Vorgehen bietet sich vor allem dann an, wenn während der Sitzung der Text bereits getippt vorliegt; dies wird bei guter technischer Ausstattung, zB gemeinsamer Arbeit mit Notebook, Beamer und Drucker, der Fall sein. 23

(4) Begründung

Rechtsstaatliche Erwägungen verlangen keine schriftliche Begründung des Beschlusses.[37] Sie ist auch gesetzlich nicht vorgeschrieben, eine **Begründungspflicht** kann jedoch im Rahmen der Festlegung des Verfahrens von der Einigungsstelle zu Beginn oder während des Verfahrens beschlossen werden. Teilweise wird vertreten, dass zwar eine Begründung des Einigungsstellenspruchs erforderlich sei, das Schriftformerfordernis hierfür jedoch nicht gelte.[38] Hierfür ist jedoch keine Grundlage ersichtlich. Das BAG hat festgestellt, dass ein Einigungsstellenspruch nicht deshalb unwirksam ist, weil ihm eine schriftliche Begründung fehlt. 24

Ist eine gerichtliche Auseinandersetzung zu erwarten, ist eine Begründung zweckmäßig, um das Gericht von der Richtigkeit des Einigungsstellenspruchs zu überzeugen.[39] Auch ist eine schriftliche Fixierung der Gründe zumindest dann zweckmäßig, wenn aus dem Beschluss der Einigungsstelle Richtlinien für das künftige Verhalten der Betriebspartner erfolgen. Verzichten alle Beteiligten auf eine schriftliche Begründung, ist sie in jedem Fall entbehrlich. 25

(5) Weitere Formerfordernisse

Der Einigungsstellenspruch muss keine **Rechtsmittelbelehrung** enthalten.[40] Zum Teil wird jedoch ein Hinweis angeregt, dass mit der Zuleitung des Beschlusses die 2-Wo- 26

34 BAG, 29.1.2002 – 1 ABR 18/01, AP Nr. 19 zu § 76 BetrVG 1972 Einigungsstelle.
35 Hümmerich/Spirolke, Arbeitsrechtliches Mandat, § 13 Rn 41.
36 Pünnel/Wenning-Morgenthaler, Die Einigungsstelle, Rn 328.
37 BVerfG, 18.10.1986 – 1 BvR 1426/83; BAG, 30.10.1979 – 1 ABR 112/77, AP Nr. 9 zu § 112 BetrVG 1972; Schaub/Koch, Arbeitsrechtshandbuch, § 232 Rn 26.
38 Hergenröder, AR-Blattei SD 630.1, Rn 63.
39 Schaub/Koch, Arbeitsrechtshandbuch, § 232 Rn 26/S. 2210.
40 Fitting, § 76 BetrVG Rn 64; GK-BetrVG/Kreutz, § 76 BetrVG Rn 118.

chen-Frist des § 76 Abs. 5 Satz 4 BetrVG zu laufen beginnt.[41] Lediglich bei gravierenden Verfahrensfehlern sowie anderen Rechtsverletzungen läuft keine Frist.[42] Anfechtungsberechtigt sind – unabhängig vom Ergebnis oder einer Möglichkeit, dieses zu verhindern – beide Betriebsparteien,[43] so dass die Belehrung entsprechend gefasst werden sollte, wenn sie erfolgt. *Wenning-Morgenthaler*[44] meint, eine solche Belehrung durch einen klaren, verständlichen Hinweis sollte aus Gründen der Fairness selbstverständlich sein. Der Hinweis könnte folgendermaßen lauten:

27 „Dieser Spruch kann im Rahmen eines Beschlussverfahrens vom zuständigen Arbeitsgericht (Ort ergänzen) auf Antrag jeder der Parteien überprüft werden. Eine Überschreitung der Ermessensgrenzen durch die Einigungsstelle kann nur innerhalb einer Frist von zwei Wochen ab dem Tag der Zuleitung des Beschlusses geltend gemacht werden; diese Frist gilt nicht für sonstige Rechtsverstöße und Verstöße gegen wesentliche Verfahrensvorschriften."

28 Als formelle Bestimmung ist auch § 77 Abs. 2 Satz 3 BetrVG zu beachten und der Spruch an geeigneter Stelle im Betrieb **auszulegen.** Dies ist jedoch keine Wirksamkeitsvoraussetzung.[45]

b) Ergänzende Regeln durch Betriebsvereinbarung

29 Die Möglichkeit der Betriebsparteien, gem. § 76 Abs. 4 BetrVG **ergänzende Verfahrensvorschriften** zu schaffen, erstreckt sich nicht nur auf das Verfahren innerhalb der gebildeten Einigungsstelle, sondern auch auf das Vorverfahren zur Bildung der Einigungsstelle. Hier ist ein weiter Begriff des „Verfahrens vor der Einigungsstelle" zugrunde zu legen.[46]

30 Aus der Beschränkung der Regelungskompetenz auf „weitere Einzelheiten" folgt, dass die in § 76 BetrVG getroffenen Verfahrensregelungen für die Betriebsparteien **nicht dispositiv** sind.[47] Die Betriebsparteien dürfen außerdem mit ihren Regelungen nicht gegen tragende rechtsstaatliche Grundsätze verstoßen. Ebenso wenig können sie Regelungen zu Lasten Dritter, zB Zeugen oder Sachverständigen, treffen. Regelt ein Tarifvertrag diese Einzelheiten des Einigungsstellenverfahrens, gehen diese Regelungen der Betriebsvereinbarung vor.

31 *Schönfeld*[48] nennt als mögliche **Regelungsbereiche** für Betriebsvereinbarungen gem. § 76 Abs. 4 BetrVG folgendes:

- Erfordernis schriftlicher Anträge;
- Vorschriften über die Protokollierung,
- Ladungs- und Einlassungsfristen,
- die Aufbewahrung von Unterlagen der Einigungsstelle,

41 Fitting, § 76 BetrVG Rn 64: Die Einigungsstelle kann eine solche Belehrung erteilen.
42 BAG, 11.7.2000 – 1 ABR 43/99, AP Nr. 2 zu § 109 BetrVG 1972.
43 BAG, 24.8.2004 – 1 ABR 23/03, AP Nr. 174 zu § 112 BetrVG 1972.
44 Pünnel/Wenning-Morgenthaler, Die Einigungsstelle, Rn 326.
45 Richardi, § 77 BetrVG Rn 40.
46 Pünnel/Wenning-Morgenthaler, Die Einigungsstelle, Rn 147; Schönfeld, Das Verfahren vor der Einigungsstelle, S. 123 f.
47 GK-BetrVG/Kreutz, § 76 Rn 119; Fitting, § 76 BetrVG Rn 37, 66; Kaven, Das Recht des Sozialplans, S. 95 f.
48 Schönfeld, Das Verfahren vor der Einigungsstelle, S. 125.

- Kostenvorschüsse;
- Regelungen zur Benutzung betrieblicher Einrichtungen durch Einigungsstellenmitglieder;
- Regelungen, die dem Einigungsstellenvorsitzenden Zwangsmittel zur Verfahrensbeschleunigung gegenüber den Betriebsparteien einräumen
- die Vorgabe einer Frist, innerhalb derer die Einigungsstelle einzuberufen ist bzw tätig zu werden/zu entscheiden hat.

Hergenröder[49] führt darüber hinaus folgende Gegenstände auf: 32

- Zahl der Beisitzer
- zwingende mündliche Verhandlung

Fitting nennt außerdem nähere Regelungen zur Vernehmung von Zeugen und Sach- 33
verständigen.[50] *Weber/Erich* listen Verfahrensvorschriften über die Form der Ladung, Vorschriften über die Beschleunigung des Verfahrens, sowie über den Ausschluss von Tatsachenvortrag[51] auf.

Soweit ersichtlich machen die Betriebsparteien von diesen Regelungsmöglichkeiten je- 34
doch kaum Gebrauch.[52]

Die verfahrensmäßige Rechtskontrolle der Entscheidung einer Einigungsstelle durch 35
das Arbeitsgericht erstreckt sich auch auf Verfahrensvorschriften, die gem. § 76 Abs. 4 BetrVG mittels einer Betriebsverfassung getroffen wurden.[53] Somit wird im Falle einer Anfechtung eines Einigungsstellenspruchs, der unter Anwendung von Verfahrensregelungen, die in einer Betriebsvereinbarung festgelegt wurden, inzident auch diese Betriebsvereinbarung auf ihre Rechtmäßigkeit **geprüft.** Denn nur auf diese Weise kann festgestellt werden, ob der Spruch auf rechtswidrigen Verfahrensvorschriften beruht, die in der Betriebsvereinbarung nicht festgelegt werden durften und konnten.[54]

Durch eine Betriebsvereinbarung ist ebenfalls eine **Erweiterung der Zuständigkeit** der 36
Einigungsstelle möglich; denkbar ist die Zuweisung (bestimmter) Rechtsfragen an die Einigungsstelle. Hiermit wird jedoch eine Anrufung der Arbeitsgerichte nicht ausgeschlossen,[55] sondern die Abrede enthält lediglich die Verpflichtung der Parteien im Verhältnis zueinander, im Falle der in der Betriebsvereinbarung genannten Rechtsfragen, oft Auslegungsstreitigkeiten, zunächst ein Einigungsstellenverfahren durchzuführen. Vor dessen Abschluss ist der Antrag im Beschlussverfahren unzulässig.[56] Als Vereinbarung eines Schiedsgerichts kann eine solche Erweiterung nicht gelten, da für Angelegenheiten aus dem Betriebsverfassungsgesetz (§ 2 a Abs. 1 Nr. 1 ArbGG) ein Ausschluss der Arbeitsgerichtsbarkeit gem. § 4 ArbGG, der lediglich einen

---

49 Hergenröder, AR-Blattei SD 630.1 Rn 47.
50 Fitting, § 76 BetrVG Rn 66.
51 Weber/Erich, Einigungsstelle, S. 33.
52 Pünnel/Wenning-Morgenthaler, Die Einigungsstelle, Rn 147; Schönfeld, Das Verfahren vor der Einigungsstelle, S. 125.
53 Schönfeld, Das Verfahren vor der Einigungsstelle, S. 124.
54 Schönfeld, Das Verfahren vor der Einigungsstelle, S. 124 f.
55 BAG, 20.11.1990 – 1 ABR 45/89, AP Nr. 43 zu § 76 BetrVG 1972.
56 Pünnel/Wenning-Morgenthaler, Die Einigungsstelle, Rn 339.

Ausschluss der Arbeitsgerichtsbarkeit für das Urteilsverfahren nach Maßgabe der §§ 101 bis 110 ArbGG ermöglicht, unzulässig ist.[57]

c) Regelungen in Tarifverträgen

37 Auch in Tarifverträgen können Regelungen über die Einigungsstelle getroffen werden. Dies betrifft zunächst die Ersetzung der Einigungsstelle durch eine tarifliche Schlichtungsstelle, außerdem die Regelung von Verfahrensvorschriften für das Schlichtungs- bzw Einigungsstellenverfahren.

aa) Schlichtungs- statt Einigungsstelle, § 76 Abs. 8 BetrVG

38 § 76 Abs. 8 BetrVG ermöglicht es den Tarifvertragsparteien, anstelle der Einigungsstelle gem. § 76 Abs. 1 BetrVG eine **tarifliche Schlichtungsstelle** einzusetzen.[58] Hierbei kann jedoch nach einer Ansicht die Zuständigkeit der Einigungsstelle weder erweitert noch beschränkt werden.[59] Soweit man es für zulässig hält, die Kompetenz der Einigungsstelle tarifvertraglich auf gesetzlich nicht mitbestimmungspflichtige Angelegenheiten zu erstrecken,[60] so muss konsequenterweise zugelassen werden, dass insoweit nur eine tarifliche Schlichtungsstelle zuständig ist.[61] Es ist stark umstritten, ob und inwieweit durch Tarifvertrag die dem Betriebsrat zugewiesene Mitwirkung und Mitbestimmung geändert, insb. erweitert und verstärkt werden können.[62] Das BAG lässt eine Erweiterung und Verstärkung der betriebsverfassungsrechtlichen Beteiligungsrechte zu.[63] Hierzu verweist es auf § 1 Abs. 1 TVG, der Regeln über betriebsverfassungsrechtliche Fragen zulässt. Die Gegenansicht argumentiert, dass die genannte Norm nicht als Ermächtigungsnorm interpretierbar sei.[64] Da es hier nicht um ein Problem geht, das spezifisch die Einigungsstelle betrifft, muss auf die entsprechende Literatur verwiesen werden.[65]

39 Eine tariflich eingerichtete Schlichtungsstelle **verdrängt** die Einigungsstelle nach dem BetrVG.[66] Die Einigungsstelle bleibt jedoch subsidiär zuständig, so dass sie von Arbeitgeber bzw Betriebsrat gebildet werden kann, wenn eine tarifliche Schlichtungsstelle im Einzelfall nicht zustande kommt oder aktionsunfähig ist.[67]

40 Sprüche der tariflichen Schlichtungsstelle sind Einigungsstellensprüchen gleichgestellt und ebenfalls an die Ermessensgrenzen des § 76 Abs. 5 Satz 3, 4 BetrVG gebunden. Ihre Entscheidungen können somit keine „Vermutung der Richtigkeit" für sich in

57 GMPM/Matthes, § 4 ArbGG Rn 4.
58 Ausführlich Rieble, Die tarifliche Schlichtungsstelle nach § 76 Abs. 8 BetrVG, RdA 1993, 140 ff.
59 Richardi, § 76 BetrVG Rn 146; GK-BetrVG/Kreutz, § 76 Rn 181.
60 Hierzu Löwisch/Rieble, § 1 TVG Rn 143 ff.
61 Richardi, § 76 BetrVG Rn 146; GK-BetrVG/Kreutz, § 76 Rn 181; Fitting, § 76 BetrVG Rn 115; ErfK/Kania, § 76 BetrVG Rn 33.
62 Hierzu Richardi, Einleitung Rn 44 f.
63 BAG, 10.2.1988 – 1 ABR 70/86, AP Nr. 53 zu § 99 BetrVG 1972.
64 Richardi, Einleitung Rn 147.
65 ZB Löwisch/Rieble, § 1 TVG Rn 143 ff.
66 BAG, 23.3.1962 – 1 ABR 7/60, AP Nr. 1 zu § 56 BetrVG Akkord; hier wird jedoch darauf abgestellt, dass ein Mitbestimmungsrecht des Betriebsrats nicht gegeben ist, soweit eine tarifliche Regelung reicht.
67 Richardi, § 76 BetrVG Rn 151; aA GK-BetrVG/Kreutz, § 76 Rn 186: Einigungsstelle darf nur tätig werden, wenn Arbeitgeber und Betriebsrat keine Möglichkeit haben, die Errichtung der Schiedsstelle zu errichten.

Anspruch nehmen[68] und unterliegen deshalb auch derselben **gerichtlichen Überprüfung.**[69]

bb) Regelung von Verfahrensfragen durch Tarifvertrag

Die tarifliche Regelung von **Verfahrensfragen** ist möglich.[70] Hier ist es insb. möglich, 41
einen Instanzenzug einzurichten.[71] Nach anderer Ansicht[72] besteht eine solche Regelungskompetenz nicht. Diese Streifrage baut auf der Frage auf, ob die Tarifvertragsparteien von den gesetzlichen Verfahrensregeln abweichen dürfen. Die Tarifvertragsparteien können nach einer Ansicht – anders als bei § 50 Abs. 5 BetrVG 1952 – das Verfahren nicht in einer Weise gestalten, die nicht mit den Vorgaben des § 76 BetrVG übereinstimmt.[73] Eine andere Ansicht lässt eine Abweichung von den gesetzlichen Vorschriften lediglich dann zu, wenn ein rechtsstaatliches Verfahren garantiert ist.[74] Dies begründet sie mit dem Vorrang der Tarifautonomie. Jedoch ist davon auszugehen, dass eine Abweichung nicht zulässig ist, da die Regelung **nicht tarifdispositiv** ausgestaltet ist.

d) Bestimmung des Verfahrens durch die Einigungsstelle

Um die Aufgabe der Einigungsstelle als privates Vertragshilfeorgan zu erfüllen und 42
eine effektive Schlichtung zu ermöglichen, muss das Verfahren **einfach und flexibel** ausgestaltet sein. Daher bestimmt aufgrund der lediglich rudimentären Regeln in § 76 BetrVG die Einigungsstelle in den übrigen Punkten selbst über das von ihr einzuhaltende Verfahren nach pflichtgemäßem Ermessen;[75] dabei müssen jedoch die im Folgenden erläuterten elementaren Verfahrensgrundsätze beachtet werden.

Der Aspekt der Verfahrensgestaltung durch die Einigungsstelle hat neben dem negati- 43
ven (Begrenzung durch allgemeine Grundsätze) auch einen positiven Aspekt: Die Einigungsstelle erhält hier einen Ermessens- und **Entscheidungsfreiraum,**[76] der als solcher gesetzlich vorgegeben und damit bei der Entscheidung konkreter Rechtsfragen zum Einigungsstellenverfahren zu berücksichtigen ist. Diesen soll sie im Sinne einer effektiven Schlichtung ausfüllen.[77]

Gegenstand der gerichtlichen Kontrolle des von der Einigungsstelle ausgeübten Ermessens ist daher, ob die Regelung im Verhältnis zwischen den Betriebsparteien untereinander einen billigen Ausgleich der Interessen von Arbeitgeber und Betriebsrat

68 Fiebig, Der Ermessungsspielraum der Einigungsstelle, S. 42. Anders Fitting, § 76 BetrVG Rn 120 für nicht betriebsverfassungsrechtliche Angelegenheiten, für die der Tarifvertrag die Einigungsstelle für zuständig erklärt: Hier gelte eine Richtigkeitsvermutung.

69 BAG, 18.12.1990 – 1 ABR 11/90, AP Nr. 98 zu § 1 TVG Tarifverträge Metallindustrie; BAG, 18.8.1987 – 1 ABR 30/86, AP Nr. 23 zu § 77 BetrVG 1972; Fitting, § 76 BetrVG Rn 120.

70 Hergenröder, AR-Blattei SD, 630.1 Rn 47; Fitting, § 76 BetrVG Rn 66; GK-BetrVG/Kreutz, § 76 Rn 119.

71 Richardi, § 76 BetrVG Rn 150; Fitting, § 76 BetrVG Rn 119; GK-BetrVG/Kreutz, § 76 Rn 182.

72 G. Müller, Zur Stellung der Verbände im neuen Betriebsverfassungsrecht, ZfA 1972, 213, 235 Fn 49: Dieselben Aufgaben, daher ebenfalls nur eine Instanz.

73 Richardi, § 76 BetrVG Rn 147; GK-BetrVG/Kreutz, § 76 Rn 182; Fitting, § 76 BetrVG Rn 116; Gaul, Die betriebliche Einigungsstelle, S. 318.

74 DKK/Berg, § 76 BetrVG Rn 98; Gnade, Die Einigungsstelle nach dem neuen Betriebsverfassungsgesetz, AuR 1973, 43, 45.

75 BAG, 18.4.1989, AP Nr. 24 zu § 87 BetrVG 1972 Arbeitszeit; BAG, 18.1.1994, AP Nr. 51 zu § 76 BetrVG 1972; Fitting, § 76 BetrVG Rn 37.

76 Pünnel/Wenning-Morgenthaler, Die Einigungsstelle, Rn 145: „weitgehender Freiraum".

77 Fiebig, Grundprobleme der Arbeit betrieblicher Einigungsstellen, DB 1995, 1278.

als Sachwalter der Belegschaft darstellt. Die gerichtliche Beurteilung bezieht sich allein auf die getroffene Regelung als solche. Dagegen ist ohne Bedeutung, ob die von der Einigungsstelle angenommenen tatsächlichen und rechtlichen Umstände zutreffen, ihre weiteren Überlegungen frei von Fehlern sind und eine erschöpfende Würdigung aller Umstände zum Inhalt haben[78].

2. Weitere Verfahrensgrundsätze

44 Das BetrVG stellt für das Einigungsstellenverfahren folgende Grundsätze auf: Beschleunigung, Mündlichkeit der Beratung, Kompetenz der Einigungsstelle zur flexiblen Gestaltung des Verfahrens. Als elementare Grundsätze des Einigungsstellenverfahrens nennt die Rechtsprechung[79] darüber hinaus den Anspruch auf Gewährung rechtlichen Gehörs,[80] die Beschlussfassung aufgrund nicht öffentlicher Beratung,[81] rechtzeitige und ordnungsgemäße Unterrichtung der Einigungsstellenmitglieder über Ort und Zeit der Sitzungen[82] und den Anspruch auf die Bescheidung von Befangenheitsanträgen.[83] Genannt werden in der Literatur zusätzlich die Parteiöffentlichkeit sowie die Möglichkeit der Vertretung der Parteien, zB durch Rechtsanwälte.[84] Weitere Grundsätze des Einigungsstellenverfahren sind die Notwendigkeit einer vollständigen eigenen Entscheidung der Einigungsstelle,[85] der Unmittelbarkeits- und Beibringungsgrundsatz sowie den Grundsatz der Unparteilichkeit der Einigungsstelle. Da es sich bei der ordnungsgemäßen Einladung, der Bescheidung von Befangenheitsanträgen und der Zulässigkeit der Vertretung um punktuelle Regeln handelt, die lediglich eine konkrete Frage beantworten, werden diese nicht hier, sondern im Rahmen des Verfahrensablaufs dargestellt.

45 Die Verfahrensgrundsätze für die Einigungsstelle leitet das BAG[86] einerseits aus dem **Rechtsstaatsgebot** des Grundgesetzes ab, andererseits aus der **Funktion** der Einigungsstelle als Setzerin normativer Regelungen.[87] Darüber hinaus wird in der Literatur darauf abgestellt, dass fehlende Verfahrensgrundsätze nicht die materiell-rechtlichen Regelungen, insb. das Verfahrensziel des § 76 BetrVG, entwerten dürfen.[88] Damit wird die Verfahrensdimension der Grundrechte angesprochen, die auch materiellrechtlichen Grundrechten eine prozessuale Komponente gibt.

---

78 BAG, Beschl. v. 14.1.2014 – 1 ABR 49/12, NZA-RR 2014, 356.
79 BAG, 29.1.2002 – 1 ABR 18/01, AP Nr. 19 zu § 76 BetrVG 1972 Einigungsstelle; LAG Köln, 26.7.2005 – 9 TaBV 5/05, NZA-RR 2006, 197, 198.
80 BAG, 11.2.1992 – 1 ABR 51/91, AP Nr. 50 zu § 76 BetrVG 1972.
81 BAG, 18.1.1994 – 1 ABR 43/93, AP Nr. 51 zu § 76 BetrVG 1972.
82 BAG, 27.6.1995 – 1 ABR 3/95, AP Nr. 1 zu § 76 BetrVG 1972 Einigungsstelle.
83 BAG, 11.9.2001 – 1 ABR 5/01, AP Nr. 15 zu § 76 BetrVG 1972 Einigungsstelle.
84 Hergenröder, AR-Blattei SD, 630.1 Rn 43.
85 BAG, 11.2.2014 – 1 ABR 72/12, NZA 2014, 989.
86 BAG, 29.1.2002 – 1 ABR 18/01, AP Nr. 19 zu § 76 BetrVG 1972 Einigungsstelle; BAG, 18.4.1989 – 1 ABR 2/88, AP Nr. 34 zu § 87 BetrVG 1972 Arbeitszeit; BAG, 18.1.1994 – 1 ABR 43/93, AP Nr. 51 zu § 76 BetrVG 1992.
87 Ebenso Pünnel/Wenning-Morgenthaler, Die Einigungsstelle, Rn 146.
88 Hierzu Schwab/Gottwald, Verfassung und Zivilprozess, S. 46; Wiesemann, Die Einigungsstelle als Einrichtung zur Beilegung von Rechtsstreitigkeiten im Betriebsverfassungsrecht, S. 19.

a) Grundsatz des rechtlichen Gehörs

Vor der Einigungsstelle haben beide Parteien das **Recht auf Gehör.**[89] Die Einigungsstelle muss ihnen daher die Möglichkeit geben, ihre Ansichten vorzutragen, Stellung zu nehmen sowie Vorschläge zur Lösung des Konflikts zu machen.[90] Erfolgt eine Äußerung, muss diese zur Kenntnis genommen und im Rahmen der Entscheidung berücksichtigt werden. Auch dürfen nur solche Tatsachen und Beweisergebnisse in die Entscheidung Eingang finden, zu denen sich die Parteien äußern konnten.[91] Die Entscheidung muss daher zentral auf dem wesentlichen Tatsachenvortrag der Parteien aufbauen. 46

Zum Teil wird vertreten, dass es genüge, wenn den Beteiligten die Möglichkeit zur **schriftlichen Äußerung** gegeben werde.[92] Dies begründen die Vertreter dieser Ansicht damit, dass die Einigungsstelle ohne mündliche Verhandlung entscheiden dürfe. Damit wird diese Frage mit dem Verständnis des Mündlichkeitsgrundsatzes verbunden. Dies ist aber nicht sachgerecht, da die Zielrichtungen beider Grundsätze verschieden sind. Daher ist der Gehörsgrundsatz aus sich selbst hinaus zu interpretieren. Für Art. 103 Abs. 1 GG ist anerkannt, dass dieser keine mündliche Verhandlung voraussetzt.[93] Durch die Gelegenheit einer Äußerung soll erreicht werden, dass die Parteien als Rechtssubjekte Beachtung finden; auch dient der Grundsatz der Möglichkeit und Integrität diskursiver Entscheidungen und ist grundlegende Voraussetzung der „Waffengleichheit“ der Parteien.[94] Dies ist auch bei einer schriftlichen Stellungnahmemöglichkeit gegeben. Zwar lässt sich der Grundsatz rechtlichen Gehörs nicht unmittelbar aus Art. 103 Abs. 1 GG entnehmen, da hier nur die Gerichte angesprochen werden. Doch liegt bei der Beilegung eines Parteienstreits vor der Einigungsstelle eine sinngemäße Anwendung nahe, da auch hier Tatsachenschilderungen, Meinungen und Rechtsansichten der Parteien für eine Entscheidung ausschlaggebender Bedeutung sind.[95] 47

Die Notwendigkeit rechtlichen Gehörs folgt neben einer entsprechenden Anwendung des Art. 103 Abs. 1 GG ebenso aus der Funktion der Einigungsstelle.[96] Da die Einigungsstelle eine Entscheidung des Konfliktfalles anstelle der Betriebspartner treffen soll, ist es besonders wichtig, dass die Beteiligten ihre Auffassungen zu der Streitfrage und ihre Regelungsvorschläge zunächst selbst vor der Einigungsstelle darstellen und 48

---

89 Statt aller: BAG, 11.2.1992 – 1 ABR 51/91, NZA 1992, 702, 703; BAG, 4.7.1989 – 1 ABR 40/88, AP Nr. 20 zu § 87 BetrVG 1972 Tarifvorrang; LAG Bremen, 26.10.1998 – 4 TaBV 4/98, NZA-RR 1999, 86; DKK/Berg, § 76 BetrVG Rn 62; Bischoff, Die Einigungsstelle im Betriebsverfassungsrecht, Berlin 1975 S. 102 f; Fitting, § 76 BetrVG Rn 46; Hanau/Reitze, FS Kraft, 167, 176 f; Hennige, Das Verfahrensrecht der Einigungsstelle, S. 189; Fiebig, DB 1995, 1278; Pünnel/Wenning-Morgenthaler, Die Einigungsstelle, Rn 151; Münchener Handbuch/Joost, § 320 Rn 35.

90 Fitting, § 76 BetrVG Rn 46; GK-BetrVG/Kreutz, § 76 Rn 100; zu Art. 103 Abs. 1 GG: Dreier/Schulze-Fielitz, GG, Band III, Art. 103 I Rn 56.

91 Heinze, RdA 1990, 262, 267; Schönfeld, Verfahren vor der Einigungsstelle, S. 145; Wiesemann, Die Einigungsstelle als Einrichtung zur Beilegung von Rechtsstreitigkeiten im Betriebsverfassungsrecht, S. 21.

92 Richardi, § 76 BetrVG Rn 86; GK-BetrVG/Kreutz, § 76 Rn 101; ErfK/Kania, § 76 BetrVG Rn 18; Bischoff, Einigungsstelle, S. 104 f; Hanau/Reitze, FS Kraft S. 167, 177; Dütz, AuR 1973, 353, 363.

93 Dreier/Schulze-Fielitz, GG, Art. 103 I Rn 51.

94 Dreier/Schulze-Fielitz, GG, Art. 103 I Rn 13.

95 Pünnel/Wenning-Morgenthaler, Die Einigungsstelle, Rn 151; Kaven, Das Recht des Sozialplans, S. 93.

96 Wiesemann, Die Einigungsstelle als Einrichtung zur Beilegung von Rechtsstreitigkeiten im Betriebsverfassungsrecht, S. 21; Pünnel, Praktische Probleme des Einigungsstellenverfahrens nach dem BetrVG 1972, AuR 1973, 257, 261.

dabei ihre Interessen und Prioritäten vorstellen können, damit der unparteiische Vorsitzende sich ein Bild von der Lage und den Vorstellungen der Parteien machen kann; dies ist umso wichtiger, wenn die Beisitzer betriebsfremd sind.[97] Der Anspruch der Parteien auf rechtliches Gehör folgt zudem – mit ähnlicher Argumentation – daraus, dass eine Berücksichtigung der Belange des Betriebs und der betroffenen Arbeitnehmer, die § 76 Abs. 5 Satz 3 BetrVG fordert, nur dann möglich ist, wenn die Einigungsstelle die Stellungnahme und Ansichten der Streitparteien kennt.[98]

49 Nicht erforderlich ist es, zu jedem **Verfahrensschritt** rechtliches Gehör zu gewähren.[99] In diesem Zusammenhang hat das BAG entschieden, dass bspw ein Einigungsvorschlag, welchen der Vorsitzende nach umfassender Erläuterung des Streitfalls den Beisitzern vorlegt, nicht zwingend den Betriebspartnern erneut zur Stellungnahme vorgelegt werden muss.[100] Dies baut auf einem zweifelhaften Verständnis des Gehörsgrundsatzes auf: Das BAG hat in dieser Entscheidung den Anspruch auf rechtliches Gehör auf die Mitglieder der Einigungsstelle beschränkt.[101] Dies begründet das Gericht damit, dass bei der Frage, ob der Grundsatz des rechtlichen Gehörs verletzt sei, das Recht der Einigungsstelle zur Bestimmung des Verfahrens nach pflichtgemäßem Ermessen zu berücksichtigen sei. Demgemäß dürfe der Einigungsstellenvorsitzende auch entscheiden, zu welchem Zeitpunkt er einen eigenen Einigungsvorschlag vorlegt, sofern die Beisitzer die Möglichkeit zur Stellungnahme und Erwiderung haben. Die Betriebsparteien würden durch ihre Beisitzer in einer Einigungsstelle insoweit vertreten.

50 Dies überzeugt nicht und ist auch nicht mit der sonstigen Rechtsprechung des BAG zur **Stellung der Beisitzer** zu vereinbaren: Das BAG[102] hat in einer Entscheidung aus dem Jahr 2002 einen Befangenheitsantrag eines Beisitzers nicht zugelassen. Denn – so das BAG – nur die Rechtsstellung der Betriebsparteien könne von einem (eventuell) verfahrensfehlerhaften Spruch betroffen werden. IÜ seien die Beisitzer weisungsfrei und nicht der „verlängerte Arm" der Betriebsparteien, sondern sollen mit einer gewissen Unabhängigkeit an der Schlichtung mitwirken. Das BAG sieht Beisitzer somit ausdrücklich nicht als Vertreter einer Betriebspartei an.[103] Dieses Verständnis wird der Rolle der Beisitzer als weisungsfreie und bis zu einem gewissen Grad unabhängigen Mitgliedern des entscheidungsbefugten Kollegialorgans Einigungsstelle gerecht. Auch die Vorgaben für die inhaltliche Ausgestaltung des Beschlusses in § 76 Abs. 5 Satz 3 BetrVG sprechen für eine solche „Überparteilichkeit der Einigungsstelle".[104] Außerdem sind es die Betriebsparteien, die an das Regelungsergebnis gebunden sind.

97 BAG, 18.1.1994 – 1 ABR 43/93, AP Nr. 51 zu § 76 BetrVG 1972; Wiesemann, Die Einigungsstelle als Einrichtung zur Beilegung von Rechtsstreitigkeiten im Betriebsverfassungsrecht, S. 21.
98 Fitting, § 76 BetrVG Rn 46.
99 Pünnel/Wenning-Morgenthaler, Die Einigungsstelle, Rn 155.
100 BAG, 11.2.1992 – 1 ABR 51/91, NZA 1992, 702, 703; Fitting, § 76 BetrVG Rn 46.
101 BAG, 11.2.1992 – 1 ABR 51/91, NZA 1992, 702, 703; ebenso Weber/Erich, Einigungsstelle, S. 40.
102 BAG, 29.1.2002 – 1 ABR 18/01, AP Nr. 19 zu § 76 BetrVG 1972 Einigungsstelle; BAG, 27.6.1995 – 1 ABR 3/95, AP Nr. 1 zu § 76 BetrVG 1972 Einigungsstelle; BAG, 18.1.1994 – 1 ABR 43/93, AP Nr. 51 zu § 76 BetrVG 1972.
103 BAG, 29.1.2002 – 1 ABR 18/01, AP Nr. 19 zu § 76 BetrVG 1972 Einigungsstelle. Dagegen hat das LAG Hamm, 8.4.1987 – 12 TaBV 17/87, DB 1987, 1441 in einer älteren Entscheidung die Beisitzer zugleich als Vertreter der Parteien gesehen.
104 Hümmerich/Spirolke, Arbeitsrechtliches Mandat, § 13 Rn 34.

Daher ist das rechtliche Gehör (zumindest auch) den Betriebsparteien zu gewähren.[105] Diese können sich aber durch die von ihnen benannten Beisitzer vertreten lassen, da der Anspruch auf rechtliches Gehör einer Prozesspartei auch durch Anhörung ihrer Prozessbevollmächtigten erfüllt wird.[106]

b) Unmittelbarkeitsgrundsatz

Der **Unmittelbarkeitsgrundsatz** steht in engem Zusammenhang mit dem Grundsatz 51
des rechtlichen Gehörs. Er besagt, dass die Verhandlung und eine ggf erforderliche Beweisaufnahme vor den beschlussfassenden Einigungsstellenmitgliedern zu erfolgen hat.[107] Die Einigungsstellenmitglieder sollen ihre Entscheidung nur auf den Vortrag im Verfahren und ggf die Beweisaufnahme stützen,[108] die sie selbst wahrgenommen haben und damit auch alle auf dem gleichen Kenntnisstand sein. Der Unmittelbarkeitsgrundsatz findet sich in diesem Verständnis auch in §§ 286 Abs. 1 iVm 355 Abs. 1 ZPO.

Ein Verstoß gegen den Unmittelbarkeitsgrundsatz ist ein erheblicher Verfahrensfehler 52
und führt daher zur Unwirksamkeit eines getroffenen Einigungsstellungsspruches. Versäumt ein Beisitzer aber trotz ordnungsgemäßer Ladung einen Termin, zB eine Beweisaufnahme, führt dies nicht zu einem **Verfahrensfehler**: Da das (zwingende) Einigungsstellenverfahren auch stattfinden kann, wenn eine Seite keine Beisitzer entsendet, kann darf auch im Hinblick auf einzelne Termine keine „Blockademöglichkeit" geschaffen werden.[109]

c) Grundsatz der Beteiligtenöffentlichkeit

Der Grundsatz der **Beteiligtenöffentlichkeit** hat ebenfalls einen engen Bezug zum 53
Grundsatz des rechtlichen Gehörs. Wenn der Anspruch auf Gehör den Parteien zukommt, besteht (zumindest) Beteiligtenöffentlichkeit. An dieser Stelle soll daher besonders der Frage nachgegangen werden, ob darüber hinaus die Sitzung der Einigungsstelle öffentlich ist. Während anerkannt ist, dass zur Beratung und Beschlussfassung der Einigungsstelle nur deren Mitglieder zugelassen sind (zur Frage der Anwesenheit eines Protokollführers s. Rn 381), ist die Frage für die mündliche Verhandlung umstritten: Die überwiegende Ansicht sieht das Verfahren vor der Einigungsstelle als **parteiöffentlich** an;[110] ob im Einzelfall eine Person zeitweilig zur Einigungsstel-

---

105 Ebenso Schönfeld, Das Verfahren vor der Einigungsstelle, S. 145; Wiesemann, Die Einigungsstelle als Einrichtung zur Beilegung von Rechtsstreitigkeiten im Betriebsverfassungsrecht, S. 21; DKK/Berg, § 76 BetrVG Rn 62; Pünnel, AuR 1973, 257, 261; Pünnel/Wenning-Morgenthaler, Die Einigungsstelle, Rn 152.

106 Wiesemann, Die Einigungsstelle als Einrichtung zur Beilegung von Rechtsstreitigkeiten im Betriebsverfassungsrecht, S. 22.

107 Wiesemann, Die Einigungsstelle als Einrichtung zur Beilegung von Rechtsstreitigkeiten im Betriebsverfassungsrecht, S. 22; Schönfeld, Das Verfahren vor der Einigungsstelle, S. 145; Fiebig, DB 1995, 1278; Pünnel/Wenning-Morgenthaler, Die Einigungsstelle, Rn 160; Heinze, RdA 1990, 262, 267; eine andere Interpretation findet sich bei Bischoff, Die Einigungsstelle im Betriebsverfassungsrecht, S. 86, für die dieser Grundsatz nur besagt, dass die Verfahrensbeteiligten gleichzeitig bzw persönlich vor der Einigungsstelle anwesend sein müssen. Teilweise wird der Unmittelbarkeitsgrundsatz auch in beiden genannten Richtungen verstanden, zB Kaven, Das Recht des Sozialplans, S. 95.

108 Wiesemann, Die Einigungsstelle als Einrichtung zur Beilegung von Rechtsstreitigkeiten im Betriebsverfassungsrecht, S. 22; Schönfeld, Das Verfahren vor der Einigungsstelle, S. 145 f.

109 Pünnel/Wenning-Morgenthaler, Die Einigungsstelle, Rn 160.

110 BAG, 18.1.1994 – 1 ABR 43/93, AP Nr. 51 zu § 76 BetrVG 1972; Pünnel/Wenning-Morgenthaler, Die Einigungsstelle, Rn 153, 161; Fitting, § 76 BetrVG Rn 49; Richardi, § 76 BetrVG Rn 88; GK-BetrVG/Kreutz, § 76 Rn 106.

lensitzung zugelassen werde, entscheidet die Einigungsstelle einstimmig in eigener Verantwortung.[111] Es wird aber in der Literatur auch vertreten, dass – zumindest soweit weder Betriebs- bzw Geschäftsgeheimnisse noch persönliche Verhältnisse einzelner Arbeitnehmer erörtert werden – zB betroffene Arbeitnehmer als Zuhörer zugelassen werden müssen,[112] da hiergegen keine Einwände ersichtlich seien. Die strengste Ansicht betrachtet Sitzungen der Einigungsstelle als nichtöffentlich, so dass weder Betriebsangehörige noch sonstige Dritte hieran teilnehmen dürfen.

54 Um die Frage zu entscheiden, ist auf den Zweck des Einigungsstellenverfahrens und die Bedeutung der Frage der Öffentlichkeit hierfür abzustellen. Da der Konflikt nur die Betriebsparteien betrifft, die eine Einigung – wäre sie möglich gewesen – auch in vertraulichen Verhandlungen geschlossen hätten, haben auch sonstige Personen wie betroffene Arbeitnehmer oder allgemein die Betriebsöffentlichkeit keinen Zutritt. §§ 169 f GVG finden keine Anwendung, da es sich bei dem Einigungsstellenverfahren nicht um ein gerichtliches Verfahren handelt. Gegen eine öffentliche Verhandlung spricht auch die Funktion der Einigungsstelle als innerbetriebliches Schlichtungsorgan sowie die Tatsache, dass häufig interne Informationen bzw sogar Betriebsgeheimnisse Gegenstand der Verhandlung sein werden.[113] **Dritte** dürfen daher grundsätzlich **nicht** bei der Verhandlung der Einigungsstelle anwesend sein.

55 „Dritter" in diesem Sinne sind auch **Vertreter der Gewerkschaften und Arbeitgeberverbände.**[114] Dem steht § 2 Abs. 2 BetrVG nicht entgegen, da § 76 Abs. 1 BetrVG unmittelbar an § 74 Abs. 1 BetrVG anknüpft, der keine Rechtsposition für die Verbände enthält. Da jedoch mit dem Einverständnis beider Betriebsparteien Koalitionsvertreter an den Besprechungen nach § 74 Abs. 1 BetrVG teilnehmen können,[115] gilt dies auch für das Einigungsstellenverfahren.[116] Nach anderer Ansicht genügt für die Berechtigung von Verbandsvertretern zur Teilnahme der Wunsch einer Seite.[117] Dies widerspricht jedoch den grundsätzlich vertraulichen Verhandlungen über den Abschluss von Betriebsvereinbarungen und ist daher abzulehnen. Eine differenzierende und überzeugende überwiegende Ansicht[118] schlägt vor: Einseitig kann über eine Teilnahme von Koalitionsvertretern nur entschieden werden, wenn die Gegenseite im konkreten Fall aus dem Grundsatz zur vertrauensvollen Zusammenarbeit verpflichtet ist, der Hinzuziehung zuzustimmen; hier entscheidet vor allem das Thema der Einigungsstelle. Ansonsten ist die Zustimmung der Gegenpartei erforderlich.

56 Nicht überzeugend ist es dagegen, ein **Anwesenheitsrecht der Betriebsparteien** abzulehnen. Denn nur der Grundsatz der Parteiöffentlichkeit ermöglicht es den Beteiligten, das Vorbringen des Gegners zur Kenntnis zu nehmen, mündlichen Vortrag zu

111 Pünnel/Wenning-Morgenthaler, Die Einigungsstelle, Rn 163, 212.
112 DKK/Berg, § 76 BetrVG Rn 64; vermittelnd Schaub/Koch, Arbeitsrechtshandbuch, § 232 Rn 19: Einigungsstelle bestimmt selbst, ob sie das Verfahren parteiöffentlich oder öffentlich führen will.
113 Kaven, Das Recht des Sozialplans, S. 95.
114 Wiesemann, Die Einigungsstelle als Einrichtung zur Beilegung von Rechtsstreitigkeiten im Betriebsverfassungsrecht, S. 22 Fn 130.
115 GK-BetrVG/Kreutz, § 74 Rn 18.
116 Heinze, RdA 1990, 262, 266; Wiesemann, Die Einigungsstelle als Einrichtung zur Beilegung von Rechtsstreitigkeiten im Betriebsverfassungsrecht, S. 23 Fn 130.
117 Galperin/Löwisch, BetrVG, Band II 6. Aufl. Heidelberg 1982, § 74 Rn 3.
118 GK-BetrVG/Kreutz, § 74 Rn 18; ErfK/Kania, § 74 BetrVG Rn 7.

halten und Akten der Einigungsstelle einzusehen sowie bei einer etwaigen Beweisaufnahme anwesend zu sein.[119] *Friedemann* weist dagegen darauf hin, dass die Funktionsfähigkeit der Einigungsstelle darunter leiden könnte, wenn Vertreter der Betriebsparteien in die Diskussion eingreifen.[120] Dadurch würde außerdem die Beschränkung der Anzahl der Beisitzer umgangen. Daher sei unter Parteiöffentlichkeit die Verpflichtung der Einigungsstelle zur unmittelbaren Anhörung der Beteiligten zu verstehen.[121] Diese Ansicht berücksichtigt die Unterscheidung zwischen Beisitzern und Parteivertretern nicht hinreichend; ebenso diejenige zwischen mündlicher Verhandlung und Beratung. IÜ sollte man dem Vorsitzenden zutrauen, derartige Probleme in den Griff zu bekommen.[122] Daher haben die Betriebsparteien Anwesenheitsrecht.

d) Beibringungsgrundsatz/Untersuchungsgrundsatz

Ob die Einigungsstelle die **Untersuchungs- oder Verhandlungsmaxime** ihrem Verfah- 57
ren zugrunde legen will, darf sie trotz § 76 Abs. 4 BetrVG nicht selbst entscheiden. Denn aufgrund der weitreichenden Bedeutung und unterschiedlichen Anforderungen handelt es sich hier nicht um Einzelheiten des Verfahrens, sondern um einen Verfahrensgrundsatz.[123]

Nach überwiegend vertretener Meinung gilt für das Einigungsstellenverfahren die **Of-** 58
fizialmaxime: Innerhalb des durch die Antragstellung der Betriebspartner definierten Verfahrensgegenstandes habe die Einigungsstelle von Amts wegen den Sachverhalt aufzuklären,[124] indem etwa Sachverständige hinzugezogen, Zeugen vernommen[125] oder andere Beweise erhoben würden.[126] Begründet wird diese Ansicht damit, dass so die angestrebte Entscheidung bestmöglich vorbereitet werden kann.[127] Außerdem folge das Einigungsstellenverfahren im Wesentlichen dem arbeitsgerichtlichen Beschlussverfahren, für das gem. § 83 Abs. 1 ArbGG der Untersuchungsgrundsatz gelte.[128]

---

119 Fitting, § 76 BetrVG Rn 49; Pünnel/Wenning-Morgenthaler, Die Einigungsstelle, Rn 210; Wiesemann, Die Einigungsstelle als Einrichtung zur Beilegung von Rechtsstreitigkeiten im Betriebsverfassungsrecht, S. 22.

120 Friedemann, Das Verfahren in der Einigungsstelle für Interessenausgleich und Sozialplan, Rn 209.

121 Friedemann, Das Verfahren der Einigungsstelle für Interessenausgleich und Sozialplan, Rn 210; ihm folgend Hümmerich/Spirolke, Arbeitsrechtliches Mandat, § 13 Rn 19; Weber/Ehrich, Einigungsstelle, S. 38.

122 Ebenso Pünnel/Wenning-Morgenthaler, Die Einigungsstelle, Rn 211.

123 Ähnlich Wiesemann, Die Einigungsstelle als Einrichtung zur Beilegung von Rechtsstreitigkeiten im Betriebsverfassungsrecht, S. 24.

124 Münchener Anwaltshandbuch Arbeitsrecht/Kauffmann-Lauven, § 61 Rn 31; Fitting, § 76 BetrVG Rn 44; DKK/Berg, § 76 BetrVG Rn 69; Pünnel/Wenning-Morgenthaler, Die Einigungsstelle, Rn 149; aA Münchener Handbuch/Joost, § 32 Rn 41; Richardi, § 76 Rn 92.

125 Fitting, § 76 BetrVG Rn 44; Weber/Ehrich, Einigungsstelle, 33 f; aA Münchener Handbuch Arbeitsrecht/Joost, § 320 Rn 41: Verhandlungsgrundsatz; vermittelnd Friedemann, Das Verfahren in der Einigungsstelle für Interessenausgleich und Sozialplan, Rn 237: zunächst Darstellung durch die Betriebsparteien, dann weitere Ermittlung durch die Einigungsstelle.

126 GK-BetrVG/Kreutz, § 76 Rn 103; Fitting, § 76 BetrVG Rn 44; ErfK/Kania, § 76 BetrVG Rn 17; Hergenröder, AR-Blattei SD 630.1 Rn 25; Schaub/Koch, Arbeitsrechtshandbuch, § 232 Rn 19; Schönfeld, Das Verfahren vor der Einigungsstelle, S. 147, 212 f; einschränkend GK-BetrVG/Kreutz, § 76 Rn 103, aA Heinze, RdA 1990, 262, 265; Hennige, Verfahrensrecht der Einigungsstelle, S. 191 f; Münchener Handbuch/Joost § 23 Rn 41: Geltung des Verhandlungsgrundsatzes.

127 Hergenröder, AR-Blattei SD, 630.1 Rn 55.

128 Pünnel/Wenning-Morgenthaler, Die Einigungsstelle, Rn 149; Münchener Anwaltshandbuch Arbeitsrecht/Kauffmann-Lauven, § 61 Rn 31. Für eine Geltung des Untersuchungsgrundsatzes, ohne dass hierdurch der Dispositionsgrundsatz vollständig verdrängt würde: Hümmerich/Spirolke, Arbeitsrechtliches Mandat, § 13 Rn 16.

Eine andere Ansicht geht von der Geltung des **Verhandlungsgrundsatzes** aus.[129] Hierfür spricht, dass der Untersuchungsgrundsatz, soll er gelten, vom Gesetzgeber explizit angeordnet wird; für das Einigungsstellenverfahren jedoch keine solche Festlegung getroffen wurde. Außerdem soll die Einigungsstelle einen Konsens der Beteiligten erzielen bzw so dies nicht möglich ist, eine Einigung ersetzen. Auch bei dieser Einigung wären die Parteien auf die eigene Verhandlungsführung angewiesen. Daher ist nicht erkennbar, warum nun ein Dritter den Sachverhalt ermitteln soll.

59 Vor einer Entscheidung sind **Eckpunkte** festzuhalten, die den Ansichten **gemeinsam** sind: Anerkannt ist, dass die Betriebsparteien aufgrund ihrer Verpflichtung zur vertrauensvollen Zusammenarbeit gem. § 2 Abs. 1 BetrVG verpflichtet sind, die Einigungsstelle zu unterstützen und ihr erforderliche Unterlagen vorzulegen bzw Auskünfte zu erteilen.[130] Auch besteht Einigkeit, dass die Möglichkeiten der Einigungsstelle durch die Rechte der Betriebspartner begrenzt sind.[131] Daher stehen der Einigungsstelle keinerlei Zwangsmittel gegen die Betriebsparteien oder Dritte zu. Sie kann lediglich mit dem Hinweis auf etwaige Nachteile im Rahmen der freien Tatsachenwürdigung[132] bzw durch Nichtberücksichtigung bei der Ermessensausübung[133] auf die in Anspruch genommene Partei „Druck ausüben". Hier wird dann bspw die Bewertung der Forderung des Betriebsrates im Hinblick auf die Dotierung eines Sozialplanes als wirtschaftlich vertretbar unterstellt, wenn der Arbeitgeber keine eigene nachvollziehbare Bewertung vorlegt. Nach einem Anforderungsbeschluss der Einigungsstelle legen die betroffenen Parteien jedoch in der Praxis in fast allen Fällen die erbetenen Unterlagen vor.[134]

Verweigert der Arbeitgeber die erforderlichen Informationen bzw Vorlage erforderlicher Unterlagen, kann die Einigungsstelle dies somit nicht erzwingen. Jedoch hat gem. § 80 Abs. 3 BetrVG der Betriebsrat einen Anspruch auf Information und Überlassung derjenigen Unterlagen, die er zur Erfüllung seiner Aufgaben benötigt. Hier kann der Betriebsrat die Unterlagen fordern und diese dann der Einigungsstelle zur Verfügung stellen.[135] Entsprechend dem **Grundsatz fehlender Zwangsmittel** und der Begrenzung der Rechte der Einigungsstelle auf die Kompetenzen der Betriebspartner besteht auch keine Zeugnispflicht.[136] Eidliche Vernehmungen sowie die Entgegennahme von eidesstattlichen Erklärungen sind ausgeschlossen. Die Einigungsstelle kann

---

129 Münchener Handbuch Arbeitsrecht/Joost, § 320 Rn 41; Wiesemann, Die Einigungsstelle als Einrichtung zur Beilegung von Rechtsstreitigkeiten im Betriebsverfassungsrecht, S. 30.

130 Wiesemann, Die Einigungsstelle als Einrichtung zur Beilegung von Rechtsstreitigkeiten im Betriebsverfassungsrecht, S. 24, 30; Heinze, RdA 1990, 262, 270.

131 Münchener Handbuch Arbeitsrecht/Joost, § 320 Rn 40.

132 Wiesemann, Die Einigungsstelle als Einrichtung zur Beilegung von Rechtsstreitigkeiten im Betriebsverfassungsrecht, S. 30.

133 Pünnel/Wenning-Morgenthaler, Die Einigungsstelle, Rn 196.

134 Pünnel/Wenning-Morgenthaler, Die Einigungsstelle, Rn 253.

135 Fitting, § 76 BetrVG Rn 45; Friedemann, Das Verfahren der Einigungsstelle für Interessenausgleich und Sozialplan, Rn 295. Das ArbG Berlin AiB 2000, 436 lässt es zu, dass der Betriebsrat die Erfüllung dieser Ansprüche unmittelbar an die Einigungsstelle verlangt; dem folgend Pünnel/Wenning-Morgenthaler, Die Einigungsstelle, Rn 254, der jedoch auch auf die zeitliche Problematik hinweist.

136 Fitting, § 76 BetrVG Rn 45.

auch nicht ein Gericht um Zeugenvernehmung ersuchen.[137] Insoweit finden die Vorschriften über das Schiedsgerichtsverfahren keine entsprechende Anwendung. Denn die Einigungsstelle ist ein privates Vertragshilfeorgan, kein Gericht. Außerdem geht es nicht um eine Rechtsfrage, die in Anlehnung an die Verfahrensordnung geregelt werden könnte, sondern um den Umfang der Kompetenzen der Einigungsstelle. Sie kann ihre eigene Kompetenz nicht durch die Delegation von Aufgaben an ein staatliches Gericht erweitern.

Vor diesem Hintergrund hängt die Aufklärung des entscheidungserheblichen Sachverhalts entscheidend von der **Mitwirkung der Betriebsparteien** ab. Insofern kann nicht uneingeschränkt von der Geltung des Untersuchungsgrundsatzes gesprochen werden. Das Problem erweist sich vielmehr zu einem großen Teil als ein terminologisches Scheinproblem. Es lässt sich – abseits von Benennungsfragen – auf die Frage reduzieren, ob die Einigungsstelle **an Beweisanträge gebunden** ist. 60

Um dies zu klären, hilft ein Blick auf den Zweck und die Funktion der Einigungsstelle. Die Einigungsstelle übt eine bloße **Hilfs- bzw Ersatzfunktion** im Rahmen der Herbeiführung einer Einigung zwischen den Betriebsparteien aus. Dies spricht für die Dispositionsmaxime: Die Betriebsparteien leiten das Verfahren mit ihren Anträgen ein und bestimmen so den Bereich, über den die Einigungsstelle entscheiden soll. Sie können den Streitgegenstand im Laufe des Verfahrens gemeinsam erweitern oder auch einengen. Außerdem können sie der Einigungsstelle die Entscheidungskompetenz jederzeit durch eine gütliche Beilegung des Konflikts wieder entziehen (hierzu s. Rn 152). In diesem Antragserfordernis zeigt sich die in hohem Maße privatautonome Gestaltung der Betriebsverfassung; in diesem Fall auf verfahrensrechtlicher Ebene.[138] Die Geltung des Untersuchungsgrundsatzes würde bedeuten, dass eine bindende Anordnung der Einigungsstelle möglich ist, die keine Partei beantragt hat und über die vorher auch nicht verhandelt wurde. Dies wäre nur gerechtfertigt, wenn – wie in anderen Fällen der gesetzlichen Anordnung des Untersuchungsgrundsatzes, wie zB dem verwaltungsgerichtlichen Verfahren[139] – das öffentliche Interesse an einer richtigen Entscheidung die Notwendigkeit der objektiv vollständigen Sachverhaltsermittlung begründen würde. Bei einer innerbetrieblichen Streitigkeit ist dagegen kein öffentliches Interesse zu erkennen; stattdessen soll die Einigungsstelle lediglich als Vertragshilfeorgan fungieren.[140] 61

Folgen des Untersuchungsgrundsatzes wären iÜ Eingriffe in fremde Rechtskreise: Einsichtnahme in Urkunden, Einholung von Auskünften, Vernehmung von Zeugen 62

137 Wiesemann, Die Einigungsstelle als Einrichtung zur Beilegung von Rechtsstreitigkeiten im Betriebsverfassungsrecht, S. 30; Fitting, § 76 BetrVG Rn 46; GK-BetrVG/Kreutz, § 76 Rn 104; Richardi, § 76 BetrVG Rn 91; aA Gaul, Das Arbeitsrecht im Betrieb, Band II, N II Rn 49.

138 Wiesemann, Die Einigungsstelle als Einrichtung zur Beilegung von Rechtsstreitigkeiten im Betriebsverfassungsrecht, S. 24; Heinze, RdA 1990, 262, 264.

139 Bspw im Verwaltungsverfahrensrecht § 24 Abs. 1 S. 1 VwVfG, hierzu Kopp/Ramsauer, VwVfG, § 24 Rn 2. Für das Verwaltungsprozessrecht § 86 Abs. 1 S. 1 VwGO, hierzu Kopp/Schenke, VwGO, § 86 Rn 1, 4 ff.

140 Wiesenmann, S. 25; Münchener Handbuch/Joost § 320 Rn 40; differenzierend Neft/Ocker, Einigungsstelle im Betriebsverfassungsrecht, S. 100: Eine Bitte um freiwillige Auskunft können die Betriebsparteien äußern, dies kann daher auch die Einigungsstelle. Die Auskünfte sind lediglich nicht erzwingbar. Mit solchen „Bitten" würde die Einigungsstelle jedoch den von den Parteien gesteckten Rahmen verlassen können, hierzu Wiesemann, Die Einigungsstelle als Einrichtung zur Beilegung von Rechtsstreitigkeiten im Betriebsverfassungsrecht, S. 25 f, Fn 147.

und Anhörung von Sachverständigen sowie Einnahme des Augenscheins könnten einseitig von der Einigungsstelle angeordnet werden. Hierzu bedarf die Einigungsstelle einer entsprechenden **Legitimation**; eine solche ist im BetrVG jedoch – im Gegensatz zu anderen von der Untersuchungsmaxime geprägten Verfahrensordnungen – nicht vorhanden. Aus diesem Grund ist die Geltung des Untersuchungsgrundsatzes abzulehnen.[141] Zweckmäßigkeitsgründe können hier zu keinem anderen Ergebnis führen. Auch ein Vergleich mit dem schiedsgerichtlichen Verfahren der ZPO führt nicht weiter, da dieses auf dem übereinstimmenden Willen der betroffenen Parteien beruht, während das Einigungsstellenverfahren von einer Partei eingeleitet werden kann, wenn eine Frage zwingenden Mitbestimmungsrechts zu klären ist.[142] Damit sind die beiden Verfahren im Hinblick auf die Kompetenzen der Entscheidungsinstanz nicht gleichzustellen.

e) Unparteilichkeit

63 Ein weiterer anerkannter Verfahrensgrundsatz besteht darin, dass die Parteien Anspruch auf einen **unparteiischen Entscheidungsträger** haben. Dieser Grundsatz gilt auch für das Einigungsstellenverfahren, im Speziellen für die Person des Vorsitzenden.[143]

64 Vorschriften zur Möglichkeit, Richter wegen Besorgnis der Befangenheit auszuschließen bzw abzulehnen, finden sich für das **Zivilprozessrecht** in den §§ 41 f ZPO. § 41 Nr. 1 Alt. 1 ZPO enthält dabei die unwiderlegbare Vermutung, dass ein Richter, der in eigener Sache entscheidet, nicht unparteiisch entscheiden kann. Er wird daher ausgeschlossen. Hierin wird der Grundgedanke der Vorschriften, die Wahrung hinreichender Distanz und Unparteilichkeit,[144] deutlich. Der BGH hat hieraus zu Recht abgeleitet, dass in dem Verbot des Richtens in eigener Sache ein allgemeiner Rechtsgrundsatz liegt, der auch dann gilt, wenn eine ausdrückliche Regelung fehlt, wie dies etwa bei Schiedsrichtern bzw Insolvenzverwaltern der Fall ist.[145] Diese Regelung für private Amtsträger in justizförmigen Verfahren ist auf die Einigungsstelle wegen der vergleichbaren Interessen- und Gefährdungslage übertragbar. Außerdem bringen die §§ 41, 42 ZPO verallgemeinerungsfähige Gedanken rechtsstaatlicher Verfahrensführung zum Ausdruck.[146] Daher gilt der Grundsatz der Unparteilichkeit des Vorsitzenden im Einigungsstellenverfahren.

f) Vollständige eigene Entscheidung der Einigungsstelle

65 Die Einigungsstelle ist verpflichtet, von ihrem Ermessen **vollständig** Gebrauch zu machen. Sie muss den Verfahrensgegenstand bzw den Konflikt umfassend lösen[147] und

141 Wiesemann, S. 26; Heinze, RdA 1990, 262, 265.
142 Wiesemann, S. 26 f.
143 BAG, 9.5.1995 – 1 ABR 56/94, AP Nr. 2 zu § 76 BetrVG 1972 Einigungsstelle; BAG, 11.9.2001 – 1 ABR 5/01, AP Nr. 15 zu § 76 BetrVG 1972 Einigungsstelle; Richardi, § 76 BetrVG Rn 89; ausführlich Bertelsmann, FS Wissmann 2005; S. 230 f.
144 Baumbach/Lauterbach/Albers/Hartmann, ZPO, Übers. § 41 Rn 2.
145 BGH, 24.1.1991 – IX ZR 250/89, NJW 1991, 982, 985.
146 Baumbach/Lauterbach/Albers/Hartmann, ZPO, Übers. § 41 Rn 1.
147 BAG, 11.2.1992 – 1 ABR 51/91, NZA 1992, 702, 704; BAG, 30.1.1990 – 1 ABR 2/89, AP Nr. 41 zu § 87 BetrVG 1972 Lohngestaltung; LAG Bremen, 26.10.1998 – 4 TaBV 4/98, Hennige, Das Verfahrensrecht der Einigungsstelle, S. 171, Fitting, § 76 BetrVG Rn 60.

muss eine eigene Regelung treffen; sie darf nicht lediglich einen Antrag zurückweisen[148] oder ihr Regelungsermessen bzw Teile hiervon auf den Arbeitgeber übertragen.[149] Jedoch darf die Einigungsstelle in ihrem Spruch dem Arbeitgeber einen Spielraum im Hinblick auf die konkrete Ausfüllung des Spruchs überlassen. Dabei muss die Entscheidung der Einigungsstelle diese aber vorzeichnen, damit eine **eigene Gestaltung** des Regelungsgegenstandes durch die Einigungsstelle angenommen werden kann.[150]

Beispiel: Vollständige Entscheidung I 66
Bei dem Einigungsstellenverfahren, das Grundlage dieser Entscheidung[151] war, ging es um Regelungen zum Gesundheitsschutz nach §§ 87 Abs. 1 Nr. 7 BetrVG iVm § 5 und § 12 ArbSchG für ein Luftfahrtunternehmen. Die auf Betreiben des Betriebsrates eingesetzte Einigungsstelle tagte in der Zeit vom 30.4.1998 bis zum 12.11.1999 und beschloss mit den Stimmen der vom Betriebsrat entsandten Beisitzer und des Vorsitzenden eine „Regelung zum Gesundheitsschutz". Diese legte fest, dass zur Unterweisung der Beschäftigten ein Unterweisungskonzept zu erstellen und dem Betriebsrat zur Information vorzulegen sei. Sodann wurden die Gegenstände der Grundunterweisung festgelegt. In Bezug auf die aufgabenbereichsbezogene Unterweisung sollten die im Betrieb auftretenden belastenden Situationen aufgezeigt und Möglichkeiten der Entlastung genannt werden. Sodann wurden die Gegenstände des Unterweisungskonzepts aufgelistet. Außerdem wurde festgelegt, dass ein Konzept der Gefährdungsbeurteilung auf der Grundlage gewisser Vorgaben zu erstellen war. Die Gegenstände der Beurteilung sollten dem Betriebsrat mitgeteilt werden. Für die Erhebungsmethoden in Hinblick auf die Gefährdungsbeurteilung wurden lediglich Möglichkeiten genannt. Auch wurde festgelegt, dass die Betriebsparteien aufgrund der Ergebnisse der Gefährdungsbeurteilung sowie des aufgezeigten Handlungsbedarfs Maßnahmen des Gesundheitsschutzes vereinbaren würden. Im Falle der Nichteinigung sollte eine Einigungsstelle zuständig sein.

Das BAG hielt den Spruch der Einigungsstelle für unwirksam. Er lege den Streit der Betriebsparteien in der Sache nicht bei und enthalte nur unzureichende materielle Regelungen. Es genüge nicht, dem Arbeitgeber lediglich aufzugeben, dem Betriebsrat eine Betriebsvereinbarung vorzulegen, die sich nach bestimmten, von der Einigungsstelle für richtig gehaltenen Grundsätzen richte. 67

Zwar ist nicht ausgeschlossen, dass ein Einigungsstellenspruch eine Regelung vorsieht, welche dem Arbeitgeber innerhalb eines von ihr in Ausübung ihres Ermessens gestellten Rahmens inhaltlicher Vorgaben gewisse Entscheidungsspielräume belässt, doch muss die Einigungsstelle selbst den Regelungsgegenstand gestaltet haben. Die von der Einigungsstelle im konkreten Fall gegebenen Vorgaben sah das BAG schon deshalb nicht als hinreichende eigenständige Regelung an, weil sie nur auf gesetzlich bestehende Anforderungen verwiesen, die ohnehin einzuhalten seien. Außerdem enthielt der Spruch keinen Bezug zu den einzelnen konkreten Arbeitsplätzen. Es blieb weiterhin offen, welche möglichen Belastungsfaktoren an welchen Arbeitsplätzen anhand welcher Kriterien und Methoden überprüft werden sollten. Der Spruch ließ die Gegenstände der Gefährdungsbeurteilung ausdrücklich offen, da diese erst dem Betriebsrat mitgeteilt werden sollten. Durch Übertragung der Erstellung des Gesamtkonzepts der Gefährdungsbeurteilung auf den Arbeitgeber „unter Benennung von 68

148 BAG, 30.1.1990 – 1 ABR 2/89, AP Nr. 41 zu § 87 BetrVG 1972 Lohngestaltung; Hennige, Das Verfahrensrecht der Einigungsstelle, S. 171.
149 BAG, 11.2.1992 – 1 ABR 51/91, NZA 1992, 702, 704.
150 BAG, 8.6.2004 – 1 ABR 4/03, AP Nr. 20 zu § 76 BetrVG 1972 Einigungsstelle.
151 BAG, 8.6.2004 – 1 ABR 4/03, AP Nr. 20 zu § 76 BetrVG 1972 Einigungsstelle.

Zeitablauf, der zu untersuchenden Arbeitsplätze, Gegenstände und Kriterien der Beurteilung sowie der jeweils angewendeten Methode, einschließlich der Erhebungsbögen ... an den Betriebsrat" werden die von der Einigungsstelle bei der Gefährdungsbeurteilung zu klärenden Fragen im Wesentlichen der Entscheidung des Arbeitgebers überlassen. In diesem Zusammenhang sei von der Einigungsstelle zu regeln, welche Arbeitsplätze mit welchen Methoden auf welche möglichen Gefahrenursachen hin untersucht werden sollen. Sie muss ein eigenes Konzept aufstellen. Die Verpflichtung der Arbeitgeberin zur Konzepterstellung ist nicht als Auflage, die dem Fortgang des Einigungsstellenverfahrens dienen soll, zu verstehen, sondern als abschließende Regelung getroffen und als Ende der Tätigkeit betrachtet worden. Dies genügt jedoch dem Zweck des Mitbestimmungsrechts nach § 87 Abs. 1 Nr. 7 BetrVG nicht. Hiermit ist eine Regelung, die dem Arbeitgeber die Berücksichtigung der Besonderheiten der jeweiligen Arbeitsplätze und Tätigkeiten alleine überlässt, nicht zu vereinbaren. Die Regelung zur aufgabenbereichsbezogenen Unterweisung ließe offen, welche der aufgeführten belastenden Situationen gegenüber welchen Arbeitsplatzinhabern dargestellt werden sollten und welche der aufgeführten diversen Gegenstände eine Unterweisung auf welche Belastungen in den jeweiligen Aufgabenbereichen zu beziehen seien.

69 Anders sei ein solcher Beschluss der Einigungsstelle zu beurteilen, wenn er nicht einen ihre Tätigkeit beendenden Spruch, sondern lediglich einen – nicht isoliert anfechtbaren – Zwischenbeschluss darstelle, nach dessen Vollzug durch den Arbeitgeber die Einigungsstelle ihre Tätigkeit fortsetzen wolle, um auf der Grundlage des Regelungsentwurfs des Arbeitgebers schließlich eine eigene Ermessensentscheidung zu treffen.

70 **Beispiel: Vollständige Entscheidung II**

In dem Streitfall, welcher einer Entscheidung des LAG Köln[152] zugrunde lag, strebte die Arbeitgeberseite aufgrund rückläufiger wirtschaftlicher Entwicklung eine Neuordnung der betrieblichen Altersversorgung an. Diese war durch Betriebsvereinbarung geregelt, in der pro Dienstjahr Steigerungsbeträge vorgesehen waren. Die Arbeitgeberin wollte bis zu einem Stichtag zeitanteilig verdiente Besitzstände festschreiben, für Dienstjahre nach dem Stichtag jedoch keine Steigerungsbeträge mehr gewähren. Eine einvernehmliche Lösung des Konflikts kam nicht zustande. Mit rechtskräftigem Beschluss vom 28.7.1999 hat das Arbeitsgericht Köln auf Antrag der Arbeitgeberin eine Einigungsstelle zur Regelung der betrieblichen Altersversorgung eingerichtet und einen Vorsitzenden bestellt. Die Einigungsstelle trat am 11.11. und 12.11., 24.11. und 15.12.1999, 12.1.2000 sowie 9.5.2000 zusammen. Am 11.11.1999 erging ein Zwischenbeschluss der Einigungsstelle, mit dem diese ihre Zuständigkeit zur Änderung der Versorgungssysteme bejahte. Mit Beschluss vom 12.1.2000 traf die Einigungsstelle eine Regelung, wonach die bisherigen Betriebsvereinbarungen zur betrieblichen Altersversorgung mit Wirkung vom 31.12.1999 abgelöst werden und an deren Stelle eine noch zu formulierende Betriebsvereinbarung treten sollte, welche die bisherige Altersversorgung durch ein viergliedriges System ersetzen sollte, welches den im Einzelnen genannten Voraussetzungen genügen muss. Weiterhin hat die Einigungsstelle beschlossen, dass die Arbeitgeberin und der Gesamtbetriebsrat zum Abschluss einer Betriebsvereinbarung innerhalb von drei Wochen einen Formulierungsausschuss gründen. Am 9.5.2000 trat die Einigungsstelle erneut zusammen. Der Gesamtbetriebsrat lehnte den Vorsitzenden der Einigungsstelle wegen Befangenheit ab. Die Einigungsstelle wies den Befangenheitsantrag zurück und beschloss, nachdem die Arbeitnehmerseite die Sitzung verlassen hatte, eine Versorgungsordnung zur Regelung der Alters-, Invaliden- und Hinterbliebenenversorgung, gültig ab dem 1.1.2000 sowie Versorgungsrichtlinien für die Zuwachsrente nach der Versorgungsordnung der Arbeitgeberin,

152 LAG Köln, 10.4.2001 – 13 (7) TaBV 83/00 – zitiert nach juris.

gültig ab dem 1.1.2000. Der Gesamtbetriebsrat hat sowohl den Zwischenbeschluss sowie den ersten Regelungsbeschluss vom 12.1.2000 angefochten, ebenso den zweiten Regelungsbeschluss. Außerdem hat er auch die Klärung der Frage der Befangenheit des Vorsitzenden vor dem Arbeitsgericht Köln anhängig gemacht. Dieses Verfahren wurde jedoch im Hinblick auf die anderen Verfahren ausgesetzt.

Das LAG Köln hat die Zuständigkeit der Einigungsstelle festgestellt. Auch den Beschluss vom 12.1.2000 sah das LAG als wirksam an. Das mehrstufige Verfahren sei nicht zu beanstanden. Dies begründet das LAG damit, dass die Einigungsstelle in der Wahl ihrer Vorgehensweise recht frei sei. Ein mehrstufiges Vorgehen, bei dem etwa wie im vorliegenden Fall geschehen drei Beschlüsse gefasst werden, verstoße weder gegen Verfahrensgrundsätze noch gegen § 76 Abs. 3 BetrVG. Auch die Pflicht der Einigungsstelle, einen Konflikt im Rahmen der gestellten Anträge vollständig zu lösen, stehe nicht entgegen: Ein Spruch, der keine Regelung über den streitigen Gegenstand treffe, sondern dem Arbeitgeber aufgebe, dem Betriebsrat eine Betriebsvereinbarung vorzulegen, die sich nach bestimmten von der Mehrheit der Einigungsstelle für richtig gehaltenen Grundsätzen richte und der nicht im Einigungsfall eine Fortsetzung des Einigungsstellenverfahrens anordnet, sei zwar unwirksam. Diese Problematik bestehe im Streitfall jedoch nicht, denn es wurde eine verbindliche Regelung über die Ablösung der bisherigen Betriebsvereinbarungen mit dem Beschluss vom 12.1.2000 getroffen und Grundsätze für ein neues Versorgungssystem aufgestellt. Nur die Ausformulierung sollte nachträglich erfolgen. 71

g) Vertrauensvolle Zusammenarbeit

Der Grundsatz der **vertrauensvollen Zusammenarbeit** gilt nach teilweise vertretener Ansicht auch für das gesamte Einigungsstellenverfahren.[153] Dies soll über einzelne Verpflichtungen wie etwa die Pflicht zur Vorlage entscheidungserheblicher Urkunden (s. Rn 120) hinausgehen. 72

Das Gebot der vertrauensvollen Zusammenarbeit konkretisiert den allgemeinen **Grundsatz von Treu und Glauben** für das Betriebsverfassungsrecht.[154] Hieraus folgt, dass Interessengegensätze möglichst durch gegenseitige vertrauensvolle Zusammenarbeit ausgeglichen werden sollen, ohne dass das Arbeitsgericht oder die Einigungsstelle angerufen werden müssen.[155] Für die Einigungsstelle und ihr Verfahren selbst hat die Norm demgemäß wenig Relevanz; ihre Bedeutung konzentriert sich auf das „Tagesgeschäft" der Betriebsparteien. 73

h) Anwendbarkeit der Vorschriften anderer Verfahrensordnungen

Die geringe Regelungsdichte gibt Anlass, über die entsprechende Anwendung anderer Verfahrensordnungen auf das Einigungsstellenverfahren nachzudenken. In Betracht kommen Anlehnungen des Einigungsstellenverfahrens an das Schiedsverfahren der ZPO, das Beschlussverfahren bzw Schiedsverfahren im ArbGG sowie die Güteverhandlung im Arbeitsprozess. 74

153 Wiesemann, Die Einigungsstelle als Einrichtung zur Beilegung von Rechtsstreitigkeiten im Betriebsverfassungsrecht, S. 24, DKK/Berg, § 76 BetrVG Rn 1.
154 BAG, 21.4.1983, AP Nr. 20 zu § 40 BetrVG 1972; Fitting, § 2 BetrVG Rn 16.
155 Fitting, § 76 BetrVG Rn 21.

aa) Schiedsverfahren der ZPO

75 In Betracht kommen die Regelungen der **§§ 1042 ff ZPO**, die Vorschriften zum schiedsrichterlichen Verfahren.[156] Dieses Verfahren betrifft staatliche Rechtsprechung, während das Einigungsstellenverfahren als innerbetriebliches Vertragshilfeorgan die Privatautonomie zum Ausgangspunkt hat, da die Regelung ersatzweise an die Stelle einer Vereinbarung der Betriebsparteien tritt.[157] Aufgrund der „Betriebsnähe" und der Schlichtungsfunktion wird eine pauschale analoge Anwendung der Vorschriften mangels genereller Vergleichbarkeit zutreffend abgelehnt.[158] Darüber hinaus fehlt für eine analoge Anwendung die planwidrige Regelungslücke.[159] Es ist offensichtlich, dass das Einigungsstellenverfahren nur eine lückenhafte Regelung gefunden hat; dies folgt bereits daraus, dass § 76 Abs. 4 BetrVG die Betriebspartner ermächtigt, weitere Einzelheiten des Verfahrens zu regeln. Dies setzt eine Unvollständigkeit voraus. Diese Freistellung im Sinne eines weitgehend von Förmlichkeiten befreiten Verfahrens soll betriebsnahe, praktisch brauchbare Entscheidungen garantieren.[160] Zweck des Verfahrensrechts ist es somit, einen Rahmen zu schaffen, der zu einem Ergebnis führt, das gem. § 76 BetrVG die Interessen beider Betriebspartner angemessen berücksichtigt. Das Verfahrensrecht dient daher einer flexiblen Handhabung der Schlichtung und einer weitausgehenden Teilnahme der Betriebspartner am Entscheidungsfindungsprozess.[161] Die Lücke im Gesetz ist daher nicht planwidrig, sondern bewusst zu diesem Zweck geschaffen.[162] Normen der ZPO können zwar in Einzelfällen analog angewandt werden; dies ist jedoch für jede Regelung umfassend zu prüfen.

bb) Beschluss- und Schiedsverfahren gem. §§ 80 ff ArbGG

76 In Betracht für eine entsprechende Anwendung kommen auch die Vorschriften des Beschlussverfahrens, §§ 80 ff ArbGG. Hier finden sich **Verfahrensregelungen** in § 83 ArbGG. Für das Beschlussverfahren[163] gilt im Wesentlichen das soeben zur ZPO Ausgeführte. Zwar geht es bei Beschlussverfahren (u.a.) um die Regelung von Konflikten zwischen Arbeitgeber und Betriebsrat. Jedoch ist das Beschlussverfahren als arbeitsgerichtliches Verfahren dem Einigungsstellenverfahren nicht gleichzusetzen. Denn zwischen gerichtlicher Entscheidung über zwingende Rechtsnormen einerseits und der Vertragshilfe bei der (grundsätzlich privatautonomen) Gestaltung andererseits bestehen wesentliche wertungsrelevante Unterschiede. Eine analoge Anwendung kommt daher nicht allgemein in Betracht.

---

156 Grundsätzlich für analoge Anwendung der schiedsrichterlichen Vorschriften Brill, Die Einigungsstellen nach dem Betriebsverfassungsgesetz, BB 1964, 1343, 1345: „gewisse Ähnlichkeit zum schiedsrichterlichen Verfahren".

157 BAG, 22.1.1980 – 1 ABR 28/78, AP Nr. 7 zu § 111 BetrVG 1972; DKK/Berg, § 76 BetrVG Rn 2; Münchener Handbuch/Joost, § 320 Rn 3; GK-BetrVG/Kreutz, § 76 Rn 84, 99.

158 Wiesemann, Die Einigungsstelle als Einrichtung zur Beilegung von Rechtsstreitigkeiten im Betriebsverfassungsrecht, S. 18; Schönfeld, Das Verfahren vor der Einigungsstelle, S. 127 f; ausführlich zur Anwendung von Vorschriften sonstiger Verfahrensordnungen Bischoff, Die Einigungsstelle im Betriebsverfassungsrecht, S. 101 f.

159 Wiesemann, S. 18; unter Verweis auf Larenz, Methodenlehre, S. 370 f.

160 Wiesemann, S. 18 f.

161 Wiesemann, S. 19.

162 Bischoff, Die Einigungsstelle im Betriebsverfassungsrecht, S. 101.

163 Für die Anwendung der §§ 80 ff ArbGG: Pünnel, AuR 1966, 69, 72 („Übereinstimmung mit dem Beschlussverfahren"); Pünnel/Wenning-Morgenthaler, Die Einigungsstelle, Rn 149.

In §§ 101 ff ArbGG ist das **Schiedsverfahren** in Arbeitsstreitigkeiten geregelt. Hierfür sind gem. § 101 Abs. 3 ArbGG die Vorschriften über das schiedsrichterliche Verfahren der ZPO ausgeschlossen. Das Verfahren vor dem Schiedsgericht richtet sich gem. § 104 ArbGG lediglich nach den folgenden Normen (§§ 105 bis 110 ArbGG), dem Schiedsvertrag und iÜ nach dem freien Ermessen des Schiedsgerichts. In dieser Ermessensregelung findet sich eine Parallele zum Einigungsstellenverfahren. In den genannten Normen sind lediglich wenige Einzelpunkte geregelt: Die mündliche Anhörung der Parteien (§ 105 ArbGG), Beweisaufnahme (§ 106 ArbGG), Vergleich (§ 107 ArbGG), wobei lediglich einige Formvorschriften aufgestellt werden sowie der Schiedsspruch (§ 108 ArbGG). Bereits aufgrund der ähnlichen Regelungsstruktur, nämlich punktuelle Regelungen sowie ansonsten Ermessen für die Verfahrensgestaltung, werden diese Normen in Konfliktfällen nicht weiterhelfen. Anderenfalls ist eine analoge Anwendung im Einzelfall anhand der jeweiligen Interessenlage zu prüfen, wobei diese aufgrund der unterschiedlichen Ansatzpunkte der gerichtlichen Schiedsverfahren einerseits und des Einigungsstellenverfahrens andererseits präzise begründet werden muss. 77

cc) Güteverhandlung

Übereinstimmungen des Einigungsstellenverfahrens mit der **Güteverhandlung** iSd § 54 ArbGG bestehen insofern, als hier ebenfalls einerseits keine gesetzlich fixierten Verfahrensregeln existieren, andererseits rechtsstaatliche Vorgaben eingehalten werden müssen und eine gütliche Einigung erreicht werden soll.[164] Eine analoge Anwendung dieser Norm ist jedoch nicht sinnvoll. Denn § 54 ArbGG enthält keine umfassenden Regelungen, deren Übertragung geprüft werden könnte. Außerdem steht die Güteverhandlung im Urteilsverfahren dem Einigungsstellenverfahren wertungsmäßig fern. Denn das Güteverfahren dient dazu, durch freie Erörterung einen Vergleich zu erzielen und hierdurch eine gerichtliche Entscheidung zu vermeiden. Die Einigungsstelle muss jedoch ggf im Anschluss an die Erörterungen entscheiden. § 54 ArbGG führt daher bei der Ermittlung von Verfahrensnormen für das Einigungsstellenverfahren nicht weiter. 78

dd) Umgang mit Regelungen anderer Verfahrensordnungen

Es ist festzustellen, dass sich keine offensichtliche Anlehnung des Einigungsstellenverfahrens an eine bestehende Verfahrensordnung finden lässt, deren Muster ggf auf das Einigungsstellenverfahren übertragen werden könnte. Dennoch können einzelne Verfahrensbestimmungen analog angewendet werden.[165] Maßstab sind hierbei die allgemeinen **Grundsätze der Analogie**. Daher ist zunächst zu prüfen, ob eine Lücke vorliegt. Sodann muss festgestellt werden, ob diese planwidrig ist. Im Anschluss erfolgt ein wertungsmäßiger Vergleich, ob die bestehende Regelung, die nicht direkt einschlägig ist, auf den nicht geregelten Fall übertragen werden kann. 79

164 Wiesemann, Die Einigungsstelle als Einrichtung zur Beilegung von Rechtsstreitigkeiten im Betriebsverfassungsrecht, S. 20; Schönfeld, Das Verfahren vor der Einigungsstelle, S. 128.
165 Wiesemann, S. 19; Neft/Ocker, Einigungsstelle im Betriebsverfassungsrecht, S. 85.

i) Weitere verfassungsrechtliche Vorgaben

80 Abschließend ist auf die Anwendung weiterer verfassungsrechtlicher Vorgaben auf das Einigungsstellenverfahren einzugehen. Beim Einigungsstellenverfahren handelt es sich um rein prozessuale Regelungen; inhaltliche Positionen wie die Berufsfreiheit des Arbeitgebers und deren Einschränkung durch gesetzlich dem Betriebsrat zugewiesene Beteiligungsrechte sind in der Ausgestaltung der (zwingenden) Mitbestimmungsrechte enthalten. Das Einigungsstellenverfahren erscheint lediglich als Konsequenz aus zwingender Mitbestimmung und Arbeitskampfverbot. Materielle **Grundrechte** haben jedoch auch eine **prozessuale Komponente**: Sie dürfen durch Verfahrensgestaltungen nicht übermäßig beeinträchtigt werden. Daher ist zB die Berufsfreiheit der Arbeitgeberseite auch bei konkreten Verfahrensfragen im Blick zu behalten.

81 Aber auch **prozessuale Grundrechte** haben aufgrund mittelbarer Drittwirkung Auswirkung auf das Einigungsstellenverfahren. Diese prozessualen Rechte dienen dazu, inhaltlich gerechte Regelungen zu finden. Zu dieser Gruppe gehört das Recht auf Gehör, auf einen unparteiischen Vorsitzenden, auf den sich die Parteien entweder geeinigt haben oder der vom Arbeitsgericht ordnungsgemäß bestellt wurde, auf gerichtliche Nachprüfung auf Rechtsfehler, insb. Verstoß gegen vorrangiges Recht, Kontrolle des Spruchs auf Ermessensfehler und des Verfahrens auf wesentliche Mängel. Außerdem muss – in Anlehnung an den Justizgewährleistungsanspruch – ein Verfahren der Konfliktlösung zur Verfügung stehen, das in angemessener Zeit zu einer Lösung führt und eine solche auch in Eilfällen nicht verweigert.

3. Methodische Fragen

a) Zielkonflikt Einigungsstellenverfahren

82 Da Zuständigkeit und Tätigkeit der Einigungsstelle gesetzlich geregelt und im Bereich der zwingenden Mitbestimmung für die Parteien verpflichtend sind, muss die Einigungsstelle sich auch in die **rechtsstaatliche Ordnung** einpassen und den hieraus resultierenden Anforderungen genügen. Das Verfahren vor der Einigungsstelle soll einerseits nicht übermäßig formal vorgeschrieben sein, andererseits aber auch willkürlichen Entscheidungen entgegenstehen. Hier besteht bei der Ausgestaltung ein **Konflikt**: Einerseits droht wegen der fehlenden gesetzlichen Vorgaben der Vorwurf, dass die resultierenden Entscheidungen rechtlich nicht haltbar seien, andererseits verliert die Einigungsstelle bei einer zu weitgehenden Formalisierung und Regelung ihres Verfahrens ihren „nicht förmlichen und nicht juristischen, von Erfahrungen des jeweiligen Betriebes gelenkten Charakter".[166]

b) Methodik bei gesetzlich ungeregelten Rechtsgebieten

83 Aufgrund der fehlenden detaillierten Regelungen zum Einigungsstellenverfahren sowie dem teilweise gegebenen politischen Bezug – der insb. bei der Beteiligung von Verbandsvertretern akut wird – ist die Rechtsanwendung komplizierter als in vielen anderen Rechtsgebieten; jedoch gibt es Orientierung: Die Regelungen des § 76 BetrVG sowie verfassungsrechtliche Vorgaben können als Ausgangspunkte dienen. Jedoch können hier Antworten auf Rechtsfragen oft nicht mit den gängigen Metho-

166 Wiesemann, S. 20.

den der Auslegung gefunden werden. Daher handelt es sich um ein Rechtsgebiet, auf dem die Rechtsfortbildung und die Konkretisierung von Prinzipien wichtige Rollen spielen. Wichtigste Vorgabe für die **Rechtsfortbildung** ist die Bindung an die leitenden Gedanken der Rechtsordnung.[167] Der Gleichheitssatz des Art. 3 Abs. 1 GG sowie das auf dem Rechtstaatsprinzip beruhende Gebot der Rechtssicherheit fordern, bei der Ausfüllung der Freiräume willkürliche Entscheidungen zu vermeiden und stattdessen rechtliche und rational nachvollziehbare Argumente für Entscheidungen zu finden.[168] Rational nachvollziehbar ist ein Argument, wenn es sich in den Zusammenhang der Rechtsordnung widerspruchsfrei[169] einpasst.[170] Auch das Bundesverfassungsgericht leitet die Forderung nach **Widerspruchsfreiheit und Folgerichtigkeit** aus dem Rechtstaatsgebot[171] und dem Gleichheitssatz[172] ab. Das Erfordernis rechtlicher Argumente bedeutet eine Einschränkung auf solche Erwägungen, die normativer Art, also auf das geltende Recht bezogen sind. Um eine diesen Anforderungen entsprechende Entscheidung in einer Rechtsfrage treffen zu können, ist es zunächst erforderlich, die bspw in der Verfassung oder in Gesetzen vorhandenen Wertungen[173] und die leitenden Prinzipien der Gesamtrechtsordnung, die für die Einigungsstelle und den zu entscheidenden Fall einschlägig sind, festzustellen. In diesem Zusammenhang ist die zu treffende Entscheidung einzupassen.

Die für das Einigungsstellenverfahren einschlägigen gesetzlichen, ggf tarifvertraglichen oder in Betriebsvereinbarungen enthaltenen Vorgaben sowie die auf dem Rechtsstaatsprinzip oder der Entscheidungsfunktion der Einigungsstelle beruhenden Grundsätze sind als **Elemente eines Systems** zu sehen, an dem man sich bei der Entscheidung konkreter Rechtsfragen orientieren kann.[174] 84

aa) Elemente des Systems

Es fällt auf, dass sich unter den Vorgaben für das Einigungsstellenverfahren einerseits solche Rechtssätze befinden, die für einen bestimmten Tatbestand eine bestimmte Rechtsfolge anordnen (**Regeln**) sowie solche Vorgaben, die lediglich in einem möglichst hohen Grad umgesetzt werden sollen, aber kein festes „Wenn-Dann-Schema" enthalten (**Prinzipien**). 85

Ein Beispiel für ein Prinzip ist der Beschleunigungsgrundsatz, der möglichst weitgehend umzusetzen ist, aber als solcher noch keinen konkreten Tatbestand und eine konkrete Rechtsfolge enthält. Auch kann es rechtliche Gesichtspunkte geben, die 86

167 Larenz/Canaris, Methodenlehre der Rechtswissenschaft, 3. Aufl., S. 187.

168 Bydlinski, Über prinzipiell-systematische Rechtsfindung im Privatrecht, S. 29.

169 Zu logischen und interpretatorischen Einzelheiten Koch, Die Begründung von Grundrechtsinterpretationen in: Alexy/Koch/Kuhlen/Rüssmann, Elemente einer juristischen Begründungslehre, S. 179, 200 f.

170 Zu den Anforderungen der Widerspruchsfreiheit und *Kohärenz* Alexy, Recht, Vernunft, Diskurs – Studien zur Rechtsphilosophie, S. 90; Kastendieck, Der Begriff der praktischen Vernunft in der juristischen Argumentation: zugleich ein Beitrag zur Rationalisierung und ethischen Legitimation von rechtlichen Entscheidungen unter Unsicherheitsbedingungen, S. 173, 180; Sodan, Das Prinzip der Widerspruchsfreiheit der Rechtsordnung, JZ 1999, 864 f.

171 BVerfG, 27.10.1998, E 98, 265, 301; 7.5.1998, E 98, 106, 118; 7.5.1998, E 98, 83, 97.

172 BVerfG, 23.1.1990, E 81, 156, 207; 19.10.1982, E 61, 138, 148; 7.11.1972, E 34, 103, 115.

173 Buchwald, Der Begriff der rationalen juristischen Begründung. Zur Theorie der juridischen Vernunft, S. 280.

174 Hierzu Peine, Das Recht als System, S. 60; Bydlinski, Prinzipiell-systematische Rechtsfindung, S. 14; Canaris, Systemdenken und Systembegriff in der Jurisprudenz, 2. Aufl., S. 86; Rüthers, Rechtstheorie, Rn 120, 131.

einer Beschleunigung in einem konkreten Fall entgegenstehen und daher hiergegen abzuwägen sind.

Die Einteilung in Regeln und Prinzipien kommt aus der **Grundrechtstheorie** und gewinnt dort mehr und mehr an Einfluss.[175] Regeln sind Normen, deren Rechtsfolge immer dann gilt, wenn der Tatbestand erfüllt ist, die also definitiven Charakter haben.[176] Prinzipien sind dagegen Normen, die noch nicht auf die tatsächlichen und rechtlichen Möglichkeiten bezogen sind.[177] Prinzipien können erst dadurch zur definitiven Norm werden, dass sie auf die tatsächlichen und rechtlichen Möglichkeiten optimiert werden,[178] indem man alle beteiligten Positionen jeweils bestmöglich verwirklicht.[179] Eine derartige methodische Handhabung ist für Grundrechte durch das BVerfG vorgegeben[180] und wird in diesem Rechtsgebiet meist mit dem Stichwort **„Praktische Konkordanz"**[181] bezeichnet. Auch in der arbeitsgerichtlichen Rechtsprechung werden Grundrechte als Normen angesehen, die im Wege der Abwägung möglichst weitgehend verwirklicht, also optimiert werden müssen.[182]

87 Ein **Prinzip** enthält somit nur eine vorläufige, also „prima facie" Position. Da Prinzipien im Gegensatz zu Regeln in unterschiedlichen Graden realisiert werden können,[183] haben sie eine Dimension des **Gewichts**[184] und können im Einzelfall durch ein anderes Prinzip verdrängt werden, ohne dass sie als solche dadurch ungültig werden. Unterschieden werden drei Formen von Prinzipien, die jedoch in der methodischen Anwendung identisch sind: Materielle Prinzipien beziehen sich auf inhaltliche Positionen, formelle Prinzipien treffen selbst keine inhaltliche Aussage, sondern legen Bindungen an Vorentscheidungen bzw Verfahrensregeln fest; „Spielraumprinzipien" weisen einer Person oder Institution eigene Entscheidungsbefugnisse zu.[185] Diesen drei Prinzipienformen können die drei Elemente der Rechtsidee zugeordnet werden:

---

175 ZB Alexy, Rechtsregeln und Rechtsprinzipien, in: Alexy/Koch/Kuhlen/Rüssmann, Elemente einer juristischen Begründungslehre, S. 217; Borowski, Grundrechte als Prinzipien: Die Unterscheidung von prima facie-Positionen und definitiver Position als fundamentaler Konstruktionsgrundsatz der Grundrechte, S. 61 f; Sieckmann, Zur Begründung von Abwägungsurteilen, Rechtstheorie, 1995, S. 45. Überblick zur Tradition dieser Unterscheidung bei Penski, Rechtsgrundsätze und Rechtsregeln, JZ 1989, 105; Grundlegend *Dworkin, Taking* Rights *Seriously*, S. 22 f; Esser, Grundsatz und Norm in der richterlichen Fortbildung des Privatrechts – Rechtsvergleichende Beiträge zur Rechtsquellen- und Interpretationslehre.

176 Bydlinski, Prinzipiell-systematische Rechtsfindung, S. 12.

177 Zum Prinzipienbegriff Koch/Rüssmann, Juristische Begründungslehre, S. 99; Sieckmann, Rechtstheorie, 1995, S. 45, 46; zum Begriff des rationalen Arguments Buchwald, Begriff der rationalen juristischen Begründung, S. 88; ähnlich Röhl, Allgemeine Rechtslehre, 2. Aufl., S. 164 f, 157 f: Prinzipien sind als normative Argumente Gründe für eine bestimmte Entscheidung.

178 Bydlinski, Prinzipiell-systematische Rechtsfindung, S. 37.

179 Dieses Optimierungsgebot ist fast allgemein anerkannt Alexy, in: Alexy/Koch/Kuhlen/Rüssmann, Elemente einer juristischen Begründungslehre, S. 217, 224; Bydlinski, Prinzipiell-systematische Rechtsfindung, S. 12; Hesse, Grundzüge des Verfassungsrechts, Rn 72 genauer Sieckmann, Rechtstheorie 1995, S. 45, 47.

180 BVerfG, 25.2.1975, E 39, 1, 38.

181 Hesse, Grundzüge des Verfassungsrechts der Bundesrepublik Deutschland, 20. Aufl., Rn 72; Jarass/Pieroth/Jarass, GG, 10. Aufl., Einleitung Rn 10.

182 BAG, 3.4.1990, AP Nr. 56 zu Art. 9 GG; ArbG Bonn, 17.5.2001, 1 NZA-RR 2002, 315, 316.

183 Alexy, Die Gewichtsformel, in: Jickeli, Joachim [Hrsg.]: Gedächtnisschrift für Jürgen Sonnenschein – 22. Januar 1938 bis 6. Dezember 2000, S. 771 f.

184 Alexy, in: Alexy/Koch, Kuhlen/Rüssmann, Elemente einer juristischen Begründungslehre, S. 217, 220.

185 Zum materiellen und formellen Prinzipien Alexy, Theorie der Grundrechte, 3. Aufl., S. 75 ff, 89; zu „Ermächtigungen" Wiederin, Was ist und welche Konsequenzen hat ein Normenkonflikt?, Rechtstheorie 1990, S. 311, 325.

Die materiellen Prinzipien dienen der inhaltlichen Gerechtigkeit, die formellen der Rechtssicherheit und die Entscheidungsfreiräume der Zweckmäßigkeit.

Konflikte zwischen Grundsätzen zeigen sich bspw bei der Forderung nach Beschleunigung, die zur Forderung nach inhaltlicher Richtigkeit der Entscheidung in Widerstreit tritt. Auch bei der Frage, ob eine mündliche Verhandlung vor der Einigungsstelle erforderlich ist, streitet gegen die grundsätzliche Gebotenheit eines solchen Termins die Forderung, im konkreten Fall eine geeignete Ausgestaltung des Verfahrens finden zu können, die in Einzelfällen einen Verzicht auf eine mündliche Verhandlung fordern kann. 88

Ein Beispiel für eine **Regel** mit **„wenn – dann – Struktur"** findet sich etwa in § 76 Abs. 5 Satz 2 BetrVG: Benennt eine Seite keine Mitglieder oder bleiben die von einer Seite genannten Mitglieder trotz rechtzeitiger Einladung der Sitzung fern (Tatbestand), so entscheiden der Vorsitzender und die erschienenen Mitglieder (...) allein (Rechtsfolge). Regeln können jedoch auch in umgekehrter Reihenfolge sprachlich gefasst sein, ein Beispiel hierfür bildet § 76 Abs. 6 Satz 2 BetrVG: (Im freiwilligen Einigungsstellenverfahren) ersetzt (der Einigungsstellen-Spruch die Regelung zwischen Arbeitgeber und Betriebsrat nur (Rechtsfolge), wenn beide Seiten sich dem Spruch im Voraus unterworfen oder ihn nachträglich angenommen haben (Tatbestand). 89

Prinzipien haben dagegen keinen festen Tatbestand und keine feste Rechtsfolge, sondern sollen lediglich in einem **möglichst hohen Grad** erfüllt werden. Bei der Einigungsstelle ist dies bspw der Beschleunigungsgrundsatz: Die Einigungsstelle soll so zügig wie möglich durchgeführt werden, es sind aber viele Faktoren denkbar (notwendige Informationsbeschaffung zB), die dem Prinzip entgegenstehen und ebenfalls berücksichtigt werden müssen. Mit einem Prinzipienkonflikt argumentiert das BAG auch bei seiner Entscheidung, das rechtliche Gehör auf die Beisitzer zu beschränken:[186] Hier stellt es dem Grundsatz des rechtlichen Gehörs den „Spielraum" der Einigungsstelle bei der Verfahrensbestimmung entgegen.

bb) Methode der Entscheidungsfindung

Ausgangspunkt der Überlegungen ist der soziale Konflikt; daher ist zunächst der **Interessenkonflikt** zu ermitteln, welcher der zu entscheidenden Rechtsfrage zugrunde liegt. Hier ist eine möglichst vollständige Erfassung der für die Lösung **relevanten Gesichtspunkte** erforderlich.[187] Sodann ist festzustellen, ob die Interessen schutzwürdig, also im geltenden Recht anerkannt und daher maßgeblich sind[188] und welche **Normen** es zu dem Fragenkomplex gibt. Teile der oben unter 1. erläuterten gesetzlichen Regelungen des § 76 BetrVG sowie ggf der Tarifverträge und Betriebsvereinbarungen sind hier als Normen zu nennen. Elemente des § 76 BetrVG sowie die unter 2. genannten Grundsätze sind als Prinzipien zu berücksichtigen. Dieser „Katalog" kann jedoch nur rudimentär sein, da nicht alle Interessen, die im Zusammenhang mit einem Einigungsstellenverfahren betroffen sein können, abstrakt erfassbar sind. 90

186 BAG, 11.2.1992 – 1 ABR 51/91, NZA 1992, 702.

187 Hubmann, Wertung und Abwägung im Recht, S. 149; Petersen, Von der Interessenjurisprudenz zur Wertungsjurisprudenz, dargestellt an Beispielen aus dem deutschen Privatrecht, S. 11.

188 Bydlinski, Juristische Methodenlehre und Rechtsbegriff, 2. Aufl., S. 128.

91 Lässt sich das Rechtsproblem mit einer vorhandenen Regel lösen, kommt diese zur Anwendung. Anderenfalls erfolgt unter den betroffenen Prinzipien eine **Abwägung:** Auf diese Weise wird eine begründete Regel aufgestellt, die festlegt, welches der Prinzipien im konkreten Fall bzw in den Fällen, die dieselben wertungsrelevanten Merkmale aufweisen wie der zu entscheidende Fall, vorgeht.[189] Die Regeln der Abwägung folgen aus der Prinzipienstruktur:[190] Je höher der Grad der Nichterfüllung oder Beeinträchtigung des einen Prinzips, umso größer muss die Wichtigkeit der Erfüllung des entgegenstehenden Prinzips sein. Beide Positionen werden anhand ihrer allgemeinen Bedeutung für die Rechtsordnung und der Intensität ihrer Betroffenheit im konkreten Fall gewichtet und gegeneinander gestellt.

92 Auf diese Weise werden u.a. Grundrechtskollisionen gelöst.[191] Hier heißt der erste Schritt Geeignetheit: Die Maßnahme ist **geeignet**, wenn sie die Erreichung des Zwecks bewirkt oder zumindest fördert. Tut sie dies nicht, besteht überhaupt keine Prinzipienkollision. Der zweite Schritt ist die Erforderlichkeit: Die Maßnahme ist **erforderlich**, wenn kein milderes Mittel gleicher Eignung zur Verfügung steht, wenn kein anderes Mittel verfügbar ist, das in gleicher (oder sogar besserer) Weise geeignet ist, den Zweck zu erreichen, aber den Betroffenen weniger belastet. Hier sind Vermeidbarkeit oder Abmilderung von Prinzipienkollisionen gemeint. Beim dritten Schritt, der **Angemessenheit** (Verhältnismäßigkeit im engeren Sinn) geht es um eine Abwägung der betroffenen Prinzipien nach ihrem abstrakten Gewicht und dem Grad ihrer Betroffenheit im konkreten Fall.

c) Umgang mit BAG-Entscheidungen

93 Zu vielen Problemen des Einigungsstellenverfahrens gibt es **BAG-Entscheidungen**, die sich mit der einschlägigen oder einer ähnlichen Fragestellung bereits auseinandergesetzt haben. Daher stellt sich die Frage, ob und ggf inwieweit diese Präjudizien Bindungswirkung entfalten. Es geht hier nicht um die Bindung für den konkret entschiedenen Streitfall; diese richtet sich nach den Rechtskraftregeln. Es geht vielmehr um Auswirkungen auf neue Streitfälle.

94 **Präjudizien** sind Entscheidungen, in denen Rechtsfragen, die für den aktuellen Fall relevant sind, von einem Gericht in einem anderen Fall bereits einmal gelöst worden sind.[192] **Richterrecht** sind dagegen generell-abstrakte Rechtssätze, die in gerichtlichen Entscheidungen verwendet werden, ohne zur gesetzlichen und gewohnheitsrechtlichen Rechtsordnung zu gehören. Sie sind Maßstäbe, die auf einer eigenen Entscheidung des Gerichts beruhen[193] und meist in einer Reihe von Präjudizien gebildet und verfeinert wurden.[194]

---

189 Zu dieser bedingten Vorrangrelation Alexy, in: Alexy/Koch/Kuhlen/Rüssmann, Elemente einer juristischen Begründungslehre, S. 217, 230 f; Koch, Die normtheoretische Basis der Abwägung, in: Alexy/Koch/Kuhlen/Rüssmann, Elemente einer juristischen Begründungslehre, S. 235, 237.

190 Alexy, Recht, Vernunft, Diskurs, S. 258.

191 Ständige Rechtsprechung des BVerfG, 26.5.1970, E 28, 243, 261; zB auch BVerfG, 7.3.1990, E 81, 278, 293.

192 Larenz/Canaris, Methodenlehre, S. 253.

193 Bydlinski, Juristische Methodenlehre und Rechtsbegriff, S. 501 f; Rüthers, Rechtstheorie, Rn 235.

194 Ipsen, Richterrecht und Verfassung, S. 79. Zum Richterrecht allgemein Bydlinski, Hauptpositionen zum Richterrecht, JZ 1985, 149 f.

Die **Bindungswirkungen** solcher Rechtssätze, die sich in den Präjudizien finden, sind fraglich. Als Ansatzpunkte für eine Antwort kann einerseits die gesetzliche Regelung, andererseits der praktische Umgang mit Präjudizien herangezogen werden. Als Ausgangspunkt ist festzuhalten, dass gerichtliche Entscheidungen gem. § 325 Abs. 1 ZPO nur die Parteien binden. Teilweise wird eine Bindung an Präjudizien weitergehend gesetzlich angeordnet, etwa in § 31 Abs. 2 BVerfGG für Entscheidung des Bundesverfassungsgerichts. Diese Norm verleiht dem Tenor und den tragenden Gründen dieser Entscheidungen Gesetzeskraft. Tragend sind dabei solche Gründe, ohne die die Entscheidung anders ausgefallen wäre.[195] 95

Aber auch für die Fachgerichte ist eine über den Einzelfall hinausgehende Bedeutung richterlicher Entscheidungen gesetzlich anerkannt. Hinzuweisen ist hier auf § 45 ArbGG, der in Abs. 2 eine Vorlagepflicht anordnet, wenn ein Senat beabsichtigt, von der Rechtsprechung des Großen Senats abzuweichen. Hierin liegt eine instanzielle Bindung an die Entscheidungen des Großen Senats. Auch die Regelungen, die eine grundsätzliche Bedeutung von Rechtsfragen erwähnen, sprechen für eine über den Einzelfall hinausgehende Bedeutung gerichtlicher Entscheidungen; solche Normen sind bspw §§ 45 Abs. 4 ArbGG, 72 Abs. 2 ArbGG und § 543 Abs. 2 Nr. 1 ZPO. 96

Darüber hinausgehend haben Präjudizien jedoch eine äußerst große **praktische Bedeutung.**[196] Sie konkretisieren Normen und beeinflussen in ihrer praktischen Auswirkung weitere gerichtliche Entscheidungen maßgeblich.[197] Ihre zentrale Stellung kann man bereits daran ablesen, dass in der Rechtsprechung vorwiegend frühere Rechtsprechung zitiert und sich daran orientiert wird.[198] Auch die in der Praxis vorwiegend genutzten Kommentare stellen Präjudizien in den Mittelpunkt. Diese faktische Verbindlichkeit folgt einmal aus den Instanzzügen, da Richter eine Aufhebung ihrer Urteile verhindern wollen. Eine Rolle spielt aber auch die Betonung der Einheitlichkeit der Rechtsprechung als Revisions- oder Vorlagegrund. Daher kann eine neue Entscheidung die Rechtspraxis stark verändern, da sich die Instanzgerichte auf höchstrichterliche Grundsatzentscheidungen einstellen und sich danach richten. 97

Zu unterscheiden ist zwischen **tragenden Entscheidungsgründen**, also solchen, die für die Ableitung des Ergebnisses aus der Norm erforderlich sind, sowie **obiter dicta**, die zwar nicht entscheidungserheblich sind, aber vom erkennenden Gericht als für die Entwicklung der Rechtsprechung bedeutsam angesehen werden.[199] Lediglich die tragenden Gründe (ratio decidendi) sind Gegenstand der „Präjudizienbindung". 98

Richterliche Rechtssätze werden anhand von Einzelfällen aufgestellt, aber dennoch als Rechtssatz formuliert. Bei einer Übertragung ist zu prüfen, ob die tragenden 99

195 Benda/Klein, Verfassungsprozessrecht. Ein Lehr- und Handbuch, 2. Aufl., Rn 1325.

196 Hierzu Kriele, Theorie der Rechtsgewinnung – entwickelt am Problem der Verfassungsinterpretation, 2. Aufl., S. 243; Olzen, Die Rechtswirkungen geänderter höchstrichterlicher Rechtsprechung in Zivilsachen, JZ 1985, 155, 157; Alexy, Theorie der juristischen Argumentation: die Theorie des rationalen Diskurses als Theorie der juristischen Begründung, 4. Aufl., S. 334; Bydlinski, Juristische Methodenlehre und Rechtsbegriff, S. 502.

197 Canaris, Grundrechte und Privatrecht, S. 25.

198 Hierzu Koch/Rüssmann, Juristische Begründungslehre, S. 186 f.

199 Kissel, Zur Funktion der Rechtsprechung, in: Schlachter/Ascheid/Friedrich[Hrsg.]: Tarifautonomie für ein neues Jahrtausend, FS für Gunter Schaub zum 65. Geburtstag, S. 373, 385; Vogel, Juristische Methodik, S. 91.

Gründe auf den neuen Fall anwendbar sind, weil dieser wertungsmäßig vergleichbar ist; andernfalls ist hier bei der Argumentation zu differenzieren (**distinguishing**). Ist das Präjudiz anwendbar, ist fraglich, ob man sich hierüber hinwegsetzen kann (**overruling**).

100 Der zentrale Punkt bei der Argumentation mit Präjudizien besteht darin, festzustellen, ob der aktuelle Fall den bisher entschiedenen Sachverhalten in wesentlicher wertungsmäßiger Beziehung gleichkommt, denn nur dann ist das Präjudiz **einschlägig**. Diese Fragestellung weist eine strukturelle Verwandtschaft zur **Analogie** auf:[200] Denn auch hier geht es darum, festzustellen, ob eine für einen anderen Sachverhalt getroffene Regelung auf den zur Entscheidung stehenden Fall übertragbar ist, also die zugrunde liegenden rechtlichen Wertungen sich entsprechen. Die Rede ist von „ähnlichen Rechtsfragen";[201] es werden die Interessenlagen verglichen. Auch bei der Analogie geht es somit um die Übertragung eines gesetzlichen Wertmaßstabes auf eine ungeregelte Rechtsfrage, die aus der Rechtsordnung selbst überzeugend zu begründen ist.[202] Der Rechtsanwender ermittelt einen erkennbaren Wertmaßstab der Gesetzgebung und überträgt diesen auf einen anderen, aber strukturell gleichen Sachverhalt, weil dies iSd Gleichbehandlung geboten ist.[203] Dabei ist die Frage zu stellen, wie der Gesetzgeber den ungeregelten Sachverhalt nach seinen erkennbaren Wertungsplänen (zB Gesetz, Rechtsordnung) bewerten würde; hierbei ist als Maßstab des Vergleichs auf die einschlägigen gesetzlichen Regelungen, nicht die eigenen Bewertungen abzustellen.[204] Solche Fragen der von der Rechtsordnung gebotenen Gleich- bzw Ungleichbehandlung können äußerst komplex werden; dies ist bereits an der umfassenden Rechtsprechung des BVerfG zu **Art. 3 GG**, die sich mit derartigen Fragen beschäftigt, abzulesen. Sowohl die Analogie als auch die Übertragbarkeit von Präjudizien beruhen somit auf Gleichheitserwägungen.

101 Hinwegsetzen kann man sich argumentativ über ein Präjudiz dann, wenn es starke Gründe gibt, die für eine inhaltliche Unrichtigkeit des Präjudizes sprechen. Dagegen ist aber stets ein Festhalten an Präjudiz aus dem Gedanken der Rechtssicherheit zu berücksichtigen. Daher wird ein Gericht, wenn gleich gute Gründe für und gegen das Aufrechterhalten einer bestehenden Rechtsprechung angeführt werden können, an dieser festhalten.[205] Präjudizien erscheinen somit als **Argumentationslastregel**: Sie haben eine gewisse „Richtigkeitsvermutung", die ein Abgehen nur erlaubt, wenn überwiegende Gründe dafür sprechen. Dies wird mit dem Gleichbehandlungsgrundsatz[206] sowie der Rechtssicherheit begründet.

Präjudizien sind daher grundsätzlich zu beachten, erlauben und fordern aber ein Abweichen, wenn die inhaltliche Richtigkeit die Rechtssicherheit überwiegt. Richter-

200 Engisch, Einführung in das juristische Denken, 9. Aufl., S. 241.
201 Rüthers, Rechtstheorie, Rn 889.
202 Rüthers, Rechtstheorie, Rn 894.
203 Rüthers, Rechtstheorie, Rn 894.
204 Rüthers, Rechtstheorie, Rn 895.
205 BAG, 29.3.1984, AP Nr. 31 zu § 102 BetrVG 1972; BGH, 24.11.1988, BGHZ 106, 34, 37; BGH, 25.3.1983, BGHZ 87, 150, 155 f; BGH GS, 4.10.1982, BGHZ 85, 64, 66; Bydlinski, Juristische Methodenlehre und Rechtsbegriff, S. 506; Mayer-Maly, Über die der Rechtswissenschaft und der richterlichen Rechtsfortbildung gezogenen Grenzen, JZ 1986, 557, 562.
206 Alexy, Recht, Vernunft, Diskurs, S. 87; Kriele, Rechtsgewinnung, S. 258 f.

rechtliche, für einen Fall (genauer: für wertungsrelevant gleichgelagerte Fälle) aufgestellte Regeln sind unter dem Aspekt der Rechtssicherheit Teil der bei der Entscheidung eines neuen Falles zu berücksichtigenden Gesichtspunkte. Bereits vorliegende Gerichtsentscheidungen, besonders solche des BAG, erscheinen somit als Inhalt eines **formellen Prinzips.**

4. Verfahren bis zur mündlichen Verhandlung

Nachdem die Einigungsstelle durch Annahme der Ämter sowohl durch den Vorsit- 102
zenden als auch durch die Beisitzer gebildet wurde, ist es Aufgabe des Vorsitzenden, die Einigungsstelle **vorzubereiten.** Hierzu lädt er die Einigungsstellenmitglieder zur ersten Sitzung; auch sollte er die Betriebspartner auffordern, schriftlich die Art ihrer Meinungsverschiedenheit auszuführen und einen konkreten Antrag zu stellen bzw diesen zu begründen, soweit dies noch nicht geschehen ist.[207] Außerdem sollte – falls noch nicht geschehen – die Honorarfrage vor der mündlichen Verhandlung geklärt werden.

Zuständig ist der Vorsitzende auch für sonstige verfahrensleitende Maßnahmen.

Ausgangspunkte des Einigungsstellenverfahrens sind die Anträge und die damit ver- 103
bundene Umschreibung der Meinungsverschiedenheit der Parteien. Daher sollen zunächst die mit der Antragstellung und -änderung verbundenen Probleme dargestellt werden, bevor auf die Ladung, das weitere Verfahren sowie eine mögliche vorzeitige Beendigung des Einigungsstellenverfahrens eingegangen wird.

a) Zuständigkeit für Verfahrensregelungen

Nach Zustellung der Anträge trifft der Vorsitzende „in weitem Umfang" Maßnah- 104
men des weiteren Verfahrensganges.[208] Wie weit seine Kompetenz, allein das Verfahren zu bestimmen, reicht, wird nicht einheitlich beurteilt. Den **Geschäftsführungsmaßnahmen** des Vorsitzenden werden zB zugeordnet:[209]

- Die Anberaumung eines Termins
- Abstimmung mit den Beisitzern
- Aufforderung an die Betriebsparteien zur Darlegung ihrer Auffassungen und Stellung von Anträgen
- Anforderung von Unterlagen
- Ladung und Vernehmung von Zeugen und Sachverständigen
- Veranlassung eines Verhandlungsprotokolls, soweit dies angebracht erscheint
- Ausfertigung von Niederschriften und Zuleitung dieser an die Beteiligten.

Das Verfahren wird jedoch nicht allein vom Vorsitzenden bestimmt; er kann nicht in 105
jedem Fall hinsichtlich der Verfahrensfragen für die gesamte Einigungsstelle handeln. Teilweise wird vertreten, dass der Vorsitzende auch die Anordnungen trifft, welche die **Ausgestaltung des Verfahrens** betreffen. Die Einigungsstelle als Kollegialorgan

207 Weber/Ehrich, Einigungsstelle, S. 36.
208 Wiesemann, Die Einigungsstelle als Einrichtung zur Beilegung von Rechtsstreitigkeiten im Betriebsverfassungsrecht, S. 29; zu den Aufgaben des Vorsitzenden in der Vorbereitungsphase Heinze, RdA 1990, 262, 269 f.
209 Kaven, Das Recht des Sozialplans, S. 95.

entscheidet hierüber nach dieser Ansicht nur, wenn ein Beisitzer widerspricht. An diese Entscheidung ist der Vorsitzende sodann gebunden.[210] Nach anderer Ansicht sind Fragen der Verfahrensordnung in jedem Fall von der Einigungsstelle als Kollegialorgan zu beschließen.[211] So entscheidet etwa nach Auffassung des LAG Köln über die Vertagung die Einigungsstelle mit Mehrheit.[212]

106 Hier bietet es sich als praktikable Lösung an, dass sich die Einigungsstellenmitglieder zu Beginn des Verfahrens darauf einigen, dass die Einigungsstelle lediglich über bedeutende Verfahrensfragen wie insb. Vertagungen oder Verfahrensaussetzung abstimmt und der Vorsitzende über Fragen des laufenden Verfahrens zunächst allein bestimmen darf; lediglich bei Widerspruch ist abzustimmen. Eine solche Regelung ist vom Ermessen der Einigungsstelle zur Verfahrensgestaltung umfasst. So wird beiden Ansichten Rechnung getragen und die Arbeitsfähigkeit der Einigungsstelle gesichert.

b) Prüfung des Antrags

107 Die **Anträge** sind an den Vorsitzenden der Einigungsstelle zu richten.[213] Sie sollten schriftlich gestellt werden, ein Formerfordernis gibt es hier aber nicht.[214] Der Vorsitzende prüft die Anträge dahingehend, ob sie die Anforderungen des § 76 BetrVG einhalten.

aa) Antragsberechtigung

108 Die Einigungsstelle wird nur auf Antrag tätig. **Antragsberechtigt** sind die Betriebspartner,[215] also der Arbeitgeber sowie der Betriebsrat bzw Gesamt- oder Konzernbetriebsrat.

Sofern der Betriebsrat einem seiner **Ausschüsse** Angelegenheiten zur selbständigen Entscheidung übertragen hat und es nicht um eine Angelegenheit der zwingenden Mitbestimmung geht, kann der Betriebsrat auch das Recht zur Anrufung der Einigungsstelle auf den Ausschuss delegieren.[216]

109 Eine **Arbeitnehmergruppe**, auf die betriebsverfassungsrechtliche Aufgaben gem. § 28 a BetrVG übertragen wurden, ist dagegen gem. § 28 a Abs. 2 Satz 3 BetrVG im Hinblick auf Einigungsstellenverfahren nicht antragsberechtigt.[217] Auch einzelne **Arbeitnehmer** können die Einigungsstelle nicht anrufen; dies gilt unabhängig davon, ob sie von der Entscheidung direkt betroffen sind.[218] Sie haben auch keinen Anspruch gegen den Betriebsrat auf Einberufung der Einigungsstelle.[219] *Blomeyer*[220] spricht

---

210 GK-BetrVG/Kreutz, § 76 Rn 99; DKK/Berg, § 76 BetrVG Rn 65; Weber/Erich, Einigungsstelle, S. 33; das LAG Düsseldorf, 23.10.1986 – 17 TaBV 98/86, DB 1987, 1254, 1255 sieht den Vorsitzenden als zuständig für die Gewährung rechtlichen Gehörs an.

211 Weber/Erich, Einigungsstelle, S. 33; Hennige, Das Verfahrensrecht der Einigungsstelle, S. 213; ErfK/Kania, § 76 BetrVG Rn 16; Fitting, § 76 BetrVG Rn 37: Die Einigungsstelle bestimmt das Verfahren.

212 LAG Köln, 26.7.2005 – 9 TaBV 5/05, NZA-RR 2006, 197.

213 Kaven, Das Recht des Sozialplans, S. 93.

214 Hergenröder, AR-Blattei SD, 630.1 Rn 45.

215 Fitting, § 76 BetrVG Rn 38.

216 Fitting, § 76 BetrVG Rn 38.

217 Fitting, § 76 BetrVG Rn 38.

218 Fitting, § 76 BetrVG Rn 38; DKK/Berg, § 76 BetrVG Rn 61; GK-BetrVG/Kreutz, § 76 Rn 94.

219 Fitting, § 76 BetrVG Rn 38.

220 Der Interessenkonflikt zwischen Arbeitnehmer und Betriebsrat bei Individualmaßnahmen, Gedächtnisschrift für Rolf Dietz, S. 173.

sich für einen solchen Anspruch aus. Er begründet seine Ansicht damit, dass die individuelle Stellung eines Arbeitnehmers eine „betriebsverfassungsrechtliche Dimension" erhielte, wenn er von betriebsverfassungsrechtlichen Fragestellungen direkt betroffen werde. Hieraus folge die Anerkennung seiner „betriebsverfassungsrechtlichen Subjektivität", auch werde mit der Erweiterung der Befugnisse des Betriebsrats, die einen einzelnen direkt betreffen könnten, die Verantwortung des Betriebsrat intensiviert. Daher könne der Arbeitnehmer Beteiligter eines Beschlussverfahrens gegen den Betriebsrat sein und auf diese Weise diesen dazu verpflichten lassen, ein Verfahren vor der Einigungsstelle zu betreiben. Als Beispiele nennt *Blomeyer* hier Streitigkeiten bei der Zuweisung von Wohnräumen, § 87 Abs. 1 Ziff. 9, Abs. 2 BetrVG sowie Streitigkeiten im Zusammenhang mit Beschwerden. Dies überzeugt jedoch nicht. Eine direkte Betroffenheit ändert nichts daran, dass die Mitbestimmungsrechte dem Betriebsrat zustehen und die Arbeitnehmer hierauf keinen direkten Einfluss haben.

Der **Vorsitzende** hat als solcher ebenfalls keine formale Antragsberechtigung, da er ansonsten über den von ihm gestellten Antrag entscheiden würde. Er kann aber den Parteien bzw Beisitzern Vorschläge unterbreiten, die auch Gegenstand der Abstimmung sein können. 110

bb) Zeitliche Vorgaben für die Antragstellung

Nach der Feststellung der Antragsberechtigung prüft der Einigungsstellenvorsitzende die zeitliche Komponente. Im verbindlichen Einigungsverfahren kann der Antrag gestellt werden, sobald der Vorsitzende bestellt ist und diejenige Partei, die das Verfahren betreibt, ihre Beisitzer benannt hat.[221] Eine „**Deadline**" für den Antrag gibt es grundsätzlich nicht: Bis auf die Fälle des § 38 Abs. 2 Satz 4 sowie des § 37 Abs. 6 Satz 5 BetrVG ist der Antrag nicht fristgebunden.[222] 111

cc) Inhaltliche Anforderungen an den Antrag

Ob und inwieweit § 76 BetrVG **inhaltliche Anforderungen** an die Anträge stellt, wird nicht einheitlich beurteilt. Teilweise werden die inhaltlichen Anforderungen des § 76 BetrVG relativ weitgehend interpretiert und neben der Bezeichnung der Betriebsparteien und der Schilderung des Sachverhalts einschließlich der Streitpunkte auch Angaben über bisherige Verhandlungen, Einigungsbemühungen sowie Gründe, die ein Kompromiss bisher vermieden haben, verlangt.[223] Von einer anderen Ansicht wird es dagegen als genügend angesehen, wenn in dem Antrag lediglich die Meinungsverschiedenheit benannt wird.[224] Nur den Streitpunkt zu benennen genügt jedoch nicht, da im Gesetz ausdrücklich von einem „Antrag" und nicht nur von der Darstellung des Sachverhalts die Rede ist. Dies ist bspw im § 76 Abs. 5 Satz 1 BetrVG der Fall. Andererseits genügt im Verfahren gem. § 98 ArbGG für die Bestellung eines Vorsit- 112

221 Richardi, § 76 BetrVG Rn 82.
222 Fitting, § 76 BetrVG Rn 38.
223 Wiesemann, Die Einigungsstelle als Einrichtung zur Beilegung von Rechtsstreitigkeiten im Betriebsverfassungsrecht, S. 29; Gaul, Die betriebliche Einigungsstelle, S. 245 f; Neft/Ocker, Einigungsstelle im Betriebsverfassungsrecht, S. 99; Heinze, RdA 1990, 262, 269. Nicht so weitgehend Richardi, § 76 Rn 82: Meinungsverschiedenheit und Lösungsvorschlag.
224 Hergenröder, AR-Blattei SD, 630.1 Rn 45; Fitting, § 76 BetrVG Rn 41; Weber/Erich, Einigungsstelle, S. 34; noch geringere Anforderungen bei Pünnel/Wenning-Morgenthaler, Die Einigungsstelle, Rn 173: weder Form noch Inhalt vorgeschrieben; Stichwort reicht.

zenden für eine konkrete Einigungsstelle die Benennung der Streitigkeit.[225] Dies könnte dafür sprechen, dass dies auch für die Einberufung einer Einigungsstelle außerhalb der gerichtlichen Verfahren gilt. Weitergehende inhaltliche Vorgaben für den Antrag werden in § 76 Abs. 5 und 6 BetrVG nicht aufgestellt.

113 Nach der Rechtsprechung des BAG[226] ist zur **Konkretisierung des Sachgegenstandes** im Rahmen des Einigungsstellenverfahrens kein förmlicher Antrag erforderlich; es genügt, dass eine Partei eine Fragestellung in der Einigungsstelle zum Thema macht. Aus der fehlenden Bindung der Einigungsstelle an die Anträge (s. hierzu ausführlich Rn 334 ff) folgen inhaltliche Anforderungen an die Antragsstellung. Der Antrag muss seiner Funktion, den der Einigungsstelle unterbreiteten Streitgegenstand hinreichend zu bestimmen, gerecht werden. In den Angelegenheiten der zwingenden Mitbestimmung muss der aufgrund eines gegenwärtigen Regelungskonflikts der Betriebsparteien errichteten Einigungsstelle ein so konkreter Regelungsauftrag erteilt sein, dass diese beurteilen kann, worin der an sie gerichtete Auftrag besteht und wann er beendet ist. Ein unklarer Regelungsauftrag vermittelt der Einigungsstelle keine Spruchkompetenz[227]

Daher sollte die Frage, um die die Betriebsparteien streiten, möglichst konkret genannt werden. Damit der Konflikt der Einigungsstelle deutlich wird, sollte auch zumindest die Auffassung der antragstellenden Partei aus dem Antragsschreiben erkennbar werden.

114 Praktisch wird kaum ein Antrag an den Darstellungsanforderungen scheitern: Denn die Äußerungen der Partei können – wie jede Erklärung – ausgelegt werden. Genügen die Darstellungen den Anforderungen nicht, wird der Vorsitzende entsprechend § 139 ZPO eine Konkretisierung anregen.[228] Dem werden die Parteien nachkommen.

115 Typischerweise wird eine Antragsschrift bzw formloser Antrag sich nicht auf die Darstellung der Streitigkeit beschränken. Als **Aspekte für eine Antragsschrift** werden vorgeschlagen:[229]

116
- Chronologische Darstellung des Konfliktverlaufs bis zur Einschaltung der Einigungsstelle,
- Beschreibung der Ausgangssituation (Problembereich, ursprüngliche Vorstellungen der Betriebsparteien),
- Dokumentation der einzelnen Verhandlungsrunden anhand von Ergebnisprotokollen,
- Darstellung des erreichten Verhandlungsstandes zum Zeitpunkt des Scheiterns der Verhandlung zwischen den Betriebsparteien,
- Erläuterung der noch offenen Konfliktpunkte.

---

225 Germelmann/Matthes/Prütting/Müller/Glöge/Matthes, ArbGG, 6. Aufl., § 98 Rn 15.
226 BAG, 30.1.1990 – 1 ABR 2/89, AP Nr. 41 zu § 87 BetrVG 1972 Lohngestaltung.
227 BAG, Beschl. v. 28.3.2017 – 1 ABR 25/15, NZA 2017, 1132.
228 Wiesemann, Die Einigungsstelle als Einrichtung zur Beilegung von Rechtsstreitigkeiten im Betriebsverfassungsrecht, S. 29.
229 Göritz, Handbuch Einigungsstelle, S. 105 f.

- Anträge an die Einigungsstelle (Regelungsvorschläge zu den noch offenen Konfliktpunkten).
- Inhaltliche und juristische Begründung für die gestellten Anträge.

Kurzcharakteristik des Betriebes/Unternehmens: 117

- Unternehmensgröße (Beschäftigtenzahl/Umsatz),
- Rechtsform/Eigentumsverhältnisse,
- Produktionsprogramm,
- wirtschaftliche Situation (Gewinn, Auftragslage, Liquidität usw),
- Struktur der Belegschaft (Vollzeit/Teilzeit, befristete Arbeitsver-
- hältnisse, Aushilfen, Leiharbeitnehmer, Altersstruktur, Geschlecht usw).

Dem Betriebsrat wird in der Literatur bei seinem Vortrag empfohlen, dem Vorsitzenden die **Auswirkungen der strittigen Regelungen** auf die Arbeitnehmer genau darzulegen. Daher soll die Zahl der betroffenen Beschäftigten und die zu erwartenden Auswirkungen ausgeführt werden. Auswirkungen können zB im Bereich Arbeitsplätze, Arbeitsqualität, Einkommen, Qualifikation, Gesundheit/Wohlbefinden, Familie/Freizeit liegen.[230] Die Plausibilität der erwarteten Auswirkungen kann durch Erfahrung der Vergangenheit, Ergebnisse wirtschaftlicher Untersuchungen und Ergebnisse von Mitarbeiterbefragungen sowie Sachverständigengutachten verdeutlicht werden; auch ist eine Besichtigung des Betriebes bzw Anhörung betroffener Arbeitnehmer ggf vorzuschlagen.[231]

Aus Sicht der Arbeitgeberseite sollte dem Vorsitzenden verdeutlicht werden, warum 118
die geplante Maßnahme erforderlich ist und dass es keine ebenso sinnvollen Alternativen gibt. Hier werden hauptsächlich **wirtschaftliche Argumente** eine Rolle spielen.

dd) Besonderheiten für das freiwillige Einigungsstellenverfahren

Im freiwilligen Einigungsstellenverfahren muss von beiden Seiten ein Antrag zu dem- 119
selben Streitverhältnis gestellt werden. In diesen Fällen ist daher zu prüfen, ob die **Anträge beider Seiten** sich inhaltlich entsprechen. Verlangt eine Partei ein Verfahren zur Regelung einer bestimmten Frage, umfasst der Antrag der Gegenpartei jedoch zusätzlich eine andere Thematik, die ebenfalls nicht der erzwingbaren Mitbestimmung unterliegt, so besteht nur eine teilweise Deckung mit dem Gegenantrag und nur im Rahmen dieser Übereinstimmung kann das freiwillige Einigungsstellenverfahren stattfinden.[232]

c) Früher erster Termin oder schriftliches Verfahren

Der Vorsitzende kann im Rahmen seiner Verfahrensleitungskompetenz entscheiden, 120
ob er einen frühen mündlichen Termin bestimmt oder zunächst ein schriftliches Vorverfahren anordnet. Für die Entscheidung ist meist der Beschleunigungsgrundsatz sowie die Art des Konflikts ausschlaggebend, so dass ein **früher erster Termin** meistens dann gewählt wird, wenn nach dem Inhalt der Antragsschriften die streitigen Punkte deutlich sind bzw ein Bedürfnis zur frühzeitigen Erörterung der Sache mit den Partei-

230 Göritz, Handbuch Einigungsstelle, S. 124.
231 Göritz, Handbuch Einigungsstelle, S. 124.
232 Weber/Erich, Einigungsstelle, S. 34.

en besteht.[233] Dies kann zB bei Aussicht auf Vergleichsbereitschaft der Fall sein. Auch wenn die Zuständigkeit der Einigungsstelle nach Ansicht des Vorsitzenden zweifelhaft ist bzw nicht besteht, ist ein früher erster Termin ebenso sinnvoll wie bei einem Streit, der sich lediglich auf Rechtsfragen bezieht. Im Gegensatz dazu erfordern Regelungsstreitigkeiten, deren Entscheidung meist umfassendere Vorbereitung erfordert, idR ein **schriftliches Vorverfahren**; ein solches bietet sich auch bei tatsächlich schwierigen oder unübersichtlichen Fällen an.[234] Der Vorsitzende kann hierzu eine Darlegung des Sach- und Streitstands sowie der Standpunkte der Parteien sowie ggf die Vorlage von Urkunden zur Vorbereitung der Sitzung anordnen (*zur Mitwirkungspflicht der Parteien* s. Rn 57 ff). Hierbei sollte er die Parteien auffordern, Schriftsätze und Urkunden in Kopie auch an die Gegenpartei zu senden; tun die Betriebsparteien dies nicht, sollte der Vorsitzende hier für allseitige vollständige Informationen sorgen.[235]

d) Ladung zur Sitzung

121 Üblicherweise werden Ort und Zeit der Sitzung der Einigungsstelle zwischen allen Beteiligten **abgesprochen**. Ist eine Einigung zwischen Beisitzern und Vorsitzenden im Hinblick auf Sitzungstermin und Sitzungsort nicht möglich, entscheidet der Vorsitzende. Dieser lädt dann die Einigungsstellenmitglieder im Rahmen seiner Verfahrensleitungskompetenz zur Einigungsstellensitzung.[236] Hierbei sollte er jedoch vermeiden, das Verhandlungsklima schon mit der Entscheidung „für" bzw „gegen" eine Seite zu belasten, sondern telefonisch auf einen gemeinsamen Termin drängen und sich hierbei auch in der persönlichen Zeitplanung flexibel zeigen.[237]

122 Sind im verbindlichen Einigungsverfahren die Beisitzer einer Seite noch nicht benannt, so fordert der Vorsitzende mit der Ladung dazu auf, die **Benennung** vorzunehmen[238] und weist darauf hin, dass ansonsten die Einigungsstelle in der Besetzung des Vorsitzenden und der erschienenen Mitglieder auch nur einer Seite allein entscheiden kann.

aa) Ort und Zeit

123 Der Vorsitzende legt – falls eine Einigung hierauf nicht erfolgt – Ort und Zeitpunkt der Sitzungen fest. Bei der Terminierung ist zu beachten, dass die Einigungsstelle gem. § 76 Abs. 3 Satz 1 BetrVG unverzüglich tätig werden muss. Die Länge der **Frist** zur Vorbereitung ist nicht gesetzlich geregelt. Ist das Verfahren eilbedürftig, wird in der Literatur eine Frist von 3 Tagen, bzw von einer Woche vorgeschlagen.[239] Das BAG hat eine Frist von wenigen Stunden als unzureichend angesehen.[240]

---

233 Wiesemann, Die Einigungsstelle als Einrichtung zur Beilegung von Rechtsstreitigkeiten im Betriebsverfassungsrecht, S. 30.
234 Wiesemann, S. 30. Zur Ermessensentscheidung im Zivilprozessrecht zwischen frühem Termin und schriftlichem Verfahren Musielak/Foerste, ZPO, 5. Aufl. § 272 Rn 3 ff.
235 Pünnel/Wenning-Morgenthaler, Die Einigungsstelle, Rn 178.
236 Schaub/Koch, Arbeitsrechtshandbuch, § 232 Rn 19.
237 Pünnel/Wenning-Morgenthaler, Die Einigungsstelle, Rn 190.
238 Richardi, § 76 BetrVG Rn 85.
239 Friedemann, Das Verfahren in der Einigungsstelle für Interessenausgleich und Sozialplan, Rn 226; Hennige, Das Verfahrensrecht der Einigungsstelle, S. 181; Weber/Erich, Einigungsstelle, S. 42; § 13 Rn 21.
240 BAG, 27.6.1995 – 1 ABR 3/95, AP Nr. 1 zu § 76 BetrVG Einigungsstelle.

Die Vorsitzende wählt auch den **Tagungsort**, wenn sich die Betriebsparteien bzw Beisitzer auf einen solchen nicht geeinigt haben. Auch hier sollte jedoch eine Einigung wenn irgend möglich angestrebt werden. Im Regelfall sollte der Tagungsort der Betrieb sein; üblich ist auch die Kanzlei eines der beisitzenden oder verfahrensbevollmächtigten Rechtsanwälte.[241] Aber auch ein „neutraler" Tagungsort, zB ein Hotel in der Nähe des Betriebes, ist möglich.[242] Leitlinie für die Entscheidung des Vorsitzenden ist neben Kostengesichtspunkten, ob geeignete Räume im Betrieb zur Verfügung gestellt werden können. Vorteil der Durchführung im Betrieb ist, dass fehlende Unterlagen schnell geholt werden können und auch Zeugenbefragungen und Ortsbesichtigungen schnell und unproblematisch möglich sind.[243] 124

bb) Formale Anforderungen an die Ladung

Ein Formerfordernis für die Unterrichtung der Einigungsstellenmitglieder gibt es nicht. Terminbestätigungen sollten jedoch aus Beweisgründen **schriftlich**, ggf per Telefax, erfolgen. Auch eine Kommunikation per **e-Mail** ist möglich[244] und vielfach üblich. Eine ordnungsgemäße Ladung der Beisitzer setzt voraus, dass alle Einigungsstellenmitglieder rechtzeitig und vollständig über Zeit und Ort der Sitzung informiert werden und vorbereitende Schriftsätze sowie weitere notwenige Unterlagen erhalten.[245] Der Vorsitzende ist nicht verpflichtet, die Einladungen persönlich zu überbringen, er kann Beisitzer der Einigungsstelle hierum bitten. Diese haben jedoch nur die Stellung von Erklärungsboten: Leiten sie die Einladung nicht weiter, fehlt es an einer ordnungsgemäßen Einladung und elementare Verfahrensregelungen werden verletzt. Folge ist die Unwirksamkeit des Spruches.[246] 125

Beispiel: Terminbestimmung 126

In dem Streitfall, der dem Beschluss des BAG vom 27.6.1995[247] zugrunde lag, ging es um die Unwirksamkeit eines Einigungsstellenspruchs wegen Verfahrensfehlern. Die Arbeitgeberin verlegte 1992 ihren Betrieb. Nachdem Verhandlungen der Beteiligten über einen Sozialplan ergebnislos geblieben waren, wurde eine Einigungsstelle mit je drei Beisitzern gebildet. Die Arbeitgeberseite bestellte ihren Geschäftsführer sowie die Rechtsanwälte A und B zu Beisitzern, der Betriebsrat seinen Vorsitzenden sowie den Rechtsanwalt C und eine Gewerkschaftssekretärin. Zur ersten Sitzung der Einigungsstelle am 15.12.2002 sprach der Vorsitzende die Einladung in der Weise aus, dass er die Rechtsanwälte A und C telefonisch verständigte. Diese informierten auch ordnungsgemäß die übrigen Beisitzer. An der Sitzung nahmen alle Mitglieder der Einigungsstelle teil. Es wurde auf der Grundlage eines Entwurfs der Arbeitgeberseite verhandelt, eine Einigung jedoch nicht erzielt. Daraufhin einigte man sich zumindest darauf, dass der Betriebsrat bis zum 31.12.1992 einen eigenen Entwurf erstellen und die nächste Sitzung am 14.1.1993 stattfinden sollte. Dieser Termin wurde vom Vorsitzenden aufgehoben, da der Betriebsrat seinen Entwurf erst am 14.1.1993 vorlegte. C schlug A einen neuen Termin am 4.3.1993 vor. Nachdem der Termin auf Arbeitgeberseite und mit dem Vorsitzenden abgestimmt worden war, wurde er gegenüber C bestätigt. Am 23.2.1993 legte die Arbeitgeberseite der Einigungsstelle einen weiteren Sozialplanentwurf vor. Der Betriebsratsvorsitzende befand sich vom 25.1. bis zum

241 Pünnel/Wenning-Morgenthaler, Die Einigungsstelle, Rn 192.
242 DKK/Berg, § 76 BetrVG Rn 64.
243 Pünnel/Wenning-Morgenthaler, Die Einigungsstelle, Rn 192.
244 Pünnel/Wenning-Morgenthaler, Die Einigungsstelle, Rn 180.
245 Vgl BAG, 27.6.1995 – 1 ABR 3/95, AP Nr. 1 zu § 76 BetrVG 1972 Einigungsstelle; Hümmerich/Spirolke, Arbeitsrechtliches Mandat, § 13 Rn 21.
246 BAG, 27.6.1995 – 1 ABR 3/95, AP Nr. 1 zu § 76 BetrVG 1972 Einigungsstelle.
247 1 ABR 3/95, AP Nr. 1 zu § 76 BetrVG 1972 Einigungsstelle.

3.3.1993 im Urlaub auf Neuseeland. Von dem Termin für die Einigungsstellensitzung erfuhr er erst nach seiner Rückkehr.

127 Am 4.3.1993 waren bei Sitzungsbeginn um 09:00 Uhr der Vorsitzende und die von der Arbeitgeberseite bestellten Beisitzer anwesend. Der Vorsitzende rief bei C an und dieser erklärte, in seinem Kalender sei der 4.3. gestrichen und stattdessen der 12.3. für die Einigungsstelle notiert worden. Er könne nicht sofort kommen, werde aber einen Kollegen als Vertreter entsenden. Um 09:15 Uhr erschien der Betriebsratsvorsitzende und erklärte, er habe von der Sitzung erst jetzt erfahren. Sodann verließ er das Sitzungszimmer. Später kam er zurück und teilte mit, dass der Betriebsrat gerade tage, um Ersatzmitglieder für die Einigungsstelle zu benennen. Der Vertreter des C werde in etwa 30 Min. eintreffen. Nachdem um 10:12 Uhr noch keiner der vom Betriebsrat bestellten Beisitzer erschienen war, beschloss die Einigungsstelle mit den Stimmen der Beisitzer der Arbeitgeberseite trotz rechtlicher Bedenken des Vorsitzenden, über den letzten Sozialplanentwurf der Arbeitgeberseite abzustimmen. Der Sozialplan wurde mit zwei Stimmen bei einer Enthaltung beschlossen. Um 10:15 Uhr wurde die Sitzung geschlossen.

128 Das BAG stellte fest, dass der Einigungsstellenbeschluss wegen eines Verfahrensmangels unwirksam sei. Zwar bestehe wegen der lediglich punktuellen gesetzlichen Regelung ein Freiraum für eine effektive Schlichtung. Dieser sei jedoch durch ungeschriebene Verfahrensgrundsätze begrenzt. Zu diesen Grundsätzen gehöre, dass die Mitglieder rechtzeitig ordnungsgemäß über Ort und Zeit der Sitzung unterrichtet und mit den notwendigen Unterlagen ausgestattet werden müssten. Dies ergebe sich aus der Funktion der Einigungsstelle als eines beschlussfassenden Gremiums. Würden Entscheidungsbefugnisse mehreren Personen gemeinsam zugewiesen, so geschehe dies, um zu ermöglichen, dass unterschiedliche Interessen und Auffassungen in den Entscheidungsprozess einfließen könnten. Dieser Zweck würde verfehlt, wenn ein Teil der Mitglieder des Beschlussorgans von der gemeinsamen Meinungsbildung und Entscheidung ausgeschlossen und auf diese Weise ihre Mitwirkung unmöglich gemacht werden könnte. Das BAG betonte, dass Beisitzer trotz ihrer Nähe zur Partei nicht mit Vertretern, zB Verfahrensbevollmächtigten einer Betriebspartei, gleichgesetzt werden könnten. Denn im Gegensatz zu Verfahrensbevollmächtigten, die nur im Rahmen ihrer Vertretungsmacht handeln könnten und an Weisungen gebunden seien, seien Beisitzer weisungsfrei.

129 Das BAG entschied, dass zumindest der Betriebsratsvorsitzende als Mitglied der Einigungsstelle zu der fraglichen Sitzung nicht ordnungsgemäß geladen worden sei. Denn er habe erst am Morgen des Tages, an dem die Einigungsstelle tagen sollte, von dem Termin erfahren. Auch der neue Sozialplanentwurf vom 23.2.1993 sei ihm nicht vorher bekannt gewesen. Eine ordnungsgemäße Vorbereitung der Sitzung sei für ihn nicht möglich gewesen. Unerheblich sei insoweit, dass C Kenntnis von dem für die Sitzung bestimmten Termin hatte. Dies könne die fehlende Unterrichtung des Betriebsratsvorsitzenden nicht ersetzen, weil sie diesem nicht zuzurechnen sei. C war nicht Verfahrensbevollmächtigter der übrigen vom Betriebsrat berufenen Beisitzer. Einigungsstellenmitglieder könnten in dieser Funktion keine Verfahrensvollmacht erteilen. Sie hätten ihr Amt höchstpersönlich auszuüben. Dies ergebe sich aus ihrer Aufga-

be. Es sei zwar möglich, dass ein Beisitzer von einem anderen ermächtigt werde, Einladung zur Sitzung entgegenzunehmen. Eine solche Vollmacht sei hier indessen nicht erteilt worden. Zunächst sei der Vorsitzende der Einigungsstelle dafür verantwortlich, dass alle Beisitzer rechtzeitig und in geeigneter Weise geladen würden. Dies ergebe sich aus seiner Aufgabe, für den ordnungsgemäßen Ablauf des Verfahrens vor der Einigungsstelle zu sorgen. Bei der Ladung könne er sich zur Übermittlung anderer Personen bedienen, zB auch einzelner Beisitzer. Dies ändere jedoch nichts an seiner Verantwortung für die Einladung, denn das Handeln dieser Personen sei ihm zuzurechnen. Erreiche die Ladung ihren Adressaten nicht, weil der Übermittler sie nicht weitergeleitet hat, so sei der betreffende Beisitzer nicht ordnungsgemäß geladen. Das Vorgehen bei der Einladung zur Sitzung am 15.12.1992 reiche nicht für die Annahme aus, sämtliche Einigungsstellenmitglieder hätten für die weiteren Sitzungen ein entsprechendes Ladungsverfahren verbindlich vereinbart. Dass die Entgegennahme der Einladungen über die beiden Rechtsanwälte funktioniert habe, besage noch nicht, dass die Beisitzer ihnen Ladungsvollmacht erteilen wollten. Aus der fehlerhaften Ladung des Betriebsratsvorsitzenden folge die Unwirksamkeit des Einigungsstellenspruchs.

e) Vorbereitende Ermittlungen

Der Vorsitzende führt die notwendigen Ermittlungen zur Vorbereitung der Einigungsstellensitzung bzw -beratung. Hierzu gehört es insb., die zur **Aufklärung des Sachverhalts** notwendigen Auskünfte einzuholen und ggf Unterlagen oder andere – von den Parteien genannte – Beweismittel zu beschaffen. 130

Eine weitere Möglichkeit der Information des Vorsitzenden besteht in einem **Informationsgespräch** mit den Parteien, das der Einigungsstellensitzung vorausgeht. Ein solches Gespräch wird gelegentlich von einer Partei gewünscht. Ob der Vorsitzende sich hierauf einlässt, richtet sich nach der konkreten Situation und dem absehbaren Verhandlungsklima; es sollten jedoch in keinem Fall bereits Äußerungen zum Streitgegenstand erfolgen. Wenn der Vorsitzende ein solches Gespräch führt, kann er der Gegenseite Anlass geben, an der Neutralität zu zweifeln. Daher sollte ein solches Gespräch – wenn es in Aussicht genommen wird – immer beiden Parteien angeboten werden.[248] Zu Beginn der Einigungsstellensitzung sollte der Vorsitzende den Inhalt der Vorgespräche kurz zusammenfassen,[249] um alle Beteiligten auf denselben Informationsstand zu bringen. 131

f) Ladung von Zeugen und Sachverständigen

Teilweise wird vertreten, dass der Vorsitzende bereits in der Vorbereitungsphase **Zeugen** laden und **Sachverständige** beauftragen kann und sollte.[250] Dies ist jedoch weder taktisch sinnvoll[251] noch rechtlich unproblematisch: Beschlüsse über Zeugenvernehmungen bzw die Einholung von Sachverständigengutachten sind Sache der Einigungsstelle, nicht des Vorsitzenden allein. Außerdem sollten zuerst eine Verhandlung 132

248 Göritz, Handbuch Einigungsstelle, S. 106.
249 Pünnel/Wenning-Morgenthaler, Die Einigungsstelle, Rn 185.
250 Weber/Ehrich, Einigungsstelle, S. 36; aber Verweis auf Ermessen.
251 Pünnel/Wenning-Morgenthaler, Die Einigungsstelle, Rn 188.

mit den Parteien und eine Suche nach Lösungsmöglichkeiten erfolgen, bevor Maßnahmen getroffen werden, die mit Kosten verbunden sind.

g) Vorbereitung der Beisitzer und Betriebsparteien

133 Neben dem Vorsitzenden sollten sich auch die Beisitzer und Betriebsparteien sorgfältig auf die Einigungsstellensitzung vorbereiten. Für die Vorbereitung sollte man mindestens genauso viel **Zeit** wie für die eigentliche Verhandlung einplanen.[252] Denn Forschungen zeigen, dass die Planung mehr als die Hälfte des Erfolgs oder Misserfolgs einer Verhandlung ausmacht.[253]

In der Vorbereitung sollten zunächst grundsätzliche Fragen geklärt werden, bevor Ziele festgelegt und eine Strategie, sie anzustreben, geplant wird.

aa) Entscheidung grundsätzlicher Fragen

134 Aus der Sicht der Beisitzer ist bei der Vorbereitung der Sitzung zunächst eine sinnvolle **Rollen- und Aufgabenverteilung** abzuklären. Soll ein Prozessbevollmächtigter bzw Vortragender an der Einigungsstellensitzung teilnehmen, sollte dieser in die Aufgabenverteilung einbezogen werden. Sinnvoll erscheint es hier, einer Person mit Einigungsstellenerfahrung die Verhandlungsführung zu übertragen und einem anderen Beisitzer bzw einem Vortragenden die Aufgabe zuzuweisen, zu Beginn den Sachstand darzulegen, den Regelungsbedarf zu erläutern und die Position der jeweiligen Partei zu begründen.[254] Oft ergibt sich die Aufgabenverteilung auch aus der Qualifikation der Beisitzer.

bb) Ermittlung der Bedürfnisse und Ziele

135 Für eine zielgerichtete, erfolgreiche Verhandlung ist es hilfreich, **Wünsche und Bedürfnisse** beider Seiten zu kennen. Daher muss vor Verhandlungsbeginn klar sein, warum genau die Partei in die Verhandlung geht und worum sie ringen wird; außerdem sollte man einschätzen, warum die andere Seite verhandeln will bzw muss und worauf sie hinaus will. Im Anschluss kann man überlegen, wie deren Wünsche mit möglichst wenigen Zugeständnissen erfüllt werden könnten. Diese Einschätzung muss ständig geprüft und korrigiert werden, bildet aber eine wertvolle Grundlage für die Verhandlung.[255]

136 Wenn die eigenen Bedürfnisse bekannt sind, können sie in **Ziele** zusammengefasst werden. Hier wird festgelegt, was die jeweilige Partei erreichen will.[256] Dies ist als Orientierung wichtig, aber auch als Grundlage einer konstruktiven Verhandlung: Wer Probleme anspricht, versetzt den Verhandlungspartner sofort in eine entsprechende Reaktion: Dieser wird sich verteidigen, angegriffen fühlen oder sich aufgrund eines herausgehörten Vorwurfes in die Defensive gedrängt fühlen oder „flüchten“. Um dies zu verhindern, sollten Ziele, nicht Probleme im Mittelpunkt stehen; Probleme also in Ziele verwandelt werden.[257] Zu diesem Zweck sollte das Problem zu-

---

252 Schott, Verhandeln, S. 48.
253 Saner, Verhandlungstechnik, 2. Aufl.
254 Göritz, Handbuch Einigungsstelle, S. 107.
255 Saner, Verhandlungstechnik, S. 30.
256 Schott, Verhandeln, S. 22.
257 Schott, Verhandeln, S. 23.

nächst in Teilaspekten notiert werden. Im nächsten Schritt werden diese Probleme in positive Ziele umformuliert. Diese Methode hat sich als äußerst effektiv erwiesen, um die Verhandlung zu Gunsten des Verhandlungspartners, der diese Technik anwendet, zu wenden.[258]

Wenn von einer Verhandlung – wie oft bei den Parteien des Einigungsstellenverfah- 137
rens – nicht nur der Verhandlungsführer, sondern eine ganze Gruppe betroffen ist, ist es wichtig, dass alle relevanten Beteiligte in die Zielfindung **einbezogen** werden und die schließlich festgelegten Ziele von jedem Mitglied akzeptiert und verstanden werden.[259] Sodann sollte man die andere Seite in den Blick nehmen und die Interessen der eigenen sowie die – ggf vermuteten – Interessen der Gegenseite auflisten.[260] Auch die Begründung für diese Interessen ist wichtig.

cc) Strategie

Neben Sachverhaltsfragen wird in der Vorbereitungsphase der Beisitzer die Strategie 138
eine besondere Rolle spielen. *Saner* nennt als Grundlage der **Strategie** vier Faktoren: Es komme einerseits auf die Verteilung der Macht zwischen den Teilnehmern der Verhandlung an, auch ist zu fragen, wie wichtig die Verhandlungen sowohl für die eigene als auch für andere Seite sind. Außerdem sei die Beziehung zur anderen Seite zu prüfen: Je enger die Beziehung, desto vorsichtiger sollte man mit der Strategie sein. Wichtig ist ebenso, nach gemeinsamen Interessen mit der Gegenseite zu fragen.[261] Denn die Beisitzer sollten sich nicht nur die eigenen Positionen bzw Interessen klar machen, sondern auch ihr Gegenüber einschätzen und diese Einschätzung ständig prüfen und verbessern.[262] Hierbei sind Informationen und Argumente zu sammeln, mögliche Kompromisslinien zu erörtern und mögliche Verhandlungsverläufe durchdacht werden. Taktik ist dagegen nur ein Hilfsmittel, mit dem die gewählte Strategie angestrebt wird.[263]

(1) Sammeln von Argumenten und Informationen

Erst wenn die Ziele feststehen, ist die Aufgabe der Parteien, **Argumente** zu sammeln, 139
die für die eigenen Ziele sprechen – und das nicht nur aus der eigenen Sicht.[264]

Wichtig in der Vorbereitung der Verhandlung ist auch die – möglichst vollständige – **Information.** Die Verhandlungsparteien sollten sich daher umfassend über den Gegenstand der Verhandlung, der Verhandlungspartner sowie die Gründe, die zu der Verhandlung geführt haben, informieren.[265]

(2) Suche nach möglichen Kompromissen

Sodann können mögliche **Kompromisse** diskutiert werden. Hierfür ist es besonders 140
hilfreich, Ziele nach Prioritäten zu ordnen um festzulegen, wo ein Kompromiss geschlossen werden kann, wie dieser aussehen könnte und an welchen Punkten ein sol-

258 Schott, Verhandeln, S. 24.
259 Schott, Verhandeln, S. 29.
260 Schott, Verhandeln, S. 35.
261 Saner, Verhandlungstechnik, S. 31.
262 Saner, Verhandlungstechnik, S. 31 f.
263 Saner, Verhandlungstechnik, S. 32.
264 Schott, Verhandeln, S. 37.
265 Schott, Verhandeln, S. 42.

cher nicht möglich ist. Es ist aber auch in dieser Phase daran zu denken, dass auch der anderen Seite etwas für sie Interessantes geboten werden muss. Gibt es die Möglichkeit, der Gegenseite etwas zu geben, was dieser wichtig ist, die eigene Seite aber wenig kostet[266]? Hierzu sollte man sich bei der Vorbereitung in die Situation der Gegenpartei versetzen und überlegen, wo deren Ziele und Wünsche liegen. Können diese Bedürfnisse durch die Erreichung der eigenen Ziele befriedigt werden[267]?

141 In der Literatur wird teilweise empfohlen, bereits die Kompromisslinie vor der Sitzung festzulegen und intern abzustimmen.[268] Hierbei sollte auch an mögliche „Paketlösungen“ gedacht werden.[269] Es wird empfohlen, zwar grundsätzlich Kompromissbereitschaft zu signalisieren, zunächst allerdings jedoch nur kleine Schritte anzubieten und eigene Kompromissangebote mit Forderung nach Entgegenkommen in anderen Punkten inhaltlich zu verknüpfen und unverzichtbare Bestandteile zu verdeutlichen. Dem liegt ein „schrittweiser Annäherungsprozess“[270] zugrunde, der sich nach der Verhandlungstechnik **„Basar-Methode“** ausrichtet und an vorgegebenen Positionen hängt; außerdem ist diese Strategie wenig flexibel; auch werden Gegenpartei und Vorsitzender schnell merken, dass die „Kompromissbereitschaft“ nur vorgegeben wird. Auch können solche „festgezurrten Positionen“ von Arbeitgeberseite aufgebrochen werden, indem – wenn der Vorsitzende dies nicht tut – nach den dahinterstehenden Interessen gefragt wird und die Verhandlung nach dem **Harvard-Konzept** (hierzu Rn 274 ff) bzw Mediationsverfahren (hierzu Rn 286 ff) gestaltet wird. Hier ist viel eher eine Lösung zu erwarten, die kein „Kompromiss bei 50 %“ ist, sondern den Interessen beider Parteien gerecht wird. Für eine Partei, die sich nur auf eine Position festgelegt hat, wird das Verhandeln nun jedoch schwierig.

142 Die Methode, über Interessen zu sprechen, ist auch gut dafür geeignet, **Bewegung** in festgelegte Verhandlungs- bzw Kompromisslinien zu bringen und die (auf feste Positionen ausgerichtete) Gegenseite auch intern wieder in Diskussionen und ggf Verunsicherung zu führen.

dd) Planung des Verhandlungsverlaufs

143 In einem nächsten Schritt kann man versuchen, die Verhandlung **vorauszuplanen**. Bei vielen Themenstellungen, mit denen die Einigungsstelle sich befassen muss, können sich die Parteivertreter bzw Beisitzer schon ungefähr vorstellen, mit welchen Fragen bzw Argumenten und Forderungen die Gegenpartei in der Verhandlung auftreten wird. Hier kann man im Voraus eine kleine **Frage- und Antwortliste** anlegen und die Antworten auf die wahrscheinlichsten Fragen vorformulieren.[271]

144 Sodann muss die **Verhandlungstaktik** geplant werden. Aufgrund der wenigen gesetzlichen Regelungen für den Verfahrensablauf besteht hier die Möglichkeit bzw Notwendigkeit, sich im Vorfeld Gedanken über den Sitzungsablauf zu machen. Ziel ist an dieser Stelle oft, den Vorsitzenden zu „beeinflussen“. Hierzu ist es hilfreich, wenn

266 Saner, Verhandlungstechnik, S. 31.
267 Schott, Verhandeln, S. 37.
268 Göritz, Handbuch Einigungsstelle, S. 129.
269 Göritz, Handbuch Einigungsstelle, S. 108.
270 Göritz, Handbuch Einigungsstelle, S. 129.
271 Schott, Verhandeln, S. 45.

man den Verhandlungsstil des Vorsitzenden sowie die wahrscheinliche Taktik der Gegenseite herausbekommen kann und in die Überlegungen einbezieht.[272] Grundsätzlich ist immer ein **sachlicher Verhandlungsstil** sinnvoll, jedoch sollte man sich auf persönliche Angriffe und unsachliche Argumente der Gegenseite einstellen. Es wird in der Literatur sogar vorgeschlagen,[273] Emotionen wie Ärger und Empörung bewusst einzusetzen, um deutlich zu machen, dass bestimmte Positionen der Gegenseite unannehmbar sind. Dies scheint jedoch nicht zielführend zu sein. Denn jedenfalls wenn der Vorsitzende oder die Gegenseite mit Emotionen professionell umgeht, wird die Situation für den „Schauspieler" schwierig (zu Mediationstechniken s. Rn 314).

Zu den taktischen Vorüberlegungen sollte ebenfalls die Frage gehören, in welchem Verhandlungsstadium **getrennte Sitzungen** oder **Sitzungsunterbrechungen** beantragt werden sollen.[274] Verhindert werden sollte es, die Uneinigkeit der eigenen Seite in der Einigungsstelle zu zeigen. Entsprechende Meinungsverschiedenheiten zwischen den Beisitzern sollten generell außerhalb des Einigungsstellenverfahrens geklärt werden.[275] Meist treten diese Situationen bei unvorhergesehenen Entwicklungen oder neuen Kompromissvorschlägen auf.[276] In solchen Fällen ist eine kurze Unterbrechung der Sitzung sinnvoll. Dies sollte bereits in den Vorbesprechungen so vereinbart werden. 145

Wenn die erste Verhandlungsrunde mit einem in Aussicht genommenen Kompromiss beendet ist, sollte vor einer Unterschrift unter die gemeinsame Lösung noch einmal eine Bewertung stattfinden. Eine solche „**Bewertungspause**" sollte bereits von Beginn an eingeplant werden. Für die Bewertung spielt insb. ein Vergleich mit den zuvor festgelegten Zielen eine Rolle;[277] ebenso die Folgen eines Scheiterns der Verhandlungen, also die voraussichtliche Ausgestaltung des Spruches sowie der Zeitverlust durch einen eventuellen weiteren Verhandlungstermin. An dieser Stelle kann nämlich noch eine weitere Verhandlungsrunde begonnen werden, wenn das Ergebnis bei genauer Prüfung nicht überzeugt. Interessant ist hier nicht nur der Inhalt der Vereinbarung, sondern auch das Verhalten, das hierzu geführt hat. Hier kann auch geprüft werden, welches Verhalten erfolgreich war und welches verbessert werden kann.[278] 146

h) Erweiterung des Antrags

Ein Antrag an die Einigungsstelle kann im Laufe des Verfahrens **erweitert** werden. Handelt es sich um einen freiwilligen Mitbestimmungsgegenstand, wird die Erweiterung aber nur dann mitverhandelt und über sie beschlossen, wenn beide Seiten hiermit einverstanden sind. Betrifft die Erweiterung einen Gegenstand erzwingbarer Mitbestimmung, so ist zu prüfen, insoweit ein innerbetrieblicher Einigungsversuch stattgefunden hat und diese innerbetrieblichen Verhandlungen gescheitert sind.[279] Da jede einseitige Ausweitung des Streitpunktes ohne vorherige Verhandlungen unzulässig 147

272 Göritz, Handbuch Einigungsstelle, S. 107.
273 Göritz, Handbuch Einigungsstelle, S. 114.
274 Göritz, Handbuch Einigungsstelle, S. 107.
275 Göritz, Handbuch Einigungsstelle, S. 114.
276 Göritz, Handbuch Einigungsstelle, S. 108.
277 Saner, Verhandlungstechnik, S. 33.
278 Saner, Verhandlungstechnik, S. 33.
279 LAG Frankfurt, 12.11.1991 – 4 TaBV 148/91, NZA 1992, 853; Weber/Erich, Einigungsstelle, S. 35.

ist,[280] ist es taktisch für die Betriebsparteien äußerst wichtig, den Antragsgegenstand sowie auch das Thema der vorangehenden Verhandlungen sorgfältig zu umschreiben.[281]

148 Gemeinsam können die Betriebsparteien über die Meinungsverschiedenheit **disponieren.** Bei Erweiterungen oder Änderungen können die Beisitzer jedoch ebenso wie der Vorsitzende entscheiden, ob sie auch den (erweiterten oder veränderten) Streitgegenstand lösen wollen. Bei Ablehnung muss eine neue Einigungsstelle gebildet werden.[282]

i) Abbruch des Einigungsstellenverfahrens

149 Es ist denkbar, dass ein Einigungsstellenverfahren bereits vor einer mündlichen Verhandlung bzw vor einer abschließenden Entscheidung endet. Hierfür gibt es zwei Möglichkeiten.

150 Ein Einigungsstellenverfahren kann sich einerseits dadurch erledigen, dass sich die streitgegenständliche Frage aus tatsächlichen Gründen wegen veränderter Umstände nicht mehr stellt. So hatte sich bspw in einem Fall, der Gegenstand einer BAG-Entscheidung wurde durch Stilllegung eines Betriebes die Frage nach dem künftigen Ausgleich der Belastungen durch Arbeit zur Nachtzeit (§ 6 Abs. 5 ArbZG) **erledigt.**[283] Wenn der Betriebsrat die Aufgabe der Betriebsstilllegungsabsicht nicht glaubt, endet das Verfahren dagegen nicht, da derartige Erklärungen vor der Einigungsstelle nicht bindend sind.[284]

151 Eine „Erledigung“ der Streitfrage ist auch bei der Aufgabe der streitigen Pläne durch den Arbeitgeber, wie zB Einführung von Dienstkleidung oder EDV-gesteuerten Überwachungsanlagen, möglich.[285] Bei Erledigung wird das Einigungsstellenverfahren vom Vorsitzenden eingestellt.

152 Erledigen kann sich ein Einigungsstellenverfahren auch durch eine **Einigung** der Betriebsparteien. Hiermit wird der Einigungsstelle die Entscheidungskompetenz wieder entzogen.[286] Die meisten Einigungsstellenverfahren werden durch eine solche gütliche Einigung der Konfliktparteien beendet. Nur in etwa einem Drittel der Verfahren muss ein Einigungsstellenspruch getroffen werden.[287] Stellen beide Parteien übereinstimmend fest, dass die Streitigkeit nicht mehr besteht, stellt die Einigungsstelle das Verfahren ein.[288]

j) Rücknahme des Antrags

153 Die Frage der Möglichkeit und Wirkung einer **Antragsrücknahme** sind differenziert zu beurteilen. Für den weiteren Fortgang des Einigungsstellenverfahrens kommt derjenigen Partei, auf deren Initiative die Einigungsstelle tätig wird, grundsätzlich keine

---

280 LAG Schleswig-Holstein, 28.9.1983 – 5 TaBV 30/83, DB 1984, 1530.
281 Tschöpe, NZA 2004, 945, 949.
282 Pünnel/Wenning-Morgenthaler, Die Einigungsstelle, Rn 174.
283 BAG, 19.6.2001 – 1 ABR 48/00, AP Nr. 18 zu § 76 BetrVG 1972 Einigungsstelle.
284 LAG Köln, 23.8.2000 – 7 TaBV 35/00, NZA-RR 2001, 428.
285 Pünnel/Wenning-Morgenthaler, Die Einigungsstelle, Rn 175.
286 Heinze, RdA 1990, 262, 264 f; Wiesemann, Die Einigungsstelle als Einrichtung zur Beilegung von Rechtsstreitigkeiten im Betriebsverfassungsrecht, S. 23.
287 Fiebig, Der Ermessensspielraum der Einigungsstelle, S. 43.
288 Fitting, § 76 BetrVG Rn 63.

besondere Rechtsstellung mehr zu: Insb. kann sie das einmal begonnene Einigungsstellenverfahren grundsätzlich nicht mehr ohne weiteres einseitig beenden:[289] Der Antragsteller kann zwar seinen Antrag jederzeit zurücknehmen. Wenn nämlich der andere Betriebspartner jederzeit einen neuen Antrag auf Durchführung des Einigungsstellenverfahrens stellen könnte, muss er auch einer Rücknahme des Antrags zustimmen.[290] Eine **Zustimmung** ist dementsprechend auch dann erforderlich, wenn in einem freiwilligen Einigungsstellenverfahren die Betriebsparteien sich im Falle der Nichteinigung verbindlich zur Anrufung der Einigungsstelle verpflichten und sich dem Spruch im Voraus unterworfen haben.[291] Anderenfalls bedeutet die Antragsrücknahme in freiwilligen Einigungsstellenverfahren eine Verfahrensbeendigung.

Nach anderer Ansicht führt die Rücknahme eines Antrages in Fällen der erzwingbaren Mitbestimmung lediglich dann zu der Beendigung des Einigungsstellenverfahrens, wenn die Gegenseite bislang nur einen reinen Abweisungsantrag, aber keinen eigenen Sachantrag gestellt hatte.[292] Dies überzeugt jedoch nicht. Denn auch in diesem Fall kann von der Gegenseite die Thematik wieder zum Gegenstand eines Einigungsstellenverfahrens gemacht werden. Dass lediglich ein Abweisungsantrag gestellt wird, muss nicht zwingend bedeuten, dass an einer Regelung und damit an einer Aufnahme bzw Weiterführung des Verfahrens kein Interesse besteht. Daher ist auch in diesen Fällen eine Rücknahme des Antrags nur mit Zustimmung der Gegenseite möglich. 154

Eine besondere Situation stellt sich in den Fällen **einseitiger Antragsberechtigung.** Einige Normen sehen vor, dass die Einigungsstelle nur auf Antrag des Arbeitgebers (§§ 37, 38, 65, 95 Abs. 1 BetrVG) oder des Betriebsrats (§ 85 Abs. 2 BetrVG) tätig wird. Eine besondere Regelung hat § 112 Abs. 2 BetrVG auch für die Tätigkeit der Einigungsstelle im Rahmen des Interessenausgleichs getroffen: Die Einigungsstelle wird bereits auf Antrag einer Seite tätig, jedoch hat ihr Spruch in diesem Fall nur die Wirkung einer freiwilligen Betriebsvereinbarung, § 76 Abs. 6 Satz 2 BetrVG. 155

In den Fällen einseitiger Antragsberechtigung führt eine Antragsrücknahme zum Ende des Verfahrens.[293] Denn ein eigener Antrag der Gegenseite ist nicht möglich und damit entfällt der Grund, hier die Zustimmung zu verlangen. Für § 112 Abs. 2 BetrVG gilt dies jedoch nicht, da der Antrag von beiden Seiten gestellt werden kann. Die Wirkung des Spruchs hat für die Folgen einer Antragsrücknahme keine Bedeutung. 156

Wird der Antrag zurückgenommen und stimmt erforderlichenfalls die Gegenpartei zu, **stellt** der Vorsitzende das Einigungsstellenverfahren **ein.**[294] 157

---

289 LAG Hessen, 20.7.1993 – 5 TaBV 5/93, BB 1994, 430.
290 Fitting, § 76 BetrVG Rn 39; Hergenröder, AR-Blattei SD, 630.1 Rn 45; Friedemann, Das Verfahren der Einigungsstelle für Interessenausgleich und Sozialplan, Rn 309; Richardi, § 76 BetrVG Rn 93; Weber/Erich, Einigungsstelle, S. 35; Pünnel/Wenning-Morgenthaler, Die Einigungsstelle, Rn 171; Hennige, Das Verfahrensrecht der Einigungsstelle, S. 140 ff, 145 f.
291 Fitting, § 76 BetrVG Rn 39; Hennige, Das Verfahrensrecht der Einigungsstelle, S. 144.
292 Schaub/Koch, Arbeitsrechtshandbuch, § 232 Rn 23.
293 Pünnel/Wenning-Morgenthaler, Die Einigungsstelle, Rn 171.
294 Pünnel/Wenning-Morgenthaler, Die Einigungsstelle, Rn 359.

5. Der Ablauf der mündlichen Verhandlung

158 Mit dem ersten Zusammentreten **konstituiert** sich die Einigungsstelle. Sind alle Beteiligten ordnungsgemäß geladen bzw trotz Ladungsfehlern erschienen, beginnt die **Sitzung** der Einigungsstelle. Der Vorsitzende leitet die Verhandlungen nach pflichtgemäßem Ermessen, um eine effektive Schlichtung zu ermöglichen.[295]

159 Dem möglichen **Ablauf** einer Einigungsstellenverhandlung folgend sollen zunächst die Prüfung der Formalitäten wie Verfahrensvertretung und Zuständigkeit, sodann die Verhandlungsphasen mit Beweisaufnahme und dem möglichen Wechsel notweniger Beteiligter dargestellt werden, bevor auf Zwischenbeschlüsse der Einigungsstelle und die Möglichkeit, diese anzufechten, eingegangen wird.

a) Prüfung der Formalien

160 Nach Eröffnung der Einigungsstellensitzung wird der Vorsitzende zunächst einige **formale Punkte** prüfen bzw erörtern. Hierbei geht es zunächst um die Beschlussfähigkeit der Einigungsstelle, ggf Anwesenheit von Verfahrensvertretern sowie die Protokollführung. Sodann wird – wenn hierzu Anlass besteht – die Einigungsstelle ihre Zuständigkeit prüfen.

aa) Feststellung der Anwesenheit der Einigungsstellenmitglieder

161 Nach Eröffnung der Sitzung stellt der Vorsitzende zunächst die **Anwesenheit** der Einigungsstellenmitglieder fest. Fragen sollte er dabei auch nach der Funktion im Betrieb oder Betriebsrat bzw bei externen Beisitzern nach dem Verhältnis zur entsendenden Partei,[296] falls ihm diese Informationen noch nicht aus der Vorbereitungsphase bekannt sind.

162 Eine Besonderheit im Hinblick auf die an der Einigungsstelle beteiligten Personen findet sich für Einigungsstellen zu **Interessenausgleich und Sozialplan** im § 112 Abs. 2 Satz 3 BetrVG. Sofern der Vorsitzende darum bittet, nimmt ein Mitglied des Vorstands der Bundesagentur für Arbeit bzw ein vom Vorstand der Bundesagentur für Arbeit benannte Bediensteter der Bundesagentur an der Verhandlung der Einigungsstelle teil. Da es sich hier um eine grundsätzliche verfahrensmäßige Entscheidung handelt, muss ein Mehrheitsbeschluss der Einigungsstelle gefasst werden.[297] In der Praxis wird von dieser Möglichkeit selten Gebrauch gemacht. Jedoch ist die Hinzuziehung eines solchen Vertreters der Bundesagentur für Arbeit oft eine sehr sinnvolle Idee, da dieser in der Lage ist, den Betriebsparteien und der Einigungsstelle die Förderungsmöglichkeiten zur Vermeidung von Arbeitslosigkeit umfassend zu erläutern, die gemäß § 112 Abs. 5 Nr. 2 a BetrVG beim Anspruch zu berücksichtigen sind. Auf eine solche Hilfe sollte, wenn sonst nichts dagegen spricht, nicht verzichtet werden. Ist ein solcher Vertreter der Bundesagentur für Arbeit beteiligt, wird seine Anwesenheit ebenfalls festgestellt.

---

295 Ausführlich Hennige, Das Verfahrensrecht der Einigungsstelle, S. 211 f.
296 Pünnel/Wenning-Morgenthaler, Die Einigungsstelle, Rn 208.
297 Pünnel/Wenning-Morgenthaler, Die Einigungsstelle, Rn 276; Friedemann, Das Verfahren der Einigungsstelle für Interessenausgleich und Sozialplan, Rn 150.

bb) Feststellung der Beschlussfähigkeit

Sodann konstatiert der Vorsitzende die **Beschlussfähigkeit.** Als Voraussetzung hierfür wird die ordnungsgemäße Ladung aller Einigungsstellenmitglieder[298] sowie die Anwesenheit der Mehrheit der Mitglieder gefordert.[299] Letztgenanntes wird als allgemeiner Rechtsgrundsatz für die Beschlussfähigkeit von Gremien aus § 45 Abs. 1 GO BT abgeleitet;[300] auch finde sich in § 76 Abs. 5 Satz 2 BetrVG eine Bestätigung im Hinblick auf das zwingende Einigungsstellenverfahren. Eine weitergehende Ansicht fordert für eine Beschlussfähigkeit der Einigungsstelle die Anwesenheit aller Mitglieder[301] und begründet dies damit, dass die Einigungsstelle verpflichtend paritätisch besetzt sein müsse. Dies überzeugt nicht, da sich ein Quorum zur Beschlussfähigkeit sich § 76 BetrVG – im Gegensatz zu § 33 Abs. 2 BetrVG – nicht entnehmen lässt.[302] 163

Die Vertreter der Ansicht, die vollzählige Anwesenheit fordert, lassen jedoch Ausnahmen mit Verweis auf die Beschlussregelung des § 76 Abs. 3 Satz 2 BetrVG zu, wenn in einem Verfahren der zwingenden Einigungsstellenzuständigkeit eine Seite die Mitarbeit verweigert. Ausnahmen werden auch dann gemacht, wenn ein Einigungsstellenmitglied aus unvorhersehbaren Gründen verhindert und ein Ersatzmitglied nicht kurzfristig einsatzbereit ist.[303] Damit näheren sich die Ansichten in den praktischen Konsequenzen weitgehend an. 164

Die Frage der Beschlussfähigkeit und ihre Feststellung weist enge Verbindungen zum Problem der Mehrheitsberechnung bei Beschlüssen der Einigungsstelle auf. Auf diese Fragestellung wird im Rahmen der Erläuterungen zum Zustandekommen des Einigungsstellenspruchs näher eingegangen. 165

Fehlen die Beisitzer einer Seite trotz ordnungsgemäßer und vollständiger Ladung unentschuldigt, kann in Gegenstand zwingender Mitbestimmung trotzdem eine Verhandlung durchgeführt werden (§ 76 Abs. 5 Satz 2 BetrVG; zum „Versäumnisverfahren“ s. § 6). Von dieser Möglichkeit, in **Abwesenheit** einer Seite zu verhandeln, sollte nur Gebrauch gemacht werden, wenn außer Zweifel steht, dass die nicht erschienene Seite bewusst die Arbeit der Einigungsstelle blockieren möchte. Zur Klärung der Gründe der Abwesenheit sollte eine telefonische Rückfrage stattfinden.[304] 166

Ist ein Mitglied kurzfristig verhindert, wird „dessen“ Seite häufig einen Antrag auf Vertagung stellen. Eine Alternative zur Vertagung ist in dieser Situation eine Pairing-Absprache (hierzu Rn 390).

cc) Feststellung der Verfahrensvertretung

Parteivertreter haben die Aufgabe, die jeweiligen Interessen und die Vorstellungen der Betriebsparteien sowie den Stand der Auseinandersetzung darzulegen;[305] auch erläutern sie die Rechtslage aus der Sicht „ihrer“ Partei. In der Praxis beschränken sich die 167

298 Fitting, § 76 BetrVG Rn 51; Kaven, Das Recht des Sozialplans, S. 97; ErfK/Kania § 76 BetrVG Rn 19.
299 Fiebig, DB 1995, 1278.
300 Fiebig, DB 1995, 1278.
301 ErfK/Kania § 76 BetrVG Rn 19; GK-BetrVG/Kreutz, § 76 Rn 109.
302 Friedemann, Das Verfahren in der Einigungsstelle für Interessenausgleich und Sozialplan, Rn 264; Richardi § 76 BetrVG Rn 99; Fitting, § 76 BetrVG Rn 51.
303 Fitting, § 76 BetrVG Rn 51.
304 Hümmerich/Spirolke, Arbeitsrechtliches Mandat, Arbeitsrechtliches Mandat, § 13 Rn 23.
305 BAG, 5.11.1981 – 6 ABR 24/78, AP Nr. 9 zu § 76 BetrVG 1972.

Parteivertreter oft darauf, den Streitstand aus der Sicht ihrer jeweiligen Partei darzustellen.

168 Die **Berechtigung** der Parteien, sich vor der Einigungsstelle sowie im Einigungsstellenverfahren **vertreten zu lassen**, folgt bereits daraus, dass der Gesetzgeber die Möglichkeit der Parteien, sich durch Parteivertreter vor der Einigungsstelle vertreten zu lassen, nicht ausdrücklich ausgeschlossen hat. Außerdem spricht hierfür, dass die Einigungsstelle auch über Rechtsfragen entscheidet;[306] hier muss – wie vor Gerichten – eine Vertretung möglich sein, dies gilt mangels gesetzlicher Unterscheidung zwischen dem Verfahren für Einigungsstellen zu Rechts- und Regelungsfragen für alle Einigungsstellen. Weder ist eine Zulassung der Bevollmächtigten durch die Einigungsstelle erforderlich,[307] noch darf die Einigungsstelle den Bevollmächtigten zurückweisen.[308]

169 *Friedemann* meint dagegen, die Vertretung durch Bevollmächtigte im Einigungsstellenverfahren sei unzulässig. Er begründet dies damit, dass § 76 Abs. 2 BetrVG abschließend regele, welche Beteiligten das Verfahren der Einigungsstelle habe.[309] Darüber hinaus verweist er auf die Möglichkeit, einem Vertreter der Agentur für Arbeit die Funktion eines Beraters in der Einigungsstelle einzuräumen, was im Gesetz für Interessenausgleich und Sozialplan ausdrücklich vorgesehen ist (§ 112 Abs. 2 Satz 3 BetrVG). Im Umkehrschluss ergebe sich hieraus, dass weitere Beteiligte nicht vorgesehen seien.[310] Jedoch nehmen Verfahrensbevollmächtigte an der Beratung und Beschlussfassung im Falle eines Einigungsstellenspruchs nicht teil, so dass sich aus dem Gesetz kein zwingendes Argument gegen die Zulassung von Verfahrensbevollmächtigten ergibt.[311] Eine Vertretung ist daher zulässig.

(1) Externe Verfahrensbevollmächtigte

170 Die Betriebsparteien können sich durch **Verbandsvertreter** oder **Rechtsanwälte** vertreten lassen.[312] Zum Teil wird die Vertretung durch Anwälte auf Fälle beschränkt, in denen der Regelungsgegenstand der Einigungsstelle schwierige tatsächliche oder rechtliche Fragen aufwirft.[313] Jedoch besteht auch nach dieser Ansicht kein Zurückweisungsrecht der Einigungsstelle, so dass es letztlich den Parteien obliegt zu entscheiden, ob ein solcher schwieriger Fall vorliegt; diese Ansicht ist vor dem Hintergrund der Frage der Übernahme der Anwaltskosten für einen Betriebsratsvertreter durch den Arbeitgeber zu sehen. Auch die Vertretung durch mehrere Bevollmächtigte

306 BAG, 5.11.1981 – 6 ABR 24/78, AP Nr. 9 zu § 76 BetrVG 1972; Richardi, § 76 BetrVG Rn 87; GK-BetrVG/Kreutz, § 76 Rn 102; Bischoff, Die Einigungsstelle im Betriebsverfassungsrecht, S. 105 f; Dütz, AuR 1973, 353, 363 (Betriebsparteien entscheiden über Vertretung; Zulassung von Anwälten entsprechend § 11 ArbGG).

307 DKK/Berg, § 76 BetrVG Rn 63; GK-BetrVG/Kreutz, § 76 Rn 102.

308 BAG, 5.11.1981 – 6 ABR 24/78, AP Nr. 9 zu § 76 BetrVG 1972; DKK/Berg, § 76 BetrVG Rn 63; Fitting, § 76 BetrVG Rn 48.

309 Friedemann, Das Verfahren der Einigungsstellenverfahren für Interessenausgleich und Sozialplan, S. 60.

310 Friedemann, Das Verfahren der Einigungsstellenverfahren für Interessenausgleich und Sozialplan, S. 60.

311 Weber/Erich, Einigungsstelle, S. 29.

312 BAG, 21.6.1989 – 7 ABR 78/87, AP Nr. 34 zu § 76 BetrVG 1972; BAG, 5.11.1981 – 6 ABR 24/78, AP Nr. 9 zu § 76 BetrVG 1972; DKK/Berg, § 76 BetrVG Rn 63. Gegen eine Vertretung Tschöpe, Die Bestellung der Einigungsstelle – Rechtliche und taktische Fragen, NZA 2004, 945, 948.

313 Fitting, § 76 BetrVG Rn 48; aA Friedemann, Das Verfahren der Einigungsstellenverfahren für Interessenausgleich und Sozialplan, Rn 154 f (Vertretung in jedem Verfahren).

ist grundsätzlich zulässig.[314] Verfahrensbevollmächtigte sind im Gegensatz zu Beisitzern an Weisungen der Betriebspartei gebunden.[315]

Möchte der Betriebsrat sich durch einen Rechtsanwalt vertreten lassen, stellt sich die Frage nach der Übernahme der **Kosten** für einen Verfahrensbevollmächtigten (zu den Kosten der Einigungsstelle s. § 10). In jedem Fall muss für die anwaltliche Vertretung des Betriebsrates vor der Einigungsstelle ein ordnungsgemäßer Betriebsratsbeschluss gefasst werden. Eine Kostentragungspflicht des Arbeitgebers setzt außerdem voraus, dass der Betriebsrat eine Vertretung durch einen Rechtsanwalt im konkreten Fall für erforderlich halten durfte, etwa weil schwierige Rechtsfragen zwischen den Betriebsparteien streitig sind.[316] Das Recht des Betriebsrats auf Hinzuziehung eines Rechtsanwalts als sein Vertreter bei der Durchsetzung oder Wahrnehmung seiner Mitbestimmungsrechte außerhalb von gerichtlichen Streitigkeiten und Einigungsstellenverfahren ist nicht durch die Regelungen in § 80 III BetrVG und § 111 S. 2 BetrVG beschränkt. Diese Regelungen finden keine Anwendung, wenn es nicht um die Heranziehung sachkundiger Personen durch den Betriebsrat zum Zwecke seiner Beratung, sondern um die Vertretung des Betriebsrats bei der Durchsetzung oder Ausübung seiner Mitbestimmungsrechte in arbeitsgerichtlichen Beschlussverfahren oder Einigungsstellenverfahren oder in deren Vorfeld geht.[317] 171

Die Tätigkeit eines Rechtsanwalts im Einigungsstellenverfahren begründet einen eigenen Gebührentatbestand; dieser ist nicht identisch mit demjenigen der Prozessvertretung im späteren Anfechtungsverfahren des Einigungsstellenspruchs.[318]

(2) Verfahrensvertretung durch Beisitzer

Die eigentliche **Interessenvertretung** der Parteien in der Einigungsstelle erfolgt oft durch die **Beisitzer.**[319] Einer Verfahrensvertretung durch die von der Betriebspartei benannten Beisitzer könnte entgegenstehen, dass sich die Stellung und Funktion von Beisitzern einerseits und Verfahrensbevollmächtigten andererseits unterscheiden. Die Beisitzer sind parteiliche Interessenvertreter und können jederzeit abberufen und durch andere Beisitzer ersetzt werden. Gleichzeitig sind sie nicht an Weisungen derjenigen Partei, die sie bestellt hat, gebunden; sie haben vielmehr nach bestem Wissen und Gewissen zu entscheiden.[320] Diese Stellung der Beisitzer spricht konstruktiv dagegen, dass sie die Verfahrensvertretung wahrnehmen. In der Praxis hat sich eine Vertretung durch die Beisitzer jedoch gerade in weniger aufwendigen Verfahren gut bewährt. Ein Rechtsverstoß liegt hierin bereits deshalb nicht, weil es den Parteien freisteht, wen sie zu ihrem Vertreter bestellen wollen bzw ob sie Vertreter benennen. Der Grundsatz der vertrauensvollen Zusammenarbeit verpflichtet die Betriebsparteien jedoch, keine Einigungsstellenbeisitzer zu benennen, die hinsichtlich ihrer Kenntnisse 172

314 DKK/Berg, § 76 BetrVG Rn 63; aA Tschöpe, NZA 2004, 945, 948.
315 Pünnel/Wenning-Morgenthaler, Die Einigungsstelle, Rn 220.
316 BAG, 14.2.1996 – 7 ABR 25/95, AP Nr. 5 zu § 76 a BetrVG 1972; BAG, 21.6.1989 – 7 ABR 78/87, AP Nr. 34 zu § 76 BetrVG 1972; BAG, 5.11.1981 – 6 ABR 24/78, AP Nr. 9 zu § 76 BetrVG 1972; Hergenröder, AR-Blattei SD, 630.1 Rn 57.
317 BAG, Beschl. v. 14.12.2016 – 7 ABR 8/15, NZA 2017, 514.
318 LAG Rheinland-Pfalz, 6.8.1992 – 9 TaBV 163/92, NZA 1993, 93 zu § 13 Abs. 1 BRAGO.
319 Hierzu Sowka, NZA 1990, 91, 92.
320 Sowka, NZA 1990, 91, 93.

und Erfahrungen offensichtlich ungeeignet sind, über die der Einigungsstelle zugrunde liegende Regelungsmaterie zu entscheiden. Gleiches gilt, wenn die Person in der Einigungsstelle ihre Funktion aus anderen Gründen offenkundig nicht ordnungsgemäß ausüben kann.[321] Angesichts einer von Arbeitgeberseite geplanten Kündigung eines Betriebsratsmitglieds, das als externer Beisitzer vom Betriebsrat eines anderen Betriebes des Unternehmens benannt worden war, sah sich das Bundesarbeitsgericht veranlasst, festzustellen, dass die Wahrnehmung des Amtes als Beisitzer von Einigungsstellen anderer Betriebe des Arbeitgebers für sich genommen nicht seine arbeitsvertragliche Pflicht zur Rücksichtnahme nach § 241 II BGB verletzt.[322]

Es ist es auch möglich, dass die Parteien – über ihre Beisitzer hinaus – keine weiteren Vertreter zur mündlichen Verhandlung entsenden.[323]

Ein Anspruch auf Vergütung und Kostenersatz eines vom Betriebsrat bestellten betriebsfremden Beisitzers ist von einer wirksamen Beschlussfassung des Betriebsrats über die Bestellung und der Annahme dieser Bestellung durch den Beisitzer abhängig.[324]

dd) Teilnahme weiterer Personen

173 Sind **weitere Personen** anwesend oder wünscht eine Partei deren Anwesenheit, muss hierüber von der Einigungsstelle entschieden werden. Im Streitfall muss durch Abstimmung ein Mehrheitsbeschluss herbeigeführt werden.[325] Denkbar ist bspw die Teilnahme von Referendaren oder Trainees.

b) Protokollführung

174 Es ist nicht erforderlich,[326] aber empfehlenswert, den Verlauf der Sitzung zu protokollieren.[327] Über Fragen der **Protokollierung** sollte die Einigungsstelle bei Sitzungsbeginn entscheiden. Das Protokoll hält u.a. fest, über welche Punkte Einigkeit erzielt werden konnte, welche Punkte noch im Streit sind und wie die Einigungsstelle weiter verfahren will. Auf diese Weise kann Erreichtes gesichert werden, die Verhandlungsstruktur nachvollziehbar bleiben und folgende Sitzungen besser geplant werden. Üblicherweise führt der Vorsitzende das Protokoll.[328] Eine Protokollierung durch einen gesonderten Protokollführer ist dann angezeigt, wenn beide Parteien dies wünschen, wenn besonders wichtige mündliche Erklärungen der Parteien festzuhalten sind oder der Einigungsstellenvorsitzende noch unerfahren ist.[329]

175 Ausreichend ist ein **Verlaufsprotokoll**, aus dem der Sitzungsablauf und ggf gestellte Anträge hervorgehen; ein Wortprotokoll ist dagegen unnötig und unüblich.[330] Aufgenommen werden auch Zeugenaussagen und die Ausführungen von Sachverständigen;

---

321 BAG, 28.5.2014 – 7 ABR 36/12, NZA 2014, 1213.
322 BAG, 13.5.2015 – 2 ABR 38/14, NZA 2016, 116.
323 Ähnlich Pünnel/Wenning-Morgenthaler, Die Einigungsstelle, Rn 220.
324 BAG, 22.11.2017 – 7 ABR 46/16, AP BetrVG 1972 § 76 Einigungsstelle Nr. 24.
325 Pünnel/Wenning-Morgenthaler, Die Einigungsstelle, Rn 209.
326 BAG, 11.9.2001 – 1 ABR 5/01, AP Nr. 15 zu § 76 BetrVG 1972 Einigungsstelle. Pünnel/Wenning-Morgenthaler, Die Einigungsstelle, Rn 223 f hält die Protokollführung nicht für zwingend, aber „angebracht".
327 Hergenröder, AR-Blattei SD, 630.1 Rn 55; 31; Fitting, § 76 BetrVG Rn 65.
328 Fitting, § 76 BetrVG Rn 65.
329 Pünnel/Wenning-Morgenthaler, Die Einigungsstelle, Rn 223.
330 Göritz, Handbuch Einigungsstelle, S. 119 f.

Inhalt des Protokolls sind ebenfalls nicht in die abzuschließende Betriebsvereinbarung passende Übergangs- und Einzelfallregelungen sowie Zusagen der Betriebsparteien untereinander.[331]

176 *Gaul* spricht sich dafür aus, den Verhandlungsablauf und das wesentliche Parteivorbringen zu protokollieren.[332] *Friedemann* genügt es dagegen, die Anträge der Betriebsparteien, für die Sachentscheidung wesentliche Feststellungen, Verfahrensfragen und Entscheidungen festzuhalten.[333] *Schönfeld* beschränkt sich darauf, entsprechend § 160 ZPO ein Förmlichkeitsprotokoll zu fordern.[334] *Wenning-Morgenthaler* fordert ein Ablaufprotokoll, das alle formalen Verhandlungsvorgänge und den Verfahrensgang enthält, darüber hinaus inhaltliche Aussagen und Absprachen.[335]

Angesichts der fehlenden Protokollpflicht kann die Einigungsstelle nach Zweckmäßigkeitsgesichtspunkten entscheiden, wie umfassend die Sitzung im konkreten Fall protokolliert werden soll. Wenn eine Partei bestimmte, aus ihrer Sicht wichtige Sachverhalte ins Protokoll aufnehmen möchte, sollte sie um Protokollierung bitten, notfalls darauf bestehen, dass die Erklärung im Protokoll festgehalten wird. Wenn das Protokoll als gemeinsame Mitschrift verstanden wird, liegen die Inhalte nicht allein im Ermessen des Vorsitzenden. Dieser muss daher Parteierklärungen auf Wunsch aufnehmen.[336]

177 Umstritten ist, ob ein **Anspruch auf Protokollberichtigung** besteht. Hiergegen spricht, dass dem Protokoll einer Einigungsstellensitzung keine Beweiskraft iSd § 165 ZPO zukommt. Denn es besteht keine Pflicht zur mündlichen Verhandlung (s. hierzu Rn 14), daher gelten auch keine der für die in mündlichen Verhandlungen in Gerichtsverfahren vorgeschriebenen Formalitäten. Aus diesem Grund sieht eine Ansicht einen Fehler in der Sitzungsniederschrift als unerheblich an: Die Parteien könnten diesen durch entsprechenden Vortrag richtigstellen.[337] Die andere Ansicht weist darauf hin, dass die Parteien einen Anspruch auf ein korrektes Protokoll hätten, wenn dies vom Vorsitzenden bzw von einem von der Einigungsstelle benannten Protokollführer offiziell angefertigt wird. Eine vermittelnde Ansicht fordert, die Streitigkeit hinsichtlich des Protokolls in das folgende Protokoll bzw bei Beendigung des Verfahrens in ein gesondertes Schreiben aufzunehmen.[338]

178 In jedem Fall sollte der Vorsitzende **Protokollrügen** stets ernst nehmen, die Niederschrift kritisch prüfen und den Beisitzern sowie den Parteien Gelegenheit zur Stellungnahme geben. Spricht sich die Einigungsstelle mehrheitlich für die Richtigkeit der

331 Pünnel/Wenning-Morgenthaler, Die Einigungsstelle, Rn 224.
332 Gaul, Die betriebliche Einigungsstelle, S. 257.
333 Friedemann, Das Verfahren der Einigungsstelle für Interessenausgleich und Sozialplan, Rn 343; ebenso Weber/Ehrich, Einigungsstelle, S. 63.
334 Schönfeld, Das Verfahren vor der Einigungsstelle, S. 180 f.
335 Pünnel/Wenning-Morgenthaler, Die Einigungsstelle, Rn 226.
336 Göritz, Handbuch Einigungsstelle, S. 120 sieht bei einem Verstoß sogar einen Ansatzpunkt für eine Anfechtung. Dies überzeugt jedoch nicht, da eine Protokollierungspflicht gesetzlich nicht besteht und daher bei einem Verstoß auch kein gravierender Verfahrensfehler vorliegen kann.
337 Friedemann, Das Verfahren in der Einigungsstelle für Interessenausgleich und Sozialplan, Rn 345; Hümmerich/Hümmerich/Spirolke, Arbeitsrechtliches Mandat, Arbeitsrechtliches Mandat, § 13 Rn 24; anderer Ansicht Gaul, Die betriebliche Einigungsstelle, S. 287; Weber/Ehrich, Einigungsstelle, S. 63: Berichtigung hat zu erfolgen.
338 Pünnel/Wenning-Morgenthaler, Die Einigungsstelle, Rn 230.

beanstandeten Passage aus, führt auch ein gerichtlich durchsetzbarer Protokollberichtigungsanspruch gegen den Vorsitzenden bzw die Einigungsstelle als Organ praktisch nicht weiter. Sinnvoller ist es hier, der aus ihrer Sicht benachteiligten Partei das Recht einzuräumen, ihre Ansicht in einer Protokollnotiz niederzulegen.[339] Wenn sich der behauptete Fehler im Protokoll im Spruch der Einigungsstelle auswirkt, kann dies im Anfechtungsverfahren geltend gemacht werden. Wirkt sich der Fehler nicht aus, ist die Partei nicht beschwert, da es sich beim Protokoll um ein bloßes Hilfsmittel handelt.[340]

179 Über das offizielle Protokoll hinaus sollte sich jeder Beisitzer **Notizen** machen, um Beratungen der Beisitzer untereinander vorzubereiten, getrennte Verhandlungen mit dem Vorsitzenden gezielter zu führen und das Protokoll des Vorsitzenden zu prüfen; außerdem sind die Notizen Gedächtnisstützen für eventuelle spätere gerichtliche Auseinandersetzungen.[341]

c) Prüfung der Zuständigkeit der Einigungsstelle

180 Da die Einigungsstelle nur im Rahmen ihrer Zuständigkeit wirksam tätig werden kann, muss sie diese zu Beginn prüfen[342] („**Vorfragenkompetenz**“). Dies gilt jedenfalls bei Zweifeln über ihre Zuständigkeit oder auf Antrag einer Seite.[343] Meist wird es die Arbeitgeberseite sein, die das Bestehen eines Mitbestimmungsrechts des Betriebsrates im konkreten Fall bestreitet bzw ein anderes Betriebsratsgremium für die streitige Frage als zuständig betrachtet oder sich auf eine ungekündigte einschlägige Betriebsvereinbarung beruft. Unzuständig ist die Einigungsstelle auch, wenn der konkrete Konflikt bereits gesetzlich zwingend geregelt ist, ein Tarifvertrag die Angelegenheit regelt oder ein solcher Tarifvertrag üblicherweise geschlossen wird.[344]

181 Eine Entscheidung über die Zuständigkeit der Einigungsstelle ist auch dann erforderlich, wenn ein Verfahren gem. § 98 ArbGG vorausging:[345] Hier wurde nur über die „nicht offensichtliche Unzuständigkeit“ der Einigungsstelle entschieden. Eine **Entscheidung entfällt** nur, wenn in einem Beschlussverfahren die Zuständigkeit rechtskräftig festgestellt wurde oder sich die Parteien in einem gerichtlichen Vergleich auf die Durchführung des Einigungsstellenverfahrens geeinigt haben.

182 Über die Zuständigkeit entscheidet auf Antrag die Einigungsstelle als Kollektivorgan;[346] daher ist über die Frage abzustimmen; es wird also – wenn mindestens eine Betriebspartei dies wünscht – ein **Beschluss über die Zuständigkeit** gefasst.[347] Für diesen soll das zweistufige Abstimmungsverfahren gelten, da er – bei Feststellung der Unzuständigkeit – das Einigungsstellenverfahren beendet.[348] Trotz Antrages sieht

339 Hümmerich/Hümmerich/Spirolke, Arbeitsrechtliches Mandat, Arbeitsrechtliches Mandat, § 13 Rn 24.
340 Hümmerich/Hümmerich/Spirolke, Arbeitsrechtliches Mandat, Arbeitsrechtliches Mandat, § 13 Rn 24.
341 Göritz, Handbuch Einigungsstelle, S. 120.
342 BAG, 4.7.1989 – 1 ABR 40/88, NZA 1990, 29, 32.
343 Schaub/Koch, Arbeitsrechtshandbuch, § 232 Rn 18; BAG, 22.1.1980 – 1 ABR 48/77, AP Nr. 3 zu § 87 BetrVG 1972 Lohngestaltung.
344 Fiebig, DB 1995, 1278, 1279.
345 Schaub/Koch, Arbeitsrechtshandbuch, § 232 Rn 18.
346 BAG, 22.1.1980 – 1 ABR 48/77, AP Nr. 3 zu § 87 BetrVG 1972 Lohngestaltung.
347 Schaub/Koch, Arbeitsrechtshandbuch, § 232 Rn 18; Hümmerich/Spirolke, Arbeitsrechtliches Mandat, § 13 Rn 25.
348 Pünnel/Wenning-Morgenthaler, Die Einigungsstelle, Rn 239.

Wenning-Morgenthaler die Einigungsstelle nicht als verpflichtet an, einen Beschluss zu fassen, da hier keine Einigung der Parteien ersetzt und daher keine schutzwürdigen Interessen verletzt werden könnten.[349] Dies überzeugt jedoch nicht, da kein Grund ersichtlich ist, den Antrag nicht zu bescheiden.

aa) Sachliche Zuständigkeit der Einigungsstelle

Die Einigungsstelle ist zuständig zur Beilegung von Streitigkeiten zwischen Arbeitge- 183
ber und Betriebsrat (bzw in seinem jeweiligen Zuständigkeitsbereich Gesamtbetriebsrat oder Konzernbetriebsrat) auf dem Gebiet der zwingenden Mitbestimmung. Schwierigkeiten im Hinblick auf das **zuständige Betriebsratsgremium** ergeben sich zB bei Betriebsänderungen, die mehrere Betriebe eines Unternehmens betreffen (s. hierzu § 12 Rn 184 ff). Hauptsächlich beschäftigt sich die Einigungsstelle mit **Regelungsstreitigkeiten**, häufigster Streitpunkt ist hier die Regelung der betrieblichen Arbeitszeit. Doch auch Rechtsfragen gehören zum Aufgabenbereich der Einigungsstelle, zB bei der Entscheidung über Schulungsmaßnahmen gem. § 37 Abs. 6 und 7 BetrVG. Die einzelnen Fälle der erzwingbaren Einigungsstellenzuständigkeit sind in Teil C aufgeführt. Weitere zwingende Einigungsstellenzuständigkeiten können durch Tarifvertrag geschaffen werden.[350]

Die Einigungsstelle ist erst dann zuständig, wenn die Betriebsparteien den ernsthaften **Versuch einer Einigung** unternommen haben und diese Verhandlungen gescheitert sind.[351] Verhandlungen können aber von jeder Seite einseitig als gescheitert geklärt werden,[352] wenn nach Ansicht einer Partei eine Regelung nicht ohne fremde Hilfe möglich sein wird.[353] Bei dieser Feststellung haben die Parteien einen gewissen Beurteilungsspielraum. Jedoch darf eine solche Erklärung nicht willkürlich getroffen werden, zB wenn beide Parteien einen weiteren Verhandlungstermin vereinbart hatten oder bisher nur ein Termin zur gemeinsamen Information über das Verhandlungsthema stattfand. Das Verhandlungserfordernis gilt nur dann nicht, wenn innerbetriebliche Verhandlungen über die Streitfrage von einer Partei von vornherein ernsthaft und endgültig abgelehnt wurden.[354] Gleiches gilt, wenn Verhandlungen ersichtlich aussichtslos sind.[355] Für eine solche Feststellung müssen jedoch konkrete Tatsachen vorliegen.

bb) Taktisches Vorgehen bei umstrittener Zuständigkeit

Nicht selten wird vor der Einigungsstelle um deren Zuständigkeit gestritten. Aus 184
Sicht des Vorsitzenden bietet es sich in diesem Fall an, zu prüfen, ob sich eine Mehr-

349 Pünnel/Wenning-Morgenthaler, Die Einigungsstelle, Rn 241.
350 BAG, 18.8.1987 – 1 ABR 30/86, DB 1987, 2257.
351 LAG Hessen, 12.11.1991 – 4 TaBV 148/91, NZA 1992, 853; LAG Hessen, 22.11.1994 – 4 TaBV 112/94, NZA 1995, 1118; LAG Rheinland-Pfalz, 5.1.2006 – 6 TaBV 60/05, AuR 2006, 333; LAG Niedersachsen, 25.10.2005 – 1 TaBV 48/05, NZA-RR 2006, 142.
352 LAG Hessen, 22.11.1994 – 4 TaBV 112/94, NZA 1995, 1118; LAG Niedersachsen, 25.10.2005 – 1 TaBV 48/05, NZA-RR 2006, 142. Fitting, § 76 BetrVG Rn 40.
353 LAG Rheinland-Pfalz, 5.1.2006 – 6 TaBV 60/05, AuR 2006, 333.
354 LAG Hamm, 9.8.2004 – 10 TaBV 81/04, AP Nr. 14 zu § 98 ArbGG 1979; LAG Hessen, 14.2.2006 – 4 TaBV 1/06, zitiert nach juris; LAG Sachsen, 12.10.2001 – 3 TaBV 22/01, NZA-RR 2002, 362; Fitting, § 76 BetrVG Rn 40. AA LAG Niedersachsen, 7.12.1998 – 1 TaBV 74/98 – zitiert nach juris; Tschöpe, NZA 2004, 945, 946: Grundsätzlich kein Verhandlungserfordernis für Zuständigkeit der Einigungsstelle.
355 LAG Niedersachsen, 25.10.2005 – 1 TaBV 48/05, NZA-RR 2006, 142.

heit für das **Ausklammern der Zuständigkeitsfrage** findet.[356] So kann trotz dieses Problems die Lösung der inhaltlichen Fragen unter Vermittlung des Vorsitzenden versucht werden. Einigt man sich hierauf, stellt sich das Zuständigkeitsproblem lediglich dann wieder, wenn eine gütliche Einigung scheitert.

Für die Parteien sind die **taktischen Ausgangspunkte** andere. Ist die Frage der Zuständigkeit, also das Bestehen eines erzwingbaren Mitbestimmungsrechts, streitig, wird vorgeschlagen, die Rechtsauffassung des Vorsitzenden in Erfahrung zu bringen – dies möglicherweise in getrennten Verhandlungen. Wenn der Vorsitzende die Zuständigkeit eher verneint, wird er der Partei, welche die Zuständigkeit verneint – meist der Arbeitgeberseite – nicht ernsthaft einen Spruch in Aussicht stellen und damit deren Kompromissbereitschaft erhöhen. Daher wird **Betriebsräten** geraten, hier besser eine Vertagung und Klärung der Zuständigkeitsfrage anzustreben, um „ungünstige Kompromisse" zu vermeiden.[357] Soweit der Vorsitzende dies nicht umsetzt, sollte zur Abstimmung über die Zuständigkeit gedrängt werden. Stellt die Einigungsstelle hierbei ihre Nichtzuständigkeit fest, werde zumindest ein für den Betriebsrat ungünstiger Kompromiss vermieden.[358] Bejaht der Vorsitzende die Zuständigkeit, so wird Betriebsratsbeisitzern bzw -vertretern empfohlen, der Ausklammerung der Frage zustimmen. Eine „Erpressbarkeit" der Betriebsratsseite drohe in diesem Fall nicht, da beiden Parteien die Ansicht des Vorsitzenden bekannt sein dürfte. Hier könne man „Großzügigkeit und guten Willen" zeigen.[359] Bleibt die Zuständigkeitsfrage nicht eindeutig geklärt, oder gibt es einzelne Fragenkreise, bei denen unklar ist, ob ein erzwingbares Mitbestimmungsrecht besteht, habe dies jedoch auch positive Seiten: Solche offene Situationen seien oft Anlass für kreative Gesamtlösungen.[360]

185 Eine ähnliche Strategie auf **Arbeitgeberseite** könnte ebenfalls darin bestehen, die Ansicht des Vorsitzenden zu erfahren. Jedoch ist ein Weiterverhandeln in beiden Fällen sinnvoll: Verneint der Vorsitzende die Zuständigkeit, kann hiermit Druck auf den Betriebsrat ausgeübt und eine für die Arbeitgeberseite möglichst positive Regelung erzielt werden. Bejaht der Vorsitzende eher, bietet sich ebenfalls das Weiterverhandeln an; jedoch kann – bei anderer Auffassung der Arbeitgeberseite – auch eine gerichtliche Klärung erforderlich sein. Im Normalfall wird sich die Strategie der Arbeitgeberseite aber weniger nach der Ansicht des Vorsitzenden richten, sondern nach der Dringlichkeit der zu klärenden Fragen. Schließlich geht es in jedem Fall darum, eine wirtschaftliche und praktische Lösung zu finden, hier spielt bei vielen Themen der Zeitfaktor eine wichtige Rolle. Dies spricht meist dafür, die Verhandlungen fortzusetzen und möglicherweise eine schnelle Lösung zu finden. Außerdem kann das geschilderte Vorgehen sinnvoll sein, wenn aus anderen Gründen der Konflikt befriedet wird und das Betriebsklima nicht belasten soll.

---

356 Hierzu ist die Zustimmung beider Parteien erforderlich, Münchener Anwaltshandbuch Arbeitsrecht/Kauffmann-Lauven, § 61 Rn 36.
357 Göritz, Handbuch Einigungsstelle, S. 122.
358 Göritz, Handbuch Einigungsstelle, S. 123.
359 Göritz, Handbuch Einigungsstelle, S. 123.
360 Göritz, Handbuch Einigungsstelle, S. 123.

cc) Bejahung der Zuständigkeit

Bejaht die Einigungsstelle die Zuständigkeit, teilt sie den Parteien ihre Entscheidung 186
mit. Sie kann auch einen die Zuständigkeit feststellenden **Zwischenbeschluss** fassen; muss dies jedoch nach Ansicht des BAG auch bei einem entsprechenden Antrag einer Betriebspartei nicht,[361] es genüge auch, dies inzident im Spruch über die sachliche Streitfrage zum Ausdruck zu bringen. Da hier über eine Rechtsfrage entschieden werde, handele es sich bei dem Beschluss nicht um eine Regelung, welche die Einigung der Betriebsparteien ersetzt und diese bindet (iSd § 87 Abs. 2 BetrVG).[362] Dies überzeugt nicht, da kein Grund erkennbar ist, über den Antrag nicht abzustimmen. Es ist aber in jedem Fall vorher streitiger Zuständigkeit empfehlenswert, eine positive Entscheidung mit einer kurzen, aber eingehenden Begründung im Protokoll festzuhalten.[363]

Ist eine Betriebspartei mit der Entscheidung nicht einverstanden, kann sie parallel 187
zum Einigungsstellenverfahren die Zuständigkeit in einem arbeitsgerichtlichen **Beschlussverfahren** prüfen lassen. Hierbei ist umstritten, ob das Verfahren vor der Einigungsstelle in diesem Fall analog § 148 ZPO bis zur rechtskräftigen Entscheidung des Arbeitsgerichts auszusetzen ist. Eine solche Aussetzung wird für unzulässig gehalten,[364] da sich das Recht der Einigungsstelle auf selbständige Entscheidung über das Verfahren nur auf dessen Gestaltung, nicht aber auf dessen Einleitung bzw Aussetzung beziehe. Eine andere Ansicht lässt eine Aussetzung des Verfahrens durch Mehrheitsbeschluss der Einigungsstelle zu.[365]

Einigkeit besteht insoweit, dass ein anhängig gewordenes arbeitsgerichtliches Be- 188
schlussverfahren über die Zuständigkeit das Einigungsstellenverfahren nicht unterbricht. Auch dürfte die Möglichkeit anerkannt sein, das Verfahren **auszusetzen**, wenn beide Betriebspartner hiermit einverstanden sind.[366] Ein Aussetzungsrecht der Einigungsstelle ergibt sich nach einer Ansicht als Konsequenz daraus, wenn man der Einigungsstelle wegen § 98 ArbGG keine eigene Prüfungskompetenz im Hinblick auf ihre Zuständigkeit zuspricht.[367] Andererseits ist im Gesetz grundsätzlich zunächst im Verfahren gem. § 98 ArbGG nur eine Prüfung auf offensichtliche Unzuständigkeit vorgesehen, um ein Einigungsstellenverfahren in Gang zu bringen. Auch wird eine Aussetzung von der Zustimmung der Betriebsparteien abhängig gemacht, da diese einen Anspruch auf Abstimmung über die Zuständigkeitsfrage hätten, die durch die Aussetzung umgangen werde.[368] Insgesamt ist es überzeugender, eine Aussetzung des Verfahrens zuzulassen: Die Einigungsstelle wird dies nur in Fällen mehrheitlich beschließen, in denen die Streitfrage nicht zeitkritisch und entweder das Einigungsstellenverfahren aufwändig ist oder die Zuständigkeitsfrage schwierige Probleme aufwirft. Es

361 BAG, 28.5.2002 – 1 ABR 37/01, NZA 2003, 171.
362 BAG, 28.5.2002 – 1 ABR 37/01, NZA 2003, 171, 174.
363 Pünnel/Wenning-Morgenthaler, Die Einigungsstelle, Rn 236.
364 LAG Niedersachsen, 26.8.2008 – 1 TaBV 62/08 – zitiert nach juris; DKK/Berg, § 76 BetrVG Rn 73; ErfK/Kania, § 76 BetrVG Rn 22; Fitting, § 76 BetrVG Rn 84; Hennige, Das Verfahrensrecht der Einigungsstelle, S. 222 f; Münchener Handbuch Arbeitsrecht/Joost, § 320 Rn 132.
365 Richardi, § 76 BetrVG Rn 106; GK-BetrVG/Kreutz, § 76 Rn 125.
366 DKK/Berg, § 76 BetrVG Rn 73; Fitting, § 76 BetrVG Rn 84.
367 Zu dieser Verknüpfung ErfK/Kania, § 76 BetrVG Rn 22.
368 Pünnel/Wenning-Morgenthaler, Die Einigungsstelle, Rn 238; andere Ansicht Weber/Ehrich, Einigungsstelle, S. 39: Einigungsstelle entscheidet mit Mehrheit.

ist kein Grund ersichtlich, in diesen Fällen ein Verfahren vor der Einigungsstelle durchzuführen, das sich später als überflüssig erweist. Ein Anspruch auf Abstimmung über gestellte Anträge steht dem nicht entgegen, da dieser zunächst einen Antrag voraussetzt, der nicht in jedem Fall gestellt sein wird, und außerdem einer Aussetzung des Verfahrens vor Entscheidung über den Antrag nicht entgegensteht.

dd) Verneinung der Zuständigkeit

189 Stimmt eine Mehrheit der Einigungsstellenmitglieder gegen die Zuständigkeit für die streitige Frage, erklärt die Einigungsstelle sich für unzuständig.[369] Hierzu wird ein **Beschluss** gefasst, welcher vom Arbeitsgericht ohne Fristbindung in vollem Umfang geprüft werden kann.[370] Dieser wird vom Vorsitzenden unterzeichnet und ggf mit einer Begründung versehen und den Betriebsparteien zugeleitet.[371]

190 Hält sich die **Einigungsstelle** für **unzuständig**, so kann folgendes erwogen werden:

- **Einstellung** des Einigungsstellenverfahrens[372] durch den Vorsitzenden
- **Zurückweisung** des Antrags der Betriebspartei, welche die Einigungsstelle angerufen hat
- **Aussetzung** des Verfahrens bis zur rechtskräftigen Entscheidung eines arbeitsgerichtlichen Beschlussverfahrens über die Frage des Bestehens oder Nichtbestehens des behaupteten Mitbestimmungsrechts.[373] Die Aussetzung ist nicht davon abhängig, ob ein solches Beschlussverfahren bereits rechtshängig ist oder noch eingeleitet werden soll; im letztgenannten Fall sollte der Gegenstand des Beschlussverfahrens abgesprochen und im Protokoll vermerkt werden.[374] Eine Aussetzung bietet sich an, wenn beide Parteien eine gerichtliche Klärung wünschen.
- **Fortführung** des Einigungsstellenverfahrens unter Zurückstellung der Zuständigkeitsfrage und Versuch einer inhaltlichen Einigung. Dies bietet sich besonders dann an, wenn eine schnelle Erledigung des Konflikts im Interesse beider Parteien ist. Ist eine Einigung nicht möglich, wird das Verfahren eingestellt oder ausgesetzt.

Über die Einstellung oder Aussetzung des Verfahrens entscheidet die Einigungsstelle durch Beschluss; die Fortführung des Verfahrens unter Zurückstellung der Zuständigkeitsfrage bedarf der Zustimmung beider Betriebsparteien (s. Rn 184).

d) Verhandlungsphase

191 Sind die eher technischen Fragen geklärt, beginnt die **Verhandlungsphase.** Zu den Aufgaben des Vorsitzenden als Verhandlungsleiter gehört es, den Verhandlungen eine Struktur zu geben. Hierbei wird er immer bemüht sein, auf einen **Kompromiss** hinzuwirken, den beide Parteien mittragen.

---

369 BAG, 22.1.1980 – 1 ABR 48/77, AP Nr. 3 zu § 87 BetrVG 1972 Lohngestaltung; Hergenröder, AR-Blattei SD, 630.1 Rn 48.
370 BAG, 30.1.1990 – 1 ABR 2/89, AP Nr. 41 zu § 87 BetrVG 1972 Lohngestaltung.
371 Pünnel/Wenning-Morgenthaler, Die Einigungsstelle, Rn 246.
372 Hümmerich/Spirolke, Arbeitsrechtliches Mandat, § 13 Rn 25. Für lediglich deklaratorische Wirkung des Einstellungsbeschlusses Schaub/Koch, Arbeitsrechtshandbuch, § 232 Rn 18 / S. 2208.
373 LAG Düsseldorf, 21.2.1979 – 17 TaBV 9/79, LAGE § 76 BetrVG 1972 Nr. 19.
374 Pünnel/Wenning-Morgenthaler, Die Einigungsstelle, Rn 237.

Empfohlen wird, dass der Vorsitzende seine Verhandlungsleitung im Hinblick auf die Sitzungsordnung **zurückhaltend** ausüben und die Teilnehmer, wenn irgend vertretbar, nicht zur Ordnung rufen soll, sondern erst dann, wenn das Verhalten nicht nur vom Vorsitzenden, sondern auch von anderen als störend empfunden wird.[375] 192

An dieser Stelle soll lediglich zu **organisatorischen Aspekten** der Verhandlungsphase wie Zeitplan, Vertagung, Beendigung durch Einigung, Beweiserhebung uÄ thematisiert werden. Inhaltliche Fragen zur Verhandlung und zur Arbeit an einer Lösung werden ausführlich im folgenden Abschnitt (6.) erörtert. 193

aa) Festlegung eines Zeitrahmens

Ziel ist es, die Verhandlungen ergebnisorientiert und mit vertretbarem zeitlichem Aufwand zu führen. Dabei hängt der konkrete **Zeitansatz** von der Streitigkeit und der Vorbereitung ab,[376] außerdem vom Gegenstand der Verhandlungen. Als Erfahrungswerte werden für gut vorbereitete Einigungsstellen eine bis drei Sitzungen, für weniger vorbereitete zwei bis fünf Sitzungen genannt.[377] 194

Da es keine Vorgaben gibt, wie lange und wie oft die Einigungsstelle tagt, ist es meist sinnvoll, vor Eintritt in die eigentliche Sachdiskussion die Sitzung zeitlich zu begrenzen.[378] Hiermit kann auch der von einigen Vorsitzenden angewandten „Zermürbungstaktik" durch Marathonsitzungen (s. hierzu Rn 328) bzw ein offenes Ende entgegengewirkt werden, wenn die Partei ein solches Vorgehen nicht wünscht. Ob es bei den Beisitzern **zeitliche Beschränkungen** gibt, sollte der Vorsitzende zu Beginn der Sitzung erfragen.[379]

Wird kein Einvernehmen über die Wünsche einer Seite auf zeitliche Begrenzung erzielt, entscheidet auch hier die Einigungsstelle auf Antrag. Begründungen für solche Zeitbegrenzungen können persönliche Verhältnisse der Beisitzer zB ein zu betreuendes Kind, aber auch Belastbarkeitsgrenzen sein.[380] Auch wenn zu Beginn kein Zeitrahmen festgelegt wurde, kann eine Vertagung beantragt werden. 195

bb) Vertagungen und Unterbrechungen

Über Vertagungsanträge beschließt die Einigungsstelle mit Mehrheit. Entscheidet der Vorsitzende in diesem Fall alleine, liegt nach Ansicht des LAG Köln ein schwerwiegender Verfahrensfehler vor der – wenn das Verfahren fortgeführt wird und zu einem Spruch führt – die Unwirksamkeit des Einigungsstellenspruchs zur Folge hat.[381] 196

Eine **Vertagung** kommt insb. dann in Betracht, wenn noch weitere Informationen benötigt werden, eine Verständigung nochmals außerhalb der Einigungsstelle versucht werden soll oder interner Abstimmungsbedarf besteht;[382] möglich ist es auch, keinen festen neuen Termin festzulegen, sondern einen solchen nur auf Antrag einer Partei zu bestimmen. 197

375 Pünnel/Wenning-Morgenthaler, Die Einigungsstelle, Rn 199.
376 Pünnel/Wenning-Morgenthaler, Die Einigungsstelle, Rn 200 f.
377 Pünnel/Wenning-Morgenthaler, Die Einigungsstelle, Rn 201.
378 Göritz, Handbuch Einigungsstelle, S. 119.
379 Pünnel/Wenning-Morgenthaler, Die Einigungsstelle, Rn 215.
380 Göritz, Handbuch Einigungsstelle, S. 119.
381 LAG Köln, 26.7.2005 – 9 TaBV 5/05, NZA-RR 2006, 197, 198; Fitting, § 76 BetrVG Rn 51.
382 Pünnel/Wenning-Morgenthaler, Die Einigungsstelle, Rn 295.

Das LAG Köln hat entschieden, dass in den Fällen, in denen kein Zeitlimit zu Beginn der Sitzung vereinbart wurde, jedes Einigungsstellenmitglied jederzeit mit einer vernünftigen Begründung (zB Persönliche Bedürfnisse, Belastbarkeit) eine Vertagung beantragen kann.[383] Das BAG geht dagegen davon aus, dass eine **Unterbrechung** der Sitzung, um eine Beschlussfassung des Betriebsrats zu ermöglichen, meist nicht erforderlich ist. Denn es genüge, wenn die Betriebsratsbeisitzer die Grundzüge der Verhandlungen vorher abgestimmt haben.[384] Gleiches gilt für eine Vertagung, die nur dazu dienen soll, dass die Beisitzer sich mit dem Gesamtbetriebsrat abstimmen können.[385] Diese Rechtsprechung beruht darauf, dass das BAG nur den Einigungsstellenbeisitzern, nicht aber den Betriebsparteien das Recht auf Gehör zugesteht (s. hierzu Rn 49). Begründet wird diese Ansicht aber auch damit, dass der Betriebsrat üblicherweise die Grundzüge der Arbeitnehmerposition beschließt.[386] Der Hinweis auf die Üblichkeit kann für die Notwendigkeit der Aussetzung des Verfahrens im konkreten Fall keine Hinweise geben. Eine Unterbrechung zur internen Abstimmung ist daher – so sie nicht rechtsmissbräuchlich ist – großzügig zuzulassen. Meist sind derartige getrennte Beratungen einer Lösungsfindung durchaus förderlich.

198 Neben rechtlichen Erwägungen spielen für Unterbrechung und Vertagungen aber auch **praktische Erwägungen** eine äußerst wichtige Rolle. So können, wenn die Verhandlung vertagt und ein Fortsetzungstermin festgesetzt wird, weitere Vorbereitungen erfolgen, deren Notwendigkeit sich in dem Termin gezeigt hat. Fehler bzw Nachlässigkeiten lassen sich so leichter korrigieren.[387] Jedoch ist es auch möglich, einvernehmliche Lösungen mit einer Erklärungsfrist vergleichbar einer Widerrufsfrist in einem gerichtlichen Vergleich zu versehen. Hier können jedoch bereits erzielte Einigungsergebnisse gefährdet werden.

Auf Seiten des Betriebsrats kann es daher sinnvoll sein, als Vorbereitung die Beisitzer bzw Verfahrensvertreter zum Abschluss von Betriebsvereinbarungen zu bevollmächtigen oder Vorkehrungen zu treffen, um ggf kurzfristig einen solchen Betriebsratsbeschluss einzuholen. So kann bspw der Betriebsrat bzw der Betriebsausschuss oder fachlich zuständige Betriebsratsausschuss parallel zur Einigungsstelle tagen, um eine Rücksprache zu ermöglichen.[388] Auch die Arbeitgeberseite sollte auf einen kurzfristigen Abschluss einer Vereinbarung vorbereitet sein.

199 Zeigen sich neue Lösungsmöglichkeiten, sollte den Parteien Gelegenheit gegeben werden, diese in internen Besprechungen zu erörtern und ggf abzustimmen. Die Abstimmungen sind deshalb besonders wichtig, damit die Seiten einheitlich agieren und es nicht innerhalb der Beisitzer bzw Vertreter der Betriebsparteien zu unterschiedlichen Auffassungen kommt. Insb. eine Spaltung der Beisitzer ist einer abschließenden und den Betriebsfrieden wiederherstellenden Lösung nicht förderlich.[389]

---

383 LAG Köln, 26.7.2005 – 9 TaBV 5/05, NZA-RR 2006, 197, 198.
384 BAG, 24.2.2000 – 8 AZR 180/99, AP Nr. 11 zu § 76 BetrVG 1972 Einigungsstelle.
385 BAG, 11.2.1992 – 1 ABR 51/91, NZA 1992, 702.
386 BAG, 24.2.2000 – 8 AZR 180/99, AP Nr. 11 zu § 76 BetrVG 1972 Einigungsstelle.
387 Göritz, Handbuch Einigungsstelle, S. 119.
388 Göritz, Handbuch Einigungsstelle, S. 120.
389 Hümmerich/Spirolke, Arbeitsrechtliches Mandat, § 13 Rn 29.

cc) Rechtsnatur von Stellungnahmen

Erklärungen des Arbeitgebers in der Einigungsstelle sind **nicht bindend.**[390] Diese Feststellung traf das LAG Köln in einem Fall, in dem der Arbeitgeber in einer Einigungsstelle erklärte, den Betrieb nun doch nicht stilllegen zu wollen.[391] Hieran sah das LAG den Arbeitgeber nicht als gebunden an. Trägt jedenfalls eine Beisitzerseite Zweifel an dieser Erklärung vor, rechtfertigt sie nicht die Einstellung des Einigungsverfahrens.[392] Gleiches muss für Ankündigungen und Stellungnahmen des Betriebsrates gelten. 200

Es überzeugt, von der grundsätzlich freien Äußerung vor der Einigungsstelle auszugehen, wenn eine Stellungnahme nicht ausdrücklich als Zusicherung an die Gegenseite bezeichnet wird. Denn es dient einer lösungsorientierten und kreativen Verhandlungsführung, wenn die Parteien nicht befürchten müssen, an jedem Vorschlag oder Äußerung „festgehalten" zu werden, sondern auch „ins Unreine" formulieren können. 201

dd) Einvernehmliche Einigung

Im Falle der Einigung endet das Einigungsstellenverfahren regelmäßig mit dem Abschluss einer **Betriebsvereinbarung**, welche die streitigen Punkte regelt. Hier gelten die üblichen Voraussetzungen (zB Schriftform des § 77 Abs. 2 Satz 1 BetrVG, Notwendigkeit ordnungsmäßiger Beschlussfassung des Betriebsrats gem. § 33 BetrVG). 202

Sinnvoll sind bei einer Einigung in vielen Fällen „**Probezeiten**"[393] für die gefundene Lösung, während deren die Einigungsstelle wieder angerufen werden kann, wenn sich unvorhergesehene Probleme zeigen; eine solche Möglichkeit kann auch die Skepsis einer Betriebspartei gegenüber einer unkonventionellen Lösung mildern. Üblicherweise wird eine Betriebsvereinbarung mit Hilfe des Vorsitzenden in der Einigungsstelle verfasst. 203

Der Betriebsratsvorsitzende kann innerhalb der Beschlusslage des Betriebsrats eine solche verbindliche Einigung abschließen.[394] Bei erheblichen Abweichungen kann dagegen eine **Vertretungsmacht** des Vorsitzenden nicht mehr gegeben sein,[395] da er das Gremium nur im Rahmen der Beschlüsse vertritt (§ 26 Abs. 2 Satz 1 BetrVG). Liegt ein solcher Fall fehlender Befugnis zur Unterschrift vor, besteht die Möglichkeit des „einvernehmlichen Spruchs der Einigungsstelle".[396] Hierbei wird das gefundene Ergebnis zum Gegenstand eines Einigungsstellenspruches gemacht, indem entweder alle Beisitzer hierfür stimmen oder sich geschlossen enthalten, so dass der Spruch mit der Stimme des Vorsitzenden getroffen wird. In einem solchen Fall sollten beide Seiten zu Protokoll ihren Verzicht auf eine Anfechtung des Spruchs erklären,[397] um spätere Probleme zu vermeiden. 204

390 LAG Köln, 23.8.2000 – 7 TaBV 35/00, NZA-RR 2001, 428.
391 LAG Köln, 23.8.2000 – 7 TaBV 35/00, NZA-RR 2001, 428.
392 Hümmerich/Spirolke, Arbeitsrechtliches Mandat, § 13 Rn 40.
393 Pünnel/Wenning-Morgenthaler, Die Einigungsstelle, Rn 298.
394 BAG, 24.2.2000 – 8 AZR 180/99, AP Nr. 11 zu § 76 BetrVG 1972 Einigungsstelle; ErfK/Kania, § 76 BetrVG Rn 22.
395 BAG, 24.2.2000 – 8 AZR 180/99, AP Nr. 11 zu § 76 BetrVG 1972 Einigungsstelle.
396 Pünnel/Wenning-Morgenthaler, Die Einigungsstelle, Rn 245.
397 Pünnel/Wenning-Morgenthaler, Die Einigungsstelle, Rn 245.

ee) Beweisaufnahme

205 Zeigt sich, dass eine Einigung nicht möglich ist, muss die Einigungsstelle entscheiden, ob entscheidungserhebliche Tatsachenfragen durch eine **Beweisaufnahme** geklärt werden können und müssen; auch während der Verhandlungsphase kann eine Beweisaufnahme erfolgen, wenn Streit um eine Tatsachenbehauptung einer Partei besteht; dies ist besonders dann sinnvoll, wenn dies schnell erfolgen kann. Meist nicht sinnvoll ist es dagegen, den vom Betriebsrat eher als „Drohpotential[398]" während der Verhandlung gestellten Beweisanträgen – wie etwa solchen auf Hinzuziehung eines Arbeitswissenschaftlers bzw Zeugen aus dem Kreis der Kunden – stattzugeben.

206 In Betracht kommt es für eine Beweisaufnahme der Einigungsstelle – entsprechend **zivilprozessualen Beweismitteln**, Zeugen zu vernehmen, Parteivernehmungen durchzuführen, Sachverständige anzuhören, Ortsbesichtigungen oder Inaugenscheinnahmen durchzuführen. Auch Urkunden sind taugliche Beweismittel.

207 Über die Hinzuziehung eines Sachverständigen oder die Anhörung von Zeugen kann der Vorsitzende bereits im Vorfeld der Einigungsstellensitzung entscheiden, allerdings wird er typischerweise erst eine erste Verhandlung mit der Möglichkeit, die streitigen Punkte zu befrieden, nutzen. Haben die Parteien die Beweiserhebung beantragt, liegt deren Durchführung im **pflichtgemäßen Ermessen** der Einigungsstelle. Leitendes Kriterium ist hierbei, ob die beantragte Beweiserhebung gerechtfertigt ist; dabei spielen insb. das Verhältnis zwischen Bedeutung des Verfahrensgegenstandes und die Kosten der Beweiserhebung eine Rolle.[399] Nimmt der Vorsitzende diese Vorschläge nicht auf, so können die Beisitzer sie zur Abstimmung stellen. Vorteil ist, dass die Vorschläge im Protokoll nun erscheinen und bei einer evtl Anfechtung des später ergehenden Spruchs Verfahrensmängel dokumentiert sind.[400] Nachteil dieses Vorgehens ist, dass dies das Verhandlungsklima belastet und den Vorsitzenden verärgern kann.[401]

208 In der Praxis ist die Beweisaufnahme oder die Parteivernehmung durch die Einigungsstelle eher selten und findet nur statt, wenn die Anhörung von Zeugen, die Vernehmung der Parteien oder die Anhörung eines Sachverständigen unumgänglich erscheint.[402]

(1) Zeugenvernehmung

209 Zu speziellen Themen, die besondere Kenntnisse erfordern, kommt die Hinzuziehung von **Zeugen** bzw Auskunftspersonen aus dem Betrieb durch die Einigungsstelle in Betracht. Die Einigungsstelle sollte von der Zeugenvernehmung jedoch zurückhaltend Gebrauch machen und auf die besondere Situation insb. eines als Zeugen benannten Arbeitnehmers Rücksicht nehmen.[403] Diese müssen zwar vom Arbeitgeber unter Fortzahlung des Entgelts von der Arbeit freigestellt werden,[404] wenn sie als Zeugen

398 Pünnel/Wenning-Morgenthaler, Die Einigungsstelle, Rn 265.
399 Pünnel, AuR 1973, 257, 262; Wiesemann, Die Einigungsstelle als Einrichtung zur Beilegung von Rechtsstreitigkeiten im Betriebsverfassungsrecht, S. 31.
400 Göritz, Handbuch Einigungsstelle, S. 113.
401 Göritz, Handbuch Einigungsstelle, S. 113.
402 Münchener Anwaltshandbuch Arbeitsrecht/Kauffmann-Lauven, § 61 Rn 31.
403 Pünnel/Wenning-Morgenthaler, Die Einigungsstelle, Rn 268.
404 Fitting, § 76 BetrVG Rn 45; DKK/Berg, § 76 BetrVG Rn 68.

vernommen werden, jedoch werden sie meist nicht in den Konflikt zwischen Arbeitgeber und Betriebsrat „hineingezogen“ werden wollen.

Zeugen sind nicht verpflichtet, vor der Einigungsstelle zu erscheinen und eine Aussage zu machen.[405] Denn der Einigungsstelle stehen **keine Zwangsmittel** zu, weder gegenüber den Parteien noch gegenüber anderen Personen.[406] Daher ist eine eidliche Vernehmung nicht möglich, auch die Entgegennahme **eidesstattlicher Erklärungen** kommt nicht in Betracht.[407] Werden doch eidesstattliche Versicherungen abgegeben, können diese nur als einfache schriftliche Erklärungen betrachtet werden.[408] Die Einigungsstelle kann als privates Vertragshilfeorgan kein Gericht um Zeugenvernehmung ersuchen. Die Vorschriften über das Schiedsgerichtsverfahren finden hier keine entsprechende Anwendung,[409] da sie auf staatliche Gerichte und deren Kompetenzen abgestimmt sind. 210

Im Hinblick auf das Verhandlungsklima ist es sinnvoll, die Hinzuziehung einer Person als Zeugen gemeinsam mit allen Beisitzern zu beschließen oder den Arbeitgeber – wenn er die Hinzuziehung einer sachkundigen Person wünscht – zu bitten, diese zur Einigungsstellensitzung einzuladen, ohne dass eine „offizielle“ Zeugenladung durch den Vorsitzenden erfolgt.[410] 211

(2) Sachverständige

Zu den Beweismitteln im Einigungsstellenverfahren gehören auch **Gutachten.**[411] Die Einigungsstelle kann hierzu in jeder Lage des Verfahrens interne oder externe Sachverständige hinzuziehen. Etwas anderes könnte sich allenfalls aus **§ 109 Satz 3 BetrVG** ergeben, indem die Anhörung von Sachverständigen nur für dort genannte Einzelfälle festgelegt ist. Diese Norm lässt bei Erforderlichkeit die Anhörung von Sachverständigen durch die Einigungsstelle in Fragen der Information des Wirtschaftsausschusses über wirtschaftliche Angelegenheiten des Unternehmens zu. Dies schließt die Beauftragung von Sachverständigen durch die Einigungsstelle in anderen Fällen nicht aus, sondern trifft lediglich Sonderregelungen für diese Konstellation. Denn auf § 80 Abs. 4 BetrVG, der jedoch lediglich die Geheimhaltungspflicht betrifft, wird verwiesen, nicht jedoch auf § 80 Abs. 3 BetrVG. Daher bedarf die Hinzuziehung eines Sachverständigen in diesem Sonderfall keiner vorherigen Vereinbarung mit dem Arbeitgeber. Eine Kostentragungspflicht besteht jedoch nur insoweit, als die Anhörung des Sachverständigen erforderlich ist. Im Streit entscheidet hierüber das Arbeitsgericht im Beschlussverfahren. Damit steht § 109 BetrVG der Beauftragung von Sachverständigen nicht entgegen. 212

Die von der Einigungsstelle hinzugezogenen Sachverständigen sind keine Sachverständige des Betriebsrats gem. § 80 Abs. 3 BetrVG. Als interne Sachverständige kommen zB Beschäftigte aus der IT-Abteilung, dem Rechnungswesen und Arbeitsvorbe- 213

405 Hergenröder in: AR-Blattei SD, 630.1 Rn 54.
406 Richardi, § 76 BetrVG Rn 91; Fitting, § 76 BetrVG Rn 45.
407 Richardi, § 76 BetrVG Rn 91.
408 Pünnel/Wenning-Morgenthaler, Die Einigungsstelle, Rn 269.
409 Richardi, § 76 BetrVG Rn 91.
410 Pünnel/Wenning-Morgenthaler, Die Einigungsstelle, Rn 194.
411 BAG, 13.11.1991 – 7 ABR 70/90, AP Nr. 1 zu § 76 a BetrVG 1972.

reitung in Betracht, welche den streitigen Sachverhalt erläutern können. Als externe Sachverständige der Einigungsstelle können Experten, zB für Datenverarbeitung, Arbeitsmarkt, Betriebswirtschaft oder Arbeitswissenschaft herangezogen werden. Mit dem Beweismittel „Sachverständigengutachten" sollte zurückhaltend umgegangen werden: Vor der Hinzuziehung eines externen Sachverständigen ist betrieblicher Sachverstand zu nutzen sowie der durch das Gutachten bedingten Zeit- und Kostenaufwand zu beachten.[412]

214 Zuständig für die Entscheidung über die Hinzuziehung eines Sachverständigen ist vor Konstituierung der Einigungsstelle der Vorsitzende, danach die Einigungsstelle als **Kollegialorgan.**[413] Spricht diese sich mehrheitlich für ein Sachverständigengutachten aus, prüft der Vorsitzende vor Erteilung des Auftrags, ob der Wert und die betriebliche Bedeutung der Streitfrage in einem **angemessenen Verhältnis** zu den Kosten des Gutachtens steht; ist dies nicht der Fall, sollte er sich entschieden bei den Beisitzern für eine Vermeidung des Beweises einsetzen.[414] Generell darf ein Sachverständigengutachten nur im Ausnahmefall eingeholt werden, wenn ein solches erforderlich ist, um eine vernünftige Lösung der Streitigkeit zu finden und ein ruhig abwägender Dritter, der die Kosten selbst zu tragen hätte, ein solches Gutachten einholen würde.[415] Grundsätzlich sollten die Beisitzer in der Lage sein, erforderliches Fachwissen zu vermitteln.[416]

215 Soll ein Sachverständigengutachten eingeholt werden, teilt der Vorsitzende den Betriebsparteien und Beisitzern vor Beauftragung das Thema und den Namen des in Aussicht genommenen Sachverständigen „offiziell" mit, damit diese sich zur Notwendigkeit eines Gutachtens sowie zu dem Sachverständigen, insb. seiner Unparteilichkeit, ggf Geeignetheit, äußern können.[417] Hier besteht eine Parallele zum Zivilprozess.

216 Wie bereits erwähnt, kann in den Fällen des § 109 BetrVG die Einigungsstelle Sachverständige ohne Vereinbarung mit dem Arbeitgeber beauftragen. In allen anderen Fällen jedoch ist eine solche **Vereinbarung** erforderlich. Eine andere, auch vom BAG vertretene Ansicht rechnet die Honorierung des Sachverständigen zu den Kosten der Einigungsstelle gem. § 76 a BetrVG[418] und sieht eine Vereinbarung mit dem Arbeitgeber gem. § 80 Abs. 2 BetrVG nicht als erforderlich an,[419] da die Einigungsstelle auch insoweit die Einigung ersetzen könne.[420] Dies überzeugt jedoch nicht, denn die Verallgemeinerung des § 109 Satz 3 BetrVG ist nicht interessengerecht.[421] § 109 Satz 3

412 Hergenröder, AR-Blattei SD, 630.1 Rn 54.
413 Pünnel/Wenning-Morgenthaler, Die Einigungsstelle, Rn 193.
414 Pünnel/Wenning-Morgenthaler, Die Einigungsstelle, Rn 266.
415 BAG, 13.11.1991 – 7 ABR 70/90, AP Nr. 1 zu § 76 a BetrVG 1972: Maßstab der Erforderlichkeit wie bei § 40 BetrVG.
416 Pünnel/Wenning-Morgenthaler, Die Einigungsstelle, Rn 270.
417 Weber/Erich, Einigungsstelle, S. 36 f; Hümmerich/Spirolke, Arbeitsrechtliches Mandat, § 13 Rn 22; Pünnel/Wenning-Morgenthaler, Die Einigungsstelle, Rn 193.
418 BAG, 13.11.1991 – 7 ABR 70/90, AP Nr. 1 zu § 76 a BetrVG 1972.
419 BAG, 13.11.1991 – 7 ABR 70/90, AP Nr. 1 zu § 76 a BetrVG 1972; BAG, 4.7.1989 – 1 ABR 40/88, AP Nr. 20 zu § 87 BetrVG 1972 Tarifvorrang; Fitting, § 76 BetrVG Rn 44; ErfK/Kania, § 76 BetrVG Rn 17; aA Münchener Handbuch/Joost, § 32 Rn 42: Zustimmung des Arbeitgebers erforderlich; Hennige, Das Verfahrensrecht der Einigungsstelle, S. 162 (Einigungsstelle ersetzt Einigung auch hier).
420 BAG, 4.7.1989 – 1 ABR 40/88, AP Nr. 20 zu § 87 BetrVG 1972 Tarifvorrang.
421 Kaven, Das Recht des Sozialplans, S. 96.

BetrVG erscheint insoweit als Sonderregelung und Ausnahme. Denn Sachverständigengutachten sind typischerweise mit erheblichen Kosten verbunden. Aufgrund der Dispositionsmaxime wird das Gutachten nur auf Antrag mindestens einer Partei eingeholt; beantragt es die Arbeitgeberseite, wird eine Vereinbarung problemlos zu erzielen sein. Beantragt es die Betriebsratsseite, bietet sich die entsprechende Anwendung des § 80 Abs. 3 BetrVG an, da auch die Antragstellung vor der Einigungsstelle Betriebsratsaufgabe ist.

(3) Beteiligtenvernehmung und Anhörung der Beteiligten

Im Zivilprozess ist die Parteivernehmung gem. § 445 f ZPO als förmliches Beweismittel anerkannt. Dagegen dient die **Anhörung** einer Partei (§§ 118, 141 Abs. 1 Satz 1 ZPO) lediglich dazu, Vorbringen zu ergänzen; ein Beweisbeschluss ist hierzu nicht erforderlich. Eine Parteivernehmung ist im Zivilprozess nur dann zulässig, wenn der Gegner dies beantragt (§ 445 ZPO). Auf eigenen Antrag der Partei ist eine Parteivernehmung nur dann möglich, wenn der Gegner zustimmt (§ 447 ZPO). Aber auch von Amts wegen (§ 448 ZPO) kann sie erfolgen, nicht jedoch bei Unwahrscheinlichkeit der Beweisbehauptung. Außerdem sieht § 287 Abs. 1 Satz 3 Halbsatz 1 ZPO die Parteivernehmung zur Schätzung der Schadenshöhe vor. Im Zivilprozess wird die Parteivernehmung oft als schwächstes Beweismittel angesehen, da die Parteien typischerweise ein Eigeninteresse an dem Fall haben. 217

Für das Einigungsstellenverfahren kann die **Regelung der ZPO** grundsätzlich übernommen werden. Jedoch ist zu beachten, dass es sich hier nicht um ein streng formalisiertes Verfahren handelt. Daher sollte hier eine Partei- bzw Beteiligtenvernehmung großzügig zugelassen werden. Ansatzpunkt hierfür kann § 448 ZPO sein, der ohne Antrag einer Partei und ohne Rücksicht auf die Beweislast die Vernehmung einer Partei oder beider Parteien zulässt, wenn das Ergebnis der Verhandlung und einer etwaigen Beweisaufnahme nicht ausreicht, um die Überzeugung des Gerichts von der Wahrheit oder Unwahrheit einer zu erweisenden Tatsache zu begründen. Außerdem sind im Einigungsstellenverfahren die Betriebsparteien zur persönlichen Anwesenheit bzw Stellungnahme nicht verpflichtet. 218

(4) Augenschein

Der **Augenscheinbeweis** ist in der ZPO ebenfalls vorgesehen (§§ 144, 371 f ZPO). Hierbei ist nicht nur auf das Aussehen eines Gegenstandes oder Ortes abzustellen, sondern auf jede unmittelbare **sinnliche Wahrnehmung**, die auf alle denkbaren Weisen (sehen, hören, fühlen oder gar schmecken und riechen), erfolgen kann. 219

Je nach konkreter Fallgestaltung kann eine Augenscheinnahme im Rahmen eines Einigungsstellenverfahrens erforderlich werden, dies gilt insb. für eine **Ortsbesichtigung** des Betriebes. Hierdurch kann der Vorsitzende und nicht betriebsangehörige Beisitzer Einblick in die konkreten Gegebenheiten und die damit verbundene Problematik gewinnen. Oft kann der Streitgegenstand besser beurteilt werden, wenn er in Augenschein genommen wurde. Auch aus diesem Grund ist es sinnvoll, die Einigungsstellensitzung im Betrieb durchzuführen: Hier kann eine Ortsbesichtigung ohne großen Zeitaufwand durchgeführt werden. Dies fördert in beinahe allen Fällen das Verständ- 220 nis für die betrieblichen Zusammenhänge, die auf den Hintergrund der Meinungsverschiedenheit bilden.[422]

(5) Urkunden und Auskünfte

221 Die Einigungsstelle kann auch durch Beschluss von den Betriebsparteien die Vorlage von **Urkunden** verlangen oder **Auskünfte** staatlicher Stellen wie Arbeitsagenturen oder Datenschutzbeauftragten bzw der Tarifvertragsparteien einholen. Die Betriebspartner sind zur Kooperation verpflichtet; Zwangsmittel kann die Einigungsstelle jedoch insoweit nicht einsetzen (s. hierzu Rn 59). Die Auskünfte kann der Vorsitzende auch ohne Einigungsstellenbeschluss einholen,[423] sollte dies aus Gründen des Verhandlungsklimas jedoch vermeiden, sondern die Beisitzer beteiligen.[424]

e) Auswechseln von notwendigen Beteiligten

222 Ein Auswechseln von notwendigen Beteiligten, also Einigungsstellenmitgliedern, ist in unterschiedlichen Konstellationen denkbar. **Einseitig** kann eine Auswechslung von einer Partei im Hinblick auf eigene oder fremde Beisitzer sowie den Vorsitzenden angestrebt werden; Grund ist hier typischerweise eine (behauptete) Befangenheit. Die Parteien können aber auch eine Auswechslung **gemeinschaftlich** betreiben, wenn sie das Vertrauen zu Einigungsstellenmitgliedern verloren haben.

aa) Ablehnung wegen Befangenheit

223 Der **Grundsatz der Unparteilichkeit** des Einigungsstellenvorsitzenden ist ein Verfahrensgrundsatz des Einigungsstellenverfahrens. Die „Unparteilichkeit" iSv § 76 Abs. 2 Satz 2 BetrVG fordert, dass der Vorsitzende in dem Sinne objektiv ist, dass er nicht in persönlichen Beziehungen zu den Betriebsparteien steht und keinerlei persönliche Interessen am Ausgang des Einigungsstellenverfahrens hat. So wird sichergestellt, dass der Vorsitzende nach bestem Wissen und Gewissen eine Entscheidung fördert oder findet, bei der die Interessen beider Seiten bestmöglich berücksichtigt werden.[425] Beisitzer müssen dagegen nicht neutral sein, da sie jeweils von den Parteien für deren „Seite" benannt werden.

(1) Ablehnung des Vorsitzenden

224 Meist richten sich Rügen wegen Befangenheit gegen den **Vorsitzenden.** Wenn dieser auf Aufforderung nicht bereit ist, freiwillig sein Amt niederzulegen, stellt sich die Frage einer **Ablehnung** wegen Besorgnis der Befangenheit.

(aa) Möglichkeit einer Ablehnung

225 Nicht nur bei Errichtung der Einigungsstelle, sondern auch während deren laufender Arbeit können Bedenken gegen die Person des Vorsitzenden bzw Zweifel an dessen Unparteilichkeit auftreten. Bei Vorliegen solcher Anhaltspunkten kann nach überwiegender und überzeugender Ansicht eine **Ablehnung** des Vorsitzenden wegen **Besorgnis der Befangenheit** erfolgen, unabhängig davon, ob es sich um einen gerichtlich bestellten Vorsitzenden handelt oder um einen Vorsitzenden, auf den sich die Parteien

422 Pünnel/Wenning-Morgenthaler, Die Einigungsstelle, Rn 256 ff.
423 Weber/Ehrich, Einigungsstelle, S. 47.
424 Pünnel/Wenning-Morgenthaler, Die Einigungsstelle, Rn 274 f.
425 Schönfeld, Die Person des Einigungsstellenvorsitzenden, DB 1988, 1996, 1998.

geeinigt haben.[426] Dies folgt aus dem Anspruch der Betriebsparteien auf einen unparteiischen Entscheidungsträger[427] sowie allgemein aus dem Rechtsstaatsprinzip.

Die Gegenmeinung, nach der eine Ablehnung wegen Befangenheit nicht möglich sei, 226 da das Arbeitsgerichtsgesetz die Abberufung eines Vorsitzenden nicht vorsehe und daher bei einem entsprechenden Fehlverhalten des Vorsitzenden nur die Anfechtung des Spruchs der Einigungsstelle in Betracht kommt,[428] überzeugt nicht. Denn es ist mit rechtsstaatlichen Grundsätzen nicht vereinbar, eine Betriebspartei, die eine Befangenheit des Vorsitzenden geltend macht, auf eine Anfechtung des Einigungsstellenspruchs zu verweisen. Der Beschleunigungsgrundsatz steht dem nicht entgegen,[429] da ein späteres Anfechtungsverfahren gefolgt von einem weiteren Einigungsstellenverfahren sogar mehr Zeit in Anspruch nimmt als die sofortige Klärung. Eine Ablehnung eines Vorsitzenden wegen Befangenheit ist daher möglich.

(bb) Verfahren vor der Einigungsstelle

Die behauptete Befangenheit wird zunächst im Rahmen des **Einigungsstellenverfahrens** geltend gemacht. Daher ist zunächst das entsprechende Verfahren zu klären; dies betrifft die analoge Anwendung der Normen der ZPO sowie die Frage, wer über die Befangenheit wie entscheidet. 227

(2) Analoge Anwendung der Normen der ZPO

Die Anknüpfung an den Anspruch auf einen unparteiischen Vorsitzenden führt zur 228 Frage nach der analogen Anwendung der **schiedsgerichtlichen Vorschriften.** Denn dieser Grundsatz zeigt sich auch in den Regelungen der **§§ 1032 ff ZPO.** Die Position des Einigungsstellenvorsitzenden entspricht zumindest für diese Fragestellung derjenigen des Schiedsrichters im schiedsgerichtlichen Verfahren,[430] denn in beiden Fällen ist vorgesehen, dass die jeweilige Person unparteiisch zu sein hat; für den Vorsitzenden im Einigungsstellenverfahren wird dies in § 76 Abs. 2 Satz 1 BetrVG angeordnet. Daher gelten für den Antrag und das Verfahren die Vorschriften über die Ablehnung eines Schiedsrichters nach §§ 1036 f ZPO entsprechende Anwendung, soweit dem

426 BAG, 29.1.2002 – 1 ABR 18/01, AP Nr. 19 zu § 76 BetrVG 1972 Einigungsstelle; BAG, 11.9.2001 – 1 ABR 5/01, AP Nr. 15 zu § 76 BetrVG 1972 Einigungsstelle; BAG, 11.7.2001 – 8 TaBV 4/01, AP Nr. 13 zu § 76 BetrVG 1972 Einigungsstelle; BAG, 23.1.1997 – 6 TaBV 48/96, AP Nr. 6 zu § 76 BetrVG Einigungsstelle; DKK/Berg, § 76 BetrVG Rn 66; Fitting, § 76 BetrVG Rn 28 GK-BetrVG/Kreutz, § 76 Rn 52; Schaub/Koch, Arbeitsrechtshandbuch, § 232 Rn 14 a; Dütz, AuR 1973, 353, 359; Heinze, Verfahren und Entscheidung der Einigungsstelle, RdA 1990, 262, 272; Schönfeld, Das Verfahren vor der Einigungsstelle, S. 107; ders., DB 1988, 1996, 2000, 2001; Kaven, Das Recht des Sozialplans, S. 85; mit ausführlicher Auseinandersetzung mit den Argumenten Bauer/Diller, Der Befangenheitsantrag gegen den Einigungsstellenvorsitzenden – Eine ungenutzte taktische Waffe? –, DB 1996, 137, 139. Für eine Kündigung bzw Abberufung aus wichtigem Grund spricht sich Galperin/Löwisch, § 76 Rn 15 bei einem Vorsitzenden, auf den sich die Parteien geeinigt haben, aus. Gegen Ablehnung nach Einigung auf Vorsitzenden/gerichtliche Bestellung Pünnel, AuR 1973, 257, 258 f; ders. AuR 1966, 69, 70. Lediglich im Hinblick auf das Interessenausgleichsverfahren gegen eine Ablehnung Bauer/Diller, DB 1996, 137, 139 f.

427 BAG, 11.7.2001 – 8 TaBV 4/01, AP Nr. 13 zu § 76 BetrVG 1972 Einigungsstelle.

428 LAG Hamm, 2.6.1992 – 13 TaBV 70/92, BB 1992, 1929; Lepke, Zur Rechtsstellung der betrieblichen Einigungsstelle, insb. im arbeitsgerichtlichen Beschlussverfahren, BB 1977, 49, 51; Bertelsmann, Geltendmachung der Besorgnis der Befangenheit bei Einigungsstellenvorsitzenden, NZA 1996, 234, 238 f.

429 BAG AP Nr. 19, zu § 76 BetrVG 1972 Einigungsstelle; BAG, 11.9.2001 – 1 ABR 5/01, AP Nr. 15 zu § 76 BetrVG 1972 Einigungsstelle.

430 BAG, 11.9.2001 – 1 ABR 5/01, AP Nr. 15 zu § 76 BetrVG 1972 Einigungsstelle; BAG, 11.7.2001 – 8 TaBV 4/01, AP Nr. 13 zu § 76 BetrVG 1972 Einigungsstelle.

nicht zwingende Grundsätze des Einigungsstellenverfahrens nach § 76 BetrVG entgegenstehen.[431]

(3) Antragsberechtigung

229 Der **Befangenheitsantrag** kann nur von den **Betriebsparteien** selbst gestellt werden, die Einigungsstellenbeisitzer sind hierzu nicht berechtigt.[432] Denn – so das BAG – nur die Rechtsstellung der Betriebsparteien kann von einem (eventuell) verfahrensfehlerhaften Spruch betroffen werden. IÜ sind die Beisitzer weisungsfrei und nicht der „verlängerte Arm“ der Betriebsparteien, sondern sollen mit einer gewissen Unabhängigkeit an der Schlichtung mitwirken.[433] Auch ist es widersprüchlich, dass Einigungsstellenbeisitzer einen Antrag stellen, über den sie anschließend selbst zu entscheiden haben.

230 Die Distanz zwischen Einigungsstellenbeisitzer und Betriebspartei schließt zwar aus, dass Beisitzer im Zusammenhang mit Befangenheitsgesuchen die einseitige Parteirolle annehmen, lässt es jedoch zu, dass sie ein schriftliches Befangenheitsgesuch einer Betriebspartei als Bote überbringen.[434]

(4) Frist und Form des Antrags

231 Wendet man die Regelungen über die Ablehnung wegen Befangenheit aus dem Schiedsverfahren analog an, gilt entsprechend § 1037 Abs. 2 Satz 1 ZPO auch für das Einigungsstellenverfahren eine zeitliche Begrenzung des Antragsrechts. Die Partei, die den Vorsitzenden ablehnt, hat innerhalb einer Frist von **zwei Wochen** nach Bekanntwerden der Umstände, die die Befangenheitsbesorgnis begründen, diese gegenüber der Einigungsstelle **schriftlich** darzulegen.[435] Das Ablehnungsschreiben ist dem Vorsitzenden zu übersenden, der es an die Beisitzer weiterleitet; auch eine Übersendung an alle Einigungsstellenmitglieder durch die Betriebspartei ist möglich. Nach anderer, strengerer Ansicht des BAG verliert eine Partei das Recht zur Ablehnung eines befangenen Vorsitzenden bereits, wenn sie sich auf die Verhandlung der Einigungsstelle **rügelos einlässt**, obwohl ihr die Ablehnungsgründe bekannt sind.[436] Dies begründet das BAG mit der analogen Anwendung des § 43 ZPO. Jedoch sind die Regeln des Schiedsgerichtsverfahrens sachnäher und daher für eine analoge Anwendung vorzuziehen. Durch die Zwei-Wochen-Frist soll außerdem ein Nachschieben von Ablehnungsgründen im gerichtlichen Verfahren zur Klärung des Befangenheitsgesuchs verhindert werden.[437] Die relative Formfreiheit des Einigungsstellenverfahrens steht einer entsprechenden Anwendung des § 1037 Abs. 2 Satz 1 ZPO nicht entgegen. Auch § 76 Abs. 3 Satz 3 BetrVG enthält Formvorschriften, so dass diese dem Einigungsstellenverfahren nicht grundsätzlich fremd sind.[438]

---

431 BAG, 29.1.2002 – 1 ABR 18/01, AP Nr. 19 zu § 76 BetrVG 1972 Einigungsstelle; BAG, 11.9.2001 – 1 ABR 5/01, AP Nr. 15 zu § 76 BetrVG 1972 Einigungsstelle.
432 BAG, 29.1.2002 – 1 ABR 18/01, AP Nr. 19 zu § 76 BetrVG 1972 Einigungsstelle; LAG Köln, 11.7.2001 – 8 TaBV 4/01, NZA-RR 2002, 270; Richardi, § 76 BetrVG Rn 89.
433 BAG, 29.1.2002 – 1 ABR 18/01, AP Nr. 19 zu § 76 BetrVG 1972 Einigungsstelle.
434 BAG, 29.1.2002 – 1 ABR 18/01, AP Nr. 19 zu § 76 BetrVG 1972 Einigungsstelle.
435 BAG, 11.9.2001 – 1 ABR 5/01, BB 2002, 576, 578; Bauer/Diller, DB 1996, 137, 140.
436 BAG, 9.5.1995 – 1 ABR 56/94, AP Nr. 2 zu § 76 BetrVG 1972 Einigungsstelle.
437 BAG, 11.9.2001 – 1 ABR 5/01, AP Nr. 15 zu § 76 BetrVG 1972 Einigungsstelle.
438 BAG, 11.9.2001 – 1 ABR 5/01, AP Nr. 15 zu § 76 BetrVG 1972 Einigungsstelle.

Die ZPO stellt für die Ablehnung eines Schiedsrichters ein **Schriftformgebot** auf, dies gilt auch für das Einigungsstellenverfahren. Hiermit wird auf das Schriftformgebot gem. § 126 BGB verwiesen. Die Dokumentation des Ablehnungsantrags in einem Protokoll genügt dem nicht, da keine Pflicht zur Protokollführung besteht, der Zweck des Formerfordernisses entgegensteht und die Sitzungsniederschrift meist erst später erfolgt.[439] 232

(5) Ablehnungsgründe

Bei den geltend gemachten Ablehnungsgründen muss es sich um Tatsachen handeln, die den **Verdacht der Parteilichkeit** nachvollziehbar rechtfertigen. Denn **§ 1036 ZPO** fordert „berechtigte Zweifel" an der Unparteilichkeit und verweist damit auf Gründe, die zur Ablehnung eines Richters berechtigen.[440] Wann solche berechtigten Zweifel an der Unparteilichkeit und Unabhängigkeit eines Richters aufkommen, ist im konkreten Fall schwer zu bewerten. Grundsätzlich anzunehmen ist sie jedoch bei enger persönlicher, freundschaftlicher Beziehung des Richters zu einer Partei sowie wenn der Richter für eine Partei Interessen wahrnimmt, indem er etwa Empfehlungen ausspricht oder Rat erteilt. Möglich ist eine Ablehnung auch bei Ungleichbehandlung der Parteien oder unsachlichen, beleidigenden oder abfälligen Äußerungen des Richters über eine Partei. Befangenheit kann auch dann vorliegen, wenn der Richter sich bereits auf ein Ergebnis festgelegt hat, ohne eine Beweisaufnahme durchzuführen bzw bevor diese durchgeführt ist. Auch grobe und wiederholte Verfahrensfehler, die sich zu Lasten einer Partei auswirken, können Zweifel an der Unparteilichkeit begründen. Gleiches gilt für willkürliche Verzögerungen des Verfahrens bzw der Entscheidung.[441] 233

Bei der Feststellung, ob ein Befangenheitsgrund vorliegt, müssen die **Besonderheiten des Einigungsstellenverfahrens** berücksichtigt werden. Dies gilt besonders deshalb, weil hier der Versuch einer „Zwangsschlichtung" durch den Vorsitzenden systemimmanent ist. Legt man hier denselben Maßstab wie in einem gerichtlichen Verfahren an, wäre dies hiermit nicht vereinbar und würde beinahe jede Einigungsstelle gefährden.[442] Denn der Vorsitzende muss sich gelegentlich mit völlig überzogenen Positionen, politischen Fragen, unsachlichen Angriffen der Parteien untereinander sowie deren Selbstdarstellungsversuchen „herumschlagen". Auch sind aufgrund der besonderen, in besonderer Art auf einen Kompromiss gerichteten Situation im Einigungsstellenverfahren auch „unorthodoxe Wege (...), rauere Töne (...) und weniger sanfte (Druck)Mittel" zulässig.[443] Außerdem muss eine Störung des Verfahrens durch taktische Befangenheitsanträge verhindert werden.[444] Daher kann eine Befangenheit nur bejaht werden, wenn eine Mehrzahl von Umständen die Befürchtung besteht, der Vorsitzende werde sein Amt **dauerhaft grob unsachlich** führen.[445] 234

439 BAG, 11.9.2001 – 1 ABR 5/01, AP Nr. 15 zu § 76 BetrVG 1972 Einigungsstelle.
440 Musielak/Voit, ZPO, § 1036 Rn 4: Zwar kein Verweis auf §§ 41, 42 ZPO, diese können aber als Anhaltspunkte dienen.
441 Ausführlich zu Befangenheitsgründen Musielak/Heinrich, ZPO, § 42 Rn 9 ff.
442 Bauer/Diller, DB 1996, 137, 140.
443 Pünnel/Wenning-Morgenthaler, Die Einigungsstelle, Rn 285.
444 Bertelsmann, NZA 1996, 234, 237; Bauer/Diller, DB 1996, 137, 141, 142.
445 Bauer/Diller, DB 1996, 137, 140.

(6) Entscheidung über den Antrag

235 Sodann wird über den **Befangenheitsantrag** entschieden. **Zuständig** hierfür ist die Einigungsstelle, nach anderer Ansicht[446] der Vorsitzende. Da jedoch gerade über dessen Ablehnung zu entscheiden ist und niemand Richter in eigener Sache sein soll, ist die Ansicht, die den Vorsitzenden allein entscheiden lassen will, abzulehnen. Außerdem entscheidet gem. § 1037 Abs. 2 Satz 2 ZPO das Schiedsgericht über die Befangenheit, wenn der Abgelehnte nicht freiwillig von seinem Amt zurücktritt oder die andere Partei der Ablehnung nicht zustimmt. Somit entscheidet die Einigungsstelle. Geht die Einigungsstelle über einen Befangenheitsantrag einer Partei hinweg und stimmt zur Sache ab, ohne über die Befangenheit des Vorsitzenden zu entscheiden, liegt ein Verfahrensfehler vor.[447] Die **Nichtbescheidung** des Ablehnungsantrags ist ein elementarer, nicht heilbarer Verfahrensfehler, der ohne weiteres zur Unwirksamkeit des unter Beteiligung des Vorsitzenden zustande gekommenen Spruchs führt.[448] Denn ein Spruch, der mit der Ungewissheit belastet ist, ob nicht eine Mehrheit der Beisitzer des Gremiums den an der Abstimmung beteiligten Vorsitzenden für befangen hält, kommt als betriebliche Rechtsnorm mit Anspruch auf Befolgung nicht in Frage.[449]

236 Bei der Abstimmung in der Einigungsstelle wird nur **ein Abstimmungsgang** durchgeführt. Der Vorsitzende ist von der Teilnahme an der Beschlussfassung ausgeschlossen.[450] Insoweit gilt eine Abweichung vom schiedsgerichtlichen Verfahren: Über den Ablehnungsantrag entscheidet im schiedsgerichtlichen Verfahren (§ 1037 Abs. 2 Satz 2 ZPO) das Schiedsgericht, wenn der Abgelehnte nicht von seinem Amt zurücktritt oder die andere Partei der Ablehnung nicht zustimmt. Eine ausdrückliche Regelung zur Beteiligung des Abgelehnten an der Beschlussfassung über den Ablehnungsantrag gibt es in der ZPO nicht. § 76 Abs. 3 BetrVG schließt im Rahmen des zweistufigen Abstimmungsverfahrens den Vorsitzenden von der Beteiligung im ersten Abstimmungsgang zwingend aus. Der sachliche Grund, der den Gesetzgeber möglicherweise in § 1037 Abs. 2 Satz 2 ZPO zu einer Beschränkung des rechtsstaatlichen Grundsatzes veranlasst hat, nicht Richter in eigener Sache sein zu können, liegt im Einigungsstellenverfahren typischerweise nicht vor. Er kann deshalb auch die Beteiligung des abgelehnten Vorsitzenden an eine Abstimmung über das gegen ihn gerichtete Befangenheitsgesuch nicht rechtfertigen.[451]

237 Eine zweite Abstimmung findet nicht statt.[452] Die Befangenheit kann nur mit **Mehrheit** festgestellt werden, Stimmengleichheit genügt hierfür nicht. Findet verfahrensfehlerhaft ein zweiter Abstimmungsgang mit Beteiligung des Vorsitzenden statt, ist dies auf jeden Fall dann unschädlich, wenn der Antrag auf Ablehnung bereits mangels einer dafür erforderlichen Mehrheit abgelehnt war und dann abgelehnt wird. Hat der

446 So Gaul, Die betriebliche Einigungsstelle, S. 283 f; Schönfeld, DB 1988, 1996, 2001; ähnlich Heinze, RdA 1990, 262, 272: Zunächst Entscheidung des Vorsitzenden, hält er sich nicht für befangen, Beschluss der Einigungsstelle.
447 BAG, 23.1.1997 – 6 TaBV 48/96, AP Nr. 6 zu § 76 BetrVG 1972 Einigungsstelle.
448 BAG, 29.1.2002 – 1 ABR 18/01, AP Nr. 19 zu § 76 BetrVG 1972 Einigungsstelle; LAG Köln, 23.1.1997 – 6 TaBV 48/96, AP Nr. 6 zu § 76 BetrVG 1972 Einigungsstelle.
449 BAG, 29.1.2002 – 1 ABR 18/01, AP Nr. 19 zu § 76 BetrVG 1972 Einigungsstelle.
450 Bauer/Diller, DB 1996, 137, 140.
451 BAG, 11.9.2001 – 1 ABR 5/01, AP Nr. 15 zu § 76 BetrVG 1972 Einigungsstelle.
452 BAG, 29.1.2002 – 1 ABR 18/01, AP Nr. 19 zu § 76 BetrVG 1972 Einigungsstelle.

Vorsitzende an der Abstimmung über den Befangenheitsantrag mitgewirkt, liegt hierin dann kein relevanter Verfahrensmangel, wenn feststeht, dass die Stimme des Vorsitzenden auf das Abstimmungsergebnis keinen Einfluss hatte.[453]

(aa) Missbräuchliche Befangenheitsanträge

Rechtsmissbräuchlich ist ein Befangenheitsantrag, wenn er aus offenbar unsachlichen 238 Gründen gestellt wird. Unsachlich ist es insb., das Verfahren zu **verzögern.**[454] Dies kann auf das Einigungsstellenverfahren übertragen werden, so dass die Ablehnung des Vorsitzenden dann erst rechtmissbräuchlich ist, wenn die ablehnende Partei hiermit lediglich eine von ihr befürchtete Abstimmungsniederlage verzögern oder verhindern will oder wenn sie lediglich bezweckt, das Verfahren zu verschleppen.[455] Im Einzelfall wird das Vorliegen dieser Voraussetzung nur schwer feststellbar sein, die Einigungsstelle kann sich hierbei jedoch auf Indizien stützen. Zu nennen ist hier als Indiz für eine Verschleppungsabsicht, wenn die betreffende Partei schon bei der Errichtung der Einigungsstelle alle Verzögerungsmöglichkeiten genutzt hat, etwa die Einigung über den Vorsitzenden verhindert, nach Bestellung durch das Gericht gem. § 98 ArbGG ohne vertretbare Begründung Beschwerde hiergegen zum LAG einlegt.[456] Bei einem rechtsmissbräuchlichen Befangenheitsantrag ist das Verfahren vereinfacht: Hier kann der Ablehnungsantrag unter Mitwirkung des Vorsitzenden zurückgewiesen werden, jedoch müssen die Parteien die Möglichkeit haben, den Spruch deshalb nachträglich gem. § 76 Abs. 5 BetrVG anzugreifen, um die Rechtsweggarantie des Art. 19 Abs. 4 GG nicht übermäßig zu beschränken.[457]

(bb) Verfahren vor dem Arbeitsgericht

Weist die Einigungsstelle den Ablehnungsantrag zurück, kann der Antragsteller inner- 239 halb einer Frist von einem Monat die Entscheidung eines staatlichen Gerichts über die Ablehnung beantragen (§ 1037 Abs. 3, Satz 1 ZPO), hier also die Frage der Befangenheit des Vorsitzenden vom **Arbeitsgericht** klären lassen. Dies wird von Stimmen in der Literatur bestritten, die zwar eine Abstimmung und somit einen Beschluss der Einigungsstelle über die Befangenheit zulassen wollen, nicht aber eine diesbezügliche arbeitsgerichtliche Prüfung und Entscheidung.[458] Der Ausschluss des Rechtsweges überzeugt jedoch aufgrund der zentralen Stellung des Grundsatzes der Neutralität des Vorsitzenden nicht. Einer gerichtlichen Klärung steht auch nicht der Beschleunigungsgrundsatz entgegen, da eine Beschleunigung auch nicht durch Abwarten des Abschlusses des Einigungsstellenverfahrens und darauf folgenden Anfechtung des Spruchs erreicht werden kann,[459] so dass eine gerichtliche Klärung möglich ist.

Wie Ablehnungsgesuche behandelt werden sollen, ist nicht ausdrücklich geregelt. Die 240 Vorschriften des Arbeitsgerichtsgesetzes zur Ablehnung von Richtern sind wegen des

453 BAG, 11.9.2001 – 1 ABR 5/01, AP Nr. 15 zu § 76 BetrVG 1972 Einigungsstelle.
454 Statt aller Baumbach/Lauterbach/Albers/Hartmann, ZPO, § 42 Rn 7.
455 Bauer/Diller, DB 1996, 137, 141.
456 Bauer/Diller, DB 1996, 137, 141.
457 Bauer/Diller, DB 1996, 137, 141 ff.
458 LAG Hamm, 2.6.1992 – 13 TaBV 70/92, BB 1992, 1929; Bauer/Diller, DB 1996, 137, 140; Bertelsmann, NZA 1996, 234, 238 f: Fehlverhalten des Vorsitzenden kann nur bei Anfechtung des Spruchs geltend gemacht werden.
459 Schönfeld, Das Verfahren vor der Einigungsstelle, S. 108.

für das gerichtliche Verfahren vorgesehenen Eintretens eines durch Geschäftsverteilungsplan bestimmten Nachrückers anstelle eines erfolgreich abgelehnten Richters auf das Einigungsstellenverfahren aus praktischen Gründen nicht übertragbar, da es einen solchen Vertreter hier nicht gibt. Eine Ersatzbestellung des Einigungsvorsitzenden ist ebenfalls nicht vorgesehen.[460]

241 Überwiegend wird vertreten, dass in den Fällen, in denen weder eine Mehrheit für noch gegen den Ablehnungsantrag zustande kommt, das Arbeitsgericht **analog § 98 ArbGG** über das Ablehnungsgesuch entscheidet.[461] Auch hier sind nur die Betriebspartner antragsbefugt, nicht die Beisitzer.[462] Denn der Antrag kann lediglich von Trägern des Mitbestimmungsrechts bzw Arbeitgeberseite gestellt werden. Das Ablehnungsgesuch ist mit einem Antrag auf Bestellung eines neuen – namentlich genannten – Vorsitzenden zu verbinden.

242 § 98 Abs. 2 ArbGG findet wegen § 49 Abs. 3 ArbGG keine Anwendung; somit ist eine Beschwerde zum Landesarbeitsgericht nicht möglich. Aus demselben Grund kann eine spätere Anfechtung des Spruchs nicht auf eine angeblich unzutreffende Entscheidung des Arbeitsgerichts über die Frage der Befangenheit gestützt werden.[463] Im Hinblick auf die Neubestellung gilt der **Rechtsmittelausschluss** nicht, da die entsprechende Anwendung des § 49 Abs. 3 ArbGG dies nicht fordert.[464]

(cc) Schicksal des Einigungsstellenverfahrens während des Beschlussverfahrens

243 Die Frage, wie im Hinblick auf die Fortsetzung des Einigungsstellenverfahrens weiter vorgegangen wird, stellt sich nur bei nicht-missbräuchlichen Befangenheitsanträgen – anderenfalls kann die Abstimmung unmittelbar nach Antragstellung erfolgen.[465]

244 Bis zur Entscheidung des Arbeitsgerichts vergeht ein beträchtlicher Zeitraum, meist mehrere Wochen. Oft ist die Lösung des Streitfalles jedoch so dringend, dass ein Aufschub nicht möglich ist. Denkbar ist dies insb. für Fragen im Zusammenhang mit Dienstplänen oder Überstunden.

245 Aus Praktikabilitätsgesichtspunkten muss hier trotz Ablehnung eine Lösung gefunden werden. Diese besteht in der Möglichkeit, das Verfahren trotz eines angekündigten Antrags auf gerichtliche Prüfung bzw während des Beschlussverfahrens vor dem Arbeitsgericht **fortzusetzen** und ggf auch durch Spruch abzuschließen (§ 1037 Abs. 3, Satz 2 ZPO).[466] Denn § 1037 Abs. 3 Satz 1 ZPO bestimmt eine Frist von einem Monat zur Einreichung eines Antrags auf gerichtliche Überprüfung der Ablehnung eines Befangenheitsantrags. Eine Umgehung des rechtsstaatlichen Gebots gerichtlicher Kontrolle der geltend gemachten Befangenheitsgründe liegt hierin nicht: § 1037

---

460 BAG, 11.9.2001 – 1 ABR 5/01, AP Nr. 15 zu § 76 BetrVG 1972 Einigungsstelle.

461 BAG, 9.5.1995 – 1 ABR 56/94, AP Nr. 2 zu § 76 BetrVG 1972 Einigungsstelle; BAG, 11.7.2001 – 8 TaBV 4/01, AP Nr. 13 zu § 76 BetrVG 1972 Einigungsstelle; LAG Köln, 11.7.2001 – 8 TaBV 4/01, NZA 2002, 926; Fitting, § 76 BetrVG Rn 28; GK-BetrVG/Kreutz, § 76 Rn 55; Caspers, BB-Kommentar zu BAG 11.9.2001, BB 2002, 578, 579; Heinze, RdA 1990, 262, 273.

462 BAG, 11.7.2001 – 8 TaBV 4/01, AP Nr. 13 zu § 76 BetrVG 1972 Einigungsstelle; LAG Köln, 11.7.2001 – 8 TaBV 4/01, NZA-RR 2002, 270.

463 Bauer/Diller, DB 1996, 137, 141.

464 Bauer/Diller, DB 1996, 137, 141.

465 Bauer/Diller, DB 1996, 137, 142.

466 BAG, 11.9.2001 – 1 ABR 5/01, AP Nr. 15 zu § 76 BetrVG 1972 Einigungsstelle; Fitting, § 76 BetrVG Rn 28.

Abs. 2 ZPO dient der Verfahrensbeschleunigung, die ebenfalls ein rechtsstaatlicher Grundsatz ist. Bei einem Ausgleich beider Positionen erweist sich die Fortführung des Verfahrens als angemessen. Denn unangemessene Verfahrensverzögerungen können so verhindert werden. Soweit die Anrufung des staatlichen Gerichts innerhalb der von § 1037 Abs. 3 ZPO gesetzten Frist wegen Abschlusses des Einigungsverfahrens nicht mehr möglich ist, können die gegenüber der Einigungsstelle erklärten Ablehnungsgründe ausnahmsweise in einem nachfolgenden Verfahren über die Anfechtung des Einigungsstellenspruchs vorgetragen und geprüft werden.[467]

Ob das Verfahren nach Ablehnung des Befangenheitsantrages fortgesetzt oder ausgesetzt werden soll, wird von der Einigungsstelle nach **Ermessen** entschieden; der abgelehnte Vorsitzende kann an der Entscheidung über die Aussetzung des Verfahrens mitwirken;[468] dies ist in § 1037 Abs. 3 Satz 2 ZPO ausdrücklich vorgesehen. *Wenning-Morgenthaler* fordert hier wegen der besonderen Wichtigkeit der Entscheidung das zweistufige Abstimmungsverfahren.[469] 246

Teilweise wird gefordert, dass sich die Einigungsstelle wegen des Verfahrens vor dem Arbeitsgericht – angelehnt an § 47 ZPO – auf eine **vorläufige Regelung** beschränkt.[470] Hierfür besteht jedoch aufgrund der bestehenden gerichtlichen Prüfungsmöglichkeiten keine Veranlassung. 247

Beispiel: Altersversorgung 248

Mit seiner Entscheidung vom 11.7.2001[471] hat das BAG den soeben geschilderten Sachverhalt unter dem Aspekt der Ablehnung des Vorsitzenden wegen Befangenheit geprüft.

Der Vorsitzende hat in der Sitzung vom 9.5.2000 zunächst ohne seine Beteiligung über den von den Beisitzern der Arbeitnehmer gestellten Befangenheitsantrag abstimmen lassen; das Ergebnis war Stimmengleichheit. In einem zweiten Abstimmungsgang, an dem der Vorsitzende teilnahm, wurde der Befangenheitsantrag abgelehnt. Daraufhin haben die Arbeitnehmerbeisitzer die Einigungsstellensitzung verlassen. Die Einigungsstelle hat sodann ohne diese beschlossen, die Verhandlung fortzusetzen und hat schließlich eine Versorgungsordnung beschlossen. Der Gesamtbetriebsrat hat die Einigungsstellensprüche vom 11.11.1999 und 12.1.2000 angefochten, jedoch erfolglos. Der Spruch der Einigungsstelle vom 9.5.2000 ist Gegenstand eines weiteren Anfechtungsverfahrens. In dem vorliegenden Verfahren geht es nun um die gerichtliche Klärung des Ablehnungsantrages gegen den Vorsitzenden.

Die Ablehnung wurde von der Betriebsratsseite dabei im Wesentlichen auf folgende Punkte gestützt: Der Vorsitzende habe auf den 9.5.2000 eine weitere Sitzung terminiert, obwohl bereits am 12.1.2000 ein Einigungsstellenspruch verkündet worden sei, der allerdings unvollständig und zwischenzeitlich vom Gesamtbetriebsrat angefochten worden sei; der Vorsitzende habe sich gegen die geboten Sachaufklärung insb. zu Fragen der Konzernanbindung des Arbeitgebers im Konzern X gesperrt und entsprechende Beweisanträge in der Sitzung vom 12.1.2000 mit den Stimmen der Beisitzer des Arbeitgebers abgelehnt und er habe eine Aufklärung der tatsächlichen wirtschaftlichen Verhältnisse des Arbeitgebers verhindert indem er entsprechende Beweisanträge ebenfalls mit den Stimmen der Beisitzer des Arbeitgebers abgelehnt habe. Auch habe er Protokollergänzungsanträge mit nicht stichhaltigen Gründen verweigert. IÜ sei der mit Beschluss vom 12.1.2000 festgelegte Rahmen für die Neuregelung bereits für den Gesamtbetriebsrat nicht akzeptabel und weitere Verhandlungen daher überflüssig gewesen. Der Gesamt-

467 BAG, 11.9.2001 – 1 ABR 5/01, AP Nr. 15 zu § 76 BetrVG 1972 Einigungsstelle.
468 BAG, 29.1.2002 – 1 ABR 18/01, AP Nr. 19 zu § 76 BetrVG 1972 Einigungsstelle.
469 Pünnel/Wenning-Morgenthaler, Die Einigungsstelle, Rn 292.
470 Bauer/Diller, DB 1996, 137, 142.
471 8 TaBV 4/01, AP Nr. 13 zu § 76 BetrVG 1972 Einigungsstelle.

betriebsrat stützt seine Besorgnis der Befangenheit des Vorsitzenden außerdem zusätzlich darauf, dass der Vorsitzende in der Sitzung vom 9.5.2000 selbst in einer zweiten und überflüssigen Abstimmung über den Befangenheitsantrag mit entschieden habe, dass er die Sitzung durchgeführt habe, obwohl er von den Arbeitnehmerbeisitzern wegen Besorgnis der Befangenheit abgelehnt gewesen sei. Außerdem wurden verschiedene Äußerungen im Protokoll vom Gesamtbetriebsrat als einseitig interpretiert. Bereits am Tag des Beschlusses, den 9.5.2000, ging der Antrag des Gesamtbetriebsrats beim erstinstanzlichen Gericht ein, im Beschlussverfahren nach § 98 ArbGG festzustellen, dass der Vorsitzende als Befangener abgelehnt ist und beantragen weiter, den Vorsitzenden von seinem Amt abzuberufen.

Das BAG hielt den Antrag für unzulässig, nahm aber zum Thema „Befangenheit und deren Geltendmachung" Stellung.

Der Anspruch auf einen unparteiischen Entscheidungsträger sei ein Grundsatz des Einigungsstellenverfahrens, dies zeige sich u.a. an den Regeln des § 103 ArbGG und den zivilprozessualen Vorschriften des dem Einigungsstellenverfahren ähnlichen schiedsgerichtlichen Verfahrens. (Das BAG hat in seinem Beschluss vom 9.5.1995 ausdrücklich die Gegenmeinung verworfen, dass in einem Einigungsstellenverfahren eine Ablehnung des Vorsitzenden einer Einigungsstelle wegen Parteilichkeit nicht in Betracht komme, weil die Überprüfung derartiger Gesichtspunkte bereits aufgrund allgemein anerkannter elementarer Verfahrensgrundsätze geboten sei. Außerdem sei unter dem Aspekt der Beschleunigung nichts gewonnen, wenn in Kenntnis von möglicherweise die Unparteilichkeit eines Vorsitzenden einer Einigungsstelle begründenden Umständen erst das Einigungsstellenverfahren zum Abschluss gebracht werden müsse, ehe der Spruch wegen eines Verfahrensverstoßes angegriffen werden könne.) Aus diesen Grundsätzen ergebe sich, dass ein solcher Verstoß so lange isoliert gerügt werden könne, wie die Einigungsstelle noch nicht zum abschließenden Ergebnis in der Sache gekommen sei. Dies folge aus den vom BAG für entsprechend anwendbar gehaltenen Bestimmungen der ZPO zum schiedsgerichtlichen Verfahren: Ein über die Ablehnung eines Schiedsrichters anhängiges gerichtliches Verfahren sei auch dann fortzusetzen, wenn später der Schiedsspruch ergehe und niedergelegt werde. In diesem Fall könnten die Ablehnungsgründe beim Gericht, das über die Aufhebung oder Vollstreckbarkeit des Schiedsspruchs zu befinden hat, nicht als Aufhebungsgründe geltend gemacht werden. Allgemein anerkannt ist, dass ein solches Ablehnungsverfahren nicht mehr anhängig gemacht werden kann, wenn das schiedsgerichtliche Verfahren bereits beendet ist. Ergehe also ein Schiedsspruch, bevor der die Ablehnung eines Schiedsrichters geltend machende Antrag beim (staatlichen) Gericht gestellt wurde und ergebe sich, dass aus Gründen des Zeitablaufs eine frühere Möglichkeit der Geltendmachung nicht bestanden habe, so sei nunmehr über die Frage des Ablehnungsgrundes allein im Aufhebungsverfahren den Schiedsspruch betreffend zu befinden. Da die für das schiedsgerichtliche Verfahren geltenden Prozessregeln für das vorliegende Verfahren gem. § 38 ArbGG entsprechend anwendbar seien, könnten die Gesichtspunkte, aus denen die Befangenheit folgen solle, nur noch in den Verfahren geltend gemacht werden, in denen die Sprüche der Einigungsstelle angefochten würden. Die Voraussetzungen dafür, also dass eine frühere Geltendmachung nicht möglich war, seien hier jedenfalls, soweit sich die Besorgnis der Befangenheit auf Umstände der Verhandlung vom 9.5.2000 stützen sollte, gegeben. Denn der letzte Spruch der Einigungsstelle sei bereits am 9.5.2000 ergangen, so dass vorher kein gerichtlicher Antrag möglich gewesen sei. Daher war der Gesamtbetriebsrat auf die Anfechtung des Einigungsstellenspruchs zu verweisen. Das Beschlussverfahren nach § 98 ArbGG sei zur Ablösung des Vorsitzenden der Einigungsstelle in solchen Fällen unzulässig.

(7) Ablehnung eines Beisitzers

249 Eine **Ablehnung von Beisitzern** ist – im Gegensatz zur Ablehnung des Vorsitzenden – **nicht möglich.**[472] *Pünnel*[473] bezeichnet die Beisitzer als „insoweit zwangsläufig befangen und den Interessen des jeweiligen Betriebspartners verpflichtet". Sie werden zur Interessenwahrnehmung in die Einigungsstelle entsandt, daher ist eine Ablehnung

472 Dütz, AuR 1973, 353, 359.

473 Pünnel, Die Einigungsstelle des BetrVG 1972 – Eine bewährte Institution – in: FS für Stahlhacke, S. 443, 444.

durch die andere Seite nicht möglich. Trotz der fehlenden Weisungsgebundenheit kann von ihnen eine strenge Unparteilichkeit nicht verlangt werden und liegt naheliegenderweise regelmäßig auch nicht vor.[474]

250 Dagegen wird die Ansicht vertreten, eine Ablehnung von Beisitzern sei dann ausnahmsweise möglich, wenn diese am Streitgegenstand ein **persönliches Interesse** haben.[475] Denkbar ist dies im Zusammenhang mit Fragen der Freistellung von Betriebsratsmitgliedern, Problemen der Teilnahme an Bildungsveranstaltungen oder der Kündigung von Dienstwohnungen. Die Bestellung des persönlich Betroffenen als Beisitzer erscheint als wenig sinnvoll, eine Ablehnung ist dennoch nicht möglich: Über die Bestellung der Beisitzer entscheiden allein die Betriebsparteien.

251 *Heinze* vertritt, dass – trotz fehlender Ablehnungsmöglichkeit gegen Beisitzer – die Mitwirkung eines Beisitzers, der gegen die vertrauensvolle Zusammenarbeit verstößt, den Einigungsstellenspruch unwirksam bzw anfechtbar machen kann.[476] Dem ist zu widersprechen, da ansonsten eine „unwillige" Partei die Möglichkeit hätte, durch Bestellung eines hierfür geeigneten Beisitzers bzw durch Einflussnahme auf Beisitzer der eigenen Seite das Einigungsstellenverfahren zu sabotieren und einen wirksamen Spruch zu verhindern.

bb) Wechsel der Einigungsstellenmitglieder aus anderen Gründen

252 Für den Wechsel von Einigungsstellenmitgliedern kommt nicht nur eine Ablehnung wegen Befangenheit in Betracht. Denkbar ist auch, dass die Parteien eigene Beisitzer **auswechseln** wollen oder gemeinsam einen neuen Vorsitzenden für ihre Einigungsstelle wünschen. Auch ist denkbar, dass Einigungsstellenmitglieder selbst ihr Amt beenden wollen.

(1) Vorsitzender

253 Der Einigungsstellenvorsitzende kann sein Mandat **niederlegen**. Anders als bei der Absetzung eines Einigungsstellenvorsitzenden wegen Befangenheit, bei der ein förmliches Verfahren durchzuführen ist, ist eine Mandatsniederlegung seitens des Vorsitzenden formlos möglich. Hierzu wird das Geschäftsbesorgungsverhältnis iSd §§ 675, 611 BGB, das zwischen Betriebsparteien und Einigungsstellenvorsitzendem besteht, vom Vorsitzenden gem. § 671 BGB gekündigt.[477] Es ist nicht angebracht, das Kündigungsrecht des Vorsitzenden zB auf wichtige Gründe zu beschränken. Denn um sinnvolle Ergebnisse zu erzielen und das Einigungsstellenverfahren sachgerecht durchzuführen, muss der Vorsitzende engagiert und damit freiwillig bei der Sache sein. Jedoch darf er keine unzeitige Kündigung aussprechen; hier sind Schadensersatzansprüche gem. § 671 Abs. 2 BGB möglich.[478] Das Kündigungsrecht besteht sowohl bei der

474 Pünnel/Wenning-Morgenthaler, Die Einigungsstelle, Rn 220.
475 Hennige, Das Verfahrensrecht der Einigungsstelle, S. 234; ähnlich Friedemann, Das Verfahren der Einigungsstelle für Interessenausgleich und Sozialplan, Rn 193: Keine Ablehnung, aber der Beisitzer kann sein Amt nicht ausüben.
476 Heinze, RdA 1990, 262, 272.
477 Schönfeld, DB 1988, 1996, 2002.
478 Schönfeld, DB 1988, 1996, 2002.

einvernehmlichen Bestellung des Einigungsstellenvorsitzenden als auch bei einer Berufung durch das Arbeitsgericht.

Einvernehmlich können die Parteien den Vorsitzenden jederzeit **abberufen.**[479]

(2) Beisitzer

254 Jede Seite ist berechtigt, ihre **Beisitzer** jederzeit aus der Einigungsstelle abzuberufen und durch andere Beisitzer zu **ersetzen.** Dieser Fall ist in der Praxis allerdings äußerst selten. Um den Fortgang des Einigungsstellenverfahrens nicht zu behindern, sollten Beisitzer nur ausgewechselt werden, wenn die neuen Beisitzer über alle Informationen aus der Einigungsstelle verfügen. Dies wird am ehesten dadurch gewährleistet, dass die neuen Beisitzer bereits als Ersatzmitglieder an der Einigungsstelle teilgenommen haben.

f) Zwischenbeschlüsse der Einigungsstelle

255 Die Einigungsstelle entscheidet Verfahrensfragen durch Beschluss. Beispiele für solche **Zwischenbeschlüsse über Verfahrensfragen** sind Beweisbeschluss, Vertagung, Beschluss über Art und Umfang der Protokollierung.

aa) Voraussetzungen und Anforderungen

256 Voraussetzungen und Anforderungen für Zwischenbeschlüsse sind gesetzlich nicht geregelt. Daher besteht ein gewisses Ermessen bei der Gestaltung der Beschlüsse. Grundsätzlich sollten aber alle Anträge der Parteien beschieden werden, wenn diese dies wünschen.

Die Einigungsstellenmitglieder haben Anspruch auf die **Diskussion** eigener Anträge zur weiteren Behandlung des Streitstoffs bzw Meinungsbildung durch das Gremium. Hier gilt dasselbe wie bei jedem gerichtlichen bzw gerichtsähnlichen Kollegialorgan.

Auf Antrag einer Betriebspartei entscheidet die Einigungsstelle bspw durch Beschluss über ihre **Zuständigkeit.** Eine solche Vorabentscheidung ist nach einer Ansicht nicht erforderlich, wenn die Einigungsstelle sich für zuständig hält.[480] Jedoch besteht auch hier kein Grund, die Entscheidung über den von den Parteien gestellten Antrag zu verweigern.

Zwischenbeschlüsse sind auch bei Anordnungen im Rahmen der Gewährung rechtlichen Gehörs möglich. Für die **Parteiöffentlichkeit** kann analog §§ 136 ff ZPO vorgegangen werden, die Einigungsstelle kann aber auch beschließen, dass derartige Entscheidungen von ihr als Gremium getroffen werden.[481]

bb) Isolierte Anfechtbarkeit

257 Trifft die Einigungsstelle einen Zwischenbeschluss, stellt sich für die Partei, die sich hierdurch benachteiligt fühlt, die Frage nach der **Anfechtbarkeit** des Beschlusses. Gesetzlich ist dies nicht vorgesehen; geregelt ist lediglich die Anfechtung des abschließenden Einigungsstellenspruches.

479 Bauer/Diller, DB 1996, 137 mwN.
480 BAG, 28.5.2002 – 1 ABR 37/01, NZA 2003, 171 174.
481 LAG Hamburg, 14.11.2007 – 5 TaBV 9/07 – zitiert nach juris.

Zwischenbeschlüsse, die das **Verfahren** regeln, können grundsätzlich **nicht** gesondert angefochten werden.[482] Hinweis- und Auflagenbeschlüsse oder ähnliche sind nur als Teil der Neuregelung anfechtbar.[483] Praktisch relevant und teilweise anders zu bewerten sind im Hinblick auf die isolierte Anfechtbarkeit besonders die Entscheidungen der Einigungsstelle über ihre Zuständigkeit sowie über Beweisanträge.

(1) Zuständigkeit

Der Beschluss der Einigungsstelle mit dem diese ihre **Zuständigkeit** bejaht, ist zulässig.[484] Er unterliegt nach Ansicht des Bundesarbeitsgerichts nicht der isolierten gerichtlichen Anfechtung.[485] Dies wird damit begründet, dass über eine Rechtsfrage entschieden wird und es sich bei dem Beschluss nicht um eine Regelung handelt, welche die Einigung der Betriebsparteien ersetzt und diese bindet. Für die Anfechtung des Zwischenbeschlusses fehle es daher an dem für einen Feststellungsantrag (§ 256 Abs. 1 ZPO) erforderlichen feststellungsfähigen Rechtsverhältnis.[486] Verfahrensfehler der Einigungsstelle sind nach Ansicht des BAG erst zu prüfen, soweit sie eine mitbestimmungspflichtige Angelegenheit materiell ausgestaltet, nicht aber, wenn sie (nur) über ihre Zuständigkeit entscheidet.[487] 258

Die Frage der Zuständigkeit wird von den Vertretern dieser Ansicht in vollem Umfang im Rahmen einer gerichtlichen Überprüfung des abschließenden Spruchs inzident geprüft.[488] Nach anderer Ansicht ist eine gesonderte Anfechtung des Zwischenbeschlusses, der die Zuständigkeit feststellt, **möglich**,[489] da über die Rechtsfrage, ob ein Mitbestimmungsrecht besteht, die Arbeitsgerichte zu entscheiden haben.

Praktisch nähern sich beide Ansichten stark an: Allgemein wird – unabhängig von einem Beschluss der Einigungsstelle – ein Beschlussverfahren zur Klärung der Zuständigkeit der Einigungsstelle unter dem Gesichtspunkt der Mitbestimmungspflichtigkeit der Streitfrage zugelassen. Ein Antrag auf Feststellung der Unwirksamkeit eines die Zuständigkeit der Einigungsstelle betreffenden (sowohl bejahenden also auch verneinen) Beschlusses ist vom Arbeitsgericht regelmäßig dahin auszulegen, das Bestehen oder Nichtbestehen eines entsprechenden Mitbestimmungsrechts festzustellen.[490] Ein solches Beschlussverfahren ist nach einer in der Rechtsprechung vertretenen Ansicht kein Aussetzungsgrund für das Verfahren nach § 76 Abs. 2 Satz 2 BetrVG, § 98 ArbGG.[491] Außerdem überzeugt die Ablehnung einer gesonderten Anfechtbarkeit jedenfalls dann, wenn bereits vor der gerichtlichen Anhörung im Verfahren erster In- 259

482 BAG, 22.1.2002 – 3 ABR 28/01, AP Nr. 16 zu § 76 BetrVG 1972 Einigungsstelle; BAG 4.7.1989 – 1 ABR 40/88, NZA 1990, 29.

483 BAG, 22.1.2002 – 3 ABR 28/01, AP Nr. 16 zu § 76 BetrVG 1972 Einigungsstelle.

484 BAG, 26.9.2017 – 1 ABR 57/15, NZA 2018, 194; BAG, 28.5.2002 – 1 ABR 37/01, NZA 2003, 171, 174.

485 BAG, 22.11.2005 – 1 ABR 50/04, NZA 2006, 803; Hümmerich/Spirolke, Arbeitsrechtliches Mandat, § 13 Rn 25; Pünnel/Wenning-Morgenthaler, Die Einigungsstelle, Rn 246.

486 Hümmerich/Spirolke, Arbeitsrechtliches Mandat, § 13 Rn 25.

487 BAG, 26.9.2017 – 1 ABR 57/15, NZA 2018, 194.

488 BAG, 22.11.2005 – 1 ABR 50/04, AP Nr. 22 zu § 76 BetrVG 1972 Einigungsstelle, Schaub/Koch, Arbeitsrechtshandbuch, § 232 Rn 18/S. 2208; BAG 29.1.2002 – 3 ABR 28/01, AP Nr. 16 zu § 76 BetrVG 1972 für den Fall, dass der abschließende Spruch vor der gerichtlichen Anhörung 1. Instanz bereits vorliegt.

489 BAG, 4.7.1989 – 1 ABR 40/88, AP Nr. 20 zu § 87 BetrVG 1972 Tarifvorrang; LAG Niedersachsen, 20.3.2003, NZA-RR 2003, 538.

490 BAG, 8.6.2004 – 1 ABR 13/03, NZA 2004, 1175, 1176.

491 BAG, 24.11.1981 – 1 ABR 42/79, AP Nr. 11 zu § 76 BetrVG 1972; LAG Düsseldorf, 21.2.1979 – 17 TaBV 9/79, LAGE § 76 BetrVG 1972 Nr. 19.

stanz der abschließend regelnde Spruch der Einigungsstelle vorliegt.[492] Auch iÜ sollte eine Anfechtung des Zwischenbeschlusses, der die Zuständigkeit feststellt, **nicht zugelassen** werden; eine Ausnahme vom Grundsatz, dass Zwischenbeschlüsse nur im Rahmen der Anfechtung des abschließenden Spruchs gerichtlich geprüft werden, erscheint – vor dem Hintergrund der geschilderten Rechtsschutzmöglichkeit – nicht geboten.

Die **Verneinung der Zuständigkeit** ist als Beschluss, mit dem die Einigungsstelle ihre Tätigkeit abschließen will, anfechtbar. Er kann auch außerhalb der Zwei-Wochen-Frist des § 76 Abs. 5 BetrVG angefochten werden.[493] Wird in diesem Beschlussverfahren die Zuständigkeit der Einigungsstelle festgestellt, wird das Einigungsstellenverfahren wieder aufgenommen; die Besetzung der Einigungsstelle bleibt erhalten.

(2) Beweisbeschlüsse

260 Zu Ärger bei der „unterlegenen" Partei kann auch ein abgelehnter eigener **Beweisantrag** oder die Beweiserhebung aufgrund eines – von der Partei als unnötig empfundenen – Beweisantrags führen. Jedoch kann der Beweisbeschluss einer Einigungsstelle ebenso wenig wie der eines Gerichtes selbständig angefochten werden; die entsprechenden Regelungen der ZPO gelten hier erst recht.[494] Gleiches gilt für die die mangelnde Sachaufklärung; auch diese kann als solche nicht isoliert angefochten werden.[495] Hier gilt der Grundsatz, dass verfahrensbegleitende Zwischenbeschlüsse nicht gesondert anfechtbar sind.

261 Ist die Regelung inhaltlich nicht zu beanstanden, ist sie wirksam. Anderenfalls gelten für das Einigungsstellenverfahren strengere Maßstäbe als für Gerichtsverfahren, bei denen mögliche Fehler der gremieninternen Willensbildung keinen isolierten Grund für die Anfechtung der getroffenen Entscheidung darstellen und wegen des Beratungsgeheimnisses übrigens auch nicht bekannt werden.[496] Für die Einigungsstelle gilt jedoch ein freieres, nicht ein strengeres Verfahren als für Gerichte.

6. Konfliktlösungsstrategien

262 Einigungsstellenvorsitzende bemühen sich typischerweise, eine Abstimmung sowie einen Einigungsstellenspruch möglichst zu vermeiden und geben sich viel Mühe damit, einen **Kompromiss** zu Stande zu bringen. Dies erfordert Geduld, Einfühlungsvermögen, Fingerspitzengefühl[497] sowie viel Flexibilität, denn jeder Konflikt ist anders. Jeder Einigungsstellenvorsitzende entwickelt einen eigenen Stil, mit Konflikten umzugehen. Die folgende Darstellung ist daher nicht als „Vorschrift" gedacht, sondern soll anhand bewährter Konzepte zur Verhandlung bzw Konfliktlösung Anhaltspunkte bieten, wie mit Streitigkeiten umgegangen werden kann. Die Bedeutung des Vorsitzenden und seines Verhandlungsstils kann kaum überbewertet werden. Sie ist für das Gelingen der Arbeit der Einigungsstelle zentral.

492 BAG, 22.1.2002 – 3 ABR 28/01, AP Nr. 16 zu § 76 BetrVG 1972 Einigungsstelle.
493 Schaub/Koch, Arbeitsrechtshandbuch, § 232 Rn 18.
494 BAG, 4.7.1989 – 1 ABR 40/88, AP Nr. 20 zu § 87 BetrVG 1972 Tarifvorrang.
495 BAG, 29.1.2002 – 1 ABR 18/01, AP Nr. 19 zu § 76 BetrVG 1972 Einigungsstelle.
496 BAG, 29.1.2002 – 1 ABR 18/01, AP Nr. 19 zu § 76 BetrVG Einigungsstelle.
497 Pünnel/Wenning-Morgenthaler, Die Einigungsstelle, Rn 247.

Um die Vorgehensweise des Vorsitzenden richtig einschätzen und angemessen reagieren zu können, ist es für Beisitzer und Parteivertreter sinnvoll, sich in die Situation des Vorsitzenden hinein zu versetzen[498] und die **Möglichkeiten der Vermittlung** aus dessen Sicht zu betrachten. Daher sind die nachfolgenden Ausführungen zur Konfliktlösung nicht nur als Anregung für Vorsitzende, sondern auch für Beisitzer und Parteivertreter als Hilfe bei Vorbereitung und Verhandlung gedacht. 263

Um hier einen Eindruck zu vermitteln, sollen verschiedene **Konzepte** vorgestellt werden. Diese sind zwar grundsätzlich zu unterscheiden, decken sich jedoch auch teilweise und sind daher auch miteinander kombinierbar. Als Einleitung in die Thematik sollen zunächst einige Informationen über Konflikt allgemein gegeben werden. Wichtige Themen für die Vermittlung und Mediation sind neben den örtlichen Gegebenheiten insb. die sieben Phasen der Mediation von der Vorbereitung bis zum Abschluss einer Vereinbarung sowie Möglichkeiten der Einordnung eines Konflikts und Kommunikationsmittel zur Unterstützung der Einigungsbemühungen. 264

a) Psychologisches über Konflikte

Kern von Konflikten sind regelmäßig Differenzen, die zwischen den Beteiligten zu **Spannungen** führen. Diese Differenzen können allgemein in unterschiedlicher Wahrnehmung, verschiedenen Erklärungen bzw Denkmustern für Ereignisse oder Situationen sowie deren Bewertung,[499] in unterschiedlichen emotionalen Reaktionen oder divergierenden/gegensätzlichen Interessen bzw Bedürfnissen oder Zielen liegen. Zwar ist das Bestehen von Differenzen an sich noch kein Konflikt; ist die Einigungsstelle eingeschaltet, liegt jedoch offensichtlich ein Konflikt vor. Dieser hat sich üblicherweise auch schon durch die – ergebnislosen – Verhandlungen zwischen den Parteien verfestigt bzw verschärft. 265

aa) Konfliktmechanismen

Auch wenn es vor der Einigungsstelle um Konflikte zwischen den „Institutionen" Arbeitgeber und Betriebsrat geht, stehen hinter diesem Konflikt **Menschen.** Dies sowie die psychischen Faktoren von Konflikten sollten bei der Verhandlung stets im Blick behalten werden. Häufige **psychische Folge** von Konflikten ist, dass die Beteiligten nur noch das wahrnehmen, was in ihr Bild bzw ihre Argumentationsstrategie passt. Oft wird die Betrachtung undifferenziert und es stehen nur noch die eigenen als „bedroht" angesehenen Bedürfnisse im Blickpunkt. Denn es ist für viele Konflikte typisch, dass beide Parteien sich als „Opfer" fühlen: sie haben den Eindruck, auf Angriffe der anderen Partei reagieren zu müssen und die Kontrolle über die Situation verloren zu haben. Dies verringert die Handlungsoptionen extrem. Denn typischerweise machen die Parteien für Probleme oder negative Entwicklungen nur die andere Seite verantwortlich und übersehen tendenziell den eigenen Anteil.[500] Auch neigen Konfliktparteien dazu, immer neue Themen und Argumente in die Verhandlung ein- 266

498 Göritz, Handbuch Einigungsstelle, S. 127.
499 Salewski, Die Kunst des Verhandelns, 2008, S. 239 sieht Konflikte als Folgen unterschiedlicher Bewertung gleicher oder vergleichbarer Situationen, die hinter Sachargumenten verborgen werden.
500 Salewski, Die Kunst des Verhandelns, S. 31: Menschen fertigen sich ihr eigenes Bild von der Welt.

zubringen, um die eigene Position zu stärken und die andere Seite doch noch zu überzeugen. Hierdurch wird die Situation unübersichtlicher.

267 Auch passiert es in Konflikten häufig, dass die Parteien aufgrund der Ablehnung und des Unverständnisses des Gegners erst recht entschlossen sind, ihren Willen durchzusetzen. Dies führt zu einer **Erstarrung** und Fixierung der Verhandlungssituation. Zwischen Zielen und Mitteln wird nicht mehr streng unterschieden, sondern die Parteien richten sich mehr und mehr auf die Mittel und weniger auf die Ziele aus.[501] Diese Ausrichtung auf ein bestimmtes Mittel, ohne dass das Ziel bzw die hinter der Position stehenden Interessen in den Blick geraten, erschwert eine gemeinsame Lösungsfindung enorm.

268 Die **Dynamik** aus negativen Einstellungen und Fixierungen sollte dem Vorsitzenden bei den Verhandlungen bekannt sein, um diese aufbrechen zu können. Für die Konfliktparteien sind psychologische Kenntnisse über Konflikte ebenfalls sinnvoll, damit sie über die typischerweise auftretenden Verzerrungen der Wahrnehmung zumindest informiert sind und versuchen können, die Situation kritisch zu hinterfragen. Da dies in der Konfliktsituation nicht immer möglich ist, kann der Vorsitzende, so er dies für sinnvoll hält, die Mechanismen aufzeigen und den Parteien helfen, diese zu erkennen und zu verändern.[502]

bb) Neun Eskalationsstufen von Konflikten

269 *Glasl* unterscheidet neun **Eskalationsstufen** von Konflikten.[503] Die entsprechende Einschätzung der Eskalationsstufe kann die Wahl des Ansatzes zur Konfliktlösung erleichtern.

(1) Merkmale der Stufen

270 Konflikte, die Gegenstand eines **Einigungsstellenverfahrens** werden, sind im Regelfall einer der ersten Eskalationsstufen zuzuordnen.

Als Hauptmerkmale der Eskalationsstufen nennt *Glasl*:[504]

- **Verhärtung:**
  Die Standpunkte **verhärten** immer wieder und prallen aufeinander. Es kommt zu zeitweiligen Ausrutschern im Umgang miteinander; jedoch werden diese Pannen noch korrigiert. Das Bewusstsein der bestehenden Spannung bewirkt eine weitere Verkrampfung.
- **Debatte, Polemik:**
  Denken, Fühlen, Wollen **polarisieren** bis hin zum Schwarz-Weiß-Denken. Die Parteien tun jedoch so, als ob rational argumentiert würde. Es werden Diskrepanzen erlebt zwischen offiziellem „Oberton“ und dem, was im „Unterton“ gehört wird. Geprägt wird der Konflikt vom Kampf um Überlegenheit.

---

501 Glasl, Konfliktmanagement, S. 41.
502 Glasl, Konfliktmanagement, 6. Aufl., S. 37. Zu Konfliktsymptomen auch Jiranek/Edmüller, Konfliktmanagement. Konflikten vorbeugen, sie erkennen und lösen, 2. Aufl., S. 23 ff.
503 Ausführlich Glasl, Konfliktmanagement, 8. Aufl., S. 215 ff.
504 Glasl, Konfliktmanagement, S. 218 f.

- **Taten statt Worte:**
  Die Überzeugung kommt auf, dass Reden nichts mehr hilft: Deshalb greifen die Parteien zur Strategie der **vollendeten Tatsachen.** Gegenseitige Fehldeutung der hierauf beruhenden Taten bewirkt eine Konfliktbeschleunigung. Innerhalb der am Konflikt beteiligten Gruppen entsteht ein starkes Wir-Gefühl und löst Meinungsdruck aus; interne Diskussionen finden kaum noch statt. Die Empathie gegenüber dem „Gegner" geht ganz verloren.
- **Images und Koalitionen:**
  Stereotype Images, Klischees bezüglich Wissen und Können sowie Fachkompetenz beherrschen die gegenseitige Ansicht übereinander; es besteht eine Fixierung auf „**Feindbilder**". Die Parteien manövrieren einander in negative Rollen. Typisch für dieses Stadium sind Image-Kampagnen, die (auch) dem Werben um Anhänger dienen. Gespräche der Kontrahenten sind geprägt von verdecktem Reizen und Sticheln.
- **Gesichtsverlust:**
  Auf der nächsten Stufe folgt die öffentliche und inszenierte „Entlarvung" der moralischen Verwerflichkeit des Feindes. Durch diese „Verteufelung" wird ein stark polarisiertes Bild des Feindes gezeichnet. Bei den Auseinandersetzungen geht es nicht mehr um Sachthemen, sondern um **Ideologie**, Werte und Prinzipien.
- **Drohstrategien:**
  Das Geschehen wird beherrscht von **Drohung** und Gegendrohung. Die Parteien manövrieren sich selbst durch Ultimata und Gegenultimata in die Sackgasse des Handlungszwanges. Hierdurch wird für beide Seiten der Stress gesteigert.

  Als siebte, achte und neunte Kategorie nennt Glasl die „Begrenzten Vernichtungsschläge", „Zersplitterung" sowie „Gemeinsam in den Abgrund". Eine solche Eskalation dürfte jedoch für Einigungsstellenverfahren nur in den seltensten Fällen relevant sein.

(2) Entwicklung des Konflikts

Anfänglich richten sich die Parteien auf Differenzen in der **objektiven** Sphäre aus, 271 später (Stufe 4 bis 6) verlagert sich die Aufmerksamkeit auf die Differenzen in der **subjektiven** Sphäre. Schließlich werden die Beziehungen wie Sachfragen behandelt (Stufe 7 bis 9).

In der ersten Phase (Stufe 2 bis 3) bilden die Parteien feste und **pauschale Bilder** von 272 einigen „wesentlichen Verhaltenszügen", später (Stufe 4) werden diese ausgeweitet zu pauschalen Urteilen über Fähigkeiten bzw Charaktermerkmale der Gegenpartei. Danach (Stufe 5 bis 6) wird die Gegenpartei herabgesetzt.

Auf Stufen 1 bis 3 gibt es gemischte Motive, die sowohl kooperativ als auch entge- 273 gengesetzt sind. Danach (Stufe 4 bis 6) tritt eine „Win-Lose"-Haltung auf, die zu einer **Polarisierung** führt. Zuletzt (Stufe 7 bis 9) sollen eigene Verluste geringer gehalten werden als die Verluste der Gegenseite. Die negativen Einstellungen verstärken sich vom gegenseitigem Misstrauen zum grundsätzlichen Argwohn (Stufe 2 bis 4) bis zur Feindseligkeit (Stufe 5 bis 6) und Hass (Stufe 6 bis 8). Anfangs merken die Parteien, dass es Beziehungsprobleme gibt. Danach suchen sie eine Überlegenheitsposition

(Stufe 2 bis 3), später wird noch Dominanz und Unterdrückung gestrebt (Stufe 4 bis 7). Die ursprüngliche Flexibilität der Auffassungen verhärtet zu Standpunkten (Stufe 2 bis 3), die fixiert und in extremer Weise vertreten werden. Beeinflussungsversuche zielen zunächst noch auf sachliche Fragen, aber die verbale Auseinandersetzung verlagert sich mehr und mehr aufs **Tun** (Stufe 3: Strategie der vollendeten Tatsachen). Danach wird über den Umweg der Beeinflussung der Positionen Einfluss auf Sachfragen erhofft (Stufe 3 bis 4). Später werden Maßnahmen ergriffen, die direkt auf die Position der Gegenpartei ausgerichtet sind (Stufe 5 bis 6). Auf den ersten Eskalationsstufen (Stufe 1 bis 3) erwarten die Konfliktparteien eine Lösung der sachlichen Differenzen. Bei weiterer Eskalation (Stufe 4 bis 5) treten die Probleme der Beziehung in den Vordergrund und die Parteien halten eine Lösung nur für möglich, wenn gleichzeitig auch die Beziehung der Parteien geregelt wird. Mehr und mehr schwindet dann der Glaube, dass eine Lösung möglich ist.[505]

b) Das Harvard-Konzept

274 Einer der bekanntesten und bewährtesten Konzepte für lösungsorientiertes Verhandeln ist das **Harvard-Konzept.**[506] Dies zeichnet sich insb. dadurch aus, dass **Sach- und Beziehungsebene getrennt, Interessen ausgeglichen und Entscheidungsalternativen unter Verwendung neutraler Beurteilungskriterien gesucht und bewertet** werden. Ziel ist es, einen Gewinn für alle Beteiligten zu schaffen. Viele Ideen aus diesem Konzept finden sich auch in der Mediation und anderen Verhandlungskonzepten und werden daher bei der ausführlichen Darstellung eines an der Mediation angelehnten Verhandlungskonzeptes wieder aufgegriffen werden.

aa) Prinzipien des Harvard-Konzepts

275 Verhandlungen nach dem Harvard-Prinzip folgen vier Prinzipien:

- **Sachbezogen** diskutieren: Hier sollen Menschen und Probleme getrennt werden.[507] Man soll versuchen, sich nicht auf den Gegner „einzuschießen“, sondern sich auf das Ziel zu konzentrieren.
- Auf **Interessen** konzentrieren, nicht auf Positionen:[508] Wichtig ist hier insb., zunächst die Interessen zu ermitteln, die hinter den von den Verhandlungspartnern eingenommenen Positionen stehen. Interessen sind Wünsche, Sorgen, „stille Beweggründe“ hinter den Positionen, für die sich die Parteien bewusst entschieden haben. Ein Denken in Positionen ist für Juristen besonders naheliegend: Das Denken nach Ansprüchen ist ein Denken in Positionen.[509] Es muss jedoch auf die hinter den Positionen stehenden Interessen geschaut werden. Meist hat jede Partei mehr als nur ein Interesse.
- **Optionen** suchen:[510] Hier geht es darum, Lösungsmöglichkeiten zu sammeln. Vor allem hier ist Kreativität gefragt: Statt sich auf eine angeblich einzig denkbare Lö-

505 Glasl, Konfliktmanagement, S. 279 f.
506 Fisher/Ury/Patton, Das Harvard-Konzept. Sachgerecht verhandeln, erfolgreich verhandeln, 11. Aufl. Hieran orientiert sich Jiranek/Edmüller, Konfliktmanagement, S. 123 ff.
507 Fisher/Ury/Patton, Das Harvard-Konzept, S 37 ff. Ebenso Schott, Verhandeln, 3. Aufl., S. 17.
508 Fisher/Ury/Patton, Das Harvard-Konzept, S. 68 ff.
509 Haft, Verhandlung und Mediation: Die Alternative zum Rechtsstreit, 2. Aufl., S. XI.
510 Fisher/Ury/Patton, Das Harvard-Konzept, S. 89 ff.

sung zu fixieren, sollten möglichst viele andere Regelungsvorschläge zum beiderseitigen Vorteil entwickelt werden.

- Beweise erbringen und auf **neutralen Beurteilungskriterien** bestehen:[511] Damit beide Parteien von einer fairen Lösung ausgehen, müssen objektive Kriterien für die Bewertung vorgeschlagener Lösungen vorgelegt werden.

Es findet eine Unterscheidung zwischen zwei **Kommunikationsebenen**, also der Sachebene (zu verhandelnde Vereinbarung) und der Verhandlungsführung (Beziehung zwischen den Parteien) statt. Auf diese Weise lässt sich auch bei unterschiedlichen Interessen das gute Verhältnis der Parteien erhalten und Möglichkeiten finden, wie beide Seiten bekommen, was sie brauchen oder wenn sie das gleiche brauchen, wie dies gerecht verteilt werden kann. Außerdem kann man so zeiteffizient verhandeln, da nicht auf Positionen „herumgeritten" wird.

Um schlechte Übereinkünfte zu vermeiden, wird als Vorbereitung auf Verhandlungen 276
die „**beste Alternative**", die sich ohne Zustandekommen einer Einigung ergibt, mit der „schlechtesten denkbaren Übereinkunft" verglichen.

bb) Kommunikation in der Verhandlung

Wichtig ist für das Harvard-Konzept, **Verständnis** für die Interessen der Gegenseite 277
zu haben. Verstehen heißt nicht notwendigerweise zustimmen, sondern sich ernsthaft mit der gegnerischen Sichtweise auseinanderzusetzen. Hierbei hat vor allem das aktive Zuhören einen hohen Stellenwert. Das gilt zwar auch für die Parteien, insb. jedoch für den Vorsitzenden. Hiermit wird vom Zuhörer zum Ausdruck gebracht, dass er sich bemüht, den Sprecher zu verstehen, indem er „Rückmeldung gibt" (näher hierzu Rn 315). Der Vorsitzende sollte auch bemüht sein, ein entspanntes **Verhandlungsklima** zu schaffen. Hierzu können sprachliche „Türöffner" hilfreich sein; außerdem können sie schwierige Verhandlungssituationen wieder in Bewegung bringen. Dies sind Äußerungen, die zB in folgende Richtung gehen können:

- Interesse signalisieren;
- klären, ob die Äußerung richtig verstanden wurde;
- nachfragen/um Konkretisierung bitten;
- Denkanstöße geben.

Das Harvard-Konzept ist deshalb für Einigungsstellen so geeignet, weil es als **ergebnisorientierte** Methode die Konfliktlösung über persönliche Befindlichkeiten stellt 278
und den größtmöglichen beiderseitigen Nutzen anstrebt. Neben der sachlichen Übereinkunft werden auch die persönlichen Beziehungen gewahrt. Dies ist insb. in Einigungsstellenverfahren wichtig, da die Betriebsparteien weiter „miteinander leben" müssen.

c) Salewskis Modell

Als zweites Verhandlungsmodell soll ein Modell vorgestellt werden, das auf psycho- 279
logischen Erkenntnissen aufbaut. Es wird sich in Reinform kaum für die Einigungs-

511 Fisher/Ury/Patton, Das Harvard-Konzept, S. 121 ff.

stelle eignen, kann aber wertvolle Hinweise zum Umgang mit besonders verfahrenen Konfliktlösungen bieten.

280 Zunächst müssen die Konfliktparteien bei einer Konfliktlösung nach dem Modell von *Salewski* Einsichten in die jeweils unterschiedlichen Bewertungen und diesen möglicherweise zugrunde liegende Motive haben sowie Veränderungen wollen. Sodann kann durch wechselseitig **komplementäre Kommunikation** „eine Lösung erzielt werden“.[512] *Salewski* führt aus, dass es bei seinem Modell nicht um Gesprächstechniken, sondern um eine Grundhaltung gegenüber dem Konflikt geht.[513] Es dürfte in den meisten Fällen im Rahmen einer Einigungsstelle schwer möglich sein, über die menschlichen Grundhaltungen hinter den Konflikten zu diskutieren. Jedoch wird von *Salewski* zutreffend der hohe Wert der kommunikativen Bedingungen sowie deren oft zentrale Rolle bei den Verhandlungen betont. Damit meint er: annehmen (die Aggression als emotionale Botschaft annehmen), Problembewusstsein zeigen (die Emotion offen ansprechen), Offenheit zur Bewältigung (offene Fragen stellen).[514] Wenn ein Sachthema inhaltlich nicht gelöst werden könne, führe eine rationale Möglichkeit der Konfliktlösung nicht weiter. Denn hier gehe es nicht nur um die Sache, sondern um unterschiedliche Bewertungen aus unterschiedlichen Beweggründen heraus. Hierüber sollten die Konfliktparteien verhandeln. Der Begriff „wechselseitig komplementäre Kommunikation“ bedeutet hierbei lediglich, dass ein Gesprächspartner aktiv kommuniziert, während der andere aktiv zuhört.[515] Bei der komplementären Kommunikation können einerseits Inhalte prägnant und geordnet dargestellt werden, andererseits kann offen zugehört und argumentiert werden. Damit wird sowohl die inhaltliche als auch die verhaltensbezogene Ebene beachtet.[516]

281 *Salewski*, der Konflikte als **unterschiedliche Bewertung** der Parteien für gleiche oder vergleichbare Situationen versteht,[517] sieht den Weg zur Lösung von Konflikten darin, „die Energie des Konfliktes zu nutzen, um mit dem Konfliktpartner zu einer Klärung zu gelangen, warum man die gleiche Sache unterschiedlich bewertet“.[518] Dies ist ohne Aufgabe des eigenen Standpunktes möglich. Er weist aber auch darauf hin, dass Konflikte oft nicht als „Chance für Veränderungen“ akzeptiert und gemeinsam gelöst, sondern zur Selbstdarstellung bzw zur Darstellung der Institutionsidentität gebraucht werden. Aber insb. Konflikte, die nicht nur unmittelbar im Konflikt Beteiligte betreffen – wie es bei der Einigungsstelle der Fall ist – werden oft nicht schnell und kommunikativ gelöst, denn die Parteien sehen eine Gelegenheit, sich öffentlich darzustellen, statt an einer gemeinsamen Lösung zu arbeiten.[519]

512 Salewski, Die Kunst des Verhandelns, S. 241.
513 Salewski, Die Kunst des Verhandelns, S. 243.
514 Salewski, Die Kunst des Verhandelns, S. 109.
515 Salewski, Die Kunst des Verhandelns, S. 115.
516 Salewski, Die Kunst des Verhandelns, S. 116.
517 Salewski, Die Kunst des Verhandelns, S. 239.
518 Salewski, Die Kunst des Verhandelns, S. 240.
519 Salewski, Die Kunst des Verhandelns, S. 241.

d) „Rationales Verhandlungsmodell" (Haft)

Haft hat sich ausführlich mit dem Thema Verhandeln im Zusammenhang mit juristischen Fragestellungen beschäftigt; sein Werk[520] ist daher für alle Beteiligten an Einigungsstellen äußerst lesenswert. *Haft* geht ausführlich auf die Unterschiede zwischen intuitivem und **rationalem Verhandeln** ein.[521] Sodann zeigt er auf, dass das Positionsdenken typischerweise eine Reaktion der Beteiligten auf komplexe Konflikte ist.[522] Daher muss es bei einer rationalen Verhandlung darum gehen, **Komplexität** anders zu bewältigen. Hierzu schlägt *Haft* Strukturdenken, Kreativität und „Kuchenvergrößerung" vor.[523] Sein „rationales Verhandlungsmodell" erläutert er anhand eines (idealen) **Normalfalls** einer rationalen Verhandlung, der als Leitlinie dienen kann. In diesem Normalfall-Modell verhandeln nur zwei Personen miteinander, die autonom handeln, nicht unter Druck stehen, ihr Handeln nicht durch emotionale Faktoren beeinflussen lassen, nicht manipulieren, sondern sich fair verhalten. Auf andere Weise als durch die Verhandlung sind sie nicht miteinander verbunden.[524] Im Normalfall-Modell ist keine Verhandlungspartei der anderen überlegen und es gibt keine äußeren Störungen. Das Sachproblem des Normalfalls ist prinzipiell verhandelbar, komplex und ermöglicht eine Lösung, die für beide Seiten von Vorteil ist.[525] Das Verhandlungsziel besteht darin, eine für beide Parteien sachgerechte Lösung des zwischen ihnen zu verhandelnden Problems zu finden.[526] 282

Um dieses Ziel zu erreichen, nennt *Haft* sechs **Verhandlungsgrundsätze:** 283

- Der Verlauf der Verhandlung ist ständig zu kontrollieren.
- Die Komplexität des Problems ist durch Strukturen handhabbar zu gestalten.
- Den Strukturen entsprechende Verträge über den Ablauf der Verhandlungen sind zu schließen, und auf deren Einhaltung ist zu bestehen.
- Vor der Entscheidung von inhaltlichen Problemen sind die abstrakten Prämissen und Regeln zu verabreden, nach denen die Problemlösung erfolgen soll.
- (Mündliche) Protokolle über erzielte Zwischenergebnisse sind zu formulieren und zu verabschieden.
- Die Verhandlungsparteien sollten jeweils die formale Führung erstreben.[527] Denn die formale Führung gibt auch die Chance auf inhaltliche Führung und darauf, die eigenen Vorstellungen bei Inhaltsfragen durchzusetzen.

Diese sechs Grundsätze bezeichnet Haft deshalb als fair, weil ihre Anwendung nicht voraussetzt, dass der andere sie nicht kennt.[528]

Sodann wird die rationale Verhandlung in verschiedene **Phasen**, nämlich in die Eröffnungs-, Rahmen-, Themen-, Informations- und Argumentationsphase sowie die Entscheidungsphase eingeteilt.

520 Haft, Verhandlung und Mediation: Die Alternative zum Rechtsstreit, 2. Aufl.
521 Haft, Verhandlung und Mediation, S. 20 ff.
522 Haft, Verhandlung und Mediation, S. 59.
523 Haft, Verhandlung und Mediation, S. 69 ff.
524 Haft, Verhandlung und Mediation, S. 110.
525 Haft, Verhandlung und Mediation, S. 111.
526 Haft, Verhandlung und Mediation, S. 116.
527 Haft, Verhandlung und Mediation, S. 118.
528 Haft, Verhandlung und Mediation, S. 121.

e) Verhandlungsleitung

284 *Wenning-Morgenthaler*[529] strukturiert die Verhandlungen anhand des **Teilnehmerkreises** der konkreten Verhandlungsrunde. Er trennt im Rahmen der Verhandlungsleitung zwischen Verhandlungen im Plenum, getrennten Beratungen und dem Sechs-Augengespräch bzw Spitzengespräch. Zu Beginn wird regelmäßig im Plenum verhandelt. Nun muss der Vorsitzende bewerten, ob hier eine gemeinsame Lösung möglich ist oder vorübergehend getrennte Beratungen sinnvoll erscheinen. Die getrennten Gruppen setzen sich aus den Beisitzern einer Betriebspartei zusammen, oft kommen auch andere Betriebsratsmitglieder bzw andere entscheidungsbefugte Vertreter der Arbeitgeberseite sowie Verfahrensbevollmächtigte hinzu. Der Vorsitzende kann hier festlegen, in welcher Reihenfolge er mit den Gruppen redet; möglich ist auch, dass die Gruppen zunächst getrennt verhandeln und der Vorsitzende sich lediglich auf Abruf für die Gruppen bereithält. Denn die getrennten Verhandlungen bringen den Streit oft einer gütlichen Einigung näher.

285 Zu den getrennten Beratungen gehört auch die **Pendeldiplomatie**. Hierbei pendelt der unparteiische Vorsitzende jeweils zwischen den Gruppen, die getrennt beraten, hin und her. Dies ist eine Möglichkeit, die Verhandlungen zu beschleunigen und die Tragfähigkeit von gefundenen Lösungsansätzen sofort zu prüfen. Je nach Situation muss der Vorsitzende dann entscheiden, wie lange getrennte Beratungen, Unterbrechungen, gemeinsame Beratungen im Plenum usw sinnvoll sind. Hierbei ist insb. Geduld erforderlich. In den getrennten Gesprächen erfährt der Vorsitzende oft Wünsche, Anregungen und nichtverhandelbare Punkte der Parteien, die er sinnvoll in seinen Vorschlag einbeziehen, jedoch diskret behandeln sollte.

Bei den Sechs-Augen- bzw Spitzengesprächen wählt der Vorsitzende den Wortführer bzw die einflussreichste Person jeder Seite aus. In einem solchen kleinen Kreis kann oft sehr lösungsorientiert an die Streitfrage herangegangen werden.[530]

f) Konfliktlösung in Anlehnung an die Mediation

286 Erkenntnisse zu Verhandlungstechniken und Konfliktlösungsmöglichkeiten finden sich in besonders ausgearbeiteter Form für das Gebiet der **Mediation**. Mediation basiert auf folgenden Prinzipien: Freiwilligkeit, Eigenverantwortung der Konfliktparteien, Offenlegung, Vertraulichkeit sowie der Neutralität des Mediators.[531] Dies passt für die Einigungsstelle nur eingeschränkt, da Freiwilligkeit in den Fällen erzwingbarer Mitbestimmung nicht gegeben ist. Aufgrund des „drohenden“ Spruchs kann auch nicht von der vollen Eigenverantwortung der Parteien ausgegangen werden. Ein Fall eignet sich für die Mediation, wenn folgende Kriterien erfüllt sind: Gemeinsame Zukunft, hohe Komplexität, Vertraulichkeit, hohe Emotionalität, grenzüberschreitende Sachverhalte.[532] Lässt man den letzten Punkt außer acht, werden sich viele Einigungsstellenverfahren hier wiederfinden. Ähnlich wie bei der Güteverhandlung gem. § 54 ArbGG sind auch bei der Einigungsstelle Ähnlichkeiten und Parallelen zur Me-

529 Pünnel/Wenning-Morgenthaler, Die Einigungsstelle, Rn 202 ff.
530 Pünnel/Wenning-Morgenthaler, Die Einigungsstelle, Rn 202-206.
531 Weiler/Schlickum, Praxisbuch Mediation, S. 5.
532 Kriterien: Ponschab/Schweizer, Schlüsselqualifikationen, S. 204.

diation unverkennbar. Es bestehen auch bedeutende Unterschiede, die jedoch eine (zusätzliche) Anwendung der Mediation[533] bzw eine Orientierung hieran nicht ausschließen.

Auch bei der Mediation gibt es nicht nur einen Stil, sondern verschiedene Möglich- 287
keiten, wie der Mediator mit den Parteien eine einvernehmliche Lösung anstreben kann.[534]

Wichtige Punkte in diesem Zusammenhang sind die Gestaltung des Verhandlungsraumes, die Darstellung der Phasen der Mediation sowie die Vorstellung einiger in der Praxis bewährter Mediations- bzw Gesprächstechniken.

aa) Verhandlungsraum

Bei der Raumgestaltung sind sowohl psychologische als auch physiologische Aspekte 288
zu beachten. Wenn möglich, sollten beide Verhandlungsparteien sich in der Umgebung **wohlfühlen**, damit eine angenehme Gesprächsatmosphäre und damit wahrscheinlicher eine sinnvolle Lösung zustande kommt. Außerdem sollte ein ruhiger Besprechungsraum gewählt werden, der ausreichend hell beleuchtet und über bequeme Sitzgelegenheiten und Abstellflächen für Unterlagen, Getränke etc. verfügt. Alle Sitzgelegenheiten sollten gleich komfortabel sein, damit sich keiner benachteiligt fühlt. Auch sollte niemand geblendet werden und jeder Flipcharts oder ähnliche Medien wie zB Beamer sehen können.[535] Der Verhandlungsraum sollte der Größe der Gruppe und der erforderlichen technischen Ausstattung entsprechend gewählt werden. Positiv ist es auch, wenn ein zweites Besprechungszimmer zur Verfügung steht,[536] damit kurze interne Beratungen oder eine „Pendeldiplomatie“ (s. hierzu Rn 326) möglich sind. Auch sollten PC und Drucker zur Verfügung stehen, um Texte allen Beteiligten vorlegen zu können. Alternativ kann auch mittels Beamer an einem gemeinsamen Text gearbeitet werden.[537]

Auch die **Sitzordnung** hat nach Erfahrung von Mediatoren durchaus Bedeutung, 289
insb. bei Konflikten zwischen Gruppen. Diese sollte daher bewusst gewählt werden und der Struktur der Gruppen entsprechen. Auch kann eine kreative Lösungsfindung durch eine lockere Atmosphäre gefördert werden. Sinnvoll sind sämtliche Sitzmöglichkeiten, die Kooperation statt Konfrontation und Mischung statt Separation fördern.[538] Auch muss jeder Eindruck von Ungleichgewicht vermieden werden.[539] Hier gelten zwei Grundsätze: Kontrahenten dürfen sich nie gegenübersitzen. Hier drohen „Frontenbildung“ und übermäßige Emotionen.[540] Der Mediator sollte denjenigen, die entscheiden, gegenübersitzen. So ist eine Blickverbindung möglich, die oft hilfreich ist.

533 Ponschab u.a., NZA Sonderbeilage 1/2004, 12, 17.
534 Hierzu Ponschab/Schweizer, Schlüsselqualifikationen, S. 201.
535 Schott, Verhandeln, S. 52.
536 Schott, Verhandeln, S. 58.
537 Pünnel/Wenning-Morgenthaler, Die Einigungsstelle, Rn 192.
538 Schott, Verhandeln, S. 58.
539 Weiler/Schlickum, Praxisbuch Mediation, S. 21.
540 Ponschab/Schweizer, Schlüsselqualifikationen, S. 210.

bb) Phasen der Mediation

290 Der Ablauf der Mediation gliedert sich in **sieben Phasen:** Vorbereitung und Einführung durch den Mediator/Vorsitzenden, Sachverhaltsdarstellung durch die Parteien, Interessen und Bedürfnisse erforschen, Optionen/Lösungen erarbeiten, beste Alternative auswählen, Visionen entwickeln, Abschluss einer Vereinbarung.[541] Teilweise werden die Phasen fünf und sechs nicht gesondert aufgeführt.[542] Auch bei dieser Einteilung geht es nicht um ein zwingendes Schema, sondern um eine Orientierungshilfe.

(1) Vorbereitung

291 Zunächst spricht der Vorsitzende einige einführende Worte. Hier kann und sollte er bereits versuchen, eine lösungsorientierte Gesprächsatmosphäre zu schaffen. So können hier insb. noch offene organisatorische Fragen kurz angesprochen werden, einige persönliche Eindrücke ggf vorab geschildert werden. Insb. wird in der Phase der Vorbereitung der Vorsitzende zum Problem **hinführen**, das verhandelt werden soll.[543]

(2) Sachverhaltsdarstellung

292 Sodann werden Informationen gesammelt. Dies geschieht zunächst im Rahmen der **Sachverhaltsdarstellung.** Hier bittet der Mediator die Parteien um die Schilderung des Konflikts aus ihrer Sicht. Außerdem informiert jede Partei darüber, was sie erreichen will bzw von der anderen Seite fordert. Hier werden meist Positionen erzeugt.[544] Außerdem werden bei der Sachverhaltserforschung regelmäßig Rechtfertigungsgründe von den Parteien vorgetragen, da sie damit klarstellen wollen, dass sie selbst Recht und die Gegenseite Unrecht hat sowie – wie Wenning-Morgenthaler[545] es für das Einigungsstellenverfahren formuliert – „Luft abgelassen".

293 Durch Zusammenfassung der Vorträge kann ein gemeinsames Verständnis der zu behandelnden **Themen** und der strittigen und unstrittigen Frage entwickelt werden.[546] Eine in Mediationsverfahren gelegentlich praktizierte „Themensammlung" im Sinne einer Zusammenstellung aller Problempunkte zwischen den Parteien ist im Einigungsstellenverfahren regelmäßig nicht erforderlich und sinnvoll, da das Thema durch die Anträge und deren Begründung bzw die Lösungsvorschläge hierzu eingegrenzt ist und im zwingenden Verfahren nicht, zumindest nicht ohne Zustimmung aller Beteiligten, eine Gesamtlösung sämtlicher Konflikte zwischen den Betriebsparteien erfolgen darf.

294 Als wesentliche Punkte der **Konflikterfassung** werden genannt:[547]

- Feststellung der Streitthemen bzw Dissenspunkte – Sind noch weitere Informationen erforderlich? Bei erheblichem noch bestehendem Informationsbedarf kann es sinnvoll sein, in der ersten Sitzung lediglich einen „Fahrplan für die Einigungsstelle[548]" zu vereinbaren.

---

541 Ponschab/Schweizer, Schlüsselqualifikationen, S. 211.
542 Weiler/Schlickum, Praxisbuch Mediation, S. 13.
543 Hümmerich/Spirolke, Arbeitsrechtliches Mandat, § 13 Rn 27.
544 Weiler/Schlickum, Praxisbuch Mediation, S. 17.
545 Pünnel/Wenning-Morgenthaler, Die Einigungsstelle, Rn 248.
546 Ponschab/Schweizer, Schlüsselqualifikationen, S. 216.
547 Glasl, Konfliktmanagement, S. 95.
548 Pünnel/Wenning-Morgenthaler, Die Einigungsstelle, Rn 261.

- Konfliktverlauf bzw Konfliktgeschichte: Was ist bisher passiert? Wie weit ist der Konflikt eskaliert?
- Konfliktparteien: Ist – außer den Betriebspartnern – noch jemand am Streit beteiligt? Wen betrifft der Konflikt?
- Beziehungen: Die formalen Beziehungen zwischen Arbeitgeber und Betriebsrat stehen fest. Wie sieht es aber mit den informalen Beziehungen aus?
- Strategien der Beteiligten: Was wollen die Betriebsparteien erreichen? Was sind sie bereit, dafür aufzugeben bzw zu bezahlen? Was erwarten die Parteien? Halten sie den Konflikt selbst für lösbar?
- Bei der Sachverhaltserfassung kann der Vorsitzende versuchen, die Streitfrage einem Konflikttyp zuzuordnen (hierzu unter Rn 306 ff).

Dem Vorsitzenden wird empfohlen, in diesem Verfahrensstadium allenfalls dann seinen **Standpunkt** zur Sache bzw Rechtsstandpunkt mitzuteilen, wenn er sich der Entscheidung völlig sicher ist.[549] Dem ist zuzustimmen. Denn einerseits schafft ein späteres „Zurückrudern" bei einer Änderung der Einschätzung Probleme, andererseits sinken durch eine frühe Festlegung des Vorsitzenden die Chancen, dass die Parteien eine gemeinsame Lösung finden, beträchtlich. 295

(3) Interessenerforschung

Im Anschluss an die Informationsphase werden die beiderseitigen **Interessen** erforscht, die hinter den Positionen stehen.[550] Dies ist der wichtigste Abschnitt, denn das Gelingen der Mediation hängt davon ab, dass auf der Ebene der Interessen verhandelt wird:[551] Ein Grundgedanke der Mediation besagt, dass es keinen Ausgleich zwischen den unterschiedlichen Positionen der Parteien, wohl aber zwischen deren Interessen gibt. Dies ist die Frage danach, was die Parteien wirklich wollen bzw worum es ihnen eigentlich geht.[552] Hier zeigt sich eine starke Parallele zum Harvard-Konzept. Indem bei Verhandlungen nach Interessen und deren Umsetzung gefragt wird, wendet sich der Blick von der Vergangenheit in die Zukunft.[553] 296

Teilweise ist den Parteien selbst nicht vollständig klar, was hinter ihren Forderungen bzw Positionen steht. Hier kann der Vorsitzende durch Nachfragen[554] ein besseres Verständnis dafür erreichen, warum bestimmte Punkte besonders wichtig sind. Solche Fragen dienen hauptsächlich zur Präzisierung und sollen zu mehr Klarheit führen. Für die Diskussion von Interessen ist eine „Pendeldiplomatie" (s. hierzu Rn 326) oft sinnvoll, da hier Beweggründe betroffen sind, welche die Gegenseite nicht erfahren soll.[555] Es wird vorgeschlagen, das Problem, die Positionen sowie die Interessen und Bedürfnisse (soweit sie die Gegenseite erfahren soll) auf Flipchartblätter zu schreiben. Hier wird im Idealfall die Diagnose durch den Vorsitzenden zu einer

549 Pünnel/Wenning-Morgenthaler, Die Einigungsstelle, Rn 249.
550 Weiler/Schlickum, Praxisbuch Mediation, S. 17.
551 Weiler/Schlickum, Praxisbuch Mediation, S. 16.
552 Ponschab/Schweizer, Schlüsselqualifikationen, S. 220.
553 Ponschab/Schweizer, Schlüsselqualifikationen, S. 221.
554 Zur Fragetechnik Birkenbihl, Fragetechnik schnell trainiert, 15. Aufl.
555 Ponschab/Schweizer, Schlüsselqualifikationen, S. 221.

Selbstdiagnose durch die Konfliktparteien. Gelingt dies, hat dies bereits positive Auswirkungen auf den Konflikt.

(4) Optionen/Lösungen

297 In der eigentlichen „Verhandlungsphase" werden **Lösungs- und Annäherungsmöglichkeiten** gesucht. Dies betrifft sowohl die Beziehungsebene als auch die inhaltliche Ebene.

Auf der **Beziehungsebene** kann sich der Vorsitzende um die Veränderung sozialer Normen bemühen, welche das Verhalten der Betriebsparteien zu einander bestimmen sowie um den Abbau der negativen Einstellungen gegenüber der jeweils anderen Partei.[556] Ist der Konflikt schon weit eskaliert, sollte zunächst durch Sofortmaßnahmen und zB Festschreibung des Status quo erreicht werden, dass eine weitere Eskalation nicht eintritt. Dies ermöglicht dann eine weitere Arbeit.[557]

298 Auf der **inhaltlichen Ebene** ist zu überlegen, welche Lösungsmöglichkeiten sich aus den Interessen der Beteiligten ergeben. Hier gibt es regelmäßig nicht nur eine denkbare Lösung, sondern eine Vielzahl von Optionen. Diese können gesammelt und für alle gut sichtbar notiert werden. In Einigungsstellenverfahren ist es – im Gegensatz zu Mediationsverfahren – üblich, dass der Vorsitzende einen Einigungsvorschlag macht.[558] Zur Herbeiführung sachgerechter Lösungen werden häufig auch Aspekte und Themen diskutiert und ggf Bestandteile einer Einigung, die außerhalb der erzwingbaren Mitbestimmung liegen.[559] Sinnvoll ist es, möglichst viele konstruktive und zukunftsorientierte Lösungsmöglichkeiten zu sammeln, wobei auch ungewöhnliche oder ausgefallene Vorschläge angeschrieben werden. Bei der Suche nach verschiedenen Lösungsmöglichkeiten ist Kreativität gefragt. Möglich sind hierbei sämtliche Kreativitätstechniken,[560] zB das Barnstorming. Wichtig ist hier vor allem, zwischen der Sammlung der Ideen und deren Bewertung streng zu trennen.[561]

299 Vorgeschlagen wird auch, dass zB der Betriebsrat eine Betriebsvereinbarung **entwirft** und der Arbeitgeber hierzu Stellung nimmt oder auch einen Gegenentwurf fertigt sowie der Vorsitzende einen die Interessen angemessen berücksichtigen Kompromissvorschlag macht bzw einen Fragenkatalog vorlegt, wenn dies noch nicht möglich ist.[562] Einem Vorschlag des Vorsitzenden werden die Parteien meist nicht sofort zustimmen; daher kann es sinnvoll sein, nach Vorstellung des Vorschlags die Einigungsstellensitzung zu getrennten Beratungen zu unterbrechen.[563]

556 Vgl Glasl, Konfliktmanagement, S. 158 f.
557 Glasl, Konfliktmanagement, S. 159. Zu Typen der Beziehung zwischen Repräsentant und Gruppe Glasl, S. 162 f.
558 Wiesemann, Die Einigungsstelle als Einrichtung zur Beilegung von Rechtsstreitigkeiten im Betriebsverfassungsrecht, S. 31.
559 Ponschab/Mauder/von Thun, Besser schlichten statt richten: Mediation im Betrieb, NZA Sonderbeilage 1/2004, 12, 17.
560 Zu Kreativitätstechniken zB Nöllke, Kreativitätstechniken, 3. Aufl.
561 Weiler/Schlickum, Praxisbuch Mediation, S. 18.
562 Pünnel/Wenning-Morgenthaler, Die Einigungsstelle, Rn 261.
563 Pünnel/Wenning-Morgenthaler, Die Einigungsstelle, Rn 264.

(5) Wahl der „besten Alternative"

Im nächsten Schritt werden die gefundenen **Optionen bewertet.** Um ein Ergebnis, auch ein mögliches, zu beurteilen, kann die Frage gestellt werden: Was bekommt die Partei, wenn sie die Verhandlung nicht weiterführt? Dies ist die Frage nach der „besten Alternative". Im Einigungsstellenverfahren hat dies nicht dieselbe Bedeutung wie in der Mediation: Eine Mediation scheitert, wenn keine Einigung zustande kommt. Das Einigungsverfahren wird (zumindest im Bereich der zwingenden Mitbestimmung) schließlich bei einer Abstimmung mit Beteiligung des Vorsitzenden entschieden. 300

Eine denkbare Möglichkeit zur Auswahl und Einigung ist, dass die Parteien jeweils ihre drei **Lieblingslösungen** markieren und nun mit der Lösung beginnen, die – so dies möglich war – gemeinsam markiert wurde. Wenn keine gemeinsame Lösungsidee ausgewählt wurde, könnte jede Partei gebeten werden, eine der von der Gegenseite gewählten Lösungen auszuwählen.[564] 301

Führt auch dies nicht weiter, sollten **objektive Kriterien** und Verfahren eingesetzt werden, die den Interessenkonflikt entscheiden können.[565] Die Frage nach den objektiven Kriterien ist ebenfalls ein Element des Harvard-Konzepts. Hier kommt es darauf an, dass die Parteien sich auf ein solches objektives Kriterium einigen, das dann im Folgenden auf den Konflikt Anwendung findet.[566] Beispiele können sein Sachverständigengutachten, übliche Verhaltensweisen, Mittelwerte o.Ä. Neutrale Verfahren sollen die „Einigungslücke" dadurch überbrücken, dass die Parteien jeweils das gleiche Risiko tragen und kein Druck ausgeübt wird.[567] Denkbar sind hier zB der Vorschlag des Mediators/Vorsitzenden oder ***Last Offer Arbitration*** (beide machen einen Vorschlag, von denen nun der Vorsitzende/Mediator einen auswählt, der angemessener ist und der schließlich gilt). Hiermit werden realistische und faire Vorschläge gefördert, da sie den Mediator überzeugen müssen.[568] 302

(6) Abschluss

Aus der Lösungsbewertung folgt idR schon der Versuch, eine **Vereinbarung** zu erzielen.[569] Oft ist es zumindest möglich, eine gemeinsame Grundlösung zu finden; diese kann als Zwischenlösung festgehalten werden. An Detailfragen muss in diesem Fall natürlich weiter gearbeitet werden. 303

Wenn ein abschließendes Verhandlungsergebnis festliegt, folgt normalerweise als „technischer Teil" die Formulierung dieses Ergebnisses als **Betriebsvereinbarung.** Einige Mediatoren schieben jedoch einen „Zwischenschritt" ein, der ihrer Ansicht nach ein gutes Fundament für die Lösungen bietet: Sie versuchen, mit den Parteien eine gemeinsame **Visionen** für die Zukunft zu entwickeln.[570] Dies ist jedoch nur dann emp- 304

564 Weiler/Schlickum, Praxisbuch Mediation, S. 19.
565 Ponschab/Schweizer, Schlüsselqualifikationen, S. 224.
566 Ponschab/Schweizer, Schlüsselqualifikationen, S. 228.
567 Ponschab/Schweizer, Schlüsselqualifikationen, S. 229.
568 Ponschab/Schweizer, Schlüsselqualifikationen, S. 230.
569 Ponschab/Schweizer, Schlüsselqualifikationen, S. 226.
570 Ponschab/Schweizer, Schlüsselqualifikationen, S. 234.

fehlenswert, wenn es zum persönlichen Verhandlungsstil des Mediators/Vorsitzenden und den Parteien passt.

305 In der Abschlussphase wird das Erreichte fixiert. Im Anschluss wird das Ergebnis rechtlich geprüft und in eine juristische abgesicherte Form gebracht.[571] Denn am Ende soll eine verbindliche schriftliche Vereinbarung stehen. Im Einigungsstellenverfahren geht es darum, oft mit Hilfe des Vorsitzenden, die getroffene Einigung als Betriebsvereinbarung zu formulieren. Hierbei sollte besonders auf klare und eindeutige **Formulierungen** geachtet werden, um Auslegungsschwierigkeiten bestmöglich zu begrenzen.[572] Das gemeinsame Formulieren hat jedoch auch seine Gefahren: Manchmal beginnt der Streit hierbei erneut und bereits (fast) erzielte Einigungen scheitern. Wird eine solche Entwicklung befürchtet, kann die Formulierung zB an den Vorsitzenden delegiert oder durch eine gemeinsame Kommission vorgenommen werden.

cc) Einordnung des Konflikts

306 Bei der Vorbereitung sowie bei der Sachverhaltsschilderung in der mündlichen Verhandlung sollte der Vorsitzende versuchen, den ihm vorgetragenen Streit einem **Konflikttyp** zuzuordnen. Den Konflikttyp zu kennen bietet eine erste Orientierung und Anhaltspunkte für eine vorläufige Strategie. Es gibt in der Literatur eine Vielzahl von Vorschlägen, nach welchen Kriterien Konflikte systematisiert werden können.[573] Da es um praktische Hilfen zur Intervention in Konfliktsituationen geht, sollte auch eine handlungsorientierte Typologie gewählt werden.[574]

Orientierungspunkte für eine **handlungsorientierte Systematisierung** sind Rahmen, Reichweite und Äußerungsform des Konflikts.[575] Dabei ist zu beachten, dass der Konflikt hier innerhalb von Organisationseinheiten stattfindet. Auch ist zu unterscheiden, ob es um einzelne, isolierte Streitpunkte geht oder um einen Positionskampf, in dem eine Seite Macht und Einfluss auf Kosten der anderen ausweiten will. Denkbar ist auch, dass es um grundlegende Änderungen der bisherigen Zusammenarbeit geht. In der ersten Einschätzung sollte auch unterschieden werden, ob es um einen „heißen" oder um einen „kalten" Konflikt geht.

(1) Soziale Arena

307 Die Frage nach der sozialen Arena ist die Frage nach dem Feld, auf dem der Konflikt aktiv ausgetragen wird. Bei Einigungsstellenverfahren ist dies nicht besonders problematisch: Die zugrundeliegenden Konflikte sind stets Probleme in **Organisationseinheiten**. Meist sind es solche in „mittlerer Größenordnung" („meso-sozial"). Hier erfolgt die Kommunikation nicht direkt zwischen den beteiligten Gruppen, sondern über Vertreter bzw Mittelspersonen. Außerdem können zu den Interessen der Kleingruppen noch andere der Gruppenvertreter hinzukommen, die den Konflikt möglicherweise nutzen, um sich zu profilieren oder ihre Machtposition auszubauen.[576] Vielfach geht es daher den Exponenten nicht (nur) darum, die Gegenpartei zu beein-

571 Weiler/Schlickum, Praxisbuch Mediation, S. 19.
572 Pünnel/Wenning-Morgenthaler, Die Einigungsstelle, Rn 302.
573 Überblick bei Glasl, Konfliktmanagement, S. 47.
574 Glasl, Konfliktmanagement, S. 59.
575 Glasl, Konfliktmanagement, S. 59 ff.
576 Glasl, Konfliktmanagement, S. 62.

flussen, sondern vielmehr ihrer eigenen „Hintermannschaft“ deutlich zu zeigen, dass sie deren Interessen engagiert vertreten. Daher sind auch die Beziehungen der Gruppenexponenten zu ihren Gruppenmitgliedern wichtig. Dementsprechend weist das an Betriebsräte gerichtete „Handbuch Einigungsstelle“[577] auf „die betriebspolitische Bedeutung der Einbeziehung der Belegschaft in die Auseinandersetzung mit dem Arbeitgeber“ hin und rät den Betriebsräten, im Rahmen der Einigungsstellenverfahrensvorbereitung die Belegschaft „darüber zu informieren, was eine Einigungsstelle überhaupt ist, weshalb die Anrufung der Einigungsstelle notwendig ist bzw war und was erreicht werden soll.“

(2) Reichweite des Konflikts

Bei der Frage nach der Reichweite des Konflikts geht es darum, was für die Parteien 308
auf dem Spiel steht. *Glasl* unterscheidet drei Konfliktarten nach ihrer **„Reichweite“** und bringt hierfür sogar Beispiele aus dem Konfliktfeld zwischen Arbeitgeber und Betriebsrat.[578] Die erste Stufe ist „Friktion, Reibungskonflikt, Issuekonflikt“. Hier wird zwar hart in der Sache gestritten, aber beide Parteien respektieren, dass sie zueinander in einem festgelegten Positionsverhältnis stehen. Es geht nicht darum, die Position grundsätzlich zu ändern, sondern die eigene ein wenig zu verbessern. In diesem Fall geht es um wenige begrenzte Themen. Hier kann sich der Einigungsstellenvorsitzende auf diese Streitpunkte konzentrieren.

Beim „Positionskampf“ gibt sich eine Partei, zB der Betriebsrat, nicht mit seiner Posi- 309
tion zufrieden. Dies muss nicht bedeuten, dass der Gesamtrahmen geändert werden soll. Hier sollen Macht und Einfluss auf Kosten der Gegenseite ausgedehnt werden. Dies ist zB der Fall, wenn vom Betriebsrat mehr Mitsprache gewonnen und die Stellung der Unternehmensleitung zurückgedrängt werden soll. Neben der Bearbeitung der konkreten Streitthemen muss auch die Beziehungs- bzw Machtfrage in der Organisation in den Blick genommen werden.

Bei „Systemveränderungs-Konflikten“ werden die Grundlagen des Verhältnisses zu- 310
einander abgelehnt (*Glasl* nennt als Beispiele neben der Hausordnung und den Stiftungsstatuten das BetrVG) und sollen direkt oder indirekt geändert werden. Dies ist bspw der Fall, wenn ein Betriebsrat die Einflussmöglichkeiten der Arbeitnehmer insgesamt zu beschränkt findet. Im Konflikt wird eine Änderung des Gesamtrahmens zur Diskussion gestellt bzw diese Änderung soll abgewehrt werden. Gegenstand eines Einigungsstellenverfahrens, besonders im Rahmen der erzwingbaren Mitbestimmung, kann ein solcher Systemveränderungs-Konflikt nicht sein, da dieses durch die erzwingbaren, gesetzlich festgelegten Mitbestimmungsrechte des Betriebsrats begrenzt werden.

Gegenstand eines Einigungsstellenverfahrens ist daher grundsätzlich die **erste Stufe,** 311
hinter der aber umfassendere Konfliktformen stehen können.

577 Göritz/Hase/Pankau/Röhricht/Rupp/Teppich, Handbuch Einigungsstelle, 4. Aufl., S. 104.
578 Glasl, Konfliktmanagement, S. 65.

(3) Austragungsform

312 Im Hinblick auf das „Klima der Auseinandersetzung“ lassen sich zwei Tendenzen unterscheiden: „Heiße“ und „kalte“ Konflikte.

Bei **heißen** Konflikten sind die Parteien engagiert bis übereifrig dabei, ihre Vorstellungen durchzusetzen. Die Angelegenheit wird als persönliches und extrem wichtiges Anliegen wahrgenommen. Hier sind offene Angriffe, Wut, Ärger und ähnliche Eskalationen häufig anzutreffen. Der „Angreifer“ ist kampfeslustig und überschätzt oft sich und die Erfolgsaussichten. In einem solchen Fall können Interventionen sofort auf die Klärung von Wahrnehmungen, Verhalten, Beziehung und/oder Sachthemen konzentriert werden. Da der Konflikt meist bereits sehr auf handelnden Personen zugeschnitten ist, kann zunächst eine „Versachlichung“ angestrebt werden. Aber gerade aufgrund der Personalisierung des Konflikts sind die Parteien meist auch bereit, sich mit ihren gegenseitigen Beziehungen auseinanderzusetzen.[579] Im Anschluss können dann organisatorische Aspekte und Rahmenbedingungen des Konflikts erörtert werden.

313 Bei **kalten** Konflikten findet der Streit eher verdeckt statt. Direkte persönliche Konfrontationen werden vermieden und negative Emotionen nicht gezeigt, sondern hinter sachlichen Positionen verborgen. Oft geht es hier nicht darum, eigene Ziele zu verwirklichen, sondern die Gegenpartei bei deren Handlung zu blockieren oder zu behindern.[580] Im „kalten“ Konflikt muss zunächst die Isolierung der Parteien aufgebrochen werden, damit sie sich mit der anderen Partei gewinnbringend auseinandersetzen kann. Denn meist gehen die Konfliktparteien davon aus, dass sie den Konflikt nicht konstruktiv lösen können. Da diese Form von Konflikten häufig offiziell geleugnet wird, werden sie selten Gegenstand eines Einigungsstellenverfahrens sein.

g) Kommunikationstechniken

314 Eine große Bedeutung für das Gelingen sowohl einer Mediation als auch jeder anderen Form von Verhandlung haben die **Kommunikationstechniken**.

In der Praxis der Mediation bewährt und leicht einzusetzen sind besonders die einander durchaus ähnlichen Techniken des aktiven Zuhörens, Spiegelns und Zusammenfassens. Als lösungsorientierte Techniken werden auch das Reframing, das Zukunftsorientieren und das Partialisieren genannt.

aa) Aktives Zuhören

315 Das aktive Zuhören ist die wichtigste **Grundlagentechnik** der Mediation. Es geht hierbei darum, dass der Zuhörer versucht zu verstehen, was der Redner meint und fühlt. Zentral ist, dass der Zuhörer signalisiert, dass er den Redner verstanden hat. Dies kann durch Worte oder Körpersprache geschehen.

Aktives Zuhören bedeutet, dass zunächst die Aussage oder Position der Gegenpartei wiedergegeben oder durch Fragen geklärt wird, ohne selbst zu argumentieren. Es wird nicht nur darauf geachtet, was der Gesprächspartner sagt, sondern wie er spricht und sich verhält. Diese Gefühle, Hoffnungen und Wünsche, die nicht direkt

579 Glasl, Konfliktmanagement, S. 79.
580 Glasl, Konfliktmanagement, S. 77.

formuliert werden, aber in der Auswahl mitspielen, sollen vom Zuhörer knapp in Worte gefasst werden.[581] Beim aktiven Zuhören gibt man somit das nach dem Verständnis des Zuhörers Gemeinte noch einmal in eigenen Worten wieder. Man kann auch den Gedankengang ein wenig in die Richtung, in der man es verstanden hat, ergänzen. Das Vorgehen hört sich zunächst ungewohnt an, führt jedoch zu überzeugenden Erfolgen: Das aktive Zuhören führt bei dem Sprecher oft bereits zu einem Perspektivenwechsel.[582] Diese Technik lohnt sich besonders bei emotionalen Reaktionen, da der Betroffene meist erst dann bereit bzw in der Lage ist, zum Sachthema zurückzukehren, wenn er sicher ist, dass seine Botschaft „angekommen“ ist. Hier ist eine direkte Rückmeldung äußerst hilfreich.

Das aktive Zuhören ermöglicht es, der Gegenpartei das Gefühl zu geben, dass ihre 316
Interessen und Ansichten **gehört** werden; außerdem können Missverständnisse bereits im Ansatz festgestellt und korrigiert werden.[583]

Das aktive Zuhören spielt auch beim Harvard-Konzept eine wichtige Rolle.

bb) Spiegeln

In der Mediation wird die Technik des **Spiegelns** oft genutzt. Auch hier geht es 317
darum, dass dem Redner vermittelt wird, dass er verstanden wurde. Spiegeln bedeutet, dass der Mediator die Äußerungen der Parteien kurz **wiedergibt**. Der Vorsitzende spricht hier insb. an, welche Emotionen er bei den Konfliktparteien erkennt. Hierbei bemüht er sich, die Äußerung genauso wiederzugeben, wie sie gemacht worden sind, insb. ohne sie zu bewerten. Dabei wird der Redner angesprochen und seine Sichtweise wiedergegeben, die Aussage kurz gehalten, Fakten und Gefühle wahrgenommen, aber nicht bewertet.[584]

Durch das Spiegeln wird die emotionale Ebene angesprochen, wodurch es gelegent- 318
lich gelingt, den eigentlichen Kern des Streits festzustellen. Dies ist insb. dann sinnvoll, wenn ein emotionales Problem hinter „scheinsachlichen“ Argumenten verdeckt liegt.

cc) Zusammenfassen

Zusammenfassen hat eine ähnliche Zielrichtung wie das Spiegeln, hier fasst der Me- 319
diator jedoch mit eigenen Worten nach einer gewissen Verhandlungszeit zusammen, was er gehört hat. Hiermit werden einerseits die Aussagen konzentriert, andererseits kann der Vorsitzende prüfen, ob seine Thesen über den Konflikt stimmen. Außerdem kommt etwas, was der Vorsitzende sagt, bei den Parteien meist eher an als etwas, was die Gegenpartei äußert.[585] Das Gesagte wird in einer für den Fortgang der Verhandlung hilfreichen Weise in positiver Art **umformuliert**, indem konstruktive Aspekte betont werden. Äußerungen, Positionen und Interessen der Konfliktparteien sind

581 Weisbach, Professionelle Gesprächsführung, S. 48 f.
582 Weisbach, Professionelle Gesprächsführung, S. 50.
583 Schott, Verhandeln, S. 89.
584 Weiler/Schlickum, Praxisbuch Mediation, S. 27.
585 Weiler/Schlickum, Praxisbuch Mediation, S. 28.

getrennt zusammenzufassen. Nachher sollte den Parteien Zeit zum Abwegen und Verstehen gelassen werden.[586]

320 Oft hören die Parteien einander nicht mehr zu, überlegen bereits, was sie antworten sollen, wenn die andere Partei redet oder verstehen deren Äußerungen stets als Vorwürfe. Das **Reformulieren** zeigt einerseits der Partei, deren Standpunkt reformuliert wird, dass sie ernst genommen wird und der Vorsitzende ihr zuhört. Andererseits kann auf diese Weise sichergestellt werden, dass die Meinung bzw die Argumente bei der anderen Partei zutreffend „ankommen".

Hierzu kann der Einigungsstellenvorsitzende die Sichtweise einer Partei zusammenfassen und sie daraufhin fragen, ob es richtig wiedergegeben wurde. Dies muss selbstverständlich im Anschluss mit der Sichtweise der anderen Partei geschehen.

dd) Reframing

321 Reframing bedeutet, dass Äußerungen „in einen **anderen Rahmen** gesetzt" werden. Dies führt dann weiter, wenn die Verhandlungen durch aggressive Stimmungen gefährdet sind. Das Reframing ist darauf ausgerichtet, von aufeinandertreffenden Positionen zur Sicht auf Interessen zu gelangen.[587] Hierbei werden Aussagen vom Vorsitzenden in einen anderen Kontext gestellt. Durch das Refraiming kann ein positiver Bezug erreicht werden, der es der Gegenpartei ermöglicht, hierauf einzugehen.

ee) Zukunftsorientieren

322 Zukunftsorientieren verhindert, dass die Parteien sich auf in der Vergangenheit liegende Fragen konzentrieren. Die Probleme liegen regelmäßig in der Vergangenheit und können nicht mehr geändert werden. Den Parteien sollte aber deutlich gemacht werden, dass sie die **Zukunft** erfreulicher gestalten können.[588] Hier könnten die Parteien aufgefordert werden, sich eine zukünftige Situation – bspw in fünf Jahren – vorzustellen oder zu überlegen, wie es nach einer bestimmten Vereinbarung weitergehen könnte. Die Technik des Zukunftsorientierens ist für das Einigungsstellenverfahren besonders deshalb geeignet, weil die Konfliktparteien in Zukunft weiter miteinander leben müssen. Um nicht den neutralen Eindruck zu gefährden, sollten alle Konfliktparteien mit gleichen Sätzen und Fragen beim Zukunftsorientieren adressiert werden.[589]

ff) Partialisieren

323 Die Technik des Partialisierens ermöglicht es, einen Konflikt dadurch lösbarer zu machen, dass er in mehrere kleine **Themenkomplexe** geteilt wird. Dies kann sowohl inhaltlich als auch zeitlich oder nach Personen geschehen. Erfahrungsgemäß fällt eine Teillösung leichter als eine vollständige Lösung des gesamten Konfliktfeldes.[590]

586 Weiler/Schlickum, Praxisbuch Mediation, S. 29.
587 Weiler/Schlickum, Praxisbuch Mediation, S. 31.
588 Weiler/Schlickum, Praxisbuch Mediation, S. 32.
589 Weiler/Schlickum, Praxisbuch Mediation, S. 33.
590 Weiler/Schlickum, Praxisbuch Mediation, S. 33.

gg) Fragen

Sehr wichtig für den Erfolg eines Einigungsstellenverfahrens ist auch, dass der Vorsitzende überlegte Fragen stellt. Außerdem sollte darauf geachtet werden, dass die Parteien Zeit zum Verstehen, Nachfragen und Nachdenken haben.[591] Fragen sind das wichtigste Werkzeug, um die Verhandlungen zu steuern, da sie dem Gespräch die **Richtung** geben und festlegen, worüber nachgedacht bzw gesprochen wird. Auch werden so Informationen erlangt. Fragen können aber auch in anderer Hinsicht hilfreich sein: Statt Kritik an den Parteien direkt zu üben, bietet es sich häufig an, Fragen zu stellen und die Parteien damit zum Nachdenken zu bewegen.[592] Hier ist die Akzeptanz durch die Parteien deutlich größer. 324

Fragen sind auch das Kernelement der Technik des „**Fraktionierens**“: Wenn der Vorsitzende feststellt, dass die Parteien – was aufgrund der psychischen Situation bei Konflikten vorkommt – ihre Wahrnehmung und Urteile stark vereinfachen und eindimensional argumentieren, kann dies in manchen Fällen durch Fraktionieren überwunden bzw die Parteien zu einer differenzierteren Sicht gebracht werden. Hierbei fragt der Einigungsstellenvorsitzende gezielt nach, um das pauschale Urteil oder die pauschale Meinung zu „zerlegen“. Dies kann er bspw tun, indem er fragt, was genau von der pauschalen Äußerung umfasst sein soll, was genau problematisch ist und was akzeptabel ist bzw wann das Problem konkret auftritt und wann nicht.[593] 325

hh) Pendeldiplomatie

Die Technik der Pendeldiplomatie kann in verschiedenen Phasen der Verhandlung hilfreich sein. Solche **Einzelgespräche** mit den Parteien werden von vielen Vorsitzenden erfolgreich eingesetzt. 326

Zu **Beginn** der Sitzung muss der Einigungsstellenvorsitzende je nach Eskalationsstufe bzw Konflikttyp entscheiden, ob er die inhaltlichen Streitpunkte zunächst getrennt oder sogleich gemeinsam mit den Parteien erörtert. Sinnvoll sind Einzelgespräche – neben dem „Einstieg“ – auch, um die Schwächen der jeweiligen Positionen mit den Parteien zu erörtern, denn bei Anwesenheit der Gegenpartei werden Schwachpunkte typischerweise weder zugestanden noch erörtert.[594]

Auch im **„mittleren Teil“** der Verhandlungen kann der Vorsitzende mit beiden Seiten getrennt verhandeln. Getrennte Verhandlungen erscheinen sinnvoll, wenn ein Stocken der Verhandlungen droht bzw bereits eingetreten ist oder sachliche Verhandlungen aufgrund des gespannten Verhandlungsklimas stark erschwert werden.[595] In diesen Verhandlungen sind die Parteien meist eher bereit, offen über mögliche Kompromisse zu sprechen. Daher sollte der Vorsitzende seine eigene Position andeuten, ohne hiermit schon abschließende Festlegung zu treffen und die Bewegungsmöglichkeiten der Parteien zu sehr einzuschränken, da dies konstruktiven Lösungsmöglichkeiten entgegensteht. So können etwa Vorteile von oder Bedenken gegen Bestandteile der erörter- 327

591 Weiler/Schlickum, Praxisbuch Mediation, S. 33.
592 Ponschab/Schweizer, Schlüsselqualifikationen, S. 202.
593 Beispiele von Trigon, www.konflikt.de, Konfliktmanagement – Konflikte bearbeiten – Beispiel für Interventionen.
594 Ponschab/Schweizer, Schlüsselqualifikationen, S. 202.
595 Göritz, Handbuch Einigungsstelle, S. 108.

ten Vorschläge offen diskutiert werden. In keinem Fall sollte ein Vorsitzender damit „drohen", bei zu wenig Kompromissbereitschaft einer Seite mit der anderen zu stimmen. Ein solches übermäßiges Ausüben von Druck steht einer von beiden Parteien getragenen Einigung entgegen.

ii) „Marathonsitzungen"

328 Es wird in der Literatur berichtet, dass einige Einigungsstellenvorsitzende versuchten, die Parteien bzw Beisitzer in **„Marathonsitzungen"** zu einer Einigung zu drängen.[596] Ein möglicher Fall sind Fragen zu Überstunden oder Urlaubsplänen. Dieses Vorgehen wird aus Arbeitgebersicht meist neutral, aus Betriebsratssicht leicht negativ bewertet. Andere Literaturstimmen berichten dagegen, dass ihnen ein derartiges Vorgehen noch nie begegnet sei.[597] Eine „Übermüdungstaktik" erscheint auch nicht als sinnvoll.

329 Wenn eine entsprechende eilbedürftige Fragestellung ansteht, sollte man auf das Thema dennoch vorbereitet sein und sich überlegen, ob man ggf eine solche Marathonsitzung in Kauf nimmt oder sogar anstrebt bzw zu verhindern trachtet. Im letzten Fall ist es sinnvoll, bereits zu Beginn eine Zeitbegrenzung festzulegen und sich hierfür objektiv nachvollziehbare Argumente (Kinder/Partner, pflegebedürftige Angehörige, frühe Sitzung am nächsten Tag an einem anderen Ort/Reise etc.) zu überlegen.

Dieses Thema wurde bereits im Rahmen der Vorbereitung der Verhandlungen angesprochen; auch ist es für die Frage nach einem Zeitrahmen für die Verhandlung relevant.

jj) Blockade durch eine Partei

330 Gelegentlich kommt es vor, dass eine Partei – meist der Betriebsrat bzw die von ihm benannten Beisitzer – in der Einigungsstelle eine Position der **Fundamentalopposition** einnehmen und die Mitwirkung in vollem Umfang verweigern. Hier hilft es oft auch nicht weiter, wenn der Einigungsstellenvorsitzende bittet, mitzuteilen, wo konkret ein Problem liegt bzw welche Informationen noch erforderlich sind, um die Verhandlungen fortzusetzen.[598]

Trotzdem soll die Einigungsstelle sich nicht darauf beschränken, den „blockierenden" Betriebsrat mehr oder weniger zu ignorieren und den Regelungsvorschlag der Arbeitgeberseite zu beschließen. Denn die Einigungsstelle soll einen angemessenen Ausgleich zwischen Interessen der Beschäftigten und denen des Betriebes finden; dies kann auch eine Veränderung der vom Arbeitgeber in Aussicht genommenen Planungen erforderlich machen. In der Situation der Fundamentalopposition bietet es sich besonders an, **getrennte Beratungen** zu führen und den Betriebsratsbeisitzern bzw -vertretern die Situation zu erläutern. Oft gelingt es so, dass diese doch wieder konstruktiv an einer Lösung mitwirken. Dieses wird ihnen erleichtert, indem der Vorsitzende zu Protokoll eine Erklärung zu den grundsätzlichen Streitpunkten oder den Gründen der Blockade aufnimmt und dem Betriebsrat somit sein Verständnis bzw die Wichtigkeit dieser Ansichten demonstriert.[599]

---

596 Göritz, Handbuch Einigungsstelle, S. 128.
597 Pünnel/Wenning-Morgenthaler, Die Einigungsstelle, Rn 215.
598 Pünnel/Wenning-Morgenthaler, Die Einigungsstelle, Rn 258.
599 Pünnel/Wenning-Morgenthaler, Die Einigungsstelle, Rn 257.

7. Entscheidungsfindung

Zeigt sich, dass eine gütliche Einigung nicht erreichbar ist und ist die streitige Frage entscheidungsreif, muss die Einigungsstelle durch einen **Spruch** entscheiden. 331

Fragen, die sich in diesem Zusammenhang stellen, sind solche nach Anforderungen an Vorschläge, die möglicherweise zu einem Spruch werden, außerdem solche, die das Verfahren der Beratung dieser Vorschläge bis zur Übersendung des Spruchs an die Betriebsparteien betreffen; hierbei stehen insb. die Abstimmungsmodalitäten im Mittelpunkt.

a) Anforderungen an Beschlussvorschläge

Vorschläge, die der Vorsitzende in der Einigungsstelle zur Abstimmung stellt, sollten 332 bereits alle **Anforderungen an einen Einigungsstellenspruch** erfüllen. Hierbei ist zunächst zu prüfen, inwieweit sie den ursprünglich von den Parteien gestellten Anträgen entsprechen bzw sich auf diese beziehen müssen. Auch ist der Spruchvorschlag auf den mitbestimmungspflichtigen Bereich zu begrenzen und eine angemessene Berücksichtigung der Belange des Betriebes und der Arbeitnehmer zu finden.

aa) Vollständige Entscheidung der Streitigkeit

Die Einigungsstelle muss die ihr unterbreitete Streitigkeit **vollständig** lösen (hierzu 333 Rn 65). Daher ist zunächst zu ermitteln, welche Fragestellungen genau zu regeln sind. Das BAG[600] ist bei der Auslegung von Erklärungen als Anträge großzügig: Um den „Streitgegenstand" abzudecken, darf die Einigungsstelle nicht nur dasjenige berücksichtigen, was die Parteien ausdrücklich begehren, sondern hat auch auf das zu achten, was außerdem von den Betriebsparteien als Thema ihres Konfliktes geäußert wird. So hatte ein Betriebsrat in einer Einigungsstelle ausdrücklich den Abschluss einer Betriebsvereinbarung mit bestimmter Vergütungshöhe begehrt, obwohl das Mitbestimmungsrecht sich nicht auf die Höhe der Vergütung erstreckt. Zugleich hat er jedoch geäußert, er wolle auch eine „nachträgliche Neu- bzw Umgestaltung" der Zulagenregelung und hat diesbezüglich um Gegenvorschläge des Arbeitgebers gebeten. Die Einigungsstelle hat sich – nach der Entscheidung des BAG zu Unrecht – für unzuständig erklärt. Das BAG hat klargestellt, dass der Antrag in der Einigungsstelle nicht mit einem Sachantrag im Gerichtsverfahren gleichgestellt werden darf.

bb) Bindung der Einigungsstelle an die gestellten Anträge

Ein Tätigwerden der Einigungsstelle **von Amts wegen** ist unzulässig.[601] Daher kann 334 die Einigungsstelle keine Fragen regeln, deren Regelung nicht beantragt wurde.[602] Uneinheitlich bewertet wird jedoch, inwieweit die Einigungsstelle bei ihrer Entscheidung an die Anträge der Betriebsparteien gebunden ist.

600 BAG, 30.1.1990 – 1 ABR 2/89, AP Nr. 41 zu § 87 BetrVG 1972 Lohngestaltung.

601 Statt aller Fitting, § 76 BetrVG Rn 38; ErfK/Kania § 76 BetrVG Rn 15; GK-BetrVG/Kreutz, § 76 Rn 95; Schönfeld, Das Verfahren vor der Einigungsstelle, S. 143; Bischoff, Die Einigungsstelle im Betriebsverfassungsrecht, S. 72.

602 BAG, 27.10.1992 – 1 ABR 4/92, NZA 1993, 607, 609; BAG, 30.1.1990 – 1 ABR 2/89, AP Nr. 41 zu § 87 BetrVG 1972 Lohngestaltung.

Nach überwiegender Ansicht ist die Einigungsstelle nicht an die Anträge,[603] aber an den **Streitgegenstand** gebunden.[604] Dabei muss sie einerseits den Konflikt vollständig lösen (*S. zum Grundsatz* Rn 65 ff), darf aber andererseits nicht über den Streitgegenstand hinaus gehen.[605] Die Anträge bringen hier die Regelungsstreitigkeit zum Ausdruck. Ein Antrag im Einigungsstellenverfahren dient daher hauptsächlich dazu, dieses einzuleiten und seinen Gegenstand zu bestimmen und zu umreißen. Regelungen zum Streitgegenstand und zu einer Behandlung, die sich etwa in der ZPO finden, sind somit auf das Einigungsstellenverfahren nicht anwendbar.[606] Auch Veränderungen des Verfahrensgegenstandes sind somit nicht unter prozessualen Gesichtspunkten zu behandeln, sondern die Einigungsstelle hat, soweit das Mitbestimmungsrecht reicht, den Konflikt vollständig zu lösen. Anträge und Erklärungen bilden somit den Rahmen, innerhalb dessen die Einigungsstelle ihre Entscheidung fällt. Hier hat sie einen Spielraum, innerhalb dessen sie eine sachgerechte Lösung finden soll.[607]

335 Denn die fehlende Bindung an die Anträge folgt aus dem Auftrag der Einigungsstelle, den Mitbestimmungskonflikt endgültig zu lösen. Zur sachgerechten Lösung kann es aber erforderlich sein, auch eine von den Anträgen abweichende **Konfliktlösung** zu versuchen und zu erzielen. Die Einigungsstelle darf daher nur insoweit Regeln treffen, als die Angelegenheit unter den Betriebsparteien im Streit steht und diese Regelungsstreitigkeit in den Anträgen zum Ausdruck kommt.

336 Hierfür spricht auch, dass die Betriebspartner erst dann, wenn sie ihre Meinungsverschiedenheiten nicht unter sich haben regeln können, die Einigungsstelle anrufen dürfen. Diese Stellung der Einigungsstelle als ultima ratio sowie der erhebliche finanzielle Aufwand für den Arbeitgeber fordern daher eine Beschränkung der Einigungsstelle auf den **konkreten Streitpunkt**. Änderungen und Erweiterungen des Streitgegenstandes bedürfen grundsätzlich der Zustimmung der Betriebspartner.[608] Dafür, dass die Einigungsstelle nicht strikt an die Anträge gebunden ist, spricht auch die gesetzliche Vorgabe, dass ihre Beschlüsse unter angemessener Berücksichtigung der Belangte des Betriebs und der betroffenen Arbeitnehmer nach billigem Ermessen fasst. Eine solche Vorgabe wäre nicht sinnvoll, wenn der Einigungsstelle nur eine Ablehnung oder eine vollständige Akzeptanz eines Vorschlags bzw Antrags der Parteien möglich wäre. Der Antrag leitet somit sowohl das Einigungsstellenverfahren ein und dient auch zur Bestimmung um Umgrenzung seines Gegenstandes. Innerhalb dieses durch die Anträge bestimmten Rahmens hat die Einigungsstelle einen Entscheidungsspielraum, innerhalb dessen sie den Konflikt vollständig regeln darf, ohne dabei einer strengen Bindung an die Anträge zu unterliegen;[609] der Einigungsstellenvorsitzende kann eigene

603 BAG, 30.1.1990 – 1 ABR 2/89, AP Nr. 41 zu § 87 BetrVG 1972 – Lohngestaltung.
604 Fitting, § 76 BetrVG Rn 60; GK-BetrVG/Kreutz, § 76 Rn 114; DKK/Berg, § 76 BetrVG Rn 75; Richardi, § 76 BetrVG Rn 104; Hennige, Das Verfahrensrecht der Einigungsstelle, S. 158.
605 BAG, 30.1.1990 – 1 ABR 2/89, AP Nr. 41 zu § 87 BetrVG 1972 – Lohngestaltung; LAG Bremen, 26.10.1998 – 4 TaBV 4/98, NZA-RR 1999, 86; Fitting, § 76 BetrVG Rn 60.
606 LAG Bremen, 26.10.1998 – 4 TaBV 4/98, NZA-RR 1999, 86.
607 BAG, 30.1.1990 – 1 ABR 2/89, AP Nr. 41 zu § 87 BetrVG 1972 Lohngestaltung.
608 Fitting, § 76 BetrVG Rn 60; GK-BetrVG/Kreutz, § 76 Rn 96; Behrens NZA 1991, Beilage 2, 23, 26.
609 BAG, 30.1.1990 – 1 ABR 2/89, AP Nr. 41 zu § 87 BetrVG 1972 Lohngestaltung.

Lösungsvorschläge zur Abstimmung stellen und zum Inhalt ihres Spruchs machen.[610] Das BAG sieht die Einigungsstelle zu einem solchen Vorgehen sogar als verpflichtet an. Zwar könne die Einigungsstelle nur auf begründeten Antrag einer Partei bzw der Parteien entscheiden und dürfe die Angelegenheit nur insoweit regeln, als sie zwischen diesen streitig sei und die Regelungsstreitigkeit in den Anträgen Ausdruck finde. Jedoch dienten die Anträge hauptsächlich dazu, den **Gegenstand des Verfahrens** zu bestimmen sowie das Verfahren in Gang zu setzen. Aus der Stellung der Einigungsstelle als betriebliche Schlichtungs- und Entscheidungsstelle schließt das BAG, dass eine nicht zustande gekommene Betriebsvereinbarung ersetzt werden soll. Dies schließe es aber aus, nur die von den jeweiligen Seiten vorgeschlagenen Lösungen zum Gegenstand des Spruchs zu machen. Die Einigungsstelle habe vielmehr den Konflikt vollständig zu lösen, soweit das Mitbestimmungsrecht des Betriebsrats reiche. Diese Rechtsprechung ist hauptsächlich auf Zustimmung in der Literatur getroffen.[611] Jedoch wird auch darauf hingewiesen, dass der Streitgegenstand die Tätigkeit der Einigungsstelle beschränkt.

Der zwischen den Parteien bestehende Streitpunkt stellt nach dieser Ansicht den 337
Streitgegenstand dar, über den die Einigungsstelle zu befinden hat. Sie hat sich nur mit dem konkreten Streitpunkt zu befassen. Durch die Anträge werden die **Verhandlungsgegenstände** des Einigungsstellenverfahrens bestimmt, wobei die Anträge vom Vorsitzenden sachgerecht ausgelegt werden.[612]

Innerhalb dieser als herrschend zu bezeichnenden Ansicht wird vertreten, dass die Ei- 338
nigungsstelle den Streit in einer Weise regeln darf, die nicht der Ausgangsvorstellung einer Partei, sondern einem **Kompromiss** zwischen beiden entspricht.[613] Nach dieser Ansicht muss der Vorsitzende seinen Einigungsvorschlag auf der Basis des Sachverhalts sowie der Anträge der Parteien formulieren; er darf nicht eine ihm am besten erscheinende Lösung vorschlagen.[614] Eine weitergehende Auffassung stellt nicht auf einen Kompromiss ab, sondern setzt grundsätzlicher an: Nach dieser Ansicht begrenzt die konkrete Meinungsverschiedenheit[615] bzw der Verfahrensgegenstand[616] den Entscheidungsrahmen, innerhalb dessen die Einigungsstelle – unabhängig von den Lösungsvorschlägen der Parteien oder Kompromissen hieraus – eine Entscheidung treffen darf. Diese könne – unter Beachtung des Anspruchs auf rechtliches Gehör – auch eine von den Parteien nicht beantragte, nicht einmal erwogene Lösung sein.[617]

---

610 BAG, 30.1.1990 – 1 ABR 2/89 – AP Nr. 41 zu § 87 BetrVG 1972 Lohngestaltung; Münchener Anwaltshandbuch Arbeitsrecht/Kauffmann-Lauven, § 61 Rn 37; Richardi, § 76 BetrVG Rn 104 mwN.

611 Fitting, § 76 BetrVG Rn 60; GK-BetrVG/Kreutz, § 76 Rn 114; Friedemann, Das Verfahren der Einigungsstelle für Interessenausgleich und Sozialplan, Rn 249; Weber/Erich, Einigungsstelle, S. 35: vollständig, andererseits auch nicht über Streitgegenstand hinaus zusätzliche Regelungsgegenstände.

612 Weber/Ehrich, Einigungsstelle, S. 35.

613 Fitting, § 76 BetrVG Rn 60.

614 Heinze, RdA 1990, 262, 274; Wiesemann, Die Einigungsstelle als Einrichtung zur Beilegung von Rechtsstreitigkeiten im Betriebsverfassungsrecht, S. 32.

615 Münchener Anwaltshandbuch Arbeitsrecht/Kauffmann-Lauven, § 61 Rn 37.

616 Ausführlich Fiebig, der Ermessensspielraum der Einigungsstelle.

617 Brill, Die Einigungsstelle nach dem Betriebsverfassungsgesetz, BB 1964, 1343, 1346; GK-BetrVG/Kreutz, § 76 Rn 114.

339 Eine hiervon grundsätzlich abweichende Ansicht beschränkt die Einigungsstelle darauf, einen der **Anträge** zum Inhalt des Spruches zu machen.[618] Hier findet eine Orientierung an gerichtlichen Verfahren statt. Die Vertreter dieser Ansicht verweisen auf die Hilfsfunktion der Einigungsstelle, die dazu führe, dass diese nur soweit entscheiden dürfe, als die Parteien sich nicht einigen können. Auch wird als Begründung der unklare Umfang der „**Rechtshängigkeit**" bei fehlender Bindung an die Anträge angeführt.

340 Angesichts dessen, dass die zentrale Aufgabe der Einigungsstelle, eine **Konfliktlösung**, nicht nur durch – unveränderte – Übernahme der Vorschläge einer der Parteien erfüllbar ist, überzeugt die Rechtsprechung. Denn häufig sind Verfahrensgegenstand komplexe Regelungsgegenstände, bei denen die Einigungsstelle von den Vorschlägen an verschiedenen Stellen in verschiedener Weise abweichen kann bzw ein eigenes Konzept zur Entscheidungsgrundlage machen kann. Hier liegt ein entscheidender Unterschied zum Zivil- bzw Arbeitsprozess.[619] Die Anträge stecken somit lediglich den Entscheidungsrahmen ab. Auch eine Beschränkung auf „Kompromisse" zwischen den Anträgen erscheint nicht sinnvoll. Neben Abgrenzungsschwierigkeiten (Wann ist es noch ein Kompromiss, wann eine unabhängige neue Lösung?) sprechen auch praktische Gründe wie die Förderung einer sachgerechten Lösung gegen die Einschränkung, die iÜ gesetzlich nicht vorgesehen ist.

cc) Beschränkung auf den mitbestimmungspflichtigen Bereich

341 Die Einigungsstelle hat sich im verpflichtenden Einigungsstellenverfahren bei ihrem Spruch im Rahmen der **erzwingbaren Mitbestimmung** zu halten. Das BetrVG rechtfertigt nur in diesem Rahmen Eingriffe in die Entscheidungsfreiheit des Arbeitgebers. Gegen den Willen des Betriebsrats kann die Einigungsstelle außerdem dessen Mitbestimmungsrechte nicht erweitern.[620] Daher sollten die Einigungsstelle und besonders der Vorsitzende vor der Abstimmung prüfen, ob der Antrag bzw Vorschlag sich in vollem Umfang in diesen Grenzen hält. So dürfen bspw Regelungen über den zeitweisen Ausschluss betriebsbedingter Kündigungen oder eine Namensliste zu kündigender Arbeitnehmer nicht Gegenstand eines Sozialplanes sein, da diese Themen dem (nicht erzwingbaren) Interessenausgleich zuzuordnen sind. Auch „Paketlösungen", die mitbestimmungspflichtige und nicht mitbestimmungspflichtige Angelegenheiten enthalten, können zwar in der Einigungsstelle diskutiert werden; praktisch passiert dies auch oft. Während eine entsprechende Einigung der Parteien möglich ist, ist ein solcher Spruch unzulässig. Denn die Einigungsstelle ist nur für den Bereich der erzwingbaren Mitbestimmung zuständig.

dd) Berücksichtigung von Vorschlägen der Betriebsparteien

342 Für das Interessenausgleichs- und Sozialplanverfahren enthält § 112 Abs. 3, Satz 1 BetrVG die Aufforderung an die Betriebsparteien, **Lösungsvorschläge** zu machen.

618 Heinze RdA 1990, 262, 274; Argumente für diese Ansicht bei Feudner, Die betriebliche Einigungsstelle – ein unkalkulierbares Risiko, DB 1997, 826, 827, jedoch ohne klare Entscheidung hierfür. Etwas unklar Behrens, Konkretisierung des Gegenstandes der Einigungsstelle, NZA 1991 Beilage 2, 23, 26: Entscheidung nur innerhalb des erteilten Auftrags.

619 Schwab/Weth/Kliemt, ArbGG, Einigungsstellenverfahren Rn 138 gegen Heinze, RdA 1990, 262, 264.

620 BAG, 15.5.2001 – 1 ABR 39/00, AP Nr. 14 zu § 76 BetrVG 1972 Einigungsstelle.

Diese Vorschläge der Beteiligten muss die Einigungsstelle dementsprechend bei ihren Beratungen berücksichtigen.[621] Teilweise wird für sonstige Einigungsstellenverfahren nur eine Berücksichtigung von Vorschlägen der Beisitzer, nicht aber der Betriebsparteien verlangt. In der Praxis wirkt sich die Unterscheidung zwischen Berücksichtigungspflicht bei Interessenausgleich und Sozialplan für Vorschläge der Betriebsparteien, ansonsten lediglich für solche der Einigungsstellenmitglieder, nicht aus, weil im Regelfall Personen aus dem Kreis des Betriebsrats sowie der Führungsebene des Arbeitgebers Mitglied der Einigungsstelle als Beisitzer sind.[622] Die Ansicht, die eine Berücksichtigungspflicht für Vorschläge der Betriebsparteien ablehnt, beruht auf der Rechtsprechung, die den Parteien selbst kein Recht auf Gehör zubilligt. Da diese abzulehnen ist, sind auch in einem Einigungsstellenverfahren, das keinen Interessenausgleich bzw Sozialplan betrifft, Vorschläge der Parteien ebenfalls ernst zu nehmen und als solche zu berücksichtigen.

ee) Bestimmtheit des Spruches

343 Der Einigungsstellenspruch – und somit auch ein zur Abstimmung gestellter Antrag – muss **hinreichend bestimmt** sein und klar zum Ausdruck bringen, wie die Lösung des Konfliktes zwischen den Betriebsparteien aussehen soll bzw wird. Aus dem Spruch der Einigungsstelle, mit dem diese bspw die Beschwerde eines Arbeitnehmers für berechtigt erklärt, muss hervorgehen, welche konkreten und tatsächlichen Umstände die Einigungsstelle als zu vermeidende Beeinträchtigung des Arbeitnehmers angesehen hat. Denn ansonsten ist für den Arbeitgeber nicht erkennbar, welchen Zustand er zu beseitigen oder künftig zu vermeiden hat. Ein diesem Sinne nicht hinreichend bestimmter Spruch ist unwirksam.[623]

ff) Angemessene Berücksichtigung der Belange des Betriebes und der Arbeitnehmer

344 Als inhaltliche Vorgabe für Einigungsstellensprüche verlangt § 76 Abs. 5 Satz 3 BetrVG, dass die Einigungsstelle ihre Beschlüsse unter angemessener Berücksichtigung der **Belange des Betriebes und der betroffenen Arbeitnehmer** nach billigem Ermessen fasst. Eine solche Entscheidung nach billigem Ermessen gilt jedoch lediglich für Regelungsstreitigkeiten.[624] Regelungsstreitigkeiten betreffen die Frage, was künftig gelten soll, Rechtsstreitigkeiten diejenige, was gilt. Betrifft die Einigungsstellentätigkeit Rechts- oder Auslegungsentscheidungen, prüft die Einigungsstelle die einschlägigen Normen (inkl. derjenigen zu ihrer Zuständigkeit) wie ein Gericht. Ein Gestaltungsspielraum kommt ihr insoweit nicht zu.[625]

345 Das Ermessen der Einigungsstelle ist durch **Ermessensgrenzen** beschränkt. Sie hat höherrangiges Recht zu beachten sowie – wie soeben ausgeführt – eine angemessene Lösung zu finden.

---

621 Friedemann, Das Verfahren in der Einigungsstelle für Interessenausgleich und Sozialplan, Rn 219; Weber/Ehrich, Einigungsstelle, S. 41; Hümmerich/Hümmerich/Spirolke, Arbeitsrechtliches Mandat, Arbeitsrechtliches Mandat, § 13 Rn 18.

622 Hümmerich/Spirolke, Arbeitsrechtliches Mandat, § 13 Rn 18.

623 BAG, 22.11.2005 – 1 ABR 50/04, AP Nr. 22 zu § 76 BetrVG 1972 Einigungsstelle.

624 Schaub/Koch, Arbeitsrechtshandbuch, § 232 Rn 29.

625 Pünnel/Wenning-Morgenthaler, Die Einigungsstelle, Rn 333.

(1) Bindung an höherrangiges Recht

346 Die Bindung an **höherrangiges Recht** gehört zu den Grenzen der Ermessensentscheidung der Einigungsstelle. Solche äußere Ermessensgrenzen sind die Grundrechte,[626] gesetzliche, tarifvertragliche oder betriebliche Regelungen sowie allgemeine Wirksamkeitshindernisse von Rechtsgeschäften (zB §§ 154, 134, 138 BGB). Auch der Tarifvorbehalt gem. § 87 Abs. 1 BetrVG und der Tarifvorrang gem. § 77 Abs. 3 BetrVG sind von der Einigungsstelle zu beachten.

Diese Vorgaben betreffen sowohl Regelungsfragen als auch Rechtsfragen.

347 Relevanz gewinnt besonders häufig § 75 BetrVG und die hierin sowie im hierin in Bezug genommenen Gleichheitssatz enthaltene **Diskriminierungsverbote**. Ein Beispiel für die Bedeutung dieser Thematik ist die Diskussion um Stichtage in Sozialplänen (s. § 12 Rn 184 ff).

348 Enthält der Spruch eine Rückwirkung, gelten hierfür die gleichen Voraussetzungen wie für eine Betriebsvereinbarung:[627] Eine die Arbeitnehmer belastende Betriebsvereinbarung bzw ein solcher Einigungsstellenspruch kann sich **rückwirkende Kraft** nur dann beimessen, wenn die Arbeitnehmer mit einer rückwirkenden Verschlechterung rechnen mussten und sich hierauf einstellen konnten.

349 So kann eine Betriebsvereinbarung nur unter strengen Voraussetzungen in **bereits entstandene Ansprüche** und entsprechend geschützte Anwartschaften eingreifen.[628] Daher können bspw keine Regelungen über ein Abtretungsverbot oder Stundung bzw Erlass von bereits verdienter Vergütung oder die Reduzierung individueller Versorgungszulagen geregelt werden; Versorgungsanwartschaften können nur angemessen gekürzt werden. Auch gesetzliche, unverzichtbare Rechtsansprüche können durch eine Betriebsvereinbarung nicht entzogen werden. Dies gilt etwa für das Widerspruchsrecht gem. § 613 a BGB sowie durch den Bestandsschutz, den das Kündigungsschutzgesetz vermittelt.[629]

350 Die Bedeutung der **Grundrechte** für die Wirksamkeit eines zwingenden Spruchs der Einigungsstelle ist nicht einfach zu beantworten. Das BVerfG hat über deren unmittelbare Geltung bisher nicht ausdrücklich entschieden. So wurde die Frage, ob betriebliche Normen, die nicht im Wege der Einigung entstanden sind, dem Privatrecht zuzuordnen sind, im „Sozialplanurteil"[630] offen gelassen. Es ist jedoch so, dass aufgrund des eindeutigen Wortlauts des **Art. 1 Abs. 3 GG** nur die dort genannten staatlichen Gewalten unmittelbar an die Grundrechte gebunden sind und dies wohl nach der bisherigen Rechtsprechung auch für Einigungsstellensprüche auch vom Bundesverfassungsgericht so gesehen werden würde.[631]

---

626 BAG, 5.3.1991 – 1 ABR 41/90, NZA 1991, 611.
627 BAG, 19.9.1995 – 1 AZR 208/95, NZA 1996, 386; Schaub/Koch, Arbeitsrechtshandbuch, § 231 Rn 30.
628 BAG, 18.4.1989 – 3 AZR 688/87, NZA 90, 67; Schaub/Koch, Arbeitsrechtshandbuch, § 231 Rn 20.
629 Schaub/Koch, Arbeitsrechtshandbuch, § 231 Rn 20.
630 BVerfG, 23.6.1986 – 2 BvR 487/80, BVerfGE 73, 261, 268.
631 Müller, Die Berufsfreiheit des Arbeitgebers, S. 120 unter Verweis auf BVerfG, 15.7.1980 – 1 BvR 24/74 und 439/79, BVerfGE 55, 7, 20 f (Bindung der Tarifvertragsparteien an Art. 1 Abs. 3 GG) sowie BVerfG, 18.12.1985 – 1 BvR 143/83, NJW 1986, 1601 (Einigungsstelle und Art. 12 GG) und BVerfG, 18.10.1987 – 1 BvR 1426/83, DB 1987, 2361 (Einigungsstelle und Art. 14 GG).

Die beiden in der Fußnote zitierten Entscheidungen wählen als Prüfungsmaßstab, ob das BAG bei der Auslegung der einschlägigen Normen des Arbeitsrechts Umfang und Bedeutung der Grundrechte verkannt hat. Hiermit wird an die Rechtsprechung zur Ausstrahlungs- bzw mittelbaren Wirkung der Grundrechte angeknüpft.[632] Im Kammerbeschluss vom 18.10.1986 stellt das Bundesverfassungsgericht fest, dass ein Spruch, welcher die Einigung der Betriebspartner ersetzt, grundsätzlich keinen anderen Rechtscharakter hat als eine entsprechende Vereinbarung der Betriebsparteien. Somit ist die Einwirkung der Grundrechte als **mittelbare** Wirkung, dh als eine über Generalklauseln im Zivil- und Arbeitsrecht vermittelte Geltung, zu beurteilen. „Vermittlungsnorm“ im Betriebsverfassungsrecht und daher auch für die Einigungsstelle ist insb. § 75 BetrVG. 351

Teilweise werden auch noch **nicht umgesetzte EG-Richtlinien** zu den von der Einigungsstelle zu beachtenden Vorgaben gezählt.[633] Dies überzeugt jedoch nicht. Denn nach allgemeiner Ansicht im Europarecht binden EG-Richtlinien grundsätzlich nur die Mitgliedsstaaten, an die sie sich gem. Art. 249 Abs. 3 EG explizit richten. Wird eine Richtlinie nicht fristgerecht oder nicht ordnungsgemäß umgesetzt, kann sie dennoch unter bestimmten Voraussetzungen unmittelbar wirken und von Behörden und Gerichten angewendet werden. Dazu muss die Richtlinienbestimmung inhaltlich so genau und konkret gefasst, also unbedingt und hinreichend bestimmt, sein, dass eine unmittelbare Anwendung möglich ist. Aber auch in diesem Fall ist streitig, ob diese „direkte Wirkung“ eine Richtlinie lediglich im Verhältnis zwischen Staat und Bürger besteht, da der Staat sich nicht auf seine fehlende Umsetzung der Richtlinie berufen darf, oder ob auch Private untereinander an eine nicht umgesetzte Richtlinie gebunden sind. Nach herrschender und aufgrund der an die Mitgliedstaaten gerichteter Ausgestaltung des Regelungsinstruments „Richtlinie“ überzeugender Ansicht im Europarecht darf eine Richtlinie keine unmittelbare Verpflichtung für einen Einzelnen beinhalten. Daher ist eine horizontale bzw unmittelbare Wirkung einer Richtlinie unter Privaten nicht möglich. Erleidet ein Einzelner nach Ablauf der Umsetzungsfrist in Folge der fehlenden oder mangelhaften Umsetzung einen Nachteil, kann er nach der Rechtsprechung des EuGH unter bestimmten Bedingungen Schadensersatz von dem Mitgliedstaat verlangen. 352

Richtlinien haben vor Ablauf der Umsetzungsfrist jedoch insoweit Rechtswirkungen, als die nationalen Normen im Wege der gemeinschaftskonformen Auslegung nationalen Rechts unter Beachtung der Vorgaben der Richtlinie zu interpretieren sind. Hierdurch sollen – soweit mit dem Wortlaut der mitgliedstaatlichen Normen vereinbar – Kollisionen zwischen innerstaatlichem und europäischem Recht vermieden werden. Begründet wird dies mit der aus dem Wirksamkeitsgebot der Art. 10, 249 Abs. 3 EG folgenden Pflicht der Mitgliedstaaten, das in der Richtlinie vorgesehene Ziel zu erreichen. Diese Pflicht bindet alle Träger öffentlicher Gewalt in den Mitgliedstaaten. Eine besondere Rolle spielen hier die Gerichte. 353

632 Müller, Die Berufsfreiheit des Arbeitgebers, S. 121.
633 DKK/Berg, § 76 BetrVGRn 86; Pünnel/Wenning-Morgenthaler, Die Einigungsstelle, Rn 333.

354 Die zitierte Ansicht, die noch nicht umgesetzte EG-Richtlinien als Vorgabe für die Einigungsstelle ansieht, differenziert jedoch weder zwischen noch nicht umgesetzten EG-Richtlinien vor dem Datum, zu dem sich verbindlich umgesetzt sein müssen, und EG-Richtlinien nach diesem Datum; auch fragt sie nicht danach, ob die betreffende Richtlinie unbedingt und hinreichend bestimmt ist. Aber selbst wenn sie dies ist, sollte aufgrund des Wesens der Richtlinie, die sich an die Mitgliedsstaaten richtet, keine direkte Wirkung im Gleichordnungsverhältnis zwischen Privaten angenommen werden. Ein anderes Ergebnis ergibt sich auch nicht daraus, dass die Einigungsstelle gesetzlich vorgesehen ist und Normen schafft. Denn sie ersetzt als privates Vertragshilfeorgan lediglich die Einigung zwischen den Parteien und ist daher rechtlich entsprechend zu behandeln.

(2) Gesetzliche Vorgaben

355 Als **innere Ermessensschranke** fordert § 76 Abs. 5 Satz 3 BetrVG die angemessene Berücksichtigung der Belange des Betriebes und der betroffenen Arbeitnehmer. Weitere Vorgaben macht das Gesetz nicht, lediglich für Sozialpläne gibt es eine Regelung im **§ 112 Abs. 5 BetrVG.** Diese Regelung verpflichtet die Einigungsstelle, bei ihrer Entscheidung sowohl die sozialen Belange der betroffenen Arbeitnehmer als auch die wirtschaftliche Vertretbarkeit der Entscheidung für das Unternehmen zu berücksichtigen. Dabei sollen insb. folgende Grundsätze Berücksichtigung finden:

Die Einigungsstelle soll beim Ausgleich oder bei der Milderung wirtschaftlicher Nachteile, insb. durch Einkommensminderung, Wegfall von Sonderleistungen oder Verlust von Anwartschaften auf betriebliche Altersvorsorge, Umzugskosten oder erhöhte Fahrtkosten, Leistungen vorsehen, die idR den Gegebenheiten des Einzelfalls Rechnung tragen. Außerdem sind die Aussichten der betroffenen Arbeitnehmer auf dem Arbeitsmarkt zu berücksichtigen. Die Einigungsstelle soll Arbeitnehmer von Leistungen ausschließen, die in einem zumutbaren Arbeitsverhältnis im selben Betrieb oder in einem anderen Betrieb des Unternehmens oder eines zum Konzern gehörenden Unternehmens weiterbeschäftigt werden können, die Weiterbeschäftigung jedoch ablehnen; die mögliche Weiterbeschäftigung an einem anderen Ort begründet nach dem BetrVG für sich allein nicht die Unzumutbarkeit. Außerdem soll die Einigungsstelle die im SGB III vorgesehenen Förderungsmöglichkeiten zur Vermeidung von Arbeitslosigkeit berücksichtigen und bei der Bemessung des Gesamtbetrages der Sozialplanleistungen darauf achten, dass der Fortbestand des Unternehmens oder die nach Durchführung der Betriebsänderung verbleibenden Arbeitsplätze nicht gefährdet werden. Einzelheiten zum Interessenausgleich und Sozialplan in der Einigungsstelle werden im besonderen Teil dargestellt.

(3) Einschränkung der Mitbestimmungsrechte?

356 Die Regelung des § 76 Abs. 5 Satz 3 BetrVG, der die Einigungsstelle für die Beschlussfassung auf die angemessene Berücksichtigung der Belange des Betriebes und der betroffenen Arbeitnehmer nach billigem Ermessen verpflichtet, führt nicht zu einer **Beschränkung erzwingbarer Mitbestimmungsrechte** des Betriebsrates insoweit, als durch diese die unternehmerische Entscheidungsfreiheit berührt wird. Zwar wird eine solche Begrenzung der Mitbestimmungsrechte und damit Privilegierung der unterneh-

merischen Entscheidungsfreiheit in der Literatur vertreten,[634] dem ist das BAG[635] jedoch nicht gefolgt. Dies begründet das Gericht damit, dass dem BetrVG zwar die grundsätzliche Wertentscheidung zugrunde liege, durch die Gewährung von Mitbestimmungs- und Mitwirkungsrechten an den Betriebsrat nicht in "eigentliche unternehmerische Entscheidungen" einzugreifen und die Beteiligung der Arbeitnehmer an der Unternehmensführung nicht im Rahmen der Betriebsverfassung zu regeln.

Diese Grundentscheidung des Gesetzgebers rechtfertige jedoch nicht die Annahme 357 einer immanenten Schranke für positiv-rechtlich geregelte Mitbestimmungsrechte des Betriebsrates. Der Gesetzgeber habe gesehen, dass durch die Beteiligung des Betriebsrates an Entscheidungen des Unternehmers dieser in seiner Entscheidungsfreiheit grundsätzlich berührt werde.

Er habe daher im Betriebsverfassungsgesetz die Beteiligungsrechte des Betriebsrates an den einzelnen Entscheidungen und Maßnahmen unterschiedlich stark ausgestaltet und damit selbst seiner Grundentscheidung Rechnung getragen, indem er schwächere Beteiligungsrechte dort gewährt habe, wo ihm die Erhaltung der unternehmerischen Entscheidungsfreiheit ganz oder in größerem Umfange geboten erschienen sei, als dies bei der Gewährung von Zustimmungs- oder echten Mitbestimmungsrechten möglich gewesen sei. Er habe damit den Konflikt zwischen einer aus einer Beteiligung des Betriebsrates an unternehmerischen Entscheidungen notwendig folgenden Beschränkung dieser Entscheidungsfreiheit und seiner Grundkonzeption, in "eigentliche unternehmerische Entscheidungen, insb. auf wirtschaftlichem Gebiet" nicht einzugreifen, selbst entschieden.

Eine Beschränkung des Mitbestimmungsrechtes des Betriebsrates ergebe sich auch 358 nicht aus § 76 Abs. 5 Sätze 3, 4 BetrVG. Wenn hier bestimmt wird, dass die Einigungsstelle ihre Beschlüsse unter angemessener Berücksichtigung der Belange des Betriebes und der betroffenen Arbeitnehmer nach billigem Ermessen zu fassen habe und dass der Spruch der Einigungsstelle bei Überschreitung der Grenzen des Ermessens angefochten werden kann, so wird damit ein Rahmen vorgegeben, innerhalb dessen sich die Einigungsstelle bei ihrer Entscheidung zu halten hat, und festgestellt, dass der Spruch auch insoweit einer gerichtlichen Kontrolle unterliegt.

Eine Beschränkung dahingehend, damit könne die Einigungsstelle nur regeln, wie 359 Entscheidungen des Unternehmers betriebsorganisatorisch verwirklicht werden sollten, wobei sie an die unternehmerische Vorentscheidung gebunden sei, und aus dieser Beschränkung der Entscheidungskompetenz der Einigungsstelle ergebe sich dann eine entsprechende Reduzierung der Mitbestimmungsrechte, soweit diese erzwingbar seien, kann nach Ansicht des BAG aus der Norm nicht hergeleitet werden.

634 Ausführlich zur Mitbestimmungsfreiheit unternehmerischer Entscheidungen Richardi, § 87 BetrVG Rn 41 ff.
635 BAG, 31.8.1982, AP Nr. 8 zu § 87 BetrVG 1972 Arbeitszeit.

(4) Typische Belange der Betriebsparteien

360 **Die Belange des Betriebes** sind im Wesentlichen diejenigen des Arbeitgebers.[636] Dies ergibt sich aus der Gegenüberstellung zu den Belangen der **Arbeitnehmer**. Die „betroffenen Arbeitnehmer" sind im Regelfall solche, die in den Geltungsbereich des Spruches fallen.[637]

Fiebig[638] nennt als Beispiele für betriebliche Belange:

- Verhinderung von erhöhtem Verwaltungsaufwand
- Verhinderung der Umstellung des Produktionsprozesses
- Beibehaltung der Preiskalkulation, der Produktivität oder des Absatzmarktes
- Erzielung einer gewissen Rentabilität
- Erhaltung bzw Ausbau der Wettbewerbsposition
- Bewahrung der Kreditwürdigkeit
- Kontrolle des Missbrauchs betrieblicher Einrichtungen
- Wahrung des Austauschverhältnisses von Lohn und Arbeitsleistung.

Als typische **Arbeitnehmerbelange** nennt er:[639]

- Berücksichtigung von Lebensalter und Gesundheitszustand
- Verkehrsverbindungen im ÖPNV
- Erhaltung bzw Erwerb zusätzlicher beruflicher Qualifikationen
- Erlangen von Freizeit
- Verbesserung des Verhältnisses von Leistung und Gegenleistung
- Sicherung vor Gesundheitsgefahren
- Möglichst weitgehende Entfaltung der Persönlichkeit
- Sicherheit des Arbeitsplatzes.

Wenning-Morgenthaler[640] ergänzt als weitere betriebliche Belange:

- Effektive Ressourcennutzung
- Erhöhung der Produktivität
- Erfüllung der Anforderungen von Konzernzentralen
- Planungssicherheit.

Als weitere Arbeitnehmerbelange nennt er:

- Schutz vor Arbeitsverdichtung und Überforderung
- Schutz vor Überwachung
- Anerkennung von Leistungen
- Ergonomische Arbeitsbedingungen
- Planbarkeit von Freizeit.

Besonders zu berücksichtigen sind die mit dem Spruch verbundenen **Kosten**; sind diese sehr hoch bzw für den Arbeitgeber bei Berücksichtigung von Größe und Wirt-

---

636 BAG, 11.3.1986 – 1 ABR 12/84, AP Nr. 14 zu § 87 BetrVG 1972 Überwachung; Fiebig, Der Ermessensspielraum der Einigungsstelle, S. 88.
637 Fiebig, Der Ermessensspielraum der Einigungsstelle, S. 90.
638 Fiebig, Der Ermessensspielraum der Einigungsstelle, S. 89.
639 Fiebig, Der Ermessensspielraum der Einigungsstelle, S. 90.
640 Pünnel/Wenning-Morgenthaler, Die Einigungsstelle, Rn 347 ff.

schaftskraft des Betriebes an der Grenze der Zumutbarkeit, wird das Betriebsklima dauerhaft belastet sein.[641]

(5) Entscheidungsspielraum der Einigungsstelle

361 Die angemessene Berücksichtigung der Belange beider Seiten fordert, das Vorbringen und die Vorschläge der Betriebspartner aufzugreifen und alle Gesichtspunkte zu prüfen, ob und wie sie in die Entscheidung einfließen können bzw sollen.[642] Hierin liegt eine Parallele zu Art. 103 Abs. 1 GG. Bei ihrer Entscheidung hat die Einigungsstelle dann einen gewissen **Spielraum.** Denn in fast allen Fällen ist für den Einigungsstellenspruch eine Vielzahl von angemessenen Gestaltungsmöglichkeiten denkbar. Oft werden Arbeitgeber und Betriebsrat sich eine andere Lösung vorstellen als diejenige, welche die Einigungsstelle schließlich findet. Im Normalfall liegt es nicht so, dass eine Lösung sich als besonders sachgerecht geradezu aufdrängt.[643] Der Schwerpunkt des Regelungsstreits liegt vielmehr in der Auswahl derjenigen Regelung, die am besten dem widerstrebenden Interesse gerecht wird. Hierbei kommt der Einigungsstelle ein Handlungsermessen zu, das vom Ermessen der Rechtstreitigkeiten zu unterscheiden ist, da es hier nicht um eine einzige Konfliktentscheidung geht.[644]

(6) „Billigkeit"

362 Ein Maßstab dafür, welche künftige Regelung die zweckmäßigste bzw wirtschaftlich richtige ist, ist allgemein nicht aufstellbar. Die als Auswahlkriterium genannte „Billigkeit" bedeutet konkrete **Einzelfallgerechtigkeit.**[645] Dieses Konzept der Billigkeit kann auf das Abwägungsprinzip zurückgeführt werden.[646]

363 Für eine Entscheidung nach den **Kriterien der Billigkeit** nennt *v. Hoyningen-Huene* folgende Schritte:

„1. Die Überlegung und Entscheidung, dass **überhaupt** Billigkeit angewendet werden muss; das betrifft die richtige Anwendung des entsprechenden gesetzlichen Tatbestandes.
2. Das Auffinden der **einschlägigen Gesichtspunkte** und Umstände, die für eine Abwägung nach Billigkeit erforderlich sind.
3. Die **Bewertung** dieser Gesichtspunkte und Umstände.
4. Die **Abwägung** dieser Gesichtspunkte und Umstände, dh eine mehr oder minder mathematisch genaue Berücksichtigung und Gewichtung der gefundenen und bewerteten Gesichtspunkte.[647]"

Als Kriterien bzw Wertmaßstäbe werden genannt: Die verfassungsrechtlichen Wertentscheidungen, sonstige gesetzliche Wertentscheidungen, Wertungsgrundsätze ande-

641 Pünnel/Wenning-Morgenthaler, Die Einigungsstelle, Rn 267.
642 Fiebig, Der Ermessensspielraum der Einigungsstelle, S. 91.
643 Rieble, Die Kontrolle des Ermessens der betriebsverfassungsrechtlichen Einigungsstelle, Heidelberg 1989, S. 32.
644 Rieble, S. 32.
645 Rieble, S. 33; allgemein BGH GS, 6.7.1955 – GSZ 1/55, BGHZ 18, 149, 151 f,
646 Von Hoyningen-Huene, Die Billigkeit im Arbeitsrecht, S. 113 f,
647 Von Hoyningen-Huene, Die Billigkeit im Arbeitsrecht, S. 116.

rer unbestimmter Rechtsbegriffe und Generalklauseln, Kulturanschauung der Rechtsgemeinschaft.[648]

(7) Konkretisierung der Angemessenheit und des billigen Ermessens

364 Die abstrakt-generelle Konkretisierung des Billigkeitsgebotes ist schwierig; Ausgangspunkt ist jedoch das **Abwägungsgebot.**[649] Daher ist zu fragen, wie denn eine „billige" Entscheidung im Einzelfall aussehen kann.[650] Kriterien für die Entscheidung sowie Umfang und Einzelheiten der gerichtlichen Kontrolle stehen in enger Wechselwirkung miteinander. Auch die „Angemessenheit" verweist auf eine Abwägung.

365 Konkretisierungsversuche, wie „eine Lösung suchen, auf die sich die Betriebsparteien vernünftigerweise auch freiwillig hätten einlassen können[651]", führen nicht weiter und erschweren eher eine Systematisierung, da hier eine Bewertung möglicher subjektiver Faktoren, nämlich eines Einlassens der Betriebsparteien, erwogen werden müssten. Dies ist jedoch mit der Angemessenheit nicht gemeint.

366 Nach § 76 Abs. 5 Satz 3 BetrVG hat die Einigungsstelle ihre Beschlüsse nach „billigem Ermessen" zu fassen. Dies fordert, die Entscheidung an der Billigkeit zu orientieren. Bei dieser Billigkeit handelt es sich grundsätzlich um einen unbestimmten Rechtsbegriff.[652] Jedoch verweist die Billigkeit lediglich wiederum auf die „angemessene" Berücksichtigung und somit auf eine Abwägung. Denn gegen das Verständnis der Billigkeit als unbestimmter Rechtsbegriff spricht, dass es hierfür nur eine richtige Auslegung gibt, deren Feststellung bzw Erkenntnis durch die Gerichte unbeschränkt nachgeprüft wird,[653] daher ist diese Qualifikation abzulehnen. Denn auch diese Ansicht formuliert, dass Billigkeit dann gegeben ist, wenn alle wesentlichen Umstände und beiderseitigen Interessen angemessen berücksichtigt sind.[654] Dementsprechend stellt auch *Wenning-Morgenthaler*[655] Billigkeit und angemessene Interessenberücksichtigung im Ergebnis gleich.

367 Diese Gleichstellung ist jedoch ein klarer Verweis auf eine **Abwägung.** Rechtlicher Hintergrund der Abwägung ist jedoch u.a. auch ein Entscheidungsspielraum der Einigungsstelle, so dass nicht von der einen richtigen Lösung ausgegangen werden kann.

(8) Ermessen iSv § 76 Abs. 5 Satz 3 BetrVG

368 In § 76 Abs. 5 Satz 3 BetrVG ist vorgesehen, dass die Einigungsstelle ihre Beschlüsse nach Ermessen fasst. Wie gezeigt, sind Billigkeit und Angemessenheit lediglich Verweise auf sachgerecht ausgeübtes Ermessen, das im Wege einer Abwägung ausgeübt wird. Das **Ermessen** wird schwerpunktmäßig im Verwaltungsrecht thematisiert und diskutiert. Im Zivilrecht ist es ein weniger zentrales Thema. Das Ermessen wird im

---

648 Von Hoyningen-Huene, Die Billigkeit im Arbeitsrecht, S. 122 f.
649 Rieble, S. 34.
650 Rieble, S. 34.
651 Weber/Ehrich, Einigungsstelle, S. 67; Pünnel/Wenning-Morgenthaler, Die Einigungsstelle, Rn 343.
652 Fiebig, Der Ermessensspielraum der Einigungsstelle, S. 102; von Hoyningen-Huene, Billigkeit, S. 30.
653 BVerwG, 22.4.1966 – BVerwG IV C 120.65, BVerwGE 24, 60, 63 f; von Hoyningen-Huene, Billigkeit, S. 30.
654 BAG, 19.6.1985 – 5 AZR 57/84, DB 1986, 132 (zu § 315 Abs. 1 BGB); von Hoyningen-Huene, Billigkeit, S. 22 f.
655 Pünnel/Wenning-Morgenthaler, Die Einigungsstelle, Rn 353.

Zivilrecht – zutreffend – dem **Verwaltungsermessen** gleichgestellt.[656] Dies folgt daraus, dass es in beiden Fällen um den angemessenen Ausgleich zwischen widerstreitenden Interessen geht. Der strukturellen Gleichheit entspricht eine übereinstimmende methodische Behandlung.

Das Ermessen eröffnet dem Entscheider einen gewissen Spielraum, in dem er **eigenständig entscheiden** kann und auch andere Entscheidungen als die schließlich getroffene rechtmäßig wären. Das Wesen der Ermessensausübung liegt in einer Abwägung: Auch hier sind zunächst alle entscheidungsrelevanten Daten und Gesichtspunkte zu erfassen, schließlich gegeneinander abzuwägen und im Verhältnis zueinander zu gewichten.[657]

Bei dieser Abwägung ist der **Zweck der Ermessensnorm** zu berücksichtigen und das Ergebnis an diesem zu orientieren. Auch ist von zutreffenden tatsächlichen und rechtlichen **Voraussetzungen** auszugehen sowie lediglich relevante Gesichtspunkte zu berücksichtigen und in einschlägigen Gesichtspunkten ein vertretbares Gewicht zuzuschreiben.[658] 369

Fiebig konkretisiert die Ermessensausübung gem. § 76 Abs. 5 Satz 3 BetrVG in ein Berücksichtigungsgebot, Gewichtungsgebot sowie ein Abwägungsgebot.[659] Dies entspricht im Wesentlichen dem – aus der Struktur der Grundrechte folgenden – Vorgehen bei der Abwägung im Verfassungs- und Verwaltungsrecht (hierzu Rn 90). 370

(9) Zusammenfassung: Umgang mit „Billigkeit" und „Ermessen"

Somit erscheinen die genannten Begriffe „Billigkeit" und „Ermessen" sowie „angemessene Berücksichtigung" als weitgehend identisch.[660] Gefordert ist eine Abwägung der widerstreitenden Belange, außerdem ist als „Spielraumprinzip" (hierzu s. Rn 87) eine eigene Entscheidungsbefugnis der Einigungsstelle zu berücksichtigen. 371

gg) Beteiligung des Sprecherausschusses

Ist im Betrieb ein **Sprecherausschuss** der Leitenden Angestellten gewählt, muss dieser vom Arbeitgeber gem. § 2 Abs. 1 Satz 2 SprAuG vor Abschluss einer Betriebsvereinbarung oder sonstigen Vereinbarung mit dem Betriebsrat, die rechtliche Interessen der leitenden Angestellten berührt, rechtzeitig angehört werden. Diese Norm gilt für Sprüche der Einigungsstelle entsprechend.[661] Bevor daher ein Einigungsstellenspruch in einer solchen Angelegenheit gefällt wird, ist der Sprecherausschuss vom Vorsitzenden der Einigungsstelle **anzuhören.**[662] Zum Teil wird auch vertreten, dass der Arbeitgeber diese Anhörung des Sprecherausschusses durchführen und die Stellungnahme an die Einigungsstelle übermitteln muss.[663] Dies trifft jedoch auf praktische Schwie- 372

656 Rieble, Die Kontrolle des Ermessens der betriebsverfassungsrechtlichen Einigungsstelle, S. 36 f, 109 f, 152.
657 Fiebig, Der Ermessensspielraum der Einigungsstelle, S. 104.
658 Fiebig, Der Ermessensspielraum der Einigungsstelle, S. 104 f; aus dem Verwaltungsrecht: Ziekow, VwVfG, Stuttgart 2006, § 40 Rn 24 ff, 36 ff.
659 Fiebig, Der Ermessensspielraum der Einigungsstelle, S. 117 f.
660 Abweichend sieht Fiebig, Der Ermessensspielraum der Einigungsstelle, S. 109, im „Ermessen" ein über die „Billigkeit" hinausgehenden Gestaltungsspielraum. Dies resultiert jedoch aus dem Verständnis der Billigkeit als unbestimmter Rechtsbegriff.
661 Hergenröder, AR-Blattei SD, 630.1 Rn 61.
662 Hergenröder, AR-Blattei SD, 630.1 Rn 61.
663 ErfK/Oetker, SprAuG, § 2 Rn 5 mwN.

rigkeiten, da der Arbeitgeber die Abstimmung und Beschlussfassung der Einigungsstelle nicht leitet. Daher liegt die Verantwortung insoweit beim Vorsitzenden.

b) Abstimmung

373 Die Einigungsstelle trifft ihre Beschlüsse durch **Abstimmung.** Das Verfahren der Beschlussfassung der Einigungsstelle ist mit demjenigen für Heimarbeitsausschüsse (§ 4 Abs. 3 HAG) vergleichbar. Es gilt das Prinzip des **Vorrangs der Einigung** der Betriebspartner, da diese gem. § 74 Abs. 1 Satz 2 BetrVG mit dem ersten Willen zur Einigung verhandeln sollen. Für die Einigungsstelle folgt hieraus, dass der Vorsitzende erst dann mit abstimmt, wenn es nicht zu einer Einigung zwischen den von den Betriebsparteien bestellten Beisitzern kommt.

Hier hat jedes Einigungsstellenmitglied **je eine Stimme**, die es persönlich abgeben und nicht auf ein anderes Einigungsstellenmitglied übertragen kann; eine Ausnahme wird teilweise zugelassen, wenn ein Beisitzer kurz vor der Abstimmung die Sitzung verlassen muss; hier soll bei Zustimmung aller Einigungsstellenmitglieder eine Übertragung des Stimmrechts zulässig sein.[664] Jedoch wird hier lediglich mit der Praktikabilität argumentiert. Dies überzeugt bereits deshalb nicht, weil die geschilderte Situation ebenso durch eine Pairing-Absprache gelöst werden kann.

374 Die Einigungsstelle kann Beschlüsse im einstufigen und im zweistufigen Verfahren fassen. Besonders wichtig und umstritten ist die Berechnung der Stimmenmehrheit für die Abstimmungen.

aa) Einstufige Abstimmung

375 Das gesetzlich vorgesehene zweistufige Abstimmungsverfahren gilt nur für die Endabstimmung in der Sache; bei **Verfahrensbeschlüssen** wie Vertagung der Sitzung, Anordnung der Vorlage von Urkunden, Unterbrechung der Sitzung oder Entscheidung über Befangenheit des Vorsitzenden wird einstufig abgestimmt. Hier stimmt der Vorsitzende bereits bei der ersten – und damit einzigen – Beschlussfassung mit.[665] Anträge zum Verfahren sowie das Abstimmungsergebnis und ggf der Beschluss sollten in das Protokoll der Einigungsstellensitzung aufgenommen werden.

bb) Zweistufige Abstimmung

376 Die abschließende **Sachentscheidung** wird durch eine zweistufige Abstimmung getroffen. Ist eine Einigung der Betriebsparteien nicht möglich und die Angelegenheit entscheidungsreif, lässt der Vorsitzende abstimmen. Gegenstand dieser Abstimmung können Anträge der Betriebsparteien, überarbeitete Anträge der Beisitzer oder Vorschläge des Vorsitzenden sein. Zunächst wird über denjenigen Antrag abgestimmt, welcher die weitestgehende Regelung enthält.

377 Haben beide Betriebsparteien Beisitzer benannt, stimmen zunächst die **Beisitzer** allein ab (§ 76 Abs. 3 Satz 3 BetrVG). Die zweite Abstimmung darf erst erfolgen, wenn über

---

664 Pünnel/Wenning-Morgenthaler, Die Einigungsstelle, Rn 167.

665 Hergenröder, AR-Blattei SD 630.1 Rn 62; Münchener Anwaltshandbuch Arbeitsrecht/Kauffmann-Lauven, § 61 Rn 43; Friedemann, Das Verfahren der Einigungsstelle für Interessenausgleich und Sozialplan, Rn 259; Pünnel/Wenning-Morgenthaler, Die Einigungsstelle, Rn 169; Fitting, § 76 BetrVG Rn 59; Richardi, § 76 BetrVG Rn 101; GK-BetrVG/Kreutz, § 76 Rn 112; Hennige, Das Verfahrensrecht der Einigungsstelle, S. 169; DKK/Berg, § 76 BetrVG Rn 80.

alle von den Beteiligten gestellten Anträge eine erste Abstimmung stattgefunden hat. Beschränkt sich eine Abstimmung jedoch auf eine Antragstellung, mit der eine weitere Sachaufklärung begehrt wird, muss über diesen Antrag nach Ansicht des BAG nicht vor der Abstimmung über einen weiteren Sachantrag entschieden werden.[666]

In den meisten Fällen wird bei der ersten Abstimmung keine Einigung erzielt.[667] Wird die Mehrheit nicht erreicht, hat die Einigungsstelle **erneut zu beraten**, § 76 Abs. 3 Satz 2 BetrVG.[668] Denn Zweck der Beratungspflicht nach § 76 Abs. 3 BetrVG ist es, den Beisitzern abschließend Gelegenheit zu geben, ihre Ansicht zur Regelung der umstrittenen betriebsverfassungsrechtlichen Angelegenheit vorzutragen[669] und zu entgegenstehenden Äußerungen nochmals Stellung zu nehmen, um der aus ihrer Sicht als angemessen erscheinenden Lösung zur Mehrheit zu verhelfen[670] und möglichst doch noch einen von der Mehrheit der Beisitzer getragenen Kompromiss zu finden und eine Abstimmung unter Beteiligung des Vorsitzenden zu verhindern. Daher muss der Einigungsstellenvorsitzende die Möglichkeit einer weiteren Beratung einräumen, dies ist jedoch auch konkludent möglich. 378

Durchgeführt werden muss die **Zwischenberatung** nicht in allen Fällen: Bringen die Beisitzer – wie oftmals – zum Ausdruck, dass sie hieran nicht interessiert sind, ist eine Zwischenberatung sinnlos; der bloßen Form halber ist sie nicht durchzuführen.[671] Eine bestimmte Länge oder Ausführlichkeit der zweiten Beratung ist nicht vorgeschrieben. Daher genügt es, wenn darüber beraten wird, ob in eine weitgehende Erörterung überhaupt eingestiegen werden sollte.[672] 379

Die zweite Beratung vor der streitigen Abstimmung sollte dazu genutzt werden, den zur Abstimmung stehenden Vorschlag daraufhin zu überprüfen, ob er **als Spruch tauglich** wäre.[673] Denn bis zur zweiten Abstimmung sind die Betriebsparteien in ihrer Vereinbarung weitgehend frei und haben nur höherrangiges Recht zu beachten. Muss ein Spruch ergehen, so kann sich dieser nur auf erzwingbare Mitbestimmungstatbestände erstrecken. Auch muss sich die Einigungsstelle als insoweit gebundenes Vertragshilfeorgan bei der mündlichen Beratung in demjenigen Rahmen bewegen, der durch die Anträge der Parteien gebildet wird. 380

An der Beratung nehmen **nur Mitglieder der Einigungsstelle** teil, um eine Entscheidung durch Person sicherzustellen, die dies unabhängig und überparteilich tun und 381

666 BAG, 29.1.2002 – 1 ABR 18/01, AP Nr. 19 zu § 76 BetrVG 1972 Einigungsstelle.

667 Pünnel/Wenning-Morgenthaler, Die Einigungsstelle, Rn 170.

668 Hierzu LAG Hamburg, 5.5.2000 – 3 TaBV 6/00, AuR 2000, 356: Folge eines Verstoßes ist die Unwirksamkeit des Spruches, unabhängig davon, ob Beisitzer interveniert haben.

669 LAG Düsseldorf, 21.10.1986, DB 1987, 1255.

670 BAG AP Nr. 15.

671 BAG AP Nr. 15; BAG, 30.1.1990 – 1 ABR 2/89, AP Nr. 41 zu § 87 BetrVG 1972 Lohngestaltung; Fitting, § 76 BetrVG Rn 56; GK-BetrVG/Kreutz, § 76 Rn 113; Pünnel/Wenning-Morgenthaler, Die Einigungsstelle, Rn 170. AA Friedemann, Das Verfahren der Einigungsstelle für Interessenausgleich und Sozialplan, Rn 263: Beratung unverzichtbar; hier wird zumindest die Spruchfähigkeit geprüft; Hunold, Die Sorgfaltspflichten des Einigungsstellenvorsitzenden, insbesondere im Verfahren über einen Sozialplan, NZA 1999, 785, 790: Beratung ist unverzichtbar.

672 BAG, 28.9.1988 – 1 ABR 23/87, AP Nr. 47 zu § 112 BetrVG 1972.

673 Friedemann, Das Verfahren in der Einigungsstelle für Interessenausgleich und Sozialplan, Rn 263; Hümmerich/Spirolke, Arbeitsrechtliches Mandat, § 13 Rn 37; Hunold, Die Sorgfaltspflichten des Einigungsstellenvorsitzenden, insbesondere im Verfahren über einen Sozialplan, NZA 1999, 785, 789 f.

hierzu berufen sind.[674] Dies folgt aus der Schlichtungsfunktion der Einigungsstelle, die unabhängig von den unmittelbar betroffenen Beteiligten sein soll. Ein Verstoß macht daher den Einigungsstellenspruch unwirksam.[675] Daher muss – wird ein Protokoll geführt – die Zwischenberatung in dieses aufgenommen werden.[676] Streitig ist, ob an der Beratung ein von der Einigungsstelle hinzugezogener Protokollführer teilnehmen darf.[677] Die Anwesenheit des Protokollführers bei der mündlichen Beratung wird jedoch allgemein als zulässig angesehen.[678] Auch in diesem Fall unterzeichnet der Vorsitzende das Protokoll. Den Beisitzern ist eine Abschrift zur Verfügung zu stellen.[679]

382 Meist ist die Beratung nach der ersten Abstimmung recht kurz, da die Angelegenheit in der Verhandlungsphase umfassend erörtert wurde und typischerweise keine neuen Aspekte auftauchen.[680]

383 Nach der Zwischenberatung folgt die **zweite Abstimmung.** Bei der zweiten Abstimmung stimmt gem. § 76 Abs. 3 Satz 3 BetrVG der Vorsitzende mit. Der Vorsitzende nimmt auch dann an der Abstimmung teil, wenn in der ersten Abstimmung sein Vermittlungsvorschlag einstimmig abgelehnt wurde.[681] Bei der Abstimmung darf sich der Vorsitzende nach allgemeiner Ansicht nicht der Stimme enthalten,[682] denn seine Stimme soll die regelmäßig bestehende Pattsituation in der Einigungsstelle auflösen.[683]

384 Sind zwei kontradiktorische Sachanträge gestellt worden, muss der Vorsitzende feststellen, **wie viele Stimmen** auf welchen Antrag entfallen.[684] Erfolgt eine überwiegende Zustimmung der Beisitzer, ist das gesonderte Abfragen der Neinstimmen nicht mehr erforderlich.[685] Denn Einigungsstellenmitglieder können auch konkludent an der Abstimmung teilnehmen. Stellt der Vorsitzende nacheinander sowohl den von Arbeitgeberseite als auch den von Arbeitnehmerseite eingereichten Vorschlag zur Abstimmung und finden beide Vorschläge jeweils nur bei den von Arbeitgeber bzw Betriebsrat benannten Beisitzern Zustimmung, hat kein Vorschlag eine Mehrheit. Dies gilt auch, wenn bei beiden Abstimmungen nicht ausdrücklich nach Gegenstimmen oder Stimmenthaltungen gefragt wurde.[686]

674 BAG, 18.1.1994 – 1 ABR 43/93, AP Nr. 51 zu § 76 BetrVG 1972.
675 BAG, 18.1.1994 – 1 ABR 43/93, AP Nr. 51 zu § 76 BetrVG 1972.
676 Pünnel/Wenning-Morgenthaler, Die Einigungsstelle, Rn 170.
677 Dafür: Fitting, § 76 BetrVG Rn 49; GK-BetrVG/Kreutz, § 76 Rn 106; dagegen Münchener Handbuch/Joost § 320 Rn 46; Friedemann, Das Verfahren der Einigungsstelle für Interessenausgleich und Sozialplan, Rn 255 (ohne Begründung).
678 Hergenröder, AR-Blattei SD, 630.1 Rn 58.
679 Fitting, § 76 BetrVG Rn 65.
680 Pünnel/Wenning-Morgenthaler, Die Einigungsstelle, Rn 310.
681 LAG Baden-Württemberg, 8.10.1986 – 2 TaBV 3/86, NZA 1988, 214; Fitting, § 76 BetrVG Rn 57.
682 Hümmerich/Spirolke, Arbeitsrechtliches Mandat, § 13 Rn 39; Fitting, § 76 BetrVG Rn 58; Friedemann, Das Verfahren der Einigungsstelle für Interessenausgleich und Sozialplan, Rn 269; Weber/Erich, Einigungsstelle, S. 60; Fitting, § 76 BetrVG Rn 58; Münchener Anwaltshandbuch Arbeitsrecht/Kauffmann-Lauven, § 61 Rn 42; Pünnel/Wenning-Morgenthaler, Die Einigungsstelle, Rn 170.
683 Fitting, § 76 BetrVG Rn 58; ErfK/Kania, § 76 BetrVG Rn 20; Hergenröder, AR-Blattei SD 630.1 Rn 62; GK-BetrVG/Kreutz, § 76 Rn 113; DKK/Berg, § 76 BetrVG Rn 77.
684 Schaub/Koch, Arbeitsrechtshandbuch, § 232 Rn 22.
685 BAG, 11.11.1998 – 7 ABR 47/97, NZA 1999, 947, 948.
686 BAG, 11.11.1998 – 7 ABR 47/97, AP Nr. 19 zu § 50 BetrVG 1972; Fitting, § 76 BetrVG Rn 54.

Wird auch in der zweiten Abstimmung keine Entscheidung getroffen, muss das **Verfahren fortgesetzt** werden.[687] Eine zweite Abstimmung findet nicht statt, wenn nur ein Antrag zur Abstimmung gestellt wird und dieser von einer Stimmenmehrheit bei der ersten Abstimmung abgelehnt wird. Das Einigungsstellenverfahren wird dann fortgesetzt, bis ein neuer Antrag zur Beschlussfassung gestellt wird. Das Verfahren endet erst, wenn durch einen Spruch oder eine Einigung der Verfahrensgegenstand vollständig erledigt ist.[688]

cc) Stimmenmehrheit

Bei den Abstimmungen der Einigungsstelle werden Beschlüsse mit **Stimmenmehrheit** 385 gefasst. Benennt eine Partei keine Beisitzer oder erscheinen die benannten Beisitzer trotz ordnungsgemäßer Ladung nicht zur Sitzung, entscheiden die erschienenen Beisitzer und der Vorsitzende gem. § 76 Abs. 3 BetrVG (zum Verfahren s. § 6). Problematisch bei der Berechnung der Mehrheit ist sowohl deren Verständnis als relative oder absolute Mehrheit sowie der Umgang mit Stimmenthaltungen. Teilweise werden die Fragen nach der Beschlussfähigkeit und der Mehrheitsberechnung verknüpft. Dies überzeugt jedoch nicht; beide Fragenkreise sind zu trennen.

Stellt man auf die Mehrheit der Stimmen der Mitglieder der Einigungsstelle ab, ist bei 386 einer Einigungsstelle mit einem Vorsitzenden und 3 Beisitzern pro Seite stets eine Mehrheit von 4 Ja-Stimmen erforderlich. Dies ist unproblematisch, wenn alle Mitglieder mit ja oder nein abstimmen. Es ist streitig, ob im ersten Abstimmungsgang bei einer Einigungsstelle mit zB 3 Mitgliedern pro Seite eine Mehrheit von 4 Stimmen erforderlich ist. Eng verknüpft hiermit ist die Frage, ob eine Stimmenthaltung zulässig ist.

Das BAG[689] und eine überwiegende Literaturansicht[690] gehen davon aus, dass „Stimmenmehrheit" die **einfache, relative Mehrheit** bedeutet. Angenommen ist ein Antrag nach dieser Ansicht, wenn er die Mehrheit der abgegebenen Stimmen erhält.[691] Denn aus dem Begriff „Stimmenmehrheit" könne nicht auf die Erforderlichkeit der Mehrheit der Stimmen der Mitglieder geschlossen werden. Nach der Gegenansicht ist die **absolute Mehrheit,** also die Mehrheit aller zur Abstimmung berufenen Stimmen erforderlich.[692] Dies wird damit begründet, dass § 76 Abs. 3 Satz 1 BetrVG die Beschlussfassung der Einigungsstelle durch Stimmenmehrheit vorschreibt, hierbei aber nicht auf Stimmen der anwesenden Mitglieder abstellt – dies im Gegensatz zu § 33 Abs. 1 BetrVG.[693] Für diese Ansicht wird auch angeführt, dass auch bei Nichtbenennung von Beisitzern eine Seite nicht grundsätzlich als überstimmt betrachtet werden

687 ErfK/Kania, § 76 BetrVG Rn 20; GK-BetrVG/Kreutz, § 76 Rn 113; Fitting, § 76 BetrVG Rn 57.

688 Zur eigenen und vollständigen Regelung der Einigungsstelle BAG, 8.6.2004 – 1 ABR 4/03, AP Nr. 20 zu § 76 BetrVG 1972 Einigungsstelle.

689 BAG, 17.9.1991 – 1 ABR 23/91, AP Nr. 59 zu § 112 BetrVG 1972.

690 BAG, 17.9.1991 – 1 ABR 23/91, AP Nr. 59 zu § 112 BetrVG 1972; Münchener Anwaltshandbuch Arbeitsrecht/Kauffmann-Lauven, § 61 Rn 39; DKK/Berg, § 76 BetrVG Rn 75; Fitting, § 76 BetrVG Rn 53; aA Richardi, § 76 BetrVG Rn 99: Zustimmung der Mehrheit der Mitglieder der Einigungsstelle erforderlich GK-BetrVG/Kreutz, § 76 Rn 109; Bischoff, Die Einigungsstelle im Betriebsverfassungsrecht, S. 96.

691 Pünnel/Wenning-Morgenthaler, Die Einigungsstelle, Rn 169.

692 GK-BetrVG/Kreutz, § 76 Rn 109; Friedemann, Das Verfahren der Einigungsstelle für Interessenausgleich und Sozialplan, Rn 265; Fiebig DB 1995, 1278 f: Absolute Mehrheit.

693 Hümmerich/Spirolke, Arbeitsrechtliches Mandat, § 13 Rn 35.

solle, sondern die erschienene Seite auch den Vorsitzenden überzeugen müsse.[694] Die Ansicht, die Stimmenmehrheit sowohl für die erste wie die zweite Abstimmung gleichermaßen[695] als Mehrheit der abgegebenen Stimmen definiert, überzeugt: Neben praktischen Gründen spricht hierfür, dass dem BetrVG die „Mehrheit der Stimmen der Mitglieder" geläufig ist (§ 27 Abs. 3 BetrVG), hier aber ausdrücklich nicht normiert wurde.[696]

387 Umstritten ist auch die Frage, ob eine **Stimmenthaltung der Beisitzer** zulässig und wie diese ggf zu bewerten ist. Nach der Rechtsprechung des BAG und der überwiegenden Literatur ist eine Stimmenthaltung der Beisitzer sowohl bei der ersten als auch bei der zweiten Abstimmung zulässig.[697] In der Literatur wird zum Teil aber auch vertreten, dass eine Stimmenenthaltung nicht zulässig sei, da dies den gesetzgeberisch vorgesehenen Ausschlaggeben der Stimme des Vorsitzenden zuwiderliefe, wenn zwischen den Beisitzern Stimmengleichheit besteht.[698] Jedoch ist eine Stimmenthaltung zuzulassen, da eine solche nicht gesetzlich ausgeschlossen ist und die Beisitzer nicht zur Stimmabgabe gezwungen werden können und sollen. Beisitzer haben auch keine „Stichentscheidfunktion" wie der Vorsitzende, die eine Stimmabgabe erfordern würde.

388 Enthält sich ein Beisitzer, ist zu klären, wie dies bei der **Stimmenzählung** zu werten ist. Nach Ansicht des BAG und der herrschenden Ansicht im Schrifttum wird der betreffende Beisitzer in diesem Fall bei der Berechnung der Stimmenmehrheit nicht berücksichtigt.[699] Die abweichende Ansicht[700] wertet Enthaltungen als Nein-Stimmen. Für die Ansicht des BAG spricht die Gleichstellung mit einem nicht erschienenen Einigungsstellenmitglied (§ 76 Abs. 5 Satz 2 BetrVG).[701] Eine Berücksichtigung als Nein-Stimme ist dagegen nicht sachgemäß, da bei einer Enthaltung keine Entscheidung, auch nicht gegen den Antrag, gewollt ist. Damit ist ein Antrag angenommen, wenn die Zahl der Ja-Stimmen größer ist als die der Nein-Stimmen.

389 Da Stimmenenthaltungen bei Rechnung der einfachen Mehrheit somit nicht mitgezählt werden, kann etwa in der ersten Abstimmung bei je zwei Beisitzern ein Beschluss zustande kommen, wenn sich bei zwei Ja- und einer Nein-Stimme ein Beisitzer der Stimme enthält.

---

694 Fiebig, DB 1995, 1278 f.

695 Fitting, § 76 BetrVG Rn 53.

696 BAG, 17.9.1991 – 1 ABR 23/91, AP Nr. 59 zu § 112 BetrVG 1972; Hümmerich/Spirolke, Arbeitsrechtliches Mandat, § 13 Rn 35.

697 BAG, 17.9.1991 – 1 ABR 23/91, AP Nr. 59 zu § 112 BetrVG 1972; Fitting, § 76 BetrVG Rn 58; Weber/Erich, Einigungsstelle, S. 59 GK-BetrVG/Kreutz, § 76 Rn 110; Hennige, Das Verfahrensrecht der Einigungsstelle, S. 177; Münchener Anwaltshandbuch Arbeitsrecht/Kauffmann-Lauven, § 61 Rn 42; ErfK/Kania, § 76 BetrVG Rn 20; differenzierend will Bischoff, Die Einigungsstelle im Betriebsverfassungsrecht, S. 93 f für die erste, nicht aber für die zweite Stufe der Abstimmung eine Stimmenthaltung zulassen.

698 Richardi, § 76 BetrVG Rn 103; Gaul, Die betriebliche Einigungsstelle, S. 264 f; Pünnel, AuR 1973, 257, 263; Dütz AuR 1973, 353, 364; Gnade, AuR 1973, 43, 44; G. Müller, Rechtliche Konzeption und soziologische Problematik der Einigungsstelle nach dem BetrVG 1972, DB 1973, 76, 77.

699 BAG, 17.9.1991 – 1 ABR 23/91, AP Nr. 59 zu § 112 BetrVG 1972; LAG Frankfurt, 25.9.1990 – 4 TaBV 107/90, DB 1991, 1288; Fitting, § 76 BetrVG Rn 58; ErfK/Kania, § 76 BetrVG Rn 20; Hennige, Das Verfahrensrecht der Einigungsstelle, S. 178; Friedemann, Das Verfahren der Einigungsstelle für Interessenausgleich und Sozialplan, Rn 270; Münchener Anwaltshandbuch Arbeitsrecht/Kauffmann-Lauven, § 61 Rn 42: zählen nicht als Nein-Stimmen, angenommen, wenn mehr Ja- als Nein-Stimmen.

700 Kaven, Das Recht des Sozialplans, S. 98; Richardi § 76 BetrVG Rn 103; GK-BetrVG/Kreutz, § 76 Rn 111.

701 BAG, 17.9.1991 – 1 ABR 23/91, AP Nr. 59 zu § 112 BetrVG 1972.

Bei der Abstimmung hat jede Stimme dasselbe Gewicht. Eine Vorschrift, die dem § 29 Abs. 2 MitbestG entsprechend dem Vorsitzenden zwei Stimmen einräumen würde, gibt es für das Einigungsstellenverfahren nicht. Daher ist keine Mehrheit erreicht, wenn sich zB einer der Beisitzer der Stimme enthält und der Vorsitzende für diese „Seite“ abstimmt.[702]

Die Stimmabgabe hat **persönlich** zu erfolgen, eine Delegation auf andere Einigungs- 390
stellenmitglieder ist unzulässig.[703] Denkbar sind jedoch Fälle, in denen ein Einigungsstellenmitglied kurzfristig verhindert ist oder die Sitzung vorzeitig verlassen muss. In einem solchen Fall ist eine Absprache zulässig, wonach zur Wiederherstellung der Parität in der Sitzung ein Beisitzer der vollständig erschienenen Seite sich der Stimme enthält (**Pairing-Absprache**).[704] Um die Vertagung der Beschlussfassung bei Verhinderung eines Einigungsstellenmitglieds zu vermeiden, andererseits aber die paritätische Besetzung der Einigungsstelle nicht zu gefährden, kann eine einvernehmliche Pairing-Absprache der anderen Einigungsstellenmitglieder erfolgen.[705] Diese Absprache bezieht sich darauf, dass ein Beisitzer der Seite, der das verhinderte Mitglied nicht angehört, sich der Stimme enthält. Dieser darf jedoch an der Beratung der Einigungsstelle teilnehmen, was nicht dem Paritätsgrundsatz widerspricht. Dies ergibt sich bereits daraus, dass eine solche Absprache der Zustimmung aller Einigungsstellenmitglieder bedarf und daher von der Seite in „Unterzahl“ verhindert werden könnte.[706]

Beispiel: Abstimmung 391
Dem BAG[707] lag 1991 ein Fall zur Entscheidung vor, in dem eine aus dem Vorsitzenden und vier Beisitzern pro Seite bestehende Einigungsstelle gebildet worden war, um über einen Sozialplan zu verhandeln. Als ein Vorschlag vorlag, ging der erste Abstimmungsgang folgendermaßen aus: Die vier Beisitzer der Arbeitgeberseite stimmten für den Vorschlag, die vier Beisitzer der Arbeitnehmerseite enthielten sich.

Das BAG ging von einer hinreichenden Mehrheit aus. Dabei ging es nicht auf die um- 392
strittene Frage ein, ob eine Stimmenthaltung überhaupt zulässig sei. Denn das BetrVG stelle hier nicht auf die Mehrheit der Stimmen der Organmitglieder ab wie dies etwa in § 27 Abs. 3 BetrVG der Fall sei, oder auf die Mehrheit der Stimmen der anwesenden Mitglieder, wie dies § 33 Abs. 2 BetrVG vorsehe. Daher genüge es, dass die Mehrheit der Stimmen für den Beschlussvorschlag abgegeben worden seien. Stimmen seien aber nur solche, die überhaupt an der Abstimmung teilnehmen, dh für oder gegen den Beschluss abgegeben werden. Eine Enthaltung dagegen bedeute, dass gerade keine Stimme abgegeben werde. Daher sei eine Enthaltung nicht als Nein-Stimme zu werten.

---

702 Fitting, § 76 BetrVG Rn 57; ErfK/Kania, § 76 BetrVG Rn 20; GK-BetrVG/Kreutz, § 76 Rn 113; etwas anders Münchener Handbuch Arbeitsrecht/Joost, § 320 Rn 52: Er will die Stimme des Vorsitzenden unberücksichtigt lassen und von einer Mehrheitsentscheidung ausgehen.

703 Fitting, § 76 BetrVG Rn 52.

704 Göritz, Handbuch Einigungsstelle, S. 116; Münchener Anwaltshandbuch Arbeitsrecht/Kauffmann-Lauven, § 61 Rn 41.

705 LAG Köln, 26.7.2005 – 9 TaBV 5/05, NZA-RR 2006, 197; Fitting, § 76 BetrVG Rn 51 a; ErfK/Kania, § 76 BetrVG Rn 19.

706 Fitting, § 76 BetrVG Rn 51 a.

707 BAG, 17.9.1991, AP Nr. 59 zu § 112 BetrVG 1972.

dd) Offene/Geheime Abstimmung

393 Grundsätzlich wird eine **offene Abstimmung**, meist durch Handheben, durchgeführt. Denn auch die vorherige Diskussion erfolgte offen. Wenn jedoch ein Einigungsstellenmitglied es beantragt, muss über die Frage einer geheimen Abstimmung entschieden werden. Hierfür ist die Einigungsstelle als Kollegialorgan zuständig, die im einstufigen Verfahren entscheidet.[708] Nicht überzeugend ist es dagegen, bereits auf das Verlangen eines Mitgliedes der Einigungsstelle die Abstimmung geheim durchzuführen: Es handelt sich um eine Verfahrensfrage, über die – wie grundsätzlich bei solchen Fragen – die Einigungsstelle beschließt.

ee) Reihenfolge

394 Um zu gewährleisten, dass der Einigungsstellenspruch von der Mehrheit der Einigungsstellenmitglieder getragen wird, sollte eine förmliche Beschlussfassung bzw **Schlussabstimmung** stattfinden. Die Reihenfolge ergibt sich meist aus dem konkreten Fall; zunächst ist über den am weitesten gehenden Antrag abzustimmen.

Sind mehrere Anträge zur Abstimmung gestellt, muss über alle Anträge eine **erste Abstimmung** erfolgt sein, bevor in die zweite Abstimmung eingetreten werden darf.[709] Dies ist insb. dann wichtig, wenn eine Seite einen Antrag stellt, der auf einen Beschluss in der Sache gerichtet ist, und die andere Seite einen Antrag vorlegt, der auf weitere Sachaufklärung gerichtet ist. Da in einer solchen Konstellation ein unterschiedliches Abstimmungsverhalten nicht von vornherein ausgeschlossen ist, sollte mit der ausschlaggebenden Stimme des Vorsitzenden in einer zweiten Abstimmung kein Spruch zum Sachantrag gefällt werden, ohne dass die Einigungsstelle zuvor über den Verfahrensantrag entschieden hat.[710] Das BAG hat jedoch festgestellt, dass weder die Nichtbescheidung eines Antrags noch eine mangelnde Sachaufklärung isoliert angefochten werden können.[711] Stellt sich hierbei heraus, dass mangels hinreichender Sachaufklärung Rechtsfehler begangen wurden oder die Belange des Betriebs oder der betroffenen Arbeitnehmer nicht angemessen berücksichtigt wurden, so ist der Spruch der Einigungsstelle aus diesem Grund unwirksam, nicht aber wegen des entsprechenden Verfahrensverstoßes.[712]

Praktisch bietet es sich an, dass der Vorsitzende die Reihenfolge vorschlägt; widerspricht ein Beisitzer, sollte ein Beschluss der Einigungsstelle hierzu gefasst werden.

ff) Gesamtkomplex

395 Die Einigungsstelle entscheidet in einer abschließenden Abstimmung über den Streitgegenstand; der **Gesamtkomplex** der getroffenen Regelung muss vom Einigungsstellenspruch getragen sein. Diese Erledigung muss jedoch nicht in einem umfassenden Beschluss erfolgen, sondern die Einigungsstelle kann auch mehrstufig vorgehen, dh, dass sie über den Regelungsgegenstand in mehreren Beschlüssen entscheidet. Dies ist

708 Fitting, § 76 BetrVG Rn 52; Friedemann, Das Verfahren der Einigungsstelle für Interessenausgleich und Sozialplan, Rn 274; Pünnel/Wenning-Morgenthaler, Die Einigungsstelle, Rn 312.
709 LAG Baden-Württemberg, 19.1.2001 – 5 TaBV 1/00 – zitiert nach juris; ebenso Pünnel/Wenning-Morgenthaler, Die Einigungsstelle, Rn 314.
710 Hümmerich/Spirolke, Arbeitsrechtliches Mandat, § 13 Rn 38.
711 BAG, 29.1.2002 – 1 ABR 18/01, AP Nr. 19 zu § 76 BetrVG Einigungsstelle.
712 BAG, 29.1.2002 – 1 ABR 18/01, AP Nr. 19 zu § 76 BetrVG Einigungsstelle.

besonders bei komplexen Streitgegenständen möglich; da es hier sinnvoll sein kann, dass die Einigungsstelle über einen Regelungsvorschlag in einzelnen Abschnitten abstimmt. Bspw wurde die von einer Einigungsstelle zur Neuregelung einer betrieblichen Altersversorgung gewählte zweistufige Vorgehensweise als zulässig und sachgerecht angesehen: Die Zulässigkeit ergebe sich daraus, dass die Einigungsstelle ihr Verfahren im Wesentlichen selbst bestimmen könne. Die Vorgehensweise sei auch sachgerecht, da die Frage der Abänderbarkeit der bestehenden Versorgungsregelungen zwischen den Beteiligten grundsätzlich streitig sei.[713] Der zweite Teilbeschluss betraf die Ausgestaltung.

Von der Einigungsstelle gefasste Teilbeschlüsse können selbständig überprüft werden.[714]

Wenn mehrere Teilabstimmungen stattfinden, muss hierbei sichergestellt werden, dass der das Einigungsstellenverfahren beendende Beschluss in seiner Gesamtheit von der Mehrheit der Mitglieder der Einigungsstelle getragen wird.[715] Es genügt nicht, dass nur Einzelbestimmungen beschlossen worden sind, wobei möglicherweise die Mehrheiten gewechselt haben. Daher sollte in diesen Fällen auch das Gesamtergebnis nochmals Gegenstand eines Beschlusses sein.

Dass der Spruch in der Gesamtheit eine Mehrheit gefunden hat, kann sich außer aus einer förmlichen Schlussabstimmung auch aus anderen Umständen des Einzelfalls ergeben,[716] da das Einigungsstellenverfahren nicht an strenge Formvorschriften gebunden ist. Von daher genügt es, wenn aus dem Gesamtverhalten der Einigungsstelle und ihrer Mitglieder, ggf auch der Betriebspartner, deutlich wird, dass die als Spruch der Einigungsstelle und Abschluss ihres Verfahrens den Betriebspartnern zugeleitete Regelung der mitbestimmungspflichtigen Angelegenheit in ihrer Gesamtheit jedenfalls von der Mehrheit der Einigungsstellenmitglieder getragen wird.[717] 396

Ein **erheblicher Verfahrensfehler** liegt im Fehlen einer Schlussabstimmung daher nur dann, wenn die Teilabstimmungen mit wechselnden Mehrheiten ausgingen; anderenfalls ist von einer Schlussabstimmung kein anderes Ergebnis zu erwarten.[718] In einem Fall mit unterschiedlichen Mehrheiten stellte das BAG[719] fest:

„Werden Detailregelungen einer Gesamtregelung einer Angelegenheit in Einzelabstimmungen mit unterschiedlichen Mehrheiten beschlossen, so stellt die Summe dieser mehrheitlich angenommenen Detailregelungen noch nicht notwendig eine Gesamtregelung der Angelegenheit dar, die so von der Mehrheit der Einigungsstelle gewollt wird. Es besteht vielmehr die Möglichkeit, dass die mit wechselnden Mehrheiten beschlossenen Einzelregelungen in ihrer Gesamtheit nicht die Zustimmung der Mehrheit der Einigungsstelle findet. Von der zufälligen oder gelenkten Aufteilung der 397

713 LAG Köln, 10.4.2001 – 13 (7) TaBV 83/00 – zitiert nach juris.
714 LAG Köln, 10.4.2001 – 13 (7) TaBV 83/00 – zitiert nach juris.
715 BAG, 6.11.1990 – 1 ABR 34/89, AP Nr. 94 zu § 1 TVG Tarifverträge: Metallindustrie; BAG, 18.4.1989 – 1 ABR 2/88, AP Nr. 34 zu § 87 BetrVG 1972 Arbeitszeit; Schaub/Koch, Arbeitsrechtshandbuch, § 232 Rn 23; Fitting, § 76 BetrVG Rn 61; DKK/Berg, § 76 BetrVG Rn 79.
716 BAG, 18.4.1989 – 1 ABR 2/88, AP Nr. 34 zu § 87 BetrVG 1972 Arbeitszeit.
717 BAG, 18.4.1989 – 1 ABR 2/88, AP Nr. 34 zu § 87 BetrVG 1972 Arbeitszeit.
718 BAG, 18.12.1990 – 1 ABR 11/90, NZA 1991, 484, 486 f; Fitting, § 76 BetrVG Rn 61.
719 BAG, 18.4.1989 – 1 ABR 2/88, AP Nr. 34 zu § 87 BetrVG 1972 Arbeitszeit.

einzelnen Beratungs- und Abstimmungsschritte nach Sätzen, Halbsätzen oder sogar nach einzelnen Worten wäre abhängig, welchen Inhalt die Summe der mit Mehrheit angenommenen Einzelregelungen hat, ohne dass diese in ihrer Gesamtheit von einer Mehrheit der Einigungsstelle gebilligt wird."

398 Zur Begründung verweist das BAG auf die Pflicht zur Schlussabstimmung in § 86 der Geschäftsordnung des Deutschen Bundestags sowie zB § 40 der Geschäftsordnung des Hessischen Landtags. Für die normativ wirkende Regelung in einem Beschluss der Einigungsstelle müsse Gleiches gelten, da ansonsten die Verantwortlichkeit einer bestimmten, den Spruch insgesamt tragenden Mehrheit der Einigungsstelle nicht mehr feststellbar wäre, wenn „ein einheitlicher Regelungskomplex durch Einzelabstimmungen teils von dieser, teils von jener Mehrheit beschlossen werden könnte".

c) Begründung

399 Eine **Begründung** ist gesetzlich nicht zwingend vorgeschrieben und daher nicht zwingend erforderlich (s. Rn 24). Sinnvoll ist eine Begründung, wenn es hauptsächlich um die Entscheidung einer Rechtsfrage ging, etwa auch bei streitiger Zuständigkeit oder wenn bei einem komplexen Streitfall umfassende Ermessenserwägungen angestellt wurden, die sich weder aus dem Ergebnis noch dem Protokoll in vollem Umfang ergeben. Erfolgen sollte eine Begründung auch dann, wenn eine gerichtliche Prüfung des Spruches absehbar ist, darüber hinaus jedenfalls auch dann, wenn beide Parteien eine Begründung wünschen.[720] Oft ist es aus Sicht des Vorsitzenden jedoch sinnvoll, auf eine Begründung zu verzichten.

d) Einvernehmlicher Spruch

400 Das Verfahren eines **einvernehmlichen Spruches** hat sich in der Praxis des Einigungsstellenverfahrens herausgebildet. Auf den ersten Blick scheint in einem „einvernehmlichen Spruch" ein Widerspruch zu liegen, da der Spruch gerade eine Situation regeln soll, in der keine Einigung möglich war. Ein einvernehmlicher Spruch bietet sich jedoch in solchen Situationen an, in denen **mangels Unterschriftsbefugnis** der Anwesenden einer Seite keine wirksame Betriebsvereinbarung geschlossen werden kann, eine Einigung jedoch erzielt wurde. Das Vorgehen des einvernehmlichen Spruchs bietet sich auch dann an, wenn mindestens eine Betriebspartei sich hierdurch eine **höhere Akzeptanz** der gefundenen Lösung verspricht. Dies kann u.a. bei Insolvenzsozialplänen so sein, wenn sich die Regelung gegenüber den Gläubigern besser „verkaufen" lässt, weil es sich um den Spruch der Einigungsstelle handelt.[721]

401 In einem solchen Fall stimmen im ersten Abstimmungsgang entweder alle Beisitzer für das Ergebnis, auf das man sich einigen konnte; eine andere Möglichkeit besteht darin, dass die Beisitzer einer Seite hierfür stimmen und die andere Seite sich enthält. Denkbar ist es auch, den einvernehmlichen Spruch dadurch zustande zu bringen, dass alle Beisitzer sich im ersten und zweiten Abstimmungsgang enthalten und nur der

720 Pünnel/Wenning-Morgenthaler, Die Einigungsstelle, Rn 325.
721 Pünnel/Wenning-Morgenthaler, Die Einigungsstelle, Rn 305.

Vorsitzende für die gefundene Lösung stimmt. Wie jeder Einigungsstellenspruch wird dieser nur vom Vorsitzenden der Einigungsstelle unterschrieben.[722]

Vorsicht ist jedoch bei einem einvernehmlichen Spruch geboten, der nicht nur er- 402
zwingbare Mitbestimmungstatbestände regelt, sondern Verknüpfungen enthält, die im Falle einer Einigung unproblematisch wären, jedoch nicht Gegenstand eines Einigungsstellenspruches sein können. Aufgrund der auch bei einem einvernehmlichen Spruch gegebenen **Anfechtungsmöglichkeit** sollte ein solcher in einer solchen Situation nur getroffen werden, wenn alle Parteien auf eine Anfechtung verzichten.[723]

8. Besonderheiten beim freiwilligen Einigungsstellenverfahren

Ein **freiwilliges Einigungsstellenverfahren** ist möglich, wenn beide Betriebspartner es 403
übereinstimmend beantragen oder mit dem Tätigwerden der Einigungsstelle einverstanden sind (§ 76 Abs. 6 Satz 1 BetrVG). Der Spruch hat in diesem Fall jedoch nur den Charakter eines unverbindlichen **Einigungsvorschlags**, den die Betriebspartner annehmen oder ablehnen können. Wenn eine Partei die Entscheidung nicht akzeptiert, ist das freiwillige Einigungsstellenverfahren gescheitert und die Betriebsparteien können weiter verhandeln oder das Thema ungeregelt abschließen.

Ein freiwilliges Einigungsstellenverfahren kann nicht stattfinden, wenn die Beisitzer 404
einer Seite nicht benannt werden oder nicht erscheinen. Entschuldigt sich ein Beisitzer ordnungsgemäß oder muss er die Verhandlung vorzeitig verlassen, kann eine Abstimmung nicht durchgeführt werden. Soweit das Verfahren nur auf Antrag beider Parteien eingeleitet werden kann, setzt auch die Durchführung des Verfahrens die **Zustimmung** voraus. Die Parteien haben daher nicht nur das Recht, den Einigungsstellenspruch abzulehnen, sondern sie können jederzeit dadurch, dass sie ihre Beisitzer zurückrufen, den weiteren Verfahrensgang abbrechen.[724] Auch ist das Verfahren durch die Rücknahme des Antrages durch eine Partei beendet.[725]

Bindung entfaltet ein Spruch im freiwilligen Verfahren nur, wenn sich die Betriebs- 405
parteien ihm im Voraus **unterwerfen** oder ihn nachträglich **anerkennen** (§ 76 Abs. 6 Satz 2 BetrVG). Beides kann formlos erklärt werden, der Betriebsrat muss seine Entscheidung durch Beschluss § 33 BetrVG treffen. In diesen Fällen wirkt der Einigungsstellenspruch genauso wie im verbindlichen Einigungsstellenverfahren. Er unterliegt daher ebenso der Kontrolle der Ermessensausübung.

9. Eilverfahren im Zusammenhang mit der Einigungsstelle

Die Einrichtung der Einigungsstelle und die Durchführung des Einigungsstellenver- 406
fahrens sind **zeitaufwändig** und nehmen im Regelfall mehrere Wochen, zum Teil sogar Monate in Anspruch.

Es kommen Fallkonstellationen vor, in denen dem Arbeitgeber unvorhergesehen erhebliche **Schäden** drohen, weil er für eine mitbestimmungspflichtige Maßnahme die Zustimmung des Betriebsrates nicht rechtzeitig oder gar nicht erhalten kann. Gerade

722 Pünnel/Wenning-Morgenthaler, Die Einigungsstelle, Rn 305.
723 Pünnel/Wenning-Morgenthaler, Die Einigungsstelle, Rn 307.
724 Richardi, § 76 BetrVG Rn 93.
725 Hergenröder, AR-Blattei SD 630.1 Rn 69.

im Zusammenhang mit Überstunden oder Dienstplänen ist es oft so, dass sich diese nicht Wochen oder Monate in der Zukunft bereits planen lassen, sondern dass die Notwendigkeit oder das erforderliche Ausmaß bzw die betroffenen Arbeitnehmer erst kurzfristig feststehen. **Verweigert** der Betriebsrat hier die Mitarbeit, entsteht für den Arbeitgeber eine kaum lösbare Situation. Eine Regelung mittels des Einigungsstellenverfahrens ist aus Zeitgründen – bereits wegen des Besetzungsverfahrens – oft nicht zu erzielen. Wenn der Arbeitgeber die Maßnahme einseitig anordnet, besteht das Risiko, dass der Betriebsrat hiergegen eine einstweilige Verfügung erwirkt bzw die Arbeitnehmer die Umsetzung verweigern. Nach hM hat der Arbeitgeber auch in eilbedürftigen Fällen nicht die Möglichkeit, die Regelungsstreitigkeit im Wege des einstweiligen Verfügungsverfahrens vom Arbeitsgericht entscheiden zu lassen. Dies ist jedoch nicht sachgerecht. Manche Betriebsräte nutzen dieses „Erpressungspotenzial" gerade im Vorfeld von Betriebsänderungen, um Zugeständnisse zu erreichen, die mit der Frage der Überstunden bzw Dienstpläne an sich nichts zu tun haben. Eine Einigungsstelle ist in solchen Fälle zur Konfliktlösung praktisch nicht in der Lage, da ihre Einsetzung bereits einige Wochen dauert und auch das Verfahren meist nicht innerhalb weniger Tage abgeschlossen werden kann. Das Bedürfnis nach schnellen Regelungen durch eine Einigungsstelle kann auch auf Seiten des Betriebsrats vorliegen, etwa wenn dieser sein Initiativrecht zur Einführung von Kurzarbeit einsetzen will, weil er hiermit die Verhinderung drohender Entlassungen erhofft.[726]

407 Diese eilbedürftigen Fälle bilden ein **grundsätzliches Problem**, das bei Einigungsstellenverfahren häufiger auftritt; deren mangelnde Eignung zur Konfliktlösung in Eilfällen wird zu Recht als grundsätzlicher Mangel der Einigungsstelle kritisiert.[727] Die gesetzliche Regelung zur Einigungsstelle gibt auf das Problem der eilbedürftigen Angelegenheiten keine Antwort. Auftreten kann das Bedürfnis nach vorläufigen Regelungen vor und nach Konstituierung der Einigungsstelle.

Eilregelungen bei mitbestimmungspflichtigen Angelegenheiten sind jedoch ein umfassendes Problemfeld, das sich nicht nur bei Einigungsstellenverfahren stellt und hier nicht umfassend dargestellt werden kann.[728]

a) Eilfälle der zwingenden Mitbestimmung

408 Denkbar sind **Eilfälle** insb. auf den Gebieten der Verteilung der Arbeitszeit nach § 87 Abs. 1 Nr. 2 BetrVG, Differenzen über den Urlaub einzelner Arbeitnehmer (Nr. 5); besonders betrifft diese Problemgestaltung jedoch Fragen nach der Anordnung von Überstunden (Nr. 3). Hier kann es Situationen geben, in denen eine schnelle Regelung erforderlich ist, um ein Problem zu lösen. In solchen Konstellationen entfällt der Regelungsbedarf durch Zeitablauf in der konkreten Situation, wenn eine schnelle Lösung nicht erfolgen kann.

409 Grund für ein solches Problem kann einmal sein, dass die Zustimmung des **Betriebsrats** nicht eingeholt werden kann, weil er **nicht erreichbar** ist; außerdem kommt es vor, dass ein Betriebsrat eilbedürftige Situationen ausnutzt, um durch in Aussichtstel-

726 Bengelsdorf, BB 1991, 613, 614.
727 Feudner, DB 1997, 826, 828; Bengelsdorf, BB 1991, 613, 614.
728 Ausführlich Worzalla, Mitbestimmung in Eil- und Notfällen 1992, 13; ders., BB 2005, 1737 f.

len der Zustimmung bzw **Verweigerung** der Zustimmung andere Ziele zu erreichen. Gerade das Thema Überstunden hat ein hohes „Erpressungspotenzial". Die Problematik, dass der Betriebsrat nicht erreichbar ist, ist rechtlich eher unproblematisch – hier darf der Arbeitgeber die Anordnung einseitig treffen.[729] Dies betrifft nicht vorhersehbare, plötzliche Situationen, die im Falle der Nichtregelung zu einem nicht wieder gutzumachenden Schaden führen.

Problematisch ist es dagegen, wenn der Betriebsrat in einer eilbedürftigen Angelegenheit die Zustimmung verweigert. Trifft der Arbeitgeber die Anordnung nun einseitig, hat der Betriebsrat bei Verstoß gegen Mitbestimmungsrechte einen Unterlassungs- bzw Beseitigungsanspruch[730] und kann den Erlass einer einstweiligen Verfügung beantragen. Die Arbeitsgerichte sind beim Erlass einer solchen Verfügung auch durchaus betriebsratsfreundlich und großzügig. Denn im einstweiligen Verfügungsverfahren ist die komplexe Problematik, ob das Verhalten des Betriebsrats rechtsmissbräuchlich war, kaum zu prüfen und daher nur bei Offensichtlichkeit der Antrag des Betriebsrats zurückzuweisen.[731] Mit dem Hinweis auf die **Unzumutbarkeit**, das Mitbestimmungsrecht in dem konkreten Fall zu beachten, wird der Arbeitgeber im einstweiligen Verfügungsverfahren praktisch nicht gehört. Der Betriebsrat hat auch die Möglichkeit, nicht den Weg des einstweiligen Verfügungsverfahrens zu gehen, sondern die Arbeitnehmer zur Verweigerung aufzufordern. Ihnen gegenüber hat der Arbeitgeber keinerlei Sanktionsmöglichkeiten, da diese sich – selbst im Falle des Rechtsmissbrauchs des Betriebsrats – auf schuldlose Pflichtverletzungen berufen können: Die Einzelheiten und Hintergründe sind für die Arbeitnehmer regelmäßig nicht erkennbar.[732] Auch ein Vorgehen nach § 23 BetrVG gegen den Betriebsrat erscheint zwar möglich, löst jedoch das konkrete Problem in der eilbedürftigen Situation nicht. 410

b) Vorläufige Regelungen durch die Einigungsstelle

Anerkannt ist, dass die Einigungsstelle in dringenden Fällen **einstweilige Regelungen** bis zum endgültigen Spruch/Einigung treffen kann.[733] Hier wird ein unabdingbares Sicherungsbedürfnis gefordert. Die Kompetenz hierzu ergibt sich aus den Rechtsgedanken der § 98 Abs. 1 ArbGG, § 76 Abs. 5 BetrVG:[734] Das Einigungsstellenverfahren soll trotz Zweifeln an der Zuständigkeit zunächst durchgeführt werden. Das Arbeitsgericht prüft bei Einsetzung des Vorsitzenden nur auf offensichtliche Unzuständigkeit; die abschließende Klärung soll erst bei Anfechtung eines Spruches erfolgen. Während der Dauer des Anfechtungsverfahrens gilt der Spruch zunächst, so dass eine vorläufige Regelung in Eilfällen als systemkonform erscheint. Für die vorläufigen Regelungen spricht neben einem unabweisbaren praktischen Bedürfnis auch das Gebot effektiven Rechtsschutzes im Zusammenhang mit der Überlegung, dass ein einseitiges Handeln des Arbeitgebers gesetzlich nicht zugelassen wird und dies nicht dazu führen 411

729 Für den Arbeitnehmer verbindlich ist die einseitige Anordnung jedoch nur in Notfällen, BAG, 17.11.1998 – 1 ABR 12/98, NZA 1999, 662; BAG, 19.2.1991 – 1 ABR 31/90, NZA 1991, 609.
730 BAG, 13.3.2001 – 1 ABR 7/00 – zitiert nach juris; BAG, 16.6.1998 – 1 ABR 68/97, BB 1999, 55.
731 Hierzu Worzalla, BB 2005, 1737, 1738.
732 Worzalla, BB 2005, 1737, 1738.
733 GK-BetrVG/Kreutz, § 76 Rn 115; DKK/Berg, § 76 BetrVG Rn 74 a; Fitting, § 76 BetrVG Rn 62; Pünnel/Wenning-Morgenthaler, Die Einigungsstelle, Rn 304, 355.
734 Bauer/Diller, DB 1996, 137, 142.

darf, dass der Arbeitgeber rechtlos steht. Außerdem hat die Einigungsstelle einen weiten Ermessensspielraum gem. § 76 V Satz 3 BetrVG. Damit besteht folglich auch eine Befugnis der Einigungsstelle, vorläufige Entscheidungen für die Dauer des Einigungsstellenverfahrens zu treffen. Bei Sozialplänen kommt dies jedoch aus praktischen Gründen sowie aufgrund dessen Normsetzungsfunktion so gut wie nie in Betracht.[735]

412 Schwierig wird die Situation aber bereits dann, wenn mit der vorläufigen Regelung die „Hauptsache" **vorweggenommen** würde, wie dies bei einer Entscheidung bspw über die Überstunden der Fall wäre. Außerdem ist eine vorläufige Entscheidung erst nach Konstituierung der Einigungsstelle möglich, was ebenfalls bei eilbedürftigen Angelegenheiten zu spät sein kann. Denn das Recht zu vorläufigen Regelungen wird nur der Einigungsstelle, nicht jedoch dem Vorsitzenden zugesprochen. Ein Alleinentscheidungsrecht des Vorsitzenden in Anlehnung an § 944 ZPO wird abgelehnt, weil sich hierfür keine Stütze im Gesetz findet und die Unterschiede zwischen Einigungsstelle und Zivilprozess eine analoge Anwendung nicht erlauben.[736] Vorläufige Regelungen unterliegen der arbeitsgerichtlichen Kontrolle.[737]

413 Es ist jedoch fraglich, welchen **praktischen Nutzen** eine vorläufige Regelung der Einigungsstelle bringt.[738] Denn der einstweilige Einigungsstellenbeschluss ist kein vollstreckbarer Titel. Die Einigungsstelle ist kein Gericht. Entstehen auf der Grundlage der vorläufigen Regelung Ansprüche und werden diese nicht erfüllt, so müssen diese erst mittels gerichtlicher Hilfe durchgesetzt werden, um Titel zu erlangen. Aufgrund der mit der gerichtlichen Durchsetzung einhergehenden Zeitverzögerung kann der Erlass einer vorläufigen Regelung durch die Einigungsstelle ohne praktische Relevanz sein. Jedoch trifft dies nur bei Ansprüchen zu; „Blockadefälle", in denen der Betriebsrat eine Mitwirkung verweigert, können auf diese Weise durchaus – wenn die Einigungsstelle bereits besteht – gelöst werden. Denn die vorläufige Regelung der Einigungsstelle ist für die Dauer des Einigungsstellenverfahrens von den Betriebspartnern zu beachten; bei entsprechender Durchführung der Maßnahme droht dem Arbeitgeber daher keine einstweilige Verfügung auf Unterlassung.

Unter taktischen Erwägungen führen vorläufige Regelungen oft dazu, dass die „begünstigte" Partei die Eilregelung als „Mindestforderung" den weiteren Verhandlungen zugrunde legt,[739] während die andere Seite sich benachteiligt bzw den Vorsitzenden als befangen ansehen könnte.

c) Eilentscheidungsbedarf vor Bildung der Einigungsstelle

414 Mitbestimmungspflichtige Angelegenheiten können so **eilig** sein, dass auch eine vorläufige Regelung durch die Einigungsstelle nicht abgewartet werden kann, da das Besetzungsverfahren zu lange dauern würde. In diesen Fällen kommt eine Einrichtung der Einigungsstelle durch einstweilige Verfügung oder eine Regelung der mitbestimmungsbedürftigen Angelegenheit durch einstweilige Verfügung in Betracht.

735 Friedemann, Das Verfahren der Einigungsstelle für Interessenausgleich und Sozialplan, Rn 324.
736 Bengelsdorf BB 1991, 613, 618.
737 DKK/Berg, § 76 BetrVG Rn 74 a.
738 Bengelsdorf BB 1991, S. 613, 618.
739 Fiebig, Der Ermessensspielraum der Einigungsstelle, S. 33; ihm folgend Pünnel/Wenning-Morgenthaler, Die Einigungsstelle, Rn 357.

aa) Einrichtung der Einigungsstelle durch einstweilige Verfügung

Als Möglichkeit zur Beschleunigung kommt die Einrichtung der **Einigungsstelle durch einstweilige Verfügung** in Betracht. Eine solche Möglichkeit wird jedoch allgemein abgelehnt.[740] Begründet wird dies damit, dass § 98 ArbGG lediglich auf die §§ 80 bis 84 ArbGG, nicht jedoch § 85 Abs. 2 ArbGG für entsprechend anwendbar erklärt.[741] Außerdem sei das Verfahren nach § 98 ArbGG bereits aufgrund der abgekürzten Fristen (§ 98 Abs. 2 Satz 2, § 98 Abs. 1 Satz 6 ArbGG) als besonderes Eilverfahren ausgestaltet.[742] Und damit spezieller als das allgemeine einstweilige Verfügungsverfahren. 415

Das Ergebnis ist aufgrund der Gesetzeslage **zwingend.** Zwar gibt der Wortlaut des § 76 BetrVG keinen Hinweis. Eine Einsetzung einer Einigungsstelle gem. § 98 ArbGG im Wege einer einstweiligen Verfügung scheitert jedoch am Fehlen eines Verfügungsgrundes: Denn das subjektive Recht ist auf Bestellung eines Einigungsstellenvorsitzenden bzw Bestimmung der Zahl der Beisitzer gerichtet; ein Anspruch auf eine bestimmte Regelung der Angelegenheit gibt es nicht. Diesem Verfügungsanspruch lässt sich der Verfügungsgrund – Eilbedürftigkeit der mitbestimmungspflichtigen Angelegenheit – nicht zuordnen.[743] Die Einsetzung einer Einigungsstelle durch einstweilige Verfügung kommt daher nicht in Betracht.

bb) Vorgezogener Beginn des Einigungsstellenverfahrens

Im Zusammenhang mit zeitkritischen Problemen stellt sich die Frage, ob der Einigungsstellenvorsitzende das Einigungsstellenverfahren unmittelbar nach seiner rechtlichen Bestellung einleiten darf oder ob er die **Rechtskraft** des im Bestellungsverfahrens ergangenen Beschlusses (§ 76 Abs. 2 Satz 2 BetrVG, § 98 Abs. 1 ArbGG) **abwarten** muss. Die gerichtliche Einsetzung des Einigungsstellenvorsitzenden ist jedoch gem. § 87 Abs. 3 ArbGG bis zur Erledigung des Beschwerdeverfahrens schwebend unwirksam, so dass die durch das Arbeitsgericht als Vorsitzende bestellte Person das Einigungsstellenverfahren noch nicht beginnen darf.[744] Die Möglichkeit, das Verfahren sofort nach seiner Bestellung einzuleiten, steht daher dem Vorsitzenden nicht zur Beschleunigung des Einigungsstellenverfahrens zur Verfügung. 416

cc) Einstweilige Verfügungen während des Einigungsstellenverfahrens

Eine denkbare Möglichkeit, Eilfälle zu regeln, besteht in einer **einstweiligen Verfügung** durch das Arbeitsgericht im Beschlussverfahren. Hier ist nach dem Gegenstand des Einigungsstellenverfahrens zu differenzieren: Geht es um Rechtsfragen, ist der Erlass einer einstweiligen Verfügung möglich.[745] Sind Gegenstand der Einigungsstelle Regelungsstreitigkeiten, wird die Frage nicht einheitlich beantwortet: Die hM ver- 417

740 ArbG Siegburg, 15.11.2001 – 5 BVGa 6/01, DB 2002, 278, 279; ArbG Düsseldorf, 24.6.1992 – 4 BVGa 14/92, NZA 1992, 907; ArbG Ludwigshafen, 20.11.1996 – 3 GaBV 3062/96, NZA 1997, 172; ArbG Ludwigshafen, 20.11.1996 – 3 GaBV 3062/96, NZA 1997, 172; ausführlich Bengelsdorf, BB 1991, 613, 614 ff.

741 ArbG Siegburg, 15.11.2001 – 5 BVGa 6/01, DB 2002, 278, 279; ArbG Düsseldorf, 24.6.1992 – 4 BVGa 14/92, NZA 1992, 907; ArbG Ludwigshafen, 20.11.1996 – 3 GaBV 3062/96, NZA 1997, 172.

742 Bengelsdorf, BB 1991, 613, 616.

743 Bengelsdorf, BB 1991, 613, 615.

744 Bengelsdorf, BB 1991, 613, 619.

745 GK-BetrVG/Kreutz, § 76 Rn 115.

neint die Möglichkeit, eine vorläufige Regelung der streitigen mitbestimmungspflichtigen Angelegenheit im Wege des einstweiligen Verfügungsverfahrens zu erzielen,[746] während eine abweichenden Ansicht den Erlass einer solchen einstweiligen Verfügung sowohl für möglich als auch für geboten hält.[747] Jedoch wird ein solcher Antrag – selbst wenn das Gericht diesem grundsätzlich positiv gegenübersteht – vor dem Hintergrund der herrschenden Ansicht – nur in extrem eilbedürftigen und offensichtlichen Missbrauchsfällen Erfolg haben.

418 Die Vertreter der hM argumentiert formal mit der Regelungsbefugnis der Einigungsstelle.[748] Demgegenüber weist die abweichende Einsicht zutreffend darauf hin, dass die einstweilige Verfügung sowohl geeignet als auch erforderlich ist, um das dargestellte Konfliktpotenzial zu bewältigen. Dies betrifft sowohl Rechts- als auch Regelungsstreitigkeiten. Auch im Schiedsverfahren ist gem. § 1041 ZPO die Möglichkeit einstweiligen Rechtsschutzes vorgeschrieben. Eine **einstweilige Verfügung** sollte **zugelassen** werden; die restriktive Ansicht der hM ist vor dem Hintergrund des § 85 Abs. 2 Satz 1 ArbGG, der grundsätzlich einstweilige Verfügungen zulässt, nicht überzeugend.[749] Hierbei ist aber problematisch, was per einstweiliger Verfügung **beantragt** werden soll. In Betracht kommt die zügige Durchführung des Einigungsstellenverfahrens, der Ausschluss des Mitbestimmungsrechts über dessen Besetzung. Aufgrund der Zeitknappheit ist dem Arbeitgeber nur mit einem Antrag, das Mitbestimmungsrecht des Betriebsrats zu ersetzen oder dem Arbeitgeber ein einseitiges Bestimmungsrecht zu geben, gedient.[750] Schwierigkeiten ergeben sich auch daraus, dass bei der Ersetzung der Zustimmung der Antrag auf Erlass einer einstweiligen Verfügung auf Abgabe einer Willenserklärung gerichtet wäre, was grundsätzlich nicht zulässig ist.

419 Zentral für die Entscheidung der Streitfrage ist, dass es sich bei der Notwendigkeit des einstweiligen Rechtsschutzes und der Forderung nach Wirksamkeit gerichtlichen Rechtsschutzes um einen grundrechtlich geschützten Anspruch derjenigen Betriebspartei, welche die Eilregelung begehrt, handelt. **Art. 19 Abs. 4 GG** fordert, dass der Rechtsschutzsuchende tatsächlich **wirksame gerichtliche Kontrolle** erzielen kann und der Zugang zum Gericht nicht unzumutbar und sachwidrig erschwert wird.[751] Wenn der Betriebsrat nun eine geplante Maßnahme ablehnt und hierdurch die Schaffung vollendeter Tatsachen oder der Eintritt erheblicher Schäden droht, weil der Regelungsbedarf durch Zeitablauf entfällt, resultieren diese Nachteile allein aus der Dauer des dem gerichtlichen Verfahren vorgeschalteten Einigungsstellenverfahrens. Da das Verfahren hier als solches nun eine interessengerechte Lösung nicht ermöglicht, sondern blockiert, darf es einer gerichtlichen Entscheidung nicht im Weg stehen.[752] Auch

746 ArbG Siegburg, 3.3.1975 – 1 BVGa 2/75, BB 1975, 421, 422; ArbG Hamburg, 9.4.1985 – 1 GaBv 1/85, NZA 1985, 404; GK-BetrVG/Wiese, § 87 Rn 161; Germelmann/Matthes/Prütting/Müller-Glöge, ArbGG, § 85 Rn 40; Fitting, § 76 BetrVG Rn 126 mwN.
747 Richardi, § 76 BetrVG Rn 34 mwN; Worzalla, BB 2005, 1737, 1738; Gentz, NZA 2004, 1011, 1013.
748 ErfK/ Kania, § 87 BetrVG Rn 7.
749 Gentz, Schutz gegen den Missbrauch (?) von Mitbestimmungsrechten, NZA 2004, 1011, 1013.
750 Gentz, NZA 1011, 1013.
751 BVerfG, 5.9.2003 – 1 BvQ 32/03, NVwZ 2004, 90; BVerfG, 7.4.2003 – 1 BVR 2129/02, NVwZ 2003, 856, 857; BVerfG, 15.4.1980 – 2 BvR 970/79, BVerfE 54, 94, 97; Jarass/Pieroth, GG, Art. 19 Rn 50.
752 Worzalla, BB 2005, 1737, 1739.

aus praktischen Erwägungen ist es sinnvoller, die Streitfrage vor dem Arbeitsgericht regeln zu lassen, als den Arbeitgeber auf (möglicherweise rechtswidrige) einseitige Anordnungen zu verweisen. Für die Zulassung des einstweiligen Rechtsschutzes in dieser Situation spricht auch, dass das BAG dem Betriebsrat die Möglichkeit gibt, gegen mitbestimmungswidrige Maßnahmen des Arbeitgebers eine einstweilige Verfügung zu beantragen.[753] Unter dem Gesichtspunkt der Gleichbehandlung ist dieses Rechtsmittel daher auch in der geschilderten Situation dem Arbeitgeber zuzugestehen.[754]

Damit ist festzustellen, dass in eilbedürftigen Situationen der Arbeitgeber die verweigerte Zustimmung des Betriebsrats durch einen **arbeitsgerichtlichen Eilrechtsschutz ersetzen** kann. Dies gilt jedoch nur, soweit über Bagatellschäden hinausgehende Nachteile drohen; je höher der drohende Schaden, desto geringere Anforderungen sind an die Vorhersehbarkeit zu stellen. Es sind lediglich im Rahmen des Eilrechtsschutzes einstweilige Regelungen zu treffen, die zeitlich durch den Spruch der Einigungsstelle beschränkt sind.[755] Weigert sich die Einigungsstelle, im Eilfall eine vorläufige Lösung zu treffen, kann die hierdurch belastete Betriebspartei beim Arbeitsgericht eine einstweilige Verfügung beantragen.[756] 420

dd) Alleinentscheidungsrecht des Arbeitgebers

Gerade in „Blockadefällen" ist festzustellen, dass der Betriebsrat rechtswidrig und unter Verstoß gegen die Verpflichtung der vertrauensvollen Zusammenarbeit agiert. Aber selbst in diesen Fällen sind die Gerichte äußerst restriktiv, hier ein **„Notwehrrecht"** anzunehmen, das dem Arbeitgeber eine einseitige Anordnungskompetenz zuweisen würde. Dies wird lediglich für Notfälle bejaht.[757] Eine solche Einschränkung überzeugt jedoch nicht, da dem Betriebsrat hiermit im Ergebnis die Möglichkeit gegeben wird, mit dem rechtswidrigen Verhalten Vorteile zu erzielen. Dies steht jedoch fundamentalen Rechtsgrundsätzen entgegen. Daher sollte – wenn der Betriebsrat etwa beschließt, wegen einer Betriebsänderung als „Druckmittel" keinerlei Überstunden mehr zuzustimmen, das Mitbestimmungsrecht des Betriebsrats insoweit wegen Rechtsmissbrauchs entfallen. 421

Ein solches Alleinentscheidungsrecht wird von der hM[758] jedoch nicht anerkannt: Von echten Notfällen abgesehen wird dem Arbeitgeber Hilfe verwehrt, da er das Problem durch den frühzeitigen Abschluss von **Rahmenbetriebsvereinbarungen** hätte entschärfen können und damit ein Organisationsfehler vorliege.

d) Umgang mit eilbedürftigen Situationen

Es ist festzustellen, dass die gesetzliche Konfliktregelung durch das Einigungsstellenverfahren nicht in allen Fällen eine **zeitgerechte Lösung** der Konflikte erlaubt.[759] Hier wird vorgeschlagen – wenn missbräuchliche Mitbestimmung öfter auftritt – eine 422

753 BAG, 3.5.1994 – 1 ABR 24/93, BB 1994, 2273.
754 Worzalla, BB 2005, 1737, 1739.
755 Worzalla, BB 2005, 1737, 1739.
756 Bauer/Diller, DB 1996, 137, 142.
757 GK-BetrVG/Wiese, § 87 Rn 157: Mitbestimmungsrecht auch im Eilfall.
758 ErfK/Kania, § 87 BetrVG Rn 7; Fitting, § 76 BetrVG Rn 126 mwN.
759 Bengelsdorf, BB 1991, 613, 620.

ständige Einigungsstelle gem. § 76 Abs. 1 Satz 2 BetrVG einzurichten.[760] Hiermit kann der mit dem Besetzungsverfahren nach § 98 Abs. 1 ArbGG einher gehende Zeitverlust im „Ernstfall" vermieden werden. Diese Möglichkeit, Verfahrensregelungen abzuschließen, besteht allgemein im Vorfeld typischerweise eilbedürftiger Situationen.[761] Jedoch muss dies vereinbart werden; das Arbeitsgericht kann eine solche Einigungsstelle für absehbare zeitkritische Fragen nicht einsetzen.[762] Denn dem Besetzungsantrag gem. § 98 Abs. 1 Satz 3, § 81 Abs. 1 ArbGG muss zu entnehmen sein, dass sich die Betriebsparteien im konkreten Fall nicht auf Person des Einigungsstellenvorsitzenden haben einigen können. Auch ist ein konkreter Antrag nötig, da die Zuständigkeitsfrage iSv § 98 Abs. 1 Satz 2 ArbGG von dem konkretem Streitgegenstand abhängt. Es besteht jedoch für eine Betriebspartei – bei Wunsch der anderen – uU eine **Pflicht** aus Kooperationsmaxime des § 2 Abs. 1 BetrVG, eine entsprechende **Rahmenregelung** im obigen Sinne zu vereinbaren.[763] Dem ist angesichts des Problempotentials zuzustimmen.

760 Gentz, NZA 1011, 1014.
761 Bengelsdorf, BB 1991, 613, 620 f.
762 Hierzu Bengelsdorf BB 1991, 613, 619.
763 Bengelsdorf, BB 1991, 613, 620 f; ähnlich GK-BetrVG/Wiese, § 87 Rn 159: „in Großbetrieben notwendig".

§ 6 Säumnisverfahren

Um sowohl Arbeitgeber als andererseits auch dem Betriebsrat die Durchsetzung ihrer Rechte zu gewährleisten, sieht § 76 Abs. 5 Satz 2 BetrVG ein Säumnisverfahren vor. Dieses Verfahren soll die Verschleppung der Einigungsstelle durch eine Partei verhindern. 1

Nach dieser Regelung sollen der Vorsitzende und die erschienenen Mitglieder also allein entscheiden können, wenn eine Seite entweder keine Mitglieder benannt hat oder die benannten Mitglieder trotz rechtzeitiger Einladung der Sitzung fern bleiben.

1. Geltungsbereich

Das Säumnisverfahren gilt zunächst einmal nur in Fällen der erzwingbaren Mitbestimmungsrechte (vgl § 12 Rn 49 ff), bei denen also der Spruch der Einigungsstelle die Einigung zwischen Arbeitgeber und Betriebsrat ersetzt, § 76 Abs. 5 Satz 1 BetrVG.[1] 2

Richtigerweise muss das Säumnisverfahren aber auch dann gelten, wenn es sich zwar um nicht erzwingbare Mitbestimmungsrechte handelt, sich aber beide Seiten dem Spruch im Voraus unterworfen oder ihn nachträglich angenommen haben.[2] Denn auch in diesen beiden Fällen ersetzt der Spruch die Einigung zwischen Arbeitgeber und Betriebsrat, § 76 Abs. 6 Satz 2 BetrVG. Diese Konstellationen sind in der Praxis jedoch selten anzutreffen. 3

2. Rechtzeitige Ladung

Ein Säumnisspruch kann erst ergehen, wenn die Mitglieder rechtzeitig geladen wurden, § 76 Abs. 5 Satz 2 BetrVG. Dabei nennt das Gesetz weder eine ausdrückliche Form einer Einladung noch eine bestimmte Frist. 4

a) Form

Grundsätzlich ist es daher auch möglich, die Beisitzer mündlich, telefonisch oder per Mail zur Sitzung zu laden. 5

Eine schriftliche Einladung empfiehlt sich jedenfalls vor der konstituierenden Sitzung. In der Praxis werden regelmäßig nur die juristischen Beisitzer, die Rechtsanwälte, geladen. Sie besorgen idR mit dem Vorsitzenden die Terminsabsprache, erhalten sodann die Einladung und geben diese an die jeweiligen Beisitzer weiter.

Grundsätzlich jedoch ist jeder Beisitzer gesondert zu laden. Da es dem Vorsitzenden obliegt, die Verhandlung vorzubereiten, hat er selbst auch Sorge zu tragen dafür, dass alle Beisitzer ordnungsgemäß geladen werden. Das folgt bereits daraus, dass es sich bei der Tätigkeit als Einigungsstellenbeisitzer um ein höchstpersönliches Amt handelt, die Beisitzer also gerade nicht etwa „verlängerter Arm" von Betriebsrats- oder Arbeitgeberseite sind.[3] Geht nun einem einzigen Beisitzer die Einladung nicht rechtzeitig zu, so ist ein dennoch erfolgter Säumnisspruch unwirksam.[4] Um dies zu verhin- 6

1 Hennige, S. 179.
2 Hennige, S. 179.
3 BAG, 27.6.1995 – 1 ABR 3/95, NZA 1996, 161.
4 BAG, 27.6.1995 – 1 ABR 3/95, NZA 1996, 161.

dern, besteht die Möglichkeit, einer Person auf jeder Seite eine Ladungsvollmacht zu erteilen.[5]

7 Reagiert nun eine Seite auf die Ladung gar nicht und gibt sie auch keine Stellungnahme auf den zu behandelnden Streitgegenstand ab, so empfiehlt es sich, eine ordnungsgemäße Ladung nochmals per Einwurf-Einschreiben zu versenden. Besteht nämlich die Gefahr, dass eine Partei trotz rechtzeitiger Ladung der Sitzung fernbleibt, so dass ein Säumnisspruch ergehen wird, hat der Vorsitzende oder die erscheinende Seite den Zugang der rechtzeitigen Ladung auch nachzuweisen. Kann dieser Nachweis nicht erbracht werden, ist ein darauf folgender Säumnisspruch unwirksam.[6]

8 Eine gesonderte Ladung kann sich dann erübrigen, wenn in der vorhergehenden Sitzung bereits gemeinsam ein weiterer Sitzungstermin unter Anwesenheit aller Beisitzer abgesprochen wurde.

b) Inhalt

9 Die Einladung hat jedenfalls **Zeit und Ort** zu beinhalten. Können sich die Beteiligten hierauf nicht einvernehmlich einigen, wird beides durch den Vorsitzenden bestimmt.[7] Unter Berücksichtigung der Kostentragungspflicht des Arbeitgebers wird der Tagungsort idR in dessen Räumlichkeiten zu bestimmen sein, soweit möglich.

c) Frist

10 Auch eine besondere Einladungsfrist sieht das Gesetz nicht vor. Die Einladung muss jedenfalls aber **rechtzeitig** erfolgen. Dadurch soll gewährleistet werden, dass sich die Beisitzer ausreichend auf den Streitgegenstand vorbereiten können. Letztlich ist dies ein Ausfluss des Anspruchs auf rechtliches Gehör, Art. 103 Abs. 1 GG, der auch im Rahmen eines Einigungsstellenverfahrens zu beachten ist. Eine Ladungsfrist von einer Woche wird regelmäßig als ausreichend erachtet, um eine ordnungsgemäße Vorbereitung zu gewährleisten.[8] Dies ist allerdings nicht als starre Grenze zu verstehen:

11 In einfach gelagerten und dringlichen Fällen kann eine Ladungsfrist von nur drei Tagen bereits ausreichend sein. Denkbar wäre etwa eine Einigungsstelle, mit welcher der Arbeitgeber aus dringenden finanziellen Gründen den Auszahlungszeitpunkt der Löhne und Gehälter verschieben will.

Andererseits kann in schwierigen Sachverhalten eine Ladungsfrist von zwei oder mehr Wochen erforderlich sein. Dies wird häufig der Fall sein bei Einigungsstellenverfahren zur Regelung der Arbeitszeit etwa in Kliniken mit unterschiedlichen Schichtmodellen. Dort wird vor einer Verhandlung innerhalb der Einigungsstelle erforderlich sein, die einzelnen Schichtmodelle aufzuarbeiten, die Schwierigkeiten zu erörtern und Lösungsmöglichkeiten bzw anderweitige Schichtmodelle zu erarbeiten.

5 BAG, 27.6.1995 – 1 ABR 3/95, NZA 1996, 161.
6 BAG, 27.6.1995 – 1 ABR 3/95, NZA 1996, 161.
7 DKK/Berg, § 76 Rn 100.
8 Hennige S. 181.

3. Persönliche Verhinderung

12 Ein Säumnisspruch setzt voraus, dass eine Seite keine Mitglieder oder von einer Seite die benannten Mitglieder der Sitzung ausbleiben. Voraussetzung ist also ein **Fernbleiben** von der Sitzung. Nach der gesetzlichen Regelung soll ein Säumnisspruch also auch bei persönlicher Verhinderung möglich sein.

13 Da allerdings einerseits die Einigungsstelle an den Grundsatz des rechtlichen Gehörs gebunden ist[9] und andererseits Sinn und Zweck des Säumnisverfahrens die Verhinderung einer mutwilligen Verschleppung ist, muss richtigerweise ein Säumnisspruch bei **entschuldigtem und unverschuldetem Fernbleiben** unzulässig sein.[10] Ein derartiger Fall ist denkbar bei Krankheit. Da es sich letztlich bei der Beisitzertätigkeit um ein höchstpersönliches Amt handelt und ein verhinderter Beisitzer seine Aufgabe auch nicht kraft Verfahrensbevollmächtigung auf andere Personen übertragen kann,[11] würde es gegen den Grundsatz des Anspruchs auf rechtliches Gehör verstoßen, in derartigen Fällen einen Säumnisspruch zu erlassen.

14 Eine Ausnahme kann lediglich in Eilfällen bejaht werden und auch nur dann, wenn die Seite, die von der Verhinderung betroffen ist, eine Nachbesetzung nicht mehr rechtzeitig beschließen kann. Derartige Ausnahmen sind jedoch restriktiv zu handhaben.

4. Verfahren der Säumnisentscheidung

15 Ist der Säumnisfall trotz rechtzeitiger Ladung eingetreten, so entscheiden der Vorsitzende und die erschienenen Mitglieder nach Maßgabe des § 76 Abs. 3 BetrVG allein. Zunächst einmal hat sich der Vorsitzende also bei der Beschlussfassung der Stimme zu enthalten, § 76 Abs. 3 Satz 3 Hs 1 BetrVG. Kommt so eine Stimmenmehrheit nicht zustande, nimmt der Vorsitzende nach weiterer Beratung an der erneuten Beschlussfassung teil, § 76 Abs. 3 Satz 3 Hs 2 BetrVG.

5. Beschwerde gegen Bestellungsbeschluss und Konstituierung der Einigungsstelle

16 Der Vorsitzende kann zur konstituierenden Sitzung der Einigungsstelle erst dann einladen, wenn diese rechtskräftig durch eine arbeitsgerichtliche Entscheidung eingesetzt wurde. Dies folgt aus § 100 Abs. 1 Satz 3 und § 87 Abs. 4 ArbGG. Danach hat eine Beschwerde gegen einen erstinstanzlichen Beschluss aufschiebende Wirkung. Die Einigungsstelle kann folglich erst dann konstituiert werden, wenn sie rechtskräftig eingesetzt ist.

17 Möglich ist zwar, dass der Vorsitzende bereits vor Ablauf der Beschwerdeeinlegungsfrist einlädt. Wird jedoch dann Beschwerde eingelegt, darf er die Einigungsstelle nicht fortführen.[12]

---

9 Weber/Ehrich S. 40.
10 Hennige S. 182.
11 BAG, 27.6.1995 – 1 ABR 3/95, NZA 1996, 161.
12 DKK/Berg, § 76 BetrVG Rn 99.

§ 7 Die Beendigung des Einigungsstellenverfahrens

1. Einleitung

1 Die Einigungsstelle wird nur **auf Antrag** einer Betriebspartei tätig, nicht von Amts wegen.[1] Im Anwendungsbereich des erzwingbaren Einigungsstellenverfahrens genügt der Antrag einer Partei (§ 76 Abs. 5 Satz 1 BetrVG), iÜ (freiwilliges Einigungsstellenverfahren) wird die Einigungsstelle nur tätig, wenn beide Betriebsparteien es beantragen oder mit ihrem Tätigwerden einverstanden sind (§ 76 Abs. 6 Satz 1 BetrVG). Der Antrag dient dazu, das Einigungsstellenverfahren einzuleiten und seinen Gegenstand zu bestimmen.[2] Der sich aus dem Antrag ergebende Verfahrensgegenstand – ein förmlicher Antrag ist insoweit nicht erforderlich –[3] zeigt den Regelungsstreit auf, begrenzt ihn und legt damit fest, über welche Streitigkeit die Einigungsstelle eine Entscheidung zu treffen hat.[4] Die Einigungsstelle darf sich nicht damit begnügen, den Antrag einer Betriebspartei lediglich zurückzuweisen.[5] Sowohl die Einleitung des Einigungsstellenverfahrens als auch die Bestimmung ihres Regelungsgegenstandes ist ausdrücklich zur Disposition der Betriebsparteien gestellt.[6] Dementsprechend ist es folgerichtig, dass das Einigungsstellenverfahren nicht nur durch **Spruch**, sondern auch durch eine **einvernehmliche Regelung** oder aber durch **Antragsrücknahme** beendet werden kann.[7]

2. Antragsrücknahme

a) Dispositionsgrundsatz

2 Die Einigungsstelle wird nur auf Antrag tätig. Die **Disposition** über das Ob der Einleitung des Einigungsstellenverfahrens beinhaltet im Grundsatz die Logik, im Wege des Umkehrschlusses auch die Rücknahme des Antrags zuzulassen. Das Antragserfordernis für die Einleitung des Verfahrens spiegelt die **Subsidiarität der Einigungsstelle** wider. Das kommt auch im Rahmen des Einigungsstellenverfahrens darin zum Ausdruck, dass vor der Einigungsstelle zunächst eine Einigung der Betriebsparteien untereinander angestrebt werden soll, ohne dass die Stimme des unparteiischen Vorsitzenden den Ausschlag gibt.[8] Freilich gilt auch der **Dispositionsgrundsatz** selbst im Zivilprozess nicht uneingeschränkt. Die spiegelbildliche Parallele ist in § 269 Abs. 1 ZPO geregelt. Danach kann die Klage ohne Einwilligung des Beklagten nur bis zum Beginn der mündlichen Verhandlung des Beklagten zur Hauptsache zurückgenommen werden. Nach der gesetzgeberischen Wertung ist der Dispositionsgrundsatz insofern eingeschränkt, als die Schutzbedürftigkeit des Beklagten mit seiner Einlassung in der mündlichen Verhandlung zur Hauptsache anerkannt ist. Im Beschlussverfahren zwei-

---

1 DFL/Rieble, § 76 BetrVG Rn 8; DKK/Berg, § 76 BetrVG Rn 61; FESTL, § 76 BetrVG Rn 38; Wenning-Morgenthaler, A Rn 35, 194.
2 Hennige, S. 125.
3 GK-BetrVG/Kreutz, § 76 Rn 74; zB Hennige, S. 125.
4 DFL/Rieble, § 76 BetrVG Rn 9; DKK/Berg, § 76 Rn 70.
5 BAG, 30.1.1990 – 1 ABR 2/89, NZA 1990, 571 ff; Wenning-Morgenthaler. A Rn. 397.
6 BAG, 30.1.1990 – 1 ABR 2/89, NZA 1990, 571 ff; Hennige, S. 133.
7 Vgl dazu FESTL, § 76 BetrVG Rn 39; Friedemann, Rn 307 ff, 317; Wenning-Morgenthaler, A Rn 328 ff und 397 ff.
8 Vgl dazu Ausschussbericht BT-Drucks., Anlagenband 154, zu VI, 2729, S. 10; Henninge, S. 139.

ter Instanz bedarf die Antragsrücknahme im Gegensatz zur Rücknahme in der ersten Instanz (vgl § 81 Abs. 2 ArbGG) ebenfalls der Zustimmung (§ 87 Abs. 2 Satz 3 ArbGG). Entsprechend dieser gesetzgeberischen Wertung ist auch im Einigungsstellenverfahren darüber nachzudenken, ob der Dispositionsgrundsatz **uneingeschränkt** gilt oder ob sich je nach Art und Ausgestaltung des Einigungsstellenverfahrens Einschränkungen ergeben.

b) Einseitiges Antragsrecht

aa) Dispositionsbefugnis

Soweit die Einigungsstelle auf Antrag **allein** einer **bestimmten Betriebspartei** tätig 3
wird, korrespondiert die Befugnis, diesen Antrag einseitig zurückzunehmen.[9] Das betrifft den Anwendungsbereich des **verbindlichen Einigungsstellenverfahrens** nach den §§ 37 Abs. 6 Satz 5, 38 Abs. 2 Satz 4, 95 Abs. 1 Satz 2 BetrVG, in denen allein der Arbeitgeber antragsberechtigt ist. Demgegenüber kann allein der Betriebsrat im Fall des § 85 Abs. 2 Satz 1 BetrVG die Einigungsstelle anrufen. In den vorgenannten Anwendungsfällen kann folgerichtig der jeweilige Antragsberechtigte die Errichtung der Einigungsstelle auch gegen den Willen des anderen Betriebspartners gem. § 76 Abs. 2 Satz 2 BetrVG iVm § 100 ArbGG gerichtlich durchsetzen.

Der nicht antragsberechtigten Betriebspartei steht keine eigene Rechtsposition zu. 4
Eine solche ergibt sich weder aus dem materiellen Recht noch erwächst ihm eine zu schützende Rechtsposition aus dem prozeduralen Verfahren nach § 100 ArbGG.[10] Folglich bedarf es **keiner Zustimmung** zur Rücknahme des Antrags durch die allein antragsberechtigte Betriebspartei.[11]

Die Rücknahme des Antrags bedarf auch **nach einvernehmlicher Errichtung der Eini-** 5
gungsstelle keiner Zustimmung der anderen Betriebspartei. Die einvernehmliche Errichtung der Einigungsstelle betrifft nämlich nur das Einvernehmen über die personelle Zusammensetzung der Einigungsstelle und über den Gegenstand des Verfahrens. Sofern keine ausdrückliche anderweitige Vereinbarung besteht, beinhaltet die Einigung nicht den Verzicht auf die gesetzlich bestimmte einseitige Antragsberechtigung und die damit einhergehenden Befugnisse.

Im Anwendungsbereich der einseitigen Antragsberechtigung gilt der Dispositions- 6
grundsatz **uneingeschränkt**. Dem einseitigen Antragsrecht korrespondiert die Befugnis, diesen Antrag einseitig zurückzunehmen.[12]

bb) Inhalt der Rücknahmeerklärung

Die Rücknahmeerklärung **beinhaltet** neben dem Verzicht auf das Recht, die Eini- 7
gungsstelle einzuschalten (fortzuführen), auch die Erledigungserklärung des Regelungsstreits. Damit entfallen zugleich die Voraussetzungen eines bestehenden Bestellungsbeschlusses.[13]

---

9 DFL/Rieble, § 76 BetrVG Rn 8; Friedemann, Rn 308; Hennige, S. 140.
10 So auch Hennige, S. 140.
11 DFL/Rieble, § 76 BetrVG Rn. 8; Hennige, S. 139 ff; Schwab/Weth/Kliemt, Verf. Einigungsstelle Rn. 261.
12 DFL/Rieble, § 76 BetrVG Rn 8; Friedemann, Rn 308; FESTL, § 76 BetrVG Rn 39; GK-BetrVG/Kreutz/Jacobs, § 76 Rn 75; Hennige, S. 144.
13 Hennige, S. 140.

cc) Form der Rücknahmeerklärung

8 Die Rücknahme des Antrags im Rahmen des Einigungsstellenverfahrens bedarf entsprechend dem Grundsatz der Formfreiheit mangels anderweitiger gesetzlicher Regelung **keiner Form.**

dd) Adressat der Rücknahmeerklärung

9 Sie ist von der antragsberechtigten Betriebspartei nach Errichtung der Einigungsstelle **ihr** gegenüber zu erklären, dh entweder innerhalb einer angeordneten mündlichen Verhandlung oder dem Einigungsstellenvorsitzenden gegenüber, der die Erklärung der anderen Betriebspartei zur Kenntnis zu bringen hat.

ee) Wirkung der Rücknahme

10 Die Rücknahmeerklärung der antragsberechtigten Betriebspartei hat **unmittelbare verfahrensbeendende Wirkung.**[14] Einer **konstitutiven Einstellung** des Einigungsstellenverfahrens bedarf es nicht; gegen eine deklaratorische Einstellung des Einigungsstellenverfahrens bestehen von Rechts wegen keine Bedenken.[15] Eine entsprechende Anwendung der Bestimmung des § 81 Abs. 2 Satz 2 ArbGG, der die Einstellung nach Rücknahme eines Antrags im Beschlussverfahren regelt, kommt mangels Vergleichbarkeit beider Verfahren nicht in Betracht. Wegen derselben Meinungsverschiedenheit kann ein neues Einigungsstellenverfahren nicht eingeleitet werden. Die antragsberechtigte Betriebspartei würde sich gegenüber dem Inhalt ihrer Rücknahmeerklärung widersprüchlich verhalten. Ein Bestellungsverfahren nach § 100 ArbGG wäre unzulässig. Das widersprüchliche Verhalten lässt kein Rechtsschutzinteresse erkennen.

c) Beidseitiges Antragsrecht

11 Sofern beide Betriebsparteien antragsberechtigt sind, ist die Antragsrücknahme wegen der unterschiedlichen gesetzlichen Vorgaben danach zu unterscheiden, ob es sich um das erzwingbare oder aber um das freiwillige Einigungsstellenverfahren handelt.

aa) Erzwingbares Einigungsstellenverfahren

12 Obgleich beide Betriebsparteien antragsberechtigt sind, ersetzt der Spruch der Einigungsstelle die Einigung der Betriebsparteien, wenn eine Betriebspartei einen Antrag gestellt hat. Das Verfahren vor der Einigungsstelle wird auch dann durchgeführt, wenn die andere Betriebspartei keine Beisitzer entsendet oder diese trotz rechtzeitiger Ladung nicht zur Sitzung erscheinen, § 76 Abs. 5 Satz 2 BetrVG. Trotz des beiderseitigen Antragsrechts genügt bereits **ein Antrag** für die Einleitung und Durchführung des Einigungsstellenverfahrens. Dementsprechend kann die antragstellende Betriebspartei auch über ihren Antrag disponieren. Das spricht für ein Recht des Antragstellers auf Antragsrücknahme ohne Zustimmung der anderen Betriebspartei.

13 Demgegenüber ist jedoch zu berücksichtigen, dass auch die andere Betriebspartei jederzeit einen Antrag auf Errichtung einer Einigungsstelle und Durchführung des Einigungsstellenverfahrens stellen kann.[16] Eine endgültige Beendigung des Verfahrens ist

---

14 Hennige, S. 146.
15 Vgl dazu allgemein FESTL, § 76 BetrVG Rn 63.
16 DFL/Rieble, § 76 BetrVG Rn 8.

von daher **nur mit Zustimmung** der gegnerischen Betriebspartei möglich.[17] Denn nur dann erklären beide Betriebsparteien den Verzicht auf das Recht, die Einigungsstelle einzuschalten und erklären darüber hinaus die Erledigung des Regelungsstreites. Ohne ihre Zustimmung würde die andere Betriebspartei weiterhin über ihr Antragsrecht verfügen. Der Wechsel von der passiven in die aktive Beteiligtenrolle wäre nicht ausgeschlossen.[18]

Nichts anderes gilt für das Recht des **Interessenausgleichs.** § 112 Abs. 2 Satz 3 BetrVG enthält insofern eine Sonderregelung, als ein die fehlende Einigung ersetzender Spruch trotz beiderseits gegebener Antragsberechtigung aus verfassungsrechtlichen Vorgaben nicht möglich ist.[19] Aufgrund der beiderseits bestehenden Antragsberechtigung gelten gleichwohl die vorgenannten Regeln. Die Rücknahme des Antrags führt nur dann zur Verfahrensbeendigung, wenn die andere Betriebspartei zustimmt, dh nicht von ihrem eigenen Antragsrecht Gebrauch macht.[20] 14

Wegen der Einzelheiten zur Rücknahmeerklärung wird auf die vorstehenden Ausführungen verwiesen. 15

bb) Freiwilliges Einigungsstellenverfahren

Die Einigungsstelle kann im freiwilligen Einigungsstellenverfahren gem. § 76 Abs. 6 Satz 1 BetrVG nur tätig werden, wenn **beide Betriebsparteien** es beantragen oder mit ihrem Tätigwerden einverstanden sind. Daraus folgt, dass die Rücknahme des Antrags bzw der jederzeit mögliche Widerruf des Einverständnisses[21] einer Betriebspartei zur Beendigung des Verfahrens führt.[22] Dieses Ergebnis wird bestätigt durch § 76 Abs. 6 Satz 2 BetrVG. Darin wird ausdrücklich die Verbindlichkeit des Spruchs der Einigungsstelle zur Disposition jeder einzelnen Betriebspartei gestellt. Solange sich beide Betriebsparteien nicht bereits zu Beginn des Einigungsstellenverfahrens dem zu erwartenden Spruch der Einigungsstelle unterworfen haben, kann jede Seite die Rücknahme ihres Antrags bzw ihrer Zustimmung (zur Verfahrensdurchführung) erklären. 16

Etwas anderes gilt jedoch dann, wenn sich beide Betriebsparteien bereits zu Beginn des Einigungsstellenverfahrens dem zu erwartenden Spruch der Einigungsstelle **unterworfen** haben. Ist die Unterwerfung Gegenstand einer Betriebsvereinbarung, sind die Betriebsparteien daran gebunden, solange diese nicht gem. § 77 Abs. 5 BetrVG wirksam gekündigt ist.[23] Mit der Unterwerfung verpflichten sich die Betriebsparteien, das Ergebnis des Einigungsstellenverfahrens als verbindlich zu betrachten. Erst die Unterwerfungserklärung beseitigt das Recht der einseitigen Antragsrücknahme ohne Zu- 17

---

17 DFL/Rieble, § 76 BetrVG Rn 8; FESTL, § 76 BetrVG Rn 39; Friedemann, Rn 309; GK-BetrVG/Kreutz/Jacobs, § 76 Rn 75; Hennige, S. 144; Hergenröder, AR-Blattei SD 630.1 Rn 69; Schwab/Weth/Kliemt, Verf. Einigungsstelle Rn. 263.

18 Friedemann, Rn 309; Henninge, S. 146; Wenning-Morgenthaler, A Rn 400; FESTL, § 76 BetrVG Rn 39.

19 Wenning-Morgenthaler, B Rn 1028.

20 Friedemann, Rn 312; Hennige, S. 147.

21 DFL/Rieble, § 76 BetrVG Rn 8; DKK/Berg, § 76 BetrVG Rn 10; FESTL, § 76 BetrVG Rn 78; GK-BetrVG/Kreutz/Jacobs, § 76 Rn 31; Hennige, S. 143 f; Richardi/Richardi/Maschmann, § 76 BetrVG Rn 39.

22 FESTL, § 76 BetrVG Rn 78; Hennige, S. 143; Schwab/Weth/Kliemt, Verf. Einigungsstelle Rn. 260.

23 BAG, 28.2.1984 – 1 ABR 37/82, NZA 1984, 230,ff; GK-BetrVG/Kreutz/Jacobs, § 76 Rn 31; Hennige, S. 144.

stimmung der anderen Betriebspartei. Damit geht die ursprüngliche Dispositionsfreiheit verloren.[24]

3. Die einvernehmliche Regelung

a) Rechtsnatur

18 Entsprechend der Bezeichnung des betrieblichen Konfliktlösungsorgans ist die Einigung der Betriebsparteien das Ziel des Verfahrens. Sie kann jederzeit im Laufe des Einigungsstellenverfahrens erfolgen.[25] Die **Rechtsnatur** (Rechtsqualität) der Einigung der Betriebsparteien hängt vom Inhalt ihrer Vereinbarung ab.[26] Entsprechend des in § 77 Abs. 1 Satz 1 BetrVG verwendeten Oberbegriffs „Vereinbarungen" kann ihr Inhalt die Rechtsnatur einer Betriebsvereinbarung oder einer Regelungsabrede (Regelungsabsprache) haben. Für diese Beurteilung der Vereinbarung kommt es nicht darauf an, ob sie im erzwingbaren oder aber im freiwilligen Einigungsstellenverfahren erzielt wurde. Die Frage der Rechtsnatur der Vereinbarung ist insofern von Bedeutung, als lediglich die Betriebsvereinbarung in ihrem normativen Teil kraft Gesetzes (§ 77 Abs. 4 Satz 1 BetrVG) unmittelbar und zwingend auf die Arbeitsverhältnisse der Arbeitnehmer einwirkt, während die Regelungsabrede nur schuldrechtliche Wirkung grundsätzlich nur zwischen den Vertragsparteien entfaltet.

aa) Betriebsvereinbarung

19 Die Vereinbarung der Betriebsparteien ist gem. § 77 Abs. 4 Satz 1 BetrVG **tatbestandlich** dann eine Betriebsvereinbarung, wenn in ihr Rechte und Pflichten der Arbeitnehmer begründet oder geändert werden.[27] Denn kraft gesetzlicher Anordnung wirkt der normative Teil einer Betriebsvereinbarung unmittelbar und zwingend auf die Arbeitsverhältnisse der Arbeitnehmer ein. Ein solcher Fall ist bspw dann gegeben, wenn in einem einvernehmlich verabschiedeten Sozialplan tatbestandlich eine Sozialabfindung für zB gekündigte Arbeitnehmer enthalten ist (vgl auch dazu § 112 Abs. 1 Satz 3 BetrVG). Ebenso verhält es sich bei einer Vereinbarung über die Festlegung von Überstunden.

20 Demgegenüber ergibt sich die Rechtsnatur der Vereinbarung nicht allein aus dem Umstand, dass Mitbestimmungsrechte des Betriebsrats in sozialen Angelegenheiten gem. § 87 Abs. 1 BetrVG Grundlage der Vereinbarung sind. § 87 BetrVG verhält sich nicht zur Rechtsqualität der Vereinbarung. Diese beurteilt sich ausschließlich nach den vorstehend genannten Kriterien.

bb) Regelungsabrede

21 Im Gegensatz zur Betriebsvereinbarung hat die Regelungsabrede **keine Normwirkung**. Sie wirkt nicht unmittelbar und zwingend auf die Arbeitsverhältnisse ein, sondern bindet die Betriebsparteien nur schuldrechtlich, sich entsprechend der getroffe-

24 Hennige, S. 144.
25 Hase u.a., S. 129.
26 FESTL, § 76 BetrVG Rn 93; GK-BetrVG/Kreutz/Jacobs, § 76 Rn 106; Richardi/Richardi/Maschmann, § 76 BetrVG Rn 111.
27 FESTL, § 76 BetrVG Rn 93; HSWGNR-Worzalla, § 76 BetrVG Rn 54; Richardi/Richardi/Maschmann, § 76 BetrVG Rn 111.

nen Abrede zu verhalten.[28] Dementsprechend erschöpft sich die Wirkung der (formlosen) Regelungsabrede in der Aufhebung der betriebsverfassungsrechtlichen Beschränkung der Rechte des Arbeitgebers, begründet aber grundsätzlich keine Rechte im Verhältnis zu den Arbeitnehmern (ausnahmsweise als Vertrag zugunsten Dritter).

Ob die im BetrVG nicht aufgeführte Regelungsabrede oder eine Betriebsvereinbarung vorliegt, ist erforderlichenfalls durch **Auslegung** festzustellen. Dabei gelten die für die Auslegung von Betriebsvereinbarungen geltenden Grundsätze.[29] Es kommt entscheidend darauf an, ob die Regelung nach ihrem Inhalt unmittelbar und zwingend wirken soll.[30] 22

Der **Anwendungsbereich der Regelungsabrede** ist vielgestaltig. Im Rahmen des freiwilligen Einigungsstellenverfahrens ist die Regelungsabrede als Vereinbarungsform zB bei Absprachen über den Kosten- und Sachaufwand des Betriebsrats und über Zeit und Ort seiner Sprechstunden vorzufinden. In den vorstehenden Beispielsfällen werden nämlich keine Rechte und Pflichten im Arbeitsverhältnis begründet oder abgeändert. Es ist ausschließlich die schuldrechtliche Ebene zwischen den Betriebsparteien Gegenstand der Vereinbarung. 23

b) Formbedürftigkeit

Handelt es sich bei der Vereinbarung tatbestandlich um eine Betriebsvereinbarung, bedarf es zu ihrer Wirksamkeit der gesetzlichen Schriftform; sie bedarf der **Unterschrift** beider Betriebsparteien, § 77 Abs. 2 Satz 2 BetrVG. Die Anforderungen an das Schriftformerfordernis bestimmen sich nach den Regeln des BGB (§§ 125 ff). Ist die Schriftform nicht eingehalten, ist die Betriebsvereinbarung nichtig (§ 125 BGB). Da die Betriebsvereinbarung ein Normenvertrag ist, müssen die Regeln der §§ 125 ff BGB angepasst werden. Eine wirksame Betriebsvereinbarung liegt nur vor, wenn beide Betriebsparteien auf demselben Schriftstück unterzeichnet haben (§ 125 Abs. 2 Satz 1 BGB). § 125 Abs. 2 Satz 2 BGB findet wegen der Berücksichtigung des Drittinteresses der Arbeitnehmer an der Erkennbarkeit einer wirksamen Betriebsvereinbarung keine Anwendung.[31] Die Ersetzung der Schriftform durch die elektronische Form verbunden mit einer digitalen Signatur ist zulässig (§§ 126 Abs. 3, 126 a BGB).[32] Textform genügt jedoch nicht. Demgegenüber ist die Regelungsabrede an keine bestimmte Form gebunden.[33] 24

c) Abschlusskompetenz

Die Wirksamkeit der Vereinbarung setzt auf beiden Seiten entsprechende **Abschlusskompetenz** voraus. Entsprechend der Rechtsform des Arbeitgebers ist der jeweilige **gesetzliche Vertreter** abschlusskompetent. Dies gilt ebenso für einen **Prokuristen** kraft des gesetzlich typisierten Umfangs seiner Prokura, § 49 HGB. Anders verhält es sich bei einem **Handlungsbevollmächtigten**. Insoweit kommt es auf den Inhalt der Voll- 25

28 BAG, 24.2.1987 – 1 ABR 18/85, NZA 1987, 639 ff; BAG, 14.2.1991 – 2 AZR 415/90, NZA 1991, 607 ff.
29 BAG, 19.6.2007 – 1 AZR 541/06, nicht amtlich veröffentlicht, zitiert nach juris.
30 BAG, 9.12.1997 – 1 AZR 330/97, NZA 1998, 609 ff.
31 DFL/Rieble, § 77 BetrVG Rn 5; ErfK/Kania, § 77 BetrVG Rn 19.
32 DFL/Rieble, § 77 BetrVG Rn 5; ErfK/Kania, § 77 BetrVG Rn 19.
33 BAG, 14.2.1991 – 2 AZR 415/90, NZA 1991, 607 ff; FESTL, § 77 BetrVG Rn 219; Richardi/Richardi/Maschmann, § 77 Rn 227.

macht an, § 54 Abs. 1 HGB. Ist diese Person zB zur Wahrnehmung von betriebsverfassungsrechtlichen Angelegenheiten bevollmächtigt, schließt die Vollmacht auch den Abschluss einer Vereinbarung im Rahmen eines Einigungsstellenverfahrens ein. Allein die Funktion eines Personalleiters ohne entsprechende Vollmacht genügt nicht. Anders verhält es sich dann, wenn der Personalleiter oder aber ein sonstiger Dritter des Arbeitgebers über eine entsprechende Abschlussvollmacht verfügt. Eine sog. Verhandlungsvollmacht ist für den Abschluss der Vereinbarung unergiebig.

26 **Hinweis:** Zu Beginn der Verhandlungen sollte sich jede Betriebspartei über den Status der Bevollmächtigung des Gegenübers vergewissern.

27 Es ist auch denkbar, dass auf der Grundlage der sog Rechtsscheinvollmacht vermittels einer **Anscheins- und Duldungsvollmacht** die Abschlusskompetenz gegeben ist.

28 Auf Seiten des Betriebsrats erfordert der Abschluss einer Vereinbarung entweder eine vorausgegangene **Beschlussfassung** oder eine entsprechende, auf einem Betriebsratsbeschluss beruhende **Bevollmächtigung** der anwesenden Betriebsratsmitglieder.[34] Fehlt es an einer vorherigen oder jedenfalls an einer ordnungsgemäßen Beschlussfassung, ist die Vereinbarung nach § 177 Abs. 1 BGB schwebend unwirksam. Sie kann jedoch durch eine spätere ordnungsgemäße Beschlussfassung nach § 184 Abs. 1 BGB genehmigt werden. § 177 BGB gilt für alle Rechtsgeschäfte, die von einem Vertreter ohne Vertretungsmacht vorgenommen werden. Von daher findet die Vorschrift nicht nur auf die gewillkürte Vertretung Anwendung, sondern auch dann, wenn ein gesetzlicher Vertreter außerhalb der ihm eingeräumten Vertretungsmacht handelt.[35] Genehmigt der Betriebsrat das zunächst ohne Vertretungsmacht abgeschlossene Rechtsgeschäft, wirkt die Genehmigung nach § 184 Abs. 1 BGB auf den Zeitpunkt der Vornahme des Rechtsgeschäfts zurück, soweit nichts anderes bestimmt ist. § 184 Abs. 1 BGB ist einschlägig („Rechtsgeschäft"), da sich die nachträgliche Zustimmung auf einen ohne Vertretungsmacht im Namen des Betriebsrats abgeschlossenen Vertrag bezieht (vgl § 177 Abs. 1 BGB „Vertrag").[36]

29 In der Praxis ist es vielfach anzutreffen, dass das restliche Betriebsratsgremium sich in der Nähe der Einigungsstelle aufhält (Stand-by-Bereitschaft des Betriebsrats), um Schritt für Schritt den Fortgang des Einigungsstellenverfahrens mit zu begleiten und eventuell erforderliche Beschlüsse umgehend fassen zu können.

d) Durchführungspflicht

30 Nach § 77 Abs. 1 Satz 1 BetrVG führt der Arbeitgeber Vereinbarungen zwischen Betriebsrat und Arbeitgeber durch, es sei denn, dass im Einzelfall etwas anderes vereinbart ist. Die Verwendung des Begriffs der Vereinbarungen schließt sowohl die Betriebsvereinbarung als auch die Regelungsabrede ein.

31 Ebenso wenig wie der Spruch der Einigungsstelle **kein Vollstreckungstitel** ist, ist die im Rahmen des Einigungsstellenverfahrens geschlossene Vereinbarung **erst recht** keine Grundlage für eine Zwangsvollstreckung.[37] § 77 Abs. 1 Satz 1 BetrVG enthält

---

34 Wenning-Morgenthaler, A Rn 331; Schwab/Weth/Kliemt, Verf. Einigungsstelle Rn 267.
35 BAG, 10.10.2007 – 7 ABR 51/06, NZA 2008, 369 ff.
36 BAG, 10.10.2007 – 7 ABR 51/06, NZA 2008, 369 ff.
37 FESTL, § 76 BetrVG Rn 95.

nicht nur das Recht des Arbeitgebers auf Durchführung von gemeinsamen Vereinbarungen, sondern begründet auch eine entsprechende Durchführungspflicht.[38] Dementsprechend hat der Betriebsrat einen Anspruch gegen den Arbeitgeber auf Durchführung der getroffenen Vereinbarung und auf Unterlassung vereinbarungswidriger Maßnahmen.[39] Diesen Anspruch kann er ggf im Wege einer einstweiligen Verfügung verfolgen. Ausnahmsweise ist der Betriebsrat zur Durchführung einer Vereinbarung berechtigt, wenn dies im Einzelfall vereinbart ist. So kann ihm auf der Grundlage der im Einigungsstellenverfahren geschlossenen Vereinbarung die Verwaltung einer Sozialeinrichtung, zB einer Kantine, übertragen werden.

Sofern der Arbeitgeber die in der Vereinbarung zu Gunsten der Arbeitnehmer be- 32
gründeten Rechte nicht erfüllt, kann auch der einzelne Arbeitnehmer im Wege des **Urteilsverfahrens** die Durchführung der Vereinbarung gleichsam erzwingen.

4. Der Spruch

a) Anwendungsbereich

Nach der gesetzlichen Konzeption endet das Einigungsstellenverfahren vorbehaltlich 33
einer einvernehmlichen Regelung oder der Verfahrensbeendigung durch Antragsrücknahme durch eine Entscheidung in der Sache, die vom Gesetzgeber in § 76 BetrVG uneinheitlich als **Beschluss** oder **Spruch** bezeichnet wird.[40] Neben dem gesetzlich vorgesehenen (**streitigen**) Spruch hat die Praxis des Einigungsstellenverfahrens auch ein Bedürfnis für einen sog. **einvernehmlichen Spruch**[41] entwickelt. Ebenso entspringt es der praktischen Nachfrage, in Eilfällen bis zur endgültigen Entscheidung der Einigungsstelle einen **vorläufigen bzw vorübergehenden Spruch** zu erlassen.[42]

aa) Einvernehmlicher Spruch

Zutreffend weist Wenning-Morgenthaler[43] darauf hin, dass der einvernehmliche 34
Spruch eigentlich ein **Widerspruch** in sich sei. Wie vielfach in der Rechtspraxis anzutreffen, hat sich auch im Anwendungsbereich der Einigungsstelle als Folge unterschiedlicher Interessenlagen ein Bedürfnis für die sachliche Beendigung des Einigungsstellenverfahrens durch einen einvernehmlichen Spruch entwickelt. Das diesbezügliche Verfahren der Einigungsstelle bis hin zur Beschlussfassung entspricht der gesetzlichen Regelung des § 76 BetrVG.

Ausgangspunkt für einen solchen Spruch sind bisweilen **psychologische Hemmnisse,** 35
insb. auf Seiten des Betriebsrats, die einer einvernehmlichen Regelung entgegenstehen. Gerade im Bereich des Sozialplanrechts mit seiner kompensatorischen Bedeutung für den Arbeitsplatzverlust sieht sich der Betriebsrat oftmals außer Stande, die von ihm gleichwohl mitgetragenen und auch gemeinsam erarbeiteten Sachregelungen als Vereinbarung zu akzeptieren. Der aus der Belegschaft erwachsende Druck auf ihre

38 DKK/Berg, § 77 BetrVG Rn 5; FESTL, § 77 BetrVG Rn 7; GK-BetrVG/KreutzJacobs, § 77 Rn 24.
39 BAG, 29.4.2004 – 1 ABR 30/02, NZA 2004, 670 ff.
40 Wenning-Morgenthaler, A Rn 335.
41 Wenning-Morgenthaler, A Rn 336.
42 DKK/Berg, § 76 BetrVG Rn 74 a; FESTL, § 76 BetrVG Rn 62; GK-BetrVG/Kreutz/Jacobs, § 76 Rn 115; Heinze, RdA 1990, 262, 279; HSWGNR-Worzalla, § 76 BetrVG Rn 51 b; Olderog, NZA 1985, 753, 759; Wenning-Morgenthaler, A Rn 394; Richardi/Richardi/Maschmann, § 76 BetrVG Rn 33.
43 Wenning-Morgenthaler, A Rn 336.

Interessenvertretung lässt aus Sicht des Betriebsrats oftmals ein klares Bekenntnis und damit eine Übernahme der Verantwortung nicht zu. Diese Interessenlage wirkt umso stärker, je näher der Termin der Betriebsratswahlen rückt. Hierbei handelt es sich jedoch um kein spezifisches betriebsverfassungsrechtliches Phänomen. Fehlende Überzeugungskraft, praktische und opportunistische Aspekte, Charakterschwäche und fehlende Sozialkompetenz einschließlich der fehlenden Bereitschaft, Verantwortung zu übernehmen, mithin vielfach ein Motivbündel, verursachen das insb. auch im politischen Bereich angesiedelte Verhalten.

36 Der einvernehmliche Spruch dokumentiert nach außen im Ergebnis eine Verantwortlichkeit des unparteiischen Vorsitzenden. Diese die eigene Verantwortlichkeit leugnende Wirkungsweise wird flankiert sowohl durch die fehlende Öffentlichkeit und damit fehlende Transparenz der Sitzung der Einigungsstelle[44] als auch durch die in § 79 Abs. 2 BetrVG normierte Geheimhaltungspflicht.

37 Jedoch gibt es auch **andere Motive**, den Weg eines einvernehmlichen Spruchs zu gehen. Oftmals erwarten beide Betriebsparteien von einem (einvernehmlichen) Einigungsstellenspruch eine höhere Akzeptanz sowohl im Betrieb als auch gegenüber übergeordneten Hierarchieebenen.[45]

38 Gelegentlich sind die vom Betriebsrat in die Einigungsstelle entsandten Beisitzer von der gemeinsam erarbeiteten Sachlösung überzeugt, jedoch fehlt ihnen die Abschlusskompetenz für eine einvernehmliche Regelung der Meinungsverschiedenheit. Oftmals versuchen die Betriebsparteien mit einem einvernehmlichen Spruch Regelungen zu erreichen, die nicht erzwingbar sind. Da jedoch auch ein einvernehmlicher Spruch durch die Betriebsparteien vor dem Arbeitsgericht angefochten werden kann, kann dieser rechtlich nicht haltbare Weg ausnahmsweise nur dann gegangen werden, wenn beide Seiten ausdrücklich erklären, den Spruch nicht anzufechten. Im Übrigen ist den Vorsitzenden der Einigungsstelle dringend anzuraten, die Betriebsparteien vorher eindeutig über die Rechtslage aufzuklären. Die Praxis zeigt, dass es den Betriebsparteien vielfach nicht bewusst ist, dass jede Regelung eines Spruches von einem erzwingbaren Mitbestimmungsrecht getragen sein muss.[46]

bb) Vorläufiger Spruch

39 Es ist allgemein anerkannt, dass die Einigungsstelle bis zu ihrer endgültigen Entscheidung auch eine vorläufige Regelung im Wege eines Spruchs treffen kann.[47] Im Zusammenhang mit der Meinungsverschiedenheit über die Installierung und Inbetriebnahme von Videokameras kann durchaus ein **praktisches Bedürfnis** bestehen (zB Dauer des Einigungsstellenverfahrens bei jedoch konkret verdichteter Gefahr des weiteren Warenschwunds), eine solche vorläufige Regelung der Inbetriebnahme der Kameras bis zur endgültigen Sachentscheidung im Wege des vorläufigen Spruchs zu treffen. Wenngleich die Gefahr einer gewissen Präjudizierung nicht von der Hand zu wei-

---

44 BAG, 18.1.1994 – 1 ABR 43/93, AP BetrVG 1972 § 76 Nr. 51; lediglich parteiöffentlich, FESTL, § 76 BetrVG Rn 49; GK-BetrVG/Kreutz/Jacobs, § 76 Rn 106; HSWGNR-Worzalla, § 76 BetrVG Rn 44 a; Richardi/Richardi/Maschmann, § 76 BetrVG Rn 88.

45 Dazu Wenning-Morgenthaler, A Rn 337 .

46 BAG 22.3.2016 – 1 ABR 14/14 – AP SGB IX § 84 Nr. 5.

47 S. dazu Fn 37.

sen ist,[48] bestehen von Rechts wegen keine Bedenken gegen eine solche vorläufige Regelung im Wege des Spruchs. Er unterliegt der uneingeschränkten gerichtlichen Kontrolle.[49] Davon sind Zwischensprüche bzw. -beschlüsse zu trennen, die Verfahrensfragen betreffen, mithin also den Weg zu einer Sachentscheidung zum Gegenstand haben (z.B. Zuständigkeit, Beweiserhebung).[50] Soweit die Einigungsstelle beispielsweise über den Regelungsgegenstand der Gefährdungsbeurteilung zu befinden hat und in diesem Rahmen eine Vielzahl von Tätigkeiten/Arbeitsplätze zu bewerten sind, handelt es sich bei der sukzessiven Entscheidung über Maßnahmen in Bezug auf einen einzelnen Arbeitsbereich um eine Teilsachentscheidung, die weder mit einer vorläufigen Regelung noch mit einer Zwischenentscheidung verwechselt werden darf. Vergleichbar dem Regelungszweck des § 301 ZPO kann bei Teilbarkeit des Regelungsgegenstandes, z.B. zum Zwecke der Abschichtung oder auch aus Anlass der Eilbedürftigkeit notwendiger Maßnahmen, eine endgültige Regelung über einen einzelnen trennbaren Sachgegenstrand ein Teilspruch ergehen, der der uneingeschränkten gerichtlichen Kontrolle unterliegt.

b) Rechtsnatur des Spruchs

Die **Rechtsnatur des Spruchs**, davon ist die Frage seiner Rechtswirkungen zu trennen, 40
hängt wie bei der einvernehmlichen Regelung der Betriebsparteien von seinem **Inhalt** ab.[51] Entsprechend des in § 77 Abs. 1 Satz 1 BetrVG verwendeten Oberbegriffs „Vereinbarungen" kann sein Inhalt, dem ein **Regelungsstreit** zu Grunde liegt, die Rechtsnatur einer **Betriebsvereinbarung** oder einer **Regelungsabrede** (Regelungsabsprache) haben. Für diese Beurteilung des Spruchs kommt es nicht darauf an, ob er im erzwingbaren oder aber im freiwilligen Einigungsstellenverfahren erzielt wurde. Die Frage der Rechtsnatur der Vereinbarung ist insofern von Bedeutung, als lediglich die Betriebsvereinbarung in ihrem normativen Teil kraft Gesetzes (§ 77 Abs. 4 Satz 1 BetrVG) unmittelbar und zwingend auf die Arbeitsverhältnisse der Arbeitnehmer einwirkt, während die Regelungsabrede nur schuldrechtliche Wirkung grundsätzlich zwischen den Vertragsparteien entfaltet. Hat der Spruch dagegen eine **Rechtsfrage** zum Gegenstand, hat er eine streitentscheidende sowie rechtsfeststellende Bedeutung.[52]

aa) Betriebsvereinbarung

Der Spruch ist gem. § 77 Abs. 4 Satz 1 BetrVG tatbestandlich dann eine Betriebsver- 41
einbarung, wenn durch ihn Rechte und Pflichten der Arbeitnehmer begründet oder geändert werden.[53] Wegen weiterer Einzelheiten wird auf Rn 19 verwiesen.

48 Fiebig, S. 33; Wenning-Morgenthaler, A Rn 394.
49 DKK/Berg, § 76 BetrVG Rn 119; Wenning-Morgenthaler, A Rn 395.
50 S. dazu § 5 Rn 255 ff.
51 FESTL, § 76 BetrVG Rn 93; GK-BetrVG/Kreutz/Jacobs, § 76 Rn 136; ErfK/Kania, § 76 BetrVG Rn 27; Richardi/Richardi/Maschmann, § 76 BetrVG Rn 30, 111.
52 DFL/Rieble, § 76 BetrVG Rn 18; FESTL, § 76 BetrVG Rn 94; GK-BetrVG/Kreutz/Jacobs, § 76 Rn 138; Hergenröder, AR-Blattei SD 630.1 Rn 66; HSWGNR-Worzalla, § 76 BetrVG Rn 55; Richardi/Richardi/Maschmann, § 76 BetrVG Rn 112.
53 DFL/Rieble, § 76 BetrVG Rn 18; ErfK/Kania, § 76 BetrVG Rn 27; FESTL, § 76 BetrVG Rn 93; GK-BetrVG/Kreutz/Jacobs, § 76 Rn 136; HSWGNR-Worzalla, § 76 BetrVG Rn 54; Richardi/Richardi/Maschmann, § 76 BetrVG Rn 30, 111.

bb) Regelungsabrede

42 Demgegenüber wirkt eine Regelungsabrede mangels gesetzlicher Anordnung nicht unmittelbar und zwingend auf die Arbeitsverhältnisse der Arbeitnehmer ein (fehlende Normwirkung), sondern bindet die Betriebsparteien nur schuldrechtlich, sich entsprechend dem Inhalt des Spruchs zu verhalten. Wegen weiterer Einzelheiten wird auf Rn 21 Bezug genommen.

c) Rechtswirkungen des Spruchs

43 Die **Rechtswirkungen**, die ein Spruch der Einigungsstelle entfaltet, hängen davon ab, ob die Einigungsstelle die Kompetenz zur Zwangsschlichtung hat (**erzwingbares Einigungsstellenverfahren**) oder ob ihr das **freiwillige Einigungsstellenverfahren** zu Grunde liegt.

aa) Erzwingbares Einigungsstellenverfahren

44 Im ersten Fall ersetzt der Spruch die fehlende Einigung zwischen Arbeitgeber und Betriebsrat, § 76 Abs. 5 Satz 1 iVm zB § 87 Abs. 2 BetrVG. Er hat die Wirkung, die auch eine Einigung zwischen Arbeitgeber und Betriebsrat gehabt hätte (**Bindungswirkung**).[54] Es ist also zu fragen, welche Rechtsnatur (Betriebsvereinbarung oder Regelungsabrede) die ersetzte Einigung zwischen Arbeitgeber und Betriebsrat hätte. Diese ist wiederum davon abhängig, worüber die Betriebsparteien streiten und sich nicht einigen konnten. Da der Spruch die nicht zustande gekommene Betriebsvereinbarung ersetzt, ist er als Betriebsvereinbarung vom Arbeitgeber an geeigneter Stelle im Betrieb auszulegen, § 77 Abs. 2 Satz 3 BetrVG.[55] Weitergehend wird noch auf die Rn 19 verwiesen.

45 Hat der Spruch eine **Rechtsfrage** zum Gegenstand (zB im Fall des § 109 BetrVG), hat er streitentscheidende sowie rechtsfeststellende Wirkung.[56]

bb) Freiwilliges Einigungsstellenverfahren

46 Im Bereich des **freiwilligen Einigungsstellenverfahrens** kommt dem Spruch nicht von Gesetzes wegen eine die Betriebsparteien bindende Wirkung zu. Der Spruch der Einigungsstelle ist nur bindend, wenn sich beide Parteien dem Spruch im Voraus unterworfen haben oder ihn nachträglich annehmen, § 76 Abs. 6 Satz 2 BetrVG.[57] Das ist jeweils formlos möglich.[58] Die Einigungsstelle kann eine Frist für die Erklärung der Parteien über die Annahme setzen.[59] Liegen entsprechende übereinstimmende Erklärungen der Betriebsparteien vor, hat der Spruch dieselben Rechtswirkungen wie ein

54 BAG, 22.1.1980 – 1 ABR 48/77, AP BetrVG 1972 § 87 Lohngestaltung Nr. 3; DKK/Berg, § 76 BetrVG Rn 89; FESTL, § 76 BetrVG Rn 93; Richardi/Richardi/Maschmann, § 76 BetrVG Rn 110; Schwab/Weth/Kliemt, Verf Einigungsstelle Rn 291.

55 Wenning-Morgenthaler, A Rn 364; GK-BetrVG/Kreutz, § 76 Rn 137.

56 FESTL, § 76 BetrVG Rn 94; Hergenröder, AR-Blattei SD 630.1 Rn 66.

57 BAG, 28.2.1984 – 1 ABR 37/82, AP BetrVG 1972 § 87 Nr. 4 Tarifvorrang; BAG, 6.12.88 – 1 ABR 47/87, AP BetrVG 1972 § 111 Nr. 26; DKK/Berg, § 76 BetrVG Rn 13; FESTL, § 76 BetrVG Rn 91.

58 DKK/Berg, § 76 BetrVG Rn 13; FESTL, § 76 BetrVG Rn 91; Hergenröder, AR-Blattei SD 630.1 Rn 67; FESTL, § 76 BetrVG Rn 91; Richardi/Richardi/Maschmann, § 76 BetrVG Rn 40.

59 ErfK/Kania, § 76 BetrVG Rn 26; FESTL, § 76 BetrVG Rn 91.

solcher im erzwingbaren Einigungsstellenverfahren. Andernfalls gilt das freiwillige Einigungsstellenverfahren als gescheitert.[60]

Hat der Spruch im Rahmen des freiwilligen Einigungsstellenverfahrens eine **Rechtsfrage** zum Gegenstand (zB die Auslegung eines unbestimmten Rechtsbegriffs), so ist er nur bindend, wenn die Betriebsparteien über den Gegenstand verfügen können.[61] Nehmen die Betriebsparteien den Spruch an, kann dem Spruch die Wirkung eines außergerichtlichen Vergleiches zukommen.[62] Der Spruch ist verbindlich, solange nicht das Arbeitsgericht eine ersetzende Entscheidung trifft.[63] 47

d) Schriftform

Der Spruch (Beschluss) ist gem. § 76 Abs. 3 Satz 4 BetrVG **schriftlich niederzulegen** und vom Vorsitzenden zu **unterschreiben**, andernfalls ist er unwirksam.[64] Das Formerfordernis hat nämlich **konstitutive Bedeutung** iSd § 125 BGB.[65] Die Unterzeichnung durch den Vorsitzenden kann nach dem Rechtsgedanken des § 126 Abs. 3 BGB weder durch die elektronische Form (§ 126 a BGB) noch durch die Textform (§ 126 b BGB) ersetzt werden.[66] § 76 Abs. 3 Satz 4 BetrVG ist eine auf dem Normcharakter des Einigungsstellenspruchs beruhende Sonderregelung. Eine nachträgliche, rückwirkende Heilung der Verletzung der in § 76 Abs. 3 Satz 4 BetrVG bestimmten Formvorschriften ist nicht möglich. Dagegen spricht bereits die unmittelbare und zwingende Wirkung des Einigungsstellenspruchs, der vom Arbeitgeber ungeachtet einer Anfechtung durchzuführen ist und damit sowohl das betriebsverfassungsrechtliche Rechtsverhältnis der Betriebsparteien gestaltet als auch Rechte und Pflichten der normunterworfenen Arbeitnehmer unmittelbar bestimmt. Diese normative Wirkung erfordert aus Gründen der Rechtssicherheit und Rechtsklarheit grundsätzlich einen von Anfang an formwirksamen Beschluss der Einigungsstelle.[67] Eine Unterschrift der Beisitzer ist von Gesetzes wegen nicht erforderlich.[68] 48

e) Schriftliche Begründung und Rechtsmittelbelehrung

Eine **schriftliche Begründung** des Spruchs ist im Gesetz nicht vorgeschrieben und auch nach allgemeiner Ansicht nicht erforderlich; ihr Fehlen stellt keinen Unwirksamkeitsgrund dar.[69] Das BVerfG erachtet eine Begründung von Verfassungs wegen nicht für geboten, weil das Ergebnis der Einigungsstellentätigkeit und nicht die Tätig- 49

60 BAG, 28.2.1984 – 1 ABR 37/82, AP BetrVG 1972 § 87 Nr. 4 Tarifvorrang; Hergenröder, AR-Blattei SD 630.1 Rn 67.
61 FESTL, § 76 BetrVG Rn 91; Richardi/Richardi/Maschmann, § 76 BetrVG Rn 40.
62 FESTL, § 76 BetrVG Rn 91; GK-BetrVG/Kreutz/Jacob, § 76 Rn 134.
63 FESTL, § 76 BetrVG Rn 102; Hergenröder, AR-Blattei SD 630.1 Rn 66; Richardi/Richardi/Maschmann, § 76 BetrVG Rn 123.
64 BAG, 29.1.2002 – 1 ABR 18/01, EzA § 76 BetrVG 1972 Nr. 70; LAG Hamm, 27.4.1998 – 13 TaBV 1997/97, AuA 1998, 430; GK-BetrVG/Kreutz/Jacob, § 76 Rn 116; HSWGNR-Worzalla, § 76 BetrVG Rn 52.
65 HSWGNR-Worzalla, § 76 BetrVG Rn 52; Richardi/Richardi/Maschmann, § 76 BetrVG Rn 108; Schwab/Weth/Kliemt, Verf. Einigungsstelle Rn 287 a; Wenning-Morgenthaler, A Rn 351.
66 BAG 5.10.2010 – 1 ABR 31/09 – AP BetrVG 1972 § 76 Einigungsstelle Nr. 23; ErfK/Kania § 76 BetrVG Rn 21.
67 BAG 5.10.2010 – 1 ABR 31/09 – AP BetrVG 1972 § 76 Einigungsstelle Nr. 23; ErfK/Kania § 76 BetrVG Rn 21.
68 Wenning-Morgenthaler A Rn 352.
69 DKK/Berg, § 76 BetrVG Rn 82; FESTL, § 76 BetrVG Rn 64; HSWGNR-Worzalla, § 76 BetrVG Rn 52; ErfK/Kania, § 76 BetrVG Rn 21; Wenning-Morgenthaler, A Rn 353.

keit selbst der gerichtlichen Kontrolle unterliegt.[70] Eine Begründung kann jedoch zweckmäßig sein, damit eine gerichtliche Überprüfung erleichtert wird.[71] Berichtigungen (z.B. Schreibfehler) sind entweder analog § 1058 ZPO oder nach den allgemeinen Grundsätzen möglich.[72] Zuständig ist aber nicht der Vorsitzende, sondern die Einigungsstelle als Ganzes. § 53 Abs. 1 Satz 1 ArbGG ist nicht analogiefähig.[73]

50 Eine **Rechtsmittelbelehrung** sieht das Gesetz gleichfalls nicht vor.[74]

f) Zuleitung des Spruchs

51 Der Spruch ist den Betriebsparteien gem. § 76 Abs. 3 Satz 4 BetrVG zwingend **zuzuleiten.** Einer förmlichen Zustellung, zB durch Postzustellungsurkunde, bedarf es nicht.[75] Unerlässlich ist jedoch die Zuleitung des unterschriebenen Originals; die Zuleitung einer pdf-Datei genügt deshalb nicht.[76] Durch die Verwendung des „untechnischen" Begriffs der Zuleitung wird jedoch ersichtlich vom Gesetzgeber zum Ausdruck gebracht, dass den Betriebsparteien eine schriftliche Ausfertigung des Spruchs der Einigungsstelle tatsächlich zur Verfügung gestellt werden muss ... Denn nur sie sind berechtigt, den Spruch der Einigungsstelle anzufechten. Insoweit ist der Zeitpunkt der Zuleitung wegen der Frist des § 76 Abs. 5 Satz 4 BetrVG von entscheidender Bedeutung. Die Zwei-Wochen-Frist wird vom Tage der Zuleitung an in Lauf gesetzt.[77] Die Pflicht zur Zuleitung des Spruchs der Einigungsstelle obliegt der Einigungsstelle und nicht etwa allein dem Vorsitzenden. Das ergibt sich aus dem Wortlaut des § 76 Abs. 5 Satz 4 BetrVG, der nur von einer Pflicht des Vorsitzenden zur Unterschriftsleistung spricht, und der Überlegung, dass es kein Spruch des Vorsitzenden, sondern ein solcher der Einigungsstelle ist.

52 **Hinweis:** Der Vorsitzende sollte ggf durch Nachfrage bei den Betriebsparteien den Zeitpunkt der Zuleitung erfragen und festhalten.

g) Durchsetzung des Spruchs

aa) Durchführungspflicht

53 Der Arbeitgeber ist verpflichtet, den Inhalt des Spruchs so **durchzuführen**, wie es der Spruch der Einigungsstelle festlegt.[78] Das folgt aus § 77 Abs. 1 Satz 1 BetrVG. Danach ist der Arbeitgeber berechtigt, Vereinbarungen der Betriebsparteien, auch soweit sie auf einem Spruch der Einigungsstelle beruhen, durchzuführen. Dem Recht des Arbeitgebers entspricht zugleich eine Durchführungspflicht,[79] dh infolge der Wechselbezüglichkeit dieses Rechts steht dem Betriebsrat sowohl ein Anspruch gegen den Ar-

---

70 BVerfG, 18.10.1986 – 1 BvR 1426/83, NJW 1988, 1135 f.
71 BAG, 31.8.1982 – 1 ABR 27/80, NJW 1983, 953 ff; DKK/Berg, § 76 BetrVG Rn 82; ErfK/Kania, § 76 BetrVG Rn 21; FESTL, § 76 BetrVG Rn 64; vgl. auch Wenning-Morgenthaler, A Rn 368.
72 DFL/Rieble, § 76 BetrVG Rn 13; ErfK/Kania, § 76 BetrVG Rn 21; Wenning-Morgenthaler, A Rn 362.
73 BAG 10.12.2013 – 1 ABR 45/12, EzA § 76 BetrVG 2001 Nr. 6; DFL/Rieble, § 76 BetrVG Rn 13.
74 Wenning-Morgenthaler, A Rn 357, der aus Gründen der Fairness eine solche nach dem Vorbild des § 9 Abs. 5 Satz 4 ArbGG empfiehlt; FESTL, § 76 BetrVG Rn 64; GK-BetrVG/Kreutz/Jacobs, § 76 Rn 118.
75 DKK/Berg, § 76 BetrVG Rn 83; Hennige, S. 187; Wenning-Morgenthaler, A Rn 328.
76 BAG 13.3.2012 – 1 ABR 78/10, AP BetrVG 1972 § 87 Nr. 18; ErfK/Kania, § 76 BetrVG Rn 21.
77 HSWGNR-Worzalla, § 76 BetrVG Rn 52.
78 Richardi/Richardi/Maschmann, § 76 BetrVG Rn 110.
79 DKK/Berg, § 77 BetrVG Rn 5; FESTL, § 77 BetrVG Rn 7; GK-BetrVG/Kreutz/Jacobs, § 77 Rn 24.

beitgeber auf Durchführung des Spruchinhalts als auch ein Anspruch auf Unterlassung spruchwidriger Maßnahmen zu.[80]

bb) Fehlende Titelwirkung und gerichtliches Vorgehen

Der Spruch der Einigungsstelle ist auch im erzwingbaren Verfahren **kein Vollstreckungstitel.**[81] Die Einigungsstelle ist kein Gericht iSv Art. 92 GG.[82] Soweit der Spruch als Betriebsvereinbarung Rechte und Pflichten der Arbeitnehmer begründet, sind diese im **Urteilsverfahren** vom Arbeitnehmer und umgekehrt vom Arbeitgeber geltend zu machen.[83] In einem Rechtsstreit der Arbeitsvertragsparteien unterliegt die Rechtswirksamkeit des Spruches der **inzidenten** Kontrolle.[84] Ein Urteilsverfahren ist gem. § 148 ZPO jedoch **auszusetzen,** wenn der Spruch der Einigungsstelle im **Beschlussverfahren** angefochten ist.[85] Soweit jedoch die zweiwöchige Anfechtungsfrist wegen Ermessensüberschreitung (§ 76 Abs. 5 Satz 4 BetrVG) abgelaufen ist, kann **insoweit** die Wirksamkeit des Spruchs im Urteilsverfahren nicht mehr inzident überprüft werden.[86] 54

80 BAG, 29.4.2004 – 1 ABR 30/02, NZA 2004, 670 ff.

81 LAG Köln, 20.4.1999 – 13 TaBV 243/98, NZA-RR 2000, 311; FESTL, § 76 BetrVG Rn 95; GK-BetrVG/Kreutz, § 76 Rn 139; HSWGNR-Worzalla, § 76 BetrVG Rn 56; Richardi/Richardi/Maschmann, § 76 BetrVG Rn 113.

82 FESTL, § 76 BetrVG Rn 112.

83 FESTL, § 76 BetrVG Rn 112; Gaul/Bartenbach, NZA 85, 341; HSWGNR-Worzalla, § 76 BetrVG Rn 56; Wenning-Morgenthaler, A Rn 378; Richardi/Richardi/Maschmann, § 76 BetrVG Rn 113.

84 HSWGNR-Worzalla, § 76 BetrVG Rn 56.

85 LAG Hamm, 22.6.1978 – 8 TaBV 85/78, EzA § 148 ZPO Nr. 6; HSWGNR-Worzalla, § 76 BetrVG Rn 56; GK-BetrVG/Kreutz/Jacobs, § 76 Rn 139; Richardi/Richardi/Maschmann, § 76 BetrVG Rn 113.

86 GK-BetrVG/Kreutz/Jacobs, § 76 Rn 139; HSWGNR-Worzalla, § 76 BetrVG Rn 56.

§ 8 Haftung

1 Mit der Übernahme des Amtes als Vorsitzender oder Beisitzer einer Einigungsstelle entsteht jeweils ein betriebsverfassungsrechtliches Schuldverhältnis zum Arbeitgeber (vgl § 2 Rn 57 ff zur Rechtstellung des Vorsitzenden, § 2 Rn 76 ff zur Rechtstellung der Beisitzer). Wie in jedem anderen Schuldverhältnis auch kann ebenfalls innerhalb einer Einigungsstelle einer Partei – zumeist dem Arbeitgeber – ein Schaden entstehen. Inwiefern die einzelnen Mitglieder der Einigungsstelle für diesen Schaden haftbar gemacht werden können, wird nachfolgend erläutert.

1. Vorsitzender

2 Eine **Schadenersatzverpflichtung** des Vorsitzenden ist dabei dem Grunde nach denkbar. Eine solche Verpflichtung setzt zunächst aber überhaupt einen entstandenen Schaden voraus. Der Vorsitzende müsste durch sein Verhalten pflichtwidrig und schuldhaft einer der Betriebsparteien einen Schaden zugefügt haben. Eine solche Pflichtwidrigkeit wird man wohl nur bei einer Kündigung zur Unzeit oder bei Verweigerung der Abstimmung im Rahmen der Schlussabstimmung annehmen können.[1]

Die Verletzung des Verbotes, Betriebs- und Geschäftsgeheimnisse zu offenbaren (vgl § 2 Rn 60), kann ebenfalls eine Schadenersatzverpflichtung auslösen.

Die Haftung des Vorsitzenden ist dabei auf **Vorsatz und grobe Fahrlässigkeit** beschränkt.[2] Dies begründet sich in der besonderen Natur der Einigungsstelle als betrieblichem Schlichtungsorgan.

3 Eine Schadenersatzverpflichtung des Einigungsstellenvorsitzenden wegen eines rechtlich fehlerhaft verursachten Einigungsstellenspruchs oder einer falschen Ermessensausübung bei der Abwägung der beiderseitigen Interessen besteht rechtlich nicht. Nicht der Vorsitzende, sondern das betriebsverfassungsrechtliche Schlichtungsorgan Einigungsstelle im Kollektiv führt auch bei einem streitigen Spruch die Regelung herbei. Für die in der Abstimmung unterlegene Partei besteht die Möglichkeit, die Entscheidung des Spruchs der Einigungsstelle anzufechten oder die durch die Einigungsstelle zustande gekommene Vereinbarung sofort zu kündigen.

2. Beisitzer

4 Auch die Tätigkeit als Beisitzer begründet ein betriebsverfassungsrechtliches Schuldverhältnis (vgl § 2 Rn 76 ff), aus welchem uU **Schadenersatzansprüche** resultieren können. Auch hier ist aber überhaupt erst ein Schaden erforderlich.

Ein solcher kann sich bspw aus der Verletzung der Verschwiegenheitsverpflichtung gem. § 76 Abs. 2 BetrVG ergeben.

Weitergehende Schadenersatzansprüche sind zwar wie beim Vorsitzenden bei der Niederlegung der Tätigkeit zur Unzeit oder der Verweigerung der Abstimmung denk-

1 Weber/Ehrich, S. 23.
2 DKK/Berg, § 76 Rn 45; ErfK/Kania, § 76 BetrVG Rn 12.

bar, aber wenig praxisrelevant. Hinzu kommt, dass auch die Haftung der Beisitzer auf Vorsatz und grobe Fahrlässigkeit beschränkt ist.[3]

Beispiel: Im Rahmen eines Einigungsstellenverfahrens sieht der von Arbeitgeberseite als Beisitzer bestellte Rechtsanwalt, der bei den vorherigen Verhandlungen nicht involviert war, einen vom Vorsitzenden vorgelegten Kompromissvorschlag als sinnvoll und interessengerecht an. Bei der Abstimmung stimmt er daher für den Vorschlag, ebenso wie die vom Betriebsrat bestellten Einigungsstellenmitglieder, allerdings gegen die Stimmen der übrigen Beisitzer auf Arbeitgeberseite. Der Arbeitgeber fühlt sich von „seinem Anwalt" verraten und will diesen schadenersatzpflichtig machen.

Ein Schadenersatzanspruch wegen aus Sicht der bestellenden Partei fehlerhafter Abstimmung ist ausgeschlossen. Der Beisitzer übt gerade ein eigenständiges Amt und nicht die Weisung der Betriebspartei aus. Das obige Beispiel zeigt aber, wie wichtig es ist, dass der Anwalt über die Funktion als Beisitzer aufklärt (vgl § 2 Rn 72).

3. Haftungsfreistellungsabreden

Zwar sind Schadenersatzansprüche gegenüber Vorsitzenden oder Beisitzern wenig praxisrelevant. Aufgrund der aber dennoch bestehenden Gefahren scheint es sinnvoll, bereits mit der Erklärung zur Bereitschaft der Tätigkeit **Haftungsfreistellungsabreden** zu vereinbaren. Regelmäßig wird eine solche Freistellung der Arbeitgeber abzugeben haben. Letztlich ist dieser die einzige Person, welcher durch eine pflichtwidrige und schuldhafte Handlung eines Beisitzers oder des Vorsitzenden ein Schaden entstehen kann. 5

▶ **Muster: Haftungsfreistellungsvereinbarung**

Aufgrund des betriebsverfassungsrechtlichen Schuldverhältnisses zwischen Rechtsanwalt und Arbeitgeber im Rahmen des Einigungsstellenverfahrens „Regelungen zu Beginn und Ende der Arbeitszeit" vereinbaren die Parteien Folgendes:

Der Arbeitgeber stellt den Rechtsanwalt von jeglicher Haftung aufgrund von Pflichtverletzungen aus seiner Tätigkeit als Beisitzer frei.

Hiervon ausgenommen sind Verstöße gegen die Geheimhaltungspflicht gem. § 76 Abs. 2 BetrVG. Eine Schadenersatzverpflichtung beschränkt sich auf Vorsatz und grobe Fahrlässigkeit. ◀

3 DKK/Berg, § 76 BetrVG Rn 45; ErfK/Kania, § 76 BetrVG Rn 12.

§ 9 Überprüfung des Spruchs der Einigungsstelle durch die Gerichte für Arbeitssachen

1. Überprüfung im Beschlussverfahren

a) Verfahrensrechtliche Voraussetzungen

aa) Allgemeines

1 Der Spruch der Einigungsstelle unterliegt der **Rechtskontrolle.** Er ist **gerichtlich** angreifbar („Anfechtung"). Die Arbeitsgerichte überprüfen den Spruch dabei im Rahmen der Rechtskontrolle allerdings nur darauf, ob er sich

- im Rahmen der geltenden Gesetze hält
- und ob die Einigungsstelle die Grenzen ihres Ermessensspielraums überschritten hat.

Hingegen kann im gerichtlichen Verfahren nicht das in den zulässigen Grenzen ausgeübte Ermessen der Einigungsstelle durch die gerichtliche Ermessensausübung ersetzt werden. Das gerichtliche Überprüfungsverfahren hat keine aufschiebende Wirkung.

Hinweis: Oftmals ist daher in der Beratung zu überlegen, ob nicht einfach die Kündigung der durch Spruch zustande gekommenen Betriebsvereinbarung der schnellere Weg ist.

Die Rechtskontrolle findet sowohl im erzwingbaren als auch im freiwilligen Einigungsstellenverfahren statt. Es spielt also für die gerichtliche Überprüfung keine Rolle, ob es sich um einen Spruch handelt, der im erzwingbaren oder im freiwilligen Einigungsstellenverfahren zustande gekommen ist.[1] Letzteres hat allerdings kaum praktische Relevanz. Denn liegt ein freiwilliges Einigungsstellenverfahren vor und haben sich die Beteiligten nicht gem. § 76 Abs. 6 BetrVG dem Spruch der Einigungsstelle unterworfen, so hat der Spruch lediglich vorschlagenden Charakter. Eine gerichtliche Überprüfung würde hier keinen Sinn machen. Es besteht letztlich kein praktisches Bedürfnis am Ergebnis einer gerichtlichen Überprüfung. Praktische Relevanz hat folglich das gerichtliche Anfechtungsverfahren nur dann, wenn entweder ein im erzwingbaren Einigungsstellenverfahren zustande gekommener Spruch überprüft werden soll oder aber ein solcher, der zwar im freiwilligen Verfahren zustande kam, sich die Beteiligten aber gem. § 76 Abs. 6 BetrVG dem Spruch unterworfen haben.

Hinweis: Erzwingbar ist das Einigungsstellenverfahren dann, wenn der Spruch der Einigungsstelle die Einigung zwischen Arbeitgeber und Betriebsrat ersetzt, § 76 Abs. 5 Satz 1 BetrVG (Bsp.: §§ 37 Abs. 6 Satz 6, 37 Abs. 7 Satz 3, 38 Abs. 2 Satz 5, 39 Abs. 1 Satz 4, 47 Abs. 6, 55 Abs. 4, 65 Abs. 1, 69, 72 Abs. 6, 85 Abs. 2 Satz 2, 87 Abs. 2, 91 Satz 3, 94 Abs. 1 Satz 3, Abs. 2, 95 Abs. 1 Satz 3, 95 Abs. 2 Satz 3, 97 Abs. 2 Satz 3, 98 Abs. 4 Satz 2, 109 Satz 2, 112 Abs. 4 Satz 2 und für den See-Be-

1 AA Pünnel, Rn 148, der für den Fall des freiwilligen Einigungsstellenverfahrens die Rechtskontrolle auf die Fälle beschränken möchte, in denen sich die Betriebspartner bereits im Voraus dem Spruch der Einigungsstelle gem. § 76 Abs. 6 Satz 2 Alt. 1 BetrVG unterworfen haben. Eine derartige Beschränkung findet jedoch im Gesetz keinen Niederschlag und ist auch nicht überzeugend. Auch Betriebspartnern, die sich nachträglich dem Spruch unterwerfen, darf die Möglichkeit der Rechtskontrolle nicht entzogen werden.

triebsrat § 116 Abs. 3 Nr. 2, 4 und 8 BetrVG). In allen anderen Mitbestimmungsangelegenheiten wäre ein Einigungsstellenverfahren rein freiwilliger Natur, nicht hingegen erzwingbar.

Zwischenbeschlüsse der Einigungsstelle sind nicht gesondert anfechtbar. Sie unterlie- 2
gen nicht der eigenständigen Rechtskontrolle.[2] Zwischenbeschlüsse können etwa ein Hinweis- oder Auflagenbeschluss[3] oder ein solcher über die Anhörung von Zeugen sein. Derartige Zwischenbeschlüsse haben idR rein verfahrensleitenden Charakter. Einer gerichtlichen Überprüfung bedarf es hier nicht.

Eine Ausnahme gilt jedoch für Zwischenbeschlüsse, die die **Zuständigkeit der Einigungsstelle** selbst zum Gegenstand haben.

Hinweis: Die Einigungsstelle kann in eigener Kompetenz über ihre Zuständigkeit entscheiden.[4] Sie kann hierüber auch im Rahmen eines Zwischenbeschlusses entscheiden. Dies verkennen Arbeitsgerichte immer wieder im Rahmen des Einsetzungsverfahrens, die oftmals die Zuständigkeitsfrage vorverlagern. Im Rahmen des Einsetzungsverfahrens ist die Prüfung auf offensichtliche Unzuständigkeit beschränkt, § 100 Abs. 1 S. 2 ArbGG.

Ein solcher Zwischenbeschluss über die Zuständigkeit der Einigungsstelle hat nicht mehr lediglich nur verfahrensleitenden Charakter. Er ist deshalb isoliert anfechtbar. Ein Zwischenbeschluss der Einigungsstelle, mit welchem diese ihre Zuständigkeit bejaht, ist jedoch dann nicht mehr gesondert anfechtbar, wenn bereits vor der Anhörung im erstinstanzlichen Verfahren der abschließende Spruch der Einigungsstelle vorliegt.[5] Denn ab diesem Zeitpunkt besteht die Möglichkeit, alle Rechts- und Regelungsfragen, die sich im Zusammenhang mit der Tätigkeit der Einigungsstelle ergeben, im Rahmen eines Anfechtungsverfahrens zu prüfen.

Die Arbeitsgerichte überprüfen einen Einigungsstellenspruch im **Beschlussverfahren**, 3
§§ 2 a Abs. 1 Nr. 1, 80 ArbGG. Als Vorfrage kann ein Einigungsstellenspruch aber auch in einem **Urteilsverfahren**, also einer Streitigkeit zwischen Arbeitnehmer und Arbeitgeber, inzident überprüft werden (s. Rn 25).

bb) Antragsberechtigung

Antragsberechtigt sind sowohl Arbeitgeber als auch Betriebsrat. Eine „Beschwer" in 4
Form eines Nachteils infolge des Spruchs ist für das Recht zur Anfechtung nicht erforderlich, denn es handelt sich um eine reine Rechtskontrolle.[6]

Die Einigungsstelle selbst als das betriebsverfassungsrechtliche Organ ist nicht antragsbefugt. Ebenso wenig ist dies ein Arbeitnehmer, selbst dann nicht, wenn sich der Spruch nach seiner subjektiven Einschätzung auf sein Arbeitsverhältnis nachteilig auswirkt.[7]

---

2 Fitting, § 76 Rn 96 a.
3 BAG, 4.7.1989 – 1 ABR 40/88.
4 BAG, 22.1.2002 – 3 ABR 28/01, DB 2002, 1839 zur Vorfragenkompetenz der Einigungsstelle.
5 BAG, 22.1.2002 – 3 ABR 28/01.
6 BAG 8.6.2004 – 1 ABR 4/03, NZA 2005, 227.
7 Fitting, § 76 Rn 141; Erf/Kania, § 76 Rn 29; aA GK-BetrVG/Kreutz/Jacobs Rn. 150.

Hinweis: Einem sich durch den Spruch der Einigungsstelle benachteiligt fühlenden Arbeitnehmer verbleibt also nur die Klage gegen den den Spruch umsetzenden Arbeitgeber.

cc) Beteiligte

5 Die Einigungsstelle kann nach hM auch nicht **Beteiligte** des Anfechtungsverfahrens sein, also auch nicht Antragsgegner.[8] Sie ist in einem Anfechtungsverfahren nicht in ihrer betriebsverfassungsrechtlichen Stellung berührt. Ihr fehlt die materiell-rechtliche Betroffenheit. Dies ergibt sich aus ihrer Stellung: Sie hat reine Hilfs- und Ersatzfunktion für Betriebspartner, wenn diese sich nicht einigen können.[9] Sehr wohl ist es jedoch möglich, Mitglieder der Einigungsstelle in diesem Verfahren als Zeugen zu vernehmen.[10]

Auch Arbeitnehmer sind am Anfechtungsverfahren nicht zu beteiligen. Dies gilt selbst dann, wenn sie unmittelbar vom Einigungsstellenspruch betroffen sind.[11] Nur ausnahmsweise werden Arbeitnehmer wohl zu beteiligen sein, wenn sie nämlich in ihrer betriebsverfassungsrechtlichen Stellung durch den Spruch betroffen sind. Das kann etwa der Fall sein, wenn der Arbeitgeber einen Spruch über die Freistellung eines Betriebsratsmitglieds nach § 38 Abs. 2 Satz 4 BetrVG anficht. Hier besteht durchaus ein Bedürfnis, eben aufgrund der betriebsverfassungsrechtlichen Betroffenheit, der Freistellung, dieses Arbeitnehmers, ihn sehr wohl am Verfahren zu beteiligen.

Ebenso wenig sind Tarifvertragsparteien zu beteiligen, selbst dann nicht, wenn im Einigungsstellenspruch tarifliche Bestimmungen ausgelegt worden sind.[12]

dd) Antragsfrist

6 Die Überschreitung der Grenzen des Ermessens muss innerhalb einer **Ausschlussfrist** von zwei Wochen gerichtlich geltend gemacht werden, § 76 Abs. 5 Satz 4 BetrVG. Die Frist beginnt mit Zugang des Beschlusses der Einigungsstelle. Binnen zwei Wochen danach muss der Anfechtungsantrag bei Gericht eingegangen sein. Zu Recht geht die hM[13] davon aus, dass innerhalb der Ausschlussfrist der Antrag auch **begründet** werden muss. Erfolgt eine Begründung nicht innerhalb der Ausschlussfrist, so ist der Antrag zurückzuweisen. Ein Nachschieben von Gründen außerhalb der Frist kann den Mangel nicht mehr heilen.[14] Andernfalls würde die Ausschlussfrist unzulässig verlängert.[15] Auch eine Wiedereinsetzung in den vorigen Stand scheidet aus.[16]

Die Zwei-Wochen-Frist des § 76 Abs. 5 Satz 4 BetrVG gilt ausweislich des klaren Wortlautes der Regelung nur dann, wenn die Anfechtung sich auf die Überschreitung des Ermessenspielraums der Einigungsstelle stützt. Die Frist gilt sowohl dann, wenn

8 BAG, 28.4.1981 – 1 ABR 53/79; ErfK/Kania, § 76 Rn 29.
9 BAG, 22.1.1980 – 1 ABR 28/78, DB 1980, 1402.
10 Löwisch, Rn 51; BAG, 28.4.1981 – 1 ABR 53/79.
11 BAG, 28.6.1984 – 6 ABR 5/83 für den Fall des § 85 Abs. 2 BetrVG; aA Fitting, § 76 Rn 100; Jaeger, Rn 51.
12 BAG, 18.12.1990 – 1 ABR 11/90.
13 Wie hier: Richardi BetrVG/Maschmann/Richardi BetrVG § 76 Rn. 128; ErfK/Kania BetrVG § 76 Rn. 28.
14 Fitting, § 76 Rn 107; Pünnel, Rn 146.
15 BAG, 26.5.1988 – 1 ABR 11/87, AP BetrVG 1972 § 76 Nr. 26.
16 BAG 26.5.1988 1 – ABR 11/87, AP BetrVG 1972 § 76 Nr. 26; Fitting, § 76 Rn. 159; GK/Kreutz/Jacobs, § 76 Rn. 160.

der Spruch im erzwingbaren Verfahren, als auch dann, wenn er im freiwilligen Verfahren zustande kam.[17]

In allen anderen Fällen (etwa ein Verstoß gegen höherrangiges Recht, gegen Verfahrensvorschriften, die Zuständigkeit der Einigungsstelle oder die fehlerhafte Auslegung eines unbestimmten Rechtsbegriffs, s. Rn 11 ff) kann der Einigungsstellenspruch zeitlich unbefristet angefochten werden.

ee) Antrag

Der Antrag richtet sich auf die **Feststellung** der Unwirksamkeit des Einigungsstellenspruchs, nicht hingegen etwa auf dessen Aufhebung.[18] 7

▶ **Muster: Antrag auf Feststellung der Unwirksamkeit des Einigungsstellenspruchs**

Es wird festgestellt, dass der Spruch der Einigungsstelle „Beurteilungsgrundsätze und Leistungsorientierte Vergütung im Betrieb Oberhausen" der A-GmbH vom 13.4.2010 unwirksam ist. ◀

Begründet wird dies damit, dass eine gerichtliche Entscheidung über die Wirksamkeit eines Einigungsstellenspruchs lediglich feststellende und keine rechtsgestaltende Wirkung hat. Eine Einigung zwischen den Betriebsparteien, also letztlich die Betriebsvereinbarung, entfaltet nun bei Rechtswidrigkeit keine Rechtswirkung. Es bedarf daher keiner Aufhebung einer solchen Betriebsvereinbarung. Selbiges muss dann auch für einen Spruch gelten, der die Einigung der Betriebsparteien ersetzt. Ist dieser rechtswidrig, so entfaltet er keine Wirkung.[19] Dies kann ein Gericht wohl feststellen, die Einigung bzw den Spruch jedoch nicht aufheben.

Beruft sich die anfechtende Betriebspartei lediglich auf eine **Teilunwirksamkeit** (s. Rn 23 mit Beispielen), richtet sich der Antrag entsprechend auf die Feststellung der Unwirksamkeit lediglich der betroffenen Bestandteile der Betriebsvereinbarung.

▶ **Muster: Antrag auf Feststellung der Unwirksamkeit der betroffenen Teile der Betriebsvereinbarung**

Es wird festgestellt, dass § 10 „Kündigung und Nachwirkung" des Spruchs der Einigungsstelle „Beurteilungsgrundsätze und Leistungsorientierte Vergütung im Betrieb Oberhausen" der A-GmbH vom 13.4.2010 unwirksam ist. ◀

ff) Aufschiebende Wirkung

Die Anfechtung eines Einigungsstellenspruchs hat keine **aufschiebende Wirkung.** Ist die Betriebsvereinbarung aufgrund einer Regelung im Geltungsbereich also in Kraft getreten, so bleibt sie trotz eines zwischenzeitlich rechtshängig gewordenen Anfechtungsverfahrens solange in Kraft, bis rechtskräftig feststeht, dass der Spruch unwirksam ist.[20] Deswegen kann angesichts der Langwierigkeit eines Anfechtungsverfahrens 8

17 AA ErfK/Kania, § 76 Rn 28; Fitting, § 76 BetrVG Rn 104, die die Zwei-Wochen-Frist nur für anwendbar erachten im erzwingbaren Einigungsstellenverfahren mit der Begründung, die Regelung des § 76 Abs. 6 BetrVG zum freiwilligen Verfahren würde eine solche Frist nicht vorsehen. Diese Auffassung verkennt, dass § 76 Abs. 6 BetrVG lediglich das Zustandekommen der Einigungsstelle in nicht-erzwingbaren Mitbestimmungsangelegenheiten und die Wirkung eines etwaigen Spruchs in einem solchen Verfahren betrifft. Sie enthält darüber hinaus keine weiteren Regelungen, erst recht nicht zur Anfechtung. Es ist nicht einzusehen, weshalb im freiwilligen Verfahren die fehlerhafte Ermessensausübung zeitlich unbefristet geltend gemacht werden soll.

18 BAG, 28.5.2002 – 1 ABR 37/01; 15.3.2006 – 7 ABR 24/05.

19 BAG, 30.10.1979 – 1 ABR 112/77.

20 Fitting, § 76 Rn 110 mwN; Pünnel, Rn 152.

die Kündigung der auf dem Spruch beruhenden Betriebsvereinbarung (im Regelfall 3-Monats-Frist) oftmals der taktisch geschicktere Weg sein.

gg) Einstweilige Verfügung

9 Es ist grundsätzlich möglich, die Durchführung eines Einigungsstellenspruchs mittels **Einstweiliger Verfügung** bis zu einer rechtskräftigen Entscheidung im Hauptsacheverfahren zu untersagen. Dies ist jedoch an hohe Anforderungen geknüpft. Eine Einstweilige Verfügung kommt ausnahmsweise nur dann in Betracht kommen, wenn ein krasser und offensichtlicher Rechtsverstoß vorliegt[21] und der Antragsteller glaubhaft machen kann, dass bei Vollzug des Spruchs ihm schwerwiegende Nachteile drohen, die gegenüber den Interessen des Gegners zweifelsfrei zurücktreten.[22] Für eine weitere Ausdehnung besteht kein Anlass, weil sonst der Grundsatz unterlaufen würde, dass der Spruch der Einigungsstelle keine aufschiebende Wirkung besitzt. Mögliche gegenläufige Interessen und Auswirkungen hat die Einigungsstelle zuvor erörtert, betrieblich näher und ausführlicher als dies im gerichtlichen Eilverfahren überprüft werden könnte.

▶ **Muster: Antrag auf Erlass einer Einstweiligen Verfügung**

Dem Antragsgegner wird bis zum rechtskräftigen Abschluss des Hauptsacheverfahrens vor dem Arbeitsgericht München, Az. 14 BV 135/10, untersagt, den Spruch der Einigungsstelle „Beurteilungsgrundsätze und Leistungsorientierte Vergütung im Betrieb Oberhausen" vom 13.4.2010 zur Anwendung zu bringen, insb. mit den unter den Geltungsbereich der Betriebsvereinbarung fallenden Arbeitnehmerinnen und Arbeitnehmer iSd § 5 Abs. 1 BetrVG Zielvereinbarungen abzuschließen. ◀

Umgekehrt kommt eine Einstweilige Verfügung aber auch zur Durchsetzung eines Einigungsstellenspruchs in Betracht, wenn sich eine Betriebspartei weigert, diesen umzusetzen.[23] Das gilt auch dann, wenn eine Betriebspartei den Spruch bereits angefochten hat und das Anfechtungsverfahren noch nicht rechtskräftig entschieden ist. Einer solchen Einstweiligen Verfügung zur Durchsetzung des Einigungsstellenspruchs wird dann stattzugeben sein, wenn der Spruch keine krassen und offensichtlichen Rechtsverstöße aufweist.

b) Inhaltliche Überprüfung

10 Die Einigungsstelle muss sich bei ihren Entscheidungen an geltendes Recht halten und überdies billiges Ermessen walten lassen. Ob sie diese Vorgaben einhält, unterliegt der Rechtskontrolle. Der Umfang der Rechtskontrolle hängt im Wesentlichen zunächst einmal davon ab, ob die in Streit stehende Frage eine Rechtsfrage oder eine Regelungsfrage betrifft. Die Unterscheidung zwischen Rechts- und Regelungsfragen hat also bei der Überprüfung eines Einigungsstellenspruchs erhebliche Bedeutung.

---

21 LAG Köln, 30.7.1999 – 11 TaBV 35/99, NZA 2000, 334, das eben diese Voraussetzung vorliegend verneinte.

22 LAG Baden-Württemberg, 7.11.1989 – 8 TaBV Ha 1/89, NZA 1990, 286, das diese Voraussetzungen verneinte.

23 LAG Hessen, 16.12.2004 – 5 TaBVGa 153/04.

Bei Entscheidungen in **Rechtsfragen** unterliegt die Einigungsstelle den Bindungen zwingenden Rechts und hat nur bei unbestimmten Rechtsbegriffen einen begrenzten Beurteilungsspielraum (s. Rn 11).[24]

Bei einer Rechtsfrage geht es um rein rechtliche Entscheidungen: Um die Einhaltung vorrangiger höherer Gesetze und allgemeiner Verfahrensvorschriften sowie um die korrekte Anwendung und Auslegung unbestimmter Rechtsbegriffe.

Beispiel einer Rechtsfrage: Der auf den Betrieb anwendbare Tarifvertrag sieht eine zwingende fixe tägliche Arbeitszeit vor und schließt die Einführung von Gleitzeitregelungen aus. In Verkennung der Anwendbarkeit des Tarifvertrags beschließt nunmehr die Einigungsstelle per Beschluss jedoch die Einführung von Gleitzeit im Betrieb.

Bei einer **Regelungsfrage** hingegen geht es darum, wie eine Angelegenheit sinnvoll, zweckmäßig und sachgerecht unter Berücksichtigung der betrieblichen Gegebenheiten gestaltet werden kann.

Beispiel einer Regelungsfrage: Es existiert kein Tarifvertrag für die Branche des Unternehmens. Die Betriebsparteien möchten für verschiedene Abteilungen des Betriebs Gleitzeit einführen. Sie beraten nunmehr darüber, für welche Abteilungen welche Gleitzeit- und welche Kernzeitrahmen unter Berücksichtigung der Belange des Betriebs und der Arbeitnehmer sinnvoll und zweckmäßig sind.

aa) Rechtsfrage

Rechtsfragen (s. Rn 10) können zunächst zeitlich unbefristet überprüft werden. Die 11
zweiwöchige Anfechtungsfrist des § 76 Abs. 5 Satz 4 BetrVG gilt ausweislich des klaren Wortlautes nur dann, wenn die Überschreitung des Ermessensspielraums geltend gemacht wird. Die Einigungsstelle muss bei ihren Entscheidungen vorrangiges zwingendes Recht beachten, also die allgemeinen Verfahrensvorschriften, ihre Zuständigkeit sowie ihren bei unbestimmten Rechtsbegriffen zustehenden Beurteilungsspielraum korrekt ausüben.

Im Einzelnen:

(1) Vorrang zwingenden Rechts

Die Einigungsstelle muss **zwingendes Recht** beachten. Dazu gehören insb. folgende 12
Rechtsgrundlagen:

- EU-Recht sowie noch nicht umgesetzte EU-Richtlinien.[25] Insb. letztere hat die Einigungsstelle ebenso wie ein Gericht zwingend zu beachten.[26]
- Grundrechte (zB das allgemeine Persönlichkeitsrecht gem. Art. 2 Abs. 1 GG).[27]
- Gesetze und Verordnungen, insb. Arbeitnehmerschutzrechte (zB ArbZG, ArbSchG, MuSchG, BUrlG, KSchG, SGB IX, PflegeZG, AGG) und
- im Betrieb geltende Tarifverträge und Betriebsvereinbarungen.[28]

---

24 BAG, 11.7.2000 – 1 ABR 43/99, NZA 2001, 402.

25 DKKW-Berg, § 76 Rn 86.

26 BAG, 24.1.2006 – 1 ABR 6/05, DB 2006, 1161 zur Verpflichtung der Gerichte zur europarechtskonformen Auslegung nationaler Gesetze.

27 Zur Videoüberwachung und den Verstoß gegen das allgemeine Persönlichkeitsrecht der betroffenen Arbeitnehmer vgl. BAG, 14.12.2004 – 1 ABR 34/03, NZA 2005, 839; zur arbeitgeberseitigen Überwachung vgl. BAG, 25.4.2017 – 1 ABR 46/15.

28 DKKW-Berg, § 76 Rn 86.

Im Zusammenhang mit Tarifverträgen ist von der Einigungsstelle insb. die Regelungssperre des § 77 Abs. 3 BetrVG zu beachten: Danach dürfen Arbeitsentgelte und sonstige Arbeitsbedingungen (insb. die Arbeitszeit), die durch Tarifvertrag geregelt sind oder üblicherweise geregelt werden, nicht Gegenstand einer Betriebsvereinbarung sein. Die Regelungssperre gilt nicht etwa erst dann, wenn ein Tarifvertrag im Betrieb auch Geltung findet, weil der tarifgebundene Arbeitgeber ihn auf alle Arbeitsverhältnisse durch Bezugnahme anwendet. Sie gilt vielmehr schon dann, wenn der Betrieb in den räumlichen, fachlichen und persönlichen Geltungsbereich des Tarifvertrages fällt.[29] Es genügt also die bloße Existenz eines Tarifvertrages für diese Branche und für diese Region, um die Betriebsparteien in vom Tarifvertrag abweichenden Regelungen zu sperren. In der Praxis hat die Regelungssperre große Bedeutung, auch für solche Arbeitgeber, die nicht einmal tarifgebunden sind.

Beispiel: Der Arbeitgeber, ein bayerisches Einzelhandelsunternehmen, ist nicht tarifgebunden und wendet auch nicht kraft vertraglicher Bezugnahmeklausel die Regelungen eines Tarifvertrags an. Es existiert jedoch ein Bayerischer Einzelhandelstarifvertrag, in dessen räumlichen, fachlichen und persönlichen Geltungsbereich das Unternehmen fällt. Im Betrieb Würzburg soll nun ohne dringendes Erfordernis und unbefristet per Betriebsvereinbarung die 6-Tage-Woche eingeführt werden. Diese Regelung verstößt gegen § 77 Abs. 3 BetrVG. Denn der Bayerische Einzelhandelstarifvertrag lässt eine Verteilung der wöchentlichen Arbeitszeit auf lediglich 5 Tage/Woche zu. Es handelt sich dabei um eine Soll-Vorschrift. Von dieser kann nur in begründeten Einzelfällen abgesehen werden.[30] Solche sind hier nicht ersichtlich. Die Existenz dieser tariflichen Regelung sperrt auch den nicht tarifgebundenen Betrieb, diese Frage im Rahmen einer Betriebsvereinbarung zu regeln.

Die Rechtskontrolle richtet sich also darauf, ob die Einigungsstelle mit den oben bezeichneten höherrangigen Rechtsgrundlagen in Einklang steht.

(2) Allgemeine Verfahrensvorschriften

13 Darüber hinaus hat die Einigungsstelle die allgemeinen **Verfahrensvorschriften** des Einigungsstellenverfahrens (s. § 5 – Das Verfahren vor der Einigungsstelle) zur beachten. Auch die Einhaltung dieser Vorschriften unterliegt der Rechtskontrolle. Insb. folgende Verfahrensfehler führen zu Unwirksamkeit eines Einigungsstellenspruchs:

- Verletzung des Anspruchs auf rechtliches Gehör.[31]
- Alleinentscheidung des Einigungsstellenvorsitzenden über einen Vertagungsantrag.[32]
- Fehlende Schriftform des Einigungsstellenspruchs.[33]
- Nicht ordnungsgemäße Beschlussfassung.[34]
- Verstoß gegen die Abstimmungsregel des § 76 Abs. 3 Satz 3.[35]

29 HaKo-BetrVG/Lorenz, § 77 Rn 40 ff.
30 BAG, 28.1.1992 – 1 ABR 45/91, NZA 1992, 606; LAG Hamm, 13.2.2009, 10 TaBV 161/08.
31 BAG, 30.1.1990 – 1 ABR 51/91, NZA 1992, 702.
32 LAG Köln, 26.7.2005 – 9 TaBV 5/05, NZA-RR 2006, 197.
33 Fitting, § 76 Rn 101.
34 BAG, 17.9.91 – 1 ABR 23/91, NZA 1992, 227 für den Fall, dass Stimmenthaltungen unzulässiger Weise als Nein-Stimmen gewertet wurden.
35 BAG, 30.1.1990 – 1 ABR 2/89, NZA 1990, 571, wonach zwar nach der ersten und vor der zweiten Abstimmungsrunde eine Beratung der Einigungsstelle zu erfolgen hat, diese jedoch dann entbehrlich ist, wenn alle Beteiligten hierauf verzichten.

- Verstoß gegen den Grundsatz, wonach eine abschließende mündliche Beratung und Abstimmung in Abwesenheit der Betriebsparteien oder Verfahrensbevollmächtigten (mit Ausnahme der Einigungsstellenmitglieder) erfolgt.[36]
- Nicht ordnungsgemäße Ladung der Beisitzer.[37]
- Nicht-Verbescheidung eines gegen den Vorsitzenden gerichteten Befangenheitsantrags.[38]

(3) Zuständigkeit

Auch die Frage, ob die Einigungsstelle überhaupt zuständig ist, ist eine Rechtsfrage und unterliegt der Rechtskontrolle.[39] Die Frage der **Zuständigkeit** kann im Anfechtungsverfahren nur dann gestellt werden, wenn der Spruch der Einigungsstelle aus einem erzwingbaren Einigungsstellenverfahren heraus resultiert. 14

Hinweis: Wenn die Betriebsparteien freiwillig eine Einigungsstelle ins Leben gerufen haben, die über einen nicht erzwingbar mitbestimmungspflichtigen Sachverhalt eine Regelung treffen soll (s. Rn 1 aE), so wäre es sicherlich rechtsmissbräuchlich, sich nachher auf eine Unzuständigkeit der Einigungsstelle zu berufen. Eine derartige Konstellation wäre ohnehin nur dann denkbar, wenn sich die Betriebsparteien im Voraus dem Spruch der Einigungsstelle gem. § 76 Abs. 6 BetrVG unterworfen oder ihn nachher angenommen haben. Denn nur dann hätte der Spruch im freiwilligen Einigungsstellenverfahren überhaupt erst verpflichtenden Charakter. Haben sich die Parteien hingegen nicht im Voraus dem Spruch unterworfen oder diesen nachher angenommen, so hat der Spruch ohnehin nur vorschlagenden, nicht aber verpflichtenden Charakter. Dann bedarf es aber auch einer gerichtlichen Überprüfung nicht.

Die Einigungsstelle ist in all denjenigen Fällen zuständig, in denen das Gesetz vorsieht, dass der Spruch der Einigungsstelle die Einigung zwischen Arbeitgeber und Betriebsrat ersetzt (s. abschließende Aufzählung in Rn 1 aE). Nur über derartige, erzwingbar mitbestimmungspflichtige Sachverhalte darf die Einigungsstelle eine Entscheidung fällen. Fällt sie eine Entscheidung über einen nicht erzwingbar mitbestimmungspflichtigen Sachverhalt, wäre diese Regelung unwirksam.[40]

Die Einigungsstelle prüft in eigener Kompetenz, ob sie für den ihn vorgetragenen Sachverhalt zuständig ist oder nicht (sog. **Vorfragenkompetenz** der Einigungsstelle),[41] also ob für den Sachverhalt ein Mitbestimmungsrecht besteht und ob sie über den streitgegenständlichen Sachverhalt per Spruch entscheiden darf.

Soweit die Einigungsstelle im Rahmen eines Zwischenbeschlusses über ihre Zuständigkeit entscheidet, so kann dieser Zwischenbeschluss auch gesondert angefochten

36 BAG, 18.1.1994 – 1 ABR 43/93, NZA 1994, 571, für den Fall, in dem die sog. Verfahrensbevollmächtigten, die nicht bestellte Mitglieder der Einigungsstelle waren, an Beratung und Beschlussfassung teilgenommen haben.

37 BAG, 27.6.1995 – 1 ABR 3/95, NZA 1996, 161.

38 BAG, 29.1.2002 – 1 ABR 18/01, BAGE 100, 239.

39 HaKo-BetrVG/Lorenz, § 76 Rn 32.

40 BAG, 30.8.1995 – 1 ABR 4/95, NZA 1996, 218 zum fehlenden Mitbestimmungsrecht bei Einführung eines Beteiligungsrechts des Betriebsrats beim Ausspruch von Abmahnungen; LAG Schleswig-Holstein, 26.6.2007 – 4 TaBV 12/07, ZBVR online 2008, Nr. 3, 15 zur Vergütungspflicht einer Raucherpause; BAG, 13.2.2007 – 1 ABR 18/06, NZA 2007, 640 zu Kosten für Personalkleidung; BAG, 20.7.1999 – 1 ABR 66/98, NZA 2000, 495 zur Höhe des Entgelts.

41 BAG, 3.4.1979 – 6 ABR 29/77, DB 1979, 2186; BAG, 22.10.1981 – 6 ABR 69/79, DB 1982, 811.

werden.[42] Diese Möglichkeit besteht jedenfalls solange, bis noch kein Spruch der Einigungsstelle vorliegt.[43] Sobald dies aber der Fall ist, ist eine gesonderte Anfechtung lediglich des Zwischenbeschlusses nicht mehr möglich. Es muss dann der gesamte Spruch angefochten werden.

(4) Beurteilungsspielraum

15 Die Einigungsstelle hat bei der Auslegung **unbestimmter Rechtsbegriffe** einen **Beurteilungsspielraum**. Die Einigungsstelle ist nun nicht etwa befugt, derartige unbestimmte Rechtsbegriffe zu interpretieren, sie wendet sie nur an. Ob sie diese zutreffend angewandt hat, unterfällt der Rechtskontrolle durch die Gerichte.[44] Diese überprüfen, ob die Einigungsstelle bei der Auslegung eines unbestimmten Rechtsbegriffs die Grenzen des ihr zustehenden Beurteilungsspielraums eingehalten hat.[45]

Um unbestimmte Rechtsbegriffe handelt es sich bspw bei den Begriffen

- Betriebs- und Geschäftsgeheimnis iSd § 106 Abs. 2 Satz 1 BetrVG[46]
- sachlich nicht vertretbar iSd § 38 Abs. 2 Satz 4 BetrVG[47]
- das „Nichtregelnkönnen“ durch den Gesamtbetriebsrat iSd § 50 Abs. 1 BetrVG.[48]

bb) Regelungsfragen

16 Ist Inhalt des Spruchs eine **Regelungsfrage** (s. Rn 10), so unterliegt auch diese einer Rechtskontrolle. In diesem Fall hat das Gericht den Spruch darauf zu prüfen, ob die Einigungsstelle die Grenzen billigen Ermessens überschritten hat. Es führt also eine Ermessenskontrolle, keine Zweckmäßigkeitskontrolle[49] durch. In § 76 Abs. 5 Satz 3 BetrVG ist normiert, dass die Einigungsstelle ihre Beschlüsse „unter angemessener Berücksichtigung der Belange des Betriebs und der betroffenen Arbeitnehmer nach billigem Ermessen“ fasst. Der Einigungsstelle steht also bei ihrer Beschlussfassung in Regelungsfragen grundsätzlich ein weiter **Ermessensspielraum** zu. Fehlerhaft wird die Ausübung erst dann, wenn die Belange des Betriebes oder der betroffenen AN nicht angemessen berücksichtigt wurden.[50]

(1) Ermessenspielraum der Einigungsstelle

17 Der Ermessensspielraum der Einigungsstelle ist lediglich beschränkt durch den Begriff der Billigkeit: Die Einigungsstelle muss ausweislich des Wortlauts des § 76 Abs. 5 Satz 3 BetrVG **billiges Ermessen** walten lassen.

§ 76 Abs. 5 Satz 3 BetrVG enthält für die Ausübung des Ermessens also drei Maßgaben:[51] Ein Berücksichtigungs-, ein Gewichtungs- sowie ein Abwägungsgebot.

---

42 Heise, Rn 32.
43 BAG, 22.1.2002 – 3 ABR 28/01, DB 2002, 1839.
44 Löwisch, Rn 55.
45 Fitting, § 76 Rn 102.
46 BAG, 11.7.2000 – 1 ABR 43/99, NZA 2001, 402 zum Umfang der Auskunftspflicht des Arbeitgebers gegenüber dem Wirtschaftsausschuss gem. § 109 iVm § 106 BetrVG im Rahmen eines Einigungsstellenverfahrens.
47 LAG Baden-Württemberg, 26.10.2007 – 5 TaBV 1/07.
48 BAG, 20.4.1982 – 1 ABR 22/80, DB 1982, 1674.
49 ErfK/Kania, BetrVG § 76 Rn. 31
50 BAG 30.8.1995 – 1 ABR 4/95, AP BetrVG 1972 § 87 Überwachung Nr. 29.
51 Fiebig, Grundprobleme der Arbeit betrieblicher Einigungsstellen, DB 1995, 1278.

- Die Einigungsstelle muss zunächst all diejenigen **Belange** sowohl des Betriebs als auch der betroffenen Arbeitnehmer, die zur Regelungsfrage einen sachlichen Bezug aufweisen, **berücksichtigen.**
- Sodann muss sie diese Belange anhand objektiver Wertungskriterien **gewichten.** Die Einigungsstelle muss dabei Wertungen berücksichtigen, die in der Rechtsordnung zum Ausdruck kommen.

  Beispiel: Wertungen der Rechtsordnung
  Solche Wertungen können sich zB aus § 78 Satz 2 BetrVG ergeben: Betriebsratsmitglieder sollen wegen ihrer Betriebsratstätigkeit weder begünstigt noch benachteiligt werden. Diese gesetzliche Wertung hat die Einigungsstelle etwa dann zu berücksichtigen, wenn sie über Ab- und Rückmeldepflichten von Arbeitnehmern beim Verlassen des Arbeitsplatzes entscheiden möchte.

  Eine weitere Wertung ergibt sich aus § 1 ArbZG, wonach bei der Regelung der Arbeitszeit Sicherheit und Gesundheitsschutz der Arbeitnehmer zu gewährleisten sind.
- Anschließend sind die unterschiedlichen Belange von Betrieb und Arbeitnehmer unter Berücksichtigung der Wertung der Rechtsordnung gegeneinander **abzuwägen.** Der anschließende Spruch der Einigungsstelle soll eben diese Belange soweit wie möglich berücksichtigen und miteinander in Einklang bringen.

Ermessensfehlerhaft ist es daher nicht, wenn die Einigungsstelle von falschen Tatsachen oder rechtlichen Umständen ausgeht, weitergehende fehlerhafte Überlegungen anstellt oder nicht alle Umstände erschöpfend würdigt, solange sie sich innerhalb des Ermessensrahmens bewegt (BAG 14.1.2014, NZA-RR 2014, 356; BAG 22.1.2013, BB 2013, 1182; BAG 15.3.2011, NZA 2011, 1112). Die gerichtliche Beurteilung bezieht sich allein auf die getroffene Regelung als solche.

Eine Sonderregelung zum Ermessen der Einigungsstelle findet sich überdies in § 112 18
Abs. 5 BetrVG. Ist Regelungsgegenstand der Einigungsstelle die Erstellung eines **Sozialplans** zum Ausgleich der wirtschaftlichen Nachteile, die eine Betriebsänderung für die davon betroffenen Arbeitnehmer zur Folge hat, so stellt das Gesetz bestimmte Ermessensleitlinien auf. Diese Grundsätze muss die Einigungsstelle beachten. Gem. § 112 Abs. 5 BetrVG muss sich demnach die Einigungsstelle insb. von folgenden Grundsätzen leiten lassen:

- Sie soll beim Ausgleich der wirtschaftlichen Nachteile (zB in Form von Einkommensminderung, Wegfall von Sonderleistungen oder Anwartschaften) Leistungen vorsehen, die auch den Begebenheiten des Einzelfalls Rechnung tragen.
- Sie muss die Aussichten der betroffenen Arbeitnehmer auf dem Arbeitsmarkt berücksichtigen. Sie soll sogar Arbeitnehmer, die ein Weiterbeschäftigungsangebot (etwa in einem anderen Betrieb oder Konzernunternehmen) ablehnen, von Sozialplanleistungen ausschließen.
- Fördermöglichkeiten zur Vermeidung von Arbeitslosigkeit aus dem Dritten Sozialgesetzbuch, wie etwa Kurzarbeit, müssen überprüft werden.
- Zudem aber darf die Einigungsstelle bei dem Nachteilsausgleich nicht den Fortbestand des - Unternehmens mit seinen verbliebenen Arbeitsplätzen gefährden.

(2) Ermessensfehler

19 Die Einigungsstelle hat das ihr zustehende Ermessen dann überschritten, wenn in ihrer Entscheidung die Belange von Betrieb und Arbeitnehmer eben nicht mehr angemessen berücksichtigt werden. Eine **Überschreitung des Ermessensspielraums** liegt jedenfalls dann vor, wenn eine sachgerechte Interessenabwägung nicht erkennbar ist oder die Regelung gar objektiv ungeeignet ist.[52]

Die Gerichte überprüfen ausschließlich den Spruch, also das Ergebnis, nicht hingegen die ihm zugrundeliegenden Erwägungen. Sie prüfen also auch nicht, ob oder welche Erwägungen die Einigungsstelle überhaupt angestellt hat (s. Rn 22).

Ermessensfehlerhaft ist eine Entscheidung aber insb. auch dann, wenn die Regelung praktisch untauglich für den Betrieb ist, insb. weil sie den Konflikt zwischen den Betriebspartnern nicht lösen kann.[53] Des Weiteren ist ein Ermessensfehler denkbar, wenn die Entscheidung der Einigungsstelle den Kernbereich des von ihr zu regelnden Mitbestimmungsrechts gänzlich ausspart, etwa weil sie nur allgemeine Grundsätze aufstellt, dann aber die eine Betriebspartei verpflichtet, der anderen Partei eine Betriebsvereinbarung unter Berücksichtigung dieser Grundsätze vorzulegen.[54]

Die Grenze des Ermessens ist auch dann überschritten, wenn der Spruch der Einigungsstelle keine Regelung der mitbestimmungspflichtigen Angelegenheit trifft, sondern die Regelungsbefugnis allein dem Arbeitgeber überlässt.[55]

20 **Beispiele von Ermessensüberschreitung:**

- Der Arbeitgeber wird durch den Spruch verpflichtet, alle Arbeitnehmer für eine Stunde pro Monat unter Fortzahlung der Vergütung von der Arbeit freizustellen als Ausgleich für den Aufwand, der mit bargeldloser Zahlung des Gehalts verbunden sein soll[56] (weil idR gerade bei bargeldloser Zahlung ja eigentlich kein Aufwand für die Arbeitnehmer besteht).
- Ein Sozialplan sieht Abfindungen vor, die sich ausschließlich nach dem Monatseinkommen und der Dauer der Betriebszugehörigkeit richten[57] (weil die Einigungsstelle die Ermessensleitlinien des § 112 Abs. 5 Satz 2 BetrVG gänzlich unberücksichtigt gelassen hat).
- Eine Betriebsvereinbarung über Entlohnungsgrundsätze, durch welche die Festsetzung der Provisionsansprüche ohne Vorgabe irgendwelcher Kriterien allein dem Arbeitgeber überlässt[58] (weil hier das Kernelement der Mitbestimmung, nämlich die Verteilungskriterien, überhaupt nicht geregelt wird).
- Eine Betriebsvereinbarung über Entlohnungsgrundsätze, die sich lediglich auf eine Bandbreitenregelung von Zulagen beschränkt[59] (jedenfalls dann unwirksam, wenn die Bandbreite nicht unerheblich groß ist und keine Kriterien über die Ausschöpfung der Bandbreite festgelegt ist).

In einem Einigungsstellenspruch kann der Arbeitgeber nicht ermächtigt werden, einen Schichtplan ohne Zustimmung des Betriebsrats bis zur Entscheidung der Einigungsstelle vorläufig durchzuführen.

---

52 BAG, 21.9.1993 – 1 ABR 16/93, NZA 1994, 427.
53 LAG Düsseldorf, 9.1.2008 – 2 TaBV 1/08, AE 2008, 308.
54 LAG Hamburg, 12.8.2002 – 7 TaBV 14/00.
55 BAG 17.1.2012 – 1 ABR 45/10, NZA 2012, 687 zu Dienstbekleidung; BAG 9.7.2013 – 1 ABR 19/12, NZA 2014, 99 zur alleinigen Anordnung des Arbeitgebers von Arbeit über das Schichtende hinaus.
56 BAG, 10.8.93 – 1 ABR 21/93, NZA 1994, 326.
57 BAG, 14.9.1994 – 10 ABR 7/94, NZA 1995, 440.
58 BAG, 17.10.1989 – 1 ABR 31/87, DB 1990, 589.
59 BAG, 11.2.1992 – 1 ABR 51/91, DB 1992, 1730.

In Einigungsstellensprüchen zu Arbeitszeitmodellen finden sich vereinzelt Regelungen, wonach bei Krankheiten, Überstunden oder Überschreitungen am Ende der Schicht der Arbeitgeber allein über Dienstplanänderungen oder die Anordnung von Überstunden entscheiden darf oder bei Nichteinigung die Dienstpläne vorläufig alleine durch den Arbeitgeber angeordnet werden dürfen. Die Arbeitgeberseite sieht hier oft die betrieblichen Abläufe gefährdet oder will schlicht häufige Betriebsratssitzungen vermeiden. Solche Regelungen sind aber ermessensfehlerhaft, denn sie berücksichtigen nicht die Belange der Mitarbeiter. Eine einseitige Regelungsbefugnis des Arbeitgebers oder dessen Möglichkeit, eine von § 87 Abs. 1 BetrVG erfasste Maßnahme vorläufig durchzuführen, sieht das Gesetz, so das BAG,[60] im Bereich der sozialen Angelegenheiten nicht vor – und zwar auch nicht in Eilfällen.

(3) Umfang der gerichtlichen Überprüfung des Einigungsstellenspruchs

Eine gerichtliche Überprüfung des Einigungsstellenspruchs auf Ermessensfehler ist nur zeitlich befristet möglich. Ermessensfehler müssen innerhalb einer **Ausschlussfrist** von zwei Wochen ab Zuleitung des Beschlusses der Einigungsstelle gerichtlich geltend gemacht und begründet werden, § 76 Abs. 5 Satz 4 BetrVG (s. Rn 6). 21

Die Gerichte überprüfen im Rahmen der Rechtskontrolle den Spruch der Einigungsstelle lediglich darauf, ob die Einigungsstelle die Grenzen des ihr zustehenden Ermessens überschritten hat. Das ist dann der Fall, wenn eine sachgerechte Interessenabwägung aus ihr heraus nicht erkennbar ist oder wenn die Regelung objektiv ungeeignet ist.[61] Die Rechtskontrolle geht gerade nicht soweit, dass die Gerichte auch noch die dem Spruch zugrunde liegenden Erwägungen überprüfen dürften. Es kommt also bei der Rechtskontrolle gerade nicht darauf an, welche Überlegungen die Einigungsstelle bei ihrer Entscheidungsfindung angestellt hat.[62] 22

Letztlich ist hieraus erkennbar, dass die Gerichte nicht etwa ihr eigenes Ermessen anstelle desjenigen der Einigungsstelle setzen. Sie überprüfen lediglich das Ergebnis. Sie nehmen **keine eigene Ermessensausübung** im Sinne einer Zweckmäßigkeitskontrolle wahr.[63]

cc) (Teil-)Unwirksamkeit

Sind einzelne Regelungen des Einigungsstellenspruchs unwirksam, so stellt sich die Frage, ob bzw wie sich diese **Teilunwirksamkeit** auf den Spruch im Übrigen auswirkt. Grundsätzlich führt eine Teilunwirksamkeit gem. § 139 BGB zur Gesamtnichtigkeit, wenn nicht anzunehmen ist, das die Regelung auch ohne den unwirksamen Teil zustande gekommen wäre. Dies gilt auch für Betriebsvereinbarungen.[64] Letztlich also führen einzelne unwirksame Regelungen dann nicht zur Gesamtunwirksamkeit, wenn 23

60 BAG 9.7.2013 – 1 ABR 19/12, NZA 2014, 99.
61 BAG, 21.9.1993 – 1 ABR 16/93, NZA 1994, 427; BAG, 6.5.2003 – 1 ABR 11/02, NZA 2004, 108.
62 BAG, 24.8.2004 – 1 ABR 23/03, BAGE 111, 225; BAG, 13.2.2007 – 1 ABR 18/06, NZA 2007, 640.
63 Pünnel, Rn 142.
64 BAG, 22.7.2003 – 1 ABR 28/02, NZA 2004, 507; aA Fischer, NZA 1997, 1017, wonach eine Teilunwirksamkeit unter Fortgeltung der Betriebsvereinbarung im Übrigen nicht in Betracht kommen soll.

die Betriebsvereinbarung ohne die unwirksamen Bestandteile noch eine sinnvolle und in sich geschlossene Regelung darstellt.[65]

Beispiele einer Teilunwirksamkeit unter Fortgeltung der Betriebsvereinbarung im Übrigen:

- Unwirksam ist eine Regelung in einem Sozialplan, wonach die Nettovergütung, die Arbeitnehmer nach Ablauf der Kündigungsfrist deshalb beziehen, weil sie mit ihrem Weiterbeschäftigungsverlangen nach § 102 Abs. 5 BetrVG erfolgreich waren, zur Hälfte auf den Abfindungsbetrag angerechnet werden, wenn die Vergütung ohne Gegenleistung der Arbeitnehmer wegen Annahmeverzug erfolgt ist (diese Regelung ist unwirksam, wenn Arbeitnehmer, die tatsächlich weiterbeschäftigt werden, keine Anrechnung erfahren und diese Unterscheidung gegen den Gleichbehandlungsgrundsatz des § 75 Abs. 1 BetrVG verstößt). In Folge der Teilunwirksamkeit entfällt die Anrechnungsklausel, der Sozialplan im Übrigen bleibt wirksam, die betroffenen Arbeitnehmer haben Anspruch auf ungekürzte Sozialplanabfindung.[66]
- Unwirksam ist eine Regelung, wonach Bereitschaftsdienste arbeitszeitrechtlich zur Arbeitszeit gehören sollen (dies ist keine der Mitbestimmung nach § 87 Abs. 1 Nr. 2 und 3 BetrVG zugängliche Regelungsfrage, sondern eine von den Gerichten zu entscheidende Frage der Auslegung arbeitszeitrechtlicher Vorschriften). Die Betriebsvereinbarung im Übrigen bleibt nunmehr weiterhin wirksam, insb. bezüglich der Regelungen über die zeitliche Lage und Höchstanzahl möglicher Bereitschaftsdienste, über den Ausgleichszeitraum von Arbeitszeitkonten, über die Anzahl von Schichten, Dauer von Ruhezeiten und Lage und Dauer von Ruhepausen, wenn sich diese Betriebsvereinbarung auch dann praktizieren lässt, wenn die Bereitschaftsdienste eben nicht zur Arbeitszeit zählen sollte.[67]
- Unwirksam ist eine Regelung, wonach ein im Januar 1977 zugestellter Einigungsstellenspruch über Urlaubsgrundsätze erstmalig zum 31.12.1981 kündbar sein soll (weil die Einigungsstelle hier ihren Ermessensspielraum überschritten hat). Die Betriebsvereinbarung im Übrigen bleibt wirksam, weil sie auch ohne besagte Kündigungsregelung noch eine sinnvolle Regelung darstellt. Anstelle der unwirksamen Regelung tritt die gesetzliche Kündigungsfrist und Nachwirkungsanordnung.[68]
- Unwirksam ist eine Regelung im Rahmen einer Betriebsvereinbarung über den Einsatz einer Telefonanlage iSd § 87 Abs. 1 Nr. 6 BetrVG, wonach der Ausspruch von Abmahnungen der Mitbestimmung des Betriebsrats unterworfen werden sollen (weil der Einigungsstelle über diesen Punkt keine Zuständigkeit zugewiesen ist). Die Regelung im Übrigen ergibt auch ohne den Passus der Mitbestimmungspflicht des Betriebsrats beim Ausspruch von Abmahnungen noch hinreichend Sinn.[69]

24 Erklärt das Arbeitsgericht hingegen den gesamten Spruch der Einigungsstelle rechtskräftig insgesamt für **unwirksam**, so muss das Einigungsstellenverfahren in selber Besetzung fortgesetzt werden, um den ja letztlich nach wie vor bestehenden Konflikt der Betriebsparteien zu lösen.[70] Einer erneuten Bestellung der Einigungsstelle bedarf es daher nicht.

Hat jedoch das Arbeitsgericht den Spruch deshalb für unwirksam erklärt, weil die Einigungsstelle gar nicht zuständig ist, so tritt diese selbstredend hernach nicht wieder zusammen.

Beispiel für eine Gesamtunwirksamkeit: Zur Gänze unwirksam wäre ein Einigungsstellenspruch, der als Prämienlohn schlichtweg 15 % des jeweiligen tariflichen Tabellenentgelts festsetzt. Ein solcher Spruch regelt in unzulässiger Weise die Entgelthöhe unter Verstoß gegen § 77

65 BAG, 15.5.2001 – 1 ABR 39/00, NZA 2001, 1154; BAG, 28.7.1981 – 1 ABR 79/79, DB 1981, 2621.
66 BAG, 24.8.2004 – 1 ABR 23/03, NZA 2005, 302.
67 BAG, 22.7.2003 – 1 ABR 28/02, NZA 2004, 507.
68 BAG, 28.7.1981 – 1 ABR 79/79, DB 1981, 2621.
69 BAG, 30.8.1995 – 1 ABR 4/95, NZA 1996, 218.
70 BAG, 30.1.1990 – 1 ABR 2/89, NZA 1990, 571; BAG, 22.1.1980 – 1 ABR 28/78, DB 1980, 1402; Jaeger, Rn 57; Grass, Rn 72; Fitting, § 76 Rn 108.

Abs. 3 BetrVG und gerade nicht einen Entlohnungsgrundsatz iSd § 87 Abs. 1 Nr. 10 BetrVG. Ein derartiger Spruch wäre insgesamt unwirksam, weil Ziel der Einigungsstelle nicht etwa das Aufstellen von Entlohnungsgrundsätzen für einen Leistungslohn war, sondern lediglich eine nicht mitbestimmungspflichtige Änderung eines bisherigen Prämienlohns.[71]

Eine Fortgeltung des Spruchs im Übrigen kommt hier nicht in Betracht.

2. Überprüfung inzident im Urteilsverfahren

Mit Ausnahme des Ermessensfehlgebrauchs können sämtliche Rechtsverstöße der Ei- 25
nigungsstelle auch inzident oder als Vorfrage im Rahmen eines **Urteilsverfahrens** geltend gemacht werden. Denkbar ist dies insb. bei Klagen auf Zahlung einer Abfindung aus einem Sozialplan.

Beispiel: Ein Sozialplan enthält eine Regelung, wonach die Nettovergütung, die Arbeitnehmer nach Ablauf der Kündigungsfrist deshalb beziehen, weil sie mit ihrem Weiterbeschäftigungsverlangen nach § 102 Abs. 5 BetrVG erfolgreich waren, zur Hälfte auf den Abfindungsbetrag angerechnet wird, wenn die Vergütung ohne Gegenleistung der Arbeitnehmer wegen Annahmeverzug erfolgt ist. Arbeitnehmer hingegen, die weiterbeschäftigt werden, erfahren keine Anrechnung. Diese Regelung ist unwirksam, weil diese Unterscheidung gegen den Gleichbehandlungsgrundsatz des § 75 Abs. 1 BetrVG verstößt.[72] Ein von der Anrechnung betroffener Arbeitnehmer macht nun mittels Zahlungsklage den angerechneten Betrag der Abfindung im Urteilsverfahren geltend. Hier ist die Frage der Wirksamkeit der Anrechnungsklausel inzidenter zu prüfen.

Ist bereits ein Beschlussverfahren rechtshängig zur Überprüfung des betroffenen Einigungsstellenspruchs, so kann es sich u.U. empfehlen, das Urteilsverfahren bis zu einer rechtskräftigen Entscheidung im Beschlussverfahren auszusetzen.[73] Ob dies sinnvoll ist, wird letztlich vom Begehren des Klägers und von der betroffenen Regelung in der Betriebsvereinbarung abhängen.

71 BAG, 15.5.2001 – 1 ABR 39/00, NZA 2001, 1154.
72 BAG, 24.8.2004 – 1 ABR 23/03, NZA 2005, 302.
73 Grass, Rn 62; Fitting, § 76 BetrVG Rn 97, die beide eine Aussetzung zwingend vorsehen wollen, weil nur im Beschlussverfahren die Frage der (Un-)Wirksamkeit des Spruchs an der Rechtskraft der Entscheidung teilnimmt. Dies ist zutreffend, würde jedoch eine inzidente-Entscheidung im Urteilsverfahren nicht hindern. Zwingend ist eine Aussetzung gem. §§ 148 ZPO ff. jedenfalls nicht vorgesehen.

§ 10 Die Kosten des Verfahrens vor der Einigungsstelle

1. Rechtsgrundlagen

a) Grundsätze

1 Mit dem zum 1.1.1989 in Kraft getretenen § 76 a BetrVG hat der Gesetzgeber geregelt, dass die Kosten der Einigungsstelle der Arbeitgeber trägt. Letztendlich war die Einfügung des § 76 a BetrVG eine gesetzgeberische Reaktion auf die früher von der Rechtsprechung an die Bundesrechtsanwaltsordnung angelehnten Honorare der Vorsitzenden und Beisitzer, die in vereinzelten bekannt gemachten Fällen zu völlig überhöhten Honoraren von 80.000 – 100.000 DM führten.[1] Solche Einzelfälle sollten nicht darüber hinweg täuschen, dass die Einigungsstelle auch erhebliche unternehmensberatende Elemente besitzt – und dabei viel günstiger ist als die klassischen Sätze der Consulter.[2]

2 Der Gesetzgeber hat dabei klargestellt, dass alle Kosten der Einigungsstelle, also vom Sachaufwand über Raummiete, Schreibkraft, Verpflegung über die Reisekosten, Telefon, Porto und Kopierkosten der Einigungsstellenmitglieder bis hin zu dem Vergütungsanspruch des Vorsitzenden und der außerbetrieblichen Beisitzer vom Arbeitgeber zu tragen sind. Die Kosten sind einzeln aufzuschlüsseln, soweit keine Pauschalierung vereinbart wurde.[3] Die betriebsangehörigen Beisitzer erhalten jedoch keine Vergütung, § 76 a Abs. 2 Satz 1 BetrVG.

3 Diese umfassende Kostentragungspflicht wird nur durch den **Grundsatz der Erforderlichkeit und Angemessenheit** eingeschränkt. Danach hat auch die Einigungsstelle zu beachten, ob die Kosten im Zeitpunkt ihrer Entstehung bei objektiver Betrachtung für erforderlich gehalten werden durften. Da die Einigungsstelle hier einen gewissen Beurteilungsspielraum besitzt,[4] ist dies nur dann nicht der Fall, wenn die Einigungsstelle Maßnahmen ohne hinreichenden Anlass oder mutwillig durchführen würde.

b) Fehlen einer Rechtsverordnung

4 Der Gesetzgeber hat in § 76 a Abs. 4 BetrVG dem Bundesministerium für Arbeit und Soziales die Möglichkeit eingeräumt, durch Rechtsverordnung die Vergütung des Vorsitzenden und der nicht betriebsangehörigen Beisitzer zu regeln. Damit sollte der immer wieder von Arbeitgeberseite an der Vergütungspraxis gerügten Kritik Rechnung tragen werden. Trotz Inkrafttretens dieser Vorschrift am 1.1.1989 fehlt fast 30 Jahre später immer noch der Erlass einer solchen Rechtsverordnung. Es gab lediglich einen Entwurf vom 13.6.1990, der eine Vergütung nach Stundensätzen vorsah.[5]

5 Der Erlass ist auch nicht nötig. Die Orientierung an den vom Gesetzgeber zeitgleich in Absatz 4 für eine solche Rechtsverordnung festgelegten Kriterien

---

1 Vgl Nachweise bei Bengelsdorf, Die Vergütung der Einigungsstellenmitglieder, NZA 1989, 489.
2 So völlig zutreffend auch DKK Berg § 76 a Rn 6
3 DKK Berg § 76 a Rn 11 m.w.N.
4 BAG, 13.11.1991 – 7 ABR 70/90, DB 1992, 789.
5 Joost in: Münchner Handbuch zum Arbeitsrecht Band 3, § 312 BGB Rn 115.

- Erforderlicher Zeitaufwand
- Schwierigkeit der Streitigkeit
- Verdienstausfall

unter Berücksichtigung der berechtigten Interessen des Arbeitgebers und der Mitglieder der Einigungsstelle hat die Praxis längst umgesetzt. Durch die nähere Ausgestaltung in der Rechtsprechung hat sich ein bewährtes System entwickelt, das eine solche Verordnung überflüssig macht.

c) Honorarregelungen in Tarifverträgen und Betriebsvereinbarungen

Der Gesetzgeber hat in § 76 a Abs. 5 BetrVG den Tarifvertragsparteien und sogar auf einem Tarifvertrag beruhend bzw bei Fehlen eines Tarifwerkes den Betriebsparteien die Möglichkeit eröffnet, zugunsten oder zuungunsten des Vorsitzenden und der außerbetrieblichen Beisitzer von den gesetzlichen Vorgaben der Abs. 3 und 4 abzuweichen. Damit kann der Vergütungsanspruch für den Vorsitzenden und die Beisitzer deutlich reduziert werden oder aber die Höchstgrenzen der jeweiligen Honorare abweichend vom gesetzlichen Leitbild festgelegt werden. Auch die Aufstellung eigener Berechnungsgrundsätze ist denkbar, nicht jedoch eine Abweichung vom Grundsatz der Kostentragungspflicht des Arbeitgebers und der Vergütungsfreiheit der betriebsangehörigen Beisitzer. 6

In der Praxis hat die Vorschrift keine Bedeutung erlangt, was wiederum Indiz dafür ist, dass der Erlass einer Rechtsverordnung wenig notwendig erscheint, wenn selbst die Tarifvertragsparteien hier keinen Handlungsbedarf sehen. 7

2. Honorar des Einigungsstellenvorsitzenden

Die Tätigkeit des Einigungsstellenvorsitzenden ist kein unentgeltliches Ehrenamt. Der Vorsitzende hat vielmehr nach § 76 a Abs. 3 BetrVG einen **gesetzlichen Vergütungsanspruch**, der sich unmittelbar gegen den Arbeitgeber richtet. 8

a) Vergütung

Solange keine Höchstsätze durch eine Rechtsverordnung festgelegt sind, ist das Honorar des Vorsitzenden nach den Kriterien Zeitaufwand, Schwierigkeit und Verdienstausfall festzulegen. Dabei ist zwischen zwei rechtliche Grundlagen klar zu unterscheiden, auch wenn die Praxis diese Differenzierung oft nicht erkennen lässt: 9

- einzelvertragliche Vereinbarung mit dem Arbeitgeber
- einseitige Bestimmung durch den Vorsitzenden.

Trifft der Vorsitzende mit dem Arbeitgeber eine **einzelvertragliche Vereinbarung** über die Höhe des Honorars, dann ist er dabei nicht an die gesetzlichen Vorgaben des § 76 a Abs. 4 Satz 3 BetrVG gebunden.[6] 10

Fehlt es an einer solchen ausdrücklichen Vereinbarung, setzt der Vorsitzende sein Honorar entsprechend der gesetzlichen Kriterien nach **billigem Ermessen** iSv § 315 Abs. 1 BGB fest. 11

6 LAG Rheinland-Pfalz, 24.5.1991 – 6 TaBV 14/91, DB 1991, 1992; Weber/Ehrich, S. 87; Lunk/Nebendahl, Die Vergütung der außerbetrieblichen Einigungsstellenbeisitzer, NZA 1990, 921.

12 Der Honoraranspruch des Vorsitzenden ist dabei nicht durch einen Höchstbetrag begrenzt,[7] da es den Arbeitsgerichten wegen der bewussten Gesetzeslücke verwehrt ist, diese anstelle des Bundesministeriums für Arbeit und Soziales auszufüllen.

13 Der Honoraranspruch des Einigungsstellenvorsitzenden kann sich wegen der seit 1.1.1989 geltenden gesetzlichen Bemessungskriterien weder am Rechtsanwaltsvergütungsgesetz (früher BRAGO) oder den Gebühren aus Streitwerten berechnen,[8] noch ist er durch diese in der Höhe beschränkt.

14 Auch die teilweise vertretene Auffassung,[9] die Stundensätze des JVEG oder zumindest dessen Höchstgrenze seien analog anzuwenden, wird von der hM in Literatur[10] und Rechtsprechung[11] zu Recht abgelehnt. Die Tätigkeit der Einigungsstelle ist aufgrund der häufig umfangreichen und komplexen Betriebsvereinbarungen mit der eines Sachverständigen nicht vergleichbar, der zu Details eines konkreten Lebenssachverhaltes Ausführungen macht. Eher wäre die Einigungsstelle insb. bei wirtschaftlich relevanten Streitfragen mit der Rolle eines Unternehmensberaters[12] vergleichbar, wobei in dieser Branche bekanntlich deutlich höhere Honorare verlangt werden.

15 Die Nähe zu einer beratenden Tätigkeit einerseits und die zunehmende Liberalisierung der Honorargestaltung für Rechtsanwälte andererseits zeigen mehr denn je, dass Festlegungen von **Tages- und Stundensätzen** den gesetzlichen Anforderungen Zeitaufwand, Schwierigkeit und Verdienstausfall am ehesten gerecht werden. Dabei kommt natürlich dem Zeitaufwand eine besondere Bedeutung zu. Neben der eigentlichen Dauer der Sitzungen gehören auch die Vorbereitung und Recherche, das Abfassen des Protokolls und die Begründung des Einigungsstellenspruchs zum erforderlichen Zeitaufwand.

16 Orientiert sich der Vorsitzende an **Stundensätzen**, so wird der Schwierigkeit der Einigungsstelle durch die Höhe des Stundensatzes Rechnung getragen. Mittlerweile liegt der in der Praxis übliche Rahmen bei mittlerweile **150 EUR – 400 EUR** pro Stunde, also einem mittleren Stundensatz von rund 275 EUR.[13] In einigen Großstädten mit Sitz börsennotierter Unternehmen ist der übliche Stundensatz sogar eher höher. Zwei Entwicklungen darf man dabei nämlich nicht verkennen:

17 Die teilweise früher in der Literatur und Rechtsprechung diskutierten mittleren Stundensätze von 300 DM[14] oder Vergütungsrahmen von 150 DM bis 500 DM[15] lagen vor der Umstellung auf den Euro und dem Inkrafttreten des RVG.

7 BAG, 28.8.1996 – 7 ABR 42/95, DB 1997, 283.

8 Kamphausen, Pauschalisierung oder Stundensatz – Vergütung für außerbetriebliche Beisitzer in Einigungsstellen, NZA 1992, 55; Tschöpe, Die Bestellung der Einigungsstelle – Rechtliche und taktische Fragen, NZA 2004, 945.

9 Lunk/Nebendahl, Die Vergütung der der außerbetrieblichen Einigungsstellenbeisitzer, NZA 1990, 921; Löwisch, Die gesetzlichen Regelungen der Einigungsstellenkosten (§ 76 a BetrVG nF), DB 1989, 223 mwN.

10 DKK/Berg, § 76 a BetrVG Rn 23; Fitting, § 76 a BetrVG Rn 24; Pünnel/Isenhardt, Die Einigungsstelle des BetrVG 1972, Rn 173 f; Kamphausen, aaO; Kraushaar, Die Einigungsstelle, AiB 1996, 282.

11 BAG, 28.8.1996 – 7 ABR 42/95, DB 1997, 283; LAG Hessen, 26.9.1991 – 12TaBV 73/91, NZA 1992, 469; LAG München, 11.1.1991 – 2 TaBV 57/90, AiB 1991, 382.

12 Däubler, Das Arbeitsrecht I Rn 952; Bauer/Röder, Problemlose Einigungsstellenkosten, DB 1989, 224, 225; DKK/Berg, § 76 a BetrVG Rn 23.

13 So auch ErfK/Kania BetrVG § 76 a Rn 5 mit 200 – 400 EUR

14 BAG, 28.6.1996, DB 1997, 283 (284).

15 Kraushaar, aaO; Pünnel/Isenhardt, aaO Rn 176.

Wenn heute die arbeitsrechtliche Erstberatung eines Anwaltes nach dem RVG in einer vergleichsweise einfachen Problematik bis zu 190 EUR netto betragen darf, wird man einen Stundensatz eines Einigungsstellenvorsitzenden bei einer durchschnittlichen Schwierigkeit höher ansetzen müssen. 18
Zum zweiten wird bei den spezialisierten Kanzleien im Arbeitgeber- wie Arbeitnehmerlager längst auf Stundensatz-Basis gearbeitet. Dabei betrugen bereits 2005 die Stundensätze nach einer Untersuchung durchschnittlich zwischen 221 EUR und 306 EUR.[16] Der EuGH[17] betrachtete in einem Fall aus Deutschland den Stundensatz eines Anwalts bereits im Jahr 2008 mit 300 EUR für angemessen, damit dürfte nach der 70 %-Regelung ein Stundensatz von 400 EUR heute angemessen sein.

b) Verdienstausfall

Da der Einigungsstellenvorsitzende aber nicht zwangsläufig ein Richter sein muss, sondern durchaus ein Fachanwalt für Arbeitsrecht sein kann, muss auch im Hinblick auf das Kriterium **Verdienstausfall** ein Stundensatz zu Grunde gelegt werden, den ein Fachanwalt in seiner Kanzlei hätte erzielen können. 19

Oftmals wird der erforderliche Zeitaufwand bereits bei der Vorbereitung der Einigungsstelle für alle Beteiligten erkennbar. Vielfach bemessen daher Vorsitzende ihr Honorar nicht nach Stunden, sondern pauschaliert nach **Tagessätzen.** Hierbei sind Beträge von 2.000 EUR bis 4.000 EUR für den ersten Sitzungstag (inklusive der Vorbereitungszeit) und für jeden weiteren Tag dann mit einem Abschlag von rund 25 % üblich. 20

Durch die gesetzliche Regelung des Vergütungsanspruches ist auch eine frühere Diskussion um die Erstattungsfähigkeit der **Mehrwertsteuer** entfallen.[18] Der mehrwertsteuerpflichtige Vorsitzende kann diese mit seinem Honorar gegenüber dem Arbeitgeber geltend machen. 21

Hinweis: Viele Einigungsstellenvorsitzende aus der Richterschaft sehen die Honorarfrage als eine eher peinliche Feilscherei an und lassen oftmals zu Beginn der Einigungsstelle eine Transparenz in dieser Frage vermissen. Um auch Ängsten auf Betriebsratsseite vorzubeugen, es gäbe hier Absprachen, die die Verhandlungsführung beeinflussen könnten, sollten Einigungsstellenvorsitzende bereits zu Beginn die Honorarvorstellungen klar definieren und bekannt geben.

c) Aufwendungsersatz

Auch die dem Vorsitzenden entstandenen **Aufwendungen** und **Auslagen** gehören zu den Kosten der Einigungsstelle. Dazu zählen insb. Fahrtkosten, Übernachtungskosten, Telefon- und Kopierkosten.[19] Voraussetzung ist stets, dass diese Kosten durch die Teilnahme an der Einigungsstelle entstanden sind. Diese Kosten können auch durch gesonderte Vereinbarung zwischen dem Vorsitzenden und dem Arbeitgeber abgerechnet werden. 22

16 JUVE Rechtsmarkt 11/05 S. 14.
17 EuGH – Beschluss v. 8.10.2008 – T-324/00 DEP.
18 BAG, 14.2.1996 – 7 ABR 24/95, NZA 1996, 1225 unter Aufgabe der früheren Rechtsprechung; Weber/Ehrich, S. 87.
19 BAG, 14.2.1996, NZA 1996, 1225.

3. Honorar der Beisitzer

23 Beim Honoraranspruch der Beisitzer ist zwischen den betriebsangehörigen und den betriebsfremden klar zu unterscheiden.

a) Betriebsangehörige Beisitzer

24 Betriebsangehörige Beisitzer üben in der Einigungsstelle ein **unentgeltliches Ehrenamt**[20] aus. Sie haben daher nach § 76 a BetrVG keinen Anspruch auf eine gesonderte Vergütung, egal ob sie vom Betriebsrat oder vom Arbeitgeber bestellt wurden. Von der zwingenden Regelung des Abs. 2 kann weder im Einzelfall noch durch Tarifvertrag abgewichen werden. Eine abweichende Honorarzusage ist wegen Gesetzesverbot nichtig.[21]

25 Im Falle des Ausscheidens aus dem Betrieb zwischen zwei Einigungsstellensitzungen erhält der ehemalige betriebsangehörige Beisitzer ab diesem Zeitpunkt anteilig Honorar[22] für die danach erbrachte Tätigkeit.

26 Betriebsangehörige Mitglieder der Einigungsstelle haben einen Anspruch darauf, für Zeiten als Beisitzer von der beruflichen Tätigkeit ohne Minderung des Arbeitsentgeltes freigestellt zu werden. Durch den Verweis auf § 37 Abs. 2 und 3 BetrVG stellt der Gesetzgeber klar, dass dieselben Grundsätze gelten wie für die Betriebsratsarbeit. Die Tätigkeit in der Einigungsstelle wird also wie die geschuldete Arbeitsleistung nach dem Lohnausfallprinzip vergütet, einschließlich sämtlicher Zulagen und Zuschläge, aber auch Minderlohns wie Schlechtwettergeld.[23] Bei Sitzungen außerhalb der individuellen Arbeitszeit des Arbeitnehmers besteht ein Anspruch auf Freizeitausgleich, ersatzweise – wenn dieser aus betriebsbedingten Gründen nicht vor Ablauf eines Monats möglich ist – auf Überstundenvergütung.

27 Dieselben Grundsätze gelten auch für Einigungsstellen zur Beilegung von Streitigkeiten zwischen Arbeitgeber und Gesamtbetriebsrat oder Konzernbetriebsrat für die jeweiligen unternehmens- bzw konzernangehörigen Mitglieder der Einigungsstelle. Davon zu unterscheiden ist jedoch der Fall des Beisitzers einer Einigungsstelle auf Betriebsebene, der zwar dem Unternehmen oder Konzern, jedoch einem anderen Betrieb angehört. Dieser fällt nicht unter Abs. 2 und hat daher einen Vergütungsanspruch[24] als betriebsfremdes Mitglied der Einigungsstelle.

b) Betriebsfremde Beisitzer

28 Neben dem Vorsitzenden haben die Mitglieder der Einigungsstelle, die nicht dem Betrieb angehören, einen **gesetzlichen Vergütungsanspruch**, ohne dass hierüber eine gesonderte Vereinbarung getroffen sein muss. Allerdings ist Entstehungsvoraussetzung die wirksame Bestellung zum Mitglied der Einigungsstelle, wobei es nicht auf die Zustimmung des Arbeitgebers ankommt. Für vom Betriebsrat bestellte Beisitzer wird

20 Fitting, § 76 a BetrVG Rn 11; DKK/Berg, § 76 a BetrVG Rn 14; ErfK/Kania § 76 a BetrVG Rn 3.
21 Fitting, § 76 a BetrVG Rn 11; Weber/Ehrich, S. 92.
22 ArbG Düsseldorf, 24.6.1992 – 4 BV 90/92, AiB 1993, 49.
23 BAG, 31.7.1986 – 6 AZR 298/84, DB 1987, 1845.
24 LAG Hessen, 28.8.2003 – 9 TaBV 40/03, AuR 2004, 477; DKK/Berg, § 76 a BetrVG Rn 16; Fitting, § 76 a BetrVG Rn 13; aA LAG Niedersachsen, 18.8.1987 – 1 TaBV 6/87, NZA 1988, 290. Kleinebrink, ArbRB 2017, 29ff. spricht sich gegen das Modell „außerbetrieblicher Beisitzer aus einem Betriebsrat" aus.

daher von der Rechtsprechung des BAG[25] verlangt, dass ein nach dem in § 33 BetrVG vorgegebenen Verfahren wirksam gefasster **Betriebsratsbeschluss** vorliegt. Stellt sich heraus, dass dieser Bestellungsbeschluss unwirksam war, so kann der Mangel jedoch durch einen nachträglichen Beschluss geheilt werden. Das BAG lässt eine solche nachträgliche Genehmigung zu, sogar noch nach Beendigung des Einigungsstellenverfahrens.[26] Lässt ein Arbeitgeber die Teilnahme eines Betriebsratsbeisitzers über Monate und mehrere Sitzungen hinweg unbeanstandet zu, ist das Bestreiten eines wirksamen Bestellungsbeschlusses des Betriebsrats im Verfahren um das Honorar rechtsmissbräuchlich und unbeachtlich.[27]

Hinweis: Der externe Beisitzer auf Betriebsratsseite sollte sich daher immer im eige- 29
nen Interesse von der ordnungsgemäßen Beschlussfassung des Betriebsrates überzeugen, soweit er diese beurteilen kann.

Dagegen ist die Frage der Erforderlichkeit für die Bestellung eines betriebsfremden 30
Mitglieds der Einigungsstelle unbeachtlich. Dem Honoraranspruch kann also arbeitgeberseits nach Abschluss des Einigungsstellenverfahrens nicht entgegen gehalten werden, der Betriebsrat hätte kostengünstiger einen betriebsangehörigen sachkundigen Beisitzers bestellen können.[28] Diese Fragen sind im Vorfeld zu klären, nicht jedoch im Rahmen des Anspruchs auf die Vergütung der ja tatsächlich erbrachten Tätigkeit.

Besondere Probleme bereitet manchem Arbeitgeber der Honoraranspruch eines exter- 31
nen Beisitzers, wenn dieser hauptamtlich als Gewerkschaftssekretär tätig ist, insb. wenn er für den Betrieb zuständig ist. Dies umso mehr dann, wenn eine gewerkschaftsinterne Empfehlung existiert, dass der Beisitzer Teile des Honorars an die Gewerkschaft oder eine gewerkschaftsnahe Stiftung abführen soll.

Die Auffassung, wonach ein hauptberuflich bei einem der Sozialpartner (Gewerk- 32
schaft und in der Konsequenz auch Arbeitgeberverband) beschäftigter außerbetrieblicher Beisitzer keinen Verdienstausfall erleide und deswegen de facto unter Verstoß gegen das koalitionsrechtliche Prinzip der Gegnerunabhängigkeit eine verdeckte Finanzierung der Gewerkschaftsarbeit vorliege,[29] ist unzutreffend.

Das BAG[30] hat richtig erkannt, dass die Mitwirkung an betriebsinternen Schlich- 33
tungsverfahren nicht zum Kreis der im BetrVG geregelten typischen betriebsverfassungsrechtlichen Aufgaben der Gewerkschaften gehört. Auch ein Gewerkschaftssekretär erbringt durch seine organschaftliche Mitwirkung in einem Einigungsstellenverfahren eine Dienstleistung als Privatperson. Ob er die ihm hierfür zustehende Vergütung aufgrund interner Empfehlungen oder Richtlinien ganz oder teilweise der Gewerkschaft zur Verfügung stellt, ist im Verhältnis zum Arbeitgeber ohne Belang.

25 BAG, 19.8.1992 – 7 ABR 58/91, NZA 1993, 710.
26 BAG, 10.10.2007 – 7 ABR 51/06, NZA 2008, 369. So auch BAG, 22.11.2017 – 7 ABR 46/16.
27 LAG Hessen, Beschluss v. 11.12.2008 – 9 TaBV 196/08, BeckRS 2011, 71713.
28 LAG Rheinland-Pfalz, 24.5.1991 – 6 TaBV 14/91, DB 1991, 1992; Kamphausen, aaO. Womöglich neu aufgerollt durch die Entscheidung des LAG Nürnberg, 19.9.2017 – 2 TaBV 75/16.
29 So Pünnel/Isenhardt, aaO Rn 183.
30 Zuletzt BAG, 14.12.1988 – 7 ABR 73/87, NZA 1989, 515; so auch die hM DKK/Berg, § 76a BetrVG Rn 18; Fitting, § 76a BetrVG Rn 16; Weber/Ehrich, S. 89 mwN.

34 Der Gesetzgeber verlangt in § 76 Abs. 4 Satz 4 BetrVG zwingend, dass das Honorar der betriebsfremden Beisitzer zwingend **niedriger bemessen** sein muss als die Vergütung des Vorsitzenden. Nähere prozentuale Vorgaben enthält die Vorschrift nicht. Die bereits vor der gesetzlichen Neuregelung üblichen Grundsätze von 7/10 des Vorsitzendenhonorars wurden vom BAG[31] auch nach Inkrafttreten des § 76 a BetrVG als sachgerecht angesehen. In der Praxis ist diese Formel auch weiterhin üblich und allgemein anerkannt,[32] weil damit dem höheren Vorbereitungs- und Protokollierungsaufwand des Vorsitzenden Rechnung getragen wird.

35 Dennoch sind **Ausnahmen** von dieser Faustformel in begründeten Fällen möglich,[33] insb. höhere Sätze. Die 70 %-Regelung kann nämlich nur dann interessengerecht sein, wenn die Vergütung des Vorsitzenden die Kriterien Zeitaufwand, Schwierigkeit und Verdienstausfall sachgerecht berücksichtigt hat. Ein Beisitzer, bei dem als Experte ein außergewöhnlicher Vorbereitungs- oder Zeitaufwand in bestimmten Fragestellungen anfällt, kann einen höheren Honoraranspruch immer noch damit begründen, dass erst einmal die gesetzlichen Kriterien für ihn maßgeblich sind und die 70 %-Formel nur für den üblicherweise anfallenden Aufwand angemessen ist.

Beispiel: In einem Einigungsstellenverfahren mit dem Regelungsgegenstand Beginn und Ende der täglichen Arbeitszeit einschließlich der Verteilung auf die Wochentage wird in einem großen Privatkrankenhaus von Arbeitgeberseite der Dienstplanverantwortliche, von Betriebsratsseite ein freiberuflicher Dienstplanberater benannt. Im Laufe der ersten Sitzung wird klar, dass diese beiden Beisitzer erst einmal alle im Haus existierenden Rahmendienstpläne samt der Personalvorhaltung neu kalkulieren müssen, damit darauf basierend eine Betriebsvereinbarung formuliert werden kann. Bis zur nächsten Sitzung müssen die beiden Beisitzer sich 12 mal treffen, um diese Grundlagen zu erarbeiten. Hier würde eine Orientierung an dem Honorar des Vorsitzenden dem erhöhten Zeitaufwand des betriebsfremden Beisitzers nicht gerecht.

36 Von solchen Ausnahmen abgesehen verstößt allerdings die Gewährung unterschiedlich höhere Vergütungen für die Beisitzer auf Arbeitgeber und Betriebsratsseite gegen den Paritätsgrundsatz und das Benachteiligungsverbot des § 78 Abs. 2 BetrVG.[34] Gerade der Betriebsrat ist darauf angewiesen, dass auch auf seiner Seite sachkundige und qualifizierte Mitglieder der Einigungsstelle tätig werden. Ein Arbeitgeber würde durch höhere Vergütungszusagen gegenüber den Beisitzern auf seiner Seite letztendlich dokumentieren, dass er den Schutzzweck der Begrenzung der Kosten der Einigungsstelle gerade nicht benötigt.

37 Die teilweise dennoch immer wieder festzustellenden Ungleichbehandlungen, nämlich eine höhere Honorierung der Beisitzer auf der Arbeitgeberseite quasi „hinter dem Rücken des Betriebsrates“ sollten gut beratene Arbeitgeber ebenso unterlassen wie Versuche dem Einigungsstellenvorsitzenden bei Zufriedenheit mit seiner Arbeit eine höhere Vergütung in Aussicht zu stellen. Zum einen ist dies ein klarer Verstoß gegen § 78 Abs. 2 BetrVG, zum anderen nach § 119 Abs. 1 Nr. 3 BetrVG auch strafbar. Be-

31 BAG, 14.2.1996 – 7 ABR 24/95, NZA 1996, 1225.

32 LAG Hessen, 26.9.1991 – 1 2 TaBV 73/91, NZA 1992, 469; LAG München, 11.1.1991 – 2 TaBV 57/90, BB 1991, 551; LAG Hamm, 15.1.1991 – 1 3 TaBV 112/90, AuR 1991,220; LAG Rheinland-Pfalz, 24.5.1991 – 6 TaBV 14/91, DB 1991, 1992; DKK/Berg, § 76 a BetrVG Rn 25 mwN.

33 So auch Fitting, § 76 a BetrVG Rn 25.

34 BAG, 20.2.1991 – 7 ABR 6/90, NZA 1991, 651; DKK/Berg, § 76 a BetrVG Rn 26; Löwisch, aaO; Pünnel-Isenhardt, aaORn 187; Fitting, § 76 a BetrVG Rn 26; aA Lunk/Nebendahl, aaO.

denklich ist dabei, wenn selbst in der Literatur[35] eine solche Vorgehensweise quasi als wenig risikoreich dargestellt wird, denn dem Betriebsrat wird sehr wohl ein Auskunftsanspruch über das an jeden einzelnen Beisitzer und den Vorsitzenden gezahlte Honorar zuerkannt.[36]

Beispiel: Honorarabrechnung betriebsfremder Beisitzer Betriebsrat der Fa. Fleißig

Zur Vorlage beim Arbeitgeber gem. § 76 a BetrVG

Kostenrechnung

Rechnungsnummer: 34/09	
Rechnungsgegenstand: Einigungsstelle „Entlohnungsgrundsätze"	
Tätigkeitszeitraum: 15.11.2008 – 14.1.2009	
Aktenzeichen: 774/08	
Beisitzertätigkeit des Herrn RA Müller bei der Einigungsstelle am 14.12.2008	
70 % des Honorars des Einigungsstellenvorsitzenden Maier	1.750,00 EUR
Post- und Telekommunikationsentgelt	20,00 EUR
Fahrtkosten (80 km * 2 = 160 km * 0,30 EUR)	48,00 EUR
	1.818,00 EUR
Beisitzertätigkeit des Herrn RA Müller bei der Einigungsstelle am 13.1.2009	
70 % des Honorars des Einigungsstellenvorsitzenden Maier	1.750,00 EUR
Post- und Telekommunikationsentgelt	20,00 EUR
Fahrtkosten (80 km * 2 = 160 km * 0,30 EUR)	48,00 EUR
	1.818,00 EUR
Zwischensumme:	3.636,00 EUR
+ 19 % Mehrwertsteuer	690,84 EUR
Gesamtbetrag	4.326,84 EUR

c) Sonderfall: Rechtsanwalt als Beisitzer

Auch für den betriebsfremden Rechtsanwalt in der Funktion des Beisitzers stellt 38 § 76 a Abs. 3 BetrVG die Anspruchsgrundlage für den Honoraranspruch dar. Insofern bestehen keine Sonderregelungen. Der Rechtsanwalt wird nämlich (im Gegensatz zum Verfahrensbevollmächtigten) nicht in seiner Eigenschaft als Anwalt, sondern aufgrund eines eigenen betriebsverfassungsrechtlichen, höchstpersönlichen und weisungsfreien Amtes der Betriebsverfassung tätig. Sein Honoraranspruch richtet ich daher auch nicht streitwertabhängig nach dem RVG, sondern einzig nach den Kriterien des § 76 a Abs. 3 Satz 2 BetrVG.

Wie für alle anderen sachkundigen betriebsfremden Mitglieder der Einigungsstelle ist 39 sein Honorar nach der oben beschriebenen Formel mit 70 % des mit dem Einigungsstellenvorsitzenden vereinbarten oder von diesem festgesetzten Honorars zu ermitteln. Dabei wird regelmäßig den Kriterien Verdienstausfall, Zeitaufwand und Schwierigkeit angemessen Rechnung getragen und gleichzeitig die Vorgabe der geringeren Honorierung erfüllt. Der Rechtsanwalt als Beisitzer kann daher nicht 70 % des Stundensatz des Vorsitzenden in Rechnung stellen, aber fast doppelt so viele Stunden,[37] er ist vielmehr

35 Pünnel-Isenhardt, aaO Rn 188.
36 DKK/Berg, § 76 a BetrVG Rn 26.
37 LAG Köln, Beschluss v. 29.10.2014 – 11 TaBV 30/14 , BeckRS 2015, 67351.

auf die 70 % des Gesamthonorars reduziert. Eine mit dem Vorsitzenden während der Sitzung vereinbarte Erhöhung des Honorars wirkt sich auch auf die Beisitzer aus.[38]

40 Die lediglich von Bauer[39] vertretene Auffassung, wonach Arbeitgeber sich idR von besser qualifizierten Anwälten vertreten lassen und diesen wegen des größeren Verdienstausfalls im Vergleich zu Richtern ein höherer Vergütungsanspruch zustehen muss, stellt eine mit dem Einigungsstellenverfahren nicht vereinbare Disqualifizierung der übrigen Beisitzer dar. Der Zeitaufwand und die Schwierigkeit der Streitigkeit sind nämlich für alle Beisitzer gleich.[40] Bei dem Kriterium des Verdienstausfalls kann aber auch bei Rechtsanwälten nicht auf die für diesen Anwalt üblichen Stundensätze abgestellt werden, denn es ist ja fraglich, ob der Rechtsanwalt tatsächlich zum Zeitpunkt der Sitzung der Einigungsstelle ein anderes Mandat mit genau diesem Stundensatz bearbeitet hätte. Einem sich tatsächlich mit dem Beisitzerhonorar unterbezahlt fühlenden Anwalt hätte es frei gestanden, ein Amt im Organ der Betriebsverfassung abzulehnen oder dem Arbeitgeber stattdessen als Verfahrensbevollmächtigter zur Seite zu stehen. Auch bei einer faktischen Miterledigung eines anderweitig anhängigen Verfahrens durch den Abschluss einer Betriebsvereinbarung in der Einigungsstelle entsteht für das anderweitige Verfahren keine Termins- und Einigungsgebühr für die Mitwirkung an dieser Betriebsvereinbarung.[41]

d) Rechtsanwalt als Verfahrensbevollmächtigter

41 Während der Rechtsanwalt als Beisitzer nicht weisungsgebunden sein darf, steht es den Betriebsparteien frei, sich insb. bei rechtlich schwierigen Sachverhalten durch einen Verfahrensbevollmächtigten anwaltlich in der Einigungsstelle vertreten zu lassen (vgl § 2 Rn 82 ff). In dieser Funktion richtet sich die Vergütung des Rechtsanwaltes einzig nach den Vorschriften des RVG bzw einer Honorarvereinbarung. Rechtsgrundlage für die Kostenerstattung des Anwaltes auf der Betriebsratsseite ist insofern § 40 BetrVG. Das bedeutet aber auch, dass die Hinzuziehung eines Verfahrensbevollmächtigten auf Betriebsratsseite bei objektiver Betrachtung **erforderlich** gewesen sein muss, was insb. dann schwer zu begründen sein wird, wenn bereits ein Rechtsanwalt als Beisitzer bestellt ist. Andererseits wird diese Erforderlichkeit aus dem Gesichtspunkt der „Waffengleichheit" dann zu bejahen sein, wenn auch die Arbeitgeberseite sich zusätzlich anwaltlich durch einen Verfahrensbevollmächtigten vertreten lässt.[42]

42 Honorartaktisch kann es daher für den Rechtsanwalt, der für eine der Betriebsparteien bereits im Vorfeld der Einigungsstelle tätig war, durchaus überlegenswert sein, ob er an der Sitzung als Verfahrensbevollmächtigter oder als Beisitzer teilnimmt. Bei wirtschaftlich großer Bedeutung des Regelungsgegenstandes, also zB hoch dotierten Sozialplänen, kann eine Honorierung nach dem RVG aufgrund des Streitwerts für den Rechtsanwalt deutlich interessanter sein als eine Bindung an die 70 %-Regelung des Vorsitzenden-Honorars für die Beisitzer-Tätigkeit.

---

38 LAG Hessen, Beschluss v. 11.06.2012 – 16 TaBV 204/11, BeckRS 2012, 72135.
39 Bauer/Röder, aaO; Bauer, Einigungsstellen – Ein ständiges Ärgernis!, NZA 1992, 435, wobei dieser Beitrag bereits durch den Titel eine gewisse Motivlage erkennen lässt.
40 Zutreffend Friedemann, Rn 672, 673.
41 ArbG Weiden, Beschluss v. 20.3.2012 – 5 BV 30/11, BeckRS 2012, 25921.
42 Pünnel-Isenhardt, aaO, Rn 192.

43 **Beispiel:** Der Betriebsrat fordert für einen Sozialplan eine Dotierung von 600.000 EUR, der Arbeitgeber ist nur bereit 200.000 EUR zur Verfügung zu stellen. Im Rahmen des Einigungsstellenverfahrens wird bereits nach 3 Stunden letztendlich ein Volumen von 500.000 EUR vereinbart. Richtigerweise würde hier der Streitwert als Differenz von 400.000 EUR zugrunde gelegt und als Verfahrensbevollmächtigter würde der Rechtsanwalt daraus nach RVG abrechnen. Der Vorsitzende hat eine Tagespauschale von 3.000 EUR vereinbart, so dass sich der Vergütungsanspruch für den Rechtsanwalt als Beisitzer auf 70 % belaufen würde.

44 Teilweise wird aufgrund dieser Diskrepanz argumentiert, die Kosten des Verfahrensbevollmächtigten müssten dann ebenfalls auf die Höhe der Beisitzer-Honorare gedeckelt werden.[43] Dabei wird jedoch völlig verkannt, dass in der betrieblichen Praxis der Verfahrensbevollmächtigte als Rechtsanwalt üblicherweise schon lange im Vorfeld vor dem endgültigen Scheitern der Verhandlungen auf Seiten einer der Betriebsparteien tätig war. Daher ist es dann nur konsequent, wenn er sein Mandat in der Einigungsstelle fortsetzt, denn dieses löst eventuell ja nicht einmal einen weiteren zusätzlichen Gebührentatbestand aus.

Hinweis: Aufgrund der klar unterschiedlichen Rechtsstellung des Rechtsanwaltes in der Eigenschaft des Beisitzers oder der Verfahrensbevollmächtigten und der als Folge auch unterschiedlichen Honorierungsfragen ist in der Praxis bereits im Vorfeld auf eine klare Definition der Funktion des Rechtsanwaltes zu achten.

e) Aufwendungsersatz

45 Von einem Honorar für die Beisitzertätigkeit ist allerdings der Auslagenersatz zu unterscheiden. Kosten für eine eventuelle Reise, Übernachtung oder Porto- und Fotokopierkosten sind gegen Nachweis vom Arbeitgeber allen Mitgliedern der Einigungsstelle zu erstatten. Hierbei spielt es keine Rolle, ob es sich um betriebsfremde oder betriebsangehörige Mitglieder handelt. Diese tatsächlich entstandenen Aufwendungen und Auslagen gehören zu den Kosten der Einigungsstelle gem. § 76 a Abs. 1 BetrVG. Sie sind dann zu erstatten, wenn sie durch die Teilnahme an der Sitzung entstanden sind.[44]

46 Bei Fahrtkosten von betriebsangehörigen Beisitzern ist zu differenzieren: Erstattungsfähig sind nämlich gerade nicht solche Fahrtkosten, die dem betriebsangehörigen Beisitzer auch ohne die Einigungsstelle entstanden wären. Tagt die Einigungsstelle bspw am Arbeitsort des Beisitzers und hätte der Beisitzer an regulären Arbeitstagen keine Fahrtkostenerstattung erhalten, so sind ihm diese Kosten auch dann nicht zu erstatten, wenn er anstatt seiner vertraglichen Aufgabe die Beisitzertätigkeit übernimmt.

4. Sachkosten

47 Neben den Honoraren des Vorsitzenden und der außerbetrieblichen Beisitzer hat der Arbeitgeber auch die Kosten für den Sachaufwand der Durchführung der Einigungsstelle sowie die durch das oder im Verfahren anfallenden Kosten, insb. beweismittelbedingte, zu tragen. Auch hier gilt im Rahmen der gesetzlichen Regelung, dass der Grundsatz der Erforderlichkeit und Verhältnismäßigkeit zu beachten ist.

43 Weber/Ehrich, S. 29.
44 BAG, 14.2.1996 – 7 ABR 24/95, NZA 1996, 1225.

a) Sachaufwand

48 Im Rahmen der Kosten für die Sitzung der Einigungsstelle sind insb. **Mietkosten** für Räumlichkeiten relevant, wenn keine geeigneten Sitzungs- oder Konferenzzimmer im Betrieb vorhanden sind. Ebenso sind Papier- und Fotokopierkosten vom Arbeitgeber zu tragen.

49 In der Praxis sollte auf Arbeitgeberseite im Rahmen der Vorbereitung geklärt werden, ob der Einigungsstellenvorsitzende oder die Beisitzer der Einigungsstelle eine gesonderte Protokollführung wünschen, so dass arbeitgeberseits eine entsprechende **Schreibkraft** zur Verfügung gestellt wird. Da Einigungsstellen vielfach erst im vorangeschrittenen Tagesablauf oder sogar spät abends Lösungswege erkennen lassen, empfiehlt es sich aus Sicht des Arbeitgebers eine solche Schreibkraft für den Verlauf der Sitzung selbst dann vorzuhalten, wenn der Einigungsstellenvorsitzende das Protokoll per Diktiergerät führt. Kommt nämlich doch ein Kompromiss zustande, kann es sehr hilfreich sein, diesen noch an diesen Tag als Betriebsvereinbarung auszufertigen, ausdrucken zu lassen und in entsprechender Anzahl zu vervielfältigen.

50 Eher akademischer Natur ist der Streit über die Kostentragungspflicht für die **Verpflegung** während der Sitzung. Teilweise wird die Auffassung vertreten, der Arbeitgeber müsse nicht zum Mittag- oder Abendessen bewirten.[45] Dabei wird aber übersehen, dass dann die Mitglieder der Einigungsstelle einen Anspruch auf Kostenerstattung der insofern für jeden Einzelnen notwendigen Verpflegungskosten haben. Arbeitgebern kann nur dringend empfohlen werden, sich hier an die üblichen Gepflogenheiten zu halten und zumindest belegte Brötchen, Gebäck und Getränke zur Verfügung zu stellen oder auch das gemeinsame Essen zu übernehmen. Erfahrungsgemäß dienen solche Unterbrechungen nämlich gerade der ungezwungeneren Sondierung von möglichen Kompromissen oder Lösungsansätzen.

b) Beweismittelkosten

51 Hat die Einigungsstelle im Rahmen einer Beweisaufnahme eine Zeugeneinvernahme durchgeführt oder gar einen Sachverständigen beauftragen müssen, dann sind auch diese Kosten vom Arbeitgeber zu tragen. Da die Einigungsstelle durch die Beisitzer oftmals über hinreichenden Sachverstand verfügt, ist die Beauftragung eines Sachverständigen vor dem Hintergrund der Erforderlichkeit von diesem Beweismittel restriktiv Gebrauch zu machen. Dennoch kann dieses gerade bei Sozialplanverhandlungen, Einführung von Dienstplanmodellen oder Entlohnungssystemen insb. dann notwendig werden, wenn die Einigungsstelle mit zu wenig Beisitzern ausgestattet wurde.

52 Teilweise wird vertreten, dass die Beauftragung eines Sachverständigen eine gesonderte Vereinbarung mit dem Arbeitgeber nach § 80 Abs. 3 BetrVG erfordert.[46] Da sich die Vorschrift aber an den Betriebsrat richtet und nicht an das Organ der Betriebsverfassung Einigungsstelle, richtet sich der Vergütungsanspruch des Sachverständigen richtigerweise nach § 76 a Abs. 1 BetrVG.[47]

45 Pünnel/Isenhardt, aaO, Rn 194.
46 Joost in: Münchner Handbuch zum Arbeitsrecht Band 3, § 312 Rn 106.
47 BAG, 13.11.1991 – 7 ABR 70/90, NZA 1992, 459.

§ 11 Gerichtliche Geltendmachung von Beteiligtenkosten aus dem Einigungsstellenverfahren

1. Zuständigkeit der Gerichte für Arbeitssachen

1 Für die Geltendmachung jedweder Kosten aus einem Einigungsstellenverfahren sind die Arbeitsgerichte zuständig, §§ 2 Abs. 1 Nr. 3 a, 2 a Abs. 1 Nr. 1 ArbGG. Dabei macht es keinen Unterschied, ob ein Vorsitzender, ein betriebsfremder oder betriebsangehöriger Beisitzer oder ein Sachverständiger seine Kosten, Auslagen oder Aufwendungsersatz geltend machen möchte.

2. Verfahrensart

2 Bei der richtigen Verfahrensart gilt es zu unterscheiden zwischen dem **Urteils- und dem Beschlussverfahren.** Wichtig ist die Unterscheidung, weil das Beschlussverfahren einerseits gerichtskostenfrei ist und andererseits dort sogar Honorardurchsetzungskosten selbst auch liquidiert werden können.

a) Kosten des Vorsitzenden und der betriebsfremden Beisitzer

3 Über jegliche Kosten, die ein Vorsitzender oder ein betriebsfremder Beisitzer einer Einigungsstelle gerichtlich geltend macht, ist im **Beschlussverfahren** zu entscheiden, §§ 2 a Abs. 1 Nr. 1, Abs. 2, 80 ff ArbGG. All diese Kosten resultieren aus einem gesetzlichen Anspruch aus § 76 a Abs. 1 und 3 BetrVG. Das kann das Honorar selbst sein ebenso wie Fahrt-, Übernachtungs- oder Telefonkosten.

4 Ist die Höhe des Honorars im Vorfeld nicht vereinbart worden, können nachträglich Streitigkeiten über die **Angemessenheit der Vergütung** entstehen. Denkbar sind Fälle, in denen der Arbeitgeber das vom Vorsitzenden festgesetzte Honorar (vgl § 10 Rn 8 ff) für überhöht hält, oder die 70 %-Regelung für einen Beisitzer (vgl § 10 Rn 23) für unangemessen hält. In diesen Fällen hat das Arbeitsgericht die Höhe unter Berücksichtigung der Grundsätze des § 76 Abs. 4 Sätze 3- 5 BetrVG festzusetzen.

▶ **Muster: Antrag bei Kostenstreitigkeiten**

Der Antragsgegner wird verpflichtet, an den Antragsteller einen Betrag iHv 1.500 EUR brutto zuzüglich Zinsen iHv 5 %-Punkten über dem jeweiligen Basiszinssatz hieraus seit dem 23.12.2008 zu zahlen. ◀

5 Am häufigsten werden die Fälle sein, in denen der Arbeitgeber die Vergütung eines betriebsfremden Beisitzers kürzt. Als Argumente wird arbeitgeberseits häufig angeführt, der Beisitzer als Rechtsanwalt kenne ja schon den Betrieb und habe sich nicht derart umfassend einarbeiten müssen wie der Vorsitzende, oder der Beisitzer als Gewerkschaftssekretär habe ja ohnehin kein Verdienstausfall gehabt.

6 **Hinweis:** Im Verfahren eines Beisitzers auf Zahlung von 70 % des Vorsitzenden-Honorars kann anhand des Protokolls, in dem regelmäßig die Vergütungsfrage festgehalten sein sollte, diese belegt werden. Da die 70 %-Regelung in der Praxis und auch in der Rechtsprechung als billigenswert empfunden wird, ist eine gesonderte Darlegung der Angemessenheit nicht mehr erforderlich.

Eher selten anzutreffen ist der Fall, in dem der Arbeitgeber das vom Vorsitzenden festgesetzte Honorar diesem selbst nicht erstattet. Macht nun der Vorsitzende das festgesetzte Honorar gerichtlich geltend, so gehört zu einem begründeten Antrag auch, aus welchen Gründen der Zeitaufwand, die Schwierigkeit der Sache und der Verdienstausfall das festgesetzte Honorar der Höhe nach rechtfertigen.

7 Die Kosten wiederum, die für die gerichtliche Geltendmachung von Einigungsstellenkosten aufzuwenden sind, können ebenfalls im Beschlussverfahren geltend gemacht werden. Die sog. Honorardurchsetzungskosten sind als Verzugsschaden vom Arbeitgeber zu ersetzen, § 286 Abs. 1 BGB.[1] Das gilt sogar dann, wenn der Beisitzer, der sein Honorar nun gerichtlich geltend macht, selbst Anwalt ist und das Honorardurchsetzungsverfahren selbst führt.[2]

b) Kosten der betriebsangehörigen Beisitzer

8 Betriebsangehörige besitzen keinen Anspruch auf Vergütung ihrer Tätigkeit, sondern auf Arbeitsbefreiung bzw Lohnfortzahlung gem. § 37 Abs. 2 und 3 iVm § 76 a Abs. 2 Satz 1 BetrVG. Diese Ansprüche sind nach ganz h.M.[3] im **Urteilsverfahren** geltend zu machen, § 2 Abs. 1 Nr. 3 a, Abs. 4, 46 ff ArbGG. Es handele sich dabei um Ansprüche aus dem Arbeitsverhältnis, nicht aus dem BetrVG.[4] Diese Auffassung muss sich aber den kritischen Einwand gefallen lassen, dass auch der betriebsangehörige Beisitzer, ob Betriebsrat oder Arbeitnehmer, als Organ der Betriebsverfassung tätig wird. Insofern resultiert der Anspruch gerade nicht aus dem weisungsgebundenen Arbeitsverhältnis, sondern aus der weisungsfreien Funktion als Einigungsstellenbeisitzer. § 76 a BetrVG stellt insofern als Rechtsfolgenverweisung nur auf § 37 Abs. 2 und 3 BetrVG bezüglich der Höhe der Vergütung ab.

9 Die Kosten, die dem betriebsfremden Beisitzer wegen der Durchsetzung seines Anspruchs auf Arbeitsbefreiung oder Zahlung in der I. Instanz entstehen, können allerdings nicht gegenüber dem Arbeitgeber geltend gemacht werden. Zwar befindet sich auch da der Arbeitgeber in Verzug. Nach der ausdrücklichen Regelung des § 12 a ArbGG können diese Kosten aus dem Verfahren aber nicht erstattet werden.

c) Kosten eines Verfahrensbevollmächtigten

10 Verlangt ein Rechtsanwalt, der als Verfahrensbevollmächtigter für den Betriebsrat in der Einigungsstelle tätig war, eine Vergütung, so handelt es sich dabei um Kosten nach § 40 Abs. 1 BetrVG (vgl § 10 Rn 41). Diese Kosten sind als Kosten aus dem BetrVG ebenfalls im **Beschlussverfahren** geltend zu machen, § 2 a Abs. 1 Nr. 1 BetrVG.

1 BAG, 27.7.1994 – 7 ABR 10/93, DB 1995, 499.
2 BAG, 27.7.1994 – 7 ABR 10/93, DB 1995, 499.
3 Fitting u.a., § 76 a Rn 35; GK-BetrVG/Kreutz, § 76 a Rn 23, 66; ErfK/Kania, BetrVG § 76 a Rn 8; so wie hier noch Vorauflage.
4 Fitting, § 76 a BetrVG Rn 35.

3. Antragsbefugnis

Jedes Einigungsstellenmitglied, welches einen Erstattungsanspruch geltend macht, ist antragsberechtigt gegenüber dem Arbeitgeber.[5] Der Betriebsrat ist in einem solchen Verfahren nicht zu beteiligen,[6] denn seine Rechtsstellung wird durch dieses Verfahren nicht berührt. 11

Verlangt ein Rechtsanwalt, der als Verfahrensbevollmächtigter des Betriebsrates tätig war, ein Honorar, so handelt es sich bei dessen Tätigkeit um eine solche iSd § 40 BetrVG. IdR wird der Betriebsrat selbst dessen Vertragspartner sein. In diesem Fall besitzt der Verfahrensbevollmächtigte lediglich einen Anspruch gegenüber dem Betriebsrat. Der Betriebsrat seinerseits hat – die Erforderlichkeit der Beauftragung eines Verfahrensbevollmächtigten unterstellt – einen Anspruch auf Freistellung von den Kosten gegenüber dem Arbeitgeber. 12

In einem solchen Fall kann entweder der Betriebsrat ein **Freistellungsverfahren** durchführen,

▶ **Muster: Antrag auf Kostenfreistellung**

Der Antragsgegner (*Arbeitgeber*) wird verpflichtet, den Antragsteller (*Betriebsrat*) von der Kostennote des Rechtsanwalts iHv 1.250 EUR brutto freizustellen. ◀

oder der Betriebsrat tritt seinen Freistellungsanspruch dem verfahrensbevollmächtigten Rechtsanwalt ab, so dass dieser den **Anspruch aus abgetretenem Recht**[7] in eigenem Namen geltend machen kann.

5 BAG, 27.7.1994 – 7 ABR 10/93, DB 1995, 835.
6 BAG, 12.2.1992 – 7 ABR 9/91, n.v.
7 BAG, 24.10.2001 – 7 ABR 20/00, NZA 2003, 53.

§ 12 Mustervereinbarungen

1. § 37 Abs. 6 und 7 BetrVG: Schulungs- und Bildungsveranstaltungen

§ 37 Ehrenamtliche Tätigkeit, Arbeitsversäumnis

...

(6) ... [5]Hält der Arbeitgeber die betrieblichen Notwendigkeiten für nicht ausreichend berücksichtigt, so kann er die Einigungsstelle anrufen. ...

(7) ... [3]Absatz 6 Satz 2 bis 6 findet Anwendung.

1 Damit die Betriebsratsmitglieder die Kenntnisse für eine ordnungsgemäße Amtsführung erwerben können, gewährt das Betriebsverfassungsrecht ihnen zwei unterschiedliche Arten von Arbeitsbefreiung zur Teilnahme an Fortbildungsveranstaltungen (§ 37 Abs. 6 und 7 BetrVG). Über deren zeitliche Lage entscheidet im Streitfall die Einigungsstelle.

a) § 37 Abs. 6 BetrVG

2 § 37 Abs. 6 BetrVG gibt dem Betriebsratsmitglied einen generellen Anspruch auf bezahlte Freistellung von der Arbeit zur Teilnahme an erforderlichen Schulungs- und Bildungsveranstaltungen.

3 Die Frage der Erforderlichkeit ist eine Rechtsfrage; das BAG sieht eine Erforderlichkeit als gegeben an, wenn der Betriebsrat die Kenntnisse im Hinblick auf die betriebliche Situation benötigt, um seine derzeitigen oder künftig anfallenden Aufgaben sachgerecht bewältigen zu können.[1] Dazu muss ein aktueller oder absehbarer betrieblicher oder betriebsratsbezogener Anlass dargelegt werden, aus dem sich der Schulungsbedarf ergibt[2]. Bei erstmals gewählten Betriebsratsmitgliedern wird dagegen keine individuelle Erforderlichkeitsprüfung durchgeführt, wenn es um die Vermittlung von Grundzügen des Betriebsverfassungsrechts oder des allgemeinen Arbeitsrechts geht.[3] Bei erstmals berufenen Wahlvorstandsmitgliedern gilt dasselbe.[4]

4 § 37 Abs. 6 BetrVG stellt darauf ab, dass die vermittelten Kenntnisse für die Betriebsratsarbeit notwendig sein müssen, nimmt somit das Kollektivorgan Betriebsrat als solches in Bezug.[5] Ein Individualanspruch entsteht erst dann, wenn der Betriebsrat durch Beschluss ein bestimmtes Mitglied für eine Schulungsteilnahme bestimmt.[6]

b) § 37 Abs. 7 BetrVG

5 § 37 Abs. 7 BetrVG enthält einen zeitlich auf drei (bzw bei Neumitgliedern vier) Wochen begrenzten Anspruch auf Arbeitsfreistellung zur Teilnahme an solchen Schu-

---

1 BAG 15.1.1997 – 7 ABR 14/96, AP Nr. 118 zu § 37 BetrVG 1972; BAG 19.7.1995 – 7 ABR 49/94, AP Nr. 110 zu § 37 BetrVG. Eine Liste der Gebiete, deren Kenntnis erforderlich sein kann, findet sich zB bei GK-BetrVG/Weber, § 37 Rn 169 und DKK/Wedde, BetrVG § 37 Rn 108.

2 LAG Rheinland-Pfalz, Beschl. v. 8.2.2018 – 5 TaBV 34/17 –, Rn. 74, juris.

3 BAG 7.6.1989 – 7 ABR 26/88, AP Nr. 67 zu § 37 BetrVG 1972 (Ausnahme für eine solche Schulung kurz vor Ende der Amtszeit: ebenfalls individuelle Prüfung); DKK/Wedde, BetrVG § 37 Rn 95.

4 HessLAG, Beschl. v. 26.3.2018 – 16 TaBVGa 57/18 –, juris.

5 DKK/Wedde, BetrVG § 37 Rn 91; Fitting, BetrVG, § 37 Rn 161.

6 BAG 6.11.1973 – 1 ABR 8/73, AP Nr. 5 zu § 37 BetrVG 1972; Fitting, BetrVG Rn 161; GK-BetrVG/Weber, § 37 Rn 143; abweichend Richardi/Thüsing, BetrVG § 37 Rn 106 f: Anspruch des Betriebsrates und des einzelnen Betriebsratsmitglieds.

lungs- und Bildungsveranstaltungen, die von der zuständigen obersten Arbeitsbehörde des Landes nach Beratung mit den Spitzenorganisationen der Gewerkschaften und der Arbeitgeberverbände als geeignet anerkannt sind; hierbei kommt es nicht auf den individuellen Kenntnisstand bzw die Vermittlung erforderlicher Kenntnisse an: Das BetrVG stellt in § 37 Abs. 7 BetrVG einen allgemeinen Bildungsurlaubsanspruch auf; er steht jedem Betriebsratsmitglied zu.

Die Ansprüche gem. § 37 Abs. 6 und 7 stehen nebeneinander, so dass sie vom Be- 6
triebsratsmitglied kumulativ geltend gemacht werden können.[7] Soweit aber „erforderliche Kenntnisse" iSv § 37 Abs. 6 BetrVG bereits in einer Veranstaltung nach § 37 Abs. 7 BetrVG vermittelt worden sind, ist die Teilnahme einer weiteren Veranstaltung nicht mehr gem. § 37 Abs. 6 BetrVG erforderlich.[8] Dies führt aber nicht dazu, dass Betriebsratsmitglieder verpflichtet wären, zunächst ihren Anspruch gem. § 37 Abs. 7 BetrVG einzusetzen.[9] Liegt eine anerkannte Veranstaltung vor, muss der Betriebsrat somit klarstellen, ob er einen Freistellungsanspruch gem. Abs. 6 oder Abs. 7 geltend macht; entscheidet er sich für den Anspruch gem. Abs. 6 und zahlt der Arbeitgeber den Lohn für die Schulungsveranstaltung weiter, so erfüllt er damit nicht den Freistellungsanspruch nach Abs. 7; eine Anrechnung auf diesen Anspruch erfolgt nicht.[10]

c) Zuständigkeit der Einigungsstelle

Bei der Festlegung der zeitlichen Lage geplanten Schulungs- und Bildungsveranstal- 7
tungen hat der Betriebsrat die betrieblichen Notwendigkeiten zu berücksichtigen und den gewünschten Termin dem Arbeitgeber rechtzeitig mitzuteilen (§ 37 Abs. 6 Satz 2, 3; Abs. 7 Satz 3 BetrVG). Will der Arbeitgeber gegen den vorgeschlagenen Termin einwenden, dass bei seiner Festlegung betriebliche Notwendigkeiten nicht ausreichend berücksichtigt wurden, so muss er die Einigungsstelle anrufen (§ 37 Abs. 6 Satz 5 BetrVG). Nach Ansicht von *Wedde* soll dies nicht bei freigestellten Betriebsratsmitgliedern gelten, da hier Kollisionen mit betrieblichen Belangen nicht auftreten könnten.[11] Auch wenn solche unwahrscheinlich sind, handelt es sich um eine inhaltliche Frage; ein Grund, die Zuständigkeit der Einigungsstelle von vornherein abzulehnen, liegt darin nicht.

Für die Geltendmachung der Bedenken des Arbeitgebers hat das Gesetz keine Frist 8
festgelegt. In einer entsprechenden Anwendung des § 38 Abs. 1 Satz 6 BetrVG wird jedoch vertreten, dass der Arbeitgeber verpflichtet ist, jedenfalls spätestens innerhalb von 14 Tagen nach Mitteilung des Betriebsrats die Einigungsstelle anzurufen;[12] dementsprechend früh muss die Mitteilung erfolgen.[13] Ruft der Arbeitgeber die Eini-

7 Fitting, BetrVG § 37 Rn 229.
8 GK-BetrVG/Weber, § 37 Rn 179.
9 DKK/Wedde, BetrVG § 37 Rn 111.
10 BAG 4.5.1984 – 6 AZR 495/81, AP Nr. 46 zu § 37 BetrVG 1972, Fitting, BetrVG § 37 Rn 230.
11 DKK/Wedde, BetrVG § 37 Rn. 131.
12 ArbG Hamm, 26.9.1973 – 2 Ca 936/73, DB 1973, 2249; DKK/Wedde, BetrVG § 37 Rn. 132; Fitting, Rn 244; anderer Ansicht Richardi/Thüsing, BetrVG, § 37 Rn 127: Unverzüglich; abweichend auch GK-BetrVG/Weber, § 37 Rn 272: Angemessene Zeit.
13 ErfK/Koch, BetrVG § 37 Rn 23: Mitteilung „so rechtzeitig", dass der Arbeitgeber „noch die Einigungsstelle anrufen kann".

gungsstelle nicht an, wird davon ausgegangen, dass er keine Bedenken gegen die beabsichtigte Teilnahme der Betriebsratsmitglieder hat.

9 Eine Anrufung der Einigungsstelle setzt beim Anspruch gem. § 37 Abs. 6 BetrVG einen wirksamen Beschluss des Betriebsrats im Hinblick auf die Entsendung bestimmter Mitglieder voraus; im Falle des Abs. 7 ist vorausgesetzt, dass Betriebsratsmitglieder an einer anerkannten Schulung teilnehmen wollen. Ist dies offensichtlich nicht gegeben, kann dies im Verfahren gem. § 98 ArbGG eingewandt werden.

10 Die Einigungsstelle ist – im Rahmen der zwingenden Mitbestimmung – nur für die Entscheidung über die Einwendung „mangelnde Berücksichtigung betrieblicher Belange durch den Betriebsrat" zuständig. Hier handelt es sich um einen Fall der einseitigen Anrufsberechtigung;[14] nur der Arbeitgeber kann die Einigungsstelle anrufen, wenn betriebliche Belange nicht hinreichend berücksichtigt wurden; es ist damit nicht am Betriebsrat, bei Scheitern einer Einigung über den Termin die Einigungsstelle anzurufen.

11 Die Zuständigkeit der Einigungsstelle für diese Frage erscheint systemwidrig, da es bei der „ausreichenden Berücksichtigung betrieblicher Erfordernisse" um eine Rechtsfrage geht. Rechtsfragen sind aber grundsätzlich den Gerichten zugewiesen; die Einigungsstelle ist nach ihrer Konzeption insbesondere für die Entscheidung von Regelungsfragen geeignet. Es geht um die Frage, ob ein Anspruch auf Arbeitsbefreiung für einen konkreten Zeitraum besteht; die „ausreichende" Berücksichtigung betrieblicher Belange durch den Betriebsrat ist ein unbestimmter Rechtsbegriff. Gleichwohl hat der Gesetzgeber diese Frage der Einigungsstelle zugewiesen;[15] wohl deshalb, weil bei der Ausfüllung des unbestimmten Rechtsbegriffs die betrieblichen Gegebenheiten, Erfordernisse und deren Abwägung gegeneinander eine zentrale Rolle spielen.

d) Folgen der Anrufung der Einigungsstelle

12 Der Widerspruch des Arbeitgebers gegen die Teilnahme eines Betriebsratsmitgliedes an einer Bildungsveranstaltung mit dem Argument, der Betriebsrat habe der Festlegung der zeitlichen Lage die betrieblichen Notwendigkeiten nicht berücksichtigt, führt dazu, dass die Teilnahme des Betriebsratsmitglieds bis zum Spruch der Einigungsstelle zurückzustellen ist.[16] Anderenfalls ist es nicht die Einigungsstelle, welche über die zeitliche Lage entscheidet, sondern letztlich der Betriebsrat. Dies entspricht nicht der gesetzgeberischen Konzeption. Dies folgt insbesondere daraus, dass auch in sonstigen Fällen bei Zuständigkeit der Einigungsstelle die Maßnahme grundsätzlich nicht einseitig (in den meisten Fällen vom Arbeitgeber) durchgeführt werden darf.

13 Teilweise wird vertreten, dass in Ausnahmefällen der Betriebsrat die Erlaubnis zur Teilnahme im Wege der einstweiligen Verfügung erreichen könne; gedacht ist hier insbesondere eine Konstellation, wenn die Einigungsstelle nicht rechtzeitig zusammentreten kann und eine einmalige Schulungsveranstaltung unmittelbar bevorsteht oder

---

14 GK-BetrVG/Weber, § 37 Rn 271.

15 Daher vertritt GK-BetrVG//Weber, § 37 Rn 271, dass trotz Zuständigkeit der Einigungsstelle das Arbeitsgericht angerufen werden kann.

16 BAG, 18.3.1977, AP Nr. 27 zu § 37 BetrVG 1972; LAG Düsseldorf, BB 1975, 1388; ArbG Hamm, 26.9.1973 – 2 Ca 936/73, DB 1973, 2249; ErfK/Koch, BetrVG § 37 Rn 24; GK-BetrVG/Weber, § 37 Rn 274; Fitting, BetrVG § 37 Rn 248; Richardi/Thüsing, BetrVG, § 37 Rn 130.

eine Schulung gerade zum beantragten Zeitpunkt erforderlich ist, etwa bei bevorstehenden Betriebsänderungen Schulungen zu Interessenausgleich und Sozialplan.[17] Begründet wird dies damit, dass es letztlich um eine Rechtsfrage gehe. Auch wenn dies als solches richtig ist, kann eine von den sonstigen Kriterien zur einstweiligen Verfügung im Zuständigkeitsbereich der Einigungsstelle abweichende Lösung hier nicht überzeugen. Diese strengen Anforderungen, welche die Rechtsprechung hier an eine rechtzeitige Organisation in den Fällen arbeitgeberseitiger Maßnahmen stellt, müssen auch auf den Betriebsrat Anwendung finden. Gerade in Fällen „einmaliger" Schulungsveranstaltungen ist es dem Betriebsrat somit zuzumuten, rechtzeitig eine Klärung herbeizuführen. Eine einstweilige Verfügung kommt somit grundsätzlich nicht in Betracht.[18]

e) Entscheidung der Einigungsstelle

Die Einigungsstelle kann den Beschluss des Betriebsrats bestätigen; in diesem Fall trifft sie eine Rechtsentscheidung.[19] Hat der Betriebsrat die betrieblichen Notwendigkeiten nicht ausreichend berücksichtigt, so kann sich die Einigungsstelle nicht damit begnügen, den Beschluss des Betriebsrats aufzuheben; sie hat vielmehr selbst einen oder mehrere geeignete Zeitpunkte festzusetzen.[20] Dabei sind nicht nur die Entscheidungskriterien nach § 76 Abs. 5 zu berücksichtigen, sondern der unbestimmte Rechtsbegriff der betrieblichen Notwendigkeiten auszufüllen.[21] 14

Sieht die Einigungsstelle den Einwand des Arbeitgebers nicht als berechtigt an, so kann sie etwa entscheiden: 15

▶ Muster: Entscheidung der Einigungsstelle zu Schulungs- und Bildungsveranstaltungen

Der Betriebsrat hat gem. § 37 Abs. 6 BetrVG am 15.6.2018 die Teilnahme seiner Mitglieder X und Y an dem Seminar „Grundlagen des Betriebsverfassungsrechts" am 27.8.2018 beschlossen.

Es wird festgestellt, dass der Betriebsrat bei der Festlegung des Termins für das genannte Seminar betriebliche Belange ausreichend berücksichtigt hat. ◀

Hat der Betriebsrat nach Ansicht der Einigungsstelle betriebliche Belange nicht ausreichend berücksichtigt, so kann der Spruch lauten: 16

▶ Muster: Ablehnende Entscheidung der Einigungsstelle zu Schulungs- und Bildungsveranstaltungen

Es wird festgestellt, dass der Betriebsrat bei der Festlegung des Termins für das Seminar „Grundlagen des Betriebsverfassungsrechts" am 27.08.2018 (Seminaranbieter ABC) betriebliche Belange nicht hinreichend berücksichtigt hat. Der Beschluss des Betriebsrates vom 15.6.2018 wird daher aufgehoben.

Stattdessen werden die Betriebsratsmitglieder X und Y an der inhaltsgleichen Schulungsveranstaltung desselben Seminaranbieters am 23.9.2018 teilnehmen. ◀

---

17 DKK/Wedde, BetrVG § 37 Rn 132; GK-BetrVG/Weber, Rn 277; Richardi/Thüsing, BetrVG, § 37 Rn 130 (nicht für einmalige Gewerkschaftsschulungen).
18 Ebenso im Ergebnis Heinze, Einstweiliger Rechtsschutz im arbeitsgerichtlichen Verfahren, RdA 1986, 273, 287.
19 Fitting, BetrVG, § 37 Rn 276.
20 Fitting, BetrVG, § 37 Rn 246.
21 GK-BetrVG/Weber, § 37 Rn 276.

Wie alle Einigungsstellensprüche ist auch ein solcher zu § 37 Abs. 6, 7 BetrVG gerichtlich überprüfbar; analog § 76 Abs. 5 Satz 4 BetrVG muss der Antrag binnen zwei Wochen gestellt werden.[22]

2. § 38 BetrVG: Freistellungen

§ 38 Freistellung

…

(2) … [3]Der Betriebsrat hat die Namen der Freizustellenden dem Arbeitgeber bekannt zu geben. [4]Hält der Arbeitgeber eine Freistellung für sachlich nicht vertretbar, so kann er innerhalb einer Frist von zwei Wochen nach der Bekanntgabe die Einigungsstelle anrufen. …

17 Gem. § 38 BetrVG sind in Betrieben mit in der Regel mehr als 199 Arbeitnehmern – gestaffelt nach Betriebsgröße – eine Anzahl Betriebsratsmitglieder von ihrer beruflichen Tätigkeit freizustellen. Die freizustellenden Betriebsratsmitglieder werden nach Beratung mit dem Arbeitgeber vom Betriebsrat gewählt und das Ergebnis der Arbeitgeber mitgeteilt (§ 38 Abs. 2 Satz 1, 2 BetrVG). Hält der Arbeitgeber eine Freistellung eines oder mehrerer gewählter Arbeitnehmer für sachlich nicht vertretbar, so kann er innerhalb einer Frist von zwei Wochen nach der Bekanntgabe des Wahlergebnisses die Einigungsstelle anrufen, deren Spruch eine Einigung ersetzt (§ 38 Abs. 2 Satz 3 BetrVG). Bestätigt die Einigungsstelle die Bedenken des Arbeitgebers, so hat sie bei der Bestimmung eines anderen freizustellenden Betriebsratsmitglieds auch den Minderheitenschutz iSd § 38 Abs. 2 Satz 1 BetrVG zu beachten. Erfolgt ein Antrag auf Einleitung des Einigungsstellenverfahrens nicht, so gilt das Einverständnis des Arbeitgebers mit den Freistellungen nach Ablauf der Zwei-Wochen-Frist als erteilt (§ 38 Abs. 2 Satz 6 BetrVG).

a) Beratung der Betriebsparteien

18 Vor der Wahl der freizustellenden Betriebsratsmitglieder muss gem. § 38 Abs. 2 Satz 1 BetrVG eine Beratung zwischen Betriebsrat und Arbeitgeber stattfinden, in welcher der Arbeitgeber Gelegenheit hat, auf die Berücksichtigung der betrieblichen Belange hinzuwirken. Hier können beispielsweise Aspekte geltend gemacht werden, die dagegensprechen, ein bestimmtes Betriebsratsmitglied gänzlich freizustellen.[23] In dieser Besprechung muss der Betriebsrat gem. § 2 Abs. 1 BetrVG seine Gründe für die von ihm in Aussicht genommene Entscheidung darlegen und sich mit den Argumenten der Arbeitgeberseite auseinandersetzen. Erforderlich ist ein ernsthaftes Bemühen um eine akzeptable Lösung, welche die Interessen beider Seiten berücksichtigt. Bei der Wahl ist der Betriebsrat frei, welche Betriebsratsmitglieder er freistellt; er ist nicht verpflichtet, diejenigen Betriebsratsmitglieder zu wählen, die der Arbeitgeber wünscht.[24] Minderheiten (etwa soweit Frauen bzw Männer oder ausländische Arbeitnehmer im Betrieb unterrepräsentiert sind) müssen keine anteilige Berücksichtigungen bei den Freistellungen finden. Jedoch besteht eine Bindung an die Grundsätze des

22 GK-BetrVG/Weber, § 37 Rn 275; Fitting, BetrVG § 37 Rn 276.

23 GK-BetrVG/Weber, § 38 Rn 43.

24 GK-BetrVG/Weber, § 38 Rn 44 mit Hinweis auf LAG Berlin 19.6.1995, LAGE § 19 BetrVG 1972 Nr. 14; DKK/Wedde, BetrVG § 38 Rn 34: bei gegensätzlicher Interessenlage grds. Vorrang für Belange des Betriebsrates.

§ 75 Abs. 1 BetrVG.[25] Unterlässt der Betriebsrat die in § 38 Abs. 2 S 1 BetrVG vorgeschriebene vorherige Beratung mit dem Arbeitgeber, führt das jedoch weder zur Nichtigkeit noch zur Anfechtbarkeit der Freistellungswahl.[26]

b) Unterrichtung und Freistellung

Nach Abschluss der Wahl ist der Arbeitgeber zu unterrichten, § 38 Abs. 2 Satz 3 19 BetrVG. Die Freistellung selbst ist vom Arbeitgeber auszusprechen, da dieser Anspruch auf die Arbeitsleistung hat und daher eine Gestaltungserklärung erforderlich ist.[27] Eine Freistellung kann ausdrücklich oder konkludent erfolgen.[28] Erst nach Freistellungserklärung des Arbeitgebers bzw Ablauf der Zwei-Wochen-Frist gem. § 38 Abs. 2 Satz 7 BetrVG tritt die Freistellung in Kraft. Die Fiktionswirkung greift aber nur, soweit die nicht angerufene Einigungsstelle zuständig gewesen wäre. Daher ist nur die sachliche Vertretbarkeit der Auswahlentscheidung umfasst. Obwohl etwa im Hinblick auf die Anzahl der freizustellenden Betriebsratsmitglieder keine Einigungsstellenzuständigkeit besteht, wird aber allgemein davon ausgegangen, dass Schweigen des Arbeitgebers hier konkludentes Einverständnis bedeutet.[29] Die Verweigerung der Zustimmung aus anderen Gründen setzt aber trotz dieses Verständnisses nicht die Einleitung des – hierfür ohnehin nicht einschlägigen – Einigungsstellenverfahrens voraus.

c) Anrufung der Einigungsstelle

Der Arbeitgeber kann innerhalb von zwei Wochen die Einigungsstelle anrufen, wenn 20 er eine Freistellung der Gewählten für sachlich nicht vertretbar hält (§ 38 Abs. 2 Satz 4 BetrVG). Fristbeginn ist der Zugang der Betriebsratsmitteilung über das Wahlergebnis. Aufgrund der äußerst knappen Frist kann die Zwei-Wochen-Frist „an sich" nur gewahrt werden, wenn eine ständige Einigungsstelle besteht, § 76 Abs. 1 Satz 2 BetrVG; in diesem Fall muss der Antrag des Arbeitgebers vor Fristablauf beim Vorsitzenden der Einigungsstelle eingehen.[30] Muss dagegen – wie im Regelfall – zunächst eine Einigungsstelle gebildet werden, so ist die Frist als gewahrt anzusehen, wenn der Antrag auf Bildung und Entscheidung der Einigungsstelle dem Vorsitzenden des Betriebsrats vor Fristablauf zugeht.[31] Teilweise wird auch verlangt, dass der Arbeitgeber innerhalb der Frist einen Einigungsstellenvorsitzenden vorschlägt.[32] Da es hier aber lediglich um eine Frist zur Geltendmachung von Bedenken geht und der Zweck der Regelung darin besteht, binnen zweier Wochen Klarheit zu schaffen, ob die Freistellung der Gewählten vom Arbeitgeber akzeptiert und umgesetzt wird, besteht kein Grund, über den Antrag auf Bildung der Einigungsstelle hinaus weitere Voraussetzungen, wie etwa den Vorschlag eines Vorsitzenden, zu fordern.

25 GK-BetrVG/Weber, § 38 Rn 47.
26 BAG, Beschl. v. 22.11.2017 – 7 ABR 26/16 –, juris.
27 Richardi/Thüsing, BetrVG § 38 Rn 32; GK-BetrVG/Weber Rn 51.
28 GK-BetrVG/Weber, § 38 Rn 53.
29 GK-BetrVG/Weber, § 38 Rn 54.
30 GK-BetrVG/Weber, § 38 Rn 57.
31 Fitting, BetrVG § 38 Rn 63; Richardi/Thüsing, BetrVG § 38 Rn 33.
32 DKK/Wedde, BetrVG, § 38 Rn 48.

21 Der Betriebsratsbeschluss muss nicht vom Arbeitgeber insgesamt angegriffen werden, sondern nur soweit, wie er ihn für sachlich nicht vertretbar hält. Eine Beschränkung auf die Freistellung eines bestimmten Betriebsratsmitglieds, während die Freistellung anderer Mitglieder akzeptiert wird, ist somit möglich.[33]

d) Zuständigkeit der Einigungsstelle

22 Der Umfang der Einigungsstellenzuständigkeit ist beschränkt: Sie entscheidet lediglich darüber, ob die Freistellung sachlich nicht mehr vertretbar ist. Dies betrifft nur die personelle Auswahlentscheidung. Auch im Hinblick auf die Frage, ob Voll- oder auch Teilfreistellungen vorgenommen werden, kann der Arbeitgeber die Einigungsstelle anrufen, wenn die Teilfreistellung eines bestimmten Betriebsratsmitglieds generell oder in der vom Betriebsrat vorgesehenen Form aus seiner Sicht sachlich nicht vertretbar ist.[34]

23 Die eng begrenzte (zwingende) Zuständigkeit der Einigungsstelle wirkt sich auch bei den Folgen des Einigungsstellenspruchs für die Freistellung aus: Hat der Arbeitgeber im Falle der Anrufung der Einigungsstelle wegen aus seiner Sicht fehlender sachlicher Vertretbarkeit der Freistellung nicht auch aus Gründen widersprochen, die außerhalb der Einigungsstellenzuständigkeit liegen, führt eine positive Entscheidung der Einigungsstelle dazu, dass das Betriebsratsmitglied berechtigt ist, der Arbeit fernzubleiben.[35] Hieran ändert auch ein gerichtliches Vorgehen des Arbeitgebers gegen den Einigungsstellenspruch nichts.[36] Macht der Arbeitgeber dagegen zusätzlich Einwände geltend, die nicht der Einigungsstellenzuständigkeit unterliegen, so kann der Einigungsstellenspruch keine Freistellung bewirken.[37]

e) Entscheidungsmaßstab

24 Bei der Frage nach der „sachlichen Vertretbarkeit" geht es darum, ob der Betriebsrat bei der Auswahl des konkret freizustellenden Mitglieds die betrieblichen Notwendigkeiten hinreichend beachtet hat.[38] Es besteht eine enge Verbindung zur Einigungsstellenzuständigkeit gem. § 37 Abs. 6, 7 BetrVG (Frage, ob im Hinblick auf die zeitliche Lage von Schulungen betriebliche Belange aus solchen berücksichtigt wurden, siehe dort). Betriebliche Notwendigkeiten betreffen lediglich das Vorliegen dringender betrieblicher Gründe, die den zwingenden Vorrang vor den Interessen des Betriebsrats an der Freistellung gerade eines bestimmten Betriebsratsmitglieds haben; der Betriebsrat ist nicht verpflichtet, die für den Betrieb zweckmäßigste Entscheidung zu treffen.[39] Dringende betriebliche Gründe sind dann gegeben, wenn Betriebsratsmitglieder für die Freistellung ausgewählt werden, die nicht oder nur mit unverhältnismäßigem Aufwand an ihrem Arbeitsplatz ersetzt werden können. Bejaht werden be-

33 Fitting, BetrVG § 38 Rn 64; DKK/Wedde, BetrVG § 38 Rn 47.
34 GK-BetrVG/Weber, § 38 Rn 58; anderer Ansicht Gillen/Vahle, Umfang und Grenzen pauschaler Freistellungsansprüche des Betriebsrates, BB 2006, 2749, 2751: Einigungsstelle nur für personelle Auswahl zuständig, Teilfreistellungsentscheidungen können im Beschlussverfahren, ggf mittels Antrag auf einstweiliger Verfügung, angegriffen werden.
35 GK-BetrVG/Weber, § 38 Rn 55.
36 Richardi/Thüsing, BetrVG § 38 Rn 41.
37 GK-BetrVG/Weber, § 38 Rn 55.
38 GK-BetrVG/Weber, § 38 Rn 58.
39 GK-BetrVG/Weber Rn 59.

triebliche Notwendigkeiten zB dann, wenn durch die Freistellung mehrere Betriebsratsmitglieder, die in einer Arbeitsgruppe oder Abteilung tätig sind, entsprechende Schwierigkeiten auftreten.[40] Dagegen reicht etwa bei einer Teilfreistellung der bloße Hinweis auf betriebliche Gründe iSd § 8 Abs. 4 TzBfG nicht aus; der Maßstab des § 38 Abs. 2 Satz 4 BetrVG ist strenger.[41]

f) Entscheidung der Einigungsstelle

Ebenso wie im Rahmen von § 37 BetrVG wird die Einigungsstelle in § 38 BetrVG – an sich systemwidrig – bei der Entscheidung einer Rechtsfrage tätig. Denn die „Berücksichtigung betrieblicher Notwendigkeiten" ist ein unbestimmter Rechtsbegriff;[42] bei dessen Ausfüllung steht der Einigungsstelle ein Beurteilungsspielraum zu. 25

Die Einigungsstelle hat die Möglichkeit, den Betriebsratsbeschluss zu bestätigen. Hält sie ihn dagegen für sachlich nicht vertretbar, stellt sie dies fest und trifft selbst eine abweichende Regelung,[43] dh benennt unter Abwägung zwischen einer ordnungsgemäßen Betriebsratsarbeit und den Belangen der betroffenen Arbeitnehmer sowie betrieblicher Notwendigkeiten ein anderes Betriebsratsmitglied als freizustellend. Dabei klärt die Einigungsstelle im Vorfeld, ob dieses hierzu bereit ist.[44] 26

§ 38 Abs. 2 Satz 6 BetrVG verpflichtet die Einigungsstelle, im Fall einer für den Arbeitgeber günstigen Entscheidung bei der Bestimmung eines anderen freizustellenden Betriebsratsmitglieds den Minderheitenschutz zu berücksichtigen. Dieser betrifft die Verhältniswahl: Ist ein Repräsentant einer Minderheitsliste in Folge fehlender sachlicher Vertretbarkeit seiner Freistellung durch ein anderes Betriebsratsmitglied zu ersetzen, so muss vorrangig geprüft werden, ob die Freistellung eines anderen Mitglieds dieser Liste in Betracht kommt.[45] Will die Einigungsstelle ein Mitglied einer anderen Liste bestimmen, sind entsprechend § 25 Abs. 2 Satz 2 BetrVG die Listen in der Reihenfolge zu berücksichtigen, wie nach den Grundsätzen der Verhältniswahl Sitze auf sie entfallen.[46] Das einzige Kriterium ist dies jedoch nicht. Bei der Auswahl des freizustellenden Mitglieds muss die Einigungsstelle nicht berücksichtigen, ob das in Aussicht genommene Mitglied bei der Wahl durch den Betriebsrat nominiert wurde. 27

Wie jeder Einigungsstellenspruch unterliegt auch derjenige über die vorliegende Thematik der Rechtskontrolle durch das Arbeitsgericht. Dieses kann die Entscheidung daraufhin überprüfen, ob sie den unbestimmten Rechtsbegriff „sachlich nicht vertretbar" verkannt oder den Minderheitenschutz beachtet hat.[47] Antragsbefugt im arbeitsgerichtlichen Beschlussverfahren sind jedoch nicht einzelne Betriebsratsmitglieder, die an der Freistellungswahl teilgenommen haben, sondern nur dasjenige Betriebsratsmitglied, das in seiner Rechtsposition Freistellung durch den Spruch der Einigungsstelle betroffen ist.[48] 28

40 GK-BetrVG/Weber Rn 59.
41 Fitting, BetrVG § 38 Rn 61.
42 GK-BetrVG/Weber Rn 60.
43 GK-BetrVG/Weber Rn 62; Fitting, BetrVG § 38 Rn 66; DKK/Wedde, BetrVG § 38 Rn 49.
44 DKK/Wedde, BetrVG § 38 Rn 51.
45 GK-BetrVG/Weber Rn 63.
46 GK-BetrVG/Weber Rn 64; DKK/Wedde, BetrVG § 38 Rn 51; Fitting § 38 Rn 68.
47 LAG Baden-Württemberg, Beschl. v. 26.10.2007 – 5 TaBV 1/07 –, juris.
48 LAG Baden-Württemberg, Beschl. v. 26.10.2007 – 5 TaBV 1/07 –, juris

29 ▶ **Muster: Entscheidung der Einigungsstelle zu Freistellungen**

Der Betriebsrat hat Frau X mit Wahl vom 25.1.2018 als freizustellendes Mitglied bestimmt. Dies ist sachlich vertretbar, so dass Frau X vom Arbeitgeber freizustellen ist. ◀

30 ▶ **Muster: Entscheidung bei Verneinung der sachlichen Vertretbarkeit**

Der Betriebsrat hat Frau X mit Wahl vom 25.1.2018 als freizustellendes Mitglied bestimmt. Dies ist sachlich nicht vertretbar. Freizustellen ist daher statt Frau X das Betriebsratsmitglied Herr Y. ◀

3. §§ 39 Abs. 1 Satz 3, 69 Satz 3 BetrVG: Sprechstunden

§ 39 Sprechstunden

(1) … Kommt eine Einigung nicht zustande, so entscheidet die Einigungsstelle. …

§ 69 Sprechstunden

… § 39 Abs. 1 Satz 3 und 4 und Abs. 3 gilt entsprechend.

31 Das BetrVG ermöglicht es sowohl dem Betriebsrat (§ 39 BetrVG) als auch der Jugend- und Auszubildendenvertretung (§ 69 BetrVG), Sprechstunden für die von ihnen vertretenen Arbeitnehmer einzurichten.

a) § 39 BetrVG

32 Gem. § 39 BetrVG können Betriebsratssprechstunden eingerichtet werden. Die Entscheidung hierüber unterliegt nicht der Zuständigkeit der Einigungsstelle; vielmehr kann der Betriebsrat nach pflichtgemäßem Ermessen unter Berücksichtigung der betrieblichen Verhältnisse diese Entscheidung allein treffen. Dabei ist insbesondere die Zahl der im Betrieb beschäftigten Arbeitnehmer und ggf auch deren Bereitschaft, Sprechstunden in Anspruch zu nehmen, zu berücksichtigen.[49] Eine Pflicht zur Einrichtung einer Sprechstunde besteht nicht, auch nicht in größeren Betrieben.[50]

33 Will der Betriebsrat Sprechstunden anbieten, sind Ort und Zeit mit dem Arbeitgeber zu vereinbaren, § 39 Abs. 1 Satz 2 BetrVG, soweit die Sprechstunden innerhalb der Arbeitszeiten und im Betrieb stattfinden sollen. Dies betrifft die zeitliche Lage der Sprechstunden, also den Wochentag, die Uhrzeit sowie die Frage der Häufigkeit (wöchentlich/monatlich/täglich).[51] Teilweise wird vertreten, dass der Betriebsrat im Hinblick auf die Dauer der Sprechstunden allein entscheiden dürfe.[52] Dies ist jedoch mit dem Wortlaut des § 39 BetrVG nicht vereinbar, der Entscheidungen über die Zeit – dies betrifft auch die Zeitdauer – den Betriebsparteien gemeinsam zuweist. Die Festlegung des Ortes betrifft den Raum, in dem die Sprechstunden stattfinden werden. Dieser ist vom Arbeitgeber zur Verfügung zu stellen, gleiches gilt für die erforderlichen sachlichen Mittel wie etwa Schreibmaterialen (§ 40 Abs. 2 BetrVG).

---

49 Fitting, BetrVG, § 39 Rn 5.

50 Anderer Ansicht GK-BetrVG/Weber, § 39 Rn 11 bei „offensichtlichem Bedürfnis", das insbesondere in Großbetrieben gegeben sein kann.

51 Fitting, BetrVG, § 39 Rn 12; GK-BetrVG/Weber, § 39 Rn 15.

52 DKK/Wedde, BetrVG, § 39 Rn 12.

Kommt eine Einigung nicht zustande, wird die Entscheidung gem. § 39 Abs. 1 Satz 3 BetrVG von der Einigungsstelle getroffen. Dies betrifft Zeit und Ort der Sprechstunden, nicht jedoch weitere Modalitäten.[53] 34

b) § 69 BetrVG

Die Jugend- und Auszubildendenvertretung kann – im Gegensatz zum Betriebsrat, 35 dem dies in jedem Fall gestattet ist – Sprechstunden nur dann einrichten, wenn in der Regel mehr als 50 Jugendliche bzw Auszubildende im Betrieb beschäftigt sind. Alternativ bzw bei Nichtvorliegen der Voraussetzungen kann ein Mitglied der Jugend- und Auszubildendenvertretung an den Sprechstunden des Betriebsrats zur Beratung jugendlicher Arbeitnehmer oder Auszubildender teilnehmen (§ 39 Abs. 2 BetrVG). Der Betriebsratsvorsitzende oder ein vom Betriebsrat beauftragtes Mitglied darf an den Sprechstunden teilnehmen; die Jugend- und Auszubildendenvertretung muss dies dulden.[54] Wird die genannte Zahl nicht erreicht, setzt die Einrichtung eigener Sprechstunden die Zustimmung des Arbeitgebers und des Betriebsrats voraus.[55] Die Sprechstunden der Jugend- und Auszubildendenvertretung stehen nur jugendlichen Arbeitnehmern und Auszubildenden offen;[56] diese dürfen aber auch die Sprechstunden des Betriebsrates besuchen.

Die Jugend- und Auszubildendenvertretung entscheidet mittels einfachen Mehrheits- 36 beschlusses darüber, ob eigene Sprechstunden eingeführt werden sollen. Zeit und Ort der Sprechstunden legen gem. § 69 Satz 2 BetrVG Arbeitgeber und Betriebsrat fest; die Jugend- und Auszubildendenvertreter selbst können nicht unmittelbar mit dem Arbeitgeber verhandeln. Die Vereinbarung bindet die Jugend- und Auszubildendenvertretung. An der Besprechung sowie der Beschlussfassung über die Festlegung von Zeit und Ort der Sprechstunden nimmt die Jugend- und Auszubildendenvertretung gem. §§ 68 und 67 Abs. 2 BetrVG teil, ihr kommt somit ein Stimmrecht zu.

Wird eine Einigung nicht erzielt, so werden Zeit und Ort der Sprechstunden auf- 37 grund des Verweises von § 69 Satz 3 auf § 39 Abs. 1 Satz 3 und 4 BetrVG durch die Einigungsstelle festgelegt. Hier handelt es sich um einen Regelungsstreit. Die Jugend- und Auszubildendenvertretung ist nicht berechtigt, die Einigungsstelle anzurufen; dies ist Arbeitgeber oder Betriebsrat vorbehalten.[57] Jedoch wird es im Regelfall geboten sein, die Jugend- und Auszubildendenvertretung vor der Entscheidung zu konsultieren.

Gleiches gilt auch für eine gerichtliche Überprüfung des Einigungsstellenspruchs; 38 auch dieser kann nicht von der Jugend- und Auszubildendenvertretung, sondern nur von Arbeitgeber oder Betriebsrat betrieben werden.[58] Ein Beteiligungsrecht im Beschlussverfahren steht der Jugend- und Auszubildendenvertretung dagegen zu.[59]

53 Fitting, BetrVG, § 39 Rn 15.
54 Richardi/Annuß, BetrVG, § 69 Rn 11.
55 Fitting, BetrVG, § 69 Rn 2; DKK/Trittin, BetrVG § 69 Rn 2.
56 Richardi/Annuß, BetrVG, § 69 Rn 8; ErfK/Koch BetrVG, § 69 Rn 1.
57 Fitting, BetrVG, § 69 Rn 7; GK-BetrVG/Oetker, § 69 Rn 16.
58 Fitting, BetrVG, § 69 Rn 14; Richardi/Annuß, BetrVG § 69 Rn 12.
59 BAG, 8.2.1977 – 1 ABR 82/74, AP Nr. 10 zu § 80 BetrVG 1972 für ein Verfahren, das eine Fragebogenaktion für jugendliche Arbeitnehmer betraf; Fitting, BetrVG, § 69 Rn 14.

39 ▶ **Muster: Entscheidung der Einigungsstelle zu Sprechstunden**

Der Betriebsrat/Die Jugend- und Auszubildendenvertretung hat entschieden, regelmäßig Sprechstunden durchzuführen. Diese finden einmal monatlich jeweils am ersten Montag des Monats zwischen 08:00 Uhr und 12:00 Uhr in Raum 798 statt. ◀

4. §§ 47 Abs. 6 Satz 1, 55 Abs. 4 Satz 2, 72 Abs. 6 Satz 1, 73 a Abs. 4 BetrVG: Gesamtgröße des Gesamtbetriebsrates, des Konzernbetriebsrates sowie der Gesamt- und Konzern-Jugend- und Auszubildendenvertretung

§ 47 Voraussetzungen der Errichtung, Mitgliederzahl, Stimmengewicht

...

(6) [1]Kommt im Fall des Absatzes 5 eine Einigung nicht zustande, so entscheidet eine für das Gesamtunternehmen zu bildende Einigungsstelle. ...

§ 55 Zusammensetzung des Konzernbetriebsrats, Stimmengewicht

...

(4) ... [2]§ 47 Abs. 5 bis 9 gilt entsprechend.

§ 72 Voraussetzungen der Errichtung, Mitgliederzahl, Stimmengewicht

...

(6) [1]Kommt im Fall des Absatzes 5 eine Einigung nicht zustande, so entscheidet eine für das Gesamtunternehmen zu bildende Einigungsstelle.

§ 73 a Voraussetzung der Errichtung, Mitgliederzahl, Stimmengewicht

...

(4) § 72 Abs. 4 bis 8 gilt entsprechend.

40 Bei tatsächlichem Überschreiten bestimmter Mitgliederzahlen des Gesamtbetriebsrates, des Konzernbetriebsrates sowie der Gesamt- und Konzern-Jugend- und Auszubildendenvertretung ist der Abschluss einer Betriebsvereinbarung zwingend vorgeschrieben, soweit und solange es keine tarifliche Regelung gibt. Hinsichtlich des Gesamtbetriebsrates und des Konzernbetriebsrates gilt dies bei einem Überschreiten von 40 Mitgliedern, hinsichtlich der Gesamt- und Konzern-Jugend- und Auszubildendenvertretung bei einem Überschreiten von 20 Mitgliedern. Kommt eine Einigung über den Inhalt der abzuschließenden Betriebsvereinbarung nicht zustande, hat hierüber auf Antrag die Einigungsstelle zu entscheiden.

41 In solchen Fällen hat die Einigungsstelle entsprechend der jeweils anwendbaren Regelung (§ 47 Abs. 6 Satz 1 BetrVG, §§ 55 Abs. 4 Satz 2, 47 Abs. 6 Satz 1 BetrVG, § 72 Abs. 6 Satz 1 BetrVG sowie §§ 73 a Abs. 4, 72 Abs. 6 Satz 1 BetrVG) eine Verkleinerung des jeweiligen Gremiums vorzunehmen. Dies soll die Arbeitsfähigkeit der Gremien verbessern.[60]

42 Parteien der Betriebsvereinbarung sind jeweils der Arbeitgeber sowie der Gesamtbetriebsrat bzw der Konzernbetriebsrat.

43 Der Inhalt der gesetzlichen Regelungen ist, jeweils bezogen auf das jeweilige Gremium, identisch. Das nachfolgende Musterformular, das ein Gesamtbetriebsratsgremium regelt, kann daher vergleichbar für den Konzernbetriebsrat und die Gesamt- und

60 Fitting, BetrVG, 24. Aufl. 2008, § 47 Rn 68.

Konzern-Jugend- und Auszubildendenvertretung und die Konzernauszubildendenvertretung Anwendung finden.

▶ **Muster: Spruch der Einigungsstelle zum Gesamtbetriebsratsgremium** 44

Zwischen der Firma ...

und

dem Gesamtbetriebsrat der Firma ...

gilt nachfolgende Gesamtbetriebsvereinbarung über die Größe des Gesamtbetriebsratsgremiums:[61]

Die Zahl der Mitglieder des Gesamtbetriebsratsgremiums wird auf 40 festgesetzt.[62]

Für die Entsendung der Mitglieder in den Gesamtbetriebsrat gilt:

a) Die regional verbundenen Betriebe ABC entsenden gemeinsam ... Mitglieder in den Gesamtbetriebsrat.
b) Die Betriebe ... sind produzierende Betriebe, und daher durch gleichartige Interessen miteinander verbunden. Diese Betriebe entsenden ... Mitglieder in den Gesamtbetriebsrat.
c) Der Betrieb ... entsendet alleine Mitglieder.
d) Die Geschlechter sollen angemessen berücksichtigt werden.[63]

Es gelten folgende Verfahrensregeln:[64]

a) In den Gesamtbetriebsrat dürfen nur Betriebsratsmitglieder entsandt werden.
b) Die Betriebsräte der verbundenen Betriebe entscheiden gemeinsam mit einfacher Stimmenmehrheit. Über jedes zu entsendende Mitglied erfolgt eine gesonderte Beschlussfassung. Kein Betrieb darf mehr Mitglieder entsenden, als dies entsprechend der gesetzlichen Vorschrift (§ 47 BetrVG) der Fall wäre.

   Wenn keine Stimmenmehrheit zustande kommt, gilt das Mitglied mit der höchsten Stimmenzahl bei der letzten Betriebsratswahl als entsandt.

   Die Entsendung erfolgt für die Dauer der Amtszeit des Betriebsratsmitglieds.
c) Für jedes Mitglied ist ein Ersatzmitglied zu bestellen; hierfür gilt Ziff. 3 a, b entsprechend.
d) Im Übrigen gilt der § 47 BetrVG analog.

Diese Gesamtbetriebsvereinbarung gilt für unbestimmte Dauer. Sie kann mit einer Frist von 3 Monaten zum Monatsende gekündigt werden. Die Betriebsvereinbarung wirkt nach.[65] ◀

---

61 Ein Musterformular ist ferner bei Frey/Pulte, Betriebsvereinbarung in der Praxis, 2005, S. 539, abgedruckt.

62 Es ist streitig, ob die Mitgliederzahl von 40 überschritten werden darf (dafür Fitting, aaO, § 47 Rn 68, dagegen Annuß, in: Richardi, BetrVG, 12. Aufl. 2010, § 47 Rn 66; ausdrücklich offen gelassen bei BAG, 15.8.1978, AP BetrVG 1972 § 47 Nr. 3 = BB 1979, 987-988). Für die Auffassung, dass die in einer Betriebsvereinbarung festzulegende Zahl größer als 40 sein darf, spricht der Wortlaut der Regelung. Sinn und Zweck legen es dagegen nahe, dass das Gremium max. 40 Mitglieder haben soll. Aus Gründen der Rechtssicherheit sollte tatsächlich eine Zahl von max. 40 Mitgliedern vorgesehen werden. Unabhängig davon ist es jedenfalls erforderlich, dass die festgesetzte Zahl kleiner ist als die der tatsächlichen Mitglieder; anderenfalls würde der Zweck der Regelung verfehlt.

63 Die Betriebsvereinbarung sollte eine Regelung vorsehen, welche Betriebe welche Mitgliederzahl entsenden dürfen. Dabei sollten entsprechend der gesetzlichen Regelung regional verbundene Betriebe und Betriebe mit gleichartigen Interessen miteinander verbunden werden. Schon der Wortlaut zeigt dabei, dass über das Kriterium der räumlichen Nähe hinaus gegangen werden kann, da auf die Region abgestellt wird (Annuß, in: Richardi, aaO, § 47 Rn 67 unter Verweis auf einen Beschluss des LAG Hessen vom 5.6.2008, 9 TaBV 44/07, Juris). Gleichartige Interessen bestehen beispielsweise bei gleichartigen arbeitstechnischen Zwecken, wie es etwa bei Produktionsbetrieben der Fall ist (Fitting, aaO, § 47 Rn 69). Es müssen nicht alle Betriebe zusammengefasst werden; es können Betriebe festgelegt werden, die nur für sich entsenden (Hessisches LAG, 5.6.2008 – 9 TaBV 44/07, Juris). Die Festlegung erfolgt nach freiem Ermessen der Einigungsstelle.

64 Das BAG hat entschieden, dass Betriebsvereinbarungen „allein [mit dem] zulässigen Inhalt abgeschlossen [werden dürfen]", die Zahl der Mitglieder des Gremiums und die Zusammenfassung der Betriebe zu regeln (BAG, 15.8.1978, AP BetrVG 1972 § 47 Nr. 3 = BB 1979, 987-988). Dies sollte der Regelung bloßer Verfahrensregeln nicht entgegenstehen (so auch Fitting, aaO, § 47 Rn 70).

65 Die Gesamtbetriebsvereinbarung gilt grundsätzlich solange, wie ihre Voraussetzungen gegeben sind (Annuß in: Richardi, aaO, § 47 Rn 69). Dies ist beispielsweise nicht mehr der Fall, wenn tatsächlich weniger als 40

5. §§ 85, 86 BetrVG: Beschwerdeverfahren

§ 85 Behandlung von Beschwerden durch den Betriebsrat

(1) Der Betriebsrat hat Beschwerden von Arbeitnehmern entgegenzunehmen und, falls er sie für berechtigt erachtet, beim Arbeitgeber auf Abhilfe hinzuwirken.

(2) Bestehen zwischen Betriebsrat und Arbeitgeber Meinungsverschiedenheiten über die Berechtigung der Beschwerde, so kann der Betriebsrat die Einigungsstelle anrufen. Der Spruch der Einigungsstelle ersetzt die Einigung zwischen Arbeitgeber und Betriebsrat. Dies gilt nicht, soweit Gegenstand der Beschwerde ein Rechtsanspruch ist.

(3) Der Arbeitgeber hat den Betriebsrat über die Behandlung der Beschwerde zu unterrichten. § 84 Abs. 2 bleibt unberührt.

§ 86 Ergänzende Vereinbarungen

Durch Tarifvertrag oder Betriebsvereinbarungen können die Einzelheiten des Beschwerdeverfahrens geregelt werden. Hierbei kann bestimmt werden, dass in den Fällen des § 85 Abs. 2 an die Stelle der Einigungsstelle eine betriebliche Beschwerdestelle tritt.

45 Ein Arbeitnehmer kann sich bei eigener Betroffenheit „bei den zuständigen Stellen des Betriebs beschweren“. Insoweit kann er seine Beschwerde unmittelbar beim Arbeitgeber einlegen (§ 84 Abs. 1 Satz 1 BetrVG) oder sie beim Betriebsrat anbringen (§ 85 Abs. 1 BetrVG). Fehlt es an einer eigenen Betroffenheit des Arbeitnehmers, handelt es sich nicht um eine Beschwerde in diesem Sinne. Ebenso verhält es sich bei einer so genannten Popularbeschwerde, mit der sich der Arbeitnehmer zum Fürsprecher anderer Arbeitnehmer macht.[66] Etwas anderes gilt jedoch dann, wenn mit der Beschwerde auch eine eigene Beeinträchtigung geltend gemacht wird.[67] Aus § 85 Abs. 2 Satz 3 BetrVG folgt mittelbar, dass auch ein Rechtsanspruch Gegenstand einer Beschwerde sein kann. Kommt es zwischen Betriebsrat und Arbeitgeber zu einer Meinungsverschiedenheit über die Berechtigung der Beschwerde, kann der Betriebsrat die Einigungsstelle anrufen. Die Einigungsstelle ist jedoch dann unzuständig, wenn der Gegenstand der Beschwerde ein Rechtsanspruch ist. Über diesen zu entscheiden, ist Sache des arbeitsgerichtlichen Urteilsverfahrens.[68] Zur Anrufung der Einigungsstelle bedarf es nicht der Zustimmung des Beschwerde führenden Arbeitnehmers. Durch die Rücknahme seiner Beschwerde hat es der Arbeitnehmer in der Hand, die Unzuständigkeit der Einigungsstelle herbeizuführen. Ein in der Vergangenheit liegender, abgeschlossener Beschwerdegrund kann nicht Gegenstand eines Einigungsstellenverfahrens sein. Der Beschwerdegrund muss also noch Auswirkungen in die Zukunft haben, da es im Einigungsstellenverfahren um die Abhilfe beeinträchtigenden Verhaltens für die Zukunft geht. Ein Spruch der Einigungsstelle muss dem Bestimmtheitserfordernis Rechnung tragen. Der Arbeitgeber muss erkennen können, welchen Zustand er zu beseitigen oder künftig zu vermeiden hat. Im Hinblick darauf bedarf es für eine wirksame Einleitung des Einigungsstellenverfahrens der Mitteilung derjenigen Tatsachen, die der Beschwerde zu Grunde liegen. Zumindest bedarf es der Angabe von Anknüpfungstatsachen, damit die Einigungsstelle in die Lage versetzt ist, den

---

Mitglieder zu entsenden wären. Darüber hinaus kann die Betriebsvereinbarung gekündigt werden, und wirkt in diesem Falle nach.

66 BAG, 22.11.2005 –1 ABR 50/04, AP BetrVG 1972 § 85 Nr. 2.

67 Pünnel/Wenning-Morgenthaler, B Rn 568; Nebendahl/Lunk, NZA 1990, 676, 677 f.

68 BAG, 28.6.1984 – 6 ABR 5/83, AP BetrVG 1972 § 85 Nr. 1.

Sachverhalt weiter aufzuklären. Der Tenor des Spruchs der Einigungsstelle geht ausschließlich dahin, entweder den Antrag des Betriebsrats betreffend die näher bezeichnende Beschwerde des Arbeitnehmers wegen eines bestimmt bezeichneten Grundes für begründet zu erklären oder seine Zurückweisung auszusprechen. Danach ist der Arbeitgeber ggf verpflichtet, Abhilfe zu schaffen, die Art und Weise steht ihm frei. Kommt der Arbeitgeber der für begründet erachteten Beschwerde des Arbeitnehmers nicht nach, kann er seinen durch Spruch der Einigungsstelle geschaffenen Rechtsanspruch im Wege der Klage vor den Gerichten für Arbeitssachen durchsetzen. Nach § 86 BetrVG besteht die Möglichkeit, durch Tarifvertrag oder Betriebsvereinbarung Einzelheiten des Beschwerdeverfahrens zu regeln, insbesondere kann die Einigungsstelle durch eine betriebliche Beschwerdestelle ersetzt werden.[69]

▶ Muster: Beschwerdeordnung 46

§ 1 Geltungsbereich

Die Betriebsvereinbarung gilt für alle Arbeitnehmer und Arbeitnehmerinnen (fortan: Beschäftigte) iSd § 5 Abs. 1 BetrVG einschließlich der im Betrieb beschäftigten Leiharbeitnehmer (fortan: Beschäftigte) gem. § 14 Abs. 2 Satz 3 AÜG. Hiervon ausgenommen sind leitende Angestellte iSd § 5 Abs. 3 BetrVG.

§ 2 Beschwerde beim Vorgesetzten

1. Jeder Beschäftigte hat das Recht, sich bei seinem unmittelbaren Vorgesetzten zu beschweren, wenn er sich vom Arbeitgeber oder von Beschäftigten des Betriebes benachteiligt, ungerecht behandelt oder in sonstiger Weise beeinträchtigt fühlt.
2. Wird seiner Beschwerde nicht abgeholfen oder richtet sich die Beschwerde gegen den unmittelbaren Vorgesetzten, so kann er sich an den Leiter der Personalabteilung und bei dessen eigener Betroffenheit an dessen Vorgesetzten wenden.
3. Der Beschwerdeführer kann ein Mitglied des Betriebsrats hinzuziehen.
4. Dem Beschäftigten dürfen wegen der Erhebung der Beschwerde keine arbeitsrechtlichen Nachteile entstehen.

§ 3 Beschwerde beim Betriebsrat

Der Beschäftigte hat auch das Recht, sich mit einer Beschwerde an den Betriebsrat zu wenden. Erachtet der Betriebsrat die Beschwerde ganz oder teilweise für berechtigt, so leitet er den Beschwerdefall an den Leiter der Personalabteilung oder bei dessen Selbstbetroffenheit an dessen Vorgesetzten weiter. In diesem Fall versieht der Betriebsrat die Beschwerde mit einer Stellungnahme und, soweit möglich, mit einem Lösungsvorschlag.

§ 4 Beschwerdefrist

Die Beschwerde ist innerhalb von zwei Wochen nach Beschwerdeanlass bei den vorgenannten Stellen mündlich oder schriftlich zu erheben. Verfristete Beschwerden sind nur zulässig, wenn die Überschreitung der Frist nicht vom Beschwerdeführer zu verantworten ist.

§ 5 Behandlung der Beschwerde

1. Die zur Entgegennahme einer Beschwerde verpflichteten Stellen haben unverzüglich die Beschwerde zu überprüfen, dazu Stellung zu nehmen und bei berechtigter Beschwerde für Abhilfe zu sorgen. Richtet sich die Beschwerde gegen einen Beschäftigten, ist diesem Gelegenheit zur Anhörung zu geben. Der Beschwerde führende Beschäftigte ist über die Behandlung seiner Beschwerde zu bescheiden. Wird die Beschwerde beim Betriebsrat eingelegt, so ist auch der Betriebsrat über die Behandlung der Beschwerde zu unterrichten. Die beteiligten Personen sind verpflichtet, die Beschwerde vertraulich zu behandeln.
2. Beschwerden aus zweiter Hand und anonyme Beschwerden werden nicht behandelt.

69 Einzelheiten hierzu zB FESTL, § 86 BetrVG Rn 1-7.

3. Die Beschwerde hat keine aufschiebende Wirkung; eine ordnungsgemäß erteilte Weisung ist trotz der hiergegen eingelegten Beschwerde auszuführen.

§ 6 Beschwerdestelle

1. Es ist eine betriebliche Beschwerdestelle zu bilden. Diese setzt sich aus je zwei Beisitzern des Betriebsrats und der Arbeitgeberin und einem außerbetrieblichen neutralen Vorsitzenden zusammen, auf dessen Person sich die Betriebsparteien einigen müssen. Die Bestellung der Mitglieder der Beschwerdestelle erfolgt für zwei Jahre. Kommt eine Einigung über die Person des Vorsitzenden nicht zustande, entscheidet das Los.
2. Die Beschwerdestelle tritt auch an die Stelle der Einigungsstelle gem. § 85 Abs. 2 BetrVG.
3. Die Beschwerdestelle beschließt mit einfacher Stimmenmehrheit über die erhobenen Beschwerden. Vor einem Beschluss ist der Beschwerdeführer und alle sonstigen Beteiligten grundsätzlich anzuhören. Die Beschwerdestelle kann sachverständige Betriebsangehörige zu Rate ziehen. Über die jeweilige Sitzung ist ein Protokoll zu fertigen.

§ 7 Zuständigkeit der Beschwerdestelle

1. Der Beschwerde führende Beschäftigte kann Beschwerde bei der betrieblichen Beschwerdestelle einlegen, wenn
   a) der zuständige Vorgesetzte nicht innerhalb eines Monats über die Beschwerde entschieden hat,
   b) der zuständige Vorgesetzte die Beschwerde als unzulässig oder unbegründet zurückgewiesen hat,
   c) der Betriebsrat die Berechtigung der Beschwerde schriftlich anerkannt und vergeblich auf Abhilfe hingewirkt hat,
   d) der Betriebsrat die Berechtigung der Beschwerde nicht anerkannt hat.
2. Der Betriebsrat kann Beschwerde einlegen, wenn es über die beim ihm eingelegte Beschwerde zwischen ihm und der Arbeitgeberin über die Berechtigung der Beschwerde Meinungsverschiedenheiten gibt.
3. Die Beschwerde ist schriftlich innerhalb von einer Woche nach Kenntnis einer der vorgenannten Sachverhalte einzulegen.

§ 8 Bescheid

Die Beschwerdestelle muss die Beschwerde schriftlich verbescheiden. Der Bescheid ist zu begründen und dem Beschwerdeführer und den sonstigen Beteiligten zuzuleiten.

§ 9 Beschwerdeverbrauch

Ein und derselbe Sachverhalt der einer Beschwerde zugrunde gelegen hat, kann nicht Gegenstand einer erneuten Beschwerde sein.

§ 10 Schlussbestimmungen

1. Die Betriebsvereinbarung tritt mit Unterzeichnung in Kraft.

2. Sie kann von beiden Betriebsparteien mit einer Frist von 3 Monaten zum Jahresende, erstmals zum 31.12.20XY gekündigt werden. Die Betriebsvereinbarung wirkt nicht nach. ◀

47 Erläuterungen:

Zu § 1 Satz 1:

Nach § 14 Abs. 2 Satz 3 AÜG gilt das Recht des Beschwerdeverfahrens auch für im Entleiherbetrieb tätige Leiharbeitnehmer.

Zu §§ 2 und 3:

Insoweit handelt es sich um eine näher ausgestaltete Wiedergabe der Beschwerdemöglichkeiten nach § 84 und § 85 BetrVG.

Zu §§ 4 bis 8:

Insoweit handelt es sich um gesetzeskonkretisierende Regelungen, die ihre Rechtsgrundlage in § 86 BetrVG haben. Insbesondere enthält die Beschwerdeordnung das Instrument der betrieblichen Beschwerdestelle, die ebenfalls wiederum auf der Grundlage des § 86 BetrVG an die Stelle der gesetzlich vorgesehenen Einigungsstelle tritt.

Zu § 9:

In Abweichung zu § 77 Abs. 5 BetrVG enthält die Beschwerdeordnung einen Kündi- 48
gungstermin und sieht eine Mindestlaufzeit der Vereinbarung vor. Damit soll einer nachhaltigen Geltungsdauer der Beschwerdeordnung Rechnung getragen werden. Im Hinblick auf den freiwilligen Charakter der Betriebsvereinbarung scheidet kraft Gesetzes eine Nachwirkung aus. Das kommt in der Vereinbarung deklaratorisch zum Ausdruck. Eine Nachwirkung kann nur im Wege der Vereinbarung erreicht werden.

6. § 87 BetrVG: Mitbestimmungsrechte

§ 87 Mitbestimmungsrecht

(1) Der Betriebsrat hat, soweit eine gesetzliche oder tarifliche Regelung nicht besteht, in folgenden Angelegenheiten mitzubestimmen:

1. Fragen der Ordnung des Betriebs und des Verhaltens der Arbeitnehmer im Betrieb;
2. Beginn und Ende der täglichen Arbeitszeit einschließlich der Pausen sowie Verteilung der Arbeitszeit auf die einzelnen Wochentage;
3. Vorübergehende Verkürzung oder Verlängerung der betriebsüblichen Arbeitszeit;
4. Zeit, Ort und Art der Auszahlung der Arbeitsentgelte;
5. Aufstellung allgemeiner Urlaubsgrundsätze und des Urlaubsplans sowie die Festsetzung der zeitlichen Lage des Urlaubs für einzelne Arbeitnehmer, wenn zwischen dem Arbeitgeber und den beteiligten Arbeitnehmern kein Einverständnis erzielt wird;
6. Einführung und Anwendung von technischen Einrichtungen, die dazu bestimmt sind, das verhalten oder die Leistung der Arbeitnehmer zu überwachen;
7. Regelungen über die Verhütung von Arbeitsunfällen und Berufskrankheiten sowie über den Gesundheitsschutz im Rahmen der gesetzlichen Vorschriften oder der Unfallverhütungsvorschriften;
8. Form, Ausgestaltung und Verwaltung von Sozialeinrichtungen, deren Wirkungsbereich auf den Betrieb, das Unternehmen oder den Konzern beschränkt ist;
9. Zuweisung und Kündigung von Wohnräumen, die den Arbeitnehmern mit Rücksicht auf das Bestehen eines Arbeitsverhältnisses vermietet werden, sowie die allgemeine Festlegung der Nutzungsbedingungen;
10. Fragen der betrieblichen Lohngestaltung, insbesondere die Aufstellung von Entlohnungsgrundsätzen und die Einführung und Anwendung von neuen Entlohnungsmethoden sowie deren Änderung;
11. Festsetzung der Akkord- und Prämiensätze und vergleichbarer leistungsbezogener Entgelte, einschließlich der Geldfaktoren;
12. Grundsätze über die Durchführung von Gruppenarbeit; Gruppenarbeit im Sinne dieser Vorschrift liegt vor, wenn im Rahmen des betrieblichen Arbeitsablaufs eine gruppe von Arbeitnehmern eine ihr übertragene Gesamtaufgabe im Wesentlichen eigenverantwortlich erledigt

(2) Kommt eine Einigung über eine Angelegenheit nach Absatz 1 nicht zustande, so entscheidet die Einigungsstelle. Der Spruch der Einigungsstelle ersetzt die Einigung zwischen Arbeitgeber und Betriebsrat.

a) Ordnung und Verhalten im Betrieb

aa) Alkoholverbot

49 Die Betriebsparteien sind berechtigt, zur Unfallverhütung einerseits und zur Aufrechterhaltung der Ordnung im Betrieb andererseits ein Alkoholverbot auszusprechen. Die Festlegung und Überwachung dieses Alkoholverbots ist damit Gegenstand der Regelungen in einer Betriebsvereinbarung. Teilweise wird dies von Beschäftigten natürlich als Einschnitt in ihre Persönlichkeitsrechte empfunden. Dies führt dazu, dass Betriebsräte manchmal zur Überwindung der Widerstände in der Belegschaft eine solche Betriebsvereinbarung lieber als Spruch der Einigungsstelle wünschen. Diese wird immer auch zu berücksichtigten haben, dass ein solches Alkoholverbot durch die betrieblichen Belange gerechtfertigt sein muss. Eine ähnliche Problematik findet sich oftmals bei Rauchverboten am Arbeitsplatz.[70]

▶ **Muster: Betriebsvereinbarung Alkoholverbot**

Präambel

Zur Aufrechterhaltung der Ordnung im Betrieb und zur Vermeidung von Unfallgefahren schließen die Parteien nachfolgende Betriebsvereinbarung.

§ 1 Geltungsbereich

Die Betriebsvereinbarung gilt für alle Beschäftigten des Betriebs inklusive der Auszubildenden. Sie gilt nicht für leitende Angestellte iSd § 5 Abs. 3 BetrVG.

§ 2 Alkoholverbot

(1) Zur Sicherheit der Mitarbeiter und zum Schutz betrieblicher Belange ist das Mitbringen alkoholischer Getränke in den Betrieb sowie der Genuss solcher Getränke im Betrieb untersagt.

(2) Das Betreten des Betriebsgeländes in alkoholisiertem Zustand ist untersagt.

(3) Das Alkoholverbot gilt während der Arbeitszeit und der Pausen auf dem Betriebsgelände. Es gilt während dieser Zeit auch außerhalb des Betriebsgeländes, sofern dort Arbeit verrichtet wird (zB für Außendienstmitarbeiter).

§ 3 Aufgaben der Vorgesetzten, Aufsichtspersonen und weiterer Beschäftigter

(1) Alle Vorgesetzten und Aufsichtspersonen haben für die Einhaltung des Alkoholverbotes Sorge zu tragen. Vorgesetzte sind dabei alle Mitarbeiter mit fachlicher und disziplinarischer Weisungsbefugnis. Aufsichtspersonen sind Mitarbeiter, die für die Arbeitssicherheit, die Arbeitsorganisationen oder den Zugang zum Betrieb verantwortlich sind (zB Sicherheitsbeauftragter, Pförtner).

(2) Hat ein Mitarbeiter oder eine Aufsichtsperson den Verdacht, dass ein weiterer Mitarbeiter alkoholisiert ist oder Alkohol in den Betrieb gebracht oder verteilt hat, hat er unverzüglich den Vorgesetzten des betroffenen Mitarbeiters zu informieren.

(3) Erhält der Vorgesetzte des betroffenen Mitarbeiters Kenntnis davon, dass dieser alkoholisiert ist oder Alkohol in den Betrieb gebracht hat, ist unverzüglich der Betriebsrat zu informieren.

(4) Mitarbeiter, die unter dem Verdacht des Alkoholmissbrauchs stehen, sind berechtigt, sich zur Entlastung von diesem Vorwurf einem Alkoholtest durch ein Atemalkoholmessgerät oder eine amtliche Blutentnahme zu unterziehen. Ein Zwang, sich einem solchen Test zu unterziehen, besteht nicht. Die Verweigerung des Alkoholtests stellt keinerlei Indiz für einen Missbrauch dar. Ein Arbeitnehmer darf wegen der Verweigerung nicht benachteiligt werden.

(5) Auf Verlangen des Mitarbeiters ist ein Betriebsratsmitglied hinzuziehen. Das Testergebnis ist schriftlich festzuhalten.

---

70 BAG 19.1.1999, AP BetrVG 1972 § 87 Ordnung des Betriebes Nr. 28 (Rauchverbot).

(6) Bei begründetem Verdacht auf Angetrunkenheit (zB durch Alkoholgeruch, lallender Stimme, unsicherem Gang) hat der Vorgesetzte aus Sicherheitsgründen ein Beschäftigungsverbot auszusprechen. Er hat für den gefahrlosen Heimweg des Mitarbeiters Sorge zu tragen. Bei starkem Alkoholmissbrauch ist er berechtigt, einen weiteren Mitarbeiter zur Begleitung des betroffenen Mitarbeiters abzustellen oder ein Taxi zu bestellen. Die Kosten der Heimfahrt hat der betroffene Mitarbeiter zu tragen.

§ 4 Verstöße gegen das Alkoholverbot

(1) Verstöße gegen diese Betriebsvereinbarung können zum Ausspruch einer Abmahnung und im Wiederholungsfall oder bei schweren Verstößen zur Kündigung führen.

(2) Der Arbeitgeber ist berechtigt, Ansprüche wegen Sach- oder Personenschäden gesondert nach den Grundsätzen der Arbeitnehmerhaftung geltend zu machen.

§ 5 Betriebsfeiern

Das Alkoholverbot gilt nicht während Betriebsfeiern. Betriebsfeiern finden grundsätzlich außerhalb des Betriebsgeländes statt.

§ 6 Schlussbestimmungen

(1) Die Betriebsvereinbarung tritt zum 1.1.2009 in Kraft. Sie kann mit einer Kündigungsfrist von drei Monaten zum Monatsende gekündigt werden und wirkt nach.

(2) Sind einzelne dieser Bestimmungen unwirksam, so berührt dies nicht die Wirksamkeit der übrigen Regelungen. ◀

Erläuterungen: 50

Zu § 2:

Im obigen Musterbeispiel wird ein absolutes Alkoholverbot verhängt. Der Genuss alkoholischer Getränke ist im gesamten Betrieb während der Arbeitszeit und auch während der Pausen untersagt.

Bei Verhandlungen zwischen den Betriebsparteien oder im Einigungsstellenverfahren ist natürlich immer im Rahmen der Verhältnismäßigkeitsprüfung zu hinterfragen, ob Alkoholkonsum teilweise gestattet wird. So könnte ein absolutes Alkoholverbot etwa nur für bestimmte Bereiche, in der Regel Sicherheitsbereiche ausgesprochen werden.

Auch könnte das Alkoholverbot auf die Arbeitszeit beschränkt werden.

Natürlich ist auch die Gestattung des Alkoholgenusses bis zu einer Höchstgrenze (0,3 ‰) denkbar. Die Gefahr eines Missbrauchs steigt dabei aber ähnlich der Problematik im Straßenverkehr an. Eine solche Teilgestattung darf jedoch nur dann geregelt werden, wenn sich das absolute Alkoholverbot nicht bereits aus gesetzlichen Regelungen (zB bei Kraftfahrern) oder aus betrieblichen Erfordernissen ergibt (zB Arbeitssicherheit). Dann ist die Einführung des Alkoholverbots nicht mehr mitbestimmungspflichtig, wohl aber noch die Ausgestaltung und Durchführung, beispielsweise die Modalitäten der Kontrolle.

Zu § 3:

Hier wird die Vorgehensweise bei Verdacht auf einen Verstoß gegen die Betriebsvereinbarung geregelt.

Wichtig ist, dem betroffenen Beschäftigten die Möglichkeit zu geben, sich zu entlasten und die Vorwürfe, die gegen ihn erhoben werden, zu entkräften. Dazu soll ihm Gelegenheit gegeben werden, sich einem Alkoholtest zu unterziehen. Dies darf jedoch nur freiwillig geschehen. Wegen des Grundrechts auf körperliche Integrität darf ein Mitarbeiter hierzu nicht verpflichtet werden.

Besteht ein begründeter Verdacht auf Alkoholmissbrauch, so ist der Arbeitgeber schon aufgrund seiner arbeitgeberseitigen Fürsorgepflicht dazu verpflichtet, für einen gefahrlosen Nachhauseweg Sorge zu tragen.

Zu § 4:

Verstöße gegen eine Pflicht aus einer Betriebsvereinbarung, wie hier ein Alkoholverbot, können grundsätzlich stets eine Abmahnung und im Wiederholungsfall oder bei schwerwiegenden Verstößen eine Kündigung rechtfertigen. Insofern hat § 4 I einen rein deklaratorischen Charakter. Dennoch kann eine solche Mahnung zusätzlich der Einhaltung der Betriebsvereinbarung dienen.

Zahlt der Arbeitgeber während eines aufgrund Alkoholisierung ausgesprochenen Beschäftigungsverbotes keinen Lohn, so muss er zunächst einmal darlegen, dass er das Beschäftigungsverbot auch zu Recht ausgesprochen hat und dass der Arbeitnehmer zur Verrichtung seiner Arbeit nicht mehr in der Lage war. Es empfiehlt sich daher in jedem Fall, den Verstoß gegen die Betriebsvereinbarung und die Umstände, die den Verdacht begründet haben, genauestens zu dokumentieren.

Nach § 4 III ist nochmals klargestellt, dass unabhängig von der Betriebsvereinbarung und ggf erfolgter Abmahnung oder gar Kündigung der Arbeitgeber zusätzlich einen Anspruch auf Erstattung etwaiger Schäden geltend machen kann.

bb) Betriebsbußen

51 Die Rechtsprechung des BAG hält es für zulässig, dass unter bestimmten Voraussetzungen im Rahmen der betrieblichen Ordnung zu deren Einhaltung auch die Einführung von Betriebsbußen zulässig sein soll.[71] Diese Rechtsprechung ist zumindest kritisch zu hinterfragen, fehlt es doch an einer Rechtsgrundlage für solche Maßnahmen, die über die individualrechtlichen Instrumentarien Ermahnung, Abmahnung oder Kündigung sowie Schadenersatz im Rahmen der Arbeitnehmerhaftung hinausgehen. In Betracht kommen daher nur bei kollektiven Sachverhalten Verweise oder der Entzug von Vergünstigungen. Rechtlich mehr als fragwürdig ist die Festlegung von Beträgen für Geldbußen.

▶ Muster: Betriebsvereinbarung Betriebsbußen

Präambel

Zur Aufrechterhaltung der Ordnung im Betrieb und zur Einhaltung der Betriebsvereinbarungen ... schließen die Parteien folgende Betriebsvereinbarung.

§ 1 Geltungsbereich

Die Betriebsvereinbarung gilt für alle Beschäftigten des Betriebs inklusive der Auszubildenden. Sie gilt nicht für leitende Angestellte iSd § 5 Abs. 3 BetrVG.

71 BAG, 17.10.1999 – 1 ABR 100/88, DB 1990, 483.

§ 2 Betriebsbußen

(1) Betriebsbußen werden festgelegt für Verstöße gegen die Betriebsvereinbarung über das Alkohol- und Rauchverbot vom ... sowie die Anweisung über das Verbot der privaten Internetnutzung vom ..., die nicht nur leicht fahrlässig begangen werden.

(2) Betriebsbußen werden verhängt in Form von Verwarnungen, Entzug freiwilliger Vergünstigungen, Geldbußen.

(3) Der Entzug freiwilliger Vergünstigungen oder die Geldbuße darf einen Tagesverdienst nicht übersteigen.

§ 3 Verfahren

(1) Es wird ein paritätischer Ausschuss zur Vorbereitung des Verfahrens über die Geldbuße gebildet. Der Ausschuss besteht aus vier Mitgliedern, wobei Arbeitgeber und Betriebsrat jeweils zwei Mitglieder in den Ausschuss entsenden.

(2) Anträge über die Verhängung einer Betriebsbuße werden beim Paritätischen Ausschuss gestellt. Antragsberechtigt sind alle Beschäftigten, die Geschäftsleitung und Betriebsrat.

(3) Bei Vorliegen eines Antrags auf Verhängung einer Geldbuße hat der Ausschuss den betroffenen Mitarbeiter unter Angabe der Gründe zu einer Anhörung einzuladen.

(4) Der Arbeitnehmer hat das Recht, zu diesem Gespräch eine Person seines Vertrauens (bspw. Betriebsratsmitglied, Rechtsanwalt oder Gewerkschaftssekretär) hinzuziehen.

(5) Soweit der Ausschuss die Anhörung von Zeugen für erforderlich erachtet, hat der betroffene Arbeitnehmer das Recht, bei der Befragung des Zeugen anwesend zu sein.

(6) Steht nach Abschluss des Anhörungsverfahrens fest, dass der betroffene Mitarbeiter gegen die in § 2 Abs. 1 genannten Betriebsvereinbarungen oder Anweisungen schuldhaft (also nicht nur leicht fahrlässig) und pflichtwidrig verstoßen hat, unterrichtet der Ausschuss den Arbeitgeber und den Betriebsrat über das Verfahren und schlägt beiden eine Betriebsbuße vor. Der Vorschlag ist nicht bindend. Arbeitgeber und Betriebsrat entscheiden einvernehmlich über die zu verhängende Betriebsbuße.

(7) Besteht die verhängte Betriebsbuße in einer Geldbuße, so verpflichtet sich der Arbeitgeber, den vollen Betrag einer karitativen Einrichtung zuzuwenden.

§ 4 Stillschweigen

(1) Arbeitgeber und die Mitglieder des paritätischen Ausschusses sind zum Stillschweigen über den begangenen Verstoß, über das Verfahren und die verhängte Betriebsbuße verpflichtet.

(2) Mitarbeiter, die vor dem Ausschuss als Zeugen gehört werden, sind zum Stillschweigen über alle im Zusammenhang mit dem vorgeworfenen Verstoß stehenden Tatsachen verpflichtet.

§ 5 Personalakte

(1) Die Betriebsbuße wird zur Personalakte genommen.

(2) Der Beschäftigte hat das Recht, eine Gegendarstellung zur Personalakte aufnehmen zu lassen.

(3) Der Vermerk über die Betriebsbuße wird nach zwei Jahren aus der Personalakte entfernt.

§ 6 Geltendmachung von Schadenersatzansprüchen

Die Geltendmachung von Schadenersatzansprüchen durch den Arbeitgeber bei entstandenem Sach- oder Personenschaden bleibt von dieser Betriebsvereinbarung unberührt.

§ 7 Schlussbestimmungen

(1) Die Betriebsvereinbarung tritt zum 1.1.2009 in Kraft. Sie kann mit einer Kündigungsfrist von drei Monaten zum Monatsende gekündigt werden und wirkt nach.

(2) Sind einzelne dieser Bestimmungen unwirksam, so berührt dies nicht die Wirksamkeit der übrigen Regelungen. ◀

52 Erläuterungen:

Zu § 2:

Betriebsbußen können dann verhängt werden, wenn ein Arbeitnehmer gegen eine Betriebsvereinbarung oder eine arbeitgeberseitige kollektive Anweisung verstoßen hat.

In § 2 Abs. 2 werden mögliche Arten von Betriebsbußen aufgezählt. Besteht die Betriebsbuße in einem Entzug von Leistungen, so muss zwingend eine Höchstgrenze festgehalten werden. Der Arbeitnehmer darf nicht über Gebühr durch die Betriebsbuße belastet werden. Die Verhängung von Geldbußen ist grundsätzlich mangels Rechtsgrundlage abzulehnen.[72] Will man diese mit der Gegenauffassung vereinbaren, müssen aber in jedem Fall die Grundsätze der eingeschränkten Arbeitnehmerhaftung zwingend beachtet werden.[73] Betriebsbußen dürfen dann einen Tagesverdienst nicht überschreiten und jedenfalls nicht bei leichter Fahrlässigkeit verhängt werden.

Zu § 3:

Da die Betriebsbuße letztlich eine reine Sanktion darstellt, muss gewährleistet werden, dass der betroffene Arbeitnehmer ein faires Verfahren erhält.

Daher scheint die Bildung eines Ausschusses, welcher aus Mitgliedern des Betriebsrates und der Arbeitgeberseite besteht, unbedingt erforderlich.

Dieser Ausschuss muss den Sachverhalt im Rahmen seiner Möglichkeiten vollständig aufklären. Dazu gehört aber insbesondere auch, dass dem betroffenen Arbeitnehmer rechtliches Gehör gewährt wird und dass dieser auch die Möglichkeit besitzt, zu diesem Verfahren rechtlichen Beistand herbeizuholen.

Nach dem hiesigen Vorschlag klärt der Ausschuss den Sachverhalt und schlägt eine Betriebsbuße vor. Die Betriebsbuße selbst wird dann von Arbeitgeber und Betriebsrat gemeinsam festgesetzt.

Der Ausschuss selbst kann eine Betriebsbuße nicht festlegen, denn er besitzt keine eigene Rechtspersönlichkeit, ist nicht Vertragspartner des Arbeitnehmers und rechtlich nicht befugt, Verstöße gegen Betriebsvereinbarungen oder Anweisungen zu ahnden. Hierzu ist ausschließlich der Arbeitgeber berechtigt. Um aber eine interessengerechte Lösung sicherzustellen, sollte der Betriebsrat in die Entscheidung über die Betriebsbuße eingebunden werden, der Arbeitgeber also die Buße nicht ohne Zustimmung des Betriebsrates verhängen dürfen.

Zu § 4:

Unzulässig wäre in jedem Fall, Inhalt und Ergebnisse der Ermittlungen des Ausschusses betriebsöffentlich bekannt zu geben, etwa durch Aushang am Schwarzen Brett oder ähnliches. Um aber den betroffenen Mitarbeiter effektiv zu schützen, sollte die Verpflichtung zum Stillschweigen ausdrücklich und restriktiv in der Betriebsvereinbarung geregelt werden.

72 AA Fitting, § 87 Rn 92.
73 Spengler, Beschränkung der Arbeitnehmerhaftung – zwingendes Arbeitnehmerschutzrecht, AiB 1999, 629.

Zu § 5:

Das Recht, eine Gegendarstellung in die Personalakte aufzunehmen, besteht grundsätzlich nur dann, wenn dem Arbeitnehmer zu Unrecht eine Betriebsbuße auferlegt wurde. Dies kann der Fall sein, wenn objektiv ein Verstoß gegen eine Betriebsvereinbarung oder eine Anweisung nicht vorlag, oder wenn ein Verstoß zwar vorlag, aber gerechtfertigt war. Dann nämlich verstößt die Betriebsbuße gegen das allgemeine Persönlichkeitsrecht des Arbeitnehmers.

Nach der vorliegenden Fassung soll aber der Arbeitnehmer immer das Recht haben, eine Gegendarstellung in die Personalakte aufnehmen zu lassen – also unabhängig davon, ob die Geldbuße wirksam oder unwirksam war.

Zu § 6:

Der Arbeitgeber soll neben der Verhängung der Betriebsbuße aber auch berechtigt sein, etwaige Schäden vom Arbeitnehmer ersetzt zu verlangen.

Betriebsbuße und Schadenersatz dienen unterschiedlichen Zwecken: Die Betriebsbuße ist eine reine Sanktion für einen begangenen Verstoß; sie soll den Arbeitnehmer bestrafen, aber nicht dem Arbeitgeber zugutekommen. Dagegen soll mit dem Schadenersatzanspruch der dem Arbeitgeber entstandene Schaden beglichen werden.

Deshalb sollten beide Instrumente nebeneinander bestehen.

cc) Kleiderordnung

Auch eine Kleiderordnung ist eine Regelung des Ordnungsverhaltens und daher mitbestimmungspflichtig. Oftmals besteht der Interessenkonflikt zwischen dem Willen des Arbeitgebers, ein bestimmtes, seinem corporate identity entsprechendes Erscheinungsbild der Mitarbeiter zu installieren und der Angst der Beschäftigten vor einer Uniformierung. Dabei sind geschlechtsspezifische Unterschiede wegen der Diskriminierungsproblematik zu vermeiden[74] 53

▶ Muster: Betriebsvereinbarung Kleiderordnung

Präambel

Zur Gewährleistung eines einheitlichen Erscheinungsbildes der Mitarbeiterinnen und einfachen Erkennbarkeit für Kunden einerseits und zur Sicherstellung der Rechte der Beschäftigten andererseits schließen die Parteien nachfolgende Betriebsvereinbarung.

§ 1 Geltungsbereich

Die Betriebsvereinbarung gilt für alle Beschäftigten des Betriebs inklusive der Auszubildenden. Sie gilt nicht für leitende Angestellte iSd § 5 Abs. 3 BetrVG.

§ 2 Kleiderordnung

(1) Alle Beschäftigten sind verpflichtet, eine vom Arbeitgeber auf dessen Kosten gestellte und von diesem beschaffte Bekleidung zu tragen. Die Bekleidung besteht aus folgenden Teilen:

- Zwei Anzüge – blau
- Drei Hemden (Herren) / Blusen (Damen) – orange
- Zwei Krawatten (Herren) / Halstücher (Damen) – blau

74 BAG, 30.9.2014 – 1 AZR 1083/12, N zur Diskriminierung durch die Pflicht, als Mann die Pilotenmütze zu tragen

(2) Vor der Beschaffung haben die Beschäftigten die Möglichkeit, wegen der Kleidungsgröße Musterstücke anzuprobieren. Allergikern gegen bestimmte Stoffarten werden alternative Stoffe angeboten.

§ 3 Reinigung

Die Reinigung der Dienstkleidung erfolgt durch die Beschäftigten. Diese erhalten zum Ausgleich eine monatliche Zahlung i.H.v. 20 EUR. Ein Schadenersatzanspruch bei Beschädigung der Kleidung durch Verfärben, Eingehen oder Bügelschäden kommt nur bei grober Fahrlässigkeit und Vorsatz in Betracht.

§ 4 Verstöße gegen die Kleiderordnung

Verstöße gegen diese Betriebsvereinbarung können zum Ausspruch einer Abmahnung und im Wiederholungsfall oder bei schweren Verstößen zur Kündigung führen.

§ 5 Schlussbestimmungen

(1) Die Betriebsvereinbarung tritt zum 1.1.2009 in Kraft. Sie kann mit einer Kündigungsfrist von drei Monaten zum Monatsende gekündigt werden und wirkt nach.

(2) Sind einzelne dieser Bestimmungen unwirksam, so berührt dies nicht die Wirksamkeit der übrigen Regelungen. ◀

54 Erläuterungen:

Zu § 2:

Zuvorderst zu berücksichtigen ist, dass die Arbeitskleidung stets vom Arbeitsgeber zu stellen ist. Arbeitnehmer sind nicht verpflichtet, Arbeitskleidung auf eigene Kosten anzuschaffen. Dies gilt selbst dann, wenn sie gesetzlich zum Tragen von Arbeitskleidung (zB Sicherheitsschuhen) verpflichtet sind. Die Zurverfügungstellung von Arbeitskleidung ist stets Aufgabe des Arbeitgebers. Gerade die Chance der Anprobe und der Stoffalternativen ist aus dem Gesichtspunkt der Grundrechte der Arbeitnehmer wichtig.

Zu § 3:

Ordnet der Arbeitgeber das Tragen von Arbeitskleidung an, so hat er auch die dadurch entstehenden Reinigungskosten zu tragen.

Ordnet der Arbeitgeber an, dass die Beschäftigten etwa aufgrund gesetzlicher Pflichten die Arbeitskleidung nur am Arbeitsort an- und auskleiden, also nicht mit nach Hause nehmen dürfen, so erfolgt auch die Reinigung nicht durch die Beschäftigten selbst, sondern in der Regel durch eine extern beauftragte Reinigungsfirma.

Dürfen jedoch die Mitarbeiter sich zuhause umkleiden, so ist eine Regelung über die Kostentragungspflicht erforderlich. In der Regel erfolgt die Erstattung der Reinigungskosten in Form einer monatlichen Zahlung. Für diesen Fall muss aber ein Schadenersatzanspruch bei leichter oder mittlerer Fahrlässigkeit ausgeschlossen sein, da der Arbeitnehmer sonst das Reinigungsrisiko tragen würde.

Zu § 4:

Die Anordnung einer Kleiderordnung ist eine Dienstanweisung, der Folge zu leisten ist. Verstöße gegen eine Dienstanweisung können durch eine Abmahnung sanktioniert werden.

Eine Kündigung wegen Verstößen gegen eine Kleiderordnung wird nur in extremen Ausnahmefällen denkbar sein, etwa bei hartnäckiger und wiederholter Weigerung, sich an die Kleiderordnung zu halten.

dd) Taschenkontrollen

Die stichprobenartige Kontrolle der Taschen von Beschäftigten bei Verlassen des Betriebsgeländes tritt häufig auf im Bereich des Einzel- und Großhandels und im Sicherheitsbereich. Geschieht dies nicht nur in Einzelfällen, etwa aufgrund eines Verdachtsmomentes, sondern unabhängig solcher Momente, handelt es sich um eine abstrakt-generelle Handhabung und ist dann mitbestimmungspflichtig. 55

▶ **Muster: Betriebsvereinbarung Taschenkontrollen**

Präambel

Zur Gewährleistung des Sicherheitsbedürfnisses des Arbeitgebers einerseits und zum Schutz der Persönlichkeitsrechte der Beschäftigten andererseits schließen die Parteien nachfolgende Betriebsvereinbarung.

§ 1 Geltungsbereich

Die Betriebsvereinbarung gilt für alle Beschäftigten des Betriebs inklusive der Auszubildenden. Sie gilt nicht für leitende Angestellte iSd § 5 Abs. 3 BetrVG.

§ 2 Taschenkontrolle

(1) Der Arbeitgeber ist berechtigt, stichprobenartig ohne vorherige Ankündigung bei Beschäftigten im unmittelbaren Anschluss an deren Arbeitszeitende eine Taschenkontrolle durchzuführen. Über die Kontrolle und die ausgewählte Filiale ist der Betriebsrat mindestens drei Stunden vorher zu informieren. Ein Mitglied des Betriebsrates ist berechtigt, an der Kontrolle teilzunehmen.

(2) Die Taschenkontrolle darf ausschließlich durch die Bezirksleiterinnen erfolgen.

(3) Im Falle einer Taschenkontrolle sind die Beschäftigten verpflichtet, der berechtigten Kontrollperson die Taschen auf Verlangen vorzuzeigen.

(4) Besteht der Verdacht eines Diebstahls (zB mangels Vorlage eines Kassenbelegs), hat die Kontrollperson unverzüglich den Betriebsrat zu informieren, falls kein Betriebsratsmitglied anwesend ist.

(5) Ein Entleeren der Tasche oder die Herausnahme von Tascheninhalten darf nur im Beisein des Betriebsrates und in einem gesonderten Raum erfolgen.

§ 3 Verstöße

(1) Verstöße gegen die Betriebsvereinbarung können zum Ausspruch einer Abmahnung und im Wiederholungsfall oder bei schweren Verstößen zur Kündigung führen.

(2) Die Geltendmachung von Schadenersatzansprüchen durch den Arbeitgeber bleibt von dieser Betriebsvereinbarung unberührt.

§ 4 Schlussbestimmungen

(1) Die Betriebsvereinbarung tritt zum 1.1.2009 in Kraft. Sie kann mit einer Kündigungsfrist von drei Monaten zum Monatsende gekündigt werden und wirkt nach.

(2) Sind einzelne dieser Bestimmungen unwirksam, so berührt dies nicht die Wirksamkeit der übrigen Regelungen. ◀

Erläuterungen: 56

Zu § 2:

Nach der hiesigen Betriebsvereinbarung sollen Taschenkontrollen nur nach Ende der individuellen Arbeitszeit erfolgen. Dies dient dem Zweck, einen reibungslosen Geschäftsablauf nicht zu behindern einerseits und andererseits Beschäftigte nicht zu verunsichern. Allerdings ist dann zu berücksichtigen, dass die Zeit der Kontrolle nicht zur Arbeitszeit gehört.

Wird dagegen geregelt, dass Kontrollen innerhalb der Arbeitszeit stattfinden, so gehört die Zeit der Kontrolle selbstverständlich auch zur Arbeitszeit.

Auch sollte geregelt werden, welche Person auf welcher hierarchischen Ebene berechtigt ist, Taschenkontrollen durchzuführen. So können Streitigkeiten über die Berechtigung oder die Vorlage eines Berechtigungsnachweises möglichst vermieden werden.

Der Schutz der Intimsphäre gebietet es, dass die Tascheninhalte nicht vor den Augen anderer Beschäftigter ausgebreitet werden. Gerade der Inhalt von Handtaschen ließe Rückschlüsse für die übrigen Beschäftigten zu, so dass hier eine diskrete Handhabung sicherzustellen ist.

Zu § 3:

Verstöße gegen eine Pflicht aus einer Betriebsvereinbarung, beispielsweise die Weigerung, die Tasche vorzuzeigen, können grundsätzlich stets eine Abmahnung und im Wiederholungsfall oder bei schwerwiegenden Verstößen eine Kündigung rechtfertigen. Insofern hat § 3 I einen rein deklaratorischen Charakter. Dennoch kann eine solche Mahnung zusätzlich der Einhaltung der Betriebsvereinbarung dienen.

Nach § 3 II ist nochmals klargestellt, dass unabhängig von der Betriebsvereinbarung und ggf erfolgter Abmahnung oder gar Kündigung der Arbeitgeber zusätzlich einen Schadenersatzanspruch geltend machen kann.

ee) Mobbing- und Diskriminierungsschutz

57 Begrifflich stellt Mobbing ein systematisches Schikanieren, Diffamieren oder Anfeinden dar. In der Praxis ist ein solches Verhalten zu unterscheiden von „gerade noch“ alltagstypischem Verhalten. Selbst wenn objektiv Mobbing oder mobbingähnliches Verhalten vorliegt, so liegt aber das eigentliche Problem hauptsächlich darin, ein solches Verhalten im Zweifelsfall auch rechtssicher nachweisen zu können, beispielsweise durch konkrete Zeugenaussagen.

58 Um Eskalationen und Rechtsstreitigkeiten (etwa die Geltendmachung von Schmerzensgeldansprüchen) sollte von vornherein im Rahmen einer Betriebsvereinbarung auf eine Deeskalation hingewirkt werden, beispielsweise durch die Einrichtung einer betrieblichen Schlichtungsstelle.

59 Die nachfolgende Betriebsvereinbarung behandelt dabei Vorfälle, die gegen das Allgemeine Gleichbehandlungsgesetz verstoßen (Benachteiligungen aus Gründen der Rasse, der ethnischen Herkunft, des Geschlechts, der Religion oder Weltanschauung, einer Behinderung, des Alters oder der sexuellen Identität). Daneben regelt sie aber auch solche Ungleichbehandlungen, die nicht unter eines der genannten Tatbestandsmerkmale des AGG fallen. Nicht alle Anfeindungen oder Diskriminierungen erfolgen letztlich beispielsweise wegen des Alters oder wegen des Geschlechts, sondern schlicht ohne einen solchen „Anknüpfungspunkt“. Vor solchem Mobbingverhalten schützt letztlich also auch das AGG nicht. Deshalb sollten derartige Verhaltensmuster ebenfalls unter nachfolgende Betriebsvereinbarung fallen.

Muster: Betriebsvereinbarung Mobbing- und Diskriminierungsschutz

Präambel

Die Parteien sind sich einig, dass die Erreichung wirtschaftlicher und auch personalpolitischer Ziele nur möglich ist, wenn die Persönlichkeitsrechte der Beschäftigten bestmöglich geschützt und eine friedvolle Zusammenarbeit unter den Beschäftigten und zwischen Beschäftigten und Vorgesetzten gefördert wird. Die Parteien vereinbaren daher nachfolgende Betriebsvereinbarung.

§ 1 Geltungsbereich

Die Betriebsvereinbarung gilt für alle Beschäftigten des Betriebs inklusive der Auszubildenden. Sie gilt nicht für leitende Angestellte iSd § 5 Abs. 3 BetrVG.

§ 2 Pflichten der Beschäftigten

(1) Alle unter den Geltungsbereich der Betriebsvereinbarung fallenden Beschäftigten sind verpflichtet, die Persönlichkeit der Arbeitskolleginnen und Arbeitskollegen zu berücksichtigen und zu schützen und mit einem sozialverträglichen Verhalten zu einem guten Betriebsklima beizutragen.

(2) Sie haben alles zu unterlassen, was einem guten Betriebsklima schädlich sein kann, insbesondere Verstöße gegen das Allgemeine Gleichbehandlungsgesetz oder Mobbing oder mobbingähnliches Verhalten.

§ 3 Begriffsbestimmungen

(1) Verstöße gegen das Allgemeine Gleichbehandlungsgesetz liegen vor bei sexueller Belästigung oder bei Benachteiligungen wegen

- der Rasse
- der ethnischen Herkunft
- des Geschlechts
- der Religion oder Weltanschauung
- einer Behinderung
- des Alters oder
- der sexuellen Identität.

(2) Mobbing oder mobbingähnliches Verhalten liegt vor bei einer systematischen Schikanierung, Diffamierung oder Anfeindung, beispielsweise:

- Verbreitung falscher Tatsachen,
- Zuweisung sinnloser Arbeitsaufgaben,
- Gewaltandrohung,
- soziale Isolation,
- ständige unberechtigte Kritik an der Arbeit.

§ 4 Betriebliche Schlichtungsstelle

(1) Über die Berechtigung von Vorwürfen anlässlich Verstößen gegen das Allgemeine Gleichbehandlungsgesetz und Mobbing oder mobbingähnliches Verhalten entscheidet eine ständige betriebliche Schlichtungsstelle.

(2) Die Schlichtungsstelle besteht aus vier Personen. Hiervon entsenden Betriebsrat und Arbeitgeberseite jeweils zwei Personen.

(3) Die Schlichtungsstelle tritt in folgenden Fällen zusammen:

- auf schriftlichen Antrag eines Beschäftigten,
- auf schriftlichen Antrag des Arbeitgebers,
- auf schriftlichen Antrag des Betriebsrates.

(4) Der Antrag hat den Vorwurf und die Person, gegen welche sich der Vorwurf richtet, zu bezeichnen. Dabei ist der Vorwurf nach Möglichkeit konkret zu bezeichnen.

(5) Wird ein Antrag auf Schlichtung gestellt, so tritt die Schlichtungsstelle innerhalb von einer Kalenderwoche nach Zugang des Antrags zusammen. Wurde der Antrag von einem Beschäftig-

ten gestellt, so ist dieser mit einer Einladungsfrist von 3 Arbeitstagen zu einem ersten Schlichtungstermin einzuladen. Der erste Schlichtungstermin dient der Erörterung der Vorwürfe ohne Hinzuziehung der Person, gegen welche sich die Vorwürfe richten, oder etwaiger Zeugen.

(6) Hält der betroffene Beschäftigte die Vorwürfe nach Abschluss des ersten Schlichtungstermins weiter aufrecht, so erfolgt in einem zweiten Schlichtungstermin die Anhörung des- oder derjenigen Beschäftigten, gegen welche sich die Vorwürfe richten. Der zweite Schlichtungstermin soll innerhalb einer weiteren Kalenderwoche stattfinden. Dieser Beschäftigte ist zu dem zweiten Schlichtungstermin mit einer Ankündigungsfrist von 3 Arbeitstagen unter Angabe von Gründen zu laden.

(7) Erachtet die Schlichtungsstelle die Anhörung von Zeugen für erforderlich, so hat es auch diese mit einer Ankündigungsfrist von 3 Arbeitstagen zu laden, ohne Angabe von Gründen.

(8) Nach Anhörung aller Personen entscheidet die Schlichtungsstelle über die Berechtigung der Vorwürfe.

(9) Erachtet sie die Vorwürfe als berechtigt, schlägt sie dem Arbeitgeber geeignete Maßnahmen zur Streitbeilegung vor. Dabei kann es sich um folgende Maßnahmen handeln:

- Mediation
- Belehrung
- Verwarnung
- Abmahnung
- Versetzung oder Abordnung (auch befristet)
- Kündigung
- Erstattung einer Strafanzeige.

(10) Die Schlichtungsstelle hat den Betriebsrat über die dem Arbeitgeber vorgeschlagene Maßnahme zu unterrichten.

(11) Sie hat dem Beschäftigten, der den Antrag auf Errichtung der Schlichtungsstelle gestellt hat, eine Abschrift des Vorschlags zuzuleiten.

(12) Der Arbeitgeber ist an die vorgeschlagene Maßnahme nicht gebunden. Weicht er jedoch von dem Vorschlag ab, hat er dies unter Angabe von Gründen der Schlichtungsstelle und dem Beschäftigten, der die Vorwürfe erhoben hat, schriftlich mitzuteilen.

(13) Erachtet die Schlichtungsstelle die Vorwürfe als nicht berechtigt, teilt sie dies dem Beschäftigten, der die Vorwürfe erhoben hat, unter Angabe von Gründen schriftlich mit.

§ 5 Stillschweigen

Die Mitglieder der betrieblichen Schlichtungsstelle wie auch die im Rahmen eines Schlichtungstermins angehörten Personen haben über die ihnen im Rahmen der Schlichtung bekannt gewordenen Tatsachen Stillschweigen zu bewahren.

§ 6 Schlussbestimmungen

(1) Die Betriebsvereinbarung tritt zum 1.1.2009 in Kraft. Sie kann mit einer Kündigungsfrist von drei Monaten zum Monatsende gekündigt werden und wirkt nach.

(2) Sind einzelne dieser Bestimmungen unwirksam, so berührt dies nicht die Wirksamkeit der übrigen Regelungen. ◀

60 Erläuterungen:

Zu § 2:

Die Pflichten, welche in § 2 der Betriebsvereinbarung aufgestellt sind, sind eine rein deklaratorische Aufzählung. Sie sind ohnehin bereits in anderen Rechtsgrundlagen, insbesondere dem Grundgesetz, dem Bürgerlichen Gesetzbuch und dem Allgemeinen Gleichbehandlungsgesetz geregelt. Nichts desto trotz dient die nochmalige Zusammenfassung und Niederschrift im Rahmen dieser Betriebsvereinbarung doch einer Mahnung an das allgemeingültige Gebot, sich sozialverträglich zu verhalten und andere nicht zu schädigen. Es verdeutlicht also nochmals diese oft vergessenen, aber doch bestehenden Verhaltenspflichten.

Zu § 3:

§ 3 Abs. 1 definiert die Verstöße gegen das Allgemeine Gleichbehandlungsgesetz, wiederholt sie quasi. Denn die hier genannten Tatbestandsmerkmale sind ausdrücklich in § 1 AGG festgehalten.

§ 3 Abs. 2 hingegen beschreibt Mobbing oder mobbingähnliches Verhalten. Eine gesetzliche Definition solchen Verhaltens ist nicht existent. Deshalb bedarf es einer Begriffsbestimmung in der Betriebsvereinbarung. Da es sich hier um eine eher abstrakte Definition handelt, empfiehlt sich die exemplarische Aufzählung einiger Beispiele.

Zu § 4:

Hier ist das Verfahren der betrieblichen Schlichtungsstelle beschrieben. In erster Linie dient dieses – wie der Name bereits sagt – der Schlichtung des Konflikts und weniger der Beratung. Ziel der Betriebsvereinbarung soll letztlich sein, Konflikte zwischen Beschäftigten zu lösen, nach Notwendigkeit auch über den Arbeitgeber per entsprechender Maßnahmen. Empfehlenswert kann dabei sein, möglichst früh auch eine professionelle Mediation einzuleiten.

Zu § 5:

Eine Stillschweigensklausel ist zwingend erforderlich, auch dann, wenn die Arbeitsverträge der Beschäftigten schon entsprechende Stillschweigensklauseln enthalten. In der Regel beziehen sich solche lediglich auf Geschäftsgeheimnisse, worunter im üblichen Sprachgebrauch Arbeitsabläufe fallen, nicht hingegen zwischenmenschliche Konflikte.

ff) Parkplatznutzungsordnung

Viele Unternehmen stellen ihren Mitarbeitern Parkplätze zur Verfügung. In diesem 61
Zusammenhang treten dann Fragen hinsichtlich der Ordnung, namentlich der Benutzungsordnung, bei welchen ein Mitbestimmungsrecht des Betriebsrates besteht, auf.

▶ **Muster: Betriebsvereinbarung Parkplatznutzung**

Präambel

Der Arbeitgeber stellt den Mitarbeitern firmeneigene Parkplätze zur Verfügung. Die Parteien sind sich einig, dass für einen gefahrlosen Verkehrsfluss die Regelung einer Benutzungsordnung erforderlich ist.

§ 1 Geltungsbereich

(1) Die Betriebsvereinbarung gilt für diejenigen Werke des Unternehmens, auf denen firmeneigene Parkplätze vorgehalten werden. Diese Werke werden in der Anlage 1 zu dieser Betriebsvereinbarung festgehalten.

(2) Sie gilt für alle Beschäftigten des Betriebs inklusive der Auszubildenden. Sie gilt nicht für leitende Angestellte iSd § 5 Abs. 3 BetrVG.

§ 2 Parkberechtigung

(1) Mitarbeiter können auf Antrag die Erlaubnis zur kostenfreien Parkberechtigung auf den sich in der Anlage 1 zu dieser Betriebsvereinbarung benannten Parkplätze erlangen. Der Antrag ist schriftlich unter Angabe des Datums bei der Personalabteilung zu stellen.

(2) Über die Vergabe der Parkberechtigung entscheidet der jeweilige Betriebsleiter. Sind mehr Antragsteller als Parkplätze vorhanden, wird eine Warteliste angelegt. Aus dieser wird in der folgenden Reihenfolge unter den Bewerbern entschieden:

- Zuvorderst zu berücksichtigen sind die Mitarbeiter, denen Firmenfahrzeuge zur Verfügung gestellt wurden bzw werden,
- sodann gehbehinderte und schwerbehinderte Mitarbeiter sowie diesen gleichgestellten,
- alleinerziehende Mitarbeiter mit einem Anfahrtsweg über 30 km und
- zuletzt alle weiteren Mitarbeiter nach Warteliste.

(3) Die Vergabe eines Parkplatzes an einen Beschäftigten auf der Warteliste ist dem Betriebsrat zur Kenntnis und Kontrolle der obigen Kriterien vorzulegen. Dem Betriebsrat ist auf Verlangen Einsicht in die Warteliste zu geben.

(4) Der Arbeitgeber ist berechtigt, für den Fall von Verstößen gegen diese Betriebsvereinbarung oder gegen den Arbeitsvertrag eine Parkberechtigung zu widerrufen. Der Widerruf bedarf der Zustimmung des Betriebsrates.

§ 3 Parkplatzordnung

(1) Bei Erteilung einer Parkberechtigung hat der Mitarbeiter ausschließlich den ihm zur Verfügung gestellten und nummerisch gekennzeichneten Parkplatz zu benutzen.

(2) Im Übrigen gelten die Regelungen der Straßenverkehrsordnung. Diese liegen zur Einsicht in der Personalabteilung aus.

§ 4 Haftung

Der Arbeitgeber haftet nicht für Schäden an Personen, Fahrzeugen oder Fahrzeuginhalten, die auf den Parkplätzen entstehen. Dies gilt nicht für solche Schäden, die der Arbeitgeber oder von ihm beauftragte Personen durch Vorsatz oder grobe Fahrlässigkeit verursachen.

§ 5 Schlussbestimmungen

(1) Die Betriebsvereinbarung tritt zum 1.1.2009 in Kraft. Sie kann mit einer Kündigungsfrist von drei Monaten zum Monatsende gekündigt werden und wirkt nach.

(2) Sind einzelne dieser Bestimmungen unwirksam, so berührt dies nicht die Wirksamkeit der übrigen Regelungen. ◀

62 Erläuterungen:

Zu § 1:

Der räumliche Geltungsbereich bestimmt, in welchen Betrieben oder Werken die Benutzungsordnung gelten soll. Naturgemäß sind dies diejenigen Betriebe, in denen Parkplätze zur Verfügung stehen. Da diese sich im Laufe der Zeit ändern können, empfiehlt es sich, zur Klarstellung die jeweiligen Betriebe im Rahmen einer Anlage zur Betriebsvereinbarung festzuhalten. Kommen sodann Parkplätze in anderen Betrieben hinzu oder fallen solche weg, so ist eine Änderung nicht der gesamten Betriebsvereinbarung, sondern nur noch der Anlage erforderlich.

Zu § 2:

Im vorliegenden Beispielsfall stehen nicht für sämtliche Betriebsangehörige Parkplätze zur Verfügung. Daher soll hier die Benutzung der firmeneigenen Parkplätze nur bei Erteilung einer entsprechenden Berechtigung erfolgen dürfen. Das wiederum macht es erforderlich, dass zur besseren Transparenz Auswahlkriterien für die Erteilung aufgestellt werden. In erster Linie soll die Berechtigung besonders schutzwürdigen Personen erteilt werden.

Zu § 3:

Nach dem Beispielsfall werden die Parkplätze nummeriert, so dass den Mitarbeitern ein bestimmter Parkplatz zugewiesen wird. Soll eine solch starre Zuweisung nicht erfolgen, sondern die Mitarbeiter einen beliebigen Parkplatz wählen dürfen, würde die Regelung in § 3 I dieser Betriebsvereinbarung entfallen. Notwendig wären dann folgende Regelung: „ Das Parken ist ausschließlich innerhalb der Markierungen erlaubt. Verboten ist das Abstellung von Fahrzeugen auf Fußgängerüberwegen, Durchfahrtswegen und auf mit einem Halteverbot gekennzeichneten Flächen."

Zu § 4:

Wichtig für den Arbeitgeber ist der Haftungsausschluss für Schäden, die im Rahmen mit der Zurverfügungstellung von Parkplätzen entstehen können. Davon aber ausgenommen sollen werden Fälle, in denen vorsätzlich oder grob fahrlässig gehandelt wird.

b) Arbeitszeit und Pausen

aa) Dienstplangestaltung (Beispiel Rettungsdienst)

Betriebsvereinbarungen zu Dienst- und Schichtplänen spielen nicht nur in der Pro- 63
duktion sondern auch im Gesundheitswesen eine große Rolle. Der Wunsch der Arbeitgeber kurzfristig auf Änderungen des Arbeitsvolumens oder Krankheiten zu reagieren steht dabei in der Regel im Interessenkonflikt mit der von den Beschäftigten in der Regel gewünschten, langfristigen Planungssicherheit. Das Bundesarbeitsgericht hat klargestellt, dass ein Einigungsstellenspruch, der in Eilfällen dem Arbeitgeber die Anordnung und Dienstplanänderungen allein überlässt, bzw gestattet, den Dienstplan trotz Zustimmungsverweigerung anzuwenden, unwirksam ist, weil eine solche Eilfallregelung die Mitbestimmung des Betriebsrates ausschließt.[75]

Oftmals einigt man sich daher nur auf Rahmen und Muster für die Dienstplangestal- 64
tung. Die konkreten Monats- oder Einsatzpläne müssen dann aber nochmals erneut in die Zustimmung des Betriebsrates oder in einen Genehmigungsakt, da ansonsten die Mitbestimmung zu Beginn und Ende der täglichen Arbeitszeit eigentlich nicht wirklich ausgelebt wäre.

▶ Muster: Betriebsvereinbarung Dienstplangestaltung

Präambel

Diese Betriebsvereinbarung soll die Interessen des Arbeitgebers an sachgerechter Durchführung von Rettungsdienst und Krankentransport unter den bestehenden und künftigen wirtschaftlichen Rahmenbedingungen und die Gestaltung der Arbeitszeit der Beschäftigten unter Wahrung des Arbeitszeit- und Gesundheitsschutzes in Einklang bringen.

§ 1 Geltungsbereich

(a) Räumlicher Geltungsbereich

Diese Betriebsvereinbarung gilt für die Rettungswache ... des Arbeitgebers.

---

75 BAG, 9.7.2013 – 1 ABR 19/12, NZA 2014, 99.

(b) Persönlicher Geltungsbereich

Diese Betriebsvereinbarung regelt die Lage und Verteilung der Arbeitszeit der dort beschäftigten Rettungsassistenten, Rettungssanitäter, Rettungsdiensthelfer, Rettungsdienstpraktikanten und Bundesfreiwilligendienstleistenden.

§ 2 Rahmendienstplanturnus/Schichtmodelle

(1) Der Rahmendienstplanturnus der Rettungswache basiert auf einer höchst zulässigen durchschnittlichen Wochenarbeitszeit von 48 Stunden unter Einbeziehung von Arbeitsbereitschaft, Überstunden, Übergabezeiten sowie aktivierten Springerdiensten in einem Ausgleichszeitraum von 26 Wochen. Das Ende des Ausgleichszeitraums ist jeweils der 30.9. und der 31.3. eines Kalenderjahres.

(2) Der Beginn und das Ende der Schichten werden wie folgt festgelegt:

Tagdienst: 07.00 – 19.00 Uhr

Nachtdienst: 19.00 – 07.00 Uhr

(3) Die Verteilung der Arbeitszeit auf die einzelnen Wochentage ergibt sich aus dem folgenden Rahmendienstplanturnus:

	MO	DI	MI	DO	FR	SA	SO
1. KW	T	T	T	T	F	F	F
2. KW	N	N	N	N	F	F	F
3. KW	T	T	F	F	F	N	N
4. KW	F	F	T	T	N	N	N
5. KW	F	F	F	T	T	T	T
6. KW	T	T	N	N	F	F	F
7. KW	N	N	F	F	T	T	F

(4) Aus dem Rahmendienstplanturnus werden die einzelnen Monatsdienstpläne entwickelt. Änderungen des Rahmendienstplanturnus bedürfen der Zustimmung des Betriebsrates.

§ 3 Einsatzbereitschaft, Übergabe, Entsorgung

Für die Herstellung der Einsatzbereitschaft zum Dienstbeginn, für die Fahrzeugübergabe und die Entsorgung von kontaminierter Einsatzkleidung nach Dienstende werden jeweils 10 Minuten zusätzlich zu jeder Schicht auf dem Arbeitszeitkonto gutgeschrieben.

§ 4 Pausen – Länge der Pausen, zeitliche Lage

(1) Den Mitarbeitern ist in jeder Schicht eine Pause zu gewähren. Die Länge der Pause beträgt 60 Minuten.

(2) Der Pausenkorridor wird wie folgt festgelegt.

Tagschichten: 11.00 – 14.00 Uhr

Nachtschichten: 22.30 – 00.00 Uhr

§ 5 Überstunden und Mehrarbeit

(1) Die durch den Dienstplan festgelegte tägliche Arbeitszeit darf nur unter den folgenden Voraussetzungen durch Anordnung des Arbeitgebers überschritten werden:

Eine Toleranz von 15 Minuten besteht in allen Fällen. Daneben ist eine Überschreitung in Notfällen (dazu zählen nicht Krankentransporte) zulässig. Die Zustimmung des Betriebsrats gilt in diesen Fällen als erteilt.

Im Übrigen kann der Mitarbeiter mit seinem Einverständnis zu Überstunden über die Dienstplaneinteilung hinaus herangezogen werden. In diesem Fall gilt die Zustimmung des Betriebsrats als erteilt. In allen anderen Fällen von Mehrarbeit oder Überstunden verbleibt es bei dem Mitbestimmungsrecht des Betriebsrats und der tariflichen Regelung.

(2) Entstandene Überstunden sind dem Betriebsrat am Monatsende mitzuteilen.

§ 6 Dienstpläne

(1) Für die Rettungswache wird aus dem Rahmendienstplanturnus jeweils ein Monatsdienstplan entwickelt. Aus diesen Dienstplänen ist für den einzelnen Mitarbeiter die Schichtart mit Dienstbeginn und -ende ersichtlich.

(2) Der Dienstplan ist bis spätestens zum 15. des Vormonats dem Betriebsrat zur Zustimmung vorzulegen und bis zum 20. des Vormonats den Mitarbeitern bekanntzumachen.

(3) Der Dienstplan ist ab Bekanntmachung verbindlich. Änderungen sind nur noch im Einvernehmen mit dem Mitarbeiter möglich und auf dem Dienstplan als Korrektur zu kennzeichnen.

(4) Eintragungen und Änderungen dürfen nur mit einem nicht löschbaren Schreiber auf dem ausgehängten Dienstplan eingetragen werden.

§ 7 Schlussbestimmungen, Inkrafttreten, Kündigungsfrist

Diese Betriebsvereinbarung tritt zum ... in Kraft. Sie kann mit einer Frist von drei Monaten zum Monatsende gekündigt werden. ◀

Erläuterungen: 65

Zu § 2:

Im vorliegenden Modell wird auf einem Rahmendienstplanturnus aufgesetzt mit einem 26-wöchigen Ausgleichszeitraum. Zu beachten ist bei allen Dienstplanmodellen, dass natürlich die durchschnittliche Wochenarbeitszeit von 48 Stunden eingehalten wird, wie dies das Arbeitszeitgesetz und die Arbeitszeitrichtlinie der Europäischen Union vorgeben.

Wichtig ist, dass Beginn und Ende der Schichten tatsächlich definiert werden, da dieses ja der Mitbestimmung zu „Beginn und Ende der täglichen Arbeitszeit“ entspricht. Die Verteilung auf die einzelnen Wochentage ist in einem Rahmenturnus als Takt festzuhalten.

Im vorliegenden Beispiel werden dann aus diesem Rahmendienstplan die konkreten Monatsdienstpläne entwickelt, die dann aber nochmals in die Mitbestimmung des Betriebsrates gestellt werden.

Zu § 3:

Oftmals entspricht die Tätigkeit zu Schichtbeginn nicht der arbeitszeitschutzrechtlichen Arbeitszeitbewertung. Es können nämlich durchaus Vor- und Nacharbeiten zu leisten sein, die eventuell vergütungsrechtlich nicht zu bezahlen sind, die aber arbeitszeitschutzrechtlich natürlich zu beachten sind.

Zu § 4:

Gerade im Gesundheitsbereich Pflege- und Krankenhäusern ist häufig eine genaue Festlegung der Pausen nicht möglich. Deswegen müssen jedoch, um die Vorgaben des Arbeitszeitgesetzes zu erfüllen, zumindest Pausenkorridore festgelegt werden.

Zu § 5:

In einem Bereich wie dem Rettungsdienst ist ein planbares Dienstende zumindest in der Notfallrettung nie wirklich gegeben. Es setzt also zu jedem Schichtende letztendlich eine Situation ein, in der Überstunden über das dienstplanmäßige Ende hinaus entstehen können.

Mit der vorliegenden Regelung wird quasi generalisiert für bestimmte Volumen dieser Überstunden, die Zustimmung durch den Betriebsrat bereits erteilt.

Zu § 6:

Aus dem Rahmendienstplan werden dann entsprechende Monatsdienstpläne entwickelt. Wichtig ist, dass solche Dienstpläne verbindliche Dokumente sind und wenn sie verabschiedet und bekannt gemacht worden sind nur noch nachvollziehbar korrigiert werden dürfen.

Ein Überschreiben oder Ausradieren, mit der die ursprüngliche Fassung nicht mehr erkennbar ist, darf nicht stattfinden.

bb) Kern-/Gleitzeit

66 Kern- und Gleitzeitmodelle haben sich im kaufmännischen und im verwaltenden Bereich bewährt. Voraussetzung für ihr Gelingen ist die tatsächliche Zeitsouveränität der Beschäftigten.

67 Man unterscheidet eine einfache Gleitzeit, bei der der Arbeitnehmer nur berechtigt ist, über die Lage der Arbeitszeit, also Beginn und Ende selbst zu bestimmen, nicht aber, ob er seine tägliche Sollarbeitszeit zu erbringen hat, von qualifizierter Gleitzeit.

68 In der qualifizierten Gleitzeit, kann der Arbeitnehmer auch die Dauer der täglichen Arbeitszeit selbst bestimmen – dh, er muss arbeitstäglich nicht unbedingt die regelmäßige Arbeitszeit erbringen und kann so Zeitguthaben oder Zeitschulden auf- und abbauen.

▶ Muster: Betriebsvereinbarung Kern- und Gleitzeit

§ 1 Geltungsbereich

Die Betriebsvereinbarung gilt für alle Mitarbeiter im Vertrieb. Ausgenommen sind die leitenden Angestellten iSd § 5 Abs. 3 BetrVG.

§ 2 Sollarbeitszeit

Die zugrunde liegende tarifliche Wochenarbeitszeit eines Vollzeitbeschäftigten beträgt derzeit 40 Stunden. Dementsprechend beträgt die derzeitige tägliche Soll-Arbeitszeit Vollzeitbeschäftigter 8 Stunden pro Tag. Bei Teilzeitbeschäftigten errechnet sich die tägliche Sollarbeitszeit aus der individuell vereinbarten Wochenarbeitszeit dividiert durch 5.

§ 3 Gleitzeitrahmen und Kernzeit

(1) Für die Mitarbeiter besteht eine Anwesenheitspflicht während der Kernzeit (Servicezeiten)

montags bis freitags von 9.30 Uhr bis 15.30 Uhr.

(2) Der Gleitzeitrahmen für Vollzeitbeschäftigte wird von montags bis freitags wie folgt festgelegt: 7.00 Uhr bis 19.00 Uhr.

(3) Innerhalb des Gleitzeitrahmens können die Beschäftigten den Arbeitsbeginn und das Arbeitsende selbst bestimmen. Ein Überschreiten des Gleitzeitrahmens ist nur aus besonderen betrieblichen Erfordernissen und nur unter Beachtung der Vorgaben des Arbeitszeitgesetzes möglich.

§ 4 Zeiterfassung

Die täglichen IST-Zeiten werden aus den erfassten oder gemeldeten Kommen- und Gehens-Zeiten ermittelt. Dabei werden jeweils die gemäß § 4 ArbZG zu berücksichtigenden unbezahlten Pausen sowie Unterbrechungen der Arbeitszeit aus persönlichen Gründen in Abzug gebracht. Diese erfassten IST-Zeiten werden mit der täglichen SOLL-Arbeitszeit abgeglichen, wodurch Zeitguthaben oder Zeitschulden entstehen.

§ 5 Gleitzeitkonto und Steuerung

Zeitguthaben und Zeitschulden werden täglich auf einem Gleitzeitkonto gebucht, das in Form eines Ampelkontos geführt wird. Das Gleitzeitkonto wird nach einem gestuften Prinzip gesteuert:

1. 0-60 Guthabenstunden:

   Der Mitarbeiter kann jederzeit Stunden gemäß den Regelungen zur Kern- und Gleitzeit auf- und abbauen. Der Plusstundenabbau kann auch durch Freizeitausgleich in halben und ganzen Tagen nach Vereinbarung mit dem Vorgesetzten erfolgen.

2. 60-120 Guthabenstunden:

   Der Mitarbeiter kann jederzeit Stunden gemäß den Regelungen zur Kern- und Gleitzeit abbauen. Ein weitergehender Aufbau ist nur nach Information des Betriebsrates über die betrieblichen Notwendigkeiten zulässig. Der Mitarbeiter hat Anspruch auf Freizeitausgleich in ganzen Tagen und Tagesblöcken. Den Ausgleichswünschen des Mitarbeiters ist zu folgen, soweit ihrer Berücksichtigung nicht dringende betriebliche Gründe entgegenstehen.

3. 120-130 Guthabenstunden:

   Der Mitarbeiter darf durch die Gleitzeit keine Stunden aufbauen. Der Abbau auf unter 100 Stunden innerhalb der nächsten 3 Monate ist verbindlich mit dem Arbeitnehmer unter Beteiligung des Betriebsrates festzulegen.

4. 0-30 Minusstunden:

   Der Mitarbeiter kann jederzeit Stunden gemäß den Regelungen zur Kern- und Gleitzeit auf- und abbauen.

5. über 30 Minusstunden:

   Dem Mitarbeiter ist der Abbau von Stunden gemäß den Regelungen zur Kern- und Gleitzeit untersagt. Er hat Stunden aufzubauen. Der Betriebsrat ist zu informieren.

§ 6 Zeitgutschriften bei Abwesenheit und Fehlzeiten

a) Dienstliche Abwesenheit:

   Bei ganztägig dienstlich bedingter Abwesenheit wird die jeweilige tägliche Soll-Arbeitszeit angesetzt, wobei Zeitergänzungen bzw Korrekturen bei davon abweichender Abwesenheit nachzumelden sind. Sofern die tägliche Arbeitszeit innerhalb des Betriebs beginnt und aus dienstlichen Gründen außerhalb des Betriebs endet, muss das maßgebliche Ende der Arbeitszeit den Gleitzeitbeauftragten gemeldet und nachträglich eingegeben werden.

   Beginnt die tägliche Arbeitszeit außerhalb des Betriebs und endet sie innerhalb des Betriebs, ist der maßgebliche Arbeitszeitbeginn ebenfalls den Gleitbeauftragten zu melden und ergänzend einzugeben.

b) Fehlzeiten:

   Fehlzeiten, für die ein Vergütungsanspruch besteht (Urlaub, Krankheit usw) werden bei ganztägigen Fehlzeiten im Gleitzeitsystem mit der jeweiligen Soll-Arbeitszeit bewertet. Entsprechendes gilt für den Zeitabbau mit ganzen Gleitzeittagen.

   Bei teilweiser Abwesenheit während des Tages wird der jeweilige Arbeitsbeginn bzw das Arbeitsende durch die Zeiterfassungsgeräte erfasst.

   Im Falle eines Arbeitsunfalls oder einer ambulanten Behandlung bzw eines Arztbesuchs anlässlich einer während der Arbeit auftretenden akuten Erkrankung sind Arbeitszeit und

Fehlzeit im Gleitzeitrahmen insgesamt bis zur Höhe der täglichen Sollstunden zu erfassen. Liegt die Arbeitszeit dabei bereits über der täglichen Soll-Arbeitszeit, so ist die geleistete Zeit maßgebend.

Sonstige Arztbesuche oder Therapiemaßnahmen und dergleichen gelten als unbezahlte Fehlzeiten, sofern sie eine Stunde pro Kalendermonat überschreiten. Entsprechende Abwesenheitszeiten sind als solche zu erfassen und einzugeben.

c) Freizeitgewährung:

Die Beschäftigten haben nach Abstimmung mit dem Vorgesetzten die Möglichkeit, zweimal pro Kalendermonat einen ganzen Tag Freizeit zulasten des Gleitzeitsaldos zu nehmen.

§ 7 Mehrarbeit

(1) Als Mehrarbeit gilt grundsätzlich nur die von Vorgesetzten aus zwingenden betrieblichen Gründen angeordnete und mit dem Betriebsrat vereinbarte Arbeitszeit, soweit sie die jeweils festgelegte tägliche Soll-Arbeitszeit überschreitet. Darüber hinaus werden betrieblich veranlasste Arbeitsstunden, die in das Ampelkonto bei Rot zusätzlich einfließen, wie Mehrarbeit behandelt. Dabei hat ein entsprechender Zeitausgleich Vorrang vor der Bezahlung von Mehrarbeit.

(2) Mehrarbeit wird jeweils gesondert erfasst und bewertet. Sie geht nicht in den Gleitzeitsaldo ein.

§ 8 Beendigung von Arbeitsverhältnissen

(1) Bei fristgemäßer Kündigung sind die Zeitguthaben bzw. Zeitdefizite grundsätzlich bis zum Ablauf der Kündigungsfrist auszugleichen. Ist dies jedoch im Einzelfall nicht möglich, sind diese zu verrechnen.

(2) Bei fristloser Kündigung werden Zeitguthaben bzw. Zeitdefizite entsprechend verrechnet.

§ 9 Rechte des Betriebsrates

(1) Der Betriebsrat erhält ein vollständiges Einsichtsrecht in die Arbeitszeitkontenstände der Beschäftigten.

(2) Erreichen die Beschäftigten einer Abteilung auffallend häufig die Rotphase, werden Gespräche im Rahmen der Personalplanung geführt, inwieweit in der Abteilung zusätzliche Personalkapazitäten eingestellt werden müssen.

§ 10 Geltungsdauer

Die Betriebsvereinbarung tritt mit Unterzeichnung in Kraft. Sie ist kündbar mit einer Frist von drei Monaten. Die Kündigung bedarf der Schriftform.

..., den ...

________________ ________________

(Geschäftsleitung) (Betriebsrat) ◀

69 Erläuterungen:

Zu § 2:

Aufgrund der Regelung des § 77 Abs. 3 BetrVG ist die Festlegung der Menge der Wochenarbeitszeit in einer Betriebsvereinbarung in der Regel unzulässig.

Die Wochenarbeitszeit stellt vielmehr die bereits vorhandene Bezugsgröße dar, auf der die tägliche Sollarbeitszeit dann errechnet werden kann.

Zu § 3:

Gleitzeitrahmen und Kernzeit bestimmen, für die Mitarbeiter wann eine Anwesenheitspflicht besteht und wann sie zeitsouverän ihren Arbeitsbeginn und das Arbeitsende selbst bestimmen können.

Andere Begriffe wie Arbeitszeitrahmen oder Rahmenzeit sollten nicht verwendet werden, da diese bereits in Tarifverträgen teilweise andere Bedeutungen eingeräumt bekommen haben.

Zu § 4:

Zwingend notwendig ist festzulegen, wie die Zeiterfassung erfolgt. Hierbei ist denkbar, dass die erbrachten Zeiten mit der täglichen Sollarbeitszeit abgeglichen werden, aber auch andere Zeiträume (Woche oder Monat) sind theoretisch denkbar, empfehlen sich jedoch für eine funktionierende Kerngleitzeitregelung eher nicht.

Zu § 5:

Plus- und Minusstunden müssen in einem solchen System der qualifizierten Gleitzeit dokumentiert und erfasst werden. Hier empfiehlt sich die Einführung eines Zeitkontos. Nachdem Kern- und Gleitzeitmodelle natürlich die Mitbestimmung des Betriebsrates bei Überstunden und Mehrarbeit reduzieren, empfiehlt es sich eine Steuerung über das so genannte Ampelmodel einzuführen. Hierbei ist zu beachten, dass das Ampelmodel nicht nur dazu dient, bei bestimmten Plus- oder Minusstundenkontenständen das Verhältnis zwischen Arbeitnehmer und Arbeitgeber zu regeln, sondern das Ampelmodel letztendlich der abgestuften Mitbestimmungsrealisierung durch den Betriebsrat dient.

In der Grünphase (geringe Auslastung der Arbeitnehmer) besteht kein Handlungsbedarf für den Betriebsrat, in der gelben Phase ist dieser zumindest zu informieren und in der Rotphase ist er wieder voll umfänglich zu beteiligen.

Zu § 6:

In einem Kern-/Gleitzeitmodell sind bei Abwesenheit Fehlzeiten, Krankheit, Urlaub festzulegen, welche Zeiten dem Zeitkonto gutgeschrieben werden. Hier ist zu beachten, dass Teilzeitkräfte nicht dadurch benachteiligt werden, dass ihnen Wochenfeiertage prinzipiell nicht gutgeschrieben.

Zu § 7:

Bei Kern-/Gleitzeitmodellen stellt sich häufig die Frage, wann dann eigentlich noch Überstunden vorliegen, da ja die betriebsübliche Arbeitszeit nicht feststeht, weil der Beschäftigte Beginn und Ende seiner Arbeitszeit täglich selbst wählt. Wenn hier der Arbeitgeber in die Zeitsouveränität einsteuert, ist dieses häufig nicht nachvollziehbar.

Jedenfalls muss klar definiert sein, dass Arbeitszeiten, die außerhalb des Gleitzeitrahmens erbracht werden, Überstunden sind.

Zu § 8:

Bei der Beendigung des Arbeitsverhältnisses müssen Zeitguthaben und Zeitdefizite grundsätzlich ausgeglichen werden. Auch bei der Kern-/Gleitzeit muss der Grundsatz gelten, dass Zeitguthaben auszubezahlen sind und Minusstunden aus dem Gesichtspunkt des Annahmeverzuges verfallen.

Generell unzulässig sind nach der hier vertretenen Auffassung Kappungsgrenzen, bei denen Plusstunden gekappt werden. Das Argument, die Mitarbeiter würden sich sonst Plusstunden „erschleichen" ist ein vorgeschobenes. In der Regel entstehen die

Plusstunden bei Kerngleitzeitmodellen durch eine zu hohe Arbeitsbelastung der einzelnen Mitarbeiter. Wenn ein Mitarbeiter sich Plusstunden erschleichen würde, wäre dieses aus der Entwicklung und Dokumentation der Arbeitszeitregelungen ersichtlich und ein Einschreiten des Vorgesetzten gefordert.

Insofern sind Kappungsgrenzen abzulehnen.

Zu § 9:

Der Betriebsrat muss sicherstellen, dass bei einem solchen flexiblen Modell seine Mitbestimmungsrechte im Ernstfall gewahrt werden. Er muss deswegen die Arbeitszeitkontenstände der Mitarbeiter prüfen können um bei entsprechenden Fehlentwicklungen einschreiten zu können. Hierzu ist auch wichtig, dass der Betriebsrat sich vorbehält, dass bei signifikanten ständigen Zeitguthaben in bestimmten Abteilungen auch über die notwendige Menge Personal diskutiert wird.

cc) Rufbereitschaft

70 Während Bereitschaftsdienste arbeitszeitschutzrechtlich vollumfänglich zur Arbeitszeit zählen, ist die inaktive Zeit während der Rufbereitschaft keine Arbeitszeit iSd Arbeitszeitgesetzes. Nur die Zeit der tatsächlichen Inanspruchnahme gilt als Arbeitszeit. Das Mitbestimmungsrecht des Betriebsrates umfasst die Einführung und die Festlegung der Modalitäten der Rufbereitschaft. In der Regel sind die Vergütungen für Rufbereitschaftsdienste abschließend im Tarifvertrag geregelt, so dass die Höhe der Vergütung der Regelungskompetenz der Betriebsparteien entzogen ist.

71 ▶ **Muster: Betriebsvereinbarung Rufbereitschaft**

Geschäftsleitung und Betriebsrat der ABC GmbH vereinbaren nachstehende Betriebsvereinbarung über die Einführung von Rufbereitschaft:

§ 1 Geltungsbereich

Diese Betriebsvereinbarung gilt für Arbeitnehmer in den nachstehend aufgeführten Abteilungen:

- Wartung
- Instandsetzung
- Entstörung

§ 2 Allgemeine Grundsätze

(1) Rufbereitschaft liegt vor, wenn sich ein Arbeitnehmer außerhalb seiner normalen täglichen Arbeitszeit in seiner Wohnung oder einem anderen von dem Arbeitnehmer bestimmten Ort aufhält, um auf Abruf Arbeitsleistungen zur erbringen.

(2) Die im Rufbereitschaftsdienst eingeteilten Arbeitnehmer sind während der Rufbereitschaft verpflichtet, über ihr mobiles Diensttelefon jederzeit erreichbar zu sein.

(3) Alle Mitarbeiter verpflichten sich, während der Rufbereitschaftsdauer uneingeschränkt zur Verfügung zu stehen und ihre Arbeitskraft und Fahrtauglichkeit nicht durch Alkoholkonsum einzuschränken.

§ 3 Lage der Rufbereitschaft

Der Rufbereitschaftsdienst beginnt um 18.00 Uhr und endet am darauffolgenden Morgen um 7.00 Uhr. Am Wochenende und an Feiertagen gilt eine 24-stündige Rufbereitschaft.

§ 4 Grundsätze für die Einteilung zur Rufbereitschaft

Die Rufbereitschaftsdienste sind jeweils zum 15. des Vormonats für den Folgemonat in einem Einsatzplan bekannt zu geben. Dieser wird vom Vorgesetzten erstellt. Dabei sind folgende Grundzüge zwingend zu beachten:

1. Rufbereitschaft darf nur an maximal 7 aufeinander folgenden Tagen bzw Nächten geleistet werden.
2. Die Anzahl der Rufbereitschaftsdienste in einem Kalenderjahr darf 28 nicht übersteigen.
3. Die Einsatzpläne sind dem Betriebsrat jeweils bei Bekanntgabe zur Kontrolle vorzulegen.

§ 5 Arbeitseinsatz in der Rufbereitschaft

Der Arbeitseinsatz hat unverzüglich nach Anruf der Gesellschaft zu erfolgen. Dem Arbeitnehmer steht jedoch ausreichend Zeit zwischen Anruf und Arbeitsantritt zur Verfügung, um den Betrieb zeitnah und ohne schuldhafte Verzögerung aufzusuchen, wobei die Regeln der Straßenverkehrsordnung beachtet werden müssen.

§ 6 Rufbereitschaftsvergütung

Die Rufbereitschaft wird gemäß Manteltarifvertrag in der jeweils gültigen Fassung vergütet. Bei einem Arbeitseinsatz während der Rufbereitschaft beginnt die Arbeitszeit mit der Anfahrt in die Gesellschaft oder zur Störungsstelle und endet, wenn der Mitarbeiter seinen ursprünglichen Aufenthaltsort bzw. seine Wohnung erreicht hat. Bei Fahrten zum Arbeitseinsatz während der Rufbereitschaft werden die anfallenden Fahrtkilometer bei Benutzung des eigenen Pkws mit 0,30 EUR pro Kilometer vergütet.

§ 7 Ruhezeiten

Nach einem Arbeitseinsatz während der Rufbereitschaft ist die Ruhezeit einzuhalten. Die hierdurch gegebenenfalls ausgefallene Arbeitszeit am folgenden Arbeitstag wird wie Arbeitszeit gewertet und bezahlt. Erfolgt der Arbeitseinsatz in der Rufbereitschaft 3 Stunden vor dem regulären Arbeitsbeginn, so ist der Arbeitnehmer berechtigt, nach dem Arbeitseinsatz die reguläre Arbeit fortzuführen und an diesem Tag die Arbeit dann entsprechend vorzeitig zu beenden.

§ 8 Laufzeit

Diese Betriebsvereinbarung tritt mit Unterzeichnung in Kraft und kann schriftlich mit einer Frist von 3 Monaten gekündigt werden. ◀

Erläuterungen: 72

Zu § 2:

Hier wird die Rufbereitschaft definiert. Wichtig ist, dass der Arbeitnehmer in seiner Betätigung während dieser Zeit frei ist, da die inaktiven Zeiten der Rufbereitschaft als Ruhezeit zählen. Will der Arbeitgeber sicherstellen, dass der Arbeitnehmer sich an einer von ihm bestimmten Stelle aufhält, wird er eventuell statt Rufbereitschaft Bereitschaftsdienst wählen müssen.

Gerade wenn der Arbeitnehmer durch ganz kurze Erreichbarkeitsfristen gezwungen wäre, seinen Aufenthalt quasi im Umkreis des Betriebes zu wählen, liegt in Wirklichkeit keine Rufbereitschaft mehr vor, sondern de facto eine Form von Bereitschaftsdienst.

Zu § 5:

Ein Arbeitseinsatz während der Rufbereitschaft zählt zu Arbeit im arbeitszeitschutzrechtlichen Sinne.

Zu § 6:

In der Regel wird bei Rufbereitschaft zu prüfen sein, ob hierfür eine tarifvertragliche Vergütungsregelung existiert. Nur wenn dieses nicht der Fall ist, ist es den Betriebsparteien offen gelassen, auch die Höhe der Dotierung zu regeln.

Zu § 7:

Die Einhaltung der Ruhezeiten von 11 Stunden nach einem Arbeitseinsatz in der Rufbereitschaft führt zu einer erheblichen Verschiebung des regulären Arbeitsbeginns. Viele Tarifverträge enthalten daher Öffnungsregelungen, die über § 7 Arbeitszeitgesetz als Ausnahme und Abweichungen möglich sind.

Der Betriebsrat hat allerdings darüber zu wachen, dass die Ruhezeitenregelungen auch tatsächlich eingehalten werden.

c) Verkürzung und Verlängerung der betriebsüblichen Arbeitszeit

aa) Kurzarbeit

73 Kurzarbeit stellt ein erfolgreiches Modell zur Verhinderung von Entlassungen bei zeitlich befristeten Auftragsrückgängen dar, wie insbesondere die Wirtschaftskrise 2009 gezeigt hat. Das Mitbestimmungsrecht des Betriebsrates erstreckt sich auf das „Ob" und „Wie" der Einführung der Kurzarbeit sowie die Verteilung der verkürzten Arbeitszeit. Höchst strittig ist, ob auch die finanzielle Milderung der Folgen der Kurzarbeit von der erzwingbaren – und damit einigungsstellenfähigen – Mitbestimmung umfasst ist. Nachdem bei der Kurzarbeit durch die Arbeitszeitreduzierung auch die Vergütung auf kollektivrechtlichem Wege gekürzt wird, was individualvertraglich kaum durchsetzbar wäre, ist eine denknotwendige Annex-Kompetenz für den Betriebsrat zu sehen.[76]

74 ▶ **Muster: Betriebsvereinbarung Kurzarbeit**

Zwischen der Geschäftsleitung und dem Betriebsrat der Firma ABC wird folgende Betriebsvereinbarung über die vorübergehende Einführung von Kurzarbeit geschlossen:

§ 1 Zielsetzung

Aufgrund des anhaltenden Auftragsmangels sind Geschäftsleitung und Betriebsrat der Auffassung, dass zur Vermeidung von Entlassungen Kurzarbeit im Rahmen dieser Betriebsvereinbarung eingeführt wird.

§ 2 Geltungsbereich

(1) Diese Betriebsvereinbarung gilt für alle in Vollzeit oder Teilzeit beschäftigten Arbeitnehmerinnen und Arbeitnehmer des Betriebs.

(2) Ausgenommen sind Auszubildende und Beschäftigte, deren Arbeitsverhältnis während des Kurzarbeitszeitraums aufgrund von Kündigung und Aufhebungsvertrag endet.

§ 3 Beginn und Ende der Kurzarbeit

(1) In der Zeit vom 1.3.2009 bis zum 30.8.2009 wird Kurzarbeit im ganzen Betrieb eingeführt.

(2) Sollte sich die Auftragslage verbessern, kann die Kurzarbeit mit Zustimmung des Betriebsrates vorzeitig beendet oder der Umfang der Kurzarbeit geändert werden. Die Beschäftigten werden hierüber mindestens eine Woche zuvor durch Aushang informiert.

76 So auch DKK § 87 Rn 102; Schaub – Koch § 235 Rn 48; aA BAG 21.1.2003, NZA 2003 1097 folgende; ErfK-Kania § 87 Rn 37.

(3) Die Notwendigkeit die Kurzarbeit zu verlängern, bedarf es einer erneuten Vereinbarung mit dem Betriebsrat.

§ 4 Umfang der Kurzarbeit

(1) Die tariflich vereinbarte wöchentliche Arbeitszeit beträgt 40 Stunden.

(2) Für die Zeitdauer der Kurzarbeit nach § 3 dieser Betriebsvereinbarung wird die vertraglich vereinbarte Arbeitszeit der Beschäftigten um 20 % reduziert. Dies entspricht einer Arbeitszeitreduzierung um 8 Stunden in der Woche und damit einem Arbeitstag.

§ 5 Verteilung der reduzierten Arbeitszeit

(1) Im Bereich der Montage wirkt sich die Arbeitszeitreduzierung im Rahmen der Kurzarbeit dergestalt aus, dass der Freitag produktionsfrei bleibt.

(2) In der Verwaltung und im Service wird jeweils ein arbeitsfreier Tag ermöglicht. Die Mitarbeiter sind berechtigt, den gewünschten Wochentag mitzuteilen. Die Aufteilung der Mitarbeiterinnen und Mitarbeiter im Einzelnen erfolgt durch gesonderten Aushang wobei die Aufteilung der Zustimmung des Betriebsrates bedarf.

§ 6 Überstunden

Während der Dauer der Kurzarbeit ist die Leistung von Überstunden ausgeschlossen. Mehrarbeitsstunden in dringenden Ausnahmefällen bedürfen der vorherigen Zustimmung des Betriebsrates. Angefallene Mehrarbeitsstunden sind umgehend noch im gleichen Monat durch Freizeitgewährung wieder auszugleichen.

§ 7 Vergütung

(1) Die von der Kurzarbeit betroffenen Mitarbeiter erhalten monatlich die der verkürzten Arbeitszeit entsprechende Vergütung.

(2) Zusätzlich wird den Mitarbeiterinnen und den Mitarbeitern von der Bundesagentur für Arbeit geleistete Kurzarbeitergeld ausgezahlt.

(3) Bei der Lohn- und Gehaltsabrechnung werden verdiente Vergütung und Kurzarbeitergeld gesondert ausgewiesen.

§ 8 Beteiligung gegenüber der Bundesagentur für Arbeit

Die Geschäftsleitung stellt unverzüglich bei der zuständigen Agentur für Arbeit die Anträge zur Gewährung von Kurzarbeitergeld. Der Betriebsrat nimmt mit mindestens einem seiner Mitglieder an den Gesprächen mit der Bundesagentur für Arbeit teil. Die Zustimmung des Betriebsrates zur Einführung von Kurzarbeit wird nur unter der Bedingung erteilt, dass die Agentur für Arbeit das Kurzarbeitergeld zahlt.

§ 9 Kündigungen

Während der Kurzarbeit ist der Ausspruch von betriebsbedingten Kündigungen nicht zulässig.

§ 10 Inkrafttreten Schlussbestimmungen

(1) Diese Betriebsvereinbarung tritt mit Unterzeichnung in Kraft. Sollte die Bundesagentur für Arbeit das Kurzarbeitergeld nicht zahlen, besteht für den Betriebsrat ein außerordentliches sofortiges Kündigungsrecht.

(2) Über Streitigkeiten aus der Auslegung und Anwendung dieser Durchführung dieser Betriebsvereinbarung entscheidet die Einigungsstelle.

……………………… ……………………

Geschäftsführung Betriebsrat ◀

75 Erläuterungen:

Zu § 1:

Kurzarbeit hat in der Regel das Ziel, Entlassungen, die aufgrund vorübergehender Auftragsrückgänge normalerweise vorgenommen werden müssten, zu vermeiden.

Zu § 3:

Es sollte festgelegt werden, für welche Zeit die Kurzarbeit voraussehbar notwendig ist. Wichtig ist, dass bei einer entsprechenden Änderung der wirtschaftlichen Gegebenheiten die Kurzarbeit auch vorzeitig beendet werden kann und der Umfang der Kurzarbeit angepasst werden kann.

Zu § 4:

Die Wiedergabe der Wochenarbeitszeit hat nur deklaratorische Bedeutung. Es geht darum, die Ausgangsgröße für die Reduzierung festzuhalten.

Zu § 5:

Arbeitgeber und Betriebsrat müssen im Rahmen der Mitbestimmung zur Lage der Arbeitszeit die verkürzte Arbeitszeit neu verteilen. Möglich ist, dass an einzelnen Tagen die Arbeit ausfällt, einige Schichten reduziert werden oder einige Stunden pro Tag reduziert werden. Dies hängt von den betrieblichen Gegebenheiten ab.

bb) Überstunden

76 Der Betriebsrat besitzt ein Mitbestimmungsrecht bei der Anordnung der Überstunden und ihrer Modalitäten. Dies ist immer dann der Fall, wenn ein kollektiver Tatbestand gegeben ist. In der Regel ist nämlich zu klären, wie viele Überstunden in welchem Zeitraum zu leisten sind und vor allen Dingen von wem. Insofern ist ein Mitbestimmungsrecht selbst dann gegeben, wenn der betroffene Arbeitnehmer freiwillig die Überstunden leisten würde.

77 ▶ **Muster: Betriebsvereinbarung Überstunden**

Betriebsrat und Arbeitgeber sind sich einig, dass der kurzfristig akquirierte Auftrag ABC langfristig die Auftragslage verbessert.

Um diesen Auftrag kurzfristig übernehmen zu können, ist aufgrund der derzeitigen Arbeitsauslastung die Anordnung von Überstunden unvermeidbar.

§ 1 Geltungsbereich

Diese Betriebsvereinbarung gilt für die Produktionsbereiche A, B und C. Sie gilt für alle dort beschäftigten Arbeitnehmerinnen und Arbeitnehmer.

§ 2 Überstunden

(1) Die Arbeitnehmer, die unter den Geltungsbereich dieser Betriebsvereinbarung fallen, leisten in der Zeit vom 01.05. bis 30.06. Überstunden.

(2) Die Überstunden werden dergestalt geleistet, dass die Arbeit bereits um 7.00 Uhr anstatt um 8.00 Uhr beginnt und das Arbeitsende auf 18.00 Uhr anstatt 17.00 Uhr festgesetzt wird.

(3) Die Überstunden werden Montag bis Freitag geleistet.

(4) Es müssen jeweils mindestens 6 Arbeitnehmer in den Bereichen A, B und C während der Überstunden anwesend sein.

§ 3 Heranziehung der Mitarbeiter

(1) Für die Leistung der Überstunden sind zunächst die Arbeitnehmer heranzuziehen, die sich hierfür freiwillig melden. Die Freiwilligkeitsabfrage erfolgt durch den Betriebsrat. Kein Mitarbeiter wird benachteiligt, wenn er sich nicht auf dieser freiwilligen Liste einträgt.

(2) Nur wenn nicht genügend Arbeitnehmer freiwillig gefunden werden können und hierdurch die notwendige Anzahl der Beschäftigten pro Abteilung nicht zu Stande kommt, werden weitere einzelne Mitarbeiter zur Leistung von Überstunden verpflichtet.

(3) Jeder Arbeitnehmer ist berechtigt, an zwei Tagen eine Ableistung von Überstunden ohne nähere Begründung gegenüber dem Unternehmen abzulehnen, weil er aus privaten Bedürfnissen heraus an diesen Tagen die Überstunden nicht leistet.

(4) Bei der Heranziehung von Arbeitnehmern, die sich nicht freiwillig zu Überstunden gemeldet haben, ist auf eine gleichmäßige Verteilung der Belastung unter allen Beschäftigten zu achten.

§ 4 Schlussbestimmungen

(1) Diese Betriebsvereinbarung tritt zum 01.05. in Kraft.

(2) Sie gilt zeitlich befristet für den obigen genannten Zeitraum. Eine Nachwirkung ist ausgeschlossen. ◀

Erläuterungen: 78

Zu § 2:

Mit dieser Betriebsvereinbarung wird für einen bestimmten Zeitraum aufgrund der Notwendigkeit von Überstunden Beginn und Ende der Arbeitszeit neu geregelt. Es handelt sich also um keine kurzfristigen Überstunden, sondern um planbare.

Zu § 3:

Hier wird darauf gesetzt, dass die Überstunden in erster Linie freiwillig geleistet werden. Es soll den Arbeitnehmern quasi ein Wahlrecht eingeräumt werden, sich durch die Mehrstunden mit Überstundenzuschlag etwas „hinzuzuverdienen“, und anderen die Möglichkeit gelassen werden, sich nicht noch weiterer Arbeitsbelastung auszusetzen.

Nur für den Fall, dass die Freiwilligen nicht ausreichen, wird die Überstundenanordnung auch gegenüber „Unfreiwilligen“ verbindlich. In diesem Falle ist auf soziale Belange Rücksicht zu nehmen, eine gleichmäßige Verteilung zu beachten und den Arbeitnehmern ein Recht zu gewährleisten, auch einmal die Ableistung ablehnen zu können.

d) Auszahlung der Arbeitsentgelte

aa) Auszahlungsmodalitäten

Grundsätzlich handelt es sich bei der Gehaltszahlung um eine Holschuld, dh der Arbeitnehmer hat das Gehalt am Arbeitsort abzuholen. Die Zahlungspflicht des Arbeitgebers ist grundsätzlich eine Barzahlungspflicht. 79

In der Praxis hat sich jedoch die bargeldlose Zahlung durchgesetzt. 80

Der Betriebsrat besitzt ein Mitbestimmungsrecht nicht nur hinsichtlich von Zeit, Ort und Auszahlung der Arbeitsentgelte. Bei bargeldloser Zahlung erstreckt sich das Mitbestimmungsrecht auch auf Regelungen zu den Kontoführungsgebühren. 81

82 ▶ **Muster: Betriebsvereinbarung Gehaltsauszahlungsmodalitäten**

§ 1 Geltungsbereich

Die Betriebsvereinbarung gilt für alle Beschäftigten des Betriebs inklusive der Auszubildenden.

§ 2 Art der Auszahlung und Freistellung

(1) Die Auszahlung der Löhne und Gehälter erfolgt durch Überweisung auf ein vom Arbeitnehmer einzurichtendes inländisches Bankkonto.

(2) Die Beschäftigten haben für die im Zusammenhang mit der bargeldlosen Zahlung erforderliche Zeit einen Anspruch auf unbezahlte Freistellung von der Arbeitszeit iHv einer Stunde im Monat.

§ 3 Zeitpunkt der Auszahlung

Die Auszahlung der Löhne und Gehälter erfolgt durch Überweisung am letzten Arbeitstag eines Monats.

§ 4 Kontoführungsgebühren

Der Arbeitgeber ist verpflichtet, die im Zusammenhang mit der Errichtung und Unterhaltung des Bankkontos entstehenden Kosten zu tragen. Hierfür erstattet er eine Pauschale iHv monatlich 16 EUR.

§ 5 Schlussbestimmungen

(1) Die Betriebsvereinbarung tritt zum 1.1.2009 in Kraft. Sie kann mit einer Kündigungsfrist von drei Monaten zum Monatsende gekündigt werden und wirkt nach.

(2) Sind einzelne dieser Bestimmungen unwirksam, so berührt dies nicht die Wirksamkeit der übrigen Regelungen. ◀

83 Erläuterungen:

Zu § 2:

Das Mitbestimmungsrecht des Betriebsrates erstreckt sich bei einer bargeldlosen Zahlung auch auf die Freistellung der Beschäftigten für den notwendigen Bankbesuch.

Zu § 4:

Da mit der Einführung einer bargeldlosen Zahlung der Arbeitnehmer verpflichtet ist, ein Bankkonto zu errichten, fallen ihm dadurch zwangsläufig Kosten für diese Errichtung und auch für die Unterhaltung zur Last. Diese Kosten hat der Arbeitgeber zu tragen. Der Betriebsrat ist nicht verpflichtet, der Einführung einer bargeldlosen Zahlung zuzustimmen, bevor die Frage der Kostentragungspflicht nicht ebenfalls geregelt ist.

bb) Verschiebung des Auszahlungszeitpunktes

84 Viele Unternehmen sind gerade in Zeiten der Finanzkrise gezwungen, die Zeitpunkte der Auszahlung von Löhnen und Gehältern zu verschieben. Diese Änderung ist mitbestimmungspflichtig. Das besondere Augenmerk liegt für Betriebsräte in einem solchen Fall in der Regel darin, die mit der Verschiebung entstehenden Nachteile für die Beschäftigten auszugleichen.

▶ **Muster: Betriebsvereinbarung Lohn- und Gehaltsauszahlung**

Präambel

Durch die Änderung des Zahlungszieles der Kunden sieht sich der Arbeitgeber zur Aufrechterhaltung der Wettbewerbsfähigkeit gezwungen, das Zahlungsziel für die Löhne und Gehälter zu verschieben. Bisher wurde das Gehalt für den Monat am jeweiligen Monatsende ausbezahlt.

Nunmehr soll das Gehalt erst am 15. des Folgemonats ausbezahlt werden. Das Unternehmen will hierdurch Liquidität erlangen. Die Parteien schließen daher nachfolgende Betriebsvereinbarung.

§ 1 Geltungsbereich

Die Betriebsvereinbarung gilt für alle Beschäftigten des Betriebs inklusive der Auszubildenden und Praktikanten.

§ 2 Verschiebung des Auszahlungszeitpunktes und Umsetzung

(1) Am 30.4.2009 ist ein Vorschuss iHv 70 % der Netto-Vergütung für den Monat April 2009 fällig.

(2) Am 15.5.2009 erfolgt die vollständige Abrechnung und Auszahlung der Löhne und Gehälter für April 2009. Der 70%ige Vorschuss gem. Ziffer I wird hierbei abgezogen.

(3) Am 15.6.2009 erfolgt die vollständige Abrechnung und Auszahlung der Löhne und Gehälter für Mai 2009.

(4) In den Folgemonaten wird jeweils zum 15. des Monats das Gehalt für den Vormonat ausbezahlt.

§ 3 Aufwandsentschädigung

Die Beschäftigten erhalten für die Verschiebung des Zahlungsziels eine Aufwendungsentschädigung iHv 100 EUR. Diese wird fällig am 30.4.2009.

§ 4 Härtefallregelung

(1) Beschäftigte, welche durch die Verschiebung des Zahlungsziels in finanzielle Bedrängnis geraten, können beim Arbeitgeber einen weiteren Vorschuss gem. § 4 II beantragen. Der Arbeitgeber entscheidet über den Härtefall im Einvernehmen mit dem Betriebsrat. Kommt eine einvernehmlich Entscheidung über den Antrag nicht zustande, entscheidet der Einigungsstellenvorsitzende. Die Parteien verpflichten sich, den hieraus resultierenden Spruch anzuerkennen.

(2) Wird dem Antrag gem. § 4 I stattgegeben, so erhält der Antragsteller am 15.5.2009 einen weiteren Vorschuss iHv 30 % der Grundvergütung. Der Vorschuss wird mit der Abrechnung für den Monat Mai am 15.6.2009 verrechnet.

(3) Es erfolgt ein letzter Vorschuss iHv 20 EUR der Grundvergütung am 15.6.2009. Dieser wird mit der Abrechnung für den Monat Juni am 15.7.2009 verrechnet.

§ 5 Schlussbestimmungen

(1) Die Betriebsvereinbarung tritt zum 1.4.2009 in Kraft.

(2) Sind einzelne dieser Bestimmungen unwirksam, so berührt dies nicht die Wirksamkeit der übrigen Regelungen. ◀

Erläuterungen: 85

Zu § 2:

Die Verschiebung des Auszahlungszeitpunktes nach hinten bewirkt zwangsläufig, dass die Beschäftigten mit eigenen Zahlungsverpflichtungen in Verzug kommen werden. Mit der vorliegenden Regelung zu einem 70%igen Vorschuss wird versucht, diese Nachteile soweit wie möglich abzuschwächen und den Mitarbeitern die Möglichkeit zu geben, den notwendigen und fristgebundenen privaten Zahlungsverpflichtungen dennoch nachkommen zu können.

Vorliegend handelt es sich quasi um eine Verschiebung auf Raten.

Zu § 3:

Mit der Aufwandsentschädigung sollen die finanziellen Folgen für die Arbeitnehmer ausgeglichen werden. In der Regel werden Arbeitnehmer durch die Verschiebung ihrerseits in entsprechenden Zahlungsverzug kommen. Folgen hiervon werden Verzugszinsen und ggf Mahngebühren sein.

Zu § 4:

In vielen Fällen wird Beschäftigten die Vorschussregelung in § 2 I nicht genügen, um die größeren finanziellen Schaden abzuwenden. In Härtefällen kann daher eine weitere Vorschussregelung getroffen werden.

e) Urlaubsgrundsätze

aa) Urlaubsgrundsätze

86 Betriebsvereinbarungen zu allgemeinen Urlaubsgrundsätzen regeln Richtlinien, nach denen den Arbeitnehmern vom Arbeitgeber Urlaub zu gewähren ist. Dabei sind Modalitäten wie Antragsverfahren, Urlaubsplan und ggf Urlaubssperren Gegenstand der betrieblichen Vereinbarung.

▶ **Muster: Betriebsvereinbarung allgemeine Urlaubsgrundsätze**

Präambel

Die Betriebsparteien sind sich einig, dass die Festlegung von allgemeinen Grundsätzen der Urlaubsgewährung Meinungsverschiedenheiten zwischen den Beschäftigten und dem Arbeitgeber vermeiden können und somit die Betriebsabläufe reibungsloser gestaltet werden können. Um eine möglichst frühzeitige Planung des individuellen Urlaubs zu ermöglichen und die hierdurch bedingten Koordinierungsprobleme der Vorgesetzten und die Auswirkungen auf die Arbeitskollegen so gering wie möglich zu halten, vereinbaren die Betriebsparteien die nachfolgenden Urlaubsgrundsätze.

§ 1 Geltungsbereich

Die Betriebsvereinbarung gilt für alle Beschäftigten des Betriebs mit Ausnahme der Auszubildenden und der leitenden Angestellte iSd § 5 Abs. 3 BetrVG.

§ 2 Urlaubslisten

(1) In allen Abteilungen sind durch Auslage beim Vorgesetzten bis spätestens 15.1. Urlaubswünsche für den Zeitraum 1.3. des Jahres bis 28.2. des Folgejahres in Urlaubslisten einzutragen. Hierbei müssen mindestens 20 Urlaubstage verplant werden, grundsätzlich zusammenhängend am Stück mit mindestens 10 Urlaubstagen. Der Urlaub ist grundsätzlich zusammenhängend zu nehmen.

(2) Sofern der Vorgesetzte den in die Liste eingetragenen Urlaubswünschen nicht bis spätestens 20.2. widersprochen hat, ist der Urlaubswunsch des Mitarbeiters bindend. Dies gilt nicht, wenn besonders dringende, unvorhersehbare betriebliche Gründe einen Widerruf rechtfertigen.

(3) Reisebuchungen vor Entscheidung vor dem 28.02. erfolgen auf eigene Gefahr des Beschäftigten.

§ 3 Grundsätze für die zeitliche Lage

(1) Die zeitliche Lage des Urlaubs richtet sich nach den betrieblichen Erfordernissen. Grundsätzlich sind dabei jedoch die aus den Urlaubslisten ersichtlichen Urlaubswünsche der Beschäftigten zu berücksichtigen, sofern dringende betriebliche Belange oder Urlaubswünsche anderer Arbeitnehmer, die unter sozialen Gesichtspunkten Vorrang haben, oder gesetzliche bzw. tarifliche Wartezeiten dem nicht entgegenstehen.

(2) Mitarbeiter mit schulpflichtigen Kindern haben während der Schulferien grundsätzlich Vorrang. Soweit aus betrieblichen Gründen nicht alle Mitarbeiter mit schulpflichtigen Kindern während der Schulferien den gesamten Urlaub nehmen können, so erfolgt eine Gewährung des Urlaubs unter Berücksichtigung folgender Kriterien:

- Anzahl der schulpflichtigen Kinder unter 18 Jahren
- Betriebszugehörigkeit des Beschäftigten
- Urlaubsgewährung in den vergangenen zwei Jahren

(3) Mitarbeitern mit berufstätigen Ehepartnern ist der Urlaub nach Möglichkeit so zu gewähren, dass sie gemeinsam mit dem Ehepartner in Urlaub gehen können.

(4) Wer aus gesundheitlichen Gründen den Urlaub während einer bestimmten Jahreszeit nehmen will, erhält im Rahmen der betrieblichen Möglichkeiten und in Abstimmung mit den Belangen anderer Mitarbeiter den Urlaub in der gewünschten Jahreszeit.

(5) Wer mindestens 3/4 des Jahresurlaubs in den Monaten Januar bis April (Winterurlaub) nimmt, erhält einen Arbeitstag Urlaub mehr, als ihm zustehen würde.

(6) Verheiratete haben grundsätzlich vor Ledigen und längere Betriebszugehörige vor kürzeren Betriebszugehörigen Vorrang.

§ 4 Beteiligung des Betriebsrates

Die nach den Grundsätzen des § 3 von den Vorgesetzten entwickelten Urlaubspläne sind dem Betriebsrat anhand der Anträge zu erläutern und von diesem zu genehmigen.

§ 5 Nachträgliche Änderungen

Ein beantragter und gem. § 2 II genehmigter Urlaub ist nur bei dringenden betrieblichen oder dringenden persönlichen Gründen verlegbar. Die Notwendigkeit dafür ist sowohl vom Arbeitgeber als auch vom Beschäftigten so früh wie möglich, im Regelfall spätestens zwei Wochen vor dem gewünschten geänderten Urlaubsbeginn, mitzuteilen. Ist die Änderung durch den Arbeitgeber veranlasst, werden die dem Beschäftigten entstehenden Kosten (z. B. Stornokosten) vom Arbeitgeber übernommen.

§ 6 Schlussbestimmungen

(1) Die Betriebsvereinbarung tritt zum 1.1.2009 in Kraft. Sie kann mit einer Kündigungsfrist von drei Monaten zum Monatsende gekündigt werden und wirkt nach.

(2) Sind einzelne dieser Bestimmungen unwirksam, so berührt dies nicht die Wirksamkeit der übrigen Regelungen. ◀

Erläuterungen: 87

Zu § 1:

Nachdem Auszubildende häufig durch die Schulferien oder durch Blockunterricht gebunden sind, sollte diese Personengruppe von einer Betriebsvereinbarung über Urlaubsgrundsätze ausgenommen werden. Bei der Urlaubsplanung sollte der Zeitpunkt der Anträge und des überplanten Zeitraums nicht die Wintersportler außer Acht lassen. Da deren Urlaubswünsche erfahrungsgemäß in den ersten drei Monaten des Kalenderjahres liegen, sollten Fristen auf diese Fälle abgestimmt sein oder diese Monate noch in der Vorjahresplanung erfasst sein.

Zu § 2:

Um eine möglichst frühzeitige Urlaubsplanung zu gewährleisten, ist es sinnvoll, dass die Beschäftigten alsbald wie möglich den Urlaub beantragen. Dieser hat – entsprechend den gesetzlichen Regelungen – vorrangig zusammenhängend zu erfolgen. Da Beschäftigte gerne einige Tage flexibel unverplant offen lassen wollen und der ganze

Urlaub am Stück unbeliebt ist, sollten mindestens Blöcke von zehn Urlaubstagen vorgesehen sein.
Damit die Beschäftigten ihrerseits so schnell wie möglich Planungssicherheit haben, sollte geregelt werden, dass der Urlaub als gewährt gilt, wenn der Vorgesetzte nicht innerhalb einer bestimmten Frist widerspricht. Es muss aber auch geregelt werden, was geschieht, wenn durch ein nachträgliches Ereignis (zB Krankheit) der Urlaub nicht wie ursprünglich genehmigt genommen werden kann. Sinnvoll wäre in diesem Fall, wenn der zunächst genehmigte, aber nachträglich ausgefallene Urlaub dann zwischen Beschäftigtem und Vorgesetzten einvernehmlich abgestimmt werden kann, ohne dass wiederum die Regelungen der Betriebsvereinbarung zwingend zu berücksichtigen sind.

Zu § 3:

Hier wird geregelt, unter welchen Kriterien der Urlaub gewährt wird, wenn zwischen mehreren Arbeitnehmer Interessenskollisionen auftreten. Die hier gewählten Kriterien sind nur eine exemplarische Aufzählung. Es können auch andere Kriterien gewählt oder ergänzt werden. Wegen der Regelungen des AGG ist jedoch bei dem Kriterium des Alters Vorsicht geboten.

Zu § 4:

Nachdem die Kriterien in § 3 nur abstrakt aufgeführt sind, kann dies im Einzelfall in der Umsetzung durch den Vorgesetzten noch zu unterschiedlichen Vorstellungen führen. Deswegen sollte sich ein Betriebsrat eine Erläuterung, wie diese Grundzüge in der jeweiligen Abteilung umgesetzt werden, als Kontrolle offenlassen.

Zu § 5:

Ebenfalls erforderlich ist eine Regelung des Falles, wenn zunächst genehmigter Urlaub nachträglich nicht genommen werden kann. Gerade wenn der Urlaub nachher aus betrieblichen Gründen widerrufen wird, ist zu berücksichtigen, dass der Arbeitgeber unter Umständen zum Schadenersatz verpflichtet sein kann. Daher wird er in dieser Betriebsvereinbarung ausdrücklich zum Ersatz etwaiger Schäden verpflichtet.

bb) Betriebsurlaub

88 Betriebsferien sind in Produktionsbetrieben eine Sonderform der allgemeinen Urlaubsgrundsätze und finden ihre wirtschaftliche Ursache im Fabrikablauf (zB Automobilindustrie).

89 Der Betriebsurlaub aber kann vor allem in wirtschaftlich angespannten Zeiten auch ein Mittel der Beschäftigungssicherung darstellen, um einem Personalabbau bei Auftragsmangel vorzubeugen. Gerade größere Produktionsunternehmen machen bei rückläufigen Verkaufszahlen immer wieder von diesem Mittel Gebrauch. Das Mitbestimmungsrecht des Betriebsrates erfasst hier auch ein Initiativrecht.

▶ Muster: Betriebsvereinbarung Betriebsurlaub

Präambel

Durch die akut rückläufige Auftragslage sieht sich die Geschäftsleitung gezwungen, Maßnahmen zur Verhinderung eines Personalabbaus zu ergreifen. Die Betriebsparteien erachten den

Betriebsurlaub als geeignete Maßnahme, um die Beschäftigten vorerst vor weitreichenderen Maßnahmen zu schützen.

§ 1 Geltungsbereich

Die Betriebsvereinbarung gilt für alle Beschäftigten des Betriebs inklusive der Auszubildenden. Die Geschäftsleitung erklärt, die Grundzüge dieser Vereinbarung auch auf leitende Angestellte iSd § 5 Abs. 3 BetrVG anzuwenden.

§ 2 Betriebsurlaub

(1) In den Jahren 2009 und 2010 wird jährlich einmal ein Betriebsurlaub in den Produktionsstätten A und B stattfinden, und zwar jeweils in den ersten vier vollen Kalenderwochen der Schulsommerferien (6.7.2009 bis 3.8.2009 sowie 5.7.2010 bis 2.8.2010). Der Betriebsurlaub wird durch Aushang am Schwarzen Brett und in der hausinternen Firmenzeitschrift bekannt gegeben.

(2) Um jedoch die Betriebssicherheit nicht zu gefährden, können nicht sämtliche Abteilungen im vollen Umfang an dem Betriebsurlaub teilnehmen. Ausgenommen werden daher:

- Pförtner
- Sicherheitsdienst
- Wartungsdienst

(3) In diesen Abteilungen wird jedoch aufgrund des Betriebsurlaubs ein 50%ig geringeres Personalaufkommen erforderlich. Für die in diesen Abteilungen beschäftigten Mitarbeiter gilt deshalb folgende Sonderregelung: ...

(4) Die Mitarbeiter stellen bis spätestens 31.01. eines Jahres einen Urlaubsantrag. Urlaubswünsche in der Betriebsurlaubszeit werden bevorzugt berücksichtigt.

(5) Die Personalabteilung entscheidet nach den Grundsätzen der Betriebsvereinbarung „Urlaubsgrundsätze" vom 31.3.2005 über den Antrag und gibt ihre Entscheidung den Arbeitnehmern bis spätestens 28.02. eines Jahres bekannt.

§ 3 Resturlaub

(1) Sofern durch den Betriebsurlaub nicht der volle individuelle Jahresurlaubsanspruch ausgeschöpft ist, so gilt für die Beantragung und Gewährung restlichen Urlaubs die Betriebsvereinbarung „Urlaubsgrundsätze".

(2) Besitzt ein Beschäftigter im Zeitpunkt des Betriebsurlaubs noch keinen vollen Jahresurlaubsanspruch oder übersteigt der Zeitraum des Betriebsurlaubs im Falle einer Teilzeitbeschäftigung den individuellen Jahresurlaubsanspruch, so bemüht sich die Geschäftsleitung in Abstimmung mit dem Betriebsrat, den betroffenen Beschäftigten anderweitig einzusetzen.

(3) Die anderweitige Einsatzmöglichkeit muss dem Beschäftigten möglich und zumutbar und der bisherigen Beschäftigung gleichwertig sein und darf nicht mit einer Minderung des Arbeitsentgelts (inklusive Zulagen und Zuschläge) einhergehen.

(4) Findet sich eine solche Beschäftigungsmöglichkeit nicht, so wird der Beschäftigte unter Fortzahlung seiner Vergütung während des Betriebsurlaubs unter Anrechnung auf seinen Urlaubsanspruch freigestellt.

§ 4 Schlussbestimmungen

(1) Die Betriebsvereinbarung tritt zum 1.1.2009 in Kraft. Sie kann mit einer Kündigungsfrist von drei Monaten zum Monatsende gekündigt werden und wirkt nach.

(2) Sind einzelne dieser Bestimmungen unwirksam, so berührt dies nicht die Wirksamkeit der übrigen Regelungen. ◄

90 Erläuterungen:

Zu § 1:

Die Betriebsvereinbarung geht davon aus, dass auch die leitenden Angestellten grundsätzlich von dem Betriebsurlaub betroffen sind. Obgleich der Betriebsrat für leitende Angestellte nicht zuständig ist, kann es sinnvoll sein, dass der Arbeitgeber im Rahmen einer Betriebsvereinbarung die Anwendung deren Grundzüge für diese Personengruppe erklärt. Ob das im Einzelfall praktisch ist, hängt vom jeweiligen Betrieb und der Belegschaft ab.

Zu § 2:

Die zeitliche Festlegung des Betriebsurlaubs hängt vom jeweiligen Betrieb ab.

Oftmals ist es auch während des Betriebsurlaubs erforderlich, dass die klassischen Sicherheitsabteilungen (Wartung, Wachdienst, Pförtnerdienst) weiterhin betrieben werden. Aber auch dort herrscht dann in der Regel ein geringeres Beschäftigungsbedürfnis, weswegen auch einem Teil dieser Arbeitnehmer Urlaub gewährt werden kann. Erforderlich ist daher, auch für diese Personengruppen Grundsätze für die Urlaubsgewährung zu erstellen. Die vorliegende Betriebsvereinbarung verweist auf eine Betriebsvereinbarung „Urlaubsgrundsätze", vgl hierzu Rn 86.

Zu § 3:

Bei der Gewährung von Betriebsurlaub wird teilweise nicht der volle Jahresurlaub ausgeschöpft. Daher ist eine Regelung erforderlich, wie der Resturlaub verteilt wird. Auch hier wird auf die Musterbetriebsvereinbarung Urlaubsgrundsätze verwiesen, s. Rn 86.

Aber auch der umgekehrte Fall kann eintreten: Ein Teilzeitbeschäftigter hat weniger Jahresurlaub, als Betriebsurlaub angeordnet wurde – oder ein unterjährig erst angestellter Beschäftigter hat im Zeitpunkt des Betriebsurlaubs noch keinen vollen Urlaubsanspruch erworben. Diesen Personengruppen sollen nach der hiesigen Betriebsvereinbarung keine Nachteile entstehen, insbesondere bleibt ihnen der volle Vergütungsanspruch erhalten.[77]

f) Technische Überwachungseinrichtungen

aa) Private Internetnutzung

91 Im Zeitalter der Informationstechnologie sind die meisten Arbeitsplätze auch mit einem Internetanschluss ausgestattet. Ist die Privatnutzung dem Arbeitnehmer gestattet, birgt dies auch Gefahren. Denn dem Arbeitgeber ist es möglich, die Nutzung des Internets nachzuverfolgen. Deshalb besteht hier ein Mitbestimmungsrecht des Betriebsrats. Während die Aufsichtsbehörden beim Datenschutz davor warnen, dass der Arbeitgeber bei Gestattung der Privatnutzung von E-Mail und Internet als Diensteanbieter im Sinne von § 3 Nr. 6 TKG einzuordnen sei, lehnt die Arbeitsgerichtsbarkeit diese Auffassung ab.[78] Die Meinung der Datenschützer hätte eine enorme Auswir-

77 BAG, 30.6.1976 – 5 AZR 246/75, AP Nr. 3 zu § 7 BUrlG.
78 LAG Berlin Brandenburg, 14.1.2016 – 5 Sa 657/15, openJur 2016, 3677m.w.N.

kung: Grundsätzlich dürfte der Arbeitgeber weder den Inhalt der Telekommunikation noch ihre näheren Umstände zur Kenntnis nehmen.

▶ **Muster: Betriebsvereinbarung private Internetnutzung**

§ 1 Geltungsbereich

Die Betriebsvereinbarung gilt für alle Beschäftigten des Betriebes, inklusive der Auszubildenden, die an ihrem Arbeitsplatz einen Zugang zum Internet besitzen. Sie gilt nicht für leitende Angestellte iSd § 5 Abs. 3 BetrVG.

§ 2 Private Nutzung des E-Mail-Kontos und Internet

(1) Außerhalb der individuellen Arbeitszeit ist die private Nutzung des E-Mail-Kontos und des Internets grundsätzlich gestattet.

(2) Innerhalb der Arbeitszeit ist die private Nutzung des E-Mail-Kontos und des Internets nur gestattet, wenn die Nutzung geringfügig ist. Geringfügig ist die private Nutzung dann, wenn sie insgesamt einen Zeitrahmen von 5 Minuten täglich nicht übersteigt.

(3) Die Nutzung von Internetseiten mit pornographischem, fremdenfeindlichem, verfassungsfeindlichem Inhalt ist strikt verboten. Gleiches gilt für das Versenden privater E-Mails mit derartigem Inhalt.

§ 3 Verwendung von Daten, Verfahren bei Feststellung von Verstößen

(1) Jede Benutzeraktivität im Internet sowie das Versenden von E-Mails werden zur Sicherheit des Betriebes und des Systems gespeichert. Die gespeicherten Daten werden nach spätestens 3 Monaten gelöscht. Sofern die gespeicherten Daten auf Papier ausgedruckt werden, so werden auch diese Erfassungen nach spätestens 3 Monaten vernichtet. Die ausgedruckten Protokolle stehen ausschließlich dem Systemadministrator und der Geschäftsleitung zur Einsicht zur Verfügung.

(2) Durch die Speicherung der Daten iSd Ziffer I findet keine Leistungs- oder Verhaltenskontrolle der Beschäftigten statt. Sofern aus der Speicherung Erkenntnisse über Leistungen oder Verhalten der Beschäftigten abgeleitet werden könnten, werden diese nicht zu deren Nachteil verwendet.

(3) Werden durch die Speicherung der Daten iSd Ziffer I Verstöße gegen § 2 dieser Betriebsvereinbarung festgestellt, so gilt Folgendes:

(4) Nach Feststellung des Verstoßes ist der Betriebsrat unverzüglich zu informieren. Ihm ist auf Verlangen Einsicht in die gespeicherten Daten zu gewähren.

(5) Der betroffene Beschäftigte ist unverzüglich zu dem Vorwurf zu hören. Auf sein Verlangen ist ein Mitglied des Betriebsrates berechtigt, an dem Gespräch teilzunehmen. Der Beschäftigte ist berechtigt, Einsicht in die gespeicherten Daten zu nehmen und das Recht auf Einsichtnahme auf eine dritte Person, bspw. einen Rechtsanwalt, zu übertragen.

§ 4 Schlussbestimmungen

(1) Die Betriebsvereinbarung tritt zum 1.1.2009 in Kraft. Sie kann mit einer Kündigungsfrist von drei Monaten zum Monatsende gekündigt werden und wirkt nach.

(2) Sind einzelne dieser Bestimmungen unwirksam, so berührt dies nicht die Wirksamkeit der übrigen Regelungen. ◀

Erläuterungen: 92

Zu § 2:

Die Betriebsparteien dürften auch ein generelles privates Nutzungsverbot vereinbaren. Die vorliegende Betriebsvereinbarung geht jedoch davon aus, dass die private Nutzung nicht grundsätzlich verboten ist. Sie soll aus berechtigten Interessen des Arbeitgebers grundsätzlich außerhalb der Arbeitszeit erfolgen. Aber auch innerhalb der

Arbeitszeit wird sie in gewissen Grenzen hingenommen. Die Bestimmung dieser Grenze kann natürlich variabel sein.

Zu § 3:

Dadurch, dass notwendigerweise die Daten der Internetnutzung und des E-Mail-Verkehrs aus betrieblichen Gründen gespeichert werden müssen, soll den Beschäftigten selbst kein Nachteil erwachsen. Zweck der Speicherung ist letztlich primär die betriebliche Sicherheit. Die Speicherung soll deshalb nicht verwendet werden, um nebenbei das Verhalten und die Leistung der Beschäftigten auszuwerten und ggf zum Maßstab für künftige Beschäftigte oder zur Vergütung zu machen.

Andererseits darf dieses grundsätzliche Verwertungsverbot auch von den Beschäftigten nicht missbraucht werden. Verstoßen diese also gegen die Betriebsvereinbarung etwa durch zeitlich ausufernde private Nutzung des Internets und wird dies durch die Speicherung der Daten festgestellt, so dürfen die Daten ausnahmsweise zu arbeitsrechtlichen Sanktionen auch verwendet werden. Wichtig ist dabei, dem Arbeitnehmer Gelegenheit zur Stellungnahme zu geben und auch im Einzelfall den Betriebsrat zu beteiligen.

bb) Zutrittskontrolle

93 Viele Betriebe sind mit einem elektronischen Zugangssystem ausgestattet. In dessen Rahmen werden nicht nur Mitarbeiterdaten erfasst, sondern auch die Uhrzeiten des Betretens und Verlassens des Betriebs. Mittels dieser Daten kann der Arbeitgeber das Verhalten der Beschäftigten kontrollieren. Es bedarf daher zum Schutze der Beschäftigten einer Regelung.

▶ Muster: Betriebsvereinbarung Zugangskontrolle

Präambel

Zur Verbesserung der Sicherheit des Unternehmens und seiner Entwicklungen beabsichtigt der Arbeitgeber die Einführung eines elektronischen Zugangssystems. Die nachfolgende Betriebsvereinbarung soll die Vergabe von Zutrittsberechtigungen und den Umgang mit gespeicherten Daten zum Schutz der Persönlichkeit der Mitarbeiter regeln.

§ 1 Geltungsbereich

Die Betriebsvereinbarung gilt für alle Beschäftigten der Werke im Betrieb.

§ 2 Zutrittsberechtigung

(1) Das elektronische Zutrittssystem wird zum 1.7.2009 eingeführt.

(2) Sämtliche Mitarbeiter erhalten gegen Unterschrift eine Schlüsselkarte als Zutrittsberechtigung zum Werk. Die Kartenlesung erfolgt an den in der Anlage 1 aufgeführten Standorten.

(3) Die Nutzung der Schlüsselkarte darf ausschließlich durch den Mitarbeiter erfolgen. Eine Weitergabe an Dritte ist untersagt.

(4) Der Verlust der Schlüsselkarte ist in der Personalabteilung unverzüglich anzuzeigen. Eine Haftung der Arbeitnehmer für den Verlust oder die Beschädigung einer Schlüsselkarte kommt nur bei Vorsatz oder grober Fahrlässigkeit in Betracht.

(5) Bei tatsächlicher Beendigung eines Arbeitsverhältnisses ist die Schlüsselkarte ohne Aufforderung unverzüglich zurückzugeben.

§ 3 Datenerfassung

(1) Jede Schlüsselkarte ist mit einer Identifikationsnummer ausgestattet, die dem jeweiligen Mitarbeiter zugewiesen wird. Auf der jeweiligen Schlüsselkarte werden folgende Daten des Mitarbeiters erfasst:

- Name
- Geburtsdatum
- Arbeitsort

(2) Bei Betreten und Verlassen des Gebäudes werden folgende Daten zentral gespeichert:

- Identifikationsnummer
- Datum
- Uhrzeit
- Werk

§ 4 Datenverarbeitung

(1) Die auf der Karte und durch die Nutzung der Karte gespeicherten Daten werden nicht zur Leistungs- oder Verhaltenskontrolle gespeichert und auch nicht zu diesem Zwecke ausgewertet. Die Speicherung der Daten dient ausschließlich Sicherheitsgründen. Auch der Abgleich der erhobenen Daten mit anderen Datensätzen, z.B. der Zeiterfassung oder der Parkraumüberwachung, ist untersagt.

(2) Eine Auswertung der Daten erfolgt nur in folgenden Fällen:

- Reparatur und Wartung des elektronischen Kontrollsystems,
- aus Sicherheitsgründen aus konkretem Anlass, zB Einbruch,
- bei konkretem Verdacht auf Verstöße gegen arbeitsvertragliche Pflichten.

(3) Sämtliche zentral gespeicherten Daten werden innerhalb von zwei Monaten nach Aufzeichnung gelöscht. Bei Rückgabe einer Schlüsselkarte werden die hierauf gespeicherten Daten innerhalb von zwei Wochen gelöscht.

(4) Ausdrucke werden jeweils innerhalb gleicher Frist vernichtet.

§ 5 Beteiligungsrechte des Betriebsrates

(1) Der Betriebsrat ist berechtigt, jederzeit Einsicht in die gespeicherten Daten zu erhalten.

(2) Der Betriebsrat ist vor jeder Auswertung iSd § 4 II zu informieren und berechtigt, an der Auswertung teilzunehmen. Ohne vorherige Information des Betriebsrates findet eine Auswertung nicht statt.

§ 6 Schlussbestimmungen

(1) Die Betriebsvereinbarung tritt zum 1.6.2009 in Kraft. Sie kann mit einer Kündigungsfrist von drei Monaten zum Monatsende gekündigt werden und wirkt nach.

(2) Sind einzelne dieser Bestimmungen unwirksam, so berührt dies nicht die Wirksamkeit der übrigen Regelungen. ◄

Erläuterungen: 94

Zu § 2:

Die Regelung über die Zutrittsberechtigung hängt naturgemäß davon ab, wie das Zugangssystem technisch ausgestattet ist. In allen Fällen aber ist zu regeln, dass ein Verlust einer Zutrittsberechtigung anzuzeigen ist und dass die entsprechenden Zutrittskarten nicht weitergegeben werden dürfen.

Eine Rückgabepflicht sollte auch bereits in dem Moment geregelt werden, in dem das Arbeitsverhältnis nicht nur rechtlich, sondern schon tatsächlich endet, bspw im Falle einer Freistellung.

Zu § 3:

Vorliegend soll die Berechtigungskarte gerade nicht etwa einer Anwesenheitskontrolle dienen. Zwingend notwendig ist daher die Regelung, welche Daten gespeichert werden und zu welchen Zwecken diese überhaupt ausgewertet werden dürfen.

Ebenfalls zu regeln ist eine Frist für die Löschung der Daten bzw Vernichtung von Ausdrucken.

Zu § 4:

Für Betriebsräte ist immer wichtig, festzuhalten, dass eine zweckentfremdete Auswertung zur Überwachung oder der Leistungskontrolle der Mitarbeiter ausgeschlossen ist und die Fälle der Auswertungsbefugnis klar eingegrenzt sind.

cc) Telefonnutzung

95 Telefone gehören idR zur Standardausstattung eines Arbeitsplatzes. Selten spricht der Arbeitgeber ein generelles Verbot der privaten Nutzung aus. Ist diese Nutzung dem Arbeitnehmer gestattet, birgt sie auch Gefahren. Denn dem Arbeitgeber ist es möglich, die Nutzung des Telefons nachzuverfolgen. Deshalb besteht hier ein Mitbestimmungsrecht des Betriebsrats.

▶ **Muster: Betriebsvereinbarung Telefonnutzung**

§ 1 Geltungsbereich

Die Betriebsvereinbarung gilt für alle Beschäftigten des Betriebes inklusive der Auszubildenden, die an ihrem Arbeitsplatz einen Telefonanschluss besitzen. Sie gilt nicht für leitende Angestellte iSd § 5 Abs. 3 BetrVG.

§ 2 Nutzung der Telefonanschlüsse

(1) Die Nutzung der betrieblichen Telefone erfolgt grundsätzlich ausschließlich zu betrieblichen Zwecken.

(2) Die private Nutzung der betrieblichen Telefone in geringem Umfang ist in notwendigen Fällen gestattet, wenn diese nur

- innerhalb der allgemein üblichen Öffnungs- oder Betriebszeiten geführt werden können und daher das Führen des Gesprächs dem jeweiligen Mitarbeiter außerhalb seiner Arbeitszeit nicht möglich ist, zB Telefonate mit Ärzten, Behörden o.Ä., oder
- aus familiären oder persönlichen Gründen, wenn eine dienstliche Veranlassung besteht, zB Mitteilung der Verspätung aufgrund von Überstunden, Benachrichtigung der Tagesmutter uÄ.

(3) Im Übrigen sind Gespräche mit den betrieblichen Telefonen aus privatem Anlass untersagt.

§ 3 Telefonkosten, Schadenersatz

(1) Die Kosten für private Telefongespräche iSd § 2 II trägt der Arbeitgeber.

(2) Von dieser Betriebsvereinbarung unberührt bleibt die Geltendmachung von Schadenersatzansprüchen aufgrund von Verstößen gegen die Betriebsvereinbarung.

§ 4 Aufzeichnung und Auswertung

(1) Durch die Erfassung der Telefongespräche findet keine Leistungs- oder Verhaltenskontrolle der Beschäftigten statt. Sofern aus der Speicherung Erkenntnisse über Leistungen oder Verhalten der Beschäftigten gewonnen werden, werden diese nicht zu deren Nachteil verwendet.

(2) Werden durch die Speicherung der Daten iSd Ziffer I Verstöße gegen § 2 dieser Betriebsvereinbarung festgestellt, so gilt Folgendes:

(3) Nach Feststellung des Verstoßes ist der Betriebsrat unverzüglich zu informieren. Ihm ist auf Verlangen Einsicht in die gespeicherten Daten zu gewähren.

(4) Der betroffene Beschäftigte ist unverzüglich zu dem Vorwurf zu hören. Auf sein Verlangen ist ein Mitglied des Betriebsrates berechtigt, an dem Gespräch teilzunehmen. Der Beschäftigte ist berechtigt, Einsicht in die gespeicherten Daten zu nehmen und das Recht auf Einsichtnahme auf eine dritte Person, bspw. einen Rechtsanwalt, zu übertragen.

§ 5 Schlussbestimmungen

(1) Die Betriebsvereinbarung tritt zum 1.1.2009 in Kraft. Sie kann mit einer Kündigungsfrist von drei Monaten zum Monatsende gekündigt werden und wirkt nach.

(2) Sind einzelne dieser Bestimmungen unwirksam, so berührt dies nicht die Wirksamkeit der übrigen Regelungen. ◀

Erläuterungen: 96

Zu § 2:

Nach der vorliegenden Version handelt es sich grundsätzlich um ein Verbot privater Telefonate. Gespräche aus privatem Anlass sollen sich nur auf notwenige Fälle beschränken und auch nur dann erfolgen, wenn sie dem Mitarbeiter nicht außerhalb seiner individuellen Arbeitszeit möglich sind. Dies betrifft dann vor allem in Vollzeit Beschäftigte.

Möglich ist alternativ, private Telefonat grundsätzlich zu gestatten und nicht an Notwendigkeiten zu knüpfen. In solchen Fällen empfiehlt sich jedoch eine Beschränkung in etwa wie folgt:

„Telefongespräche aus privatem Anlass sind grundsätzlich gestattet. Sie sind jedoch auf ein Mindestmaß zu beschränken und dürfen täglich pro Mitarbeiter nicht länger als 10 Minuten andauern."

Zu § 3:

Nach dieser Variante verpflichtet sich der Arbeitgeber, die Kosten für notwendige private Telefongespräche zu tragen. Möglich wäre jedoch auch die Verpflichtung der Beschäftigten, private Telefongespräche zu erfassen und eine entsprechende Kostentragungspflicht den Beschäftigten aufzuerlegen.

Bei der Regelung in § 3 II handelt es sich nur um eine Klarstellung von ohnehin gesetzlich bestehenden Schadenersatzansprüchen: Die Arbeitnehmer sind bei Verstößen gegen die Betriebsvereinbarung, also bei privaten Telefongesprächen ohne notwendigen Anlass, gem. § 823 Abs. 1 BGB verpflichtet, die entstandenen Kosten zu erstatten.

Zu § 4:

Durch die Erfassung der Telefonate soll den Beschäftigten selbst kein Nachteil erwachsen. Sie soll nicht dazu verwendet werden, um das Verhalten und die Leistung der Beschäftigten auszuwerten und ggf zum Maßstab für künftige Beschäftigte oder zur Vergütung zu machen.

Andererseits darf dieses grundsätzliche Verwertungsverbot auch von den Beschäftigten nicht missbraucht werden. Verstoßen diese also gegen die Betriebsvereinbarung etwa durch zeitlich ausufernde private Telefongespräche und wird dies durch die

Aufzeichnung festgestellt, so dürfen die Daten ausnahmsweise zu arbeitsrechtlichen Sanktionen auch verwendet werden. Wichtig ist dabei, dem Arbeitnehmer Gelegenheit zur Stellungnahme zu geben und auch im Einzelfall den Betriebsrat zu beteiligen.

dd) Videoüberwachung (Beispiel Einzelhandel)

97 IdR dient die Installation einer Videoüberwachungsanlage in erster Linie der Überwachung der Kunden und dem Schutze der Beschäftigten. Da mittels dieser technischen Überwachungsmöglichkeit aber unproblematisch auch eine Verhaltenskontrolle einhergehen kann, ist der Betriebsrat zur Wahrung der Persönlichkeitsrechte der Beschäftigten hier besonders gefragt.

▶ Muster: Betriebsvereinbarung Videoüberwachung

Präambel

Der Arbeitgeber beabsichtigt, zum 1.7.2009 in seinen Filialen die Videoüberwachungsanlage Model ... zu installieren. Dies dient ausschließlich zum Schutze der Beschäftigten einerseits und dem Schutz des Eigentums des Arbeitgebers andererseits. Durch die Anlage sollen ausschließlich die Kunden überwacht werden bzw. durch deren Existenz präventiv Straftaten verhindert werden.

§ 1 Geltungsbereich

(1) Die Betriebsvereinbarung gilt für alle Beschäftigten des Betriebs. Sie gilt nicht für leitende Angestellte iSd § 5 Abs. 3 BetrVG.

(2) Sie gilt weiterhin für sämtliche Filialen in der Stadt ...

§ 2 Einführung der Videoüberwachungsanlage

(1) Der Arbeitgeber installiert in den Filialen ... zum 1.7.2009 Überwachungskameras des Modells ...

(2) Der jeweilige Filialleiter wählt mit dem beauftragten Unternehmen die Platzierung der Kameraanlage im Beisein eines Mitglieds des Betriebsrates aus. Vor der Installation werden sämtliche Beschäftigte der betroffenen Filialen von dem Ort informiert.

(3) Die Videoüberwachungsanlage zeichnet nur Bilder und keine Signale/Töne auf. Jede der Kameras ist mittels Zufallsgenerator so zu programmieren, dass sie maximal vier Stunden am Tag tatsächlich aufzeichnet.

§ 3 Erfassung und Auswertung

(1) Die Aufzeichnungen werden nicht zur Leistungs- oder Verhaltenskontrolle gespeichert und auch nicht zu diesem Zwecke ausgewertet. Eine Auswertung zur Erstellung eines Mitarbeiterprofils ist unzulässig. Die Aufzeichnungen dienen ausschließlich Sicherheitsgründen.

(2) Eine Auswertung der Daten erfolgt ausschließlich in folgenden Fällen aus Sicherheitsgründen aus konkretem Anlass, z.B. Einbruch oder Diebstahl.

(3) Sämtliche Aufzeichnungen werden innerhalb von 6 Monaten nach Aufzeichnung gelöscht. Gleiches gilt für Ausdrucke.

§ 4 Beteiligungsrechte des Betriebsrates

Der Betriebsrat ist vor jeder Auswertung iSd § 3 II zu informieren und berechtigt, an der Auswertung teilzunehmen. Ohne vorherige Information des Betriebsrates findet keine Auswertung statt.

§ 5 Schlussbestimmungen

(1) Die Betriebsvereinbarung tritt zum 1.1.2009 in Kraft. Sie kann mit einer Kündigungsfrist von drei Monaten zum Monatsende gekündigt werden und wirkt nach.

(2) Sind einzelne dieser Bestimmungen unwirksam, so berührt dies nicht die Wirksamkeit der übrigen Regelungen. ◀

Erläuterungen: 98

Zur Präambel:

Gerade im Falle einer Überwachungsanlage scheint es wichtig, den Sinn und Zweck der Anlage im Rahmen einer Präambel nochmals darzustellen. Treten Streitigkeiten über einzelne Regelungen der Betriebsvereinbarung auf, so wird häufig die Präambel als Auslegungskriterium herangezogen und ermittelt, was mit dieser Betriebsvereinbarung eigentlich bezweckt werden soll. Wichtig ist deshalb, klar herauszustellen, dass diese Betriebsvereinbarung dem Schutz der Beschäftigten und einer Prävention vor Straftaten dienen soll.

Zu § 2:

Da die Betriebsvereinbarung dem Schutz der Beschäftigten dienen soll, müssen diese naturgemäß darüber unterrichtet werden, dass und von welchem Ort aus sie von der Überwachungsanlage erfasst werden. Zu klären ist unbedingt, ob die Videoüberwachung nur Bilder oder ggf auch Ton erfasst. Auch hierüber wären dann die Mitarbeiter aufzuklären.

Zu § 3 und § 4:

Eine Auswertung der Videoaufzeichnung findet naturgemäß dann statt, wenn etwa durch Diebstähle oder Einbrüche Beschäftigte zu Schaden gekommen sind oder das Eigentum des Arbeitgebers beschädigt wurde. Zu deren Schutze dient die Überwachungsanlage.

In diesem Fall soll dem Betriebsrat ein Anwesenheitsrecht bei der Auswertung zugestanden werden, damit keine anderen Erkenntnisse genutzt werden.

g) Arbeits- und Gesundheitsschutz

aa) Betriebsarzt

Arbeitgeber sind gem. § 1 und 2 ASiG verpflichtet, nach bestimmten Maßgaben Betriebsärzte und Fachkräfte für Arbeitssicherheit zu bestellen. Wann und in welchem Umfang dies zu geschehen hat, hängt gem. § 2 Abs. 1 ASiG von der Betriebsart und den damit einhergehenden Unfallgefahren sowie von der Anzahl der Beschäftigten ab. Die Mindesteinsatzzeiten werden dem Arbeitgeber vom zuständigen gesetzlichen Unfallversicherungsträger vorgegeben, insbesondere durch die Vorschrift BGV A2 der jeweiligen Berufsgenossenschaft. 99

Da das ASiG die Aufgaben der Betriebsärzte weitgehend regelt, sollte im Rahmen der Betriebsvereinbarung nur auf noch nicht im ASiG geregelte Fragen eingegangen werden. Dem Betriebsrat wird dabei ein Initiativrecht bei der Abberufung und Erweiterung des Aufgabenbereichs zugebilligt.[79] Dies muss erst Recht auch für die Bestellung gelten.[80] 100

79 DKK-Klebe § 87 Rn 196; Fitting § 87 Rn 315.
80 DKK-Klebe § 87 Rn 196; aA Däubler, Das Arbeitsrecht 2, Rn 409.

▶ **Muster: Betriebsvereinbarung Betriebsarzt**

§ 1 Einstellung eines Betriebsarztes

(1) Die Parteien sind sich einig, dass zur Durchführung der Tätigkeiten eines Betriebsarztes ein Arbeitnehmer eingestellt wird.

(2) Die Mitbestimmungsrechte des Betriebsrates bei der Einstellung wie auch bei der Abberufung des Betriebsarztes gem. § 99 Abs. 1 BetrVG, § 9 Abs. 3 ASiG bleiben von dieser Betriebsvereinbarung unberührt.

§ 2 Umfang der Beschäftigung

(1) Der Betriebsarzt wird hinsichtlich des Umfangs nach Maßgabe der BGV A2 beschäftigt.

(2) Jegliche Änderung des Umfangs der Einsatzzeiten, etwa aufgrund einer Änderung der Belegschaftsstärke, ist mitbestimmungspflichtig.

(3) Die Parteien sind sich einig, dass der Betriebsarzt in Wechselschicht eingesetzt werden soll, um eine Betreuung möglichst aller Arbeitnehmer gewährleisten zu können. Die Beteiligungsrechte des Betriebsrates gem. § 87 Abs. 1 Nr. 2 BetrVG bleiben hiervon unberührt.

§ 3 Aufgaben des Betriebsarztes

Der Betriebsarzt hat die Aufgabe, den Arbeitgeber beim Arbeitsschutz und bei der Unfallverhütung in allen Fragen des Gesundheitsschutzes zu unterstützen, insbesondere in den in § 3 Nr. 1 bis 4 ASiG aufgeführten Fällen.

§ 4 Rechte des Betriebsrates

(1) Betriebsrat und Arbeitgeber sind sich einig, dass der Betriebsarzt jederzeit als sachkundige Person dem Betriebsrat auf alle Fragen des Gesundheitsschutzes, Arbeitsschutzes und der Unfallverhütung zur Auskunft verpflichtet ist.

(2) Der Betriebsrat erhält von allen Vorschlägen des Betriebsarztes an den Arbeitgeber direkt eine Abschrift zur Kenntnis.

(3) Der Betriebsrat ist berechtigt, schriftlich die Abberufung des Betriebsarztes zu verlangen, wenn sein Vertrauen in den Betriebsarzt nachhaltig gestört ist. Kommt der Arbeitgeber der Abberufung nicht innerhalb von vier Wochen nach, ist der Betriebsrat berechtigt, die Einigungsstelle anzurufen.

§ 5 Schlussbestimmungen

(1) Die Betriebsvereinbarung tritt zum 1.1.2009 in Kraft. Sie kann mit einer Kündigungsfrist von drei Monaten zum Monatsende gekündigt werden und wirkt nach.

(2) Sind einzelne dieser Bestimmungen unwirksam, so berührt dies nicht die Wirksamkeit der übrigen Regelungen. ◀

101 Erläuterungen:

Zu § 1:

Nach dem ASiG stehen drei Möglichkeiten offen, einen Betriebsarzt zu integrieren. Der Arbeitgeber kann einen solchen als Arbeitnehmer beschäftigen, er kann ihn als freien Mitarbeiter beschäftigen oder sich an einen überbetrieblichen betriebsärztlichen Dienst nach § 19 ASiG anbinden lassen. Die Auswahl wird von Betrieb zu Betrieb unterschiedlich sein: sie wird in der Regel von den Kosten abhängen und von der Betriebsgröße.

Die Frage der Auswahl unterliegt der Mitbestimmungspflicht.

Mit § 1 Abs. 2 ist klargestellt, dass im Falle der tatsächlichen Einstellung eines Betriebsarztes, ebenso wie bei seiner Abberufung bzw im hiesigen Fall Kündigung, der Betriebsrat dennoch jeweils anzuhören und seine Zustimmung einzuholen ist.

Zu § 2:

Die Berufsgenossenschaften haben in den BGV A2 die Einsatzzeiten der Betriebsärzte – in Abhängigkeit von der Betriebsgröße – für die jeweiligen Betriebe vorgegeben. Nach der hier vorliegenden Fassung soll der einzustellende Betriebsarzt in genau diesem Umfang beschäftigt werden. Möglich wäre jedoch auch, den Umfang zu erhöhen.

Ändert der Arbeitgeber etwa durch einen Änderungsvertrag den Umfang der Beschäftigungszeit des Betriebsarztes, so soll der Betriebsrat dabei beteiligt werden. Denn grundsätzlich ist die Änderung von Arbeitszeiten nicht mitbestimmungspflichtig, wenn sie nicht erheblich sind (Erheblichkeit liegt nach der Rechtsprechung des BAG jedenfalls bei einer Erhöhung von zehn Stunden pro Woche vor[81]).

Die Lage der Arbeitszeit wird ebenfalls von der Eigenart des Betriebs abhängen. Werden die Arbeitnehmer häufig oder meist in Nachtschichten beschäftigt, kann es sich empfehlen, auch den Betriebsarzt entsprechend zumindest in Wechselschichten zu beschäftigen, um so auch eine Betreuung der Nachtarbeitnehmer gewährleisten zu können.

Weiter sollte klargestellt werden, dass vor jeder Arbeitszeitanordnung bzw Dienstplangestaltung der Betriebsrat weiterhin mitzubestimmen hat.

Zu § 3:

Die Aufgaben des Betriebsarztes sind im § 3 ASiG konkret beispielhaft aufgezählt. Es empfiehlt sich daher in der Betriebsvereinbarung nach den Aufgaben schlichtweg eine Verweisung auf die gesetzliche Regelung.

Der Aufgabenbereich eines Betriebsarztes kann jedoch auch erweitert oder eingeschränkt werden, § 9 Abs. 3 ASiG. Soll dies geschehen, hat der Betriebsrat dabei mitzubestimmen. Der Betriebsrat besitzt insofern auch ein Initiativrecht.

Die Frage, inwieweit der Aufgabenbereich tatsächlich erweitert oder eingeschränkt werden sollte, hängt wiederum von der Eigenart des jeweiligen Betriebes ab. Dem Betriebsarzt kann weiter zum Beispiel übertragen werden die Durchführung von Einstellungsuntersuchungen, gewisse Beratungen oder Trainings. In manchen Betrieben besteht eine Verpflichtung, Vorsorgeuntersuchungen durchzuführen. Für jeden Betrieb sind dabei die besonderen Vorschriften der Gefahrstoffverordnung, der Biostoffverordnung, der Lärm- und Vibrations- Arbeitsschutzverordnung und der Unfallverhütungsvorschrift BGV A2 zu überprüfen.

Im vorliegenden Beispiel wurde eine zusätzliche Aufgabe neben dem Katalog des § 3 ASiG ausdrücklich aufgeführt.

Zu § 4:

Betriebsrat und Betriebsarzt haben bei der Erfüllung ihrer Aufgaben zusammen zu arbeiten. Deswegen ist es wichtig, dass der Betriebsrat jederzeit ohne nähere Nachfrage beim Arbeitgeber direkt Informationen von dieser sachkundigen Person erhalten kann.

81 BAG, 9.12.2008 – 1 ABR 74/07.

Ist das Vertrauensverhältnis gestört und eine Zusammenarbeit nicht gewährleistet, besitzt der Betriebsrat ein Initiativrecht auf Abberufung.

bb) Bildschirmarbeitsplätze

102 Werden Mitarbeiter an Bildschirmarbeitsplätzen beschäftigt, hat der Arbeitgeber zu deren Gesundheitsschutz eine Reihe von gesetzlichen Vorgaben zu beachten, insbesondere aus dem Arbeitsschutzgesetz, dem Arbeitssicherheitsgesetz und der Bildschirmarbeitsverordnung. Dabei lassen diese Regelungen ihm Ermessensspielräume offen, so dass der Betriebsrat insofern mitbestimmungspflichtig ist.

▶ **Muster: Betriebsvereinbarung Bildschirmarbeitsplatz**

Präambel

Die Betriebsparteien sind sich einig, dass die Sicherstellung des Arbeits- und Gesundheitsschutzes primäres Ziel der Unternehmensleitung darstellt. Mit der nachfolgenden Betriebsvereinbarung soll gewährleistet werden, dass die Arbeitsumgebung der Beschäftigten keine gesundheitlichen Gefahren birgt und dem jeweiligen Stand der aktuellen arbeitswissenschaftlichen Erkenntnissen entspricht.

§ 1 Geltungsbereich

Die Betriebsvereinbarung gilt für alle Arbeitnehmer des Betriebs inklusive Auszubildende, die an einem Bildschirmarbeitsplatz beschäftigt werden. Sie gilt auch für Heim- oder Außendienstmitarbeiter mit Bildschirmarbeitsplätzen.

§ 2 Begriffsbestimmungen

(1) Bildschirmgerät im Sinne dieser Betriebsvereinbarung ist ein Bildschirm zur Darstellung alphanumerischer Zeichen oder zur Grafikdarstellung, ungeachtet des Darstellungsverfahrens.

(2) Bildschirmarbeitsplatz im Sinne dieser Betriebsvereinbarung ist ein Arbeitsplatz mit einem Bildschirmgerät, der ausgestattet sein kann mit

- Einrichtungen zur Erfassung von Daten,
- Software, die den Beschäftigten bei der Ausführung ihrer Arbeitsaufgaben zur Verfügung steht,
- Zusatzgeräten und Elementen, die zum Betreiben oder Benutzen des Bildschirmgeräts gehören oder
- sonstigen Arbeitsmitteln,
- sowie die unmittelbare Arbeitsumgebung.

(3) Beschäftigte im Sinne dieser Betriebsvereinbarung sind Beschäftigte, die gewöhnlich bei einem nicht unwesentlichen Teil ihrer normalen Arbeit ein Bildschirmgerät benutzen.

§ 3 Grundsätze der Arbeitsplatzgestaltung

Sämtliche Maßnahmen zum Gesundheitsschutz der Arbeitnehmer erfolgen unter Berücksichtigung des jeweiligen Stands der Technik und aktueller arbeitswissenschaftlicher Erkenntnisse.

§ 4 Unterrichtung der Beschäftigten

(1) Die Beschäftigten sind bei Einstellung umfassend über alle gesundheitlich relevanten Fragen zu informieren, insbesondere über die an einen Bildschirmarbeitsplatz zu stellenden Anforderungen gemäß dem Anhang zur Bildschirmarbeitsverordnung in der jeweils gültigen Fassung.

(2) Der Arbeitgeber verpflichtet sich, bis längstens 31.12.2009 eine Informationsveranstaltung für die Beschäftigten durchzuführen über eine ergonomische Gestaltung des Arbeitsplatzes, über ergonomisches Arbeitsverhalten, über die Anforderungen an einen Bildschirmarbeitsplatz gemäß dem Anhang zur Bildschirmarbeitsverordnung über Gefährdungen am Bildschirmarbeitsplatz. Die Veranstaltung wird vom Betriebsarzt durchgeführt.

§ 5 Arbeitsplatzanalysen

(1) Der Arbeitgeber führt bis längstens 31.12. dieses Jahres und hiernach jeweils alle 2 Jahre eine Arbeitsplatzanalyse durch. Dabei sind hinsichtlich der Gefährdung des Sehvermögens und körperlicher wie auch psychischer Belastungen folgende Arbeitsmittel und Arbeitsumgebung zu überprüfen:

- Bildschirm
- Peripheriegeräte
- Schreibtisch
- Arbeitsstuhl
- Strahlung und
- Beleuchtung.

(2) Die Überprüfung der Arbeitsplätze erfolgt unter Zuhilfenahme des Anhangs zur Bildschirmarbeitsverordnung. Ein vom Betriebsrat benanntes Mitglied nimmt an dieser Überprüfung teil. Die Mitarbeiter können im Rahmen der Überprüfung Beschwerden anbringen und Vorschläge zur Beseitigung anbringen.

(3) Das Ergebnis der Arbeitsplatzanalyse sowie ggf. Beschwerden und Vorschläge von Mitarbeitern sind schriftlich niederzulegen und dem Betriebsrat innerhalb von 4 Wochen nach Durchführung vorzulegen. Sofern sich Gesundheitsgefahren ergeben, haben Betriebsrat und Arbeitgeber gemeinsam über Maßnahmen zur Beseitigung zu verhandeln und zu beschließen.

(4) Äußert ein Mitarbeiter frühestens sechs Monate nach der letzten planmäßigen Arbeitsplatzanalyse Beschwerden über Bildschirm oder Arbeitsumgebung, so ist der Betriebsrat hierüber zu informieren. Es hat innerhalb von 4 Wochen eine Überprüfung des jeweiligen Arbeitsplatzes unter Berücksichtigung der Beschwerde nach Maßgabe der Ziffern I bis III zu erfolgen.

§ 6 Weitere Maßnahmen zum Gesundheitsschutz

(1) Bei der Gestaltung oder Umgestaltung von Bildschirmarbeitsplätzen sind die Regeln der Berufsgenossenschaft, die DIN- und ISO-Normen sowie der Anhang zur Bildschirmarbeitsverordnung zu berücksichtigen.

(2) Der Arbeitgeber hat dafür Sorge zu tragen, dass die Arbeit an Bildschirmarbeitsplätzen in ausreichendem Maße durch Pausen unterbrochen wird, und zwar nach spätestens zwei Stunden von zehnminütigen bezahlten Pausen.

(3) Die Arbeit am Bildschirmarbeitsplatz soll nicht mehr als 80 % der täglichen Arbeitszeit ausmachen.

§ 7 Augenärztliche Untersuchung

(1) Bei der Einstellung von Beschäftigten bietet der Arbeitgeber eine augenärztliche Untersuchung beim Betriebsarzt an.

(2) Nach der Einstellung ist den Beschäftigten alle drei Jahre eine augenärztliche Untersuchung beim Betriebsarzt anzubieten.

(3) Die Kosten der augenärztlichen Untersuchung trägt jeweils der Arbeitgeber.

§ 8 Schlussbestimmungen

(1) Die Betriebsvereinbarung tritt zum 1.1.2009 in Kraft. Sie kann mit einer Kündigungsfrist von drei Monaten zum Monatsende gekündigt werden und wirkt nach.

(2) Sind einzelne dieser Bestimmungen unwirksam, so berührt dies nicht die Wirksamkeit der übrigen Regelungen. ◀

Erläuterungen: 103

Zu § 2:

Die Definitionen von Bildschirmgerät, Bildschirmarbeitsplätzen und Beschäftigten sind der Bildschirmarbeitsverordnung entnommen. Es empfiehlt sich, diese zur Vermeidung von Verweisungen in die Betriebsvereinbarung aufzunehmen.

Zu § 4:

Es empfiehlt sich in jedem Fall eine entsprechende Information aller betroffenen Beschäftigten darüber, welche Anforderungen an einen gesundheitlich und ergonomisch einwandfreien Arbeitsplatz zu stellen sind und wie man gesundheitlichen Beeinträchtigungen vorbeugen kann. Nur ausreichend informierte Mitarbeiter haben die Möglichkeit, ihre Gesundheit zu schützen und vor allem, auch den Betriebsrat bei befürchteten Gefahren zu informieren.

Zu § 5:

Bei der Frage, welche Maßnahmen der Arbeitgeber im Rahmen des § 4 ArbSchG zum Gesundheitsschutz an Bildschirmarbeitsplätzen durchführt, hat er einen Ermessensspielraum. Deshalb besitzt der Betriebsrat bei dieser Frage ein Mitbestimmungsrecht. In erster Linie wird hier eine regelmäßige Arbeitsplatzanalyse durchzuführen sein. Die Bildschirmverordnung enthält in einem Anhang zahlreiche Punkte, die im Rahmen einer solchen Analyse zu überprüfen sind. Dieser Anhang sollte daher in jedem Fall der Analyse zugrunde gelegt werden.

Zu § 7:

Eine weitere arbeitsmedizinische Vorsorgemaßnahme stellt die augenärztliche Untersuchung dar. Nach der Verordnung zur arbeitsmedizinischen Vorsorge hat eine augenärztliche Untersuchung vorrangig durch den Betriebsarzt zu erfolgen, sofern ein solcher bestellt ist. Andernfalls kann die Untersuchung auch durch externe Fachärzte erfolgen. In diesem Fall hat der Arbeitgeber die Kosten der Untersuchung zu tragen, sofern sie nicht von anderen Stellen erstattet werden.

Der Arbeitgeber ist nach dieser Verordnung verpflichtet, „in regelmäßigen Abständen“ eine solche Untersuchung den Beschäftigten anzubieten.

h) Sozialeinrichtungen

aa) Betriebskindergarten

104 Größere Unternehmen bieten ihren Beschäftigten die Nutzung von Betriebskindergärten an, um ihnen die Möglichkeit zu geben, Familie und Beruf besser zu vereinbaren und letztlich auch, um sie langfristig an das Unternehmen zu binden.

105 Betriebskindergärten sind soziale Einrichtungen iSd § 87 Abs. 1 Nr. 8 BetrVG. Dieses Mitbestimmungsrecht ist ein Ausfluss des Rechts des Betriebsrats, solche Maßnahmen beim Arbeitgeber zu beantragen, die der Belegschaft dienen, § 80 Abs. 1 Nr. 2 BetrVG. Das bedeutet jedoch nicht, dass der Betriebsrat die Einrichtung von Betriebskindergärten erzwingen kann. Der Arbeitgeber entscheidet über das „Ob“, also ob ein Kindergarten eingerichtet wird. Der Betriebsrat bestimmt mit bei der Frage des „Wie“, dh bei der Form (zB als rechtlich selbständige Einrichtung), Ausgestaltung (zB Öffnungszeiten) und Verwaltung (zB Gebührenerhebung) des Kindergartens.

▶ Muster: Betriebsvereinbarung Betriebskindergarten

Präambel

Die Betriebsparteien sind sich einig, dass ein funktionierendes Familien- und Berufsleben der Mitarbeiter ein maßgebliches Kriterium für den wirtschaftlichen Erfolg des Unternehmens darstellt. Die Unternehmensleitung hat daher entschieden, einen Betriebskindergarten einzurichten, um einen Einklang von Familien- und Berufsleben bestmöglich zu fördern.

§ 1 Geltungsbereich

Die Betriebsvereinbarung gilt für alle Beschäftigten des Unternehmens sowie für Auszubildende und leitende Angestellte. Sie gilt des Weiteren für Personen gem. § 3 Abs. 4 dieser Betriebsvereinbarung.

§ 2 Rechtsform

Der Betriebskindergarten wird als rechtlich unselbständige Einrichtung des Unternehmens betrieben.

§ 3 Zugangsberechtigung

(1) Ein Anspruch auf Zurverfügungstellung eines Kindergartenplatzes besteht nur im Rahmen von freien Plätzen.

(2) Aufgenommen werden können Kinder im Alter von sechs Monaten bis zur Einschulung.

(3) Übersteigt die Anzahl der angemeldeten Kinder die vorhandenen Kindergartenplätze, so erfolgt die Vergabe nach folgenden Kriterien:

(4) Vorrangig werden Plätze an alleinerziehende Arbeitnehmer vergeben.

(5) Weiter erfolgt die Vergabe an die Arbeitnehmer, deren Ehepartner, Partner oder Lebensgefährten berufstätig sind.

(6) Weiter erfolgt die Vergabe nach der Dauer der Betriebszugehörigkeit.

(7) Sofern die vorhandenen Kindergartenplätze nicht vollständig durch Kinder von Arbeitnehmern belegt sind, können die freien Plätze auch an Kinder von ehemaligen oder von Nichtarbeitnehmern (z.B. Kinder von Ehegatten oder Lebensgefährten) vergeben werden.

§ 4 Einrichtung, Gruppen und Personal

(1) Der Arbeitgeber verpflichtet sich, die Räumlichkeiten und Einrichtung des Betriebskindergartens kindgerecht zu gestalten.

(2) Die Kinder werden in zwei Altersgruppen (sechs Monate bis drei Jahren sowie mehr als drei Jahre bis Einschulung) eingeteilt.

(3) Der Arbeitgeber verpflichtet sich, zur Betreuung der Kinder ausschließlich ausgebildetes Fachpersonal einzustellen, dh mindestens eine Kindergartenleitung, zwei Erzieher/-innen und einen Kinderpfleger/-in. Die Einstellung und Beschäftigung erfolgt unter Berücksichtigung der §§ 99, 87 Abs. 1 Nr. 2 und 3 BetrVG.

§ 5 Öffnungszeiten

Der Betriebskindergarten wird an Werktagen von montags bis freitags von 7.30 bis 18.30 Uhr geöffnet.

§ 6 Gebühren

(1) Für die Nutzung des Betriebskindergartens werden Gebühren erhoben.

(2) Die Gebühren betragen bei einer Vollzeitbetreuung pro Kind und Monat 50 EUR, bei einer Halbtagsbetreuung (bis 13 Uhr) pro Kind und Monat 30 EUR.

§ 7 Leistungen

Die Kinder erhalten täglich ein nährreiches Frühstück sowie Mittagessen. Bei einer Ganztagsbetreuung wird am Nachmittag nochmals ein Snack (Kuchen, Obst) angeboten.

§ 8 Schlussbestimmungen

(1) Die Betriebsvereinbarung tritt zum 1.10.2009 in Kraft. Sie kann mit einer Kündigungsfrist von drei Monaten zum Monatsende gekündigt werden und wirkt nach.

(2) Sind einzelne dieser Bestimmungen unwirksam, so berührt dies nicht die Wirksamkeit der übrigen Regelungen. ◀

106 Erläuterungen:

Zu § 1:

Unter den Geltungsbereich können auch leitende Angestellte oder sogar Nichtarbeitnehmer fallen. Der Betriebskindergarten verliert dadurch nicht seine Qualifikation als Sozialeinrichtung. Das wäre nur dann der Fall, wenn er etwa ausschließlich leitenden Angestellten vorbehalten wäre.

Zu § 2:

Ein Betriebskindergarten kann in unterschiedlichen Formen betrieben werden, nämlich rechtlich unselbständig – wie im vorliegenden Beispiel – oder rechtlich selbständig. Als rechtlich selbständig kommt die Gründung eines Vereins oder einer GmbH in Betracht. In solchen Fällen sollte sichergestellt werden, dass der Betriebsrat etwa im Falle eines Vereins im Vereinsvorstand vertreten ist. Im Falle anderer rechtlich selbständiger Betreiber sollte der Arbeitgeber sich in der Betriebsvereinbarung verpflichten, die Einhaltung deren Regelungen durch den Betreiber des Kindergartens sicherzustellen.

Zu § 3:

Vom konkreten Einzelfall hängt es ab, ob die Betriebsparteien den Beschäftigten auch einen rechtlich durchsetzbaren Anspruch auf Nutzung eines Kindergartenplatzes gewähren sollten. Das hängt insbesondere davon ab, wie viele betroffene Beschäftigte im Betrieb angestellt sind und wie viele Plätze eingerichtet werden sollen. Besteht die Gefahr, dass nicht ausreichend Plätze geschaffen werden können, so sollte man davon absehen, einen rechtlichen Anspruch zu begründen.

Übersteigt die Zahl der angemeldeten Kinder die vorhandenen Plätze, gilt es, eine „Sozialauswahl" zu betreiben. Damit sind nicht die Sozialauswahlkriterien iSd KSchG gemeint. Es sollten hier in erster Linie die familiären Belange beachtet werden. Die in der hier vorliegenden Betriebsvereinbarung gewählten Sozialauswahlkriterien sind nicht verbindlich.

Werden nicht alle Plätze in Anspruch genommen, können die freien Plätze auch an Nichtarbeitnehmer überlassen werden. So kann beispielsweise auch sichergestellt werden, dass die Kinder von Arbeitnehmern weiterbetreut werden können, wenn deren Arbeitsverhältnisse enden – jedoch nur, sofern der Platz nicht bereits durch andere Arbeitnehmer benötigt wird. Möglich wäre hingegen aber auch, verbindlich festzulegen, dass das Ende eines Arbeitsverhältnisses nicht zum Verlust des Kindergartenplatzes führt.

Zu § 4:

Es empfiehlt sich in der Regel, Qualifikation und insbesondere eine Mindestanzahl des Betreuungspersonals festzulegen. Die Anzahl hängt selbstredend von der Größe des Kindergartens und von der Personalstruktur ab. Wird der Kindergarten erst eingerichtet, empfiehlt es sich, die voraussichtliche Anzahl der einzurichtenden Plätze und damit auch des Betreuungspersonal durch eine Umfrage zu ermitteln.

Zu § 6:

Möglich ist natürlich auch, die Kindergartenplätze unentgeltlich zur Verfügung zu stellen. Ob Gebühren erhoben werden, unterliegt dem Mitbestimmungsrecht des Betriebsrates. Den Rahmen der zur Verfügung stehenden Mittel allerdings bestimmt der Arbeitgeber frei.

Zu § 7:

Die Ausgestaltung des Leistungsangebotes unterliegt ebenfalls dem Mitbestimmungsrecht des Betriebsrates. Allerdings bestimmt auch hier wieder der Arbeitgeber frei den Rahmen der zur Verfügung gestellten finanziellen Mittel.

Neben der Verpflegung können auch andere Leistungen angeboten und bestimmt werden, zB die Durchführung von Veranstaltung wie Kindergartenfeste uÄ.

bb) Betriebskantine

Eine Betriebskantine einzurichten kann für Unternehmen in mehrerlei Hinsicht interessant und überlegenswert sein. Einerseits fördert und steigert eine ausgewogene Ernährung die Leistungsfähigkeit. Andererseits werden Mitarbeiter durch die Angebote sozialer Einrichtungen an Unternehmen gebunden. Die Betriebskantine stellt eine Möglichkeit einer solchen Sozialeinrichtung dar. 107

▶ Muster: Betriebsvereinbarung Betriebskantine

Präambel

Die Betriebsparteien sind sich einig, dass eine gesunde und ausgewogene Ernährung ein entscheidendes Kriterium für das Wohl und die Leistungsfähigkeit der Beschäftigten darstellt. Das Unternehmen hat daher beschlossen, eine Betriebskantine einzurichten.

§ 1 Geltungsbereich

Die Betriebsvereinbarung gilt für alle Beschäftigten des Unternehmens sowie für Auszubildende und leitende Angestellte.

§ 2 Einrichtung

(1) Die Betriebskantine wird im Werk A als unselbstständige Einrichtung durch das Unternehmen betrieben.

(2) Die Kantine wird mit mindestens 200 Sitzplätzen ausgestattet und ist vollumfänglich ein Nichtraucherbereich.

(3) Der Arbeitgeber verpflichtet sich, die Kantine angemessen und anschaulich, insbesondere mit ausreichend Grünpflanzen, einzurichten. Die genaue innenarchitektonische Planung wird mit dem Betriebsrat beraten.

§ 3 Angebot

(1) Täglich wird eine Hauptmahlzeit frisch und schonend sowie nährstofferhaltend zubereitet nach folgenden Maßgaben:

(2) Es werden täglich mindestens zwei Gerichte angeboten, und zwar eines bestehend aus Fleisch mit maximal 30 % Fett und ein vegetarisches. Freitags wird zusätzlich ein Fischgericht angeboten.

(3) Jedes Gericht enthält eine variable Beilage aus Reis, Nudeln, Kartoffel oder gegartem Gemüse. Dabei werden Vollkornprodukte angemessen berücksichtigt. Zusätzlich wird ein Buffet aus verschiedenen Salaten angeboten.

(4) Zusätzlich zur Hauptmahlzeit werden verschiedene Nachspeisen angeboten. Mindestens eine hiervon basiert auf Milchprodukte. Obst wird ausreichend angeboten.

(5) Zusätzlich zur Hauptmahlzeit werden während der gesamten Öffnungszeit Heiß- und antialkoholische Kaltgetränke sowie kleine Mahlzeiten wie Süßigkeiten, Obst und Milchprodukte verkauft.

§ 4 Öffnungszeiten

Die Betriebskantine ist werktäglich von 7.30 bis 16.00 Uhr geöffnet. Die Hauptmahlzeiten werden von 11.30 bis 13.30 Uhr angeboten.

§ 5 Preise

Die Preise für die Hauptmahlzeiten betragen zwischen 3 und 6 EUR.

§ 6 Abrechnung

Die Zahlung der Mahlzeiten erfolgt bar an der Kasse gegen Vorlage des Betriebsausweises.

§ 7 Schlussbestimmungen

(1) Die Betriebsvereinbarung tritt zum 1.10.2009 in Kraft. Sie kann mit einer Kündigungsfrist von drei Monaten zum Monatsende gekündigt werden und wirkt nach.

(2) Sind einzelne dieser Bestimmungen unwirksam, so berührt dies nicht die Wirksamkeit der übrigen Regelungen. ◀

108 Erläuterungen:

Zu § 1:

Unter den Geltungsbereich können auch leitende Angestellte oder sogar Nichtarbeitnehmer fallen. Die Betriebskantine verliert dadurch nicht ihre Qualifikation als Sozialeinrichtung. Die vorliegende Betriebsvereinbarung geht allerdings davon aus, dass die Kantine ausschließlich durch Betriebsangehörige genutzt werden kann.

Zu § 2:

Das vorliegende Muster geht davon aus, dass der Arbeitgeber selbst die Kantine betreibt. Soll sie allerdings durch einen Dritten betrieben werden, so ist durch die Betriebsvereinbarung sicherzustellen, dass der Dritte die Inhalte der Betriebsvereinbarung auch umsetzt. Dies kann dadurch geschehen, dass sich der Arbeitgeber verpflichtet, die Betriebsvereinbarung zum Inhalt des Vertrages mit dem Drittunternehmer zu machen.

Zu § 5:

Das Mitbestimmungsrecht des Betriebsrates besteht auch bei der Festsetzung der Kantinenpreise, jedoch nur im Rahmen der vom Arbeitgeber zur Verfügung gestellten Mittel. Zu beachten ist, dass Mitarbeiter, die das Angebot nicht in Anspruch nehmen, auch nicht durch eine Betriebsvereinbarung verpflichtet werden können, sich etwa pauschal an den Kosten zu beteiligen.

Zu § 6:

Die Frage der Abrechnung ist ebenfalls ein mitbestimmungspflichtiger Bestandteil der Betriebsvereinbarung. Es gibt zahlreiche Möglichkeiten für die Abrechnung. Diese wird in der Regel vom jeweiligen Unternehmen abhängig sein. Existieren beispielsweise elektronische Zugangskarten, so können diese uU auch zur Zahlung in der Kantine genutzt werden und die Beträge monatlich von den Gehaltsabrechnungen abgezogen werden. Denkbar wäre auch die Einführung eines speziellen Abrechnungssystems mittels Kantinenkarten, die an Ladegeräten mit einem Guthaben aufgeladen werden können.

Zu berücksichtigen ist bei derartigen Lösungen, dass dann Daten gespeichert werden und so das Mitbestimmungsrecht gem. § 87 Abs. 1 Nr. 6 BetrVG ausgelöst wird. Erforderlich wären dann im Rahmen der Betriebsvereinbarung auch Regelungen über die Speicherung, Auswertung und Löschung dieser Daten. Hierzu kann auf die entsprechenden Regelungen in der Musterbetriebsvereinbarung Zutrittskontrolle (s. 6. b) verwiesen werden.

i) Werksmietwohnungen

Werksmietwohnungen sind zunächst einmal streng zu unterscheiden von Werkdienst- 109
wohnungen. Für letztere besteht kein Mitbestimmungsrecht des Betriebsrates. Werkdienstwohnungen liegen dann vor, wenn der Arbeitgeber gerade aus dienstlichem Interesse die Wohnung zur Verfügung stellt, zB bei einem Hausmeister, der nahe der Arbeitsstätte auch seinen Wohnort haben soll. In solchen Fällen wird nicht zusätzlich ein Mietvertrag geschlossen.

Das Mitbestimmungsrecht des Betriebsrates umfasst also nur die Überlassung von 110
Werksmietwohnungen. Über solche schließen Arbeitgeber und Arbeitnehmer neben dem Arbeitsvertrag zusätzlich einen Mietvertrag.

Durch das Mitbestimmungsrecht soll insbesondere gewährleistet werden, dass die 111
Vergabe gerecht erfolgt und die Nutzungsbedingungen gleich geregelt werden.

Kein Mitbestimmungsrecht hingegen besteht beim finanziellen Umfang (insbesondere 112
der Anzahl der zur Verfügung zu stellenden Wohnungen) und als Ausfluss dessen auch für den berechtigten Personenkreis.

▶ Muster: Betriebsvereinbarung Werksmietwohnungen

§ 1 Geltungsbereich

Die Betriebsvereinbarung gilt für alle Beschäftigten des Unternehmens sowie für Auszubildende und leitende Angestellte.

§ 2 Vergabe

(1) Ein Anspruch auf Zurverfügungstellung von Werkmietwohnraum besteht nicht.

(2) Der Antrag auf Abschluss eines Mietvertrages kann frühestens nach sechsmonatigem, ununterbrochenem Bestehen des Arbeitsverhältnisses bei der Personalabteilung gestellt werden.

(3) Es wird eine Warteliste geführt.

(4) Die Vergabe erfolgt nach folgenden Kriterien:

1. Vorrangig sind soziale Kriterien ausschlaggebend, nämlich die Anzahl der Kinder, das Einkommen und die Chancen auf dem allgemeinen Wohnungsmarkt.
2. Stehen mehrere Antragsteller nach obigen Kriterien gleichrangig nebeneinander, erfolgt die Vergabe nach der Dauer der Betriebszugehörigkeit.

(5) Der Betriebsrat wird über jeden Antragseingang unverzüglich unterrichtet. Er hat ein Einsichtsrecht in sämtliche, für die Antragsbearbeitung relevanten Beschäftigtendaten.

(6) Bei der Vergabeentscheidung beraten Betriebsrat und Arbeitgeber, welchen Antragstellern auf der Warteliste nach den Kriterien der Ziffer § 2 (4) die Wohnung vermietet wird. Der Arbeitgeber hat das Letztentscheidungsrecht.

§ 3 Nutzungsbedingungen

(1) Die Nutzung der Werkmietwohnungen erfolgt nach dem Mustermietvertrag, der als Anlage 1 Bestandteil dieser Betriebsvereinbarung ist.

(2) Eine Untervermietung ist nicht gestattet.

(3) Die Hausordnung ist dieser Betriebsvereinbarung als Anlage 2 beigefügt und Bestandteil der Betriebsvereinbarung. Sie ist jedem Mieter bei Abschluss des Mietvertrages auszuhändigen.

§ 4 Kündigung des Miet- oder Arbeitsverhältnisses

(1) Endet ein Arbeitsverhältnis durch wirksame Arbeitgeber- oder Arbeitnehmerkündigung, ist der Arbeitgeber verpflichtet, das Mietverhältnis zu kündigen, wenn dies notwendig ist, um einen anderen antragstellenden Beschäftigten unterzubringen.

(2) Im Übrigen bestimmt sich die Kündigung von Werksmietwohnungen nach den gesetzlichen Regelungen.

(3) Die Kündigung von Werkmietwohnungen durch den Arbeitgeber ist nur nach vorheriger schriftlicher Zustimmung des Betriebsrates zulässig.

§ 5 Schlussbestimmungen

(1) Die Betriebsvereinbarung tritt zum 1.10.2009 in Kraft. Sie kann mit einer Kündigungsfrist von drei Monaten zum Monatsende gekündigt werden und wirkt nach.

(2) Sind einzelne dieser Bestimmungen unwirksam, so berührt dies nicht die Wirksamkeit der übrigen Regelungen. ◀

113 Erläuterungen:

Zu § 1:

Der Arbeitgeber ist frei in seiner Entscheidung, ob er überhaupt Werkmietwohnungen zur Verfügung stellt; ebenso entscheidet er frei über den nutzungsberechtigten Personenkreis. Er ist also berechtigt, diese nur den leitenden Angestellten zur Verfügung zu stellen mit der Folge, dass dann ein Mitbestimmungsrecht nicht besteht.

Entschließt er sich aber, neben den leitenden Angestellten auch den vom Betriebsrat vertretenen Beschäftigten die Wohnungen zur Verfügung zu stellen, so ist das Mitbestimmungsrecht ausgelöst. Denn durch dieses soll insbesondere die gerechte Verteilung unter den Beschäftigten sichergestellt werden.

Zu § 2:

Das Kernelement der Mitbestimmung besteht in den Vergaberichtlinien. Die vorliegende Betriebsvereinbarung gibt hierbei lediglich unverbindliche Kriterien. Es können neben den hier ausgewählten sozialen Kriterien auch noch zeitliche (zB Entscheidung nach der Reihenfolge der eingegangenen Anträge) oder funktionelle Kriterien (zB vorrangig an abgeordnete oder versetzte Beschäftigte) festgelegt werden.

Wichtig ist die Regelung des Mitbestimmungsrechts des Betriebsrates in den jeweiligen Einzelfallentscheidungen: Zulässig ist es durchaus, lediglich bestimmbare Kriterien für die Entscheidungen festzulegen und anhand dieser im Einzelfall zu entscheiden. Ob dann für Konflikte ein Letztentscheidungsrecht des Arbeitgebers, alternierend das Einigungsstellenverfahren festgelegt wird, ist Ausgestaltungsfreiheit.

Alternativ kann jedoch auch die konkrete Einzelfallentscheidung unter einen Zustimmungsvorbehalt des Betriebsrates gestellt werden.

Zu § 3:

Nach dem vorliegenden Muster soll ein „Mustermietvertrag“ der Betriebsvereinbarung als Anlage beigefügt werden. In diesem Mustermietvertrag sind sämtliche Nutzungsbedingungen explizit geregelt, insbesondere die Kostentragungspflicht des Mieters für Schönheitsreparaturen, die Mietpreise und Regelungen zur Nebenkostenabrechnung.

Zu § 4:

Das Mitbestimmungsrecht des Betriebsrates erstreckt sich auf außerordentliche und ordentliche Kündigungen der Werkmietwohnungen, auch dann, wenn sie leitenden Angestellten zur Verfügung gestellt wurden.

Eine Regelung, wonach das Mietverhältnis gleichzeitig mit der Kündigung des Arbeitsverhältnisses enden soll, ist unwirksam, wenn sie die Gründe für die Kündigung nicht differenziert. Eine solche pauschale Regelung benachteiligt den Arbeitnehmer unangemessen. Denn sie unterscheidet in keinster Weise danach, ob die Kündigung überhaupt berechtigt erfolgt ist oder nicht.

Enthält weder die Betriebsvereinbarung noch der Mietvertrag eine entsprechende Regelung, endet das Mietverhältnis gerade nicht automatisch mit Beendigung des Arbeitsvertrages. Der Betriebsrat kann aber eine solche Regelung erzwingen, wenn er sicherstellen möchte, dass dann der Wohnraum für andere Beschäftigte freigemacht wird. Dies – nämlich die Unterbringung eines nachfolgenden Arbeitnehmers – stellt auch einen Kündigungsgrund des Mietvertrages durch den Arbeitgeber dar, nämlich den des Eigenbedarfs, § 573 Abs. 2 Nr. 2 BGB.

Gesetzliche Kündigungsregelungen für Werkmietwohnungen finden sich in §§ 576 und 576 a BGB.

Nach hM soll jede einzelne Kündigung eines Werkmietwohnverhältnisses nur nach Zustimmung – oder durch Einigungsstelle ersetzte Zustimmung – des Betriebsrates wirksam sein.

j) Betriebliche Lohngestaltung – Leistungsorientierte Vergütung, Basis: Zielvereinbarung

Leistungsorientierte Vergütung auf Basis von Zielvereinbarungen wird noch immer 114
von vielen Arbeitgebern als Weg gesehen, sehr individuell für Arbeitnehmer einen Vergütungsanreiz zu schaffen. Selbst der Öffentliche Dienst ist mittlerweile im TVöD diesem Gedanken gefolgt. Das absolute Abstellen auf Leistung als einziges Kriterium birgt allerdings oftmals rechtliche Probleme. Leistungsorientierte Vergütung kann allerdings auch kontraproduktiv sein, da die Abhängigkeit der Vergütung von Zielvereinbarungen Beschäftigt eher möglichst niedrige Ziele vereinbaren lässt, um die Vergütung „sicher“ zu erhalten.

▶ **Muster: Betriebsvereinbarung Lohngestaltung** 115

Präambel

Mit dieser Betriebsvereinbarung wird ab 1.1.2009 ein Leistungsentgelt eingeführt. Das Leistungsentgelt ist eine variable, leistungsorientierte Bezahlung zusätzlich zum Tabellenentgelt. Mit dem Leistungsentgelt sollen insbesondere folgende Ziele erreicht werden:

- Leistungsorientierte Differenzierung der Vergütung
- Anreiz für eine individuelle Leistungsverbesserung, bzw den Erhalt eines hohen Leistungsniveaus
- Stärkung der Motivation der Beschäftigten
- Stärkung individueller Führungskompetenzen
- Förderung der Qualität der internen und externen Arbeitsprozesse
- Unterstützung der Personalförderung durch flexiblere individuelle Vergütungsentwicklung

§ 1 Geltungsbereich

Die vorliegende Betriebsvereinbarung gilt für alle Mitarbeiter, unabhängig davon, ob in Vollzeit oder Teilzeit beschäftigt. Sie findet keine Anwendung auf leitende Angestellte iSd § 5 Abs. 3 BetrVG.

§ 2 Einführung des Leistungsentgeltes

(1) Das Leistungsentgelt wird in Form einer Leistungsprämie eingeführt. Das Leistungsentgelt wird aufgrund von Zielvereinbarungen gezahlt.

(2) Die Leistungsprämie ist eine variable und leistungsorientierte Bezahlung, die zusätzlich zum Tabellenentgelt gezahlt wird. Die Leistungsprämie wird einmal jährlich mit der Februarabrechnung ausbezahlt, soweit die Voraussetzungen hierfür gemäß den nachfolgenden Bestimmungen vorliegen bzw. festgestellt sind.

(3) Das Leistungsentgelt wird in dem gesamten Betrieb eingeführt und ist dort allen Beschäftigten, die in den Geltungsbereich dieser Vereinbarung fallen, zugänglich.

§ 3 Finanzierung des Leistungsentgeltes

(1) Zur Finanzierung des Leistungsentgeltes hat der Arbeitgeber einen jährlichen Leistungstopf zugesagt. Dieser beträgt nach Zusage des Arbeitgebers für die Jahre 2009 und 2010 1 % der Summe der ständigen Jahresmonatsentgelte des Vorjahres aller im Betrieb Beschäftigten zusammengerechnet. Danach bestimmt der Arbeitgeber die Höhe neu.

(2) Der Arbeitgeber bestimmt den jährlichen Leistungstopf nach Absatz 1 bis spätestens 31. Januar und informiert umgehend den Betriebsrat über die festgestellte Höhe des Gesamtvolumens. Der Betriebsrat ist berechtigt, insbesondere durch Vorlage der brutto Lohn- und Gehaltslisten, die Höhe des Gesamtvolumens nachzuprüfen.

(3) Der jährlich zur Verfügung stehende Leistungstopf ist ausschließlich für das Leistungsentgelt, dh für die Auszahlung der Leistungsprämien zu verwenden. Eine andersartige Verwendung ist ausgeschlossen. Der Leistungstopf muss jährlich voll ausgeschüttet werden. Eine Übertragung ins Folgejahr ist ausgeschlossen.

§ 4 Grundsatz und Auszahlung

(1) Die Leistungsprämie wird einmal jährlich auf Grundlage einer grundsätzlich einmal pro Jahr stattfindenden Vergleichs von Zielerreichungen mit dem angestrebten Ziel (Zielvereinbarung) gezahlt. Der Beurteilungszeitraum entspricht dem Kalenderjahr.

(2) Die Leistungsprämie ist nach Abschluss aller Mitarbeitergespräche im Januar abzurechnen und über die Gehaltsabrechnung spätestens mit dem Märzgehalt auszuzahlen.

(3) Im Falle von Beschwerden kann durch den Vorgesetzten eine vorläufige Feststellung getroffen werden, falls eine Entscheidung über die Beschwerde nicht vorher vorliegt. Die Auszahlung einer Leistungsprämie erfolgt dann unter Vorbehalt.

§ 5 Zielvereinbarungen

(1) Die Zielvereinbarung ist eine Vereinbarung zwischen dem jeweiligen fachlichen Vorgesetzten und dem Beschäftigten. Sie muss schriftlich festgehalten und von allen Beteiligten unterschrieben werden. Jeder an der Zielvereinbarung beteiligter erhält eine Ausfertigung.

(2) Der Abschluss einer Zielvereinbarung ist freiwillig. Die Identifikation mit den vereinbarten Zielen ist nur möglich, wenn diese in einem offenen Gespräch auf freiwilliger Basis ausgehandelt werden. Dem Vorgesetzten ist es daher untersagt, durch Anwendung von Druckmitteln

einen bestimmten Inhalt oder den Abschluss einer Zielvereinbarung zu erzwingen oder einseitig vorzugeben.

(3) Die Zielvereinbarung wird im Rahmen eines Zielvereinbarungsgesprächs geschlossen. Zur Vorbereitung auf dieses Gespräch ist dem Beschäftigten ausreichend Zeit von mindestens 14 Tagen zu gewähren.

(4) An den Gesprächen nehmen nur der fachliche Vorgesetzte und der Beschäftigte teil.

(5) Zu vereinbarende Ziele dürfen nicht einseitig vom Vorgesetzten vorgegeben werden. Das Zielvereinbarungsgespräch muss von allen Beteiligten mit dem ernsthaften Willen zur Einigung geführt werden. Die arbeitsvertragliche Vereinbarung bildet den Rahmen zulässiger Zielvereinbarungen. Es ist nicht zulässig durch Zielvereinbarungen die arbeitsvertraglich geschuldeten Leistungen auszuweiten, da dieses eine Änderung des Arbeitsvertrages voraussetzen würde.

(6) Die Ziele der Vereinbarung müssen für den Beschäftigten beeinflussbar, zumutbar und im Rahmen zu der vertraglich geschuldeten Arbeitszeit erreichbar sein.

(7) Die Zielvereinbarung wird längstens für den Zeitraum eines Jahres geschlossen. In einer Zielvereinbarung dürfen nicht mehr als drei Ziele vereinbart werden.

§ 6 Bewertung

Die Zielerreichung wird wie folgt bepunktet:

0 %	–	69 %	Zielerreichung	0	Punkte
70 %	–	89 %	Zielerreichung	1	Punkt
90 %	–	100 %	Zielerreichung	2	Punkte
101 %	–	110 %	Zielerreichung	3	Punkte
111 %	–	120 %	Zielerreichung	4	Punkte
		Ab 121 %	Zielerreichung	5	Punkte

§ 7 Verteilung des Leistungsentgeltes

Die individuelle Leistungsprämie errechnet sich wie folgt:

Individuelle Punktzahl x (Leistungstopfsumme ./. Anzahl der Gesamtpunkte aller Beschäftigten)

§ 8 Schlussbestimmungen

Diese Betriebsvereinbarung tritt zum 1.1.2009 in Kraft. ◀

Erläuterungen:

Zu § 2:

Hier wird die Koppelung der Leistungsprämie an die Zielvereinbarungen geregelt.

Dementsprechend musste dieses Vergütungssystem auch allen im Geltungsbereich festgelegten Beschäftigten dann zugänglich sein, da ansonsten AGG und Gleichbehandlungsprobleme auftreten.

Zu § 3:

Im Rahmen der betrieblichen Lohngestaltung ist der Arbeitgeber frei, wie hoch er die Dotierung des Leistungsentgeltes insgesamt vornimmt. Der Betriebsrat stellt nur sicher, dass das zugesagte Volumen dann mit dieser Betriebsvereinbarung nach den festgelegten Modalitäten verteilt wird.

Zu § 4:

Das Leistungsentgelt ist vorliegend einzig an die Zielvereinbarung und die Zielerreichung gekoppelt.

Zu § 5:

Zielvereinbarungen sind keine Zielvorgaben, sondern beruhen auf einem kooperativen Führungsstil. Die Modalitäten von Zielvereinbarungsgesprächen sind mitbestimmungspflichtig (vgl DKK/Klebe, § 87 Rn 52 mwN)

Zu § 6 und § 7:

Die Verteilung der Gelder kann häufig dadurch erreicht werden, dass die Gesamtpunktezahl ins Verhältnis der Einzelpunktezahl gesetzt wird und so erreicht werden kann, dass der gesamte Leistungstopf auch tatsächlich abgeschöpft wird.

k) Leistungsbezogene Entgelte – Prämienzahlung

116 ▶ **Muster: Betriebsvereinbarung Prämienzahlung**

Präambel

Betriebliche Lohngestaltung umfasst die Festigung kollektiv abstrakter Regelungen für die Entlohnung. Die Ermittlung der Lohnhöhe ist ebenso wenig davon erfasst, wie die Festsetzung der Vergütung im Einzelfall. Ein kollektiver Tatbestand liegt jedoch dann vor, wenn Zulagenprämien oder sonstige Leistungen mit Entgeltcharakter wegen besonderer Leistungen gewährt werden. Dazu zählen auch Prämien.

§ 1 Allgemeiner Geltungsbereich

Diese Gesamtbetriebsvereinbarung gilt für alle Arbeitnehmerinnen und Arbeitnehmer unabhängig vom Umfang der Wochenarbeitszeit, soweit sie in einem befristeten oder unbefristeten Arbeitsverhältnis stehen. Auf leitende Angestellte iSd § 5 Abs. 3 BetrVG ist die vorliegende Betriebsvereinbarung nicht anwendbar.

§ 2 Grundsätze

(1) Eine Prämie wird zusätzlich zum vereinbarten Bruttomonatsgehalt gewährt.

(2) Bei der Prämie handelt es sich um eine einmalige Leistung auf Basis dieser Betriebsvereinbarung. Ein Rechtsanspruch für die Zukunft wird damit nicht begründet. Dies gilt insbesondere, wenn Prämienzahlungen in der Vergangenheit einmalig oder mehrfach erfolgt sind.

§ 3 Höhe der Prämienzahlung

(1) Die Prämienhöhe staffelt sich wie folgt:

- Prämienstufe 1: 0,5-fache des monatlichen Bruttomonatsgehaltes
- Prämienstufe 2: 1,0-fache des monatlichen Bruttomonatsgehaltes
- Prämienstufe 3: 1,5-fache des monatlichen Bruttomonatsgehaltes

(2) Eine einzelne Prämie darf das 1,5-fache des monatlichen Bruttogehaltes nicht übersteigen. Ausnahmen bedürfen der vorherigen Zustimmung des Betriebsrates.

§ 4 Bewertungsgrundsätze, Kriterien

(1) Für die Gewährung der Prämie besitzen Geschäftsführung und der jeweilige Vorgesetzte einen Ermessens- und Beurteilungsspielraum.

(2) Im Rahmen dieses Ermessens- und Beurteilungsspielraums gelten für die Gewährung der Prämien folgende Bewertungsgrundsätze und Kriterien:

Prämienstufe 1:

- sehr engagiert und kreativ im Rahmen einer Projektarbeit
- Herstellung von Kontakten und Vertragsbeziehungen, die für das Unternehmen einen großen wirtschaftlichen Vorteil darstellen
- Optimierung betrieblicher Prozessabläufe oder effektive Ausgestaltung solcher Prozessabläufe

Prämienstufe 2:

- überdurchschnittlich im Engagement und Kreativität, insb. bei der Durchführung von bestimmten Projekten
- Herstellung von Kontakten und Vertragsbeziehungen, die für das Unternehmen sehr großen wirtschaftlichen Vorteil darstellen
- wichtige und effektive Optimierung betrieblicher Prozessabläufe oder besonders effektive Ausgestaltung solcher Prozessabläufe

Prämienstufe 3:

- weit überdurchschnittlich im Engagement und Kreativität, insb. bei der Leitung und Durchführung von Projekten
- Herstellung neuer Kontakte und Vertragsbeziehungen, die für das Unternehmen einen außergewöhnlich großen wirtschaftlichen Vorteil darstellen
- überaus wichtige und effektive Optimierung von betrieblichen Prozessabläufen oder höchsteffektive Ausgestaltung solcher Prozessabläufe

§ 5 Verfahren für die Prämienzahlung

(1) Die Zahlung einer Prämie wird auf Initiative der Geschäftsführung oder des jeweiligen Vorgesetzten veranlasst.

(2) Die Geschäftsführung oder der jeweilige Vorgesetzte schlagen dazu bis 31.10. eines Kalenderjahres vor, welche Mitarbeiter eine Prämie nach welcher Stufe erhalten sollen. Mit diesem Vorschlag ist jeweils eine schriftliche Begründung abzugeben. Hierzu wird das in der Anlage 1 vorgesehene Muster verwendet.

(3) Die Vorschläge für die Prämienzahlung werden dem Betriebsrat zur Prüfung auf

- Verteilungsgerechtigkeit, insbesondere auf ungerechtfertigte oder willkürliche Herausnahme einzelner Beschäftigter
- Umsetzung der in § 4 festgelegten Bewertungsgrundsätze und Kriterien
- Missverhältnisse der Bewertung im Vergleich der Aufgaben und Leistungen

zur Zustimmung zugeleitet.

(4) Gibt es über die Bewertung und Höhe der Prämienzahlungen einzelner Mitarbeiter zwischen Betriebsrat und Geschäftsführung Meinungsverschiedenheiten, wird versucht, diese in einem Gespräch auszuräumen. Anderenfalls entscheidet die Einigungsstelle über die Gewährung und Höhe der Prämie.

(5) Die Arbeitnehmerinnen und Arbeitnehmer, die eine Prämie erhalten, werden vor der Auszahlung und nach der Prüfung durch den Betriebsrat schriftlich über den Anlass und die Höhe der Prämie informiert.

§ 6 Laufzeit und Kündigung

(1) Diese Betriebsvereinbarung tritt zum 1.1.2009 in Kraft.

(2) Sie gilt unbefristet und kann mit einer Frist von drei Monaten zum Monatsende gekündigt werden. ◀

Erläuterungen:

Zu § 2:

Im Rahmen der betrieblichen Lohngestaltung ist bei tarifgebundenen Arbeitgebern immer zu beachten, dass es sich hier nur um über- oder außertarifliche Vergütungsbestandteile handelt.

Zu § 3:

Grundsätzlich bestimmt der Arbeitgeber die Höhe der Prämien, dem Betriebsrat steht nur ein Mitbestimmungsrecht bei der Verteilung und den Verteilungsgrundsätzen zu.

Hier wurde beispielhaft eine Abstufung unter Bezug auf die Bruttomonatsvergütung gewährt.

Zu § 5:

Die Kriterien der Verteilung werden hier festgelegt. Dem Arbeitgeber bleibt die Entscheidung, wem er die Prämie gewährt. Der Betriebsrat wird jedoch bezüglich der Bewertung und der Kriterien durch die Begründungsnotwendigkeit im Rahmen einer Kontrolle angebunden. Oftmals sind Arbeitgeber bereit solche Prämien zu gewähren, ziehen diesen Willen aber zurück, wenn der Betriebsrat detailliert im Rahmen der Mitbestimmung die einzelnen Zuweisungen an die Mitarbeiter im Rahmen der Verteilung „festlegen" will.

l) Betriebliches Vorschlagswesen

117 Durch das betriebliche Vorschlagswesen sollen Leistungen, zu denen ein Mitarbeiter vertraglich nicht verpflichtet ist, prämiert werden. Beschäftigte können so angespornt werden, sich aktiv in das Unternehmen einzubringen und an der Weiterentwicklung mitzuwirken.

118 Abzugrenzen ist das betriebliche Vorschlagswesen von Erfindungen, die patent- oder gebrauchsmusterfähig sind und somit unter das Arbeitnehmererfindungsgesetz fallen.

▶ Muster: Betriebsvereinbarung Betriebliches Vorschlagswesen

Präambel

(1) Die Betriebsparteien sind sich einig, dass die Beschäftigten ein wesentliches Merkmal für den Erfolg des Unternehmens darstellen. Das in den Beschäftigten vorhandene Potential soll unter Wahrung der Persönlichkeit angemessen Berücksichtigung finden.

(2) Zur bestmöglichen Zusammenarbeit der Beschäftigten untereinander und zur Verbesserung der Unternehmenskultur führen die Betriebsparteien daher die Einführung ein betriebliches Vorschlagswesen ein.

§ 1 Geltungsbereich

Die Betriebsvereinbarung gilt für alle Beschäftigten des Unternehmens sowie für Auszubildende und für die in den Betriebsablauf integrierten Leiharbeitnehmer. Von der Betriebsvereinbarung ausgenommen ist die Abteilung Forschung und Entwicklung.

§ 2 Begriffsbestimmung

(1) Verbesserungsvorschläge können sich auf folgende Bereiche beziehen:

- Verbesserung der Arbeitsabläufe und -organisation
- Verbesserung der Dienstleistung
- Verbesserung der Produkte
- Wirtschaftliche Einsparmöglichkeiten
- Umweltschutz
- Gesundheitsschutz
- Arbeitssicherheit

(2) Verbesserungsvorschläge sind solche, die eine Veränderung und Verbesserung eines bestehenden Ist-Zustands zum Inhalt haben.

§ 3 Betriebliche Kommission

(1) Zur Bearbeitung und Bewertung eingereichter Verbesserungsvorschläge wird eine ständige betriebliche Kommission gebildet.

(2) Die Betriebliche Kommission besteht aus sechs Personen, und zwar zu gleichen Teilen aus vom Betriebsrat und vom Arbeitgeber zu bestimmenden Betriebsangehörigen.

(3) Die Betriebliche Kommission ist beschlussfähig, wenn die Mehrzahl der Mitglieder in einer Sitzung anwesend und wenn sie paritätisch besetzt ist. Sie entscheidet durch einfache Stimmmehrheit.

(4) Bei Stimmgleichheit ist eine Stellungnahme des fachlich Vorgesetzten zum Verbesserungsvorschlag des Mitarbeiters einzuholen und in einer weiteren Sitzung erneut zu beraten.

§ 4 Bearbeitung von Verbesserungsvorschlägen

(1) Verbesserungsvorschläge können in der Personalabteilung schriftlich abgegeben werden. Diese werden mit einem Eingangsstempel gekennzeichnet. Unverzüglich nach Eingang lädt die Personalabteilung unter Beifügung des Verbesserungsvorschlages die Mitglieder der Kommission zu einer Sitzung ein.

(2) Die Betriebliche Kommission berät und befindet über den eingereichten Verbesserungsvorschlag innerhalb von spätestens acht Wochen. Sie kann eine Stellungnahme vom fachlich Vorgesetzten oder einer anderen geeigneten betriebsangehörigen Person einholen. Diese hat die Stellungnahme innerhalb von längstens sechs Wochen abzugeben. Hernach berät die Betriebliche Kommission erneut.

(3) Im Rahmen der Beratung bewertet die Kommission den Verbesserungsvorschlag nach Maßgabe des § 5.

(4) Die Betriebliche Kommission teilt sowohl Arbeitgeber als auch dem Beschäftigten das Ergebnis der Auswertung schriftlich und unter Angaben von Gründen mit.

§ 5 Grundsätze der Prämierung

(1) Verbesserungsvorschläge mit einem finanziell messbaren Wert werden nach der finanziellen Ersparnis bewertet, die voraussichtlich mit der Durchführung des Verbesserungsvorschlags eintreten wird.

(2) Bei längerfristigem Nutzen wird die Ersparnis von maximal einem Jahr zugrunde gelegt.

(3) Dabei können folgende Kriterien bewertet werden:

Einsparung von Lohnkosten, Materialkosten, Reparaturkosten, Energiekosten.

Bei einer Ersparnis iHv ...	beträgt die Prämie ... % der Ersparnis
bis zu 1.000 EUR	40 %
1.001 EUR bis 2.000 EUR	35 %
2.001 EUR bis 5.000 EUR	30 %
5.001 EUR bis 20.000 EUR	25 %
ab 20.000 EUR	20 %

(4) Verbesserungsvorschläge mit einem finanziell nicht messbaren Wert (zB Umweltschutz, Gesundheitsschutz) werden nach einem Punkteschema bewertet. Die individuell erzielten Punkte werden mit einem Betrag iHv 100 EUR multipliziert.

(5) Punkte werden wie folgt vergeben:

Wert des Vorschlags ist	Punkt
gering	1
mittel	3
hoch	5
Überarbeitung ist	Punkt
vollständig erforderlich	0
zum Teil erforderlich	2
nicht erforderlich	4

§ 6 Beschwerderecht

Der Beschäftigte ist berechtigt, innerhalb von drei Monaten nach Zugang der Unterrichtung über das Ergebnis der Auswertung iSd § 4 IV beim Betriebsrat schriftlich und unter Angabe von Gründen Beschwerde einzulegen. Der Betriebsrat legt der Betrieblichen Kommission die Beschwerde zur nochmaligen Beratung vor.

§ 7 Schlussbestimmungen

(1) Die Betriebsvereinbarung tritt mit Unterzeichnung in Kraft. Sie kann mit einer Kündigungsfrist von drei Monaten zum Monatsende gekündigt werden und wirkt nach.

(2) Sind einzelne dieser Bestimmungen unwirksam, so berührt dies nicht die Wirksamkeit der übrigen Regelungen. ◀

119 Erläuterungen:

Zu § 1:

Unter den Geltungsbereich können auch Leiharbeitnehmer fallen.

Möglich und auch zweckmäßig ist es, solche Beschäftigten von der Betriebsvereinbarung auszunehmen, die bereits arbeitsvertraglich zur Einführung von Verbesserungsvorschlägen verpflichtet sind.

Zu § 2:

Wie die Kommission zu besetzen ist, wird von der Größe des Unternehmens abhängen. In großen Unternehmen kann es sogar zweckmäßig sein, wenn die Kommission nicht ständig eingerichtet wird. Vielmehr kann dann empfehlenswert sein, je nach Arbeitsbereich des vorschlagenden Beschäftigten für jeden konkreten Einzelfall solche Mitarbeiter in die Kommission zu entsenden, die aufgrund ihrer fachlichen Nähe auch sachgerecht über den Vorschlag entscheiden können.

Wichtig ist eine Regelung über die Beschlussfähigkeit. Es sollte sichergestellt sein, dass die Kommission bei Beschlüssen stets paritätisch besetzt ist, dh sowohl auf Arbeitgeber- wie auch auf Betriebsratsseite die gleiche Anzahl von Personen anwesend ist.

Zu § 5:

Der Kern des Mitbestimmungsrechts des Betriebsrates besteht gerade darin, die Bewertungskriterien für die Prämierung festzulegen.

Bei den hier aufgezählten Bewertungsmerkmalen handelt es sich nur um eine beispielhafte Aufzählung.

Denkbar sind noch zahlreiche weitere Bewertungskriterien, die jeweils abhängig von der betrieblichen Größe und Struktur sind. Beispielsweise können noch persönliche Faktoren einfließen, wie etwa die Frage, ob es sich um eine ungelernte Kraft oder einen leitenden Angestellten handelt, ob es sich um einen Vorschlag aus dem eigenen oder einem fremden Fachgebiet handelt.

Diese Faktoren können mit einem Wert versehen werden, der dann mit der errechneten Summe multipliziert wird, bspw eine ungelernte Fachkraft erhält den Faktor 1,5, ein leitender Angestellter hingegen lediglich 0,5.

m) Gruppenarbeit – Einführung

Das mit der Novellierung 2001 eingeführte Mitbestimmungsrecht bei Gruppenarbeit 120
trägt der Erfahrung Rechnung, dass durch die Teilautonomie häufig ein interner Druck auf den Beschäftigten lastet und diese sich selbst ausbeuten. Insofern unterfällt die Einführung von Gruppenarbeit der Mitbestimmung.

Zwischen der Geschäftsleitung und dem Betriebsrat wird folgende Betriebsvereinba- 121
rung über die Einführung von Gruppenarbeit abgeschlossen.

▶ Muster: Betriebsvereinbarung Gruppenarbeit

§ 1 Geltungsbereich

Diese Betriebsvereinbarung gilt für alle Arbeitnehmerinnen und Arbeitnehmer der Abteilung ... Leitende Angestellte iSd § 5 Abs. 3 BetrVG sind ausgenommen.

§ 2 Zweck der Einführung von Gruppenarbeit

(1) Die Gruppenarbeit soll ermöglichen, auch angelernte Arbeitnehmer in der Produktion zu qualifizieren und auf Dauer an höherwertige, verantwortlichere Tätigkeiten heranzuführen und die Produktionsprozesse durch flexibleren Arbeitnehmereinsatz zu optimieren. Ziel ist es den angelernten Arbeitnehmern durch bessere Qualifikation den Arbeitsplatz langfristig zu sichern.

(2) Die Arbeit ist dabei so zu organisieren, dass kein Arbeitnehmer ausgegrenzt wird.

(3) Dementsprechend führen alle Arbeitnehmer abwechselnd je nach Qualifikation die anfallenden Einzelaufgaben innerhalb der Arbeitsgruppe selbstständig aus.

§ 3 Qualifizierung

(1) Qualifizierung und Fortbildung für die Gruppenmitglieder ist notwendiger Bestandteil der Arbeitsform. Die einzelnen notwendigen Qualifizierungsmaßnahmen sind mit dem Betriebsrat zu beraten. Hierzu legen die Gruppenmitglieder halbjährlich aus ihren Erfahrungen Qualifizierungsanforderungen vor.

(2) Die Kosten der Qualifizierung trägt der Arbeitgeber. Sie finden während der Arbeitszeit statt.

§ 4 Gruppensprecher

(1) Jede Gruppe wählt jährlich einen Gruppensprecher sowie Stellvertreter.

(2) Die Gruppensprecher dienen als Ansprechpartner für die Gruppe. Sie haben keine Weisungs- und Disziplinarbefugnisse oder Vorgesetztenfunktion.

§ 5 Kompetenzen der Gruppe

(1) Die Gruppe führt einmal wöchentlich während der Arbeitszeit ein Gruppengespräch durch.

(2) Im Rahmen des Gruppengesprächs werden die rotierenden Aufgaben, die Produktionsplanung für die Woche, Materialbeschaffung, Urlaub und Freizeitausgleich sowie Verbesserungen im Produktionsprozess geklärt. Die Mitbestimmungsrechte des Betriebsrates bleiben davon unberührt.

(3) Ein Mitglied des Betriebsrates kann an diesem Gespräch bei Bedarf teilnehmen.

§ 6 Arbeitszeit

Die Arbeitszeitregelungen der Betriebsvereinbarung ... gelten auch für die Gruppenarbeit. Die Einsatzplanung der Gruppe kann nur im Rahmen der dortigen Festlegungen erfolgen.

§ 7 Produktivitätsprämie

(1) Die vorhandene Akkordentlohnung der einzelnen Arbeitnehmer wird durch eine gemeinsame Produktivitätsprämie für alle in der Gruppe beschäftigten Arbeitnehmer ersetzt.

(2) Die nähere Ausgestaltung erfolgt im Rahmen einer gesonderten Betriebsvereinbarung. Jedem Arbeitnehmer wird jedoch mindestens der Durchschnitt der Akkordzahlungen der letzten 12 Monate vor Inkrafttreten dieser Betriebsvereinbarung gewährleistet.

§ 8 Inkrafttreten und Dauer

Diese Betriebsvereinbarung tritt am ... in Kraft. Sie ist mit einer Frist von 3 Monaten kündbar. ◀

122 Erläuterungen:

Zu § 2:

Gruppenarbeit ist dann sinnvoll, wenn für die Arbeitnehmer eine motivierendere Tätigkeit, sowie eine höhere Eigenverantwortlichkeit mit einem flexibleren Arbeitseinsatz einher geht.

Zu § 3:

Die Qualifizierung und Fortbildung ist ein wichtiger Bestandteil. Der vom Arbeitgeber gewünschte Effekt der Verbesserung der Produktionsabläufe durch flexibleren Arbeitnehmereinsatz kann nur dann erreicht werden, wenn die Beschäftigten auch entsprechend qualifiziert sind.

Zu § 4:

Die Wahl eines Gruppensprechers ist notwendig, damit ein Ansprechpartner für alle Beteiligten existiert. Es ist darauf hinzuweisen, dass der Gruppensprecher gerade nicht Vorgesetzter ist.

Zu § 5:

Die Gruppe regelt im Rahmen ihrer Gruppengespräche die wesentlichen Entscheidungen autonom und selbstständig. Dies bedeutet jedoch nicht, dass die Mitbestimmungsrechte des Betriebsrates zum Beispiel zur Arbeitszeit, Überstunden und Mehrarbeit ausgehebelt werden können. Es ist zu betonen, dass es bei den Mitbestimmungsrechten des Betriebsrates bleibt. Um hier bei Diskussionen auch die Position des Betriebsrates klarzustellen, ist ein Mitglied des Betriebsrates berechtigt an den Gesprächen teilzunehmen.

Zu § 6:

Die Arbeitszeitregelungen unterfallen natürlich der Mitbestimmung. Um sicherzustellen, dass durch den gruppendynamischen Prozess nicht Arbeitszeitregelungen umgangen werden, ist dieses nochmals klar zu betonen.

Zu § 7:

Oftmals werden bestehende Vergütungsregelungen für die einzelnen Arbeitnehmer nun durch eine gemeinschaftliche Prämie ersetzt. Insofern wird natürlich ein entsprechender Druck auf die Gruppenmitglieder ausgeübt. Die Leistungsstärkeren wollen oftmals nicht wegen der vermeintlich Leistungsschwächeren weniger Vergütung erhalten. Insofern ist wichtig, dass hier eine Besitzstandswahrungsregelung eingeführt wird.

7. § 91 BetrVG: Menschengerechte mitbestimmte Gestaltung der Arbeit

§ 91 Mitbestimmungsrecht

Werden die Arbeitnehmer durch Änderungen der Arbeitsplätze, des Arbeitsablaufs oder der Arbeitsumgebung, die den gesicherten arbeitswissenschaftlichen Erkenntnissen über die menschengerechte Gestaltung der Arbeit offensichtlich widersprechen, in besonderer Weise belastet, so kann der Betriebsrat angemessene Maßnahmen zur Abwendung, Milderung oder zum Ausgleich der Belastung verlangen. Kommt eine Einigung nicht zustande, so entscheidet die Einigungsstelle. Der Spruch der Einigungsstelle ersetzt die Einigung zwischen Arbeitgeber und Betriebsrat.

Das Mitbestimmungsrecht des § 91 BetrVG dient der Humanisierung der Arbeits- 123
welt. Es soll bei der Veränderung von Arbeitsplätzen, Arbeitsabläufen oder Arbeitsumgebung zwischen den Gesichtspunkten einerseits der Rentabilität und andererseits der menschengerechten Gestaltung der Arbeit vermitteln. Dem Betriebsrat steht ein erzwingbares Initiativrecht[82] zu, das als korrigierendes Mitbestimmungsrecht auf die Beseitigung konkreter Verstöße gegen gesicherte arbeitswissenschaftliche Erkenntnisse über die menschengerechte Gestaltung der Arbeit ausgerichtet ist. Das Mitbestimmungsrecht besteht nur bei einer Änderung der Arbeitsplätze, des Arbeitsablaufs oder der Arbeitsumgebung; die Beseitigung bestehender Verhältnisse erfasst es nicht.[83] Das Mitbestimmungsrecht des Betriebsrats besteht nicht erst bei einem Verstoß und dem Eintreten besonderer Belastungen, es findet vielmehr bereits dann Anwendung, wenn schon im Planungsstadium erkennbar ist, das gegen gesicherte arbeitswissenschaftliche Erkenntnisse offensichtlich verstoßen wird.[84] Die erst noch durchzuführenden oder bereits durchgeführten Maßnahmen des Arbeitgebers müssen Arbeitnehmer in besonderer Weise belasten. Dabei muss es sich bei der Belastung allerdings keineswegs um eine Gesundheitsgefährdung handeln. Eine Belastung ist vielmehr jede Art der unzumutbaren Beanspruchung des arbeitenden Menschen. Dabei ist es gleichgültig, ob die Beanspruchung durch Umgebungseinflüsse (Lärm, Lichtmangel, Nässe, Zugluft usw.) oder durch die Art der Arbeit (Leistungsverdichtung, Monotonie, Tempo, Zwangshaltung usw.) ausgelöst wird. Außerdem müssen die Maßnahmen den gesicherten arbeitswissenschaftlichen Erkenntnissen über die menschengerechte Gestaltung der Arbeit offensichtlich widersprechen. Maßstab ist allein der derzeitige Stand der Arbeitswissenschaft. Das Merkmal der Offensichtlichkeit erfordert, dass für jeden, der auf diesem Gebiet hinreichende Sachkunde besitzt, der unhaltbare Zustand sofort erkennbar ist.[85] Liegen die Voraussetzungen vor, kann der Betriebsrat angemessene Maßnahmen zur Abwendung, Milderung oder zum Ausgleich der Belastung verlangen. Insoweit geht das Gesetz in Abwägung der Interessen des Arbeitgebers und der Arbeitnehmer von einer Stufenfolge aus. Maßnahmen zur

82 FESTL, § 91 BetrVG Rn 2.
83 BAG, 1.7.2003 – 1 ABR 20/02, EzA § 87 BetrVG 2001 Arbeitszeit Nr. 2; Wenning-Morgenthaler, B Rn 897.
84 BAG, 6.12.1983 – 1 ABR 43/81, AP BetrVG 1972 § 87 Überwachung Nr. 7.
85 FESTL, § 91 BetrVG Rn 12; Wenning-Morgenthaler, B Rn 902 .

Abwendung der Belastung können beispielswiese sein: Beseitigung von Lärm und Staub, Einsatz von technischen Mitteln zur Abwendung von schwerer Hebearbeit, Senkung der Fließbandgeschwindigkeit, Verkapselung einer lärmenden Maschine, Zurücknahme von Schichtarbeit, insbesondere Nachtschichtarbeit. Als Maßnahmen der Milderung kommen in Betracht: Einführung von Gruppenarbeit zur Herabsetzung von Monotonie oder sozialer Isolation, Einsatz von Schutzausrüstungen wie Schutzbrillen, Blendschutz, Gehörschutz, Einlegung zusätzlicher Pausen. Sofern weder eine Abwendung noch eine Milderung in Betracht kommen, kann der Betriebsrat vom Arbeitgeber Ausgleichsmaßnahmen verlangen. Als solches sind denkbar: Einrichtung von Ruhe- und Erholungsräumen, Freizeitausgleich, Stellung von Wechselkleidung, Verkürzung der effektiven Arbeitszeit. Lohnzuschläge, zB Erschwerniszulage, sind an sich arbeitswissenschaftlich verfehlt und von daher nach allgemeiner Ansicht nur dann einzusetzen, wenn keine andere Ausgleichsmöglichkeit besteht.[86]

124 ▶ **Muster: Betriebsvereinbarung Bildschirmarbeitsplatz**

§ 1 Gegenstand und Geltungsbereich

(1) Diese Betriebsvereinbarung regelt die Arbeitsbedingungen und Schutzmaßnahmen, die sich aus dem Einsatz von Bildschirmgeräten und dem Betrieb von computergestützten Informations- und Verarbeitungssystemen in ihrer gegenwärtigen und zukünftigen Ausbaustufe ergeben und geboten sind.

(2) Die Betriebsvereinbarung gilt für alle ArbeitnehmerInnen (fortan: Arbeitnehmer) des Betriebs. Hiervon sind die leitenden Angestellten iSd § 5 Abs. 3 BetrVG ausgenommen.

(3) Als Bildschirmgeräte iSd Betriebsvereinbarung gelten ...

§ 2 Gestaltung der Arbeitsplätze und Arbeitsbedingungen an Bildschirmgeräten

(1) Werden durch die Einführung und/oder Anwendung von Bildschirmgeräten die bisherigen Arbeitsinhalte der betroffenen Arbeitnehmer ganz oder teilweise verändert, hat dies keinen Einfluss auf die bisherige tarifliche Eingruppierung, es sei denn, die veränderten Arbeitsinhalte entsprechen einer tariflich höher bewerteten Tätigkeit.

(2) Die Bildschirmgeräte und die Ausstattung der Arbeitsplätze müssen so beschaffen sein, dass für die dort Beschäftigten eine möglichst geringe arbeitsphysiologische Belastung entsteht.

(3) Bei Arbeiten an Bildschirmgeräten muss bei einer ununterbrochenen Arbeitsdauer von 45 Minuten eine zusätzliche bezahlte Erholzeit von x Minuten eingehalten werden, sofern gesetzliche oder tarifliche Vorschriften keine längeren Erholzeiten vorsehen. Die tägliche Arbeitszeit an Bildschirmgeräten darf x Minuten nicht überschreiten; die organisatorischen Voraussetzungen dafür sind von der Arbeitgeberin zu schaffen.

(4) Im Zusammenhang mit dem Einsatz von Bildschirmgeräten dürfen sich Beginn und Ende der bisherigen täglichen Arbeitszeit einschließlich der Pausen, sowie Verteilung der Arbeitszeit auf die einzelnen Wochentage nicht ändern.

§ 3 Ärztliche Untersuchungen

(1) Die Arbeitgeberin ist verpflichtet, Arbeitnehmer, die mit Bildschirmgeräten arbeiten sollen, vor der Aufnahme einer solchen Tätigkeit auf ihre Eignung untersuchen zu lassen.

(2) Diese Untersuchung wird von einem Arzt vorgenommen, auf den sich Arbeitgeberin und Betriebsrat einigen.

(3) Die ärztlichen Untersuchungen finden während der betriebsüblichen Arbeitszeit statt.

86 FESTL, § 91 BetrVG Rn 21 mwN.

(4) Die augenfachärztliche Untersuchung ist mindestens einmal jährlich zu wiederholen, es sei denn, dass der behandelnde Facharzt einen kürzeren Zeitraum festlegt. Dies gilt auch für die weiteren medizinischen Untersuchungen, soweit diese vom Arbeitnehmer gewünscht werden.

(5) Die Kosten der medizinischen Untersuchungen gem. Absätze 1, 2 und 4 gehen zu Lasten der Arbeitgeberin. Dies gilt auch für erforderliche und ärztlich verordnete Hilfsmittel.

§ 4 Besitzstandswahrung

(1) Arbeitnehmer, die aufgrund eines ärztlichen Befundes nicht oder nicht mehr oder nur für eine beschränkte Dauer für die Arbeit an Bildschirmgeräten geeignet sind, darf hieraus kein vergütungsrechtlicher Nachteil entstehen.

(2) Bei einer Umsetzung aufgrund in Absatz 1 genannter Nichteignung zur Arbeit an Bildschirmgeräten ist dem Arbeitnehmer ein Aufgabengebiet zu übertragen, das seiner Qualifikation entspricht, und auf Kosten der Arbeitgeberin entsprechend zu schulen.

§ 5 Informationspflicht

(1) Die Arbeitgeberin führt ein Verzeichnis aller bei ihr an Bildschirmgeräten Beschäftigten.

(2) Dem Betriebsrat sind Kopien dieses Verzeichnisses zuzuleiten sowie entsprechende Änderungen oder Ergänzungen unverzüglich anzuzeigen.

(3) Die gem. § 3 Abs. 4 angefertigten Befunde sind dem Betriebsrat zur Kenntnis zu geben und werden in der Personalakte aufbewahrt.

§ 6 Schlussbestimmungen

(1) Die Betriebsvereinbarung tritt mit ihrer Unterzeichnung in Kraft.

(2) Im Übrigen gelten die gesetzlichen Bestimmungen. ◀

Erläuterungen: 125

Zu § 1 Abs. 1:

Darin wird zum einen der sachliche (gegenständliche) Anwendungsbereich der Betriebsvereinbarung, zum anderen aber auch die Änderung der Arbeitsplätze mit ihrer für die Arbeitnehmer belastenden Wirkung beschrieben. Es ist anerkannt, dass eine Vielzahl von Bildschirmarbeitsplätzen den gesicherten arbeitswissenschaftlichen Erkenntnissen widersprechen kann.[87] Es hängt naturgemäß von der konkreten Maßnahme ab, die detailliert zu beschreiben ist.

Zu § 2 Abs. 2:

Insoweit geht es nicht um eine Korrektur einzelner möglicherweise mangelhafter Bildschirmarbeitsplätze,[88] sondern um ein generelles Regelungsverlangen, das in § 91 BetrVG keine Grundlage hat; jedoch von § 88 BetrVG gedeckt wäre.

Zu § 2 Abs. 3 und § 3:

Insoweit handelt es sich um Ausgleichsmaßnahmen, die sich aus der korrigierenden Zielrichtung des Mitbestimmungsrechts des Betriebsrats als Elemente des Belastungsausgleichs darstellen; § 87 Abs. 1 Nr. 7 BetrVG ist neben § 91 BetrVG zu berücksichtigen.

87 BAG, 6.12.1983 – 1 ABR 43/81, AP BetrVG 1972 § 87 Überwachung Nr. 7.

88 Bisher war der Schutz von Sicherheit und Gesundheit der Beschäftigten bei der Bildschirmarbeit in der seit 1996 geltenden Bildschirmarbeitsverordnung geregelt. Dies wurde mit der ArbStättV 2016 geändert. Die bisherigen Regelungen sind weitgehend in die ArbStättV 2016 (BGBl I S. 2681), insbesondere in den Anhang 6, übernommen worden. Mit Inkrafttreten der ArbStättV 2016 am 3.12.2016 ist die Bildschirmarbeitsverordnung aufgehoben worden.

Zu § 2 Abs. 1 und § 4:

Darin sind Regelungen zum flankierenden Schutz vor wirtschaftlichen Nachteilen enthalten, die nach § 112 Abs. 1 bis 4 BetrVG vom Betriebsrat verlangt werden können, sofern die Installation von Datensichtgeräten eine Betriebsänderung iSd § 111 BetrVG ist.

Zu § 6 Abs. 2:

Mit dieser Regelung wird auf § 77 Abs. 5 und 6 BetrVG klarstellend Bezug genommen.

8. § 94 Abs. 1 und Abs. 2 BetrVG: Personalfragebogen

§ 94 Personalfragebogen

(1) Personalfragebogen bedürfen der Zustimmung des Betriebsrats. Kommt eine Einigung über ihren Inhalt nicht zustande, so entscheidet die Einigungsstelle. Der Spruch der Einigungsstelle ersetzt die Einigung zwischen Arbeitgeber und Betriebsrat.

(2) Absatz 1 gilt entsprechend für persönliche Angaben in schriftlichen Arbeitsverträgen, die allgemein für den Betrieb verwendet werden sollen, ...

126 Personalfragebögen bedürfen der Zustimmung des Betriebsrats. Dem Arbeitgeber steht es frei, einen Personalfragebogen einzuführen oder ihn wieder abzuschaffen. Insofern steht dem Betriebsrat kein Initiativrecht zur Einführung eines Personalfragebogens zu.[89] Der Betriebsrat hat über den Inhalt des Personalfragebogens mitzubestimmen. Die Festlegung des Verwendungszwecks der erhobenen Informationen unterfällt ebenfalls dem Mitbestimmungsrecht des Betriebsrats. Ein Personalfragebogen ist eine regelmäßig formularmäßige gefasste Zusammenstellung von Fragen, die der Bewerber in Bezug auf seine Person und insbesondere seine Eignung, Fähigkeiten und Kenntnisse beantworten soll.[90] Das Mitbestimmungsrecht besteht auch dann, wenn Bewerber oder Arbeitnehmer anhand eines standardisierten Fragenkatalogs, einer Checkliste, mündlich befragt und die Antworten vom Fragenden schriftlich festgehalten werden.[91] Die Nutzung von Software zum Talentmanagement einschließlich Recruitmentsoftware wird von § 94 ebenso erfasst wie die Informationsbeschaffung mittels Internetrecherche.[92] Ob es sich um einen Personalfragebogen iS des § 94 BetrVG handelt und somit der Mitbestimmung des Betriebsrats ob seines Inhalts unterfällt, beurteilt sich allein nach dem Inhalt der Frage, nicht nach dem mit der Erhebung verfolgten Zweck. Das Mitbestimmungsrecht des Betriebsrats bezweckt, das Persönlichkeitsrecht des Arbeitnehmers zu schützen. Einerseits soll der Persönlichkeits- bzw Privatbereich des Arbeitnehmers vor ungerechtfertigten Ausfragungen geschützt werden, andererseits ist ein berechtigtes Interesse des Arbeitgebers an der Feststellung bestimmter personeller und leistungsbezogener Daten eines Bewerbers anzuerkennen.[93] Für das Mitbestimmungsrecht ist es unerheblich, ob die Informati-

89 BAG, 17.3.2015 – 1 ABR 48/13, EzA § 94 BetrVG 2001 Nr. 2; Wenning-Morgentahler, B Rn 914.
90 BAG, 21.9.1993 – 1 ABR 28/93, AP BetrVG 1972 § 94 Nr. 4.
91 BAG, 9.7.1991 – 1 ABR 57/90, AP BetrVG 1972 § 87 Ordnung des Betriebs Nr. 19; BAG, 21.9.1993 – 1 ABR 28/93, AP BetrVG 1972 § 94 Nr. 4.
92 Wenning/Morgentahler, B Rn 915.
93 Pünnel/Wenning/Morgenthaler, B Rn 918 .

onsbeschaffung durch den Arbeitgeber selbst oder durch von ihm beauftragte Dritte erhoben wird. Mitbestimmungsfrei ist es jedoch, wenn die Erhebung personenbezogener Daten aus Anlass einer von einer Aufsichts- oder Genehmigungsbehörde veranlassten Sicherheitsüberprüfung angeordnet wird.[94] Das Mitbestimmungsrecht des Betriebsrats erfährt keine Einschränkung durch das Bundesdatenschutzgesetz.[95] Insoweit ist nämlich die abgeschlossene Betriebsvereinbarung eine „andere Rechtsvorschrift" iSd § 4 Abs. 1 BDSG.[96] Beabsichtigt der Arbeitgeber einen unternehmensweit einheitlichen Personalfragebogen einzuführen, so ist die Zuständigkeit des Gesamtbetriebsrats wegen der überbetrieblichen Geltung und der fehlenden rechtlichen Kompetenz des Betriebsrats gegeben. Die Zulässigkeit der Fragen betrifft die individualrechtliche Ebene. Ein Fragerecht des Arbeitgebers wird nur insoweit anerkannt, als er ein berechtigtes und schutzwürdiges Interesse an der Beantwortung seiner Frage in Bezug auf das Arbeitsverhältnis hat.[97] Auf eine unzulässige Frage darf der Befragte bewusst wahrheitswidrig antworten; eine Anfechtung des Arbeitsvertrages wegen arglistiger Täuschung ist nicht gerechtfertigt.[98] Die fehlende Zustimmung des Betriebsrats führt nicht zur Unzulässigkeit der Frage. Andererseits führt die Zustimmung des Betriebsrats oder der Spruch der Einigungsstelle nicht zur Zulässigkeit einer individualrechtlich unzulässigen Frage.

▶ **Muster: Betriebsvereinbarung Personalfragebogen** 127

§ 1 Grundsätze

Zwischen den Betriebsparteien besteht Einvernehmen darüber, dass im Interesse der Optimierung der Personalgewinnung und -förderung im Betrieb ein einheitlicher Personalfragebogen eingeführt werden soll. Dadurch soll sowohl hinsichtlich der Besetzung eines konkreten Arbeitsplatzes die Bewerberauswahl verbessert als auch die Personalplanung und -entwicklung optimiert werde. Der beigefügte Personalfragebogen berücksichtigt sowohl den Persönlichkeitsschutz des Arbeitnehmers als auch das für die Personalgewinnung und -förderung erforderliche Informationsbedürfnis des Arbeitgebers.

§ 2 Geltungsbereich

Die Betriebsvereinbarung gilt für alle Arbeitnehmer Innen des Betriebs. Sie gilt nicht für leitende Angestellte iSd § 5 Abs. 3 BetrVG.

§ 3 Anwendungsbereich des Personalfragebogens

1. Sowohl externe als auch interne BewerberInnen (fortan: Bewerber) sind im Rahmen der Stellenbesetzung verpflichtet, einen Personalfragebogen auszufüllen. Davon kann bei internen Bewerbern abgesehen werden, wenn bereits ein Personalfragebogen vorliegt, der nicht älter als drei Jahre ist.
2. Der vollständig ausgefüllte Personalfragebogen wird, sofern aufgrund der Bewerbung eine Stellenbesetzung erfolgt, zur Personalakte des Arbeitnehmers genommen.
3. Führt die Bewerbung nicht zu einer Stellenbesetzung, ist der von einem externen Bewerber ausgefüllte Personalfragebogen zu vernichten. Hiervon kann auf Wunsch des Bewerbers abgesehen werden, sofern die Bewerbung für ein zukünftiges Bewerbungsverfahren aufrechterhalten werden soll.
4. Für die zum Zeitpunkt des In-Kraft-Tretens dieser Betriebsvereinbarung bereits beschäftigten Arbeitnehmer besteht keine Verpflichtung, nachträglich einen Personalfragebogen aus-

94 BAG, 9.7.1991 – 1 ABR 57/90, AP BetrVG 1972 § 87 Ordnung des Betriebs Nr. 19.
95 Wenning/Morgentahler, B Rn 911.
96 BAG, 20.12.1995 – 7 ABR 8/95, AP BetrVG 1972 § 58 Nr. 1.
97 BAG, 16.12.2004 – 2 AZR 148/04, AP BGN § 123 Nr. 64.
98 BAG, 19.5.1983 – 2 AZR 171/81, AP BGB § 123 Nr. 25.

zufüllen. Jedoch hat jeder Arbeitnehmer das Recht, einen aktuellen Personalfragebogen zu erstellen und zur Personalakte nehmen zu lassen.

§ 4 Arbeitnehmerschutz

1. In Ansehung des Persönlichkeitsrechtes des Arbeitnehmers verpflichtet sich der Arbeitgeber, mit den ihn anvertrauten Daten aus dem Personalfragebogen achtsam und vertraulich umzugehen.
2. Der Personalfragebogen ist jeweils in der Personalakte abzulegen und unter Verschluss zu halten.
3. Zugang zu diesen Personalfragebögen haben nur mit Personalentscheidungsfragen befasste Beschäftigte des Arbeitgebers.

§ 5 Änderungen und Ergänzungen des Personalfragebogens

1. Der aktuelle Personalfragebogen ist als Anlage der Betriebsvereinbarung beigefügt. Er ist Bestandteil der Betriebsvereinbarung.
2. Alle Änderungen oder Ergänzungen des Personalfragebogens bedürfen der Zustimmung des Betriebsrats. Die Zustimmung bedarf der Schriftform und ist der Betriebsvereinbarung fortlaufend nummeriert beizufügen. Ebenso ist im Falle der Zustimmung des Betriebsrats der aktualisierte Personalfragebogen fortlaufend nummeriert der Betriebsvereinbarung anzuschließen.

§ 6 Schlussbestimmungen

1. Die Betriebsvereinbarung tritt mit Unterzeichnung in Kraft.
2. Die Betriebsvereinbarung kann mit einer Frist von drei Monaten zum Monatsende gekündigt werden. Sie wirkt nicht nach.

Anlage zu § 5 Nr. 1

I. Persönliche Angaben

1. Familien- und Vorname
2. Wohnanschrift
3. Geburtsdatum[1] und -ort
4. Staatsangehörigkeit[4]
5. Familienstand[2]
6. Telefon
7. Namen und Geburtsdaten unterhaltsberechtigter Kinder[2]
8. Tätigkeit ihrer Familienangehörigen in einem Konkurrenzunternehmen[3]
9. Dauer der Arbeitserlaubnis[4]
10. Dauer der Aufenthaltserlaubnis[4]
11. Religionszugehörigkeit[5]
12. Bankverbindung

II. Ausbildung[6]

1. Besuch welcher Schulen und mit welchem Abschluss?
2. Verfügen Sie über Hochschul-/Fachhochschul-/Fachschulausbildung, ggf mit welchem Abschluss?
3. Liegt eine sonstige Berufsausbildung vor, ggf mit welchem Abschluss?
4. Teilnahme an Qualifizierungsveranstaltungen, ggf mit welchem Abschluss?
5. Verfügen Sie über Fremdsprachenkenntnisse, ggf in welchem Umfang?
6. Haben Sie einen Führerschein, ggf welche Klasse?

III. Berufsbiografie

1. Darstellung der Beschäftigungszeiten seit Abschluss der Schulausbildung gegliedert nach Beginn, Ende, Branche des Unternehmens, Beschäftigungsort und Tätigkeit.[6]
2. Liegt ein Einberufungsbescheid vor?[7]
3. Unterliegen Sie einem Wettbewerbsverbot, ggf in welchem Umfang?[8]
4. Lohn-/Gehaltsvorstellungen?[9]

5. Vorbeschäftigung in unserem Unternehmen oder im Unternehmen eines Rechtsvorgängers?[10]
6. Frühestmöglicher Eintrittstermin?
7. Dauer und Realisierung Ihres Jahresurlaubs in Arbeitstagen beim letzten Arbeitgeber?[11]

IV. Gesundheitszustand[12]

1. Bestehen die vorgesehene Tätigkeit hindernde Beschäftigungsverbote, ggf in welchem Umfang?
2. Leiden Sie an einer ansteckenden oder chronischen Krankheit, die ihrer in Aussicht gestellten Tätigkeit entgegensteht?
3. Sind Sie anerkannter Schwerbehinderter oder einem solchen gleichgestellte Person oder haben Sie einen jeweils entsprechenden Antrag gestellt?
4. Sind Sie bereit, sich auf unsere Kosten untersuchen zu lassen, ggf auch Ihren Arzt von der ärztlichen Schweigepflicht zu entbinden?

V. Sonstiges

1. Liegen Vorstrafen in Bezug auf die in Aussicht gestellte Tätigkeit vor, ggf in welchem Umfang?[13]
2. Läuft gegen Sie ein einschlägiges Ermittlungsverfahren?[13]
3. Bestehen Lohn- oder Gehaltspfändungen?[14]

Ich versichere die Richtigkeit meiner Angaben. Es ist mir bekannt, dass bewusst falsche und unvollständige Angaben zur Anfechtung des Arbeitsvertrags wegen arglistiger Täuschung berechtigen.

...

Ort, Datum (...)

(Unterschrift) ◀

Erläuterungen: 128

Zu § 3 Nr. 1 Satz 1:

Externe Bewerber sind noch keine Arbeitnehmer und können mithin von einer Betriebsvereinbarung richtigerweise nicht verpflichtet werden. Insoweit fehlt es nämlich an der demokratischen Teilhabe in Bezug auf die Wahl des Betriebsrats als Vertretungsorgan der Belegschaft.[99] Etwas anderes gilt nur, soweit der Gesetzgeber den Zuständigkeitsbereich des Betriebsrats auch auf externe Beschäftigte erweitert hat (s. §§ 17 Abs. 2 Satz 1, 6 Abs. 1 Satz 2 AGG). Infolge dessen ist allein der Arbeitgeber verpflichtet, externen Bewerbern den Personalfragebogen vorzulegen.

Zu § 6 Nr. 2 Satz 1:

Die gesetzliche Kündigungsfrist beträgt gem. § 77 Abs. 5 BetrVG drei Monate, ohne einen Kündigungstermin zu nennen. Die Rechtstransparenz mag für einen bestimmten Kündigungstermin sprechen.

Zu § 6 Nr. 2 Satz 2:

Eine Nachwirkung kraft Gesetzes kommt der Betriebsvereinbarung mangels Initiativrecht des Betriebsrats nicht zu.[100] Insofern hat die Formulierung in der Betriebsvereinbarung nur klarstellenden Charakter. Eine Nachwirkung kann jedoch vereinbart werden.

---

99 Zur Problematik vgl BAG, 31.7.2007 – 3 AZR 189/06, AP BGB § 242 Betriebliche Übung Nr. 79.
100 FESTL, § 94 BetrVG Rn 14.

Zur Anlage zu § 5 Nr. 1:

Zu[1]:

Das Geburtsdatum betrifft die Frage nach dem Alter. Damit ist das verpönte Merkmal des Alters nach § 1 AGG angesprochen. Ob danach die Frage nach dem Alter zulässig ist, wird unterschiedlich bewertet.[101] Eine Unterscheidung kann auch insoweit erfolgen, als die Erhebung des Datums zulässig, seine Verwertung indessen als unzulässig zu bewertet ist.[102] Im Übrigen kann in Bezug auf an das Alter anknüpfende Sozialleistungen ein berechtigtes Interesse des Arbeitgebers an der Kenntnis des Datums gegeben sein.

Zu[2]:

Nach der Einstellung sind Fragen nach dem Familienstand und der Kinderzahl im Hinblick auf die Entgeltberechnung durch das Lohnbüro zulässig.[103]

Zu[3]:

Zur Vermeidung der Weitergabe vertraulicher Informationen an Wettbewerber kann je nach Funktion und Stellung des Bewerbers ein berechtigtes Interesse des Arbeitgebers an der Frage bestehen.[104]

Zu[4]:

Für Ausländer bestehen für die Beschäftigungsaufnahme besondere Voraussetzungen, je nachdem, ob es sich um EU-Bürger oder um nicht EU-Ausländer handelt.[105] Zuwiderhandlungen des Arbeitgebers gegen § 284 Abs. 1 SGB III oder § 4 Abs. 3 Satz 2 Aufenthaltsgesetz können mit einer Geldbuße geahndet werden.

Zu[5]:

Die Frage nach der Religionszugehörigkeit ist mit Ausnahme in Tendenzbetrieben (zB evangelischer Kindergarten) vor der Einstellung unzulässig.[106] Danach kann die Frage im Hinblick auf die Entgeltberechnung berechtigt sein. Die Frage nach der Mitgliedschaft bei Scientology betrifft nicht die Religionszugehörigkeit, da es sich insoweit um einen Gewerbebetrieb handelt.[107] Bei Bewerbern für Vertrauensstellungen wird die Frage für zulässig erachtet.[108]

101 Vgl zB Thüsing/Lambrich, BB 2002, 1146, 1152.
102 Schaub/Koch/Neef/Schrader/Vogelsang-Schrader, Arbeitsrechtliches Formular- und Verfahrenshandbuch, § 1 Fn 10.
103 FESTL, § 94 BetrVG Rn 20; Wenning-Morgenthaler, B Rn 921 .
104 Schaub/Koch/Neef/Schrader/Vogelsang-Schrader, Arbeitsrechtliches Formular- und Verfahrenshandbuch, § 1 Fn 12.
105 Einzelheiten s. bei Küttner/Röller, Personalhandbuch 2017, Stichwort Ausländer Rn 1 ff.
106 Vgl BAG, 28.3.2000 – 1 ABR 16/99, AP BetrVG 1972 § 99 Einstellung Nr. 27.
107 BAG, 22.3.1995 – 5 AZB 21/94, AP ArbGG 1979 § 5 Nr. 2.
108 Bauer/Baeck/Merten, DB 1997, 2534; aA ArbG München 24.10.2000 – 21 Ca 13754/99, NZA-RR 2001, 296.

Zu[6]:

Fragen nach dem beruflichen Werdegang sind, soweit es für die in Aussicht gestellte Tätigkeit auf entsprechende Erfahrungen, Fertigkeiten, und Kenntnisse ankommt, berechtigt.[109]

Zu[7]:

In Parallele zur Rechtsprechung insbesondere des EuGH zur Frage nach der Schwangerschaft dürften Fragen nach der bevorstehenden Einberufung zum Wehr- oder Zivildienst wegen ihres geschlechtsbenachteiligenden Charakters folgerichtig und damit auch uneingeschränkt unzulässig sein.[110]

Zu[8]:

Die Frage ist zulässig, da sich aus einem Wettbewerbsverbot eine erhebliche Beeinträchtigung der geschuldeten Arbeitsleistung ergeben kann. Insofern wird auch von einer Offenbarungspflicht des Bewerbers gesprochen.[111]

Zu[9]:

Die Frage ist bedenkenfrei zulässig, weil es ein wesentlicher Bestandteil der Vertragsverhandlungen ist. Anders verhält es sich, soweit es um die bisherige Vergütung geht. Einerseits wird die Zulässigkeit der Frage generell mit der Begründung abgelehnt, die Verhandlungsposition des Bewerbers werde geschwächt.[112] Andererseits wird nach der Wichtigkeit und Bedeutung der Frage für die angestrebte Tätigkeit und Funktion differenziert.[113]

Zu[10]:

Die Berechtigung der Frage ergibt sich aus § 14 Abs. 2 Satz 2 TzBfG, wonach eine Befristung bei einer Vorbeschäftigung nur noch aus sachlichem Grund zulässig ist.

Zu[11]:

Die Frage ist aufgrund der gesetzlichen Regelung des § 6 BUrlG gerechtfertigt

Zu[12]:

Fragen nach dem Gesundheitszustand, einer anstehenden Kurmaßnahme einschließlich eines stationären Krankenhausaufenthalts sind nur insoweit zulässig, als sie die Einsatzfähigkeit des Bewerbers auf dem vorgesehenen Arbeitsplatz einschließlich des Zeitpunkts der Arbeitsaufnahme betreffen. Die Frage nach der Schwerbehinderteneigenschaft wurde bislang vom BAG für zulässig erachtet.[114] Insbesondere auch nach dem Inkrafttreten des SGB IX und der Bestimmungen der §§ 1, 15 AGG dürfte die

---

109 Küttner/Kreitner, Personalhandbuch 2017, Stichwort Auskunftspflichten Arbeitnehmer Rn 14; Wenning-Morgenthaler, B Rn 925.

110 Differenzierend FESTL, § 94 BetrVG Rn 23; Küttner/Kreitner, Personalhandbuch 2017, Stichwort Auskunftspflichten Arbeitnehmer Rn 29.

111 Küttner/Kreitner, Personalhandbuch 2017, Stichwort Auskunftspflichten Arbeitnehmer Rn 12; Wenning-Morgenthaler, B Rn 925.

112 ZB FESTL, § 94 BetrVG Rn 21.

113 BAG, 19.5.1983 – 2 AZR 171/81, AP BGB § 123 Nr. 25.

114 BAG, 18.10.2000 – 2 AZR 380/99, AP BGB § 123 Rn 59.

Frage mittlerweile unzulässig sein.[115] Nach dem Erwerb des Kündigungsschutzes für schwerbehinderte Menschen, mithin nach sechs Monaten, ist die Frage zulässig.[116]

Zu[13]:

Die Frage nach Vorstrafen ist insoweit zulässig, als dies der zu besetzende Arbeitsplatz erfordert. Dies gilt auch für Fragen nach Ermittlungs- und Strafverfahren, soweit ein solches Verfahren Zweifel an der Eignung der in Aussicht gestellten Tätigkeit und Funktion begründen kann.[117]

Zu[14]:

Nach wohl überwiegender Ansicht sollen solche Fragen erst nach der Einstellung zulässig sein.[118] Anderer Ansicht nach soll der zusätzliche Arbeitsaufwand die Frage rechtfertigen.[119]

9. § 94 Abs. 2 BetrVG: Grundsätze der Leistungsbeurteilung

§ 94 Beurteilungsgrundsätze

(1) Personalfragebogen (vorliegend: allgemeine Beurteilungsgrundsätze) bedürfen der Zustimmung des Betriebsrats. Kommt eine Einigung über ihren Inhalt nicht zustande, so entscheidet die Einigungsstelle. Der Spruch der Einigungsstelle ersetzt die Einigung zwischen Arbeitgeber und Betriebsrat.

(2) Absatz 1 gilt entsprechend ... sowie für die Aufstellung allgemeiner Beurteilungsgrundsätze.

129 Das Mitbestimmungsrecht des Betriebsrats in Bezug auf allgemeine Beurteilungsgrundsätze bezieht sich nur auf ihren Inhalt und nicht auf das Ob der Einführung solcher Grundsätze. Der Betriebsrat hat also kein Initiativrecht.[120] Allgemeine Beurteilungsgrundsätze iSd § 94 Abs. 2 BetrVG enthalten allgemeine Regelungen, die die Bewertung des Verhaltens oder der Leistung der Arbeitnehmer objektivieren und nach einheitlichen Kriterien ausrichten sollen. Damit soll ein einheitliches Vorgehen bei der Beurteilung, ein Bewerten nach einheitlichen Maßstäben und eine Vergleichbarkeit der Beurteilungsergebnisse ermöglicht werden.[121] Dementsprechend beinhalten Führungsrichtlinien keine allgemeinen Beurteilungsgrundsätze, da es insoweit nur um das Arbeitsverhalten, nicht aber um Leistungs- oder Verhaltenskontrolle geht.[122] Ebenso wenig unterfallen analytische Arbeitsplatzbewertungen, Anforderungsprofile und Stellenbeschreibungen wegen ihres ausschließlich arbeitsplatzbezogenen Charakters nicht dem § 94 Abs. 2 BetrVG. Im Hinblick auf die notwendige Personenbezogenheit der Beurteilungsgrundsätze gehören hierzu insbesondere Grundsätze für die Durchführung von Einstellungsprüfungen und psychologischen Tests, katalogisierte Qualifikationsmerkmale und die Erstellung von Fähigkeits- und Eignungsprofilen.[123] Gegenständlich bezieht sich die Beurteilung insbesondere auf die bisherige Arbeitsleis-

115 ZB FESTL, § 94 BetrVG Rn 24 mwN; Wenning-Morgentahler, B Rn 923.
116 BAG, 16.2.2012 – 6 AZR 553/10, EzA § 3 AGG Nr. 7.
117 BAG, 27.7.2005 – 7 AZR 508/04, NZA 2005, 1243 (öffentlicher Arbeitgeber).
118 FESTL, § 94 BetrVG Rn 21; Wenning-Morgenthaler, B Rn 921.
119 Küttner/Kreitner, Personalhandbuch 2017, Stichwort Auskunftspflichten Arbeitnehmer Rn 20.
120 FESTL, § 94 BetrVG Rn 28.
121 BAG, 18.4.2000 – 1 ABR 22/99, AP BetrVG 1972 § 87 Nr. 33.
122 BAG, 23.10.1984 – 1 ABR 2/83, AP BetrVG 1972 § 87 Ordnung des Betriebes Nr. 8.
123 Wenning-Morgenthaler, B Rn 933.

tung, das Verhalten des Arbeitnehmers im Betrieb, seine Eignung für bestimmte Aufgaben, seine Entschlussfreudigkeit, sein Verantwortungsbewusstsein und sein Verhalten gegenüber Arbeitskollegen.[124] Verwendet der Arbeitgeber ohne Zustimmung des Betriebsrats Beurteilungsgrundsätze, hat der Arbeitnehmer Anspruch auf Entfernung einer auf ihrer Grundlage erstellten Beurteilung aus der Personalakte sowie auf Nichtverwendung der Beurteilung bei personellen Entscheidungen.[125]

▶ Muster: Vereinbarung über Grundsätze der Leistungsbeurteilung 130

§ 1 Geltungsbereich

1. Die Betriebsvereinbarung gilt für alle Arbeitnehmer/innen (fortan: Arbeitnehmer) des Betriebs. Hiervon sind leitende Angestellte iSd § 5 Abs. 3 BetrVG ausgeschlossen.
2. Die Betriebsvereinbarung erfasst,
   a) die turnusgemäßen Leistungsbeurteilungen,
   b) Leistungsbeurteilungen aus Anlass von internen Bewerbungen,
   c) die Beurteilung der Leistung nach § 82 Abs. 2 BetrVG,
   d) die Zeugniserteilung über Führung und Verhalten.

§ 2 Turnus der Leistungsbeurteilung

1. Eine Leistungsbeurteilung ist durchzuführen
   a) als Regelbeurteilung alle drei Jahre,
   b) als Anlassbeurteilung bei internen Bewerbungen,
   c) vor Ablauf von 6 Monaten bei Neueinstellung,
   d) auf Verlangen des Arbeitnehmers nach § 82 Abs. 2 BetrVG.
2. Der Arbeitnehmer kann eine Leistungsbeurteilung in Form eines Zwischenzeugnisses nur aus Anlass einer Versetzung oder bei Wechsel des Vorgesetzten verlangen.

§ 3 Beurteilungsbogen

1. Die Leistungsbeurteilung ist für alle Arbeitnehmer auf der Grundlage des der Betriebsvereinbarung beigefügten Beurteilungsbogens durchzuführen. Die Beurteilung der Leistung ist als Gesamtnote zusammenfassend zum Ausdruck zu bringen. Es gelten folgende Notenstufen:

   Notenstufe 1: sehr gute Leistung

   Notenstufe 2: gute Leistung

   Notenstufe 3: befriedigende Leistung

   Notenstufe 4: ausreichende Leistung

   Notenstufe 5: mangelhafte Leistung

   Notenstufe 6: ungenügende Leistung
2. Die Leistungsbeurteilung ist in der Personalakte aufzubewahren.
3. Der Arbeitnehmer kann verlangen, dass die Leistungsbeurteilung nach Ablauf von 5 Jahren aus der Personalakte zu entfernen ist, es sei denn, berechtigte Interessen des Arbeitgebers stehen dem entgegen.

§ 4 Mitteilung der Leistungsbeurteilung

1. Die Beurteilung der Leistung ist vom Vorgesetzten dem Arbeitnehmer mitzuteilen und zu begründen. Über den Inhalt des Gesprächs ist ein Protokoll zu führen, das sowohl der Vorgesetzte als auch der Arbeitnehmer durch Unterschrift zu bestätigen hat.
2. Der Arbeitnehmer kann zum Gespräch ein Mitglied des Betriebsrats hinzuziehen.

---

124 Wenning-Morgenthaler, B Rn 934.
125 FESTL, § 94 BetrVG Rn 35; Richardi/Thüsing, § 94 BetrVG Rn 67.

§ 5 Meinungsverschiedenheiten

1. Ein Arbeitnehmer kann gegen die Beurteilung seiner Leistungen unter Angabe von Gründen Gegenvorstellung erheben. Zum Zwecke der Erörterung der Gegenvorstellung ist der Arbeitnehmer berechtigt, ein Mitglied des Betriebsrats hinzuzuziehen. Über den Verlauf und den Inhalt der Erörterung ist ein Protokoll anzufertigen.
2. Hiervon unberührt bleibt dem Arbeitnehmer das Recht, eine Beschwerde nach §§ 84, 85 BetrVG einzulegen oder im Klagewege gegen die Beurteilung vorzugehen.

§ 6 Schlussbestimmungen

1. Die Betriebsvereinbarung tritt mit Unterzeichnung in Kraft.
2. Im Übrigen gelten die gesetzlichen Bestimmungen.

Beurteilungsbogen

I. Beurteilungsgegenstände:

1. Arbeitsergebnis:

1.1	Menge und Arbeitstempo	□		
1.2	Qualität und Richtigkeit	□		
1.3	Können	□	Ø	□

2. Verhältnis zum Arbeitsergebnis:

2.1	Verantwortungsbereitschaft	□		
2.2	Initiative/Einfallsreichtum	□		
2.3	Sinn für Wirtschaftlichkeit und Organisation	□	Ø	□

3. Arbeitsverhalten

3.1	Ausdauer und Zuverlässigkeit	□		
3.2	Pünktlichkeit	□		
3.3	Selbständigkeit	□	Ø	□

4. Umgang mit Menschen:

4.1	mit Arbeitskollegen	□		
4.2	mit Vorgesetzten	□		
4.3	mit Dritten	□	Ø	□

II. Beurteilungsskala; Notenstufe

1 = sehr gute Leistung

2 = gute Leistung

3 = befriedigende Leistung

4 = ausreichende Leistung

5 = mangelhafte Leistung

6 = ungenügende Leistung

III. Gesamtbeurteilung

Durchschnitt geteilt durch 4 = Notenstufe

Notenstufung:

1,0 bis 1,5 = 1

1,6 bis 2,5 = 2

2,6 bis 3,5 = 3

3,6 bis 4,5 = 4

4,6 bis 5,5 = 5

5,6 bis 6,0 = 6 ◀

Erläuterungen: 131

Zu § 1 Nr. 1:

Der vorliegende Text betrifft alle Arbeitnehmer mit Ausnahme der leitenden Angestellten gleichermaßen. In der betrieblichen Wirklichkeit gibt es durchaus unterschiedliche Leistungsbeurteilungssysteme je nach Funktion und Tätigkeit der Beschäftigten. Die Tätigkeit eines Außendienstmitarbeiters unterliegt einem anderen Anforderungsprofil als zB die Tätigkeit eines Produktionsarbeitnehmers.

Zu § 1 Nr. 2:

Die Auflistung soll nicht abschließend, sondern beispielhaft den Anwendungsbereich einer Leistungsbeurteilung aufzeigen.

Zu § 3 Nr. 1:

Grundlage der Leistungsbeurteilung ist ein Beurteilungsbogen, der sowohl die Gegenstände der Beurteilung als auch eine Beurteilungsskala enthält. Der anliegende Beurteilungsbogen ist selbsterklärend.

Zu § 6 Nr. 2:

Nach § 77 Abs. 5 BetrVG beträgt die Kündigungsfrist drei Monate; ein Kündigungstermin besteht nicht. Im Falle der Beendigung der Betriebsvereinbarung wirkt sie nicht nach. Der Betriebsrat hat nämlich kein Mitbestimmungsrecht hinsichtlich des Ob der Einführung von allgemeinen Beurteilungsgrundsätzen. Etwas anderes kann sich nur dann ergeben, wenn allgemeine Beurteilungsgrundsätze Inhalt von Zielvereinbarungen sind.[126]

10. § 95 Auswahlrichtlinien

§ 95 Auswahlrichtlinien

(1) Richtlinien über die personelle Auswahl bei Einstellungen, Versetzungen, Umgruppierungen und Kündigungen bedürfen der Zustimmung des Betriebsrats. Kommt eine Einigung über die Richtlinien oder ihren Inhalt nicht zustande, so entscheidet auf Antrag des Arbeitgebers die Einigungsstelle. Der Spruch der Einigungsstelle ersetzt die Einigung zwischen Arbeitgeber und Betriebsrat.

(2) In Betrieben mit mehr als 500 Arbeitnehmern kann der Betriebsrat die Aufstellung von Richtlinien über die bei Maßnahmen des Absatzes 1 Satz 1 zu beachtenden fachlichen und persönlichen Voraussetzungen und sozialen Gesichtspunkte verlangen. Kommt eine Einigung über die Richtlinien oder ihren Inhalt nicht zustande, so entscheidet die Einigungsstelle. Der Spruch der Einigungsstelle ersetzt die Einigung zwischen Arbeitgeber und Betriebsrat.

(3) Versetzung im Sinne dieses Gesetzes ist die Zuweisung eines anderen Arbeitsbereichs, die voraussichtlich die Dauer von einem Monat überschreitet, oder die mit einer erheblichen Änderung der Umstände verbunden ist, unter denen die Arbeit zu leisten ist. Werden Arbeitnehmer nach der Eigenart ihres Arbeitsverhältnisses üblicherweise nicht ständig an einem bestimmten Arbeitsplatz beschäftigt, so gilt die Bestimmung des jeweiligen Arbeitsplatzes nicht als Versetzung.

126 ZB FESTL, § 94 BetrVG Rn 28.

a) Allgemeines

132 Ein Spruch der Einigungsstelle kann gemäß § 95 BetrVG hinsichtlich Auswahlrichtlinien ergehen. Im Einzelnen betreffen diese Richtlinien die personelle Auswahl bei Einstellungen, Versetzungen, Umgruppierungen und Kündigungen. Für Eingruppierungen dagegen verbleibt es bei dem Zustimmungserfordernis, das § 99 BetrVG aufstellt. Dies ist folgerichtig, da es bei Eingruppierungen nicht um eine personelle *Auswahl* zwischen verschiedenen Personen, sondern um die zutreffende Einstufung geht.[127]

133 Von § 95 BetrVG werden an sich nur *Auswahl*richtlinien erfasst. Gemeint sind damit inhaltliche Leitsätze, die auf eine Mehrzahl von Arbeitnehmern oder Bewerbern anzuwenden sind, und mit deren Hilfe unter Berücksichtigung von fachlichen, persönlichen und sozialen Gesichtspunkten eine Auswahlentscheidung im Einzelfall getroffen werden kann.[128] Damit sollen eine Objektivierbarkeit und eine Versachlichung der jeweiligen Maßnahme gewährleistet sein.[129] Die in § 95 BetrVG genannte Umgruppierung passt hierzu nicht recht, da bei einer bloßen Umgruppierung Auswahlentscheidungen nur schwer vorstellbar sind. Dennoch ist die Umgruppierung (anders als die Eingruppierung) grundsätzlich Gegenstand des Mitbestimmungsrechtes, da diese Maßnahme ausdrücklich in § 95 BetrVG genannt ist.

b) Betriebsgröße

134 Das Mitbestimmungsrecht für Auswahlrichtlinien ist abhängig von der Betriebsgröße ausgestaltet:

135 Ein *Initiativrecht* für Auswahlrichtlinien steht in Betrieben mit mehr als 500 Arbeitnehmern sowohl dem Betriebsrat als auch dem Arbeitgeber zu (§ 95 Abs. 2 Satz 1 BetrVG). In solchen Betrieben ist daher sowohl der Arbeitgeber als auch der Betriebsrat berechtigt, die Einigungsstelle anzurufen. In Betrieben mit 500 oder weniger Arbeitnehmern ist dagegen nur der Arbeitgeber berechtigt, die Einsetzung einer Einigungsstelle zu verlangen (§ 95 Abs. 1 Satz 2 BetrVG). Solche Anträge sind eher selten. Im Zweifel wird der Arbeitgeber auf die Anwendung einer Auswahlrichtlinie verzichten, wenn der Betriebsrat seine Zustimmung zur gewünschten Richtlinie verweigert.

c) Zuständigkeit

136 Anstelle des Betriebsrates kann der Gesamtbetriebsrat antragsberechtigt sein.[130] Der Gesamtbetriebsrat ist zuständig, wenn die Aufstellung betriebsübergreifender Regelungen zwingend erforderlich ist. Hierfür genügt es nicht, dass betriebsübergreifende Regelungen zweckmäßig sind.[131] Die örtlichen Betriebsräte können darüber hinaus bei eigener Zuständigkeit den Gesamtbetriebsrat gem. § 50 Abs. 2 Satz 1 BetrVG beauftragen, Auswahlrichtlinien einzufordern und ggf über die Einigungsstelle durchzusetzen.

---

127 Thüsing, in: Richardi, Kommentar zum Betriebsverfassungsgesetz, 16. Aufl., § 95 BetrVG Rn 6 f.; s.a. Fitting, Kommentar zum Betriebsverfassungsgesetz, 28. Aufl. § 95 Rn 13.

128 BAG, 27.10.1992 – 1 ABR 4/92, NZA 1993, 607-613 = BB 1993, 1285-1288.

129 BAG, 31.5.1983 – 1 ABR 6/80, NZA 1984, 49-51 = BB 1984, 275-277.

130 BAG, 3.5.1984 – 6 ABR 68/81, DB 1984, 2413-2414 = BB 1985, 2413-2414; BAG, 10.12.2002 – 1 ABR 27/01, AP Nr. 42 zu § 95 BetrVG 1972.

131 Fitting, aaO, § 95 Rn 17.

Darüber hinaus kann der Konzernbetriebsrat zuständig sein.[132] Die Voraussetzungen, die § 58 BetrVG hierzu aufstellt, werden jedoch in den seltensten Fällen erfüllt sein.[133] 137

Inhaltlich ist sowohl die (erstmalige) Einführung als auch eine (spätere) Änderung einer Auswahlrichtlinie vom zwingenden Mitbestimmungsrecht erfasst.[134] Daher kann auch ein Einigungsstellenverfahren hinsichtlich der Einführung oder hinsichtlich einer Änderung von Auswahlrichtlinien erforderlich werden. 138

d) Regelungsgegenstände

§ 95 BetrVG legt die möglichen Gegenstände von Auswahlrichtlinien abschließend fest. Gegenstand der Einigungsstelle können daher nur Auswahlrichtlinien über Einstellungen, Versetzungen, Umgruppierungen und Kündigungen sein. Dabei können in den Richtlinien die Merkmale bestimmt werden, anhand derer die Auswahlentscheidung getroffen werden soll. Darüber hinaus können Verfahrensregeln für die Durchführung der Auswahl bestimmt werden. 139

aa) Einstellung

Die Auswahlentscheidung hinsichtlich einer Einstellung muss vor einer tatsächlichen Arbeitsaufnahme und vor Abschluss eines Arbeitsvertrages gefallen sein.[135] Andernfalls ist keine Auswahl mehr möglich. Daher fällt sowohl die tatsächliche Arbeitsaufnahme als auch der Abschluss eines Arbeitsvertrages unter den Begriff der Einstellung iSd § 95 BetrVG.[136] 140

Neben der erstmaligen Einstellung werden bei § 99 BetrVG auch andere Tatbestände wie die ein- oder mehrmalige Verlängerung eines befristeten Arbeitsverhältnisses, die Umwandlung eines befristeten in ein unbefristetes Arbeitsverhältnis und unter Umständen auch die Änderung der persönlichen Arbeitszeit (umgekehrt aber nicht) als Einstellungen gewertet.[137] Bei solchen und vergleichbaren Sonderformen ist hinsichtlich des Einstellungsbegriffes, der für § 95 BetrVG gilt, danach zu fragen, ob eine Auswahlentscheidung unter verschiedenen Arbeitnehmern in Betracht kommt. Wenn dies der Fall ist, ist § 95 BetrVG auch auf solche Sonderformen anzuwenden. Die Frage, ob die Beschäftigung als Arbeitnehmer oder als freier Mitarbeiter erfolgen soll, unterliegt dagegen nicht der Mitbestimmung des § 95 BetrVG, da insoweit keine Auswahl erfolgt.[138] 141

Inhaltlich soll die Auswahlrichtlinie fachliche, persönliche Voraussetzungen und soziale Gesichtspunkte für Einstellungen festlegen. Andere Regelungsgegenstände sind dagegen nicht zulässig. Dabei gehören zu den fachlichen Voraussetzungen alle Aspekte, die den Arbeitnehmer dazu befähigen können, die für die zu besetzende Stelle vorgesehene Tätigkeit auszuüben. Dies sind etwa Schul-, Studien- oder sonstige Abschlüsse, können aber auch berufliche Erfahrungen oder anderweitig tatsächlich er- 142

---

132 BAG, 3.5.1984 – 6 ABR 68/81, DB 1984, 2413-2414 = BB 1985, 2413-2414.
133 Vgl auch Thüsing, in: Richardi, aaO, § 95 Rn 62.
134 Thüsing, in: Richardi, aaO, § 95 Rn 48.
135 Anders wohl Thüsing, in: Richardi, aaO, § 95 Rn 23.
136 Vgl zum Streitstand, der hierzu bei § 99 BetrVG besteht, Fitting, aaO, § 99 BetrVG, Rn 30 ff.
137 Fitting, aaO, § 99 Rn 38 mvN.
138 Dazu im Einzelnen Fitting, aaO, § 99, Rn. 40.

worbene Kenntnisse sein. Zu den persönlichen Voraussetzungen gehören in der Person des jeweiligen Bewerbers liegende Aspekte, wie bspw das Lebensalter, Erkrankungen, Zuverlässigkeit, oder Testergebnisse (Alkoholtest, psychologischer Test).[139] Bei der Festlegung solcher Kriterien ist deren Erforderlichkeit bzw Zulässigkeit, besonders seit Inkrafttreten des AGG, streng zu prüfen. Wenn bspw Altersgrenzen festgelegt werden sollen, müssen §§ 8, 10 AGG beachtet werden. Eine unterschiedliche Behandlung wegen des Alters muss daher objektiv, erforderlich, angemessen und durch ein legitimes Ziel gerechtfertigt sein. Gem. § 10 Satz 3 Nr. 1 AGG ist es dabei bspw ein legitimes Ziel, die berufliche Eingliederung von Jugendlichen, älteren Beschäftigten und Personen mit Fürsorgepflichten zu fördern und ihren Schutz sicherzustellen. Gem. § 10 Satz 2 AGG dürfen Mindestanforderungen an das Alter oder die Berufserfahrung für den Zugang zur Beschäftigung gestellt werden. Gleichwohl müssen sich die Anforderungen aus der konkreten Tätigkeit ergeben, wie bspw bei Tätigkeiten mit besonderen Führungs- oder Beratungsaufgaben. Gem. § 10 Satz 3 Ziff. 3 AGG ist die Festsetzung eines Höchstalters für die Einstellung aufgrund der spezifischen Ausbildungsanforderungen eines bestimmten Arbeitsplatzes oder aufgrund der Notwendigkeit einer angemessenen Beschäftigungszeit vor dem Eintritt in den Ruhestand möglich und zulässig. Darüber hinaus können soziale Gesichtspunkte in die Auswahlrichtlinie mit aufgenommen werden. Dies sind etwa das Alter (in anderem Sinne als bei den persönlichen Voraussetzungen – s. etwa § 10 Satz 3 Ziff. 1 AGG –, wobei gleichfalls keine Diskriminierung vorliegen darf), Unterhaltspflichten oder eine Schwerbehinderung. Eine Beschränkung auf die Kriterien, die § 1 Abs. 3 Satz 1 KSchG aufführt, ist nicht vorgegeben. Die Einigungsstelle muss die Berücksichtigung sozialer Aspekte unter den Vorbehalt stellen, dass eine Auswahl zwischen gleich geeigneten Bewerbern erfolgt. Es reicht nicht aus, dass beide Bewerber diese Stelle ausüben könnten. Andernfalls würde in die bei der Einstellung bestehende Arbeitgeberfreiheit hinsichtlich der Arbeitnehmerauswahl unverhältnismäßig eingegriffen. Es muss dem Arbeitgeber möglich sein, den besten Bewerber einzustellen, der sich aus der Anwendung fachlicher und persönlicher Kriterien ergibt.[140]

bb) Versetzung und Umgruppierung

143 Eine Versetzung ist gem. § 95 Abs. 3 BetrVG die Zuweisung eines anderen Arbeitsbereiches, die voraussichtlich die Dauer von einem Monat überschreitet, oder die mit einer erheblichen Änderung der Umstände verbunden ist, unter denen die Arbeit zu leisten ist. Dabei setzen Auswahlrichtlinien es voraus, dass eine Auswahl zwischen verschiedenen Personen erfolgt.[141] Dies bestreitet Fitting[142] unter Hinweis auf den Wortlaut des § 95 Abs. 2 BetrVG, der nur Richtlinien nennt. Dennoch ist § 95 Abs. 2 BetrVG systematisch auf § 95 Abs. 1 BetrVG bezogen. Daher setzen alle Richtlinien eine Auswahl zwischen verschiedenen Arbeitnehmern voraus, die in der Richtlinie zu regeln ist. Dies gilt auch für Richtlinien über Versetzungen. Zwangsläufig folgt hier-

139 Zu weiteren Beispielen s. Fitting, aaO, § 95 Rn 22.
140 Hierzu auch Thüsing, in: Richardi, aaO, § 95 Rn 26, der eine gleiche Einigung nicht als „unüberwindbare Hürde“ ansieht.
141 HM zu Kündigungen, vgl Thüsing, in: Richardi, aaO, § 95 Rn 37 mvN.
142 Fitting, aaO, § 95 Rn 24.

aus, dass der Anwendungsbereich für Auswahlrichtlinien über Versetzungen eher gering ist.

Dies gilt in noch stärkerem Maße für den Anwendungsbereich von Richtlinien für Umgruppierungen. Denn bei Umgruppierungen wird kaum jemals eine Auswahl zu treffen sein. IÜ greift der weitergehende Mitbestimmungstatbestand des § 87 Abs. 1 Nr. 10 BetrVG ein, zumal der Betriebsrat hiernach auch in Betrieben mit 500 und weniger Arbeitnehmern ein Initiativrecht hat.[143] 144

Hinsichtlich des Inhaltes der Richtlinie gilt grundsätzlich das zur Einstellung Gesagte. Im Gegensatz zur Einstellung wird jedoch der Regelungsschwerpunkt auf sozialen Gesichtspunkten liegen, da Versetzungen, die eine Auswahl zwischen verschiedenen Arbeitnehmern erfordern, häufig betriebliche Ursachen haben werden.[144] 145

cc) Kündigungen

Der häufigste Anwendungsfall des § 95 BetrVG betrifft Kündigungsrichtlinien. Dies beruht darauf, dass Kündigungsrichtlinien auch individualrechtliche Wirkung haben. Denn gem. § 1 Abs. 4 KSchG kann eine Kündigung hinsichtlich der in der Auswahlrichtlinie geregelten Aspekte nur auf grobe Fehlerhaftigkeit überprüft werden. Umgekehrt gilt dies freilich nicht: Eine an sich wirksame Kündigung wird nicht dadurch unwirksam, dass sie gegen eine Auswahlrichtlinie verstößt. Der Arbeitgeber kann daher darlegen, dass die Kündigung gem. § 1 Abs. 3 KSchG sozial gerechtfertigt ist, obwohl ein Verstoß gegen eine Auswahlrichtlinie vorliegt.[145] Darüber hinaus ist eine Auswahl zwischen verschiedenen Arbeitnehmern gerade bei Kündigungen häufig erforderlich. 146

Ihrem Sinn und Zweck nach sollen Auswahlrichtlinien eine Auswahl zwischen verschiedenen Arbeitnehmern regeln. Da bei personen- oder verhaltensbedingten Kündigungen eine Auswahl nicht in Betracht kommt, können Auswahlrichtlinien zu personen- oder verhaltensbedingten Gründen daher jedenfalls in der Einigungsstelle nicht durchgesetzt werden.[146] 147

Der Schwerpunkt einer Kündigungsrichtlinie wird regelmäßig auf der Festlegung sozialer Gesichtspunkte liegen, indem eine Gewichtung der in § 1 Abs. 3 KSchG genannten Kriterien erfolgt. Die Kriterien können auch in einer Punktetabelle geregelt werden.[147] Die Regelungen, die die §§ 1 – 10 AGG aufstellen, sind zu beachten; § 2 Abs. 4 AGG steht nicht entgegen.[148] Darüber hinaus können Leistungsträger gem. § 1 Abs. 3 KSchG aus der Sozialauswahl herausgenommen werden, und/oder können Kriterien hierzu festgelegt werden. Ferner kann eine Regelung über Vergleichsgruppen getroffen werden, da diese Bestandteil der Sozialauswahl ist.[149] 148

143 Thüsing, in: Richardi, aaO, § 95 BetrVG Rn 37.
144 So auch Thüsing, in: aaO, § 95 Rn 32; anders H/S/W/G/N/R/Rose, Kommentar zum Betriebsverfassungsgesetz, 8. Aufl., § 95 Rn 36.
145 BAG, 6.7.2006 – 2 AZR 442/05, NZA 2007, 139-145 = AP Nr. 82 zu § 1 KSchG Soziale Auswahl Nr. 69.
146 HM, s. H/S/W/G/N/R-Rose, aaO, § 53 mvN.; aA Fitting, aaO, § 95 Rn 24; wonach bspw Richtlinien über Tilgungsfristen für Abmahnungen möglich sind.
147 BAG, 26.7.2005 – 1 ABR 29/04, NZA 2005, 1372-1374 = BB 2005, 2819-2822; s. zu Punkteschemata allgemein BAG, 6.11.2008 – 2 AZR 523/07, www.bundesarbeitsgericht.de.
148 BAG, 6.11.2008 – 2 AZR 523/07, www.bundesarbeitsgericht.de.
149 H/S/W/G/N/R/Rose, aaO, § 95 Rn 56.

dd) Verfahrensfragen

149 Außer den benannten materiellen Aspekten können Auswahlrichtlinien formale Fragen regeln.[150] Dies betrifft etwa die Frage nach verwertbaren Unterlagen, oder die Festlegung der Gremien, die für die Auswahl zuständig sind. Soweit zwischen den Betriebsparteien keine Einigung über eine Auswahlrichtlinie erzielt werden kann, kann unter den oben dargelegten Voraussetzungen die Einigungsstelle angerufen werden.

ee) Regelungsbefugnis der Einigungsstelle

150 Die Einigungsstelle unterliegt hinsichtlich ihrer Regelungsbefugnis verschiedenen Grenzen. Zunächst muss einer der genannten mitbestimmten Regelungsgegenstände vorliegen. Darüber hinaus hat die Einigungsstelle die Grundsätze, die § 75 BetrVG für die Behandlung der Betriebsangehörigen aufstellt, zu beachten. Hinsichtlich der Auswahlrichtlinien betrifft dies besonders den Gleichbehandlungsgrundsatz sowie das Benachteiligungsverbot.[151] Ferner ist zwingendes Gesetzesrecht zu beachten, wie bspw die Regelungen des AGG.[152]

151 Ferner regelt § 95 Abs. 2 Satz 1 BetrVG, dass (nur) fachliche, persönliche und soziale Gesichtspunkte Gegenstand der Richtlinie sein können. Diese Begrenzung ist aus systematischen Erwägungen heraus auf Auswahlrichtlinien in Betrieben von 500 und weniger Arbeitnehmern gleichfalls anzuwenden. Darüber hinaus ist zu beachten, dass grundsätzlich der Arbeitgeber das Anforderungsprofil hinsichtlich der Arbeitnehmer bestimmt, deren Einstellung er beabsichtigt. Dies ergibt sich aus der unternehmerischen Entscheidungsfreiheit, die aus Art. 14 GG folgt. Es ist daher grundsätzlich Sache des Arbeitgebers, seine Einstellungsvorstellungen selbst festzulegen. Daher muss dem Arbeitgeber auch unter Geltung der Auswahlrichtlinie ein nutzbares Auswahlermessen verbleiben, wobei dies für alle Tatbestände, die § 95 BetrVG regelt, gilt.[153]

ff) Rechtsfolgen bei einem Verstoß gegen das Mitbestimmungsrecht

152 Wenn der Arbeitgeber bei einer Einstellung, Umgruppierung oder Versetzung gegen die Auswahlrichtlinie verstößt, kann *der Betriebsrat* gem. § 99 Abs. 2 Nr. 2 BetrVG die Zustimmung verweigern. Individualrechtliche Folgen hat dies gleichwohl nicht. Dies folgt aus einem Umkehrschluss aus der Regelung, die § 1 Abs. 4 KSchG für Kündigungen trifft. Denn anders als hinsichtlich Kündigungen wird für die Einstellung, Umgruppierung oder Versetzung keine Regelung getroffen, die individualrechtliche Auswirkungen nahelegt.

153 Einer Kündigung, die gegen eine Auswahlrichtlinie gem. § 95 BetrVG verstößt, kann der Betriebsrat gem. § 102 Abs. 3 Nr. 2 BetrVG widersprechen. Auf Verlangen des Arbeitnehmers muss der Arbeitgeber den Arbeitnehmer nach Ablauf der Kündigungsfrist bis zum rechtskräftigen Abschluss des Rechtsstreit zu unveränderten Arbeitsbedingungen weiterbeschäftigen, wobei das Weiterbeschäftigungsverlangen des Arbeit-

150 Vgl zum Meinungsstand Fitting, aaO, § 95 Rn 21.
151 Fitting, aaO, § 95 Rn 18.
152 Vgl etwa BAG, 6.11.2008 – 2 AZR 523/07, www.bundesarbeitsgericht.de.
153 BAG, 27.10.1992 – 1 ABR 4/92, NZA 1993, 607-613 = DB 1993, 885-887 zu Auswahlrichtlinien bei Versetzungen.

nehmers spätestens am ersten Arbeitstag nach Ablauf der Kündigungsfrist erfolgen muss.

In individualrechtlicher Hinsicht ist § 1 Abs. 4 KSchG von besonderer Bedeutung. 154
Die Bewertung der vier sozialen Grunddaten im Verhältnis zueinander kann bei Vorliegen einer Auswahlrichtlinie nur auf grobe Fehlerhaftigkeit überprüft werden. Für die Vergleichsgruppenbildung sowie die Nichteinbeziehung von Arbeitnehmern gem. § 1 Abs. 3 Satz 2 KSchG („Spezialisten") gilt dagegen die volle Rechtskontrolle.[154] Dennoch hat die Rechtsprechung derartigen Festlegungen eine besondere Richtigkeitsgewähr zuerkannt.[155] Umgekehrt ist in individualrechtlicher Hinsicht eine Kündigung nicht zwingend deswegen unwirksam, weil ein Verstoß gegen eine Auswahlrichtlinie vorliegt. Denn im Einzelfall kann die Sozialauswahl auch dann zutreffend durchgeführt worden sein, wenn dennoch ein Verstoß gegen die Auswahlrichtlinie vorliegt.[156]

▶ **Muster: Spruch der Einigungsstelle** 155

Auswahlrichtlinien bei Kündigungen, die auf dringenden betrieblichen Erfordernissen beruhen[1]

Zwischen

der Firma ..., vertreten durch ...

– Arbeitgeber –

und

dem Betriebsrat der Firma ..., vertreten durch den Vorsitzenden/die Vorsitzende des Betriebsrates

– Betriebsrat –

Aus Vereinfachungsgründen sind mit dem Begriff „Arbeitnehmer" Arbeitnehmerinnen und Arbeitnehmer gleichermaßen gemeint.

§ 1 Sachlicher Geltungsbereich

Die Sozialauswahl bei Kündigungen, die auf dringenden betrieblichen Erfordernissen beruhen, erfolgt gemäß dieser Auswahlrichtlinie.

§ 2 Örtlicher Geltungsbereich

Diese Auswahlrichtlinie gilt für den Betrieb .../gilt für die Betriebe ... der Firma.

§ 3 Persönlicher Geltungsbereich

Die Auswahlrichtlinie gilt für alle Arbeitnehmer mit Ausnahme der Auszubildenden sowie der leitenden Angestellten gemäß § 5 Abs. 3 und Abs. 4 BetrVG.

§ 4 Sozialauswahl

1. Die Sozialauswahl ist betriebsbezogen durchzuführen. Die jeweiligen Betriebe ergeben sich aus § 2.
2. In die Sozialauswahl sind Arbeitnehmer nicht einzubeziehen, deren Weiterbeschäftigung, insbesondere wegen ihrer Kenntnisse, Fähigkeiten und Leistungen im berechtigten betrieblichen Interesse liegt, wobei eine Abwägung gegen das Interesse des sozial schwächeren Arbeitnehmers erfolgt. Zulässige betriebliche Interessen sind insbesondere ...[2] In die soziale Auswahl nach Abs. 1 sind ferner Arbeitnehmer nicht einzubeziehen, deren Weiterbeschäftigung zur Sicherung einer ausgewogenen Personalstruktur des Betriebes im berechtigten

154 Bader, NZA 2004, 75.
155 BAG, 5.12.2002 – 2 AZR 549/01, NZA 2003, 791-795 = AP Nr. 59 zu § 1 KSchG 1969 Soziale Auswahl.
156 BAG, 6.7.2006 – 2 AZR 443/05, NZA 2007, 139-145 AP Nr. 48 zu § 92 BetrVG 1972.

betrieblichen Interesse liegt. Die Bildung von Altersgruppen ist zulässig, soweit sie objektiv und angemessen ist und ein legitimes Ziel verfolgt.[3]

3. Innerhalb des Betriebs sind alle miteinander vergleichbaren Arbeitnehmer einzubeziehen. Vergleichbar sind Arbeitnehmer dann, wenn sie auf der gleichen Hierarchieebene stehen und unter Anwendung des Direktionsrechtes austauschbar sind.[4] Nicht vergleichbar sind folgende Arbeitnehmergruppen ...

§ 5 Kriterien der Sozialauswahl

1. Die Sozialauswahl unter vergleichbaren Arbeitnehmern wird entsprechend der gesetzlichen Auswahlkriterien Dauer der Betriebszugehörigkeit, Lebensalter, Unterhaltsverpflichtungen und Schwerbehinderung[5] durchgeführt.
2. Für die Gewichtung der Daten gilt das nachfolgende Punkteschema[6]:
   a) Dauer der Betriebszugehörigkeit:
   Für jedes Beschäftigungsjahr 1,5 Punkte
   b) Lebensalter:
   Für jedes vollendete Jahr nach dem 18. Lebensjahr 1 Punkt
   c) Unterhaltspflichten:
   - Ehegatte/Eingetragener Lebenspartner 5 Punkte
   - je Kind (nachgewiesen) 7 Punkte

   d) Schwerbehinderung:
   Schwerbehinderung oder Gleichgestellte ab 50 % 11 Punkte

   Es ist berücksichtigt, dass jedes Abwägungselement den Ausschlag geben kann. Ferner ist berücksichtigt, dass es ältere Arbeitnehmer auf dem Arbeitsmarkt bei typisierender Betrachtung schwerer haben als jüngere Arbeitnehmer.[7]
3. Stichtag für die Berechnung ist der ... Es zählen nur die vollendeten Jahre der Betriebszugehörigkeit und des Lebensalters. Dieser Stichtag ist auch maßgeblich für die Ermittlung der Punktezahl der Unterhaltsverpflichtungen. Ein halber Kinderfreibetrag auf der Lohnsteuerkarte zählt mit voller Punktzahl; soweit in der Firma Ehepartner beschäftigt sind, werden beiden die vollen Punktzahlen der Unterhaltsberechtigung zugerechnet.[8] Zugrunde zu legen sind die Angaben, die sich aus der Lohnsteuerkarte ergeben, wenn der Arbeitgeber keinen Anlass zur Annahme hat, dass die dort genannten Daten nicht zutreffen.
4. Die Firma ist berechtigt, auf der Grundlage der vorstehend beschriebenen Punktetabelle eine individuelle Abschlussprüfung hinsichtlich jedes betroffenen Arbeitnehmers durchzuführen. Soweit die Firma aufgrund dieser Abschlussbewertung nachvollziehbar in Übereinstimmung mit den gesetzlichen Voraussetzungen, die § 1 Abs. 3 KSchG regelt, zu einem von oben stehender Punktetabelle abweichendem Ergebnis gelangt, ist die Firma berechtigt, den hiernach betroffenen Arbeitnehmer zu kündigen.[9]

§ 6 Dauer

Diese Betriebsvereinbarung tritt mit Unterzeichnung in Kraft und kann mit der gesetzlichen Frist gekündigt werden.

..................., den ...., den ....

Für den Arbeitgeber: Für den Betriebsrat:

.... ◀

156 Erläuterungen zum Formular „Auswahlrichtlinien bei Kündigungen“:

[1]Nach überwiegender Ansicht ist eine Auswahlrichtlinie nur hinsichtlich Kündigungen zulässig, die auf dringenden betrieblichen Erfordernissen beruhen.[157] Denn eine Auswahlrichtlinie setzt voraus, dass eine *Wahlmöglichkeit* zwischen verschiedenen Arbeitnehmern gegeben ist. Bei Kündigungen, die auf personen- oder verhaltensbe-

157 Thüsing, in: Richardi, aaO, § 95 BetrVG Rn 38; Rose, in: H/S/W/G/N/R/Rose, aaO, § 95 BetrVG Rn 53; aA Fitting, aaO, § 95 Rn 24.

dingten Gründen beruhen, liegen diese Voraussetzungen nicht vor.[158] Hierfür spricht ferner, dass in § 1 Abs. 4 KSchG erleichterte Kündigungsvoraussetzungen nur für eine Auswahlrichtlinie bei betriebsbedingten Kündigungen vorgesehen sind. Daher ist die Einigungsstelle nur für eine Auswahlrichtlinie bei betriebsbedingten Kündigungen zuständig. Soweit der gegenteiligen Auffassung gefolgt wird, kann bspw auf die Musterauswahlrichtlinie bei Klebe/Heilmann, in: Däubner/Kittner/Klebe, Formularbuch zum Betriebsverfassungsgesetz, 3. Auflage 2015, zurückgegriffen werden, die Regelungen zu personen- und verhaltensbedingten Kündigungen vorsieht.

[2]Gem. § 1 Abs. 3 Satz 2 KSchG sind Leistungsträger nicht in die Sozialauswahl einzu- 157
beziehen. An diese gesetzliche Vorschrift ist auch die Einigungsstelle gebunden. Dabei ist das Interesse des sozial schwächeren Arbeitnehmers gegen das betriebliche Interesse an der Herausnahme des Leistungsträgers abzuwägen.[159] Ferner bietet es sich an, die zulässigen betrieblichen Interessen zu beschreiben, was freilich nur möglich ist, wenn der Einigungsstelle hierzu hinreichend Sachverhalt geliefert wird.

[3]Die Sicherung einer ausgewogenen Personalstruktur muss von der Einigungsstelle gleichfalls offengehalten werden, da auch diese Möglichkeit gesetzlich vorgesehen ist. Dabei ist die Bildung von Altersgruppen zulässig, wenn die unterschiedliche Behandlung wegen des Alters objektiv und angemessen ist und ein legitimes Ziel verfolgt. Diese Voraussetzungen sind bspw erfüllt, wenn mittels einer Altersgruppenbildung bei einer Betriebsänderung der Erhalt der Personalstruktur beabsichtigt ist.[160]

[4]Die Einigungsstelle kann bei einer Auswahlrichtlinie über betriebsbedingte Kündigungen auch Regelungen dazu vorsehen, welche Arbeitnehmer vergleichbar sind. Denn hierbei handelt es sich um fachliche Voraussetzungen für eine Auswahl zwischen Arbeitnehmern. Soweit hinreichend Sachverhalt vorgetragen wird, sollte dies durch Benennung konkreter Arbeitnehmergruppen präzisiert werden. In einem etwaigen Kündigungsschutzprozess ist die Vergleichsgruppenbildung dennoch voll überprüfbar, und nicht auf grobe Fehlerhaftigkeit beschränkt. Dies ergibt ein Vergleich der Regelungen, die § 1 Abs. 4 und Abs. 5 KSchG enthalten. Denn § 1 Abs. 4 KSchG schränkt die Überprüfbarkeit auf grobe Fehlerhaftigkeit darauf ein, wie die sozialen Gesichtspunkte im Verhältnis zueinander zu bewerten sind und nimmt daher nur auf die Bewertung der Sozialauswahlkriterien Bezug. § 1 Abs. 5 KSchG dagegen benennt die soziale Auswahl der Arbeitnehmer.[161] Dennoch enthält die präzisierte Regelung eine erste Richtigkeitsgewähr.

[5]Die Einigungsstelle kann nur Kriterien berücksichtigen, die § 1 Abs. 3 Satz 1 KSchG (Dauer der Betriebszugehörigkeit, Lebensalter, Unterhaltspflichten und Schwerbehinderung des Arbeitnehmers) benennt. Dies ergibt sich aus dem Wortlaut des § 1 Abs. 4 KSchG, der seit seiner Neufassung vom 24.12.2003 (Viertes Gesetz für moderne Dienstleistungen am Arbeitsmarkt) die in die Sozialauswahl einzubeziehenden Aspekte mit Geltung ab 1.1.2004 begrenzt hat.[162]

158 Thüsing, in: Richardi, aaO, § 95 BetrVG Rn 37; aA Fitting, aaO, § 95 Rn 24
159 BAG, 12.4.2002 – 2 AZR 706/00, NZA 2003, 42-44 = NJW 2002, 3797-3799.
160 BAG, 6.11.2008 – 2 AZR 523/07, www.bundesarbeitsgericht.de.
161 Vgl ErfK/Oetker, 18. Aufl., § 1 KSchG, Rn 359.
162 Fitting, aaO, § 95 Rn 29.

[6]Punkteschemata sind grundsätzlich zulässig.[163] Gleichwohl ist die Einigungsstelle frei darin zu entscheiden, ob ein Punkteschema vorgesehen werden soll oder nicht. Ein Vorschlag für eine Auswahlrichtlinie ohne Punktesystem findet sich bspw bei Frey/Pulte, Betriebsvereinbarungen in der Praxis, 3. Aufl. 2005, 59f.

[7]Die Punktetabelle beruht auf dem Sachverhalt, die der Entscheidung des Bundesarbeitsgericht vom 6.11.2008, 2 AZR 523/07, www.bundesarbeitsgericht.de, zugrunde lag, und vom Bundesarbeitsgericht gebilligt wurde. Geändert wurde nur, dass vorliegend Schwerbehinderte und Gleichgestellte die gleiche Punktzahl erhalten, da eine Differenzierung insoweit nicht veranlasst erscheint. Selbstverständlich sind auch andere Punkteverteilungen zulässig, vgl bspw BAG, 12.3.2009 – 2 AZR 418/07, juris, wobei nach der oben genannten Entscheidung darauf geachtet werden sollte, dass jedes der Abwägungselemente den Ausschlag geben kann, und besonders das Alter nicht über Gebühr gewichtet wird. Darüber hinaus sind die typischen Interessen junger Familien berücksichtigt. Die Punktetabelle könnte ferner mit einer Altersgruppenbildung kombiniert werden, s. hierzu bspw die Vorgehensweise bei BAG, 6.11.2008 – 2 AZR 523/07, www.bundesarbeitsgericht.de.

[8]Fraglich ist häufig, ob hinsichtlich der Sozialdaten auf die Daten gemäß ELStAM zurückgegriffen werden kann, oder ob eine Umfrage bei den Arbeitnehmern hinsichtlich der Sozialdaten erforderlich ist. Nach einem Urteil des Bundesarbeitsgerichts v. 17.1.2008 – 2 AZR 405/06, NZA-RR 2008, 571-573 = DB 2008, 1688-1689 bietet ELStAM jedenfalls einen wichtigen Anhaltspunkt, auf den der Arbeitgeber grundsätzlich vertrauen darf, wenn er keinen Anlass zur Annahme hat, die dort benannten Daten würden nicht zutreffen.

[9]Grundsätzlich sind Punkteschemata auch dann wirksam, wenn diese keine individuelle Abschlussbewertung vorsehen.[164] Dies gilt gleichwohl nur, wenn der Arbeitgeber zustimmt. Durch einen Spruch der Einigungsstelle dagegen darf dem Arbeitgeber eine solche Abschlussbewertung nicht genommen werden.[165]

158 ▶ **Muster: Spruch der Einigungsstelle**

Auswahlrichtlinien bei Einstellungen

Zwischen

der Firma ..., vertreten durch ...

– Arbeitgeber –

und

dem Betriebsrat der Firma ..., vertreten durch den Vorsitzenden/die Vorsitzende des Betriebsrates

– Betriebsrat –

Aus Vereinfachungsgründen sind mit dem Begriff „Arbeitnehmer" Arbeitnehmerinnen und Arbeitnehmer gleichermaßen gemeint.

---

163 Vgl etwa BAG, 9.11.2006 – 2 AZR 812/05, NZA 2007, 549-552 = DB 2007, 1087- 1089; BAG, 6.11.2008 – 2 AZR 523/07, www.bundesarbeitsgericht.de.

164 BAG, 9.11.2006 – 2 AZR 812/05, AP Nr. 87 zu § 1 KSchG 1969 Soziale Auswahl = NZA 2007, 549-552.

165 Fitting, aaO, § 95 Rn 28.

§ 1 Sachlicher Geltungsbereich

Die Einstellung von Arbeitnehmern im Unternehmen erfolgt gemäß dieser Auswahlrichtlinie.

§ 2 Auswahlkriterien

Diese Richtlinie regelt die bei einer Einstellung zu beachtenden fachlichen und persönlichen Voraussetzungen und sozialen Gesichtspunkte, sowie Verfahrensregeln.

§ 3 Vorabprüfung

1. Vor Einstellung eines externen Arbeitnehmers soll geprüft werden, ob die Stelle mit einem internen Bewerber besetzt werden kann. Bei gleicher Eignung ist dem internen Bewerber der Vorzug zu geben. Darüber hinaus soll die Übernahme Auszubildender vorrangig erfolgen.
2. Die Übernahme eines im Unternehmen befristet beschäftigten Arbeitnehmers in ein unbefristetes Arbeitsverhältnis soll vorrangig vor der Einstellung eines externen Arbeitnehmers vorgenommen werden.
3. Die genannten Regelungen dienen dem Schutz schon beschäftigter Arbeitnehmer, sowie dem Schutz von Auszubildenden.

§ 4 Fachliche Voraussetzungen bei einer Einstellung

Die Eignung der jeweiligen Bewerber wird an der zu übernehmenden Stelle entsprechend dem jeweiligen Stellenprofil/der jeweiligen Stellenausschreibung gemessen. Es sind insbesondere zu beachten:

- Ausbildung bzw Studium sowie abgelegte Prüfungen,
- Für die konkrete Stelle erforderliche Grund- und Spezialkenntnisse,
- Praktische Erfahrungen und Kenntnisse,
- Ergebnisse der Einstellungsgespräche.

§ 5 Persönliche und soziale Voraussetzungen bei einer Einstellung

1. Es sind insbesondere zu beachten:
   - Ergebnis ärztlicher Eignungsuntersuchung und Ergebnis betrieblicher Eignungstests und -prüfungen,
   - Hinweise auf Zuverlässigkeit.
2. Soziale Gesichtspunkte sind nur zu berücksichtigen, wenn zwei gleich geeignete Bewerbungen vorliegen. In diesem Fall hat die Auswahl unter Zugrundelegung der Sozialauswahlkriterien gemäß § 1 Abs. 4 KSchG zu erfolgen. Hierfür ist folgendes Punktesystem zugrunde zu legen:
   a) Dauer der Betriebszugehörigkeit (bei jeweils internen Bewerbungen, sonst b–d):
   Für jedes Beschäftigungsjahr 1,5 Punkte
   b) Lebensalter:
   Für jedes vollendete Jahr nach dem 18. Lebensjahr 1 Punkt
   c) Unterhaltspflichten:
      - Ehegatte/Eingetragener Lebenspartner 5 Punkte
      - je Kind (nachgewiesen) 7 Punkte
   d) Schwerbehinderung:
   Schwerbehinderung oder Gleichgestellte ab 50 % 11 Punkte[1]

§ 6 Verfahrensregeln und Entscheidungsfindung

1. Der Arbeitgeber wird dem Betriebsrat vor jeder Einstellung über seine Planungen berichten, dem Betriebsrat die erforderlichen Bewerbungsunterlagen vorlegen und Auskunft über die Person der Beteiligten sowie deren fachliche und persönliche Eignung geben; darüber hinaus hat er dem Betriebsrat unter Vorlage der erforderlichen Unterlagen Auskunft über die Auswirkungen der geplanten Maßnahme zu geben und die Zustimmung des Betriebsrates zu der geplanten Maßnahme einzuholen. Darüber hinaus wird der Arbeitgeber dem Betriebsrat insbesondere den in Aussicht genommenen Arbeitsplatz und eine etwa vorgesehene Eingruppierung mitteilen.

2. Der Arbeitgeber wird mit dem Betriebsrat die Bewerbungen hinsichtlich ihrer fachlichen und persönlichen Eignung für die jeweilige Stelle beraten, und versuchen, Einvernehmen herzustellen. Hierbei sind die in dieser Betriebsvereinbarung vorgesehenen Kriterien maßgeblich zu berücksichtigen. Wenn zwischen dem Arbeitgeber und dem Betriebsrat keine Einigung über den geeigneten Bewerber erzielt wird, ist der Arbeitgeber berechtigt, die Einstellungsentscheidung bei Berücksichtigung der in dieser Betriebsvereinbarung niedergelegten Bewertungskriterien unter Berücksichtigung billigen Ermessens zu treffen. Bei gleich geeigneten Bewerbern ist eine Auswahl nach oben genannter Punkttabelle vorzunehmen, von der nur aus wichtigem Grund abgewichen werden kann.[2]

§ 7 Dauer

Diese Betriebsvereinbarung tritt mit Unterzeichnung in Kraft und kann mit gesetzlicher Frist gekündigt werden.

..................., den ...., den ....

Für den Arbeitgeber: Für den Betriebsrat:

.... ◀

159 Erläuterungen zum Formular „Auswahlrichtlinien bei Einstellungen“:

[1]Die Beschränkung von sozialen Gesichtspunkten nur auf den Fall, dass zwei gleich geeignete Bewerbungen vorliegen, erscheint sachlich gerechtfertigt. Denn zunächst muss „der beste“ Bewerber gefunden werden. Darüber hinaus erscheint es gerechtfertigt, bei gleicher Eignung zwischen einem externen und internen Bewerber den internen Bewerber vorzuziehen, da eine Sozialauswahl von internen und externen Bewerbern im Gesetz nicht vorgesehen und nicht angelegt ist. Die Sozialauswahl ist daher letztlich auf den Fall beschränkt, dass zwei gleich geeignete interne oder zwei gleich geeignete externe Bewerbungen vorliegen.

160 [2]Der Vergleich von verschiedenen Bewerbern ist besonders schwierig, da die fachlichen und persönlichen Voraussetzungen letztlich nicht vollständig objektivierbar sind. Es ist daher erforderlich, bei einer Nichteinigung dem Arbeitgeber einen Ermessensspielraum zu belassen, wobei der Arbeitgeber freilich eine nachvollziehbare Entscheidung, die billigem Ermessen entspricht, treffen und ggf darlegen muss. Bei gleich geeigneten Kandidaten scheint es sachgerecht, sozialen Gesichtspunkten den Vorrang einzuräumen, wobei hier bspw auf eine Punktetabelle zurückgegriffen werden kann. Gleichfalls sollte auch hier Raum für eine Einzelfallentscheidung bleiben.

161 ▶ **Muster: Spruch der Einigungsstelle**

Auswahlrichtlinien bei Versetzungen

Zwischen

der Firma ..., vertreten durch ...

– Arbeitgeber –

und

dem Betriebsrat der Firma ..., vertreten durch den Vorsitzenden/die Vorsitzende des Betriebsrates

– Betriebsrat –

Aus Vereinfachungsgründen sind mit dem Begriff „Arbeitnehmer“ Arbeitnehmerinnen und Arbeitnehmer gleichermaßen gemeint.

§ 1 Sachlicher Geltungsbereich

Die Auswahl hinsichtlich von Versetzungen, die auf betrieblichen Erfordernissen oder auf personenbedingten Gründen beruhen, erfolgt gemäß dieser Auswahlrichtlinie.[1]

§ 2 Örtlicher Geltungsbereich

Diese Auswahlrichtlinie gilt für den Betrieb .../gilt für Betriebe ... der Firma.

§ 3 Persönlicher Geltungsbereich

Die Auswahlrichtlinie gilt für alle Arbeitnehmer mit Ausnahme der leitenden Angestellten gemäß § 5 Abs. 3 und Abs. 4 BetrVG.

§ 4 Voraussetzung einer Versetzung

Versetzung gemäß dieser Auswahlrichtlinie ist die Zuweisung eines anderen Arbeitsbereichs, die voraussichtlich die Dauer von einem Monat überschreitet oder die mit einer erheblichen Änderung der Umstände verbunden ist, unter denen die Arbeit zu leisten ist. Werden Arbeitnehmer nach der Eigenart ihres Arbeitsverhältnisses üblicherweise nicht ständig an einem bestimmten Arbeitsplatz beschäftigt, so gilt die Bestimmung des jeweiligen Arbeitsplatzes nicht als Versetzung (§ 95 Abs. 3 BetrVG).

§ 5 Versetzung aus personenbedingten Gründen

Arbeitnehmer, die aus personenbedingten Gründen, insbesondere bei Erkrankungen, versetzt werden, sind gegenüber anderen Bewerbern vorrangig zu berücksichtigen, soweit die jeweilige Stelle vom Arbeitnehmer besetzt werden kann, der aus personenbedingten Gründen versetzt werden muss.[2]

§ 6 Betriebsbedingte Versetzungen

1. Die Firma erörtert betriebsbedingte Versetzungen im Rahmen der Personalplanung mit dem Betriebsrat.
2. Die Auswahl der Bewerber erfolgt zunächst auf Grundlage des nachfolgenden Punktesystems:
   a) Die in der Ausschreibung vorausgesetzte Grundqualifikation (zB erfolgreicher Abschluss eines Fachschulstudiums, Erwerb des Facharbeiter- oder Meisterbriefes): max. 10 Punkte
   b) Die im regelmäßigen betrieblichen Beurteilungsverfahren erzielte Leistungsbeurteilung, bezogen auf den Durchschnitt der letzten drei Jahre: max. 10 Punkte
   c) Ergebnis der vom Arbeitgeber erstellen Potenzialanalyse: max. 10 Punkte
   d) berufliche und betriebsbezogene Erfahrungen: max. 10 Punkte
   e) zusätzliche Qualifikationen, die der jeweilige Bewerber aufweist und die für die Arbeitsstelle von Bedeutung werden können: max. 5 Punkte
3. Auf dieser Grundlage nimmt die Firma eine Bewertung vor und berät das Ergebnis mit dem Betriebsrat. Wenn zwischen dem Betriebsrat und der Firma keine Einigung darüber erzielt wird, welcher der geeignete Bewerber ist, entscheidet die Firma nach billigem Ermessen unter Berücksichtigung der oben genannten Kriterien.[3]

§ 7 Zustimmungserfordernis

Das Zustimmungserfordernis gemäß § 99 BetrVG bleibt von dieser Auswahlrichtlinie unberührt.

§ 8 Dauer

Diese Betriebsvereinbarung tritt mit Unterzeichnung in Kraft und kann mit gesetzlicher Frist gekündigt werden.

...................., den ...., den ....

Für den Arbeitgeber: Für den Betriebsrat:

.... ◄

162 Erläuterungen zum Formular „Auswahlrichtlinien bei Versetzungen“:

[1]Eine Auswahlrichtlinie setzt die Auswahl zwischen verschiedenen Arbeitnehmern voraus. Dies ist besonders für Versetzungen aus betrieblichen Gründen oder aus betriebsbedingten Gründen relevant. Bei einer Versetzung aus verhaltensbedingten Gründen ist dagegen eine Auswahl nicht vorzunehmen.

[2]Da bei Auswahlrichtlinien soziale Komponenten Anwendung finden können, kann Arbeitnehmern, die aufgrund personenbedingter Gründe versetzt werden müssen, Vorrang vor anderen Bewerbern eingeräumt werden. Voraussetzung ist gleichwohl, dass der betroffene Arbeitnehmer die Stelle auch besetzen kann, da die Auswahl nicht zu betrieblichen Nachteilen führen soll.

163 [3]Punktesysteme bei Auswahlrichtlinien sind auch in der Einigungsstelle zulässig. Die Einigungsstelle muss dem Arbeitgeber gleichwohl einen Entscheidungsspielraum belassen. Dabei muss der dem Arbeitgeber einzuräumende Spielraum umso größer sein, je undifferenzierter das System ist.[166] Vorliegend wurde deshalb kein starres Punktesystem vorgesehen, sondern ein System, das dem Arbeitgeber bei Nichteinigung die letzte Entscheidung überlässt.

Alternativ könnte die Einigungsstelle betriebsbedingte Versetzungen an die Kriterien, die die Einstellungsrichtlinie, oder an die Kriterien, die die Kündigungsrichtlinie vorsieht, knüpfen, wobei dem Arbeitgeber ein Ermessenspielraum verbleiben muss.

11. §§ 97, 98 BetrVG: Betriebliche Berufsbildung

§ 97 Einrichtungen und Maßnahmen der Berufsbildung

(1) ...

(2) Hat der Arbeitgeber Maßnahmen geplant oder durchgeführt, die dazu führen, dass sich die Tätigkeit der betroffenen Arbeitnehmer ändert und ihre beruflichen Kenntnisse und Fähigkeiten zur Erfüllung ihrer Aufgaben nicht mehr ausreichen, so hat der Betriebsrat bei der Einführung von Maßnahmen der betrieblichen Berufsbildung mitzubestimmen. Kommt eine Einigung nicht zustande, so entscheidet die Einigungsstelle. Der Spruch der Einigungsstelle ersetzt die Einigung zwischen Arbeitgeber und Betriebsrat.

§ 98 Durchführung betrieblicher Bildungsmaßnahmen

(1) Der Betriebsrat hat bei der Durchführung von Maßnahmen der betrieblichen Berufsbildung mitzubestimmen.

(2) ...

(3) Führt der Arbeitgeber betriebliche Maßnahmen der Berufsbildung durch oder stellt er für außerbetriebliche Maßnahmen der Berufsbildung Arbeitnehmer frei oder trägt er die durch die Teilnahme von Arbeitnehmern an solchen Maßnahmen entstehenden Kosten ganz oder teilweise, so kann der Betriebsrat Vorschläge für die Teilnahme von Arbeitnehmern oder Gruppen von Arbeitnehmern des Betriebs an diesen Maßnahmen der beruflichen Bildung machen.

(4) Kommt im Fall des Absatzes 1 oder über die nach Absatz 3 vom Betriebsrat vorgeschlagenen Teilnehmer eine Einigung nicht zustande, so entscheidet die Einigungsstelle. Der Spruch der Einigungsstelle ersetzt die Einigung zwischen Arbeitgeber und Betriebsrat.

(5) ...

(6) Die Absätze 1 bis 5 gelten entsprechend, wenn der Arbeitgeber sonstige Bildungsmaßnahmen im Betrieb durchführt.

166 BAG, 27.10.1992 – 1 ABR 4/92, NZA 1993, 607-613 = DB 1993, 885-887.

Berufsbildung ist die betriebliche, überbetriebliche und außerbetriebliche Ausbildung, Fortbildung und Umschulung der Belegschaftsmitglieder.[167] Soweit sich durch vom Arbeitgeber geplante oder durchgeführte Maßnahmen eine (nachhaltige)[168] Tätigkeitsveränderung beim Arbeitnehmer ergibt, steht dem Betriebsrat gem. § 97 Abs. 2 Satz 1 BetrVG ein Initiativrecht über die Einführung betrieblicher Bildungsmaßnahmen zu.[169] Das Mitbestimmungsrecht ist auf betriebliche Bildungsmaßnahmen beschränkt, erstreckt sich jedoch auf Qualifizierungsziele und Qualifizierungswege.[170] Die insoweit entstehenden betrieblichen Kosten der Bildungsmaßnahme nach § 97 Abs. 2 BetrVG hat der Arbeitnehmer zu tragen.[171] Es handelt sich um betriebliche Kosten.[172] Im Anwendungsbereich des § 98 BetrVG steht dem Betriebsrat ein Mitbestimmungsrecht bei der Durchführung von Maßnahmen der betrieblichen Berufsbildung (Abs. 1, 4), ein Widerspruchs- bzw Abberufungsrecht bei der Bestellung von Ausbildern (Abs. 2, 5) und ein Mitbestimmungsrecht bezüglich der Teilnehmer an Maßnahmen der betrieblichen Berufsbildung (Abs. 3, 4) zu. Dieselben Beteiligungsrechte hat der Betriebsrat auch, wenn der Arbeitgeber sonstige Bildungsmaßnahmen im Betrieb durchführt, worunter Veranstaltungen außerhalb der eigentlichen Berufsbildung zu verstehen sind, zB Fremdsprachenkurse, Lehrgänge für Programmierer, Kurse in Buchführung und Stenografie, Erste-Hilfe-Kurse, Seminare für Arbeits- und Sozialrecht etc.[173] Das Mitbestimmungsrecht des Betriebsrats nach § 98 Abs. 1 BetrVG betrifft nicht das Ob einer Maßnahme der betrieblichen Berufsbildung, sondern nur das Wie einer solchen. Dementsprechend ist auch die Dauer einer Bildungsmaßnahme Gegenstand des Mitbestimmungsrechts des Betriebsrats.[174] Das Mitbestimmungsrecht des Betriebsrats erstreckt sich inhaltlich bei Berufsbildungsmaßnahmen neben ihrer Dauer auch auf Eignungsprüfungen, Lehrinhalte, Regelungen über die Führung von Berichtsheften, Tests und Zeugniserteilung etc.[175] 164

▶ Muster: Vereinbarung über betriebliche Qualifizierung 165

§ 1 Zielsetzung

Die Betriebsvereinbarung dient als Baustein betrieblicher Bildungsmaßnahmen den Interessen von Unternehmen und Betriebsangehörigen. Sie bezweckt die innerbetriebliche berufliche Fortbildung und Umschulung zum Erwerb, der Erhaltung und der Erweiterung der beruflichen Qualifikation sowie der Verbesserung der Personalentwicklung.

§ 2 Geltungsbereich

Die Betriebsvereinbarung gilt für alle Arbeitnehmer und Arbeitnehmerinnen (fortan: Arbeitnehmer) iSd § 5 Abs. 1 BetrVG mit Ausnahme der Auszubildenden und leitenden Angestellten iSd § 5 Abs. 3 BetrVG.

167 BAG, 5.11.1985 – 1 ABR 49/83, AP BetrVG 1972 § 98 Nr. 2; BAG, 23.4.1991 – 1 ABR 49/90, AP BetrVG 1972 § 98 Nr. 7.
168 LAG Hamm, 8.11.2002 – 10 (13) TaBV 59/02, NZA-RR 2003, 543; Wenning-Morgenthaler, B Rn 950.
169 GK-BetrVG/Raab, § 97 Rn 11; Wenning-Morgenthaler, B Rn 948 und 956.
170 FESTL, § 97 BetrVG Rn 24 und 26.
171 FESTL, § 97 BetrVG Rn 30; Wenning-Morgenthaler, B Rn 953.
172 Wenning-Morgenthaler, B Rn 953.
173 Wenning-Morgenthaler, B Rn 966 .
174 BAG, 24.8.2004 – 1 ABR 28/03, AP BetrVG 1972 § 98 Nr. 12.
175 Wenning-Morgenthaler, B 965.

§ 3 Unterrichtungspflicht

Die Arbeitgeberin unterrichtet den Betriebsrat anhand von Unterlagen rechtzeitig und umfassend über die Planung folgender Maßnahmen:

a) Ablauf, Methoden und Inhalt der Maßnahmen der beruflichen Fortbildung und Umschulung,
b) Auswahl und Einsatz der Ausbilder für derartige Maßnahmen,
c) angedachte Teilnehmer,
d) Grundsätze und Verfahren der Beurteilung und Bewertungen der Leistungen der Teilnehmer an den entsprechenden Maßnahmen.

§ 4 Beteiligung des Betriebsrats

1. Dem Betriebsrat steht das Recht zu, binnen 14 Tagen zu den geplanten Maßnahmen Stellung zu nehmen und Gegenvorschläge zu unterbreiten. Bestehen insoweit unterschiedliche Auffassungen, findet innerhalb weiterer zwei Wochen eine abschließende Beratung mit dem Ziel einer gütlichen Einigung statt.
2. Kommt eine Einigung nicht zustande, so entscheidet die Einigungsstelle, soweit dem Betriebsrat ein Mitbestimmungsrecht gem. §§ 97, 98 BetrVG zusteht.

§ 5 Ausschreibung und Kosten der Maßnahmen

1. Die vereinbarten Maßnahmen der beruflichen Fortbildung und Umschulung sind innerbetrieblich auszuschreiben.
2. Die Arbeitgeberin trägt die Kosten der Fortbildungs- und Schulungsmaßnahmen einschließlich eventuell anfallender Kosten der An- und Rückreise sowie Tagesspesen entsprechend der betrieblichen Reisekostenordnung und ggf die Kosten der Unterbringung. Sofern sich durch diese Maßnahmen die Berufschancen der Arbeitnehmer am Arbeitsmarkt verbessern, steht es der Arbeitgeberin frei, die Arbeitnehmer unter Berücksichtigung der insoweit geltenden Rechtssätze an den Kosten im Rahmen von Rückzahlungsvereinbarungen zu beteiligen.

§ 6 Entgeltfortzahlung

Die Arbeitnehmer erhalten für die infolge der Fortbildungs- und Schulungsmaßnahmen ausgefallene Arbeitszeit Entgeltfortzahlung nach den Grundsätzen der Entgeltfortzahlung im Falle der Arbeitsunfähigkeit.

§ 7 Auswahlkriterien

Übersteigt die Anzahl der Anmeldungen an den Fortbildungs- und Umschulungsmaßnahmen die Anzahl der verfügbaren Teilnahmeplätze, bestimmt sich die Reihenfolge der Teilnahme vorrangig nach der Dringlichkeit des betrieblichen Einsatzbedarfes und danach nach der Dauer der Unternehmenszugehörigkeit.

§ 8 Schlussbestimmungen

1. Die Betriebsvereinbarung tritt mit ihrer Unterzeichnung in Kraft.
2. Im Übrigen gelten die gesetzlichen Bestimmungen. ◄

166 Erläuterungen:

Zu § 1:

Der Gegenstand der Betriebsvereinbarung betrifft lediglich einen Ausschnitt betrieblicher Bildungsmaßnahmen nach § 98 Abs. 1 BetrVG. Nicht erfasst wird der Anwendungsbereich des § 97 Abs. 2 Satz 1 BetrVG. Insoweit hätte zum einen die das Mitbestimmungsrecht des Betriebsrats auslösende Maßnahme des Arbeitgebers beschrieben werden müssen. Zum anderen hätte es einer Regelung über den Vergleich der Anforderungsprofile vor und nach der Maßnahme im Hinblick auf die vorausgesetzte Tätigkeitsveränderung bedurft.

Zu §§ 3, 4:

Beide Vorschriften betreffen sowohl die Gegenstände der Mitbestimmung des Betriebsrats als auch das Verfahren zur Realisierung der gleichberechtigten Teilhabe an der Ausgestaltung der Mitbestimmungsrechte.

Zu §§ 5, 6:

Die Kostentragungsregelungen sind Ausdruck des Grundsatzes, dass derjenige die Kosten zu tragen hat, in dessen Sphäre sie anfallen. Die Kosten der Regelung eines mitbestimmungspflichtigen Tatbestandes sind betriebliche Kosten, die dann auch grundsätzlich der Arbeitgeber zu tragen hat. Insoweit handelt es sich um einen Annex zum Mitbestimmungsrecht.[176] Dies gilt auch für das Arbeitsentgelt der teilnehmenden Arbeitnehmer, wenn die Maßnahme während der Arbeitszeit durchgeführt wird. Hinsichtlich der Vereinbarung der individualrechtlichen Rückzahlungsklauseln besteht kein Mitbestimmungsrecht.[177]

Zu § 7:

Mangels Vereinbarung einer Nachwirkung stellt sich die Frage, ob sich eine solche aus der Bezugnahme auf die gesetzlichen Regelungen – vorliegend § 77 Abs. 6 BetrVG – ergibt. Dies hängt zunächst davon ab, ob die Vereinbarung die Qualität einer Betriebsvereinbarung hat oder es sich lediglich um eine Regelungsabsprache handelt. Da vorliegend in der Vereinbarung keine Rechte der Arbeitnehmer begründet werden, handelt es sich um eine Regelungsabrede, der keine Nachwirkung zukommt.[178] Im Übrigen käme jedoch auch einer Betriebsvereinbarung keine Nachwirkung zu. Dem Betriebsrat steht nämlich lediglich ein Mitbestimmungsrecht im Hinblick auf das Wie und nicht auf das Ob, mithin also kein Initiativrecht, zu.

12. § 102 Abs. 6 BetrVG: Vereinbarung über Zustimmung bei Kündigungen

§ 102 Mitbestimmung bei Kündigungen

...

(6) Arbeitgeber und Betriebsrat können vereinbaren, dass die Kündigungen der Zustimmung des Betriebsrats bedürfen und dass bei Meinungsverschiedenheiten über die Berechtigung der Nichterteilung der Zustimmung die Einigungsstelle entscheidet.

Nach § 102 Abs. 6 BetrVG steht es den Betriebsparteien frei, eine (freiwillige) Betriebsvereinbarung über ein Zustimmungserfordernis des Betriebsrats bei Kündigungen einschließlich der Einigungsstelle als Konfliktlösungsorgan zu vereinbaren. Eine solche Betriebsvereinbarung, eine (formlose) Regelungsabrede genügt hierfür nicht,[179] kann weder der Arbeitgeber noch der Betriebsrat erzwingen. Die Betriebsparteien sind sowohl hinsichtlich der inhaltlichen als auch der verfahrensrechtlichen Ausgestaltung einer solchen Vereinbarung vorbehaltlich zwingender höherrangiger Vorgaben (zB § 75 BetrVG) weitgehend frei. Das Zustimmungserfordernis kann auf alle Kündigungen oder nur auf außerordentliche oder betriebsbedingte Kündigungen 167

176 BAG, 5.3.1991 – 1 ABR 41/90, AP BetrVG 1972 § 87 Auszahlung Nr. 11.
177 FESTL, § 97 BetrVG Rn 32.
178 BAG, 3.12.1991 – GS 1/90, AP BetrVG 1972 § 87 Lohngestaltung Nr. 52; FESTL, § 98 BetrVG Rn 12.
179 BAG, 14.2.1978 – 1 AZR 154/76, AP Art 9 GG Arbeitskampf Nr. 60.

erstreckt werden.[180] Vereinbaren die Betriebsparteien ein unbedingtes Zustimmungsverweigerungsrecht, entfällt ein Widerspruch des Betriebsrats nach § 102 Abs. 3 BetrVG und damit auch die Weiterbeschäftigungspflicht des Arbeitgebers nach § 102 Abs. 5 BetrVG.[181] Allgemein tritt das nach § 102 Abs. 6 BetrVG vereinbarte Beteiligungsverfahren an die Stelle des Anhörungsverfahrens nach § 102 BetrVG.[182] Entgegen dem Wortlaut des § 102 Abs. 6 BetrVG ist es nach Auffassung des Bundesarbeitsgerichts[183] nicht zu beanstanden, wenn die Vereinbarung nicht die Zuständigkeit der Einigungsstelle im Konfliktfall vorsieht, sondern den direkten Zugang zum Arbeitsgericht.[184] Das Zustimmungserfordernis lässt die Rechte des betroffenen Arbeitnehmers nach dem KSchG unberührt. Er ist im Beschlussverfahren zur Überprüfung des Spruchs der Einigungsstelle nicht Beteiligter.[185] Es ist weder eine betriebsverfassungsrechtliche Betroffenheit noch eine Beteiligung kraft Gesetzes gegeben.[186]

168 ▶ **Muster: Vereinbarung zu § 102 Abs. 6 BetrVG**

§ 1 Geltungsbereich

1. Diese Betriebsvereinbarung gilt für alle Arbeitnehmer und Arbeitnehmerinnen (fortan: Arbeitnehmer) des Betriebes. Hiervon ausgenommen sind leitende Angestellte iSd § 5 Abs. 3 BetrVG.
2. Das nachstehend vereinbarte Zustimmungserfordernis des Betriebsrats bezieht sich ausschließlich auf außerordentliche und ordentliche Beendigungskündigungen. Das Zustimmungserfordernis gilt für jeden Kündigungsgrund.

§ 2 Zustimmungserfordernis

1. Nach einer Unternehmenszugehörigkeit von 15 Jahren kann das Arbeitsverhältnis gegenüber Arbeitnehmern nur mit Zustimmung des Betriebsrats gekündigt werden.
2. Die Arbeitgeberin hat die Zustimmung beim Betriebsrat nach Maßgabe der für die Anhörung des Betriebsrat gem. § 102 Abs. 1 BetrVG geltenden Kriterien schriftlich zu beantragen. Verweigert der Betriebsrat seine Zustimmung, hat er dies unter Angabe von Gründen innerhalb einer Woche nach Zugang des Antrags der Arbeitgeberin auf Zustimmung dieser schriftlich mitzuteilen. Teilt der Betriebsrat der Arbeitgeberin die Verweigerung seiner Zustimmung nicht innerhalb der Frist ordnungsgemäß mit, so gilt seine Zustimmung als erteilt.
3. Liegt eine ordnungsgemäße Zustimmungsverweigerung des Betriebsrats vor, so kann die Arbeitgeberin die Einigungsstelle zum Zwecke der Ersetzung der Zustimmung anrufen.

§ 3 Schlussbestimmungen

1. Die Betriebsvereinbarung tritt mit ihrer Unterzeichnung in Kraft.

2. Sie kann mit einer Frist von 3 Monaten zum Schluss eines Kalenderjahres, erstmals zum 31.12.20XY, gekündigt werden. Die Betriebsvereinbarung wirkt nicht nach. ◀

---

180 ZB Wenning-Morgenthaler, B Rn 971.
181 BAG, 7.12.2000 – 2 AZR 391/99, AP KSchG 1999 § 1 Betriebsbedingte Kündigung Nr. 113.
182 BAG, 7.12.2000 – 2 AZR 391/99, AP KSchG 1969 § 1 Betriebsbedingte Kündigung Nr. 113.
183 BAG, 21.6.2000 – 4 AZR 379/99, AP BetrVG 1972 § 102 Nr. 121.
184 AA zB FESTL, § 102 BetrVG Rn 126; Wenning-Morgenthaler, B Rn 973.
185 KR/Etzel/Rinck, § 102 BetrVG Rn 366; Wenning-Morgenthaler, B Rn 974.
186 BAG, 28.3.2006 – 1 ABR 59/04, EzA § 83 ArbGG 1979 Nr. 10; Wenning-Morgenthaler, B Rn 974.

Erläuterungen: 169

Zu § 1 Satz 2 :

Die Regelung betrifft den sachlichen Anwendungsbereich der Vereinbarung. Den Betriebsparteien steht es frei, das Zustimmungserfordernis auf alle Kündigungen auszudehnen oder etwa nach Kündigungsart und Kündigungsgrund zu differenzieren.

Zu § 2 Nr. 1:

Die Anbindung des Zustimmungserfordernisses an eine bestimmte Unternehmenszugehörigkeitsdauer ist ebenfalls Ausfluss der Gestaltungsfreiheit der Betriebsparteien. Die häufig anzutreffende Anknüpfung an ein bestimmtes Lebensalter ist im Hinblick auf das AGG je nach konkreter Ausgestaltung problematisch.

Zu § 2 Nr. 2:

Vorliegend handelt es sich um ein so genanntes unbedingtes Zustimmungsverweigerungsrecht mit der Folge, dass der Anwendungsbereich des § 102 BetrVG entfällt.

Zu § 2 Nr. 3:

Wäre in der Vereinbarung die Einigungsstelle nicht als Konfliktlösungsorgan bestimmt, wäre gleichwohl nach Auffassung des Bundesarbeitsgerichts im Zweifel vor Anrufung des Arbeitsgerichts die Entscheidung der Einigungsstelle einzuholen.[187]

Zu § 3 Nr. 2:

Wegen der Freiwilligkeit der Betriebsvereinbarung wirkt sie nach ihrer Beendigung nicht kraft Gesetzes nach. Sofern jedoch die Betriebsparteien eine solche Nachwirkung vereinbaren sollten, wäre die Vereinbarung regelmäßig dahin auszulegen, dass die Nachwirkung auch gegen den Willen einer Seite letztendlich durch Anrufung der Einigungsstelle beendet werden könnte.[188]

13. § 109 BetrVG: Auskunft über wirtschaftliche Angelegenheiten

§ 109 Beilegung von Meinungsverschiedenheiten

Wird eine Auskunft über wirtschaftliche Angelegenheiten des Unternehmens im Sinn des § 106 entgegen dem Verlangen des Wirtschaftsausschusses nicht, nicht rechtzeitig oder nur ungenügend erteilt und kommt hierüber zwischen Unternehmer und Betriebsrat eine Einigung nicht zustande, so entscheidet die Einigungsstelle. Der Spruch der Einigungsstelle ersetzt die Einigung zwischen Arbeitgeber und Betriebsrat. Die Einigungsstelle kann, wenn dies für ihre Entscheidung erforderlich ist, Sachverständige anhören; § 80 Abs. 4 gilt entsprechend. Hat der Betriebsrat oder der Gesamtbetriebsrat eine anderweitige Wahrnehmung der Aufgaben des Wirtschaftsausschusses beschlossen, so gilt Satz 1 entsprechend.

In Unternehmen mit in der Regel mehr als 100 ständig beschäftigten Arbeitnehmern 170 ist ein Wirtschaftsausschuss zu bilden. Diesen Wirtschaftsausschuss hat der Unternehmer rechtzeitig und umfassend über die wirtschaftlichen Angelegenheiten des Unternehmens zu unterrichten.

Wenn dem Wirtschaftsausschuss eine solche Auskunft über wirtschaftliche Angele- 171 genheiten des Unternehmens nicht, nicht rechtzeitig oder nur ungenügend erteilt wird

187 BAG, 28.4.1998 – 1 ABR 43/97, AP BetrVG 1972 § 77 Nachwirkung Nr. 11.
188 BAG, 28.4.1998 – 1 ABR 43/97, AP BetrVG 1972 § 77 Nachwirkung Nr. 11.

und eine Einigung zwischen Unternehmer und Betriebsrat nicht zustande kommt, so kann die Einigungsstelle angerufen werden (§ 109 BetrVG). Wenn ein Spruch der Einigungsstelle ergangen ist, kann der Betriebsrat oder der Gesamtbetriebsrat im Beschlussverfahren die Verurteilung des Unternehmers zur Auskunftserteilung beantragen.[189] Insoweit ist das Einigungsstellenverfahren dem möglichen Klageverfahren vorgeschaltet. Ein Antrag auf Erlass einer einstweiligen Verfügung auf Unterlassung einer vom Arbeitgeber beabsichtigten Maßnahme bis das Verfahren abgeschlossen ist, ist dagegen nicht zulässig. Denn aus § 106 BetrVG folgt nur ein Beratungs- und Unterrichtungsanspruch, dessen weitergehende Sicherung nicht erforderlich ist. Die Regelungen des § 109 BetrVG sind insoweit abschließend.

a) Gegenstand des Einigungsstellenverfahrens

172 Das Einigungsstellenverfahren bezieht sich darauf, dass Auskünfte über Regelungsgegenstände des § 106 BetrVG nicht, nicht rechtzeitig oder nur ungenügend erteilt wurden. Dabei gehören zu den wirtschaftlichen Angelegenheit gem. § 106 Abs. 3 BetrVG insb.:

- die wirtschaftliche und finanzielle Lage des Unternehmens;
- die Produktions- und Absatzlage;
- das Produktions- und Investitionsprogramm;
- Rationalisierungsvorhaben;
- Fabrikations- und Arbeitsmethoden, insb. die Einführung neuer Arbeitsmethoden;
- Fragen des betrieblichen Umweltschutzes;
- die Einschränkung oder Stilllegung von Betrieben oder Betriebsteilen;
- die Verlegung von Betrieben oder Betriebsteilen;
- der Zusammenschluss oder die Spaltung von Unternehmen oder Betrieben;
- die Änderung der Betriebsorganisation oder des Betriebszwecks;
- die Übernahme des Unternehmens, wenn hiermit der Erwerb der Kontrolle verbunden ist, sowie
- sonstige Vorgänge und Vorhaben, welche die Interessen der Arbeitnehmer und/oder des Unternehmens wesentlich berühren können.

Die Auflistung zeigt, dass die wirtschaftlichen Angelegenheiten weit gefasst sind. Darüber hinaus enthält § 106 Abs. 3 BetrVG, wie das Wort „insb.“ zeigt, keine abschließende Auflistung. Ferner enthält § 106 Abs. 3 Nr. 10 BetrVG eine beschränkte Generalklausel.[190]

b) Auskunftsverlangen und Informationserteilung

173 Gem. § 106 Abs. 2 BetrVG hat der Unternehmer den Wirtschaftsausschuss rechtzeitig und umfassend sowie unter Vorlage der erforderlichen Unterlagen über die in § 106 BetrVG benannten Regelungsgegenstände zu unterrichten. Diese Unterrichtungspflicht hat der Unternehmer regelmäßig von sich aus, und ohne Verlangen des Wirtschaftsausschusses zu erfüllen.

189 Fitting, Kommentar zum Betriebsverfassungsgesetz, 28. Aufl., § 109 Rn 12.
190 BAG, 11.7.2000 – 1 ABR 43/99, NZA 2001, 402-406 = DB 2001, 598-600.

Wenn und soweit die Einigungsstelle angerufen werden soll, bestehen darüber hinausgehende Anforderungen. Gem. § 109 Satz 1 BetrVG ist ein (konkretes) Verlangen des Wirtschaftsausschusses erforderlich. Hieraus folgt, dass die Einigungsstelle nur Regelungen über die Erfüllung eines konkreten Auskunftsverlangens des Wirtschaftsausschusses treffen darf. Dagegen ist die Einigungsstelle für die Schaffung dauerhafter, allgemeiner Regelungen über den Umfang der dem Wirtschaftsausschuss zu erteilenden Auskünfte nicht zuständig.[191] 174

Einem durch den Wirtschaftsausschuss oder im Fall des § 109 a BetrVG (Unternehmensübernahme) durch den Betriebsrat gestellten Verlangen über wirtschaftliche Angelegenheiten kommt das Unternehmen nur nach, wenn es den Wirtschaftsausschuss bzw den Betriebsrat rechtzeitig und umfassend informiert. Erfolgt dies nicht, nicht rechtzeitig oder nur ungenügend, kommt die Anrufung einer Einigungsstelle in Betracht. Ob die Information hinreichend ist, muss im Einzelfall anhand Sinn und Zweck des § 106 BetrVG ermittelt werden. Dieser besteht darin, dass der Wirtschaftsausschuss bzw der Betriebsrat „gleichgewichtig und gleichberechtigt mit dem Unternehmer über die wirtschaftlichen Angelegenheiten des Unternehmens beraten" soll.[192] Hierfür ist es erforderlich, dass der Wirtschaftsausschuss so rechtzeitig und umfassend unterrichtet wird, dass der Wirtschaftsausschuss und ggf der Betriebsrat durch seine Stellungnahme und durch eigene Vorschläge noch Einfluss nehmen kann. 175

Zur rechtzeitigen und umfassenden Unterrichtung gehört es auch, die erforderlichen Unterlagen vorzulegen. Hierzu können auch von Dritten angefertigte Unterlagen wie Gutachten einer Unternehmensberatungsfirma, ein Wirtschaftsprüferbericht, Statistiken, Organisationsmodelle und ähnliches gehören.[193] Darüber hinaus sind auch sog. Vorfeldunterlagen vorzulegen.[194] Im Hinblick auf ein Einigungsstellenverfahren ist jedoch zu beachten, dass nur solche Unterlagen in Betracht kommen, die hinsichtlich des konkret gestellten Verlangens erforderlich sind. Insoweit ist der Kreis dieser Unterlagen enger zu ziehen, als es bei § 106 BetrVG der Fall ist. 176

Der Unternehmer kann die Information und die Vorlage erforderlicher Unterlagen verweigern, soweit dadurch Betriebs- und Geschäftsgeheimnisse des Unternehmens gefährdet werden (§ 106 Abs. 2 Satz 1 BetrVG). Auch diese Frage kann Gegenstand eines Einigungsstellenverfahrens sein.[195] Dabei kommt ein Verweigerungsrecht nur dann in Betracht, wenn Betriebs- und Geschäftsgeheimnisse *gefährdet* werden. Dies kann bei einer besonderen Bedeutung einer Tatsache für den Bestand oder die Entwicklung des Unternehmens oder auch bei persönlichen Umständen eines Mitglieds des Wirtschaftsausschusses der Fall sein.[196] Erforderlich ist daher ein wesentlicher Aspekt, der geheim gehalten werden muss, und eine Gefährdungslage, also bspw die konkrete Befürchtung, dass Informationen von Mitgliedern des Wirtschaftsausschusses weitergegeben werden würden.[197] 177

191 ArbG Hamburg, 19.6.2002 – 2 3 BV 1/02, zitiert nach juris.
192 BAG, 11.7.2000 – 1 ABR 43/99, NZA 2001, 402-406 = DB 2001, 598-600.
193 D/K/K-Däubler, 16. Auflage, § 106 Rn 52.
194 LAG Köln, 14.1.2004 – 8 TaBV 72/03, NZA-RR 2004, 32-33 = AP Nr. 18 zu § 106 BetrVG 1972.
195 BAG, 11.7.2000 – 1 ABR 43/99, NZA 2001, 402-406 = DB 2001, 598-600.
196 BAG, 11.7.2000 – 1 ABR 43/99, NZA 2001, 402-406 = DB 2001, 598-600.
197 BAG, 11.7.2000 – 1 ABR 43/99, NZA 2001, 402-406 = DB 2001, 598-600.

178 Eine Erweiterung des § 109 BetrVG findet sich seit kurzem in § 109a BetrVG. Hiernach sind in den Fällen, in denen kein Wirtschaftsausschuss im Unternehmen besteht, der Betriebsrat über die Übernahme des Unternehmens zu unterrichten, wenn hiermit der Erwerb der Kontrolle verbunden ist. Wie § 109a 2. Hs BetrVG zeigt, kann in solchen Fällen der Betriebsrat die Einigungsstelle auch dann anrufen, wenn im Unternehmen kein Wirtschaftsausschuss besteht.

179 Darüber hinaus kann der Wirtschaftsausschuss eine Auskunft über wirtschaftliche Angelegenheiten gem. § 109 BetrVG verlangen, wenn der Betriebsrat oder der Gesamtbetriebsrat „eine anderweitige Wahrnehmung der Aufgaben des Wirtschaftsausschusses" beschlossen hat.

c) Zuständigkeit für die Anrufung der Einigungsstelle

180 Antragsbefugt für ein Einigungsstellenverfahren sind entweder der Betriebsrat oder der Gesamtbetriebsrat. Der Wirtschaftsausschuss dagegen ist nicht antragsberechtigt. Dies folgt daraus, dass der Wirtschaftsausschuss nur Hilfsorgan des Betriebsrats bzw des Gesamtbetriebsrats ist.[198] Der Wirtschaftsausschuss ist am Einigungsstellenverfahren vor diesem Hintergrund auch nicht zu beteiligen.[199]

d) Weitere Voraussetzungen der Anrufung der Einigungsstelle

181 Neben den genannten Aspekten ist weitere Voraussetzung der Anrufung der Einigungsstelle, dass über die Frage der (rechtzeitigen) Information keine Einigung zwischen Unternehmer und Betriebsrat zustande kam. Dies entspricht letztlich den Voraussetzungen, die § 74 Abs. 1 Satz 2 BetrVG hinsichtlich einer gegenseitigen Einlassungs- und Erörterungspflicht aufstellt. Dementgegen lässt das Landesarbeitsgericht Hamm ausreichen, wenn sich eine der beiden Seiten nicht auf Verhandlungen einlässt.[200] Dies entspräche dem Beschleunigungsgrundsatz, der in § 98 ArbGG letztlich geregelt ist. Für die Bestellung der Einigungsstelle genüge es daher, dass der Wirtschaftsausschuss ein Auskunftsbegehren gestellt habe, und dass zwischen Betriebsrat, Gesamtbetriebsrat und dem Unternehmen eine Meinungsverschiedenheit über dessen Berechtigung bestehe. Selbst bei zunächst nicht ausreichenden innerbetrieblichen Verhandlungen könne, soweit unvereinbare Ansichten der Betriebspartner bestünden, nicht noch ein erneuter innerbetrieblicher Einigungsversuch verlangt werden.[201] Dies ist im Hinblick auf die gesetzlichen Regelungen, die § 109 Satz 1 BetrVG und § 74 Abs. 1 Satz 2 BetrVG enthalten, abzulehnen. Darüber hinaus stellt sich regelmäßig erst im Laufe einer ernsthaften Verhandlung heraus, ob sich die jeweiligen Positionen unvereinbar gegenüber stehen oder nicht. Ein ernsthafter Verhandlungsversuch, der gescheitert ist, ist daher auch bei § 109 BetrVG Voraussetzung für die Anrufung der Einigungsstelle.

198 BAG, 7.4.2004 – 7 ABR 41/03, NZA 2005, 311-313 = DB 2004, 1839-1840.
199 LAG Hamm, 18.7.2007 – 10 TaBV 71/07, Rn 44, zitiert nach juris.
200 LAG Hamm, 18.7.2007 – 10 TaBV 71/07, Rn 61, zitiert nach juris.
201 LAG Hamm, 18.7.2007 – 10 TaBV 71/07, Rn 61, zitiert nach juris.

▶ **Muster: Spruch der Einigungsstelle** 182

Wirtschaftsausschuss

1. Der Arbeitgeber ist verpflichtet, dem Ausschuss für wirtschaftliche Angelegenheiten die nachfolgenden Informationen zukommen zu lassen:
   Quartalsweise die Angabe der nach Produkten unterschiedlichen durchschnittlichen Beträge, die dem Vertragspartner für die von diesem zu erbringenden Leistungen bezahlt werden.[1]
2. Der Arbeitgeber hat dem Wirtschaftsausschuss auf dessen konkretes Verlangen vom ... die Zahlen über die Produktions- und Absatzlage nicht rechtzeitig mitgeteilt.[2]
3. Der Arbeitgeber hat den Wirtschaftsausschuss hinsichtlich der Verlegung eines Betriebsteiles nicht/nur ungenügend informiert, da der Arbeitgeber dem Betriebsrat die hierfür erforderlichen Unterlagen nicht vorgelegt hat.[3]
4. Der Arbeitgeber hat den Wirtschaftsausschuss hinsichtlich der wirtschaftlichen und finanziellen Lage des Unternehmens rechtzeitig und hinreichend informiert.[4]

Erläuterung zum Formular „Wirtschaftsausschuss": 183

[1]Dieser Antrag lag der Entscheidung des Bundesarbeitsgerichts vom 11.7.2000, 1 ABR 43/99, NZA 2001, 402-406 zugrunde. Die Entscheidung ist deshalb besonders interessant, weil sie sich mit der Frage befasst, wie „tief" Informationen verlangt werden dürfen. Ferner ist das Urteil aufschlussreich zur Frage, wie konkret Anträge gestellt werden müssen. Ferner darf die Einigungsstelle nur über ein konkretes Auskunftsverlangen entscheiden, das entsprechend der weiten Fassung des § 106 Abs. 3 BetrVG zahlreiche Aspekte umfassen kann.

[2]Eine Einigungsstelle kann auch entscheiden, dass konkret und zulässigerweise verlangte Auskünfte nicht rechtzeitig mitgeteilt wurden, auch wenn dies nur feststellenden Charakter hat. Hiernach kann dann Klage auf Erteilung der gewünschten Auskunft erhoben werden.

[3]Ein Einigungsstellenspruch kann auch über eine ungenügende Erteilung von Informationen, bspw durch Nichtvorlage von Unterlagen, ergehen.

[4]Dieser Beschluss ist sinnvoll wenn und soweit die geforderten Informationen rechtzeitig und hinreichend erteilt wurden.

14. § 112 Abs. 2, 4, 5 BetrVG: Interessenausgleich und Sozialplan

§ 112 Interessenausgleich über die Betriebsänderung, Sozialplan

(1) Kommt zwischen Unternehmer und Betriebsrat ein Interessenausgleich über die geplante Betriebsänderung zustande, so ist dieser schriftlich niederzulegen und vom Unternehmer und Betriebsrat zu unterschreiben. Das Gleiche gilt für eine Einigung über den Ausgleich oder die Milderung der wirtschaftlichen Nachteile, die den Arbeitnehmern infolge der geplanten Betriebsänderung entstehen (Sozialplan). Der Sozialplan hat die Wirkung einer Betriebsvereinbarung. § 77 Abs. 3 ist auf den Sozialplan nicht anzuwenden.

(2) Kommt ein Interessenausgleich über die geplante Betriebsänderung oder eine Einigung über den Sozialplan nicht zustande, so können der Unternehmer oder der Betriebsrat den Vorstand der Bundesagentur für Arbeit um Vermittlung ersuchen, der Vorstand kann die Aufgabe auf andere Bedienstete der Bundesagentur für Arbeit übertragen. Erfolgt kein Vermittlungsersuchen oder bleibt der Vermittlungsversuch ergebnislos, so können der Unternehmer oder der Betriebsrat die Einigungsstelle anrufen. Auf Ersuchen des Vorsitzenden der Einigungsstelle nimmt ein Mitglied des Vorstands der Bundesagentur für Arbeit oder ein vom Vorstand der Bundesagentur für Arbeit benannter Bediensteter der Bundesagentur für Arbeit an der Verhandlung teil.

(3) Unternehmer und Betriebsrat sollen der Einigungsstelle Vorschläge zur Beilegung der Meinungsverschiedenheiten über den Interessenausgleich und den Sozialplan machen. Die Einigungsstelle hat eine Einigung der Parteien zu versuchen. Kommt eine Einigung zustande, so ist sie schriftlich niederzulegen und von den Parteien und vom Vorsitzenden zu unterschreiben.

(4) Kommt eine Einigung über den Sozialplan nicht zustande, so entscheidet die Einigungsstelle über die Aufstellung eines Sozialplans. Der Spruch der Einigungsstelle ersetzt die Einigung zwischen Arbeitgeber und Betriebsrat.

(5) Die Einigungsstelle hat bei ihrer Entscheidung nach Absatz 4 sowohl die sozialen Belange der betroffenen Arbeitnehmer zu berücksichtigen als auch auf die wirtschaftliche Vertretbarkeit ihrer Entscheidung für das Unternehmen zu achten. Dabei hat die Einigungsstelle sich im Rahmen billigen Ermessens insbesondere von folgenden Grundsätzen leiten zu lassen:

1. Sie soll beim Ausgleich oder bei der Milderung wirtschaftlicher Nachteile, insbesondere durch Einkommensminderung, Wegfall von Sonderleistungen oder Verlust von Anwartschaften auf betriebliche Altersversorgung, Umzugskosten oder erhöhte Fahrtkosten, Leistungen vorsehen, die in der Regel den Gegebenheiten des Einzelfalles Rechnung tragen.
2. Sie hat die Aussichten der betroffenen Arbeitnehmer auf dem Arbeitsmarkt zu berücksichtigen. Sie soll Arbeitnehmer von Leistungen ausschließen, die in einem zumutbaren Arbeitsverhältnis im selben Betrieb oder in einem anderen Betrieb des Unternehmens oder eines zum Konzern gehörenden Unternehmens weiterbeschäftigt werden können und die Weiterbeschäftigung ablehnen; die mögliche Weiterbeschäftigung an einem anderen Ort begründet für sich allein nicht die Unzumutbarkeit.

2a. Sie soll insbesondere die im Dritten Buch des Sozialgesetzbuches vorgesehenen Förderungsmöglichkeiten zur Vermeidung von Arbeitslosigkeit berücksichtigen.

3. Sie hat bei der Bemessung des Gesamtbetrages der Sozialplanleistungen darauf zu achten, dass der Fortbestand des Unternehmens oder die nach Durchführung der Betriebsänderung verbleibenden Arbeitsplätze nicht gefährdet werden.

a) Einleitung

184 Die Einigungsstelle ist grundsätzlich hinsichtlich eines **Sozialplans** (§ 112 Abs. 4 Satz 1 BetrVG) *entscheidungsbefugt*, wobei dies nicht ausnahmslos gilt (§ 112 a Abs. 1 und Abs. 2 BetrVG). Für den Abschluss eines **Interessenausgleichs** sollen Unternehmer und Betriebsrat der Einigungsstelle Vorschläge zur Beilegung der Meinungsverschiedenheiten unterbreiten (§ 112 Abs. 3 Satz 1 BetrVG). Die Einigungsstelle hat eine Einigung der Parteien hinsichtlich eines Interessenausgleiches zu versuchen (§ 112 Abs. 3 Satz 2 BetrVG). Wenn eine Einigung nicht gelingt, hat es hierbei sein Bewenden; ein Einigungsstellenspruch hinsichtlich eines Interessenausgleichs ergeht nicht.

aa) Betriebsänderung

185 Die Pflicht zur Vereinbarung eines Sozialplans sowie zu Verhandlungen über einen Interessenausgleich besteht, wenn in Unternehmen mit idR mehr als 20 wahlberechtigten Arbeitnehmern eine Betriebsänderung durchgeführt werden soll, die wesentliche Nachteile für die Belegschaft oder erhebliche Teile der Belegschaft zur Folge haben kann (§ 111 Satz 1 BetrVG). Verschiedene Fallgruppen einer Betriebsänderung sind in § 111 Satz 3 BetrVG aufgezählt. Wenn die Voraussetzungen einer dieser Fallgruppen vorliegen, wird unterstellt, dass es zu wesentlichen Nachteilen für die Belegschaft oder für erhebliche Teile hiervon kommen kann. Ob § 111 Satz 3 BetrVG eine abschließende Aufzählung enthält, ist umstritten.[202] Die besseren Gründe sprechen dafür, die Aufzählung in § 111 Satz 3 BetrVG als abschließend zu sehen. Der Wort-

202 Zum Meinungsstand Annuß, in: Richardi, Betriebsverfassungsgesetz, 16. Aufl., § 111 Rn 41 ff.

laut des § 111 Satz 3 BetrVG legt es wenigstens nahe, dass dort die in § 111 Satz 1 BetrVG genannte Betriebsänderung abschließend definiert sein sollte. Denn ein Hinweis darauf, dass weitere Fallgruppen umfasst sein sollen, ist nicht aufgenommen worden. Ferner sind die Regelungen, die § 111 Satz 3, Nr. 4 und Nr. 5 BetrVG enthalten, weit gefasst, so dass für eine weitere Fallgruppenbildung außerhalb des § 111 Satz 3 BetrVG kein Bedürfnis besteht.

Die erste der Fallgruppen einer Betriebsänderung, die § 111 Satz 3 BetrVG aufzählt, 186
besteht in der Einschränkung oder Stilllegung des ganzen Betriebs oder von wesentlichen Betriebsteilen. Eine Betriebsstilllegung liegt dabei vor, wenn die zwischen Arbeitgeber und Arbeitnehmer bestehende Betriebs- und Produktionsgemeinschaft aufgelöst wird und dies in der Absicht geschieht, den Betriebszweck dauerhaft oder für eine wirtschaftlich nicht unerhebliche Zeit nicht weiterzuverfolgen.[203] Schwieriger ist das Vorliegen einer Betriebseinschränkung zu bestimmen, soweit auf eine Verringerung der sächlichen Betriebsmittel abgestellt wird. Eine allgemein gefasste Definition ist insoweit wenig hilfreich. Vielmehr muss das Vorliegen der Stilllegung eines wesentlichen Betriebsteils im Einzelfall bestimmt werden. Der Abgleich damit, dass in § 111 Satz 3 Nr. 1 BetrVG auch die Stilllegung von wesentlichen Betriebsteilen genannt wird zeigt jedenfalls, dass hohe Anforderungen an die Einschränkung des Betriebs zu stellen sind. Vorübergehende Maßnahmen genügen keinesfalls. Ferner ist eine Einschränkung des Betriebs ohne erhebliche Personalmaßnahmen kaum denkbar.

Bei einer Betriebseinschränkung (nur) wegen Personalabbaus hat die Rechtsprechung 187
dagegen Zahlengrenzen herausgearbeitet, die in der Praxis gut handzuhaben sind. Im Einzelnen liegt eine Betriebsänderung vor, wenn Kündigungen in der nachfolgenden Größenordnung ausgesprochen werden:

In Betrieben mit idR

- 21 – 59 Arbeitnehmern mindestens 6 Arbeitnehmer 188
- 60 – 499 Arbeitnehmern entweder 10 % der Arbeitnehmer o. mehr als 25 Arbeitnehmer
- 500 – 599 Arbeitnehmern mindestens 30 Arbeitnehmer
- über 600 Arbeitnehmern mindestens 5 % der Arbeitnehmer[204]

Gleichwohl begründet das Vorliegen dieser Zahlengrenzen bei einem bloßen Perso- 189
nalabbau die **Sozialplanpflicht** noch nicht ausnahmslos. Vielmehr erfordert eine Sozialplanpflicht gem. § 112 Abs. 4 und Abs. 5 BetrVG jedenfalls Kündigungen im nachfolgenden Umfang (§ 112 a Abs. 1 BetrVG):

203 BAG, 21.6.2001, AP Nr. 50 zu § 15 KSchG 1969 = NZA 2002, 212-216 = DB 2002, 102-104.
204 BAG, 6.12.1988, AP Nr. 26 zu § 111 BetrVG 1972 = NZA 1989, 557- 558 = DB 1989, 883- 884.

190 In Betrieben mit idR:

weniger als 60 Arbeitnehmern	20 % der regelmäßig beschäftigten Arbeitnehmer, mindestens aber 6 Arbeitnehmer
mindestens 60 und weniger als 250 Arbeitnehmern	20 % der regelmäßig beschäftigten Arbeitnehmer oder mindestens 37 Arbeitnehmer
mindestens 250 und weniger als 500 Arbeitnehmern	15 % der regelmäßig beschäftigten Arbeitnehmer oder mindestens 60 Arbeitnehmer
mindestens 500 oder mehr Arbeitnehmern	10 % der regelmäßig beschäftigten Arbeitnehmer, mindestens aber 60 Arbeitnehmer

191 Keine Anwendung finden die §§ 112 Abs. 4 und Abs. 5 BetrVG bei Betrieben eines Unternehmens in den ersten vier Jahren nach seiner Gründung (§ 112 a Abs. 2 Satz 1 BetrVG). Insoweit kann ein Sozialplan nicht erzwungen werden.

192 In die genannten Zahlenwerte werden Aufhebungsverträge, die vom Arbeitgeber aufgrund der Betriebsänderung **veranlasst** wurden, eingerechnet (s. § 17 Abs. 1 Satz 2 KSchG). In zeitlicher Hinsicht sind alle Kündigungen und Aufhebungsverträge im genannten Sinne zu berücksichtigen, die auf einer einheitlichen Planungsentscheidung des Arbeitgebers beruhen.[205] Dabei kann eine einheitliche Planungsentscheidung auch eine stufenweise Durchführung vorsehen. Es ist dann an verschiedenen Indizien festzustellen, ob eine einheitliche Planungsentscheidung vorliegt, oder ob jeweils neu geplant und entschieden wurde. Ein wesentliches Indiz ist ein enger zeitlicher Zusammenhang zwischen mehreren Entlassungswellen dafür, dass eine einheitliche Planung von Anfang an bestanden hat.[206]

193 Soweit die zunächst genannten Zahlengrenzen des § 17 KSchG erfüllt sind, nicht aber die Zahlengrenzen des § 112 a Abs. 1 BetrVG, ist die Einigungsstelle *nicht* hinsichtlich eines Sozialplans entscheidungsbefugt. Es verbleibt wie hinsichtlich des Interessenausgleiches dabei, dass die Einigungsstelle eine Einigung der Parteien zu versuchen hat. Gelingt keine Einigung, hat es mit der Feststellung des Scheiterns einer Einigung über einen Interessenausgleich sein Bewenden. Dies gilt gleichermaßen bei Betrieben in den ersten vier Jahren nach Gründung des Unternehmens (§ 112 a Abs. 2 BetrVG).

194 Eine weitere Fallgruppe der Betriebsänderung ist die Betriebsverlegung oder die Verlegung von wesentlichen Teilen eines Betriebs (§ 111 Satz 3 Nr. 2 BetrVG). Dies setzt eine Verlegung des ganzen Betriebs oder von wesentlichen Betriebsteilen voraus. Dabei muss die Veränderung in örtlicher Hinsicht eine gewisse Erheblichkeit haben. Eine Verlegung eines Betriebs oder eines Betriebsteiles ist daher jede nicht nur geringfügige Veränderung der örtlichen Lage des Betriebs oder des Betriebsteils. Bei einer Verlegung des Betriebs um 4,3 Kilometer wurde die erforderliche Erheblichkeit bejaht, wobei stets die Umstände des Einzelfalls zu betrachten sind.[207]

195 Ferner beinhaltet der Zusammenschluss mit anderen Betrieben oder die Spaltung von Betrieben eine Betriebsänderung (§ 111 Satz 3 Nr. 3 BetrVG). Für einen Zusammen-

205 BAG, 28.3.2006, AP Nr. 12 zu § 112 a BetrVG 1972 = NZA 2006, 932-936 = DB 2006, 1792-1795.
206 BAG, 28.3.2006, AP Nr. 12 zu § 112 a BetrVG 1972 = NZA 2006, 932- 936 = DB 2006, 1792-1795.
207 BAG, 17.8.1982, AP Nr. 11 zu § 111 BetrVG 1972 = NJW 1983, 1870-1871 = DB 1983, 344- 345.

schluss mit anderen Betrieben sind verschiedene Konstellationen denkbar. Bspw liegt ein Zusammenschluss dann vor, wenn ein Betrieb in einen anderen Betrieb vollständig eingegliedert wird. Ferner können mehrere Betriebe so zusammengeschlossen werden, dass bei Untergehen der bisherigen Betriebe ein neuer Betrieb entsteht. Eine Spaltung von Betrieben liegt vor, wenn ein Betrieb in zwei oder mehrere selbständige neue Betriebe aufgeteilt wird und der bisher bestehende Betrieb dabei untergeht. Ob dies auch für Bagatellausgründungen gilt, hat die Rechtsprechung bisher offen gelassen.[208] Erforderlich ist aber eine veräußerungsfähige Einheit, die regelmäßig erstmal einer wirtschaftlich relevanten Größenordnung und damit bei einer abgrenzbaren, eigenständigen Struktur gegeben sein wird. Einer Betriebsspaltung steht es aber jedenfalls nicht entgegen, wenn es sich um einen verhältnismäßig kleinen Betriebsteil handelt.[209]

Ein Betriebsübergang als solcher stellt keine Betriebsänderung gem. § 111 BetrVG dar, da die betriebliche Struktur unverändert bleibt. Häufig werden im Zusammenhang mit Betriebsübergängen gleichwohl Änderungen an der betrieblichen Struktur vorgenommen. Es ist daher im Einzelfall zu prüfen, ob andere Fallgruppen einer Betriebsänderung einschlägig sind. In Betracht kommen besonders § 111 Satz 3 Nr. 4 und Nr. 5 BetrVG. Ein *Teil*betriebsübergang dagegen bedeutet regelmäßig eine Betriebsänderung. Denn bei einem *Teil*betriebsübergang[210] liegt die Spaltung des abgebenden Betriebs vor, wobei dies bei Bagatellausgründungen nicht gilt. Gleichwohl ist eine Betriebsänderung auch bei einem Teilbetriebsübergang nicht zwangsläufig gegeben. Denn entsteht über den Teilbetriebsübergang ein gemeinsamer Betrieb zweier Unternehmen, bleiben die betrieblichen Strukturen letztlich unverändert. Mangels Betriebsspaltung liegt daher keine Betriebsänderung vor. 196

Ferner kann eine Betriebsänderung bei dem Unternehmen erfolgen, das den Betrieb oder den Teilbetrieb aufnimmt. Dies hängt davon ab, ob ein Zusammenschluss mit einem Betrieb oder Betrieben des aufnehmenden Unternehmens erfolgen soll. 197

Eine Betriebsänderung bedeutet es gleichfalls, wenn *grundlegende* Änderungen der Betriebsorganisation, des Betriebszwecks oder der Betriebsanlagen vorliegen, sowie bei Einführung *grundlegend* neuer Arbeitsmethoden und Fertigungsverfahren (§ 111 Satz 3 Nr. 4 und Nr. 5 BetrVG). Wesentlich ist dabei, dass die verschiedenen und generalklauselartigen Regelungstatbestände dadurch begrenzt sind, dass die jeweilige Änderung *grundlegender Art* sein muss. Erforderlich ist stets eine Einzelfallabwägung. Beispiele für eine grundlegende Änderung der Betriebsorganisation sind die Einführung einer Sparten- oder Matrixorganisation, die Umstellung auf ein Profitcen- 198

208 BAG, 10.12.1996, AP Nr. 110 zu § 112 BetrVG 1972 = NZA 1997, 898- 900 = DB 1997, 1416- 1417; ähnlich: LAG Bremen, 21.10.2004, AP Nr. 48 zu § 113 BetrVG 1972 = NZA –RR 2005, 140-142.

209 BAG, 10.12.1996, AP Nr. 110 zu § 112 BetrVG 1972 = NZA 1997, 898- 900 = DB 1997, 1416-1417.

210 Zu den Voraussetzungen des Teilbetriebsüberganges hat der EuGH, Urteil v. 12.2.2009, C-46607 auf Vorlagebeschluss des LAG Düsseldorf – 9 Sa 303/07 –, entschieden, dass einem Teilbetriebsübergang nicht entgegensteht, wenn der Erwerber den Teilbetrieb in einen bestehenden Betrieb eingliedert, und daher die organisatorische Selbständigkeit des erworbenen Teilbetriebs nicht bestehen bleibt. Ferner hat der EuGH, aaO, zum Teilbetrieb mitgeteilt, dass in Art. 1 Abs. 1 b der Richtlinie 2001/22 die Identität einer wirtschaftlichen Einheit als „organisiert[e] Zusammenfassung von Ressourcen zur Verfolgung einer wirtschaftlichen Haupt- oder Nebentätigkeit“ festgelegt sei, und daher nicht „allein das Merkmal der Organisation der übertragenen Einheit, sondern auch das Verfolgen ihrer wirtschaftlichen Tätigkeit“ betont worden wäre. Entscheidend sei daher „die Beibehaltung einer solchen funktionellen Verknüpfung“.

ter-System oder eine Betriebsaufspaltung. Die Änderung des Betriebszwecks ist bspw dann gegeben, wenn ein Produktionsbetrieb in einen Dienstleistungsbetrieb umgestellt wird oder bei einem Produktionsbetrieb nurmehr der Vertrieb belassen, die Produktion aber eingestellt wird und bspw in ein anderes Konzernunternehmen überführt wird. Hilfreich für die Abgrenzung ist dabei die jeweilige Regelung im Gesellschaftsvertrag, die den Zweck (Gegenstand) der Gesellschaft festlegt. Die weiteren drei Fälle einer Betriebsänderung (Einführung grundlegend neuer Arbeitsmethoden, die grundlegende Änderung der Betriebsanlagen und die Einführung grundlegend neuer Fertigungsverfahren) hängen eng zusammen. Bei diesen weit gefassten Fallgruppen ist gleichfalls darauf zu achten, dass nur eine *grundlegende Änderung* eine Betriebsänderung gem. § 111 BetrVG begründet. Solche Änderungen können bei Produktionsbetrieben bspw dann vorliegen, wenn bisher noch manuell erledigte Arbeiten von vollmechanisierten Produktionsanlagen übernommen werden, was regelmäßig zum Wegfall von Arbeitsplätzen führen wird. Hiervon ist aber die fortlaufende Mechanisierung im laufenden Betrieb zu unterscheiden, die den Regelfall bildet, und die keine Betriebsänderung bedingt.

bb) Verfahren vor Anrufung der Einigungsstelle

199 Wenn eine Betriebsänderung vorliegt, ist nachfolgendes Verfahren einzuhalten:

Über eine geplante Betriebsänderung hat der Unternehmer den Betriebsrat rechtzeitig und umfassend zu *unterrichten*.[211] In der Praxis ist es dabei schwer zu bestimmen, welches der richtige Zeitpunkt für die Information ist und welchen Umfang die Informationspflicht hat. Verspätet ist die Information jedenfalls dann, wenn mit der Umsetzung der Betriebsänderung schon begonnen wurde. Vielmehr muss die Information so rechtzeitig erfolgen, dass noch sinnvolle Beratungen geführt werden können. Auf der anderen Seite muss der grundsätzliche Beschluss zur Betriebsänderung gefasst sein und müssen hinreichend präzise Planungen vorliegen; andernfalls ist eine sinnvolle, die anschließende Beratung vorbereitende Information nicht möglich. Die Information muss so umfassend erfolgen, dass der Betriebsrat Art und Umfang der Betriebsänderung sowie etwaige wesentliche Nachteile, die der Belegschaft entstehen können, hinreichend beurteilen kann. Keinen Anspruch hat der Betriebsrat jedoch auf Angabe solcher Daten, die für die Planung keine Rolle gespielt haben.[212] Gem. § 80 Abs. 2 Satz 2 BetrVG sind dem Betriebsrat darüber hinaus auf Verlangen Unterlagen zur Verfügung zu stellen, die er im Hinblick auf die ihm bei einer Betriebsänderung zustehenden Rechte benötigt.[213] Ein Anspruch auf Überlassung der Unterlagen besteht gleichwohl nicht, wenn diese auch dem Unternehmer nicht vorliegen.[214] Ebenso wenig besteht ein Herstellungs- oder ein Verschaffungsanspruch von Unterlagen.[215]

200 An die Phase der Unterrichtung des Betriebsrates schließt sich die *Beratungsphase* an, wobei beide Phasen in der Praxis teils nicht streng getrennt werden. Dabei ist das

211 BAG, 20.4.1982, AP Nr. 15 zu § 112 BetrVG 1972 = DB 1982, 1727-1728.
212 LAG Hamm, 5.3.1986, NZA 1986, 651 – 651 = BB 1986, 1291-1291.
213 H/S/W/G/N/R – Hess, 8. Aufl., § 111 BetrVG, Rn 76.
214 LAG Hamm, 5.3.1986, NZA 1986, 651 – 651 = BB 1986, 1291-1291.
215 LAG München, 24.6.2004 – 3 TaBV 63/03, juris.

„ob“ und das „wie“ der Betriebsänderung zu beraten, sowie ein möglicher Ausgleich oder die Milderung der wirtschaftlichen Nachteile, die in Folge der geplanten Betriebsänderung entstehen können.

Häufig beabsichtigt der Betriebsrat, neben einem rechtlichen Berater einen Sachverständigen für rein wirtschaftliche Aspekte zu diesen Beratungen hinzuzuziehen. In Unternehmen mit mehr als 300 Arbeitnehmern darf der Betriebsrat einen Sachverständigen selbst beauftragen (§ 111 Satz 2 BetrVG). IÜ bleibt es bei dem in § 80 Abs. 3 BetrVG geregelten Verfahren. In jedem Fall muss die Hinzuziehung des Sachverständigen erforderlich sein.[216] Fehlt es an einer Erforderlichkeit, ist der Unternehmer nicht zur Tragung der entstehenden Kosten verpflichtet. Dies ist das Risiko, das der Sachverständige bei einer direkten Beauftragung durch den Betriebsrat trägt. Ggf muss der Sachverständige seinen möglichen Anspruch nach Abtretung des Freistellungsanspruchs durch den Betriebsrat gegen das Unternehmen einklagen. 201

Gegenstand der Beratung durch den Sachverständigen ist der Gegenstand des Interessenausgleichs (ob und wie der Betriebsänderung), nicht die Regelungen des Sozialplans. Denn der Sachverständige soll dem Betriebsrat dabei helfen, die Maßnahme nachvollziehen zu können, und eigene Vorschläge zu unterbreiten.[217] Dies ist nur hinsichtlich des Interessenausgleichs erforderlich. 202

Bei einer Umstrukturierung über mehrere Betriebe stellt sich ferner die Frage, ob (nur) ein Sachverständiger für die gesamte Umstrukturierung, und damit **betriebsübergreifend**, oder ob **betriebsbezogen** mehrere Sachverständige hinzugezogen werden dürfen. Die Beantwortung dieser Frage hängt davon ab, ob der Gesamtbetriebsrat für die Verhandlungen zuständig ist, oder ob dies die jeweiligen örtlichen Betriebsräte sind. Im ersten Fall benötigt nur der Gesamtbetriebsrat einen Berater, womit nur ein Sachverständiger zu beauftragen ist. In den übrigen Fällen können, wenn es erforderlich ist, mehrere Sachverständige beauftragt werden. Darüber hinaus kann nach der Rechtsprechung des BAG[218] die Zuständigkeit Verhandlungen hinsichtlich des Interessenausgleichs und hinsichtlich des Sozialplans zu führen unterschiedlich auf den Gesamtbetriebsrat, bzw auf die örtlichen Einzelbetriebsräte verteilt sein. In solchen Fällen ist nur das Gremium zur Hinzuziehung eines Sachverständigen berechtigt, das über den Interessenausgleich zu verhandeln hat. Denn nur hierfür ist die Hinzuziehung eines Sachverständigen erforderlich und berechtigt. IdR wird dies der Gesamtbetriebsrat sein.[219] 203

Die Hinzuziehung eines Sachverständigen darf die Betriebsänderung nicht unangemessen verzögern. Denn der Sachverständige soll beratend zur Seite stehen und möglicherweise fehlendes Wissen rechtzeitig ergänzen. Wenig geklärt ist, ob eine Einigungsstelle schon dann tätig werden darf, wenn der Sachverständige noch keine oder noch keine abschließende Stellungnahme vorgelegt hat. Dabei wird zu unterscheiden sein: Wenn die Hinzuziehung eines Sachverständigen erforderlich ist, ist zunächst ein 204

216 H/S/W/G/N/R – Hess, § 111 BetrVG, Rn 83 mvN.
217 Fitting, 24. Aufl., § 111 Rn 119.
218 Näheres hierzu unter Fn 1 der Erläuterungen zum Formular „Sozialplan“.
219 BAG, 3.5.2006, AP Nr. 29 zu § 50 BetrVG 1972 = NZA 2007, 1245-1248 = DB 2006, 2410-2412.

angemessener Zeitraum für das Tätigwerden eines Sachverständigen abzuwarten. Dagegen kann ein Einigungsstellenverfahren beginnen, wenn eine unangemessene Verzögerung der Durchführung der Betriebsänderung droht. Dies kann der Fall sein, wenn sich die Stellungnahme des Sachverständigen aus Gründen, die nicht in der Sphäre der beauftragenden Partei liegen, unangemessen verzögert. Ferner kann ein Einigungsstellenverfahren beginnen, wenn abzusehen ist, dass eine Einigung ohne Einigungsstelle nicht ersichtlich ist und die Stellungnahme des Gutachters rechtzeitig während des Einigungsstellenverfahrens fertig wird und diese im Rahmen des Einigungsversuchs in der Einigungsstelle bei den Beratungen berücksichtigt werden kann.

205 Wenn eine Einigung zwischen Unternehmen und Betriebsrat über einen Interessenausgleich oder einen Sozialplan nicht zustande kommt, besteht zunächst für jede Seite die Möglichkeit, den Vorstand der Bundesagentur für Arbeit um Vermittlung zu bitten (§ 112 Abs. 2 Satz 1 BetrVG). Von dieser Möglichkeit wird wenig Gebrauch gemacht.

206 Nach einem Scheitern der Verhandlungen über einen Interessenausgleich und Sozialplan sind beide Parteien berechtigt, die Einigungsstelle anzurufen. Hierfür müssen sich Arbeitgeber und Betriebsrat auf einen Vorsitzenden der Einigungsstelle (in aller Regel ein Arbeitsrichter) sowie auf eine jeweils gleiche Zahl von Beisitzern einigen. IdR werden hierbei zwischen einem und drei Beisitzern auf jeder Seite bestimmt. Erfolgt keine Einigung über die Zuständigkeit der Einigungsstelle, über den Vorsitzenden und/oder die Zahl der Beisitzer, kann die Einigungsstelle gerichtlich bestellt werden. Dabei darf das Arbeitsgericht nur prüfen, ob die Verhandlungen gescheitert sind, und ob die Einigungsstelle offensichtlich unzuständig ist (§ 98 ArbGG). Ob tatsächlich eine Betriebsänderung vorliegt, prüft erst die Einigungsstelle selbst. In gerichtlichen Verfahren über die Einsetzung einer Einigungsstelle wird daher darüber gestritten, ob ein ernsthafter Verhandlungsversuch vor Anrufung der Einigungsstelle unternommen wurde. Ferner wird über den Vorsitzenden, dessen Person für beide Seiten von wesentlicher Bedeutung ist, gestritten. Schließlich ist regelmäßig die Zahl der Beisitzer im Streit, wobei Arbeitgeber meist auf eine geringere Zahl von Beisitzern, der Betriebsrat häufig auf einer größeren Zahl von Beisitzern beharrt.

207 Die Dauer des Rechtsstreits bis zur rechtskräftigen Einsetzung der Einigungsstelle ist von Arbeitsgericht zu Arbeitsgericht unterschiedlich, wobei der Rechtsstreit über zwei Instanzen geführt werden kann. Mit einer Dauer zwischen zwei und fünf Monaten und im Einzelfall auch länger muss gerechnet werden.

b) Zuständigkeitsprüfung der Einigungsstelle

208 Die Einigungsstelle prüft nach ihrer Einsetzung zunächst, ob eine Betriebsänderung vorliegt. Ferner muss die Einigungsstelle abhängig von der jeweiligen Betriebsänderung festlegen, ob ein Spruch hinsichtlich des Sozialplans ergehen muss. Denn wenn der Arbeitsplatzabbau (nur) in einem Personalabbau begründet ist, ist ein Einigungsstellenspruch nur zulässig, wenn die Zahlengrenzen, die § 112 a Abs. 1 BetrVG nennt, überschritten werden. Darüber hinaus ist ein Einigungsstellenspruch bei Betrieben eines Unternehmens in den ersten vier Jahren nach seiner Gründung nicht möglich (§ 112 a Abs. 2 Satz 1 BetrVG). Diese Privilegierung gilt für neu gegründete Unterneh-

men. Unternehmen, die länger als vier Jahre bestehen, und hernach einen neuen Betrieb gründen, kommen nicht in den Genuss dieser Privilegierung.[220] Wird dagegen ein Betrieb auf ein Unternehmen übertragen, das weniger als vier Jahre besteht, so gilt die Privilegierung.[221] Dies ist sachgerecht: Bei einer solchen Übertragung wird für die Arbeitnehmer regelmäßig ein sachlicher Grund für einen Widerspruch gegen den Betriebsübergang vorliegen. Denn der Arbeitsplatz beim neuen Unternehmen ist idR nicht zumutbar, da beim neuen Unternehmen (zunächst) keine Sozialplanpflichtigkeit gelten würde. Die Betriebsparteien oder die Einigungsstelle werden daher regelmäßig Abfindungen für den Fall einer betriebsbedingten Kündigung nach einem etwaigen Widerspruch vorsehen. Die betroffenen Arbeitnehmer haben daher idR die Wahl, gegen Abfindung auszuscheiden oder das Arbeitsverhältnis beim neuen Arbeitgeber fortzuführen. Soweit bei einem Betriebsübergang kein Sozialplan erforderlich ist, weil sich die betrieblichen Strukturen nicht ändern, oder etwa kein Betriebsrat gewählt ist, ist diese Privilegierung des aufnehmenden Unternehmens gleichwohl als vom Gesetzgeber gewollt, zu respektieren. Die Privilegierung gilt aber nicht, wenn die Neugründung eines Unternehmens im bisherigen Unternehmensverbund oder Konzernverbund erfolgt (§ 112 a Abs. 2 Satz 2 BetrVG).[222] Hierdurch sollen missbräuchliche Gestaltungen verhindert werden.

Umstritten ist, zu welchem Zeitpunkt die privilegierende 4-Jahres-Frist des § 112 a 209
Abs. 2 Satz 1 BetrVG abläuft. Denkbar für diesen Zeitpunkt ist die unternehmerische Entscheidung hinsichtlich der Betriebsänderung, die Information des Betriebsrats, der Zeitpunkt des Einigungsstellenspruchs, sowie der Zeitpunkt der geplanten oder der tatsächlichen Betriebsänderung.[223] Dabei ist es vor dem Hintergrund des Zwecks der Privilegierung sachgerecht, auf den Zeitpunkt der Information des Betriebsrats bzw des zuständigen Gremiums abzustellen. Denn zu diesem Zeitpunkt ist die unternehmerische Entscheidung objektivierbar nach außen getreten. Das weitere Verfahren hat das Unternehmen in zeitlicher Hinsicht nicht in der Hand. Darüber hinaus ist ein Abstellen auf einen Einigungsstellenspruch wenig hilfreich, da es zu einem solchen bei Vorliegen der Privilegierung und bei Nichtablauf der vier privilegierenden Jahre nicht kommen kann; erforderlich wäre daher eine fiktive Betrachtung, für die belastbare Voraussetzungen kaum begründet werden können.

c) Verfahren in der Einigungsstelle

Wenn das Verfahren in der Einigungsstelle durchzuführen ist und es feststeht, dass 210
hinsichtlich des Sozialplans ein Spruch ergehen kann, wird es zweckmäßig sein, über den möglichen Abschluss eines Interessenausgleichs und eines Sozialplans gemeinsam zu verhandeln. Dabei haben der Unternehmer und der Betriebsrat Vorschläge zu unterbreiten, und die Einigungsstelle zu versuchen, eine Einigung zu erzielen. Die Eini-

220 BAG, 27.6.2006, AP Nr. 14 zu § 112 a BetrVG 1972 = NZA 2007, 106-110 = DB 2007, 63-64.
221 Fitting, 24. Aufl., §§ 112, 112 a BetrVG, Rn 109 ff, str.
222 Zu den unterschiedlichen Gestaltungsformen bei Umstrukturierungen bspw Fitting, 24. Aufl., §§ 112, 112 a BetrVG, Rn 114.
223 Vgl auch Fitting, 24. Aufl., §§ 112, 112 a BetrVG, Rn 113 mwN.

gungsstelle kann die Beteiligten hinsichtlich der Aufklärung des Sachverhalts zur Vorlage von Unterlagen auffordern, sowie selbst einen Sachverständigen hinzuziehen.[224]

Für beide Betriebsparteien ist es ratsam, das Einigungsstellenverfahren gut vorzubereiten. Es empfiehlt sich, insb. Vorschläge schriftlich einzureichen und Angaben, insb. solche über die mögliche Dotierung des Sozialplans, hinreichend genau zu unterbreiten und ggf nachzuweisen.

211 Soweit in der Einigungsstelle eine Einigung zustande kommt, so ist sie gem. § 112 Abs. 3 Satz 3 BetrVG schriftlich niederzulegen, sowie von den Parteien und vom Vorsitzenden zu unterschreiben. Wenn der Betriebsratsvorsitzende allein unterschreiben soll, ist hierfür ein Beschluss des Betriebsrats erforderlich.[225]

212 Wenn keine Einigung hinsichtlich des Interessenausgleichs und hinsichtlich des Sozialplans möglich ist, trennt sich das Verfahren:

Hinsichtlich des Interessenausgleichs genügt es, dass das Scheitern in der Einigungsstelle festgestellt wird. Nach der Feststellung dieses Scheiterns kann der Unternehmer mit der Durchführung der Betriebsänderung beginnen.[226] Die Voraussetzungen, die für ein Scheitern des Interessenausgleichs vorliegen müssen, sind bisher durch die Rechtsprechung nicht geklärt. In Betracht kommt, dass der Arbeitgeber und der Betriebsrat übereinstimmend das Scheitern feststellen. Ferner ist denkbar, dass Arbeitgeber oder Betriebsrat das Scheitern einseitig erklären. Schließlich ist denkbar, dass der Vorsitzende der Einigungsstelle das Scheitern feststellt.

213 Dabei wird es jedenfalls ausreichend sein, dass beide Betriebsparteien in der Einigungsstelle übereinstimmend erklären, dass sie den Versuch der Vereinbarung eines Interessenausgleichs auch in der Einigungsstelle als gescheitert ansehen. Denn auch in der Einigungsstelle gilt die Dispositionsmaxime, womit die Betriebsparteien Herren des Verfahrens sind. Gleiches gilt, wenn der Einigungsstellenvorsitzende feststellt oder erklärt, dass er keinen Sinn mehr darin sieht, die Einigungsversuche hinsichtlich eines Interessenausgleichs fortzuführen. Denn damit gibt er einer Einigung als neutraler Vermittler keine hinreichende Aussicht auf Erfolg mehr.[227] Schwierig ist dagegen zu beantworten, ob und unter welchen Voraussetzungen eine der Parteien einseitig

224 Fitting, 24. Aufl., §§ 112, 112 a, Rn 40.

225 BAG, 17.2.1981, AP Nr. 11 zu § 112 BetrVG 1972 = NfW 1982, 69-70 = DB 1981, 1414-1414.

226 Das ArbG Berlin hat mit Datum v. 21.2.2006 – 79 Ca 22399/05 in diesem Zusammenhang dem EuGH einen Vorlagebeschluss über verschiedene Fragen vorgelegt. Diese Fragen zielten darauf ab, ob sich hinsichtlich der Voraussetzungen der Durchführung der Betriebsänderung weitere oder andere Voraussetzungen aus der Richtlinie 98/59/EG ergeben. Im Einzelnen wollte das ArbG Berlin geklärt haben, welche Voraussetzungen für den Abschluss des Konsultationsverfahrens gem. § 17 KSchG bestehen, und insoweit insb., ob hierfür auch die Verhandlungen über einen Sozialplan abgeschlossen sein müssen (1. b. des Vorlagebeschlusses). Dies hätte für den Fall einer positiven Beantwortung durch den EuGH auch Auswirkungen darauf, welche Anforderungen hinsichtlich der Einigungsstelle zu stellen sind (vgl ArbG Berlin, 21.2.2006, NZA 2006, 739-743 = ZIP 2006, 962-965; hierzu bspw Steffen/Klumpp, NZA 2006, 703-709). Das Vorabentscheidungsgesuchen zum EuGH wurde durch das ArbG Berlin mit Beschluss vom 26.7.2006 – 37 Ca 8899/06 zurückgenommen. Im Ergebnis sind die vom ArbG Berlin (wohl) angenommenen Auswirkungen der genannten Richtlinie auf § 17 KSchG abzulehnen, da dies mit dem in § 111 BetrVG festgelegten Vorgehen kollidieren würde. Hinsichtlich der Einigungsstelle bleibt es daher bei dem oben beschriebenen Verfahren und den oben beschriebenen Voraussetzungen, vgl. Fitting, aaO, §§ 112, 112 a, Rn 42.

227 So zutreffend Hesse, Festschrift zum 25-jährigen Bestehen der Arbeitsgemeinschaft Arbeitsrecht im deutschen Anwaltsverein, 879, 883.

das Scheitern eines Interessenausgleichs in der Einigungsstelle erklären kann.[228] Es wird vertreten, dass der Arbeitgeber (Fälle, in denen dies der Betriebsrat tun wird, sind kaum denkbar; ansonsten gilt das Nachfolgende entsprechend) in Ausnahmefällen die Verhandlungen einseitig für beendet erklären kann. Dies soll bspw der Fall sein, wenn der Einigungsstellenvorsitzende das Verfahren offensichtlich verzögert.[229] Hierüber hinausgehend wird vertreten, dass der Arbeitgeber das Scheitern erklären kann, wenn der Arbeitgeber seinen Informations- und Beratungspflichten nachgekommen ist, und eine Reihe von Verhandlungsterminen stattgefunden haben.[230] Beides ist zutreffend. Denn aus der gesetzlichen Regelung folgt, dass ein Vorschlag der jeweiligen Partei zu erfolgen hat, und die Einigungsstelle einen Versuch zur Erzielung einer Einigung zu unternehmen hat. Es reicht daher aus, wenn auf dieser Grundlage ein Versuch für einen Interessenausgleich scheitert. Dies kann schon in der ersten Sitzung der Einigungsstelle der Fall sein. Das Scheitern kann bei Vorliegen dieser Voraussetzungen von jeder Partei erklärt werden, da ein Spruch der Einigungsstelle nicht vorgesehen ist. Alternativ kann auch der Einigungsstellenvorsitzende das Scheitern feststellen, wobei dies im Rahmen eines Spruchs über den Sozialplan erfolgen kann.

Wie dargelegt, kommen auch Fallgestaltungen in Betracht, bei denen auch über den 214
Sozialplan kein Einigungsstellenspruch ergeht (§ 112a BetrVG). Wenn es zu keiner Einigung der Betriebspartner über den Sozialplan kommt, gilt hinsichtlich des Sozialplans das für den Interessenausgleich dargestellte Verfahren sowie die Voraussetzungen über ein Feststellen des Scheiterns entsprechend.

Bei einem Scheitern des Interessenausgleichs drohen dem Unternehmen keine Nach- 215
teilsausgleichsansprüche. Die Voraussetzungen des § 113 Abs. 3 BetrVG sind nicht erfüllt, weil ein Interessenausgleich mit dem Betriebsrat versucht wurde. Dabei ist ein ernstlicher Versuch zu verlangen, an welchen schon mangels Nachprüfbarkeit keine allzu hohen Anforderungen gestellt werden dürfen. Ferner greift § 113 Abs. 1 BetrVG schon seinem Wortlaut nach nicht ein, wenn ein Interessenausgleich nicht zustande kam. Denn die Abweichung von einem Interessenausgleich ist nur denkbar, wenn ein solcher vereinbart wurde. Unerheblich ist es, dass das Gesetz den Unternehmer weniger bindet, als wenn er sich mit dem Betriebsrat einigt. Dies ist vom Ermessensspielraum des Gesetzgebers gedeckt.

Anderes als für den Interessenausgleich gilt hinsichtlich des Sozialplans, wenn hier- 216
über ein Einigungsstellenspruch zu ergehen hat: Wenn eine Einigung über den Sozialplan nicht zustande kommt, so entscheidet die Einigungsstelle über die Aufstellung eines Sozialplans im Wege der Zwangsschlichtung (§ 112 Abs. 4 Satz 1 BetrVG). Die Entscheidung erfolgt durch einen Spruch der Einigungsstelle. Eine Begründung der Entscheidung ist im Gesetz nicht vorgesehen, und daher nicht erforderlich.[231] Dennoch ist eine Begründung zweckmäßig, um eine Nachprüfbarkeit zu erleichtern und Auslegungsschwierigkeiten ggf abzumildern. Das Prüfungsprogramm der Einigungsstelle hinsichtlich des Inhaltes eines Sozialplans ist in § 112 Abs. 1 Satz 2 BetrVG ge-

228 Hierfür nach hinreichenden vorhergehenden Bemühungen Hesse, aaO.
229 Fitting, 24. Aufl., §§ 112, 112a, Rn 42.
230 Hesse, aaO.
231 Maschmann, in: Richardi, 16. Aufl., § 76 Rn 108; Fitting, 24. Aufl., § 76 Rn 64.

regelt. Hiernach soll der Sozialplan dem Ausgleich oder der Milderung der wirtschaftlichen Nachteile dienen, die den Arbeitnehmern in Folge der geplanten Betriebsänderung entstehen. In Ausfüllung dieser Regelung legt § 112 Abs. 5 Satz 2 fest, dass die Einigungsstelle unter Berücksichtigung billigen Ermessens entscheiden soll, wobei insb. die im Einzelnen in § 112 Abs. 5 Satz 2 Nr. 1 bis 3 geregelten Grundsätze gelten.

d) Spruch der Einigungsstelle

217 Das Verfahren hinsichtlich des Einigungsstellenspruchs erfolgt so, dass die Beteiligten vorab über ihre Anträge und über den Antrag des Vorsitzenden abstimmen, wobei mit dem am weitestgehenden Antrag begonnen wird. Ein Beschluss ist mit der einfachen Mehrheit der Stimmen der anwesenden Mitglieder zustande gekommen. Der Vorsitzende enthält sich zunächst der Stimme. Häufig kommt es daher zu einem Patt. An der zweiten Abstimmungsrunde hat sich dann der Vorsitzende mit der entscheidenden Stimme, die den Ausschlag gibt, zu beteiligen. Im Übrigen dürfen bei der abschließenden Beratung und Abstimmung nur Mitglieder der Einigungsstelle anwesend sein. Wird dies nicht beachtet, ist der Spruch der Einigungsstelle unwirksam.[232] Die Einigungsstelle zeichnet sich durch Überparteilichkeit aus, und fasst ihre Beschlüsse daher unter angemessener Berücksichtigung der Belange des Betriebs und der betroffenen Arbeitnehmer nach billigem Ermessen. Dem entspricht die Notwendigkeit eines gewissen Abstandes und einer gewissen Unabhängigkeit von den Betriebsparteien.[233]

218 ▶ **Muster: Sozialplan**

Sozialplan

Zwischen

der Firma ..., vertreten durch

– Firma –

und

dem Betriebsrat der Firma ..., vertreten durch den Vorsitzenden/die Vorsitzende ...

– Betriebsrat –[1]

gilt nachfolgender Sozialplan.

Vorbemerkung

Dieser Sozialplan dient zum Ausgleich oder zur Milderung der verursachten Nachteile, die auf der von der Firma ... geplanten Betriebsänderung beruhen. Für die geplante Betriebsänderung wird auf die beigefügten Unterlagen, die den Planungsstand der Firma zum ... wiedergeben, verwiesen.

Die Verhandlungen über einen Interessenausgleich sind am ... vor der Einigungsstelle gescheitert.[2]

§ 1[3] Geltungsbereich

1. Der Sozialplan gilt für Arbeitnehmer der Firma gem. § 5 Abs. 1 BetrVG, die dem Betrieb ... angehören. Auf leitende Angestellte gem. § 5 Abs. 3 und Abs. 4 BetrVG findet der Sozialplan keine Anwendung.

---

232 BAG, 18.1.1994, AP Nr. 51 zu § 76 BetrVG 1973 = NZA 1994, 571-572 = DB 1994, 838-839.
233 BAG, 18.1.1994, AP Nr. 51 zu § 76 BetrVG 1973 = NZA 1994, 571-572 = DB 1994, 838-839.

2. Der Sozialplan findet keine Anwendung auf:
   - Arbeitnehmer, deren Arbeitsverhältnisse aus personen- und/oder verhaltensbedingten Gründen wirksam gekündigt oder aus diesen Gründen einvernehmlich beendet wird,
   - Arbeitnehmer, die ihr Arbeitsverhältnis vor dem ... (= „Stichtag") und bis einschließlich Ablauf des Stichtages selbst gekündigt oder vor dem Stichtag und bis einschließlich Ablauf des Stichtages einen Aufhebungsvertrag abgeschlossen haben,
   - Arbeitnehmer, die vor Ablauf der Kündigungsfrist oder einer vertraglich vereinbarten Auslauffrist ausscheiden,
   - Arbeitnehmer, die ein befristetes Arbeitsverhältnis geschlossen haben, und deren Arbeitsverhältnis aufgrund der Befristung endet,
   - Arbeitnehmer, die ein zumutbares Angebot auf Weiterbeschäftigung ablehnen. Zumutbar ist ein Angebot, wenn funktionelle, materielle und soziale Zumutbarkeit vorliegt.

   Funktionelle Zumutbarkeit ist gegeben, wenn die neue Tätigkeit der bisherigen beruflichen Tätigkeit oder der abgeschlossenen Ausbildung und den beruflichen Kenntnissen und Fähigkeiten des Arbeitnehmers entspricht oder der Arbeitnehmer die erforderliche Qualifikation durch eine von der Firma angebotene sachgerechte und zumutbare Qualifikationsmaßnahme (Zeitraum: maximal ... Monate) zu erwerben in der Lage ist.

   Materielle Zumutbarkeit ist gegeben, wenn die Vergütung des neuen Arbeitsplatzes der des bisherigen Arbeitsplatzes entspricht und der Arbeitnehmer mit gleicher arbeitsvertraglicher durchschnittlicher Wochenarbeitszeit beschäftigt werden kann. Soziale Zumutbarkeit ist gegeben, wenn die persönlichen und familiären Belange des Arbeitnehmers hinsichtlich der Lage der Arbeitszeit, soweit diese von der bisherigen abweicht, angemessen berücksichtigt sind. Ferner sind die Interessen des Arbeitnehmers und der Firma angemessen gegeneinander abzuwägen. Hinsichtlich der Interessen des Arbeitnehmers sind besonders die Kriterien zu berücksichtigen, die gem. § 1 Abs. 3 Satz 1 KSchG von Belang sind.

   Alternativ: Soziale Zumutbarkeit ist gegeben, wenn der neue Arbeitsort vom bisherigen Arbeitsort nicht mehr als ... Kilometer (einfache Wegstrecke, gerechnet nach der schnellsten Wegstrecke des Falk-Routenplaners) entfernt liegt.

§ 2[4] Abfindung

Variante 1:

1. Arbeitnehmer erhalten eine Abfindung, die sich wie folgt berechnet:

   Bruttomonatsvergütung x Faktor ... x Beschäftigungsjahre.

   Beschäftigungsjahre werden zum Austrittsdatum berechnet. *Alternativ*: Für die Berechnung der Beschäftigungsjahre gelten nur vollendete Jahre, berechnet vom Eintritts- und Austrittsdatum.

   Für die Berechnung der Bruttomonatsvergütung gilt das Jahresbrutto des vergangenen Kalenderjahres unter Einbeziehung aller Gehaltsbestandteile (*Alternativ*: unter Zugrundelegung des monatlichen fixen Bruttomonatsgehalts) dividiert durch 12.
2. Der Abfindungsbetrag erhöht sich ferner für jedes zum Stichtag ... auf der Lohnsteuerkarte eingetragene oder in anderer Weise nachgewiesene unterhaltsberechtigte Kind um EUR ... brutto.
3. Der Abfindungsbetrag erhöht sich ferner für am Stichtag ... Schwerbehinderte oder Gleichgestellte um EUR ...
4. Die maximale Abfindung beträgt pro Arbeitnehmer EUR ... brutto.

Variante 2:

1. Arbeitnehmer erhalten eine Abfindung, die sich wie folgt berechnet:

   Betriebszugehörigkeit x Lebensalter x Bruttomonatsentgelt : Divisor

   Für die Berechnung der Bruttomonatsvergütung gilt das Jahresbrutto des vergangenen Kalenderjahres unter Einbeziehung aller Gehaltsbestandteile (*Alternativ*: unter Zugrundelegung des monatlichen fixen Bruttomonatsgehalts) dividiert durch 12.

Betriebszugehörigkeit und Lebensalter bemessen sich nach vollendeten Monaten am Tag des Ausscheidens aus dem Arbeitsverhältnis dividiert durch 12 sowie auf eine Stelle nach dem Komma gerundet.

2. Der Abfindungsbetrag erhöht sich ferner für jedes zum Stichtag ... auf der Lohnsteuerkarte eingetragene oder in anderer Weise nachgewiesene unterhaltsberechtigte Kind um EUR ... brutto.
3. Der Abfindungsbetrag erhöht sich ferner für am Stichtag ... Schwerbehinderte oder Gleichgestellte um EUR ...
4. Die maximale Abfindung beträgt EUR ... pro Arbeitnehmer.

Variante 3:

1. Das Sozialplanvolumen (Summe aller Abfindungen) wird auf EUR ... festgesetzt. Der Abfindungsanspruch des jeweiligen Arbeitnehmers wird unter Zugrundelegung eines Punkteschemas berechnet.
2. Für das Punkteschema gilt was folgt:
   a) Berücksichtigung findet die Betriebszugehörigkeit. Für jedes vollendete Jahr der Betriebszugehörigkeit am Stichtag ... werden folgende Punkte vergeben: ...
   b) Berücksichtigung findet das Lebensalter. Für jedes vollendete Lebensjahr, bezogen auf den Stichtag ..., werden folgende Punkte verteilt: ...
   c) Am Stichtag ... Schwerbehinderte oder Gleichgestellte erhalten zusätzlich folgende Punkte: ...
   d) Für jedes zum Stichtag ... auf der Lohnsteuerkarte eingetragene oder zum Stichtag ... in sonstiger Weise nachgewiesene unterhaltspflichtige Kind erhält der Arbeitnehmer folgende Punkte: ...

   Für die Berechnung der Abfindungszahlung gilt: Die Summe aller Abfindungen (EUR ...) wird durch die Summe aller gem. obenstehender Regelung vergebenen Punkte dividiert. Hieraus errechnet sich ein Punktewert. Die individuelle Abfindungshöhe des jeweiligen Arbeitnehmers errechnet sich aus der Zahl seiner individuellen Punkte multipliziert mit dem so errechneten Punktewert.

   Beispielsrechnung:

   Abfindungssumme = individuelle Punktezahl x Punktewert (EUR ...)

§ 3[5] Leistungen bei Weiterbeschäftigung im Unternehmen/Konzern

(1) Arbeitnehmer, die eine Weiterbeschäftigungsmöglichkeit im Unternehmen/Konzern annehmen, bei denen sich bedingt durch die Betriebsänderung entweder die einfache Wegstrecke zwischen dem Wohnsitz und dem neuen Tätigkeitsort um mehr als ... Kilometer oder, sofern der Arbeitnehmer für die Fahrt zwischen Wohnung und Arbeitsstelle schon bislang nachweislich öffentliche Verkehrsmittel benutzt hat, die Fahrtzeit bei der Benutzung öffentlicher Verkehrsmittel sich um mehr als ... Minuten für eine Wegstrecke verlängert, erhalten nachfolgende Leistungen:

1. Erfolgt ein Wohnungswechsel aufgrund einer Annahme eines Arbeitsplatzes spätestens innerhalb von ... Monaten ab Wechseltermin und liegt der neue Wohnsitz des Arbeitnehmers im Vergleich zum bisherigen räumlich mehr als ... km näher zum neuen Tätigkeitsort, übernimmt die Firma im Zusammenhang mit der Wohnungssuche und dem Wohnungswechsel folgende Leistungen:
   - Durch Beleg nachgewiesene Maklerkosten in Höhe von bis zu ... Monatskaltmieten, höchstens jedoch EUR ... netto und nachgewiesenen Inseratskosten in Höhe von bis zu EUR ...
   - Speditionskosten (inklusive Aus- und Einladen durch die Spedition, aber ohne Ein- und Auspacken) des von der Firma zu beauftragenden Speditionsunternehmens für den Umzug, höchstens jedoch EUR ... netto; bei Nichtinanspruchnahme besteht Anspruch auf die jeweils steuerlich gültige Umzugsauslagenpauschale.
   - Bezahlte Freistellung von 3 Tagen für die Durchführung eines Umzugs.
   - Die Kosten für ein Übergangsappartement in Höhe von bis zu EUR ... monatlich, längstens für einen Zeitraum von ... Monaten oder alternativ und nach Wahl des Arbeitneh-

mers den nachgewiesenen Mietzins für die alte Wohnung bei Anfallen von Doppelmiete trotz nachweislich frühestmöglicher Kündigung des alten Mietverhältnisses, soweit die Miete wegen bestehender Kündigungsfristen für die neue Wohnung „doppelt" gezahlt werden muss, längstens jedoch für ... Monate.

- Einmalige angemessene Reisekostenübernahme ohne Übernachtung für die vom Umzug betroffenen und im Haushalt lebenden Personen zur Wohnungsbesichtigung gegen Nachweis.
- Der Arbeitnehmer hat alle 14 Tage bis zum Umzug Anspruch auf angemessenen Ersatz der Reisekosten für Heimfahrten zum bisherigen standortnahen Wohnort. Dieser Anspruch besteht für max. ... Monate.

2. Die Leistungen hinsichtlich Makler- und Umzugskosten (Speditionskosten bzw Umzugsauslagenpauschale) sind vom Arbeitnehmer (Alternativ: zeitanteilig) zurückzuerstatten, falls der Arbeitnehmer innerhalb von ... Monaten nach Arbeitsaufnahme am neuen Standort durch Eigenkündigung ausscheidet oder wirksam personen- oder verhaltensbedingt gekündigt wird. Der Einwand der Entreicherung ist ausgeschlossen.
3. Bei Arbeitnehmern, die nach Inanspruchnahme von Fahrtkosten für Pendler gem. Abs. 4 ihren Wohnsitz verlegen und Umzugsleistungen gem. Abs. 1 beanspruchen, werden die Fahrtkosten auf die Übernahme oder Erstattung von Umzugskosten mit Ausnahme der ersten ... Monate angerechnet.
4. Behält ein Arbeitnehmer nach Arbeitsaufnahme am jeweiligen neuen Standort seinen bisherigen Wohnsitz bei und verlängert sich seine einfache Wegstrecke zwischen Wohnung und neuem Tätigkeitsort im Vergleich zur bisherigen Wegstrecke um mehr als ... km, maximal ... km, oder verlängert sich bei Benutzung öffentlicher Verkehrsmittel (soweit schon bisher nachweislich öffentliche Verkehrsmittel genutzt wurden), die Fahrtzeit des Arbeitnehmers um mehr als ... Minuten, maximal ... Minuten, für eine Wegstrecke, werden dem Arbeitnehmer für jeden Arbeitstag, an dem er tatsächlich gearbeitet hat, längstens jedoch für die Dauer von ... Monaten ab dem Beginn der Tätigkeit am neuen Tätigkeitsort, die Fahrtkosten gegen Nachweis wie folgt erstattet:
   - bei Benutzung eines privaten PKW:

     neuer Fahrtweg abzüglich alter Fahrtweg (jeweils einfache Wegstrecke) x EUR 0,30 brutto.
   - bei Benutzung öffentlicher Verkehrsmittel:

     Differenz zwischen den Kosten einer Monatskarte für die Benutzung öffentlicher Verkehrsmittel vor und nach Aufnahme der Tätigkeit am neuen Tätigkeitsort.

   Bisheriger Wohnsitz ist dabei derjenige Wohnsitz, den der Arbeitnehmer zum ... als Erstwohnsitz gemeldet hatte. Leistungen enden jedenfalls zu dem Zeitpunkt, zu dem der Arbeitnehmer den Umzug gem. Absatz 1 abgeschlossen hat.

   Eine Fahrtkostenerstattung für Pendler erfolgt nicht, falls die Firma angemessene Transportmittel zur Verfügung stellt.
5. Wegstrecke ist die schnellste Wegstrecke gemäß Falk Routenplaner.

Variante

1. Als Ausgleich für den Mehraufwand an Fahrtzeit und Fahrtkosten erhält jeder Mitarbeiter einen einmaligen Ausgleich, der sich wie folgt berechnet:

   Bis ... km (einfach) EUR ...

   Über ... km bis ... km (einfach) EUR ...

   Über ... km (einfach) EUR ...
2. Die Kilometerzahl berechnet sich nach der Verlängerung des Anfahrtswegs vom bisherigen Wohnort zur künftigen Arbeitsstelle, bezogen auf den kürzesten Weg der Verlängerung. Hierfür wird der Falk-Routenplaner zugrunde gelegt. Bisheriger Wohnsitz ist dabei der Wohnsitz, den der Arbeitnehmer zum ... als Erstwohnsitz gemeldet hatte.
3. Wenn der Arbeitnehmer innerhalb von 12 Monaten nach Arbeitsaufnahme am neuen Arbeitsort ausscheidet, zahlt er den jeweiligen Betrag anteilig, im Verhältnis von 1/12 pro vollem Monat, zurück.

(2) Hinweis: Die vorstehende Regelung kann in entsprechender Anwendung den Schwerpunkt der Nachteilsausgleichsregelung im Zusammenhang mit einer Betriebsverlagerung bilden.

§ 4 Betriebliche Altersversorgung

1. Die Rentenanwartschaften der in der Anlage ... genannten Arbeitnehmer werden unverfallbar gestellt. Alternativ: Die Rentenanwartschaften von Arbeitnehmern, die nachfolgende Kriterien erfüllen ..., werden unverfallbar gestellt. Die jeweiligen Arbeitnehmer verlieren ihre Betriebsrentenansprüche daher mit Beendigung des Arbeitsverhältnisses nicht.
2. Arbeitnehmer, deren Betriebsrenten unverfallbar sind, erhalten mit der Beendigung ihres Arbeitsverhältnisses eine schriftliche Auskunft über den jeweils bestehenden Betriebsrentenanspruch.

§ 5 Kündigung nach Teilbetriebsübergang

Die in der Anlage ... genannten Arbeitnehmer gehen im Wege eines Teilbetriebsüberganges auf die Firma ... über. Diese Arbeitnehmer erhalten daher bei der Firma ... einen zumutbaren Arbeitsplatz. Arbeitnehmer, die dem Teilbetriebsübergang widersprechen und denen nach Widerspruch aus dringenden betrieblichen Gründen gekündigt wird, erhalten daher keine Leistungen aus diesem Sozialplan. Alternativ: erhalten folgende Sozialplanleistungen: ... [beispielsweise reduzierte Sozialplanabfindung]. Alternativ oder zusätzlich: Bei Vorliegen der nachfolgenden Voraussetzungen für einen Härtefall erhält der jeweilige Arbeitnehmer folgende Sozialplanleistungen [volle Sozialplanabfindung]: Teilzeitbeschäftigung bei erheblicher örtlicher Entfernung zwischen dem bisherigen und dem neuen Arbeitsort, oder bei alleinerziehenden Arbeitnehmern.

§ 6[5] Härtefonds

1. Die Firma bildet einen Härtefonds für besondere individuelle Härtefälle mit einem Volumen von EUR ...
2. Arbeitnehmer können bis längstens einen Monat nach Änderung ihrer Arbeitsbedingungen oder nach Beendigung ihres Arbeitsverhältnisses einen Antrag auf Leistungen aus dem Härtefonds stellen. Der Antrag muss schriftlich erfolgen und schriftlich begründet werden. Nachweise, soweit erforderlich, sind beizufügen.
3. Leistungen aus dem Härtefonds erfolgen als Geldzahlungen. Die Leistung ist im Einzelfall auf EUR ... brutto begrenzt.

   Eine Nachschusspflicht der Firma besteht nicht. Dies gilt auch dann, wenn ein Leistungsantrag gestellt wird, dem ein Sachverhalt wie bei einem zuvor positiv beschiedenen Leistungsantrag zu Grunde liegt. Werden die Mittel des Härtefonds nicht verbraucht, wird der verbleibende Betrag an die Firma ausgekehrt. Dies ist spätestens mit Ablauf des ... der Fall. Nach diesem Zeitpunkt eingehende Anträge werden nicht berücksichtigt.
4. Der Härtefonds wird von einer paritätischen Kommission („Kommission") verwaltet. Die Kommission entscheidet verbindlich darüber, ob und in welcher Höhe eine Leistung aus dem Härtefonds gewährt wird.

   Die Firma und der Betriebsrat entsenden je zwei Vertreter in die Kommission, die mit der Mehrheit der einfachen Stimmenzahl entscheidet. Wenn auch nach zwei Abstimmungsrunden keine Mehrheit zustande kommt, gilt der Antrag als abgelehnt *alternativ*: entscheiden abwechselnd die Firma und der Betriebsrat über die Berechtigung des Anspruches/entscheidet die Firma über die Berechtigung des Anspruches *alternativ*: entscheidet das zuständige Arbeitsgericht über die Berechtigung des Anspruches.

§ 7[6] Qualifizierung

Kann ein Arbeitnehmer die Qualifizierung für einen anderen angebotenen Arbeitsplatz im Konzern nur durch ein zumutbares und erforderliches Training erreichen, so veranlasst die Firma auf eigene Kosten die notwendigen Maßnahmen, insbesondere im Rahmen eines etwaig bestehenden internen Trainingsprogramms. Dabei gelten die bisherigen Vergütungsregelungen für die Dauer von max. ... Monaten fort. Etwaige Leistungen von der Agentur für Arbeit werden angerechnet.

§ 8 Allgemeine Sozialplanregelungen

1. Die Abfindungsansprüche entstehen zum Zeitpunkt des Ausspruchs der Kündigung und sind ab diesem Zeitpunkt vererblich. Fälligkeit der Ansprüche tritt mit Beendigung des Arbeitsverhältnisses ein.
2. Erhebt ein Arbeitnehmer Kündigungsschutzklage, tritt die Fälligkeit des Abfindungsbetrags erst mit Beendigung des gerichtlichen Verfahrens ein.
3. Die Abfindungen und Leistungen aus dem Sozialplan sind Bruttobeträge. Für die steuer- und sozialversicherungsrechtliche Behandlung der Zahlungen sind die zum Zahlungszeitpunkt geltenden gesetzlichen Vorschriften maßgebend.
4. Auf die Ansprüche aus dem Sozialplan werden sämtliche Leistungen, die zur Entschädigung von Nachteilen dienen, insb. Beträge, die außergerichtlich oder gerichtlich im Vergleichswege vereinbart oder gerichtlich festgelegt wurden sowie Ansprüche aus individuellen Zulagen angerechnet.
5. Die Firma ist berechtigt, Leistungen aus dem Sozialplan mit eventuellen Eigenansprüchen (Rückerstattungsansprüche, Ansprüche aus Arbeitgeberdarlehen sowie vergleichbare Ansprüche) zu verrechnen.

   Alternativ: Die den in der Anlage ... genannten Arbeitnehmern gewährten Darlehen sind mit der Beendigung des jeweiligen Arbeitsverhältnisses zur Rückzahlung fällig. Die Betriebsparteien sind sich darüber einig, dass der Rückzahlungsanspruch hinsichtlich des Darlehens mit Ansprüchen auf Sozialabfindungen verrechnet werden können. Alternativ: Die Betriebsparteien sind sich darüber einig, dass keine Verrechnung von Darlehensrückzahlungsansprüchen mit Sozialabfindungsansprüchen zulässig sind. Hinsichtlich der jeweiligen Darlehen, die gleichfalls in der Anlage ... genannt sind, gilt die jeweils dort festgelegte Rückzahlungsregelung.

§ 9[7] Vorzeitige Beendigung

Arbeitnehmer können mit Zustimmung der Firma ihr Arbeitsverhältnis unter Einhaltung einer Ankündigungsfrist von einer Woche zum Monatsende vorzeitig beenden. Die Abfindung gemäß § 2 erhöht sich in diesem Fall um 25 %/50 %/75 %/100 % der noch ausstehenden Bruttomonatsgehälter.

§ 10 Rückzahlung

Arbeitnehmer sind in folgenden Fällen zur Rückzahlung der Abfindung in voller Höhe (brutto) verpflichtet:

- wenn sich nachträglich begangene Straftatbestände herausstellen, die die Firma offensichtlich zu einer außerordentlichen verhaltensbedingten Kündigung berechtigt hätten. Es gilt eine Verwirkungsfrist von 6 Monaten ab Beendigung des Arbeitsverhältnisses;
- wenn Arbeitnehmer innerhalb eines Zeitraumes von einem Jahr nach Ausscheiden von der Firma oder einem Konzernunternehmen wieder eingestellt werden. Dies gilt nicht für Betriebsübergänge und bei Erwerb von anderen Unternehmen.

§ 11 Zwischenzeugnis

Jeder Arbeitnehmer erhält auf Verlangen unverzüglich ein wohlwollendes, qualifiziertes Zwischenzeugnis und mit Beendigung des Arbeitsverhältnisses ein hierauf beruhendes Endzeugnis.

§ 12 Inkrafttreten

Dieser Sozialplan tritt mit Beschluss der Einigungsstelle in Kraft. Der Sozialplan gilt bis zur Erfüllung der resultierenden Ansprüche. Eine Nachwirkung ist ausgeschlossen.

§ 13 Maßnahmen im Rahmen einer Transferagentur

Die Firma wird sich an einer Outplacement-Beratung/an einer Existenzgründungsberatung/an einem Profiling pro Arbeitnehmer, dem gegenüber eine Kündigung ausgesprochen wird, in dem Umfang beteiligen, in dem die Kosten durch Erstattung gemäß § 216 a SGB III (50 % der Kosten, höchstens EUR 2.500,00) nicht gedeckt werden. Die Firma ist dabei maximal zu einem Beitrag in Höhe von EUR 2.500,00 pro Arbeitnehmer verpflichtet. Die jeweilige Maßnahme beginnt mit dem ...

§ 14 Schlussbestimmungen

1. Der Sozialplan wird im Betrieb durch Aushang bekannt gemacht.

2. Sollten Bestimmungen dieses Sozialplans unwirksam sein oder werden, bleibt die Vereinbarung iÜ gültig. Anstelle der unwirksamen Bestimmungen werden die Parteien eine solche Regelung vereinbaren, die dem ursprünglich Gewollten möglichst nahe kommt. Dies gilt entsprechend im Fall einer Lücke. ◄

219 Erläuterungen:

Zu[1] Zu den Betriebsparteien des Sozialplans:

Die Einigungsstelle kann „bei Bedarf" gem. § 76 Abs. 1 Satz 1 BetrVG zur Beilegung von Meinungsverschiedenheiten zwischen Arbeitgeber und Betriebsrat, Gesamtbetriebsrat oder Konzernbetriebsrat gebildet werden. Dies gilt auch in Bezug auf einen Interessenausgleich und/oder Sozialplan. Dabei ist für den Abschluss des Interessenausgleichs und Sozialplans idR der örtliche Betriebsrat zuständig, wobei sich die Zuständigkeitsregeln in der Einigungsstelle fortsetzen. Sofern es sich um Maßnahmen handelt, die das ganze Unternehmen oder mehrere Betriebe des Unternehmens betreffen und notwendigerweise nur einheitlich geregelt werden können, fällt das Mitbestimmungsrecht dagegen dem Gesamtbetriebsrat zu.[234] Dies kann bspw bei der Zusammenlegung mehrerer Betriebe eines Unternehmens, bei einem unternehmenseinheitlichen Konzept für mehrere Betriebe oder auch bei einer Stilllegung aller Betriebe des Unternehmens der Fall sein.[235]

220 Dabei ist ferner zwischen der Zuständigkeit für den Abschluss eines Interessenausgleichs und für den Abschluss eines Sozialplans zu unterscheiden: Der Gesamtbetriebsrat ist für den Abschluss eines Interessenausgleichs zuständig, wenn die Angelegenheit das Gesamtunternehmen oder zumindest mehrere Betriebe des Unternehmens betrifft, und die Angelegenheit nicht durch die einzelnen Betriebsräte innerhalb ihrer Betriebe geregelt werden kann.[236] Für den Sozialplan gilt dies nicht zwangsläufig. Die Kompetenz zum Abschluss eines Sozialplans ist keine Annex-Kompetenz zur Zuständigkeit zum Abschluss eines Interessenausgleichs, sondern gesondert zu prüfen, da es sich bei Interessenausgleich und Sozialplan um unterschiedliche Angelegenheiten iSd § 50 Abs. 1 Satz 1 BetrVG handelt.[237] Nach der Rechtsprechung des BAG genügt dabei insb. nicht die betriebsübergreifende Kostenwirksamkeit dafür, die Zuständigkeit des Gesamtbetriebsrats auch für den Abschluss des Sozialplans zu begründen.[238] Kostenregelungen aber sind regelmäßig der wesentliche Gegenstand eines Sozialplans. Der Einzelbetriebsrat wird daher häufig auch dann für den Abschluss eines Sozialplans zuständig sein, wenn die Kompetenz für den Abschluss des Interessenausgleichs beim Gesamtbetriebsrat liegt. In solchen Fällen fällt die Zuständigkeit für den Ab-

234 BAG, 11.12.2001, AP Nr. 22 zu § 50 BetrVG 1972; BAG, 23.10.2002, AP Nr. 26 zu § 50 BetrVG 1972 = ZIP 2003, 1514-1516; BAG, 3.5.2006, AP Nr. 29 zu § 50 BetrVG 1972 = NZA 2007, 1245-1248 = DB 2006, 2410-2412.
235 BAG, 11.12.2001, AP Nr. 22 zu § 50 BetrVG 1972; BAG, 23.10.2002, AP Nr. 26 zu § 50 BetrVG 1972 = ZIP 2003, 1514-1516; BAG, 3.5.2006, AP Nr. 29 zu § 50 BetrVG 1972 = NZA 2007, 1245-1248 = DB 2006, 2410-2412.
236 BAG, 3.5.2006, AP Nr. 29 zu § 50 BetrVG 1972 = NZA 2007, 1245-1248 = DB 2006, 2410-2412.
237 BAG, 3.5.2006, AP Nr. 29 zu § 50 BetrVG 1972 = NZA 2007, 1245-1248 = DB 2006, 2410-2412.
238 BAG, 18.1.1994, AP Nr. 51 zu § 76 BetrVG 1973 = NZA 1994, 571-572 = DB 1994, 838-839.

schluss eines Interessenausgleichs und für den Abschluss eines Sozialplans auseinander.

Dies zugrunde gelegt, kann daher der Interessenausgleich mit dem Gesamtbetriebsrat 221
des Unternehmens, und können verschiedene Sozialpläne mit den jeweiligen örtlichen Betriebsräten zu verhandeln sein. Für die Einigungsstelle bedeutet dies, dass zunächst die Zuständigkeit des Antragstellers zu prüfen ist. Darüber hinaus sind verschiedene Einigungsstellenverfahren hinsichtlich des Interessenausgleichs und hinsichtlich des jeweiligen Sozialplans denkbar, wenn die Zuständigkeiten auseinanderfallen. Wenn sich alle beteiligten Parteien einig sind, kann gleichwohl hinsichtlich der verschiedenen Regelungsgegenstände, also hinsichtlich des Interessenausgleichs und der verschiedenen Sozialpläne, **ein** Einigungsstellenverfahren durchgeführt werden. Dies folgt schon daraus, dass eine Einigungsstelle auch freiwillig eingerichtet werden könnte. Gem. § 76 Abs. 6 Satz 2 sollten sich die Parteien in diesem Fall vorsorglich im Voraus dem Spruch der Einigungsstelle unterwerfen. Gegen den Willen auch nur einer Betriebspartei ist dieses Vorgehen gleichwohl nicht möglich. Widerspricht daher eine der Parteien einem solchen Vorgehen, ist in verschiedenen Einigungsstellen über Interessenausgleich und Sozialplan oder verschiedene Sozialpläne zu verhandeln.

Um solche Zuständigkeitsfragen zu vermeiden, sollte der Arbeitgeber im Zweifel im 222
Vorhinein die in Frage kommenden Betriebsratsgremien mit der Aufforderung zur Klärung der Zuständigkeit anschreiben. Soweit die Einzelbetriebsräte (ggf vorsorglich) den Gesamtbetriebsrat mit der Wahrnehmung des Mitbestimmungsrechts betrauen, so ist dies als Beauftragung gem. § 50 Abs. 2 BetrVG wirksam. Eine Beauftragung der Einzelbetriebsräte durch den Gesamtbetriebsrat ist dagegen nicht möglich, da dies im Gesetz nicht vorgesehen ist.[239] Nach der Rechtsprechung des BAG dürfte sich aber in solchen Fällen ohnehin eine Zuständigkeit der Einzelbetriebsratsgremien ergeben. Denn es wird sich regelmäßig zeigen, dass eine Regelung in den Einzelbetriebsräten möglich war. Darüber hinaus kann dem Arbeitgeber jedenfalls nicht der Vorwurf einer Verletzung von Mitbestimmungsrechten gemacht werden. Im Ergebnis kann daher über eine Aufforderung eine Klärung der Zuständigkeiten erreicht werden. Hieran ist auch die Einigungsstelle gebunden.

Zu[2] Zum Regelungsgegenstand des Sozialplans: 223

Das Scheitern der Verhandlungen über einen Interessenausgleich kann Teil des Einigungsstellenspruchs sein. Regelungen, die Gegenstand eines Interessenausgleichs sein müssten, dürfen aber nicht in einen Einigungsstellenspruch über einen Sozialplan aufgenommen werden, da die Einigungsstelle insoweit nicht entscheidungsbefugt ist. Dies betrifft etwa die Regelung zum zeitlich befristeten Verbot, betriebsbedingte Kündigungen auszusprechen. Auch Regelungen zu einer Namensliste und auch zu einer Turboprämie – Turboprämien sind über kollektive Regelungen **außerhalb** des Sozialplans zu vereinbaren[240] – sind im Sozialplan nicht zulässig.

239 BAG, 24.1.1996, AP NR. 16 zu § 50 BetrVG 1972 = NZA 1996, 1107-1110 = BB 1996, 2093-2095.
240 BAG, 3.5.2006, AP Nr. 17 zu § 612 a BGB = NZA 2006, 1420-1422 = DB 2006, 2638-2639.

224 Zu[3] Geltungsbereich des Sozialplans:

Regelmäßig wird der Geltungsbereich eines Sozialplans sowohl bei einer Vereinbarung der Betriebsparteien als auch bei einem Spruch der Einigungsstelle hinsichtlich der Anspruchsberechtigten eingeschränkt. Dies dient der Rechtsklarheit und stellt sicher, dass die gewünschte Zielgruppe Ansprüche stellen kann.

225 Leitende Angestellte sind von Vereinbarungen zwischen dem Arbeitgeber und dem Betriebsrat von vornherein nicht umfasst, da leitende Angestellte durch den Sprecherausschuss vertreten werden (§ 1 SprAuG). Ggf müssen, wenn ein Sprecherausschuss gewählt ist, mit diesem Verhandlungen aufgenommen werden. Auch aus dem Gleichheitsgrundsatz folgt nicht, dass leitende Angestellte in einen Sozialplan einbezogen werden müssen, den das Unternehmen und der Betriebsrat verhandeln.[241] Gleichwohl sollte klargestellt werden, dass leitende Angestellte in die jeweilige Vereinbarung nicht einbezogen sind. Es bietet sich ohnehin an, Sozialpläne ausführlich zu formulieren, da dies dem Informationsinteresse der betroffenen Arbeitnehmer entgegenkommt.

226 Darüber hinaus können Arbeitnehmer von Sozialplanleistungen ausgenommen werden, deren Arbeitsverhältnis aus personen- und/oder verhaltensbedingten Gründen gekündigt wurde. Dies folgt schon daraus, dass die Betriebsänderung für die Beendigung des Arbeitsverhältnisses nicht ursächlich war. Ferner ist die Ungleichbehandlung jedenfalls sachlich gerechtfertigt, da diese nach dem Zweck der Leistung – Zahlungen nur für Arbeitnehmer, die von der Betriebsänderung betroffen sind – geboten ist.[242] Zweifelhaft kann dies dann sein, wenn eine verhaltensbedingte, ordentliche Kündigung das Arbeitsverhältnis zum gleichen Zeitpunkt und/oder zu einem späteren Zeitpunkt beenden würde, als dies aufgrund einer betriebsbedingten Kündigung, die auf einer Betriebsänderung beruht, der Fall wäre. Dennoch ist auch in dieser Konstellation ein Ausschluss zulässig, da das Arbeitsverhältnis auch ohne die Betriebsänderung gekündigt worden wäre.

227 Ferner ist es grundsätzlich zulässig, Arbeitnehmer von Leistungen des Sozialplans auszuschließen, die ihr Arbeitsverhältnis selbst kündigen oder einen Aufhebungsvertrag mit dem Arbeitgeber schließen. Nach ständiger Rechtsprechung des BAG hat ein von einer Betriebsänderung betroffener Arbeitnehmer grundsätzlich gleichwohl Ansprüche auf Leistungen aus dem Sozialplan, wenn er vom Arbeitgeber zur Eigenkündigung oder zum Abschluss eines Aufhebungsvertrags **veranlasst** wurde.[243] Einen solchen Anlass hat der Arbeitgeber dann gegeben, wenn er beim Arbeitnehmer im Hinblick auf eine konkret geplante Betriebsänderung die berechtigte Annahme hervorgerufen hat, mit der eigenen Initiative zur Beendigung des Arbeitsverhältnisses nur einer sonst notwendig werdenden betriebsbedingten Kündigung zuvorzukommen. Der bloße Hinweis auf eine unsichere Lage des Unternehmens, auf notwendig werdende Be-

241 BAG, 16.7.1985, AP NR. 32 zu § 112 BetrVG = NZA 1985, 713-714 = DB 1985, 2207-2208.

242 BAG, 17.4.1996, AP Nr. 101 zu § 112 BetrVG 1972 = NZA 1996, 1113-1115 = ZIP 1996, 1480-1482 für einen Betriebsübergang.

243 BAG, 25.3.2003, EzA § 112 BetrVG 2001, Nr. 6; BAG, 22.7.2003, EzA § 112 BetrVG 2001, Nr. 7; BAG, 13.2.2007, AP Nr. 185 zu § 112 BetrVG 1972 = NZA 2007, 756-759 = ZIP 2007, 1075-1078; BAG, 20.5.2008, AP Nr. 192 zu § 112 BetrVG = NZA-RR 2008, 636-639.

triebsänderungen und auf die nicht auszuschließende Möglichkeit des Arbeitsplatzverlustes genügt dagegen nicht.[244] Dagegen entfällt die Veranlassung nicht dadurch, dass es eine bloße vage Chance auf eine zumutbare Weiterbeschäftigung oder eine zeitliche Distanz zwischen Ankündigung und endgültiger Durchführung der Betriebsänderung gibt.[245]

Darüber hinaus sind **Stichtagsregelungen** grundsätzlich zulässig. Hiernach können 228
Abfindungsansprüche davon abhängig gemacht werden, dass Arbeitnehmer nach einem bestimmten Stichtag ausscheiden. Ein Anspruch besteht nicht, wenn und soweit der Arbeitnehmer vor dem festgelegten Stichtag aufgrund Eigenkündigung oder aufgrund des Abschlusses eines Aufhebungsvertrages ausscheidet. Stichtagsregelungen sind sinnvoll, da sie in zeitlicher Hinsicht Klarheit darüber schaffen, welche Arbeitnehmer anspruchsberechtigt sind. Die Voraussetzungen für die Wirksamkeit von Stichtagen sind erheblich umstritten und in jüngster Zeit Gegenstand verschiedener Entscheidungen geworden. Es gelten folgende Leitlinien: Es besteht hinsichtlich der Festlegung von Stichtagsregelungen ein erheblicher Ermessensspielraum.[246] Es ist eine typisierende Beurteilung möglich, dass Arbeitnehmer, die ihr Arbeitsverhältnis vorzeitig kündigen, durch die Betriebsänderung keine oder sehr viel geringere wirtschaftliche Nachteile drohen als anderen Arbeitnehmern. Erforderlich ist aber stets, dass die Stichtagsregelung sachlich gerechtfertigt ist. Nach dem Gleichbehandlungsgrundsatz ist sicherzustellen, dass eine Gleichbehandlung von Personen in vergleichbaren Sachverhalten erfolgt und eine gleichheitswidrige Gruppenbildung nicht durchgeführt wird. Hierfür ist der mit der Regelung verfolgte Zweck maßgeblich.[247] Sach- bzw zweckfremd ist eine Differenzierung dann, wenn es für die unterschiedliche Behandlung keine billigenswerte Gründe gibt.[248] Nicht geklärt ist es, welche Gestaltungen einen billigenswerten Grund in diesem Sinne bilden können. Dabei genügt eine bloße formale Unterscheidung zwischen Arbeitgeber- und Arbeitnehmerkündigung für eine solche Differenzierung jedenfalls nicht.[249] Liegt eine Veranlassung im oben genannten Sinne vor, bedarf es für den Ausschluss von Arbeitnehmern, die selbst kündigen, oder einen Aufhebungsvertrag unterzeichnen, deshalb eines anders gearteten sachlichen Grundes.

In diesem Zusammenhang vertritt das BAG die Auffassung, dass ein sachlicher 229
Grund, der eine Unterscheidung rechtfertigt, nicht in „betrieblichen Belangen“, wie bspw der Erhaltung der personellen Zusammensetzung, liegen kann. Vielmehr verlangt das BAG, dass den Arbeitnehmern, die über eine Stichtagsregelung ausgeschlossen werden, geringere Nachteile drohen als denjenigen Arbeitnehmern, die ihr Arbeitsverhältnis erst nach dem festgelegten Stichtag kündigen. Betrieblichen Belangen dagegen soll der Arbeitgeber über andere Maßnahmen wie Stay-Boni, Halteprämien

244 BAG, 19.2.2008, AP Nr. 191 zu § 112 BetrVG 1972 = NZA 2008, 719-723 = ZIP 2008, 1087-1091.
245 BAG, 25.3.2003, EzA 2003 § 112 BetrVG Nr. 6.
246 BAG, 19.2.2008, AP Nr. 191 zu § 112 BetrVG 1972 = NZA 2008, 719-723 = ZIP 2008, 1087-1091.
247 BAG, 19.2.2008, AP Nr. 191 zu § 112 BetrVG 1972 = NZA 2008, 719-723 = ZIP 2008, 1087-1091.
248 BAG, 17.4.1996, AP Nr. 101 zu § 112 BetrVG 1972 = NZA 1996, 1113-1115 = ZIP 1996, 1480- 1482.
249 BAG, 25.3.2003, EzA § 112 BetrVG 2001, Nr. 6; BAG, 22.7.2003, EzA § 112 BetrVG 2001, Nr. 7; BAG, 13.2.2007, AP Nr. 185 zu § 112 BetrVG 1972 = NZA 2007, 756-759 = ZIP 2007, 1075-1078; BAG, 20.5.2008, AP Nr. 192 zu § 112 BetrVG = NZA-RR 2008, 636-639.

oder vergleichbare Zahlungen Rechnung tragen. Eine Stichtagsregelung, die bspw bei einer Betriebsschließung ausschließlich den personellen Zusammenhang der Belegschaft sichern soll, wäre daher nach der Rechtsprechung des BAG (wohl) gleichheitswidrig, da sie nur betriebliche Belange berücksichtigen würde.[250] Zulässig ist es dagegen, dass die Betriebsparteien Arbeitnehmer ausschließen oder den Abfindungsanspruch mindern, wenn diese einen zumutbaren Arbeitsplatz ablehnen.[251] Hieraus wird teilweise der Schluss gezogen, dass bei einer Stichtagsregelung und einer veranlassten Eigenkündigung (nur) eine zeitanteilige Minderung – vorgeschlagen wird etwa eine Kürzung um 1/6 pro Monat bei vorzeitiger Beendigung – zulässig ist.[252] Dies zugrunde gelegt, schlagen bspw Gaul/Mückl folgende Regelung vor:

„1. Arbeitnehmer, die nach Abschluss dieses Sozialplans aufgrund einer ordentlichen oder außerordentlichen betriebsbedingten Kündigung oder eines durch den Arbeitgeber aus betrieblichen Gründen veranlassten Aufhebungsvertrages ausscheiden (Entlassung), erhalten unter den nachfolgenden Vorgaben eine Sozialplanabfindung.

2. Eine arbeitgeberseitig veranlasste Eigenkündigung gilt grundsätzlich als Entlassung iSd Sozialplans. Für sie gelten allerdings die nachfolgenden Sonderregelungen:

a) Als vom Arbeitgeber veranlasst ist eine Kündigung dann nicht zu qualifizieren, wenn sie vor dem [Datum] (Abschluss des Interessenausgleichs) erklärt wird oder – falls sie danach erklärt wird – wenn der Arbeitgeber der Kündigung des Arbeitnehmers schriftlich widersprochen und ihm die Fortsetzung des Arbeitsverhältnisses unter zumutbaren Bedingungen angeboten hat. Als zumutbar gilt das Angebot einer Weiterbeschäftigung unter folgenden Bedingungen: ... [s. bspw § 1 Abs. 2, 5. Spiegelstrich des Sozialplans]

b) Arbeitnehmer, deren Arbeitsverhältnis als Folge einer arbeitgeberseitig veranlassten Eigenkündigung bereits vor dem [Stichtag] endet (vorzeitige Beendigung), erhalten unter Berücksichtigung der allgemeinen Ausschluss- und Kürzungstatbestände des Sozialplans nur eine gekürzte Abfindung. Für jeden angefangenen Monat der vorzeitigen Beendigung wird die Bruttoabfindung, die ohne vorzeitige Beendigung zu zahlen gewesen wäre, um 1/6 gekürzt. Die Parteien gehen insoweit von einem anderweitigen Ausgleich etwaiger Nachteile der Vertragsbeendigung durch diese Form der Entlassung aus."

230 Hierüber hinausgehend können über Stichtagsregelungen, die nach dem Zeitpunkt des Abschlusses des Interessenausgleich- und Sozialplans liegen, Arbeitnehmer auch bei veranlasster Eigenkündigung und bei veranlasstem Aufhebungsvertrag von den Leistungen des Sozialplans ausgeschlossen werden.[253] Die Übertragung der Rechtsprechung zur Kürzung von Abfindungsansprüchen bei einem zumutbaren Arbeits-

250 BAG, 19.2.2008, AP Nr. 191 zu § 112 BetrVG 1972 = NZA 2008, 719-723 = ZIP 2008, 1087-1091 unter Verweis auf BAG, 6.11.2007, AP Nr. 190 zu § 112 BetrVG 1972 = NZA 2008, 232-235 = DB 2008, 356-358, Dies steht der früheren Rechtsprechung des BAG (10. Senat), insb. BAG, 24.1.1996, EzA, § 112 BetrVG 1972, Nr. 83; BAG, 30.11.1994, EzA, § 112 BetrVG 1972, Nr. 80 entgegen.

251 BAG, 6.11.2007, AP Nr. 190 zu § 112 BetrVG 1972 = NZA 2008, 232- 235 = DB 2008, 356- 358.

252 Gaul/Mückl, in: ArbRB 2009, 45-48.

253 So auch LAG Köln, 29.10.2008 – 9 Sa 675/08.

platzangebot auf die Konstellation von Stichtagen ist nicht zwingend. Darüber hinaus ist auch nach der Rechtsprechung des BAG es den Betriebsparteien nicht verwehrt, bei typisierender Betrachtung davon auszugehen, dass selbstkündigende Arbeitnehmer oder Arbeitnehmer, die zur Unterzeichnung eines Aufhebungsvertrages bereit sind, eine neue Arbeitsstelle gefunden haben und diesen Arbeitnehmern daher weniger oder keine Nachteile entstehen. Dies kommt bspw bei in zeitlicher Hinsicht sehr langgezogenen Maßnahmen in Betracht, bei denen die Unterzeichnung des Sozialplans und des Interessenausgleichs lange vor dem eigentlichen Ausspruch von Kündigungen geschieht. Häufig ist es in solchen Fällen so, dass neben den Abfindungen verschiedene weitere Leistungen gewährt werden. Es scheint sachlich nicht gerechtfertigt, wenn das BAG den Betriebsparteien (wohl) bei der Ermessenausübung die Möglichkeit der Einbeziehung der „betrieblichen" Belange nicht gewähren will. Denn zum einen lassen sich die Belange der Arbeitnehmer und die betrieblichen Belange nicht streng voneinander trennen. Bspw kann bei einer in zeitlicher Hinsicht langgezogenen Maßnahme ein nach Unterzeichnung eines Interessenausgleichs und Sozialplans liegender Stichtag bei typisierender Betrachtung hinsichtlich der Arbeitnehmerinteressen gerechtfertigt sein, da dies letztlich wie eine Verlängerung der Kündigungsfristen wirkt, und darüber hinaus betrieblichen Belangen dienen. Zum anderen spricht das Gesetz in § 112 Abs. 5 Satz 1 BetrVG davon, dass besonders die Einigungsstelle bei ihrer Entscheidung auch auf die wirtschaftliche Vertretbarkeit ihrer Entscheidung für das Unternehmen zu achten hat. Dem Gesetzeswortlaut nach ist daher eine Berücksichtigung betrieblicher Belange nicht nur zulässig sondern besonders für die Einigungsstelle geboten. Eine Außerachtlassung betrieblicher Belange würde auch mit den Grundrechten, die Art. 12 und Art. 14 GG abbilden, kaum vereinbar sein. Über Stichtage kann daher auch ein vollständiger Ausschluss von Ansprüchen erreicht werden, solange der Zeitpunkt des Stichtages sachlich gerechtfertigt ist.

Ferner sind „Mischfälle" zulässig. Dies sind Fallgestaltungen, in denen die Betriebs- 231
parteien, bspw bei einer Stilllegung, einen Stichtag wählen, der zeitlich nach der Unterzeichnung des Interessenausgleichs und des Sozialplans liegt, und einzelnen oder allen Arbeitnehmern von Arbeitgeberseite Halteprämien angeboten werden. In diesem Fällen hat der Arbeitgeber durch die Halteprämien betrieblichen Belangen Rechnung getragen. Der Stichtag kann durch die Überlegungen der Betriebsparteien gerechtfertigt sein, dass vor dem Stichtag ausscheidende Arbeitnehmer eine neue Arbeitsstelle gefunden haben, und damit bei typisierender Betrachtung weniger oder keine Nachteile haben. Dass ein Stichtag auch „Bleibewirkung" haben kann, ist unschädlich.

Darüber hinaus können Arbeitnehmer von Sozialplanleistungen ausgenommen wer- 232
den, deren Arbeitsverhältnis vor Ablauf der ordentlichen Kündigungsfrist endet. Denn in diesem Fall endet das Arbeitsverhältnis aufgrund anderer Umstände als der Betriebsänderung. Dies kann bspw der Fall sein, wenn der Arbeitnehmer ein vorzeitiges Ausscheiden wünscht, da er eine neue Arbeitsstelle gefunden hat.

Ferner können Arbeitnehmer, deren Arbeitsverhältnis wegen **Befristung** endet, von 233
Sozialplanleistungen ausgenommen werden. Denn in diesem Fall endet das Arbeits-

verhältnis aus dem Rechtsgrund der Befristung. Das Ende des Arbeitsverhältnisses beruht daher nicht auf der Betriebsänderung.

234 Darüber hinaus kann ein Sozialplan den Abfindungsanspruch dann mindern oder auch gänzlich ausschließen, wenn Arbeitnehmer einen *zumutbaren* Arbeitsplatz ablehnen.[254] Für die Einigungsstelle gilt dies wegen § 112 Abs. 5 Satz 2 Nr. 2 Satz 1 BetrVG in besonderem Maße, da die Einigungsstelle hiernach die Aussichten auf dem Arbeitsmarkt zu berücksichtigen hat. Dabei kann im Sozialplan geregelt werden, unter welchen Voraussetzungen ein Arbeitsplatz zumutbar ist. Aus § 112 Abs. 5 Satz 2 Nr. 2 Satz 2 Halbsatz 2 BetrVG folgt dabei, dass die mögliche Weiterbeschäftigung **an einem anderen Ort** für sich allein nicht die Unzumutbarkeit begründet. IÜ besteht ein erheblicher Beurteilungsspielraum. Insb. ist die Einigungsstelle nicht gehalten, auf alle Umstände Rücksicht zu nehmen, die es einem Arbeitnehmer aus persönlichen Gründen schwer machen, einen Arbeitsplatz am anderen Ort anzunehmen.[255] Insoweit können engere Grenzen gezogen werden, als es das Muster vorsieht. Für die Einigungsstelle ist besonders zu beachten, dass Arbeitnehmer, denen ein zumutbares Arbeitsverhältnis im Betrieb/Unternehmen/Konzern angeboten wird, von Leistungen ausgeschlossen werden „sollen“. Es bedarf daher der Begründung durch die Einigungsstelle, wenn ein solcher Ausschluss von Kündigungen nicht vorgenommen werden soll.

235 Im Sozialplan erfasst sind auch Auszubildende, da diese Arbeitnehmer iSd § 5 BetrVG sind.[256] Dabei ist es sinnvoll, für Auszubildende besondere und von den Regelungen abweichende zu treffen, die für die übrigen Arbeitnehmer gelten. Diese sollten entsprechend dem Zweck des Berufsausbildungsverhältnisses zunächst, soweit möglich, auf die vollständige Durchführung der Berufsausbildung im Unternehmen oder durch Vermittlung in ein anderes Unternehmen gerichtet sein. Der Ausgleich etwaiger wirtschaftlicher Nachteile ist demgegenüber bei Ausbildungsverhältnissen nachrangig.

236 Zu[4] Zu den Abfindungsregelungen des Sozialplans:

Regelmäßig stehen die Regelungen zur Abfindung im Mittelpunkt eines Sozialplans. Dabei kommt der Einigungsstelle hinsichtlich des gesamten Sozialplans und damit auch hinsichtlich der Festsetzung der Abfindungsregelungen (wie auch den Betriebsparteien) ein *weites Ermessen* zu. Das Gesetz spricht davon, dass sich die Einigungsstelle von billigem Ermessen leiten lassen muss (§ 112 Abs. 5 Satz 2 BetrVG). Dabei ist die Einigungsstelle gleichwohl an *äußere Grenzen des Ermessens* gebunden. Dies ist vergleichbar mit der Sachlage, wie sie die Betriebsparteien vorfinden. Darüber hinaus hat das Gesetz für die Einigungsstelle – und insoweit anders als für die Betriebsparteien – in § 112 Abs. 5 Satz 2 Nr. 1 bis Nr. 3 BetrVG besondere Grundsätze („Sollvorschriften“) aufgestellt, die teils äußere Ermessensgrenzen beinhalten (etwa § 112 Abs. 5 Satz 2 Nr. 3 BetrVG) und teils ermessensleitend sind (etwa § 112 Abs. 5 Satz 2 Nr. 1 BetrVG). Im Einzelnen gelten folgende Leitlinien:

254 BAG, 6.11.2007, AP Nr. 190 zu § 112 BetrVG 1972 = NZA 2008, 232-235 = DB 2008, 356-358.
255 BAG, 6.11.2007, AP Nr. 190 zu § 112 BetrVG 1972 = NZA 2008, 232-235 = DB 2008, 356-358.
256 Fitting, 24. Aufl., § 5 BetrVG Rn 289.

237 *Äußere Ermessensgrenzen* ergeben sich daraus, dass die Einigungsstelle den betriebsverfassungsrechtlichen Gleichbehandlungsgrundsatz sowie grundgesetzliche, gemeinschaftsrechtliche und einfachgesetzliche Diskriminierungsverbote sowie gesetzliche Regelungen zu beachten hat.[257]

238 Hinsichtlich des besonders wichtigen betriebsverfassungsrechtlichen Gleichheitsgrundsatzes ist darauf zu achten, dass eine Gleichbehandlung von Personen bei vergleichbaren Sachverhalten erfolgt und eine gleichheitswidrige Gruppenbildung ohne Sachgrund ausgeschlossen ist. Der erforderliche Sachgrund für eine Gruppenbildung muss sich an dem mit dem Sozialplan verfolgten Zweck orientieren. Dabei ist der Gleichheitssatz bspw bei Stichtagsregelungen von Bedeutung.

239 Diskriminierungsverbote verbieten grundsätzlich Differenzierungen, die an bestimmte Merkmale, wie sie § 1 des allgemeinen Gleichbehandlungsgesetzes (AGG) nennt, anknüpfen. Unter diese Merkmale fallen Benachteiligungen aus Gründen der Rasse oder wegen der ethnischen Herkunft, des Geschlechts, der Religion oder der Weltanschauung, einer Behinderung, des Alters oder der sexuellen Identität. Wenn eine unmittelbare oder mittelbare Ungleichbehandlung vorliegt, ist zu prüfen, ob diese gerechtfertigt sein kann. Für Sozialpläne kommen besonders folgende Konstellationen in Betracht: Kürzungen von Sozialplanabfindungen sind möglich, wenn eine vorgezogene Altersrente in Anspruch genommen werden kann.[258] Denn durch den Ausschluss oder durch Kürzungen von Sozialplanabfindung bei älteren Arbeitnehmern werden diese zunächst gegenüber jüngeren Arbeitnehmern ungleich behandelt, da sie keine Sozialplanleistungen erhalten. Dies ist aber gerechtfertigt, da die betroffenen Arbeitnehmer durch Rentenbezug abgesichert sind (vgl auch § 10 Satz 3 Nr. 6 AGG). Arbeitnehmer, die Anspruch auf ungeminderte Altersrente haben, können aber grundsätzlich ganz von Sozialplanleistungen ausgenommen werden.[259] Ferner sind Kürzungen vor dem gleichen Hintergrund zulässig.[260] Darüber hinaus beinhaltet die Festlegung eines Abfindungshöchstbetrages grundsätzlich keine Diskriminierung älterer Arbeitnehmer.[261]

240 Eine Nichtberücksichtigung von Erziehungszeiten/Elternzeiten stellt dagegen eine mittelbare Diskriminierung von Frauen dar, für die es keinen rechtfertigenden Grund gibt.[262] Eine Nichtberücksichtigung von Erziehungszeiten/Elternzeit wäre daher unzulässig. Gleiches kann bei einem Ausschluss von Teilzeitkräften von Sozialplanleistungen der Fall sein.

241 Darüber hinaus kann und sollte bei (Teil-)Betriebsübergängen differenziert werden: In diesen Fällen erscheint eine Lösung sachgerecht, der zufolge widersprechende Arbeitnehmer eine geringere Sozialplanabfindung als diejenigen Arbeitnehmer erhalten, deren Arbeitsplatz „ohne Betriebsübergang“ wegfällt. Darüber hinaus können für

---

257 BAG, 11.11.2008, NZA 2009, 336-341 = DB 2009, 347-350.

258 BAG, 30.9.2008, DB 2009, 573-575 = MDR 2009, 394- 395; BAG, 11.11.2008, NZA 2009, 336-341 = DB 2009, 347-350.

259 BAG, 11.11.2008, NZA 2009, 336-341 = DB 2009, 347-350; zu den Einzelheiten und Streitfällen s. Fitting, aaO, Rn 154 ff.

260 LAG Düsseldorf, 22.8.2008, AuA, 753; vgl auch LAG Niedersachsen, 28.5.2008 – 2 Sa 6/08, juris.

261 LAG Hessen, 27.11.2007 – 4 Sa 1014/07, juris; vgl. zur ganzen Thematik Fitting, aaO, Rn 154 ff.

262 Diller, in: Dörner/Luczak/Wildschütz, Handbuch des Fachanwalts, 7. Aufl., Kapitel C, Rn 3866.

Härtefälle besondere Regelungen getroffen werden. Dies können bspw diejenigen Arbeitnehmer sein, für die sich aufgrund einer Teilzeitbeschäftigung die Tätigkeit bei dem neuen Unternehmen nach dem Betriebsübergang nicht lohnt, weil der neue Betriebssitz vom bisherigen Betriebssitz erheblich entfernt liegt. Solche Unterscheidungen sind zulässig.[263]

242 Eine der in der Praxis schwersten Aufgaben der Einigungsstelle besteht in der Festlegung des **Sozialplanvolumens.** Dabei erfolgt die Bestimmung abhängig von der jeweilig verwandten Formel (hierzu sogleich) über die Höhe des Faktors, des Divisors oder einer konkreten Bestimmung einer festen Zahl. Die hierfür geltenden Grenzen folgen aus § 112 BetrVG. Dabei ist die gesetzliche Regelung rudimentär geblieben. Zunächst folgt immerhin aus § 112 Abs. 5 Satz 1 BetrVG, dass die sozialen Belange der Arbeitnehmer zu berücksichtigen sind, und dabei auf die wirtschaftliche Vertretbarkeit der Entscheidung für das betroffene Unternehmen zu achten ist. Darüber hinaus darf die Einigungsstelle nur Maßnahmen vorsehen, die wirtschaftliche Nachteile, die Arbeitnehmern in Folge der geplanten Betriebsänderung entstehen, ausgleichen oder mildern (§ 112 Abs. 1 Satz 2 BetrVG). Leitlinien für das innerhalb dieser äußeren Grenzen auszuübende Ermessen ergeben sich dann aus § 112 Abs. 5 Satz 2 Nr. 1 bis Nr. 3 BetrVG (hierzu sogleich).

243 Nach der Rechtsprechung des BAG gelten folgende Leitlinien: Der Sozialplan darf zunächst kein größeres Gesamtvolumen vorsehen, als es für den vollen Ausgleich aller wirtschaftlichen Nachteile der Arbeitnehmer erforderlich ist.[264] Dies stellt die **Obergrenze** für die Bemessung der Sozialplanleistungen dar. Mindestens aber müssen Leistungen vorgesehen werden, die noch als spürbare Minderung der wirtschaftlichen Nachteile angesehen werden können. Denn der Sozialplan soll jedenfalls eine Milderung der wirtschaftlichen Nachteile der Arbeitnehmer bewirken. Daher muss es sich um eine „spürbare" Entlastung der Arbeitnehmer handeln. Die **Untergrenze** für Sozialplanleistungen lässt sich jedoch nicht schematisch angeben, sondern kann nur mit Rücksicht auf die Verhältnisse im Einzelfall bestimmt werden. Die Regelungen des § 1 a Abs. 2 KSchG, die eine Abfindung von 0,5 Monatsverdiensten für jedes Jahr des Bestehen des Arbeitsverhältnisses festsetzt, ist insoweit kein tauglicher Maßstab. Darüber hinaus steht der Sozialplan unter dem Vorbehalt einer wirtschaftlichen Vertretbarkeit.[265]

244 In der Praxis ist die genannte Obergrenze, die das BAG nennt, nur schwierig zu bestimmen. Denn die durch die Betriebsänderung entstehenden wirtschaftlichen Nachteile der Arbeitnehmer sind kaum konkret feststellbar, weil diese individuell auf den jeweils betroffenen Arbeitnehmer bezogen sind und darüber hinaus in die Zukunft gerichtet bewertet werden müssen. Ein hochqualifizierter und gesuchter Arbeitnehmer wird idR unmittelbar im Anschluss an die Beendigung des bisherigen Arbeitsverhältnisses ein neues Arbeitsverhältnis eingehen, und möglicherweise bei Erhalt einer Abfindung in wirtschaftlicher Hinsicht sogar besser stehen als ohne Kündigung. Ein weniger qualifizierter Arbeitnehmer oder ein Arbeitnehmer mit nicht gesuchter Qua-

263 BAG, 17.4.1996, AP Nr. 101 zu § 112 BetrVG 1972 = NZA 1996, 1113-1115 = ZIP 1996, 1480-1482.
264 BAG, 24.8.2004, AP Nr. 161 zu § 112 BetrVG 1972 = NZA 2004, 108-113 = DB 2004, 193-194.
265 BAG, 24.8.2004, AP Nr. 174 zu § 112 BetrVG 1972 = NZA 2005, 302-308 = DB 2005, 397-400.

lifizierung mag dagegen auf Jahre hinaus arbeitslos bleiben. Außerdem sind Nachteile wie der Verlust einer Betriebszugehörigkeit schwer quantifizierbar. Darüber hinaus sind Entwicklungen auf dem jeweiligen Arbeitsmarkt schwer vorhersehbar. Ferner sind fast alle Parameter von einer in die Zukunft gerichteten Prognose abhängig, und daher Unwägbarkeiten unterworfen.

Ebenso problematisch ist die Festlegung der Untergrenze des Sozialplans, besonders weil das BAG mit vollem Recht darauf verweist, dass dies nur im Einzelfall festgestellt werden kann. Bei der Festlegung der Untergrenze des Sozialplans gewinnt die Bewertung der Leistungsfähigkeit des betroffenen Unternehmens eine besondere Bedeutung. 245

Was wirtschaftlich für das Unternehmen „vertretbar" (§ 112 Abs. 5 Satz 1 BetrVG) ist, wird nahezu jeder Beurteilende und insb. die Betriebsparteien selbst sehr verschieden beurteilen. Dabei soll es nach der Rechtsprechung zunächst erforderlich sein, die sozialen Belange der von der Betriebsänderung betroffenen Arbeitnehmer, und damit die ihnen erwachsenden Nachteile, festzustellen.[266] Dann sollen Umstände wie Verbindlichkeiten, Verluste, Überschuldung, Liquiditätsschwierigkeiten auf der einen Seite, Personaleinsparungskosten und Grundvermögen auf der anderen Seite zu berücksichtigen sein.[267] Ferner sollten Umstände wie der Erhalt von oder die Perspektive auf neue Arbeitsplätze in die Betrachtung eingestellt werden. 246

Die Belastung durch einen Sozialplan darf der Rechtsprechung zufolge einschneidend sein. Soweit das Sozialplanvolumen der Einsparung für ein Jahr entspricht (Aufwendungen für den Sozialplan in Höhe von DM 744.000,00 standen in drei Jahren Einsparungen in Höhe von DM 2.196.000,00 gegenüber), wurde dies nicht beanstandet.[268] Die Regelungen des § 113 BetrVG können nicht analog herangezogen werden. Denn die Regelung des § 113 BetrVG hat eine andere Zielrichtung.[269] Der Fortbestand des Unternehmens darf nicht gefährdet werden,[270] wobei Belastungen bis an den Rand der Bestandgefährdung zulässig sein sollen.[271] Letzteres ist gleichwohl mit der gesetzlichen Regelung, dass die Belastungen wirtschaftlich vertretbar sein müssen, kaum mehr vereinbar. Darüber hinaus ergibt sich aus den Ermessensregeln, dass die äußersten Zulässigkeitsgrößen für ein Sozialplanvolumen in beide Richtungen regelmäßig nicht zu wählen sind, sondern ein vermittelnder Weg eingeschlagen werden sollte, es sei denn, es bestehen hierfür zwingende Gründe. 247

Innerhalb dieser allgemeinen Leitlinien und äußeren Grenzen kann und muss die Dotierung des Sozialplans bezogen auf den jeweiligen Einzelfall festgelegt werden. Dabei kann als erste Orientierung auf die gesetzlichen Anhaltspunkte abgestellt werden, die §§ 1 a, 10 KSchG, sowie § 123 InsO liefern.[272] Abzulehnen ist dagegen die Auffas- 248

266 BAG, 14.9.1994, AP Nr. 87 zu § 112 BetrVG 1972 = NZA 1995, 440-442 = DB 1995, 430-431.
267 BAG, 14.9.1994, AP Nr. 87 zu § 112 BetrVG 1972 = NZA 1995, 440-442 = DB 1995, 430-431.
268 BAG, 27.10.1987, AP Nr. 41 zu § 112 BetrVG 1972 = NZA 1988, 203-207 = DB 1988, 558-560.
269 BAG, 27.10.1987, AP Nr. 41 zu § 112 BetrVG 1972 = NZA 1988, 203-207 = DB 1988, 558-560.
270 BAG, 24.8.2004, AP NR. 161 zu § 112 BetrVG 1972 = NZA 2004, 108-113 = DB 2004, 193-194.
271 BAG, 6.5.2003, AP Nr. 174 zu § 112 BetrVG 1972 = NZA 2005, 302-308 = DB 2005, 397-400, kritisch ErfK/Kania, 18. Aufl., dort § 112, § 112 a BetrVG, Rn 38.
272 ErfK/Kania, 18. Aufl., § 112, § 112 a BetrVG, Rn 38.

sung von Wenning-Morgenthaler,[273] der davon ausgeht, dass die Einigungsstelle sämtliche verfügbaren Finanzmittel des Unternehmens zur Milderung oder zum Ausgleich von Nachteilen einzusetzen hat, und bei einer Betriebsänderung, die nicht aus wirtschaftlichen Zwängen entstanden ist, sämtliche Nachteile auf bis zu 5 Jahren ausgleichen will. Das wäre nicht mehr vertretbar iSd § 112 Abs. 5 BetrVG, da dem Unternehmen der erforderliche finanzielle Handlungsrahmen für die Zukunft genommen wäre.

249 Eine erste Orientierung im Sinne einer mathematischen Näherung für das im Einzelfall festzulegende Sozialplanvolumen kann das von *Hess* vorgeschlagene Berechnungsmodell sein.[274] Hiernach ist zunächst ein Sozialplanbedarf (B) als Obergrenze aus der Addition aller betroffenen Arbeitnehmer (AN) zu bilden, wobei als Berechnungsgrundlage die gem. § 10 KSchG zu zahlende Höchstabfindung (Abf) zugrunde zu legen ist. Hiervon kann 1/3 abgezogen werden, da die Kündigungen unterstellt rechtmäßig sind. Der Sozialplanbedarf errechnet sich daher anhand folgender Formel:

$$B = 2/3 \text{ (Addition AN Abf)}$$

250 Die wirtschaftliche Vertretbarkeit des Sozialplanvolumens kann sich dann aus sozialplanmildernden (MF) und sozialplanerhöhenden (EF) Faktoren errechnen. Sozialplanmindernde Faktoren sind bspw Verbindlichkeiten, Verluste, Überschuldung, Liquiditätsschwierigkeiten und vergleichbare Aspekte, die im Einzelfall zu bestimmen sind. Sozialplan erhöhende Faktoren sind dagegen Gewinne, Liquiditätsmittel, Einsparungen und vergleichbare Aspekte.[275] Die noch vertretbare Gesamtbelastung des Unternehmens (WV) errechnet sich dann wie folgt:

$$WV = B - MF + EF$$

251 Solche mathematischen Berechnungen sind gleichwohl nicht starr anzuwenden, und können ferner nicht darüber hinwegtäuschen, dass die Feststellungsproblematik in die Einzelfaktoren verschoben ist. Dennoch kann über ein solches oder ein vergleichbares Vorgehen ein Näherungswert und auch Transparenz geschaffen werden.

252 Nach Feststellung des Sozialplanvolumens muss der Verteilungsmodus auf die betroffenen, anspruchsberechtigten Arbeitnehmer festgelegt werden. Hinsichtlich der Berechnungen der Abfindungen haben sich in der Praxis verschiedene Modelle eingebürgert. Häufige Berechnungsmodelle, die vorliegend als Vorschläge in das Sozialplanmuster aufgenommen wurden, sind dabei:

- Abfindungsbetrag = Monatsgehalt x Dienstjahre x Faktor.
- Abfindungsbetrag = Monatsgehalt x Dienstjahre x Alter : Divisor.
- Fester Betrag des Sozialplanvolumens und Punkteschema, nach dem dieses Volumen auf die Arbeitnehmer aufgeteilt wird.

273 Pünnel/Wenning-Morgenthaler, die Einigungsstelle, 6. Aufl., Rn 1046 f.
274 H/S/W/G/N/R-Hess, 8. Aufl., § 112 BetrVG Rn 340, sowie instruktiv auch Rn 342 ff.
275 Zu weiteren Details s. H/S/W/G/N/R-Hess, 7. Aufl., § 112 Rn 266.

Mit Inkrafttreten des AGG hat sich eine breite und nicht abgeschlossene Diskussion dazu entwickelt, ob die genannten Berechnungsmethoden und andere Berechnungsmethoden zulässig sind, oder ob diese diskriminierende, besonders altersdiskriminierende Elemente enthalten. Ausgangspunkt der Diskussion ist dabei die Regelung in § 10 Nr. 6 AGG, demzufolge Differenzierungen von Leistungen in Sozialplänen zulässig sind, „wenn die Parteien eine nach Alter oder Betriebszugehörigkeit gestaffelte Abfindungsregelung geschaffen haben, in der die wesentlich vom Alter abhängenden Chancen auf dem Arbeitsmarkt durch eine verhältnismäßig starke Betonung des Lebensalters erkennbar berücksichtigt worden sind oder Beschäftigte von den Leistungen des Sozialplans ausgeschlossen [wurden], die wirtschaftlich abgesichert sind, weil sie, ggf nach Bezug von Arbeitslosengeld, rentenberechtigt sind“. Für die Einigungsstelle gilt darüber hinaus die äußere Ermessungsgrenze, dass sie gem. § 112 Abs. 5 Satz 2 Nr. 2 Satz 1 BetrVG die Aussichten der betroffenen Arbeitnehmer auf dem Arbeitsmarkt zu berücksichtigen **hat**. 253

Das BAG hat, wie schon dargelegt, unterdessen entschieden, dass Minderung oder ein gänzlicher Ausschluss von Leistungen aus dem Sozialplan möglich sind, wenn eine vorgezogene oder eine ungeminderte Altersrente in Anspruch genommen werden kann.[276] Darüber hinaus sind nach hier vertretener Auffassung alle drei Abfindungsberechnungswege zulässig. Regelmäßig wird es so sein, dass es ältere Arbeitnehmer typisiert betrachtet auf dem Arbeitsmarkt schwerer als jüngere Arbeitnehmer haben, eine neue Arbeit zu finden, zumal sie statistisch häufiger und länger von Arbeitslosigkeit betroffen sind.[277] Bei den ersten beiden aufgeführten Berechnungsmethoden wird dem dadurch Rechnung getragen, dass entweder das Alter ausdrücklich Teil der Berechnungsmethode ist oder dies mittelbar über die aufgeführten Dienstjahre der Fall ist. Vor diesem Hintergrund ist es zulässig, dass ältere Arbeitnehmer höhere Leistungen als jüngere Arbeitnehmer erhalten. Dabei ist ferner eine typisierende Betrachtungsweise zulässig; konkrete auf den jeweiligen Arbeitnehmer bezogene Nachforschungen sind in der Praxis weder möglich, noch vom Gesetzeswortlaut her gefordert. Gleichwohl muss das Lebensalter „verhältnismäßig stark“ betont werden. Hinsichtlich der ersten beiden Abfindungsberechnungsmethoden ist dies von vornherein der Fall, da dort keine über das bloße Alter hinausgehenden Multiplikationsfaktoren für das Alter vergeben werden. Anders kann dies theoretisch bei der dritten Berechnungsmethode (Punkteschema) sein. Unverhältnismäßig viele Punkte dürfen für das Lebensalter daher nicht vergeben werden. Es bietet sich ein lineares Modell (bspw 1 Punkt für jedes Lebensjahr) an. 254

Zulässig dürften darüber hinaus Modelle sein, bei denen der Abfindungsfaktor abhängig vom Lebensalter steigt. Ein solches Modell lag der Entscheidung des BAG vom 11.11.2008 zugrunde, das folgenden Inhalt hatte, wobei das BAG nicht über das Modell als solches zu entscheiden hatte.[278] 255

276 BAG, 30.9.2008, DB 2009, 573-757 = MDR 2009, 394-395; BAG, 11.11.2008, NZA 2009, 336-341 = DB 2009, 347-350; LAG Düsseldorf, 22.8.2008, AuA, 753; vgl auch LAG Niedersachsen, 28.5.2008 – 2 Sa 6/08, juris; LAG Hessen, 27.11.2007 – 4 Sa 1014/07, juris; vgl. aber auch Fitting, aaO, Rn 154 ff., dort auch zur Rechtsprechung des EuGH.

277 Mohr, BB 2007, 2574, 2575; vgl. auch ErfK/Schlachter, 18. Aufl., § 10 AGG Rn 12 zu Altersgrenzen.

278 BAG, 11.11.2008, NZA 2009, 210-214 = DB 2009, 347-350.

Altersgruppen	Faktor
bis 29 Jahre	0,30
30 – 34 Jahre	0,35
35 – 39 Jahre	0,40
40 – 44 Jahre	0,50
45 – 49 Jahre	0,55
50 – 54 Jahre	0,60
55 und älter	0,65

256 Auch dieses Modell enthält eine Abfindungsregelung, der zufolge die Abfindung mit steigendem Lebensalter zunimmt, ohne dass das Lebensalter unverhältnismäßig stark betont wäre. Ferner hätte die vorgenannte Berechnungsmethode noch damit kombiniert werden können, dass Arbeitnehmern, die vorgezogene Rente in Anspruch nehmen können, eine geringere oder keine Abfindung zugesprochen wird. Eine entsprechende Formel könnte dann wie folgt aussehen:

20. – 29. Lebensjahr	0,6
30. – 39. Lebensjahr	0,7
40. – 49. Lebensjahr	0,8
50. – 58. Lebensjahr	0,9
59. – 61. Lebensjahr	0,65
62. – 65. Lebensjahr	0,3

257 Neben der Regelung des § 10 Satz 3 Nr. 6 AGG sind gem. § 112 Abs. 5 Satz 2 Nr. 2 Satz 1 BetrVG *von der Einigungsstelle* zwingend die Aussichten auf dem Arbeitsmarkt zu berücksichtigen. Dabei ist die Einigungsstelle frei darin, typisierende Regelungen wie Altersstaffelungen vorzusehen, und typisierende Betrachtungen zugrunde zu legen.[279] Eine Einzelfallprüfung ist nicht erforderlich und in der Praxis kaum möglich. Steht gleichwohl fest, dass Arbeitnehmer eine neue Stelle gefunden haben, darf diesen Arbeitnehmern wenigstens nicht die volle Abfindung zugesprochen werden.[280]

258 Darüber hinaus sind Berechnungsmodelle, die einen angemessenen Sockelbetrag vorsehen, zulässig. Die oben zuerst genannten Berechnungsmodelle könnten daher mit einem angemessenen Sockelbetrag kombiniert werden, den jeder Arbeitnehmer unabhängig von Betriebszugehörigkeit und Alter erhält. Nicht zulässig ist es dagegen, gleiche Abfindungsleistungen unabhängig von Alter und Betriebszugehörigkeit festzusetzen. („Jeder erhält das Gleiche“).[281] Denn hierdurch würden die Gegebenheiten des

279 BAG, 24.11.1993, AP Nr. 72 zu § 112 BetrVG 1972 = NZA 1994, 716-718 = DB 1994, 1043-1044; BAG, 9.11.1994, AP Nr. 85 zu § 112 BetrVG 1972 = NZA 1995, 644- 647 = DB 1995, 782.

280 ErfK/Kania, 18. Aufl., § 112, § 112a BetrVG Rn 33.

281 BAG, 14.9.1994, AP Nr. 87, § 112 BetrVG 1972 = NZA 1995, 440-442 = DB 1955, 430-431; anders Bauer/Göpfert/Krieger, Allgemeines Gleichbehandlungsgesetz, 4. Auflage 2015, § 10 Rn 56.

Einzelfalls nicht berücksichtigt, und damit die Ermessensleitlinie in § 112 Abs. 5 Nr. 1 BetrVG verletzt. Die Einigungsstelle muss daher den Ausgleich der Nachteile, die durch die Betriebsänderung entstehen, möglichst konkret vornehmen.[282] Darüber hinaus wäre die Ermessensleitlinie, die § 112 Abs. 5 Satz 2 Nr. 2 BetrVG aufstellt, verletzt. Denn die Aussichten der betroffenen Arbeitnehmer auf dem Arbeitsmarkt wären nicht berücksichtigt. Darüber hinaus haben Sozialpläne eine „zukunftsorientierte Ausgleichs- und Überbrückungsfunktion".[283] Hiernach sollen Leistungen kein zusätzliches Entgelt für die in der Vergangenheit erbrachten Dienste darstellen; ältere Arbeitnehmer werden aber ein größeres Ausmaß an Ausgleichs- und Überbrückungsfunktion benötigen, als dies bei jüngeren Arbeitnehmern der Fall ist. Ein Einigungsstellenspruch, der sämtliche Arbeitnehmer im oben genannten Sinne gleich behandelt, wäre daher ermessensfehlerhaft. Anders wäre dies nur, wenn alle Arbeitnehmer hinsichtlich Lebensalter und Betriebszugehörigkeit weitgehend vergleichbar wären und die Chancen auf dem Arbeitsmarkt gleich wären, was in der Praxis nicht vorkommen wird.

Darüber hinaus gelten verschiedene gesetzliche Leitlinien für die Verteilung des Sozi- 259
alplanvolumens und die Nutzung staatlicher Förderungen, wobei der Einigungsstelle ein weites Ermessen zukommt. Nach der Rechtsprechung des BAG haben Sozialpläne eine **zukunftsgerichtete** Ausgleichs- und Überbrückungsfunktion. Damit sollen künftige Nachteile ausgeglichen werden, die Arbeitnehmern durch eine Betriebsänderung entstehen können; nicht dagegen ist ein zusätzliches Entgelt für in der Vergangenheit erbrachte Dienste geschuldet.[284] Anhand dieser grundlegenden Leitlinie sind die in § 112 Abs. 5 Satz 2 Ziff. 1-3 BetrVG genannten Aspekte zu berücksichtigen. Diese sind:

Die Einigungsstelle *soll* beim Ausgleich oder bei der Milderung wirtschaftlicher 260
Nachteile, insb. durch Einkommensminderung, Wegfall von Sonderleistungen oder Verlust von Anwartschaften auf betriebliche Altersversorgung, Umzugskosten oder erhöhte Fahrtkosten, Leistungen vorsehen, die idR den Gegebenheiten des Einzelfalls Rechnung tragen (§ 112 Abs. 5 Satz 2 Nr. 1 BetrVG). Der geforderte, möglichst konkrete Ausgleich von Nachteilen ist in der Praxis schwierig und selten möglich. Daher kann die Einigungsstelle pauschaliert Regelungen festsetzen.[285] Nicht möglich ist gleichwohl, für alle zu entlassenden Arbeitnehmer unterschiedslos gleich hohe Abfindungen festzusetzen,[286] soweit nicht die Daten der betroffenen Arbeitnehmer weitgehend gleich sind und gleiche Chancen auf dem Arbeitsmarkt bestehen.

Die Einigungsstelle hat die Aussichten der betroffenen Arbeitnehmer auf dem Ar- 261
beitsmarkt zu berücksichtigen (§ 112 Abs. 5 Satz 2 Nr. 2 BetrVG). Dabei sollen Arbeitnehmer von Leistungen ausgeschlossen werden, die in einem zumutbaren Arbeits-

282 BAG, 14.9.1994, AP Nr. 87 zu § 112 BetrVG 1972 = NZA 1995, 440-442 = DB 1995, 430- 431.
283 BAG, 12.11.2002, AP Nr. 159 zu § 112 BetrVG 1972 = NZA 2003, 1287-1290 = DB 2003, 1635-1636; BAG, 13.3.2007, AP Nr. 183 zu § 112 BetrVG 1972 = NZA 2008, 190-192.
284 BAG, 11.11.2008, NZA 2009, 210-214 = DB 2009, 347-350.
285 Vgl etwa BAG, 24.8.2004, AP Nr. 161 zu § 112 BetrVG 1972 = NZA 2004, 108-114 = DB 2004, 193-194.
286 BAG, 14.9.1994, AP Nr. 87, § 112 BetrVG 1972 = NZA 1995, 440-442 = DB 1955, 430-431; anders Bauer/Göpfert/Krieger, aaO, § 10 Rn 56.

verhältnis im selben Betrieb oder in einem anderen Betrieb des Unternehmens oder eines zum Konzern gehörenden Unternehmens weiterbeschäftigt werden können und die Weiterbeschäftigung ablehnen; hierbei begründet die mögliche Weiterbeschäftigung an einem anderen Ort für sich allein nicht die Unzumutbarkeit. Arbeitnehmer sind daher, soweit die Voraussetzungen für ein zumutbares Arbeitsverhältnis vorliegen, grundsätzlich von Sozialplanleistungen auszuschließen, wenn nicht Umstände des Einzelfalls eine abweichende Wertung erfordern. Hinsichtlich der Festlegung der Kriterien für ein zumutbares Arbeitsverhältnis ist die Einigungsstelle im Rahmen ihres pflichtgemäßen Ermessens frei; die Kriterien, die § 121 SGB III zugrunde legt, müssen nicht Anwendung finden. Vielmehr kann es die Einigungsstelle dabei belassen, eine pauschale Regelung zu treffen.[287] Allein aus dem Umstand, dass die Weiterbeschäftigung an einem anderen als dem bisherigen Arbeitsort gewährleistet werden kann, begründet für sich genommen noch keine Unzumutbarkeit.

262 Von der Einigungsstelle sollte ferner eine Regelung für den Fall getroffen werden, wenn ein (Teil-)Betriebsübergang vorliegt, Arbeitnehmer einem Betriebsübergang widersprechen, und die Betriebsänderung sozialplanpflichtig ist. Dies ist regelmäßig bei einer Betriebsaufspaltung mit anschließendem Teilbetriebsübergang der Fall. Denn bei Unterbleiben einer Regelung hätten alle Arbeitnehmer, die von der Betriebsänderung betroffen sind, nach der Rechtsprechung des BAG den gleichen Abfindungsanspruch.[288] Dies könnte bei der Konstellation, dass der verbleibende Betriebsteil geschlossen werden soll, § 112 Abs. 5 Satz 2 Nr. 2 Satz 2 BetrVG widersprechen. Denn entgegen dieser Anordnung würden Arbeitnehmer, denen mittels Teilbetriebsübergang ein Arbeitsplatz „angeboten“ wird und Arbeitnehmer, die von einer Beendigungskündigung betroffen wären, gleich behandelt. In diesen Fällen „soll“ nach der gesetzlichen Vorstellung eine dahingehende Regelung erfolgen, dass die widersprechenden Arbeitnehmer grundsätzlich keine Sozialplanleistung erhalten. Eine differenzierende Lösung ist in Fällen geboten, in denen die Arbeitnehmer einen sachlichen Grund für den Widerspruch gegen den Betriebsübergang des Arbeitsverhältnisses haben.[289] In einem solchen Fall sollte eine dahingehende Regelung erfolgen, dass den betroffenen Arbeitnehmern bei einem Widerspruch und anschließender Kündigung die volle oder ein erheblicher Teil der iÜ gewährten Abfindung zugesprochen wird. Ein solcher Sachgrund kann bspw dann vorliegen, wenn im aufnehmenden Unternehmen kein Sozialplanpflicht besteht, so etwa bei einem neu gegründeten Unternehmen (§ 112 a Abs. 2 Satz 1 BetrVG).

263 Soweit im Konzern kein zumutbares Arbeitsverhältnis angeboten werden kann, sind die Aussichten auf dem Arbeitsmarkt zu berücksichtigen. Hierbei ist es von besonderer Bedeutung, wenn ein Arbeitnehmer eine neue Arbeitsstelle gefunden hat. IdR wird solchen Arbeitnehmern keine oder eine geringere Abfindung zuzusprechen sein. Darüber hinaus darf die Einigungsstelle berücksichtigen, dass die Chancen auf dem Arbeitsmarkt bei statistischer Betrachtung abhängig vom Alter des jeweiligen Arbeit-

287 BAG, 28.9.1988, AP Nr. 47 zu § 112 BetrVG 1972 = NZA 1989, 186-187 = DB 1989, 48-50; BAG, 6.11.2007, AP NR. 190 zu § 112 BetrVG 1972 = NZA 2008, 232-235 = DB 2008, 356-358.
288 BAG, 15.12.1988, AP Nr. 126 zu § 112 BetrVG 1972 = NZA 1999, 667-669 = DB 1999, 1402-1403.
289 ErfK/Kania, 18. Aufl., § 112, § 112 a BetrVG, Rn 37.

nehmers verschieden sind. Ferner kann die Einigungsstelle regionale Besonderheiten und Besonderheiten hinsichtlich verschiedener Berufsgruppen typisiert berücksichtigen. Bspw sind idR die Aussichten von Hilfsarbeitern auf dem Arbeitsmarkt schlechter als die von Facharbeitern. Dies kann bei der Höhe des jeweiligen Abfindungsfaktors Berücksichtigung finden.

Darüber hinaus soll die Einigungsstelle Förderungsmöglichkeiten zur Vermeidung 264
von Arbeitslosigkeit berücksichtigen (§ 112 Abs. 5 Satz 2 Nr. 2 a BetrVG). Hiermit soll erreicht werden, dass vorhandene Mittel auch zur Förderung einer Anschlussbeschäftigung bei einem anderen Arbeitgeber, zur inner- oder außerbetrieblichen Weiterqualifizierung oder zur Vorbereitung einer selbständigen Existenz eingesetzt werden.

Zu berücksichtigen sind hier die in § 110 SGB III geregelten Transfermaßnahmen. Eine Förderung erfolgt, wenn sich die Betriebsparteien im Vorfeld der Entscheidung über die Einführung von Transfermaßnahmen, insbesondere im Rahmen ihrer Verhandlungen über einen die Integration der Arbeitnehmerinnen und Arbeitnehmer fördernden Interessenausgleich oder Sozialplan von der Agentur für Arbeit beraten lassen haben, die Maßnahme von einem Dritten durchgeführt wird, die Maßnahme der Eingliederung der Arbeitnehmerinnen und Arbeitnehmer in den Arbeitsmarkt dienen soll und die Durchführung der Maßnahme gesichert ist. Die Förderung wird als Zuschuss geleistet. Der Zuschuss beträgt 50 % der erforderlichen und angemessenen Maßnahmekosten, jedoch höchstens 2.500,00 EUR je geförderter Arbeitnehmerin oder je gefördertem Arbeitnehmer. Ausgeschlossen ist eine Förderung, wenn die Maßnahme dazu dient, die Arbeitnehmerin oder den Arbeitnehmer auf eine Anschlussbeschäftigung im gleichen Betrieb oder in einem anderen Betrieb des gleichen Unternehmens vorzubereiten oder, falls das Unternehmen einem Konzern angehört, auf eine Anschlussbeschäftigung in einem Betrieb eines anderen Konzernunternehmens des Konzerns vorzubereiten.

Neben den genannten Förderungsmöglichkeiten besteht die Möglichkeit, Arbeitneh- 265
mer in eine sog. Transfergesellschaft oder Beschäftigungsgesellschaft zu überführen. Hierbei werden Arbeitnehmer in ein befristetes, sozialversicherungspflichtiges Arbeitsverhältnis mit einer Beschäftigungsgesellschaft überführt, wobei das bisherige Arbeitsverhältnis durch Aufhebungsvertrag beendet wird. In der Beschäftigungs-/Qualifizierungsgesellschaft erhalten die Arbeitnehmer Transferkurzarbeitergeld. Die Voraussetzungen hierfür sind:

- Arbeitnehmer sind von einem dauerhaften, unvermeidbaren Arbeitsausfall mit Entgeltausfall betroffen.
- Es liegen die betrieblichen Voraussetzungen vor. Diese sind erfüllt, wenn in einem Betrieb Personalanpassungsmaßnahmen aufgrund einer Betriebsänderung durchgeführt und die Arbeitnehmer/-innen zur Vermeidung von Entlassungen und zur Verbesserung ihrer Eingliederungschancen in einer betriebsorganisatorisch eigenständigen Einheit zusammengefasst werden, die Organisation und Mittelausstattung der betriebsorganisatorisch eigenständigen Einheit den angestrebten Integra-

tionserfolg erwarten lässt und ein System zur Sicherung der Qualität angewendet wird.

- Ferner müssen die persönlichen Voraussetzungen erfüllt sein. Diese sind gegeben, wenn der Arbeitnehmer/die Arbeitnehmerin von Arbeitslosigkeit bedroht ist, eine versicherungspflichtige Beschäftigung fortsetzt oder im Anschluss an die Beendigung einer Berufsausbildung aufnimmt, nicht vom Kurzarbeitergeldbezug ausgeschlossen ist und sich vor der Überleitung in die betriebsorganisatorisch eigenständige Einheit aus Anlass der Betriebsänderung bei der Agentur für Arbeit arbeitssuchend gemeldet und an einer sogenannten Profilingmaßnahme teilgenommen hat.
- Die Betriebsparteien müssen sich im Vorfeld der Entscheidung über die Inanspruchnahme von Transferkurzarbeitergeld, insbesondere im Rahmen ihrer Verhandlungen über einen die Integration der Arbeitnehmer/-innen fördernden Interessenausgleich oder Sozialplan gemäß § 112 BetrVG durch die Agentur für Arbeit beraten lassen.
- Der dauerhafte Arbeitsausfall ist der Agentur für Arbeit angezeigt worden.

Die Dauer der Förderung beträgt maximal 12 Monate. Eine Verlängerungsmöglichkeit ist nicht vorgesehen.

266 Zu beachten sind ferner Anspruchsausschlussgründe bezogen auf das Transfer-Kurzarbeitergeld. Dies betrifft insbesondere Arbeitnehmer/-innen, die das für die Regelaltersrente im Sinne der gesetzlichen Rentenversicherung erforderliche Lebensjahr vollendet haben oder Arbeitnehmer/-innen während der Zeit, für die ihnen eine Rente wegen voller Erwerbsminderung oder eine vergleichbare Leistung eines ausländischen Leistungsträgers zuerkannt ist sowie auch die Arbeitnehmer, die in einer geringfügigen Beschäftigung gemäß § 8 SGB IV stehen.

267 Die Einigungsstelle kann über einen Einigungsstellenspruch einen für die Beschäftigungs- und Qualifizierungsgesellschaft erforderlichen Transfer aus dem Sozialplan nicht festsetzen. Denn entsprechend § 112 Abs. 1 Satz 2 BetrVG sind über einen Sozialplan wirtschaftliche Nachteile auszugleichen oder zu mildern. In das Arbeitsverhältnis kann nicht gestaltend eingegriffen werden.[290] Dagegen kann wie bei der Förderung der Teilnahme an Transfermaßnahmen ein finanzieller Beitrag des Arbeitgebers im Einigungsstellenspruch festgelegt werden.[291] Wenn die Einigungsstelle dies beabsichtigt, wird sie im Wege alternativer Ansprüche für die Arbeitnehmer vorgehen. Dabei kann festgesetzt werden, dass die Arbeitnehmer nach ihrer Wahl eine Sozialabfindung oder Förderungszahlungen des Arbeitgebers erhalten. Alternativ und abhängig vom jeweiligen Sozialplanvolumen ist eine Anrechnung der Leistungen, die der Arbeitgeber für die Beschäftigungs- und Qualifizierungsgesellschaft aufbringt, auf die Abfindungszahlung denkbar.[292]

---

290 ErfK/Kania, 18. Aufl. § 112, § 112 a BetrVG, Rn 37 d; Annuß, in: Richardi, Kommentar zum Betriebsverfassungsgesetz, 16. Aufl., § 112 BetrVG, Rn 163.

291 ErfK/Kania, 18. Aufl., § 112, § 112 a BetrVG, Rn 37 d; Annuß, in: Richardi, Kommentar zum Betriebsverfassungsgesetz, 16. Aufl., § 112 BetrVG, Rn 163; Gaul/Kliemt, NZA 2006, 74.

292 Vgl hierzu das Muster eines Abfindungs-Sozialplans mit Punktetabelle bei Pünnel/Wenning-Morgenthaler, die Einigungsstelle, 7. Aufl. 2017, C Nr. 48 (Seite 536 bis 539) Anhang, 503 ff. Dabei geht Wenning-Mor-

In sozialversicherungsrechtlicher und steuerlicher Hinsicht gilt für Abfindungen: 268

Abfindung sind kein Arbeitsentgelt gem. § 14 Abs. 1 SGB IV. Daher besteht keine Beitragspflicht zur Sozialversicherung. Anderes gilt, wenn Lohnausgleichsleistungen (Lohnansprüche oder Urlaubsabgeltungsansprüche) enthalten sind. In diesen Fällen gilt Beitragspflicht.[293]

Leistungen, die der Arbeitnehmer aus einem Sozialplan erhält, sind regelmäßig Einkünfte aus nichtselbständiger Tätigkeit gem. § 19 Abs. 1 Satz 1 Nr. 1 EStG. Daher besteht Steuerpflicht. Für Abfindungen gilt § 24 Nr. 1 lit. a EStG. Daher gilt die Privilegierung gem. § 34 Abs. 1 EStG, soweit der Steuerfreibetrag gem. § 34 Abs. 2 Nr. 2 EStG überschritten wird.[294] Der Anspruch auf Arbeitslosengeld bleibt regelmäßig von der Zahlung einer Sozialabfindung unberührt. Denn Sozialabfindungen sind kein Arbeitsentgelt gem. § 143 Abs. 1 SGB III.[295] Ausnahmen ergeben sich aus § 143 a SGB III. 269

Zu[5]: Der Ausgleich der den Arbeitnehmern durch eine Betriebsänderung entstehenden wirtschaftlichen Nachteile erfolgt regelmäßig nicht nur über Abfindungen, sondern über verschiedene Leistungen. Für die Einigungsstelle sieht § 112 Abs. 5 Satz 2 Nr. 1 BetrVG vor, dass verschiedene Nachteile ausgeglichen werden sollen. Auszugleichen sind hiernach insb. Nachteile durch Einkommensminderung und den Wegfall von Sonderleistungen, was regelmäßig über Abfindungen erfolgt. Darüber hinaus soll der Verlust von Anwartschaften auf betriebliche Altersversorgung ausgeglichen oder gemildert werden. Hierbei wird insb. ein Ausgleich für nicht unverfallbare Anwartschaften in Betracht kommen. Nicht zulässig ist es dagegen, unverfallbare Versorgungsanwartschaften zu ändern, insb. diese aufzuheben oder zu kapitalisieren.[296] *Verfallbare* Anwartschaften auf Altersversorgungen darf die Einigungsstelle ausgleichen. Denn der Verlust einer verfallbaren Anwartschaft ist ein Nachteil iSv § 112 Abs. 1 Satz 2 BetrVG. Dies beruht darauf, dass Arbeitnehmer, die vor Erreichen einer unverfallbaren Anwartschaft aus dem Betrieb ausscheiden, in einem neuen Arbeitsverhältnis ihre Altersversorgung neu aufbauen müssen.[297] Darüber hinaus sollen Umzugskosten oder erhöhten Fahrtkosten Rechnung getragen werden. Dabei sind wie im Muster vorgeschlagen verschiedenste Aspekte denkbar. Dies betrifft Fahrtkostenersatz, die Übernahme von Kosten für Makler, Spedition, Kosten für ein Übergangsappartement, die Gewährung von bezahlter Freistellung für einen Umzug und weitere Aspekte. Gründet eine Betriebsänderung auf einer (Teil-)Betriebsverlagerung oder einer Betriebsabspaltung mit anschließender (Teil-)Betriebsverlagerung, ggf auch im Wege des (Teil-)Betriebsübergangs, bilden diese Regelungen den wirtschaftlichen Schwerpunkt des Sozialplans. Denn in diesen Fällen erhalten die betroffenen Arbeitnehmer regelmäßig einen zumutbaren Arbeitsplatz, wenn auch bei einem neuen Unternehmen. Dabei können Leistungen bezogen auf einen festzulegenden Zeitraum 270

---

genthaler entgegen der hier vertretenen Auffassung offensichtlich davon aus, dass auch ein Transfersozialplan über einen Einigungsstellenspruch festgesetzt werden kann, vgl. Nr. 49.

293 LAG Düsseldorf, 2.11.2006, BB 2007, 559-560.

294 Annuß, in: Richardi, Kommentar zum Betriebsverfassungsgesetz, 18. Aufl., Rn 195.

295 Fitting, 28. Aufl., §§ 112, 112 a BetrVG, Rn 239.

296 BAG, 30.10.1980, AP Nr. 2 zu § 1 BetrAVG = NJW 1981, 1632 = DB 1981, 699-700.

297 BAG, 27.10.1987, AP NR. 41 zu § 112 BetrVG 1972 = NZA 1988, 203-207 = DB 1988, 558-560.

laufend ersetzt werden, oder es kann eine Einmalzahlung erfolgen. Darüber hinaus können Abfindungsregelungen für den Fall eines Widerspruchs gegen den Betriebsübergang vorgesehen werden (vgl § 5 des Musters des Sozialplans). Möglich ist es ferner, Regelungen zu noch nicht fälligen Ansprüchen zu treffen. Denn aufgrund einer unterjährigen Beendigungskündigung gehen dem Arbeitnehmer verschiedene Ansprüche verloren, die er bei Erfüllung des vollen Jahres gehabt hätte. Dies betrifft besonders Leistungen wie Urlaubsansprüche, Urlaubsgeld und Weihnachtsgeld. Gleichwohl wird der Ausgleich solcher Ansprüche idR nicht veranlasst sein, da deren Entstehen eben an die Beschäftigung während bestimmter Zeiträume geknüpft sind, und teilweise, wie dies bspw hinsichtlich Urlaubsansprüchen gilt, ohnehin entsprechend der geleisteten Zeit oder gar darüber hinaus entstehen. Eine Vorabeerfüllung trotz Fälligkeit sollte daher nur im Fall einer Betriebsstilllegung vorgenommen werden. Darüber hinaus sollte ein Sozialplan Regelungen zu Arbeitgeberdarlehen enthalten, soweit solche Darlehen ausgereicht wurden. Denn in aller Regel enthalten Darlehensverträge eine Regelung, dass Ansprüche mit Beendigung des Arbeitsverhältnisses fällig werden, und dieser Zahlungsanspruch des Arbeitgebers in voller Höhe gegen einen etwaigen Abfindungsanspruch verrechnet werden kann.[298] Es sollte im Sozialplan festgelegt werden, ob eine Verrechnung bei Darlehensrückzahlungsansprüchen mit Abfindungsansprüchen zugelassen werden soll, und, wenn dies nicht der Fall sein soll, in welchen Raten das Darlehen zurückzuzahlen ist.

271 Zu[6]: Ein Sozialplan soll künftige wirtschaftliche Nachteile ausgleichen, deren Art und Höhe bei der Festlegung des Sozialplans aufgrund vielfältiger Unwägbarkeiten kaum in jeder Hinsicht bestimmt werden können. Die Bildung eines Härtefonds, der besondere Härten des Einzelfalles abmildern soll, ist daher sinnvoll, in der Praxis üblich und kann von der Einigungsstelle ohne Weiteres festgesetzt werden. Der Härtefonds ist eine Sozialeinrichtung gem. § 87 Abs. 1 Nr. 8 BetrVG.[299] Damit erstreckt sich das Mitbestimmungsrecht auf die Ausgestaltung der Sozialeinrichtung, was hinsichtlich des Härtefonds eine Mitbestimmung in Bezug auf die Verteilungsgrundsätze bedeutet. Es bietet sich daher an, eine aus Mitgliedern des Arbeitgebers und des Betriebsrats paritätisch besetzte Kommission zu bilden, die über die Berechtigung von Ansprüchen entscheidet. Dabei sollte ein Konfliktlösungsmechanismus vorgesehen werden, dem zufolge die entscheidende Stimme dem Arbeitgeber, dem Betriebsrat, oder alternierend dem Arbeitgeber und dem Betriebsrat, übertragen wird, oder bei Nichteinigung ein gerichtliches Verfahren vorgesehen wird. Wenn keine paritätische Kommission gewünscht wird, können die Verteilungskriterien von vornherein im Sozialplan festgelegt werden. Da mit dem Härtefonds aber künftigen Unwägbarkeiten begegnet werden soll, ist dies die weniger gute Alternative.

272 Darüber hinaus sollte eine Härtefondsregelung eine Verteilung etwaig übrig bleibender Gelder regeln. Denn in der Praxis werden Härtefonds in aller Regel nicht vollständig ausgeschöpft. Unterbleibt eine Regelung, verbleiben die nicht benötigten Mittel beim Arbeitgeber.[300]

298 BAG, 13.11.1991, AP Nr. 13 zu § 850 ZPO = NZA 1992, 384-386 = DB 1992, 585-586.
299 DKK/Klebe, 16. Aufl., § 87 BetrVG, Rn 281.
300 LAG Bremen, 15.6.1990, LAGE § 112 BetrVG 1972 Nr. 17.

Zu[7]: Ferner kann die Einigungsstelle Umschulungs- und Qualifizierungsmaßnahmen festlegen. Dies betrifft wie im Muster vorgesehen den Fall, dass ein zumutbarer Arbeitsplatz im Konzern gegeben ist, hierfür aber vorab Qualifizierungs- oder Umschulungsmaßnahmen erforderlich sind. Darüber hinaus können solche Maßnahmen bei einer Betriebsänderung erforderlich werden, in deren Zusammenhang neue Arbeitsmethoden und Fertigungsverfahren eingeführt werden. Denn in solchen Fällen sind die bisher tätigen Arbeitnehmer meist nicht dafür geschult und/oder ausgebildet, um die neuen Tätigkeiten nahtlos übernehmen zu können. Ggf können im Sozialplan Einzelheiten der Fortbildung geregelt werden. IdR sind gleichwohl allgemeine Regelungen zulässig und vorzuziehen. 273

Zu[8]: In Sozialplänen wird häufig eine Regelung zur vorzeitigen Beendigung des Arbeitsverhältnisses getroffen. Dies kann in beiderseitigem Interesse liegen. Der Arbeitnehmer wird diese Möglichkeit regelmäßig nur wahrnehmen, wenn er eine neue Arbeitsstelle gefunden hat, oder beabsichtigt, sich selbständig zu machen. Er hat dann die Möglichkeit, seine Abfindungszahlung zu erhöhen. Der Arbeitgeber dagegen spart Kosten. Abhängig von der festzusetzenden Prozentzahl des abfindungserhöhenden Gehalts spart der Arbeitgeber Lohnkosten. Darüber hinaus entfallen Sozialversicherungsbeiträge auf die Zahlungen, derzeit für den Arbeitgeber ca. 21 %. Gleichwohl sollte die Einigungsstelle solche Regelungen nicht ohne Zustimmungsvorbehalt für den Arbeitgeber festsetzen, da in aller Regel nicht vorhersehbar ist, inwieweit Arbeitnehmer noch während ihrer Kündigungsfrist benötigt werden. Macht der Arbeitgeber dagegen deutlich, dass die Arbeitnehmer auch während des Laufs der Kündigungsfrist nicht mehr benötigt werden, kann das Recht zur vorzeitigen Beendigung des Arbeitsverhältnisses ohne Zustimmungsvorbehalt festgesetzt werden. 274

15. § 116 Abs. 3 Nrn. 2, 4 und 8 BetrVG: Seebetriebsrat

a) Die Beschäftigung nicht freigestellter Seebetriebsratsmitglieder, § 116 Abs. 3 Nr. 2 BetrVG

§ 116 Seebetriebsrat

...

(3) Die §§ 26 bis 41 über die Geschäftsführung des Betriebsrats finden auf den Seebetriebsrat mit folgender Maßgabe Anwendung:

...

2. Soweit die Mitglieder des Seebetriebsrats nicht freizustellen sind, sind sie so zu beschäftigen, dass sie durch ihre Tätigkeit nicht gehindert sind, die Aufgaben des Seebetriebsrats wahrzunehmen. Der Arbeitsplatz soll den Fähigkeiten und Kenntnissen des Mitglieds des Seebetriebsrats und seiner bisherigen beruflichen Stellung entsprechen. Der Arbeitsplatz ist im Einvernehmen mit dem Seebetriebsrat zu bestimmen. Kommt eine Einigung über die Bestimmung des Arbeitsplatzes nicht zustande, so entscheidet die Einigungsstelle. Der Spruch der Einigungsstelle ersetzt die Einigung zwischen Arbeitgeber und Seebetriebsrat.

Soweit die Mitglieder des Seebetriebsrats nicht freizustellen sind, hat der Arbeitgeber sie so zu beschäftigen, dass sie durch ihre Tätigkeit nicht gehindert sind, die Aufgaben des Seebetriebsrats wahrzunehmen. Das Gesetz geht ersichtlich davon aus, dass als nicht freigestelltes Mitglied des Betriebsrats eine weitere Tätigkeit an Bord eines 275 zum Seebetrieb gehörenden Schiffes regelmäßig nicht mehr möglich ist.[301] Soweit eine Beschäftigung nur im Landbetrieb in Betracht kommt, wird es angesichts der gegenüber Landbetrieben völlig verschiedenen Ausbildung jedenfalls für hierarchisch untergeordnet beschäftigte Besatzungsmitglieder schwierig sein, einen entsprechenden Arbeitsplatz zu finden.[302] Dementsprechend ist die Bestimmung nicht als Muss-Vorschrift, sondern nur als Soll-Vorschrift gestaltet. Die Bestimmung gibt dem Seebetriebsrat ein erzwingbares Mitbestimmungsrecht, Seebetriebsrat und Seeschifffahrtsunternehmen haben insoweit ein Initiativrecht. Kommt eine Einigung nicht zustande, entscheidet die Einigungsstelle. Ihr Spruch ersetzt die fehlende Einigung.[303]

b) Der Unterkunftsanspruch des Seebetriebsratsmitglieds, § 116 Abs. 3 Nr. 4 BetrVG

§ 116 Seebetriebsrat

...

(3) Die §§ 26 bis 41 über die Geschäftsführung des Betriebsrats finden auf den Seebetriebsrat mit folgender Maßgabe Anwendung:

...

4. Unter Berücksichtigung der örtlichen Verhältnisse ist über die Unterkunft der in den Seebetriebsrat gewählten Besatzungsmitglieder eine Regelung zwischen dem Seebetriebsrat und dem Arbeitgeber zu treffen, wenn der Arbeitsplatz sich nicht am Wohnort befindet. Kommt eine Einigung nicht zustande, so entscheidet die Einigungsstelle. Der Spruch der Einigungsstelle ersetzt die Einigung zwischen Arbeitgeber und Seebetriebsrat.

276 Nach § 93 Abs. 1 S. 1 SeeArbG haben Besatzungsmitglieder an Bord freie Unterkunft. Da jedoch der Seebetriebsrat an Land tätig ist, verlangt § 116 Abs. 3 Nr. 4 BetrVG eine Verständigung der Betriebsparteien über eine Unterkunft an Land auf Kosten des Seeschifffahrtsunternehmens, wenn sich der Arbeitsplatz des Seebetriebsratsmitglieds nicht am Wohnort befindet. Bei der Durchsetzung dieses Unterkunftsanspruchs steht dem Seebetriebsrat gegenüber dem Arbeitgeber ein erzwingbares Mitbestimmungsrecht zu. Dementsprechend kann von beiden Seiten die Einigungsstelle angerufen werden. Ihr Spruch ersetzt die fehlende Einigung.[304] Die regelungsnotwendige Kostentragung für die Unterkunft folgt aus § 40 Abs. 1 BetrVG.

c) Sprechstunden und Bordversammlungen in ausländischen Liegehäfen des Schiffes, § 116 Abs. 3 Nr. 8 BetrVG

§ 116 Seebetriebsrat

...

(3) Die §§ 26 bis 41 über die Geschäftsführung des Betriebsrats finden auf den Seebetriebsrat mit folgender Maßgabe Anwendung:

...

8. Im Einvernehmen mit dem Arbeitgeber können Sprechstunden und Bordversammlungen, abweichend von den Nummern 6 und 7, auch in anderen Liegehäfen des Schiffes durchgeführt werden, wenn ein dringendes Bedürfnis hierfür besteht. Kommt eine Einigung nicht zustande, so entscheidet die Einigungsstelle. Der Spruch der Einigungsstelle ersetzt die Einigung zwischen Arbeitgeber und Seebetriebsrat.

---

301 BT-Drucksache IV/1786, S. 57.
302 Richardi/Thüsing, § 116 BetrVG Rn 46.
303 GK-BetrVG/Franzen, § 116 Rn 29; Wenning-Morgenthaler, B Rn 1229.
304 Wenning-Morgenthaler, B Rn 1231.

Abweichend von § 116 Abs. 3 Nrn. 6 und 7 BetrVG können im Einvernehmen mit dem Arbeitgeber Sprechstunden und Bordversammlungen in Liegehäfen des Schiffes außerhalb des Geltungsbereiches dieses Gesetzes durchgeführt werden, wenn ein dringendes Bedürfnis hierfür besteht. Ein dringendes Bedürfnis hierfür ist dann gegeben, wenn der Seebetriebsrat aufgrund eines besonderen Anlasses annehmen kann, dass die Durchführung einer Sprechstunde oder Bordversammlung keinen Aufschub verträgt.[305] Die Durchführung der Sprechstunden und Bordversammlungen setzt jedoch das Einvernehmen mit dem Arbeitgeber voraus. Kommt ein solches nicht zustande, so entscheidet die Einigungsstelle mit bindender Wirkung. Dabei hat die Einigungsstelle zum einen die Rechtsfrage des dringenden Bedürfnisses zu beantworten und zum anderen über die Regelungsfrage zu entscheiden, in welchem Liegehafen des Schiffes die Sprechstunden und Betriebsversammlungen durchgeführt werden.[306] 277

305 Richardi/Thüsing, § 116 BetrVG Rn 62.
306 Richardi/Thüsing, § 116 BetrVG Rn 64; Wenning-Morgenthaler, B Rn 1232.

Stichwortverzeichnis

Fette Zahlen bezeichnen die Paragrafen, magere die Randnummern.

FSC
www.fsc.org
MIX
Papier | Fördert
gute Waldnutzung
FSC® C083411

Kolibri 360 GmbH
Ferdinand-Jühlke-Straße 7
99095 Erfurt, Deutschland
produktsicherheit@kolibri360.de